통통한 IT·디지털 상식

시대에듀

2025 최신판 금융권 채용대비 통통한 IT · 디지털 상식

Always **with you**

사람의 인연은 길에서 우연하게 만나거나 함께 살아가는 것만을 의미하지는 않습니다.
책을 펴내는 출판사와 그 책을 읽는 독자의 만남도 소중한 인연입니다.
시대에듀는 항상 독자의 마음을 헤아리기 위해 노력하고 있습니다. 늘 독자와 함께하겠습니다.

머리말

스마트폰과 인터넷이 발달함에 따라 금융환경에도 많은 변화가 시작되었다. 인터넷 전문 은행과 핀테크 기업이 시장에 등장했고, 많은 금융기관이 새로운 시장에서의 경쟁에 뒤처지지 않기 위해 디지털 영역을 빠르게 개척해 나가고 있다.

이에 따라 대다수의 금융권에서는 IT·디지털 분야의 인재 채용을 꾸준히 실시하고 있으며, 지원자가 기본적인 지식을 갖추고 있는지를 해당 분야의 필기시험을 통해 다각도로 평가하고 있다. 해당 분야의 지원자가 아니더라도 디지털 역량을 지니고 있는 인재인지를 평가하기 위한 다양한 시도를 하고 있으므로 기본적인 지식을 갖추는 것이 중요하다.

많은 금융기관에서는 이미 블라인드 채용을 실시하고 있다. 이 때문에 시험장과 면접장에서 자신이 준비된 인재임을 보이는 것이 필요하다. 이에 시대에듀에서는 금융권 IT·디지털 분야의 취업을 희망하는 수험생들을 위해 다음과 같은 특징의 도서를 출간하게 되었다.

도서의 특징

❶ 여러 금융기관의 IT·디지털 직무 필기시험 문제를 분석하여 반드시 학습해야 하는 내용만 정리하여 수록하였다.

❷ 영역별로 적중예상문제를 수록하여 충분히 연습할 수 있도록 하였다.

❸ 최신 디지털상식과 일반상식을 수록하여 IT상식 외에도 폭넓은 출제 범위에 대비할 수 있도록 하였다.

끝으로 본서를 통해 금융권 채용을 준비하는 모든 수험생에게 합격의 행운이 따르기를 진심으로 기원한다.

SDC(Sidae Data Center) 씀

◇ **금융권 채용 분석**

IBK기업은행	• 모집분야 : 금융일반, 디지털, IT • 지원자격 : 전공 무관 • 필기시험 　– 직업기초능력평가(객관식 40문항) 　– 직무수행능력평가(객관식 30문항 + 주관식 5문항) 　　금융일반 : 경제, 경영, 시사 　　디지털 : 데이터베이스, 빅데이터, AI, 블록체인, 시사 　　IT : 전산학, 시사
KB국민은행	• 모집분야 : UB(일반) • 지원자격 : 전공 무관 • 필기시험 : NCS 기반 필기시험(객관식 100문항) 　– 직업기초능력평가 : 의사소통능력, 문제해결능력, 수리능력 　– 직무심화지식평가 : 금융영업, 디지털 부문 활용 능력 　– 상식 : 경제, 금융, 일반 상식
하나은행	• 모집분야 : 일반, 디지털/ICT • 지원자격 : 전공 무관 • 필기시험 : 직업기초능력평가 + 디지털상식(일반)
신한은행	• 모집분야 : 일반, 디지털/ICT • 지원자격 : 전공 무관 • 필기시험 : SLT(일반) 　– NCS/금융상식 : 의사소통능력, 수리능력, 문제해결능력, 금융상식 　– 디지털 리터러시 평가 : 논리적 사고, 알고리즘 설계, 상황판단 평가
NH농협은행(6급)	• 모집분야 : 일반, IT • 지원자격 : 전공 무관 • 필기시험 　– 직무능력평가(객관식 45문항) : 의사소통능력, 수리능력, 문제해결능력, 정보능력 　– 직무상식평가(객관식 25문항) : 농업, 농촌, 디지털 상식 등
KDB산업은행	• 모집분야 : 경영, 경제, 디지털(빅데이터/IT) • 지원자격 : 전공 무관 • 필기시험 　– 직업기초능력평가(의사소통능력, 수리능력, 문제해결능력, 정보능력) 　– 직무수행능력평가(직무 지식, 논리적 사고력)

Sh수협은행	• 모집분야 : 일반, IT인재
	• 지원자격 : 전공 무관
	• 필기시험 : 직업기초능력평가(공통)
	  – 일반 : 금융경제상식
	  – IT인재 : 코딩능력평가

새마을금고중앙회	• 모집분야 : 일반, IT
	• 지원자격 : 전공 무관
	• 필기시험
	  – 직업기초능력평가 : 의사소통능력, 수리능력, 문제해결능력
	  – 금융, 경제 상식평가
	  – 직무전공평가 : 경영/경제/민법(일반), 전산이론(IT)

한국예탁결제원	• 모집분야 : 일반, 전산, 고졸
	• 지원자격 : 전공 무관(단, 고졸 분야는 특성화 고등학교 졸업예정자)
	• 필기시험
	  – 일반 : 경영학/경제학 中 택1(상경), 법학(법), 회계학(회계)
	  – 전산 : 전산학
	  – 고졸 : 직업기초능력평가

한국자산관리공사
(5급)
	• 모집분야 : 금융일반(경영/경제), 건축, IT
	• 지원자격 : 전공 무관
	• 필기시험 : 직업기초능력평가(공통)
	  – 금융일반 : 경영(경영학), 경제(미시경제학, 거시경제학)
	  – 건축 : 건축계획, 시공, 설비, 구조, 법규
	  – IT : 컴퓨터프로그래밍, 자료구조, 알고리즘, 데이터베이스, 정보보안

한국주택금융공사
(5급)
	• 모집분야 : 행정, IT
	• 지원자격 : 전공 무관
	• 필기시험
	  – 행정 : 전공(객관식 60문항) + 직업기초능력평가(객관식 30문항)
	  – IT : 전공(객관식 60문항) + 코딩 시험(4문항)

지역은행
(광주은행, 부산은행,
대구은행, 경남은행,
전북은행)
	• 모집분야 : 일반, 디지털/IT
	• 지원자격 : 전공 무관
	• 필기시험
	  – 직업기초능력평가
	  – 직무상식평가(경영, 경제, 금융, IT, 디지털, 정보통신 등)

※ 채용절차는 채용유형, 채용직무, 채용시기 등에 따라 변동될 수 있으므로 반드시 발표되는 채용공고를 확인하기 바랍니다.

◇ IT · 디지털 직무 소개

> '디지털'에 사활 건 은행들 … '무한 경쟁' 이끄는 장수는 누구?
>
> 무디스 "亞 대형은행들, 디지털 성장 수혜"
>
> 은행연합회장 "금융권 성장, 디지털 · 국제화에 달렸다."

현재 금융권의 핵심 화두는 '디지털'이다. IT · 디지털 분야의 채용 규모가 일반 직무만큼 확대되었고, IT 직무가 아니더라도 디지털 역량을 자기소개서에서부터 묻는 회사가 많아졌다. 이를 이해하기 위해서는 '왜' 디지털 역량이 중요한지에 대해 아는 것이 중요하다.

◇ IT 직무란?

금융기관에서 IT 분야는 금융기관의 실제 시스템을 편리하게 하는 로직과 스마트뱅킹, 핀테크에 활용되는 프로그램의 개발 및 관리에 활용된다. 사내 포털의 유지보수와 인프라 구축, 정보보안 등의 업무도 이에 포함된다. 이 과정에서 실무자들과의 협업이 강조되므로 IT와 관련된 강점과 함께 협동적인 역량을 드러내는 것이 중요하다.

◇ 디지털 역량이란?

❶ 다양한 정보 속 필요한 콘텐츠를 찾아 활용하는 역량
❷ 가지고 있는 정보를 여러 방면으로 활용하고 민첩하게 반응하여 조정해 나가는 역량

AI, 블록체인 등의 업무를 IT 직무에서만 담당하는 것이 아니라 일반 행원이 현업으로 다루고 있다. 때문에 금융기관은 이러한 역량을 갖춘 지원자인지 판단하고자 하므로 일정 수준 이상의 디지털 역량을 지니는 것이 매우 중요하다.

◇ 금융기관별로 요구하는 IT · 디지털 직무 역량

구분	분야	직무역량
IBK기업은행	디지털	• IT, 디지털금융 트렌드, 서비스, 빅데이터 분석
KB국민은행	IT	• 은행 내 IT 서비스 개발 및 운영 • Mobile 등 비대면 채널 개발 및 운영 • 시스템 운영, 정보보호, 신기술 기반 업무 추진(Cloud, Open API 등)
	디지털	• 정형/비정형 데이터 분석 • 데이터 기반의 신사업 발굴 및 기획, 트렌드 분석 • 인공지능 모형 학습 및 개발 • 인공지능 및 빅데이터 기반 서비스 개발
하나은행	디지털/ICT	• 디지털서비스 기획, 디지털 전략 및 채널 수립, 데이터 분석 • 금융서비스 개발, 클라우드, 정보보호
신한은행	디지털/ICT	• 뱅킹서비스 개발 및 운영 • 모바일 · 웹 프론트엔드 개발 및 운영 • 인프라 아키텍처 설계 및 운영 • 데이터/AI플랫폼 엔지니어링
NH농협은행	IT	• 신기술 서비스 개발 및 운영(AI · 빅데이터 · 클라우드 등) • 디지털 채널 서비스 개발 및 운영(모바일 뱅킹 등) • 뱅킹 · 정보계 · 카드 서비스 개발 및 운영 • 정보보안(보안 침해사고 분석 및 대응)
Sh수협은행	IT	• IT 전략 수립/추진 • IT 서비스 개발/운영 • IT 인프라 운영/관리 • 디지털채널 서비스 개발/운영 • 뱅킹 서비스 개발/운영 • 신기술 서비스 개발/운영 • 정보보호/보안 운영
KDB산업은행	전산	• 정보기술 전략계획, 개발 운영 및 관리
	빅데이터	• 빅데이터 기반 의사결정체계 수립 및 경영전략 지원 • 데이터 전처리 • 데이터 분석 알고리즘 및 인공지능 모형 개발 및 운영

도서 200% 활용하기 STRUCTURES

139가지 핵심 테마로 IT 상식 학습!

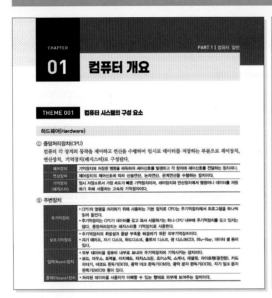

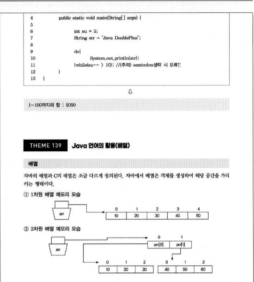

▶ 최근 출제되고 있는 경향에 맞춰 정리한 139가지의 테마로 IT 관련 이론을 학습할 수 있도록 하였다.

영역별 적중예상문제 수록!

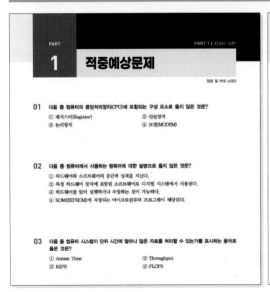

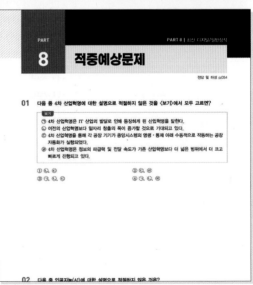

▶ 영역별로 적중예상문제를 수록하여 자신이 학습한 내용을 점검하고 실력을 향상할 수 있도록 하였다.

디지털 + 일반상식으로 시험 완벽 대비!

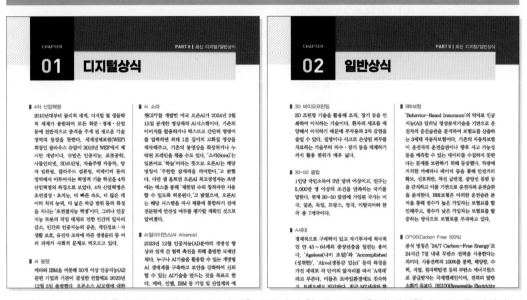

▶ 금융권 필기시험에 출제되는 디지털 · 일반상식을 수록하여 한 권으로 시험에 대비할 수 있도록 하였다.

상세한 해설 및 오답분석 제공!

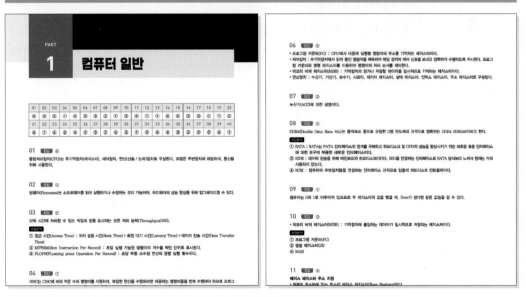

▶ 적중예상문제에 대한 자세한 해설을 제공하여 명쾌한 풀이가 가능하도록 하였다.

이 책의 차례 CONTENTS

이 책의 차례 CONTENTS

통통한 IT · 디지털 상식

PART 1

컴퓨터 일반

01 컴퓨터 개요

THEME 001 컴퓨터 시스템의 구성 요소

하드웨어(Hardware)

① 중앙처리장치(CPU)

컴퓨터 각 장치의 동작을 제어하고 연산을 수행하며 임시로 데이터를 저장하는 부분으로 제어장치, 연산장치, 기억장치(레지스터)로 구성된다.

제어장치	기억장치에 저장된 명령을 해독하여 제어신호를 발생하고 각 장치에 제어신호를 전달하는 장치이다.
연상장치	제어장치의 제어신호에 따라 산술연산, 논리연산, 관계연산을 수행하는 장치이다.
기억장치 (레지스터)	임시 저장소로서 가장 속도가 빠른 기억장치이며, 제어장치와 연산장치에서 명령어나 데이터를 저장하기 위해 사용하는 고속의 기억장치이다.

② 주변장치

주기억장치	• CPU의 명령을 처리하기 위해 사용하는 기본 장치로 CPU는 주기억장치에서 프로그램을 하나씩 읽어 들인다. • 주기억장치는 CPU가 데이터를 갖고 와서 사용하기는 하나 CPU 내부에 주기억장치를 갖고 있지는 않다. 중앙처리장치는 레지스터를 기억장치로 사용한다.
보조기억장치	• 주기억장치의 휘발성과 용량 부족을 해결하기 위한 외부기억장치이다. • 자기 테이프, 자기 디스크, 하드디스크, 플로피 디스크, 광 디스크(CD), Blu-Ray, 데이터 셀 등이 있다.
입력(Input)장치	• 외부 데이터를 컴퓨터 내부로 보내어 주기억장치에 기억시키는 장치이다. • 보드, 마우스, 트랙볼, 터치패드, 터치스크린, 조이스틱, 스캐너, 태블릿, 라이트펜(광전펜), 카드 리더기, 바코드 판독기(BCR), 광학 마크 판독기(OMR), 광학 문자 판독기(OCR), 자기 잉크 문자 판독기(MICR) 등이 있다.
출력(Output)장치	• 처리된 데이터를 사용자가 이해할 수 있는 형태로 외부에 보여주는 장치이다.

① 시스템 소프트웨어(System Software)

하드웨어를 제어하고 이용하는 데 편의를 제공해주는 소프트웨어이다.

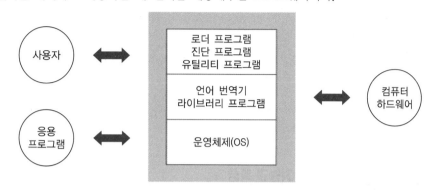

언어 번역 프로그램	프로그래머에 의해 작성된 원시 프로그램을 컴퓨터 시스템의 하드웨어가 알 수 있는 기계어로 변환하는 프로그램으로, 어셈블러, 컴파일러, 인터프리터가 있다.
라이브러리 (Library)	컴퓨터 프로그래머가 프로그램을 작성할 때 자주 사용되는 작은 프로그램들을 모아서 정리·정돈한 프로그램의 모임이다.
링커(Linker)	원시 프로그램의 목적코드를 라이브러리와 바로 연결시키는 것을 담당한다.
로더 (Loader)	목적 프로그램을 주기억장치에 적재하여 실행 가능하도록 해주는 역할로 로더가 수행하는 작업을 로딩(Loading)이라고 하며, 운영체제[유닉스(UNIX), 리눅스(LINUX), 윈도우 10], 컴파일러(Compiler), 링커(Linker), 로더(Loader), 장치드라이버 등이 있다.
진단(Diagnostic)	하드웨어나 응용프로그램의 상태를 진단한다.
유틸리티 (Utility)	사용자가 더 쉽고 편리하게 컴퓨터를 사용할 수 있도록 도와주기 위해 사용하는 프로그램으로 디버거(Debugger), I/O 프로그램 등이 있다.
운영체제(OS)	하드웨어와 소프트웨어를 관리 운영한다.

② 응용 소프트웨어(Application Software)

- 운영체제의 도움을 받아 주어진 목적을 달성하고자 만들어진 소프트웨어를 응용 소프트웨어라고 한다. 상용으로 판매되는 프로그램이나 프리웨어 등이 있다. 응용 소프트웨어는 패키지형 소프트웨어와 주문형 소프트웨어로 분류한다.
- 오피스 제품이나 통신프로그램, 멀티미디어, 기업에서 만들어지는 애플리케이션 등이 응용 소프트웨어이다.

펌웨어(Firmware)

① 특정 하드웨어 장치(메인보드 등)에 포함된 소프트웨어로 하드웨어와 소프트웨어의 중간적 성격을 지닌다.
② 소프트웨어를 읽어 실행하거나 수정하는 것이 가능하며, 필요 시 하드웨어의 성능 향상을 위해 업그레이드할 수 있다.
③ ROM(EEPROM)에 저장되는 마이크로 컴퓨터 프로그램이 해당되며, 디지털 시스템에서 널리 이용된다.

THEME 002 　 컴퓨터의 기능과 특성

컴퓨터의 기능

입력 기능	키보드와 마우스 등 입력 장치를 이용하여 외부 데이터를 컴퓨터 내부로 읽어 들이는 기능이다.
기억 기능	입력된 프로그램이나 데이터를 주기억장치에 저장시키는 기능이다.
연산 기능	주기억장치에 기억되어 있는 프로그램이나 데이터를 이용하여 산술, 관계, 논리 연산을 실행하는 기능이다.
제어 기능	컴퓨터의 각 장치가 유기적으로 동작할 수 있도록 명령을 해독하고 각 장치에 제어신호를 보내는 기능이다.
출력 기능	처리된 결과를 프린터나 모니터 화면으로 숫자, 문자, 도형 등 여러 가지 형태로 표현하는 기능이다.

컴퓨터의 특성

신속성	입출력 및 연산 속도가 빠르다.
정확성	자료 처리 시 오차를 최소화한다.
대용량성	한 번에 많은 정보를 저장하고 처리할 수 있다.
자동성	명령어의 순서대로 정리한 프로그램에 따라 자동적으로 데이터를 처리한다.
범용성	여러 가지 업무 처리에 사용된다.
저장성	보조기억장치를 이용하여 대량의 데이터를 저장한다.
호환성	다른 컴퓨터나 매체에서 작성한 데이터를 공유하여 처리할 수 있다.
신뢰성	오차를 최소화하여 믿을 수 있는 특성으로, 고장 없이 해당 기능을 원활하게 처리할 수 있다.
다양성	숫자, 문자, 그림, 소리, 영상 등 다양한 종류의 데이터를 처리할 수 있다.
공유성	시간과 공간을 초월하여 전 세계의 정보를 다양하게 처리할 수 있다.
수동성	컴퓨터는 입력받은 데이터를 주어진 프로그램에 따라 처리할 뿐, 스스로 작업을 수행하지 않는다.

컴퓨터의 단위

① CPU의 처리 속도 단위

MIPS (Million Instructions Per Second)	• 초당 실행 가능한 명령어의 개수를 백만 단위로 표시한 것으로, 컴퓨터(CPU)의 연산 속도를 나타내는 단위이다.
FLOPS (FLoating point Operation Per Second)	• 초당 부동 소수점 연산의 횟수를 나타내는 단위이다.
클럭 속도 (Clock Speed)	• CPU가 초당 발생시키는 주파수 사이클(MHz, GHz)이다. • CPU의 속도를 표현하는 단위로 GHz를 사용한다. 예 코어 i3-3220[3.3GHz], 코어 i5-3570[3.4GHz]

② 컴퓨터의 기억 용량 단위(저장 단위)

표기	단위	2진 용량	10진 용량
1B	Byte(바이트)	2^8	1
1KB	Kilo Byte(킬로 바이트)	2^{10}	10^3
1MB	Mega Byte(메가 바이트)	2^{20}	10^6
1GB	Giga Byte(기가 바이트)	2^{30}	10^9
1TB	Tera Byte(테라 바이트)	2^{40}	10^{12}
1PB	Peta Byte(페타 바이트)	2^{50}	10^{15}
1EB	Exa Byte(엑사 바이트)	2^{60}	10^{18}
1ZB	Zetta Byte(제타 바이트)	2^{70}	10^{21}
1YB	Yotta Byte(요타 바이트)	2^{80}	10^{24}

③ 컴퓨터의 처리 속도 단위

표기	단위	2진 속도	10진 속도
1ms	milli second(밀리 초)	2^{-3}	10^{-3}
1μs	micro second(마이크로 초)	2^{-6}	10^{-6}
1ns	nano second(나노 초)	2^{-9}	10^{-9}
1ps	pico second(피코 초)	2^{-12}	10^{-12}
1fs	femto second(펨토 초)	2^{-15}	10^{-15}
1as	atto second(아토 초)	2^{-18}	10^{-18}

THEME 003 　세대별 컴퓨터의 역사

1세대 컴퓨터(진공관)

① 세계 최초의 전자식 컴퓨터 에니악(ENIAC)
- 1세대 컴퓨터(1951 ~ 1958)는 진공관을 정보 저장을 위한 회로 소자로, 자기 드럼을 주기억장치로 사용했다. 어셈블리어, 2진 코드의 기계어 등의 저급(Low-level) 언어를 이용했기 때문에 프로그램을 작성하고 이해하는 데 많은 시간이 필요했다. 또한 전력을 크게 소모하고 열도 많이 발생했으며, 고장도 잦은 편이었다.
- 미국 펜실베이니아 대학의 프레스퍼 에커트(P. Eckert)와 존 모클리(J. Mauchly)가 1946년에 개발한 에니악(Electronic Numerical Integrator And Calculator)은 세계 최초의 전자식 컴퓨터로, 진공관 17,468개, 저항기(Resistor) 70,000개, 스위치 6,000개로 구성되었다.
- 에니악의 무게는 30톤이었으며, 1초에 약 5,000번의 연산을 할 수 있었다. 이 속도는 이전의 전기식 컴퓨터보다 약 1,000배 빠른 것이다. 또한 미국 메릴랜드주 애버딘의 미군 탄도연구소에 설치된 후 수소폭탄 등의 개발에 이용되었고, 제2차 세계대전이 이후 1955년까지 일기예보 등에 활용되었다.
② 세계 최초의 상업용 컴퓨터 유니박(UNIVAC)
- 에커트와 모클리가 1951년에 개발한 유니박(Universal Automatic Computer)은 세계 최초의 상업용 컴퓨터로 미국 조사 통계국에 설치되었다.
- 유니박은 에니악보다 소형화·경량화되었으나 여전히 진공관을 5,200개나 사용하고 무게가 13톤에 달했다. 입력과 연산, 출력을 동시에 할 수 있었고 자기테이프 시스템을 이용했다.

2세대 컴퓨터(트랜지스터)

① 하드웨어의 개선
- 2세대 컴퓨터(1958 ~ 1963)는 진공관보다 발열과 전력 소모가 적은 트랜지스터를 회로 소자로 이용함으로써 1세대 컴퓨터보다 신뢰도가 높아졌다. 트랜지스터는 진공관보다 부피가 작고, 고장률이 적어 안정적이며, 빠르고, 저렴하다는 특징이 있다.
- 기억장치로 트랜지스터, 다이오드 등 자기 코어를 사용했으며, 연산속도가 마이크로초(100만분의 1초)로 빨라졌다.
② 소프트웨어의 개선
- 코볼(COBOL), 포트란(FORTRAN), 알골(ALGOL) 등의 고급 언어를 컴파일(Compile)함으로써 기계어를 쓰지 않아도 되었으며, 하드웨어에서 소프트웨어로 중심의 전환이 시작되었다.
- 트랜지스터의 이용을 통한 컴퓨터의 소형화·경량화와 함께 프로그래밍 언어 개발이라는 소프트웨어의 진보를 통해 컴퓨터 산업의 발전이 가속화되었다.

3세대 컴퓨터(집적회로)

① 하드웨어의 발전
  • 3세대 컴퓨터(1964 ~ 1970)는 집적회로(IC; Integrated Circuit)를 이용해 중앙처리장치의 소형화·경량화와 함께 기억용량의 확대를 이루었다. 수천 개의 전자 회로 소자를 1개의 기판에 부착한 집적회로는 비용 절감을 가능하게 했다.
  • 연산속도는 나노(10억분의 1)초로 더욱 빨라졌고, 2세대 컴퓨터보다 신뢰성과 안정성, 전력 소모 등에서 진일보하였다.

② 소프트웨어의 발전
  • 운영체제(OS)가 본격적으로 등장했으며, 여러 가지 프로그램을 동시에 처리하는 다중 프로그래밍, 시분할 처리(Time Sharing), 실시간 처리 등이 실현되었다. 또한 서로 다른 터미널에서 수많은 사용자들이 1대의 컴퓨터를 동시에 사용할 수 있는 온라인 데이터 통신의 응용이 가능해졌다.
  • 프로그래밍 언어로 BASIC, PASCAL 등의 고급 언어가 사용되었고 각종 유틸리티가 개발되었다. 이로써 인간과 기계 사이의 대화가 가능해져 영상 표시장치(CRT) 등 단말기를 통한 자료 처리가 보편화되었다.

4세대 컴퓨터(고밀도 집적회로)

① 4세대 컴퓨터(1971년 이후)는 1개의 칩에 수천 ~ 수십만 개의 전자회로 소자를 집적한 고밀도 집적회로(LSI; Large Scale Integration), 수십만 ~ 수백만 개 초고밀도 집적회로(VLSI)를 이용한다. 이는 1세대 에니악의 모든 회로 소자들을 겨우 1개의 칩에 압축해 넣을 수 있는 것이다. 이러한 집적 기술의 발전으로 인해 1개의 칩으로 된 중앙처리장치인 마이크로프로세서가 등장했다. 연산속도는 피코(10^{-12})초로 크게 진보했다.

② 3세대 컴퓨터보다 더욱 소형화·경량화되고 마이크로프로세서의 등장에 따라 개인용 컴퓨터(PC)의 본격적인 개발과 일반 사무용 등으로의 컴퓨터 사용 확대가 이루어졌다.

③ 멀티프로세서 시스템의 도입, 분산처리장치의 개발, LAN 및 WAN 등 네트워크의 기술 발달로 인터넷의 등장, 슈퍼 컴퓨터의 출현 등이 이루어졌다. 또한 프로그래밍 언어로 C언어, ADA 등이 널리 쓰이게 되었다.

5세대 컴퓨터(AI)

① 인공지능(AI)이라고도 불리는 5세대 컴퓨터는 갈륨비소 소자, 전기저항이 없는 초전도체인 조지프슨 (Josephson) 소자 등의 신소재가 기존의 실리콘 반도체 소자를 대신함으로써 처리능력을 비약적으로 개선했으며, 어떤 데이터가 들어왔는지 기계가 스스로 판단하여 처리한다. 연산속도는 펨토(1,000조 분의 1)초로 비약적으로 빨라졌다.

② 1세대 ~ 4세대 컴퓨터가 폰노이만(Von Neumann) 이론에 기초한 순차(직렬) 처리 기반이라면, 5 세대 컴퓨터는 비폰노이만(Non-Von Neumann) 방식의 병렬 처리 기반이다.

③ 인공지능(AI)이 등장함으로써 기계가 인간과 대화할 수 있게 되었다. 프로그래밍 언어로 C++, 비 주얼 베이직, 자바, 델파이 등의 객체지향 언어가 널리 쓰이게 되었다. 또한 자연어, 인공지능 언어도 활용 가능하다.

④ 병렬 처리 기술, 인터넷의 급속한 확산, 인공지능 소프트웨어, 패턴 인식, 퍼지 이론, 의사결정 지 원 시스템(DSS), 전문가 시스템 등이 활발히 발전하고 있다.

6세대 컴퓨터(Neuro)

① 6세대 컴퓨터는 단백질 등을 사용하는 생체 소자를 활용함으로써 인간의 두뇌와 거의 유사한 정보의 학습·축적·분석·판단 능력을 가진 미래형·지능형 컴퓨터를 뜻한다. 5세대 컴퓨터가 인간과 유 사한 논리적 추론이 가능하다면, 5세대 컴퓨터를 뛰어넘는 6세대 컴퓨터는 인간과 유사한 지능지수 (IQ)를 갖는다. 인간의 신경망을 모방한다는 의미로 뉴로(Neuro) 컴퓨터라 부르기도 한다. 또한 사람의 두뇌와 같은 원리로 작동하므로 복잡한 소프트웨어를 별도로 개발할 필요가 없다고 한다.

② 6세대 컴퓨터는 인공두뇌(Artificial Brain)와 인공신경망(ANN; Artificial Neural Network) 기 술이 적용되어 기계가 사람처럼 스스로 생각하고 감정 표현을 할 수 있다. 일부 학자들은 인공신경 망 컴퓨터, 양자(Quantum) 컴퓨터 등을 6세대 컴퓨터로 분류한다.

③ 한국 등 전 세계 여러 선진국에서는 신경세포(Neuron)라고 부르는 소자를 결합한 네트워크인 신경 회로망과 퍼지 이론, 인공지능(AI) 등을 활용해 인간 두뇌처럼 학습·연산·인식하고 운동을 제어 하는 등의 정보처리를 실시간으로 할 수 있는 6세대 컴퓨터 개발에 몰두하고 있다.

논리회로

THEME 004 **불 대수(Boolean Algebra)**

불 대수의 정의

① 불 대수는 1(참) 또는 0(거짓)의 값에 대해 논리 동작을 다루는 대수이다.
② 디지털 회로의 설계와 분석을 쉽게 하기 위해서 사용하는 이진 변수와 논리 연산을 나타내는 것이다.
③ 1과 0으로만 표현되는 2진 회로로 구성되어 있어서 컴퓨터의 논리회로와 일맥상통한다.

불 대수의 기본 법칙

교환 법칙	$A+B=B+A$ $A \cdot B=B \cdot A$
결합 법칙	$(A+B)+C=A+(B+C)$ $(A \cdot B) \cdot C=A \cdot (B \cdot C)$
분배 법칙	$A \cdot (B+C)=(A \cdot B)+(A \cdot C)$ $A+(B \cdot C)=(A+B) \cdot (A+C)$
복원 법칙	$\overline{\overline{A}}=A$
멱등 법칙	$A+A=A$(즉, $A \cup A=A$) $A \cdot A=A$
흡수 법칙	$A+A \cdot B=A$(즉, $A \cup (A \cap B)=A$) $A \cdot (A+B)=A$
항등 법칙	$A+0=A$(즉, $A \cup \phi=A$), $A+1=1$(즉, $A \cup U=U$) $A \cdot 0=0$(즉, $A \cap \phi=\phi$), $A \cdot 1=A$(즉, $A \cap U=A$)
보수 법칙	$A+\overline{A}=1$(즉, $A \cup A^c=U$) $A \cdot \overline{A}=0$(즉, $A \cap A^c=\phi$)
드모르간 법칙	$\overline{A+B}=\overline{A} \cdot \overline{B}$ $\overline{A \cdot B}=\overline{A}+\overline{B}$

① 불 대수 이용 방법

예 $Y = (A+B) \cdot (A+B')$

$= (A \cdot A) + (A \cdot B') + (B \cdot A) + (B \cdot B')$ ← [분배 법칙]

$= A + (A \cdot B') + (A \cdot B) + 0$ ← [멱등 법칙, 교환 법칙, 보수 법칙]

$= A(1+B'+B)$ ← [분배 법칙, 항등 법칙]

$= A(1)$ ← [항등 법칙]

$= A$ ← [항등 법칙]

② 카르노 맵 이용 방법

진리표 작성 → 변수의 수에 따라 사각형을 2^n 개로 작성 → 진리표 각 항(최소항 또는 최대항)은 카르노 맵 한 칸의 값을 표현 → 인접한 1(최소항) 또는 0(최대항)을 2^n 개로 최대한 크게 묶음 → 같은 값을 유지하는 경우만 1의 표현, 0의 표현을 표시

예 2변수 카르노 맵

•2개의 2진 변수에 대한 4개의 최소항 구성

•각 최소항은 하나씩 4개의 사각형에 배치

	$\bar{y}$	y
$\bar{x}$	m_0	m_1
x	m_2	m_3

	$\bar{y}$	y
$\bar{x}$	$\bar{x}\,\bar{y}$	$\bar{x}\,y$
x	$x\,\bar{y}$	$x\,y$

$\leftarrow \begin{aligned} x'y + xy \\ = y(x'+x) \\ = y \end{aligned}$

$\begin{aligned} xy' + xy \\ = x(y'+y) = x \end{aligned}$

① $A + A \cdot B = A \cdot (1+B) = A \cdot 1 = A$

② $A + A \cdot \overline{B} = A \cdot (1+\overline{B}) = A \cdot 1 = A$

③ $A + \overline{A} \cdot B = (A + \overline{A}) \cdot (A + B) = 1 \cdot (A + B) = A + B$

④ $A \cdot (\overline{A} + B) = A \cdot \overline{A} + (A \cdot B) = 0 + A \cdot B = A \cdot B$

⑤ $A \cdot (A + B) = A \cdot A + A \cdot B = A + A \cdot B = A \cdot (1+B) = A \cdot 1 = A$

⑥ $A \cdot (\overline{A} + AB) = A \cdot \overline{A} + A \cdot A \cdot B = 0 + A \cdot B = A \cdot B$

⑦ $A \cdot B = A + \overline{B} = A \cdot (B + \overline{B}) = A \cdot 1 = A$

⑧ $(A + B) \cdot (A + \overline{B}) = A + (B \cdot \overline{B}) = A + 0 = A$

⑨ $Y = A + AB + AC = A \cdot (1 + B + C) = A \cdot 1 = A$

⑩ $Y = AB + A\overline{B} + \overline{A}B = A(B + \overline{B}) + \overline{A}B = A \cdot 1 + \overline{A}B$

$= A + \overline{A}B = (A + \overline{A})(A + B) = 1 \cdot (A + B) = A + B$

논리 게이트(Logic Gate)

게이트	기호	의미	진리표	논리식
AND	A, B → Y	입력 신호가 모두 1일 때만 1 출력	A B Y 0 0 0 0 1 0 1 0 0 1 1 1	$Y=A \cdot B$ $Y=AB$
OR	A, B → Y	입력 신호 중 1개만 1이어도 1 출력	A B Y 0 0 0 0 1 1 1 0 1 1 1 1	$Y=A+B$
BUFFER	A → Y	입력 신호를 그대로 출력	A Y 0 0 1 1	$Y=A$
NOT (인버터)	A → Y	입력 신호를 반대로 변환하여 출력	A Y 0 1 1 0	$Y=A'$ $Y=\overline{A}$
NAND	A, B → Y	NOT+AND 즉, AND의 부정	A B Y 0 0 1 0 1 1 1 0 1 1 1 0	$Y=\overline{A \cdot B}$ $Y=\overline{AB}$ $Y=\overline{A}+\overline{B}$
NOR	A, B → Y	NOT+OR 즉, OR의 부정	A B Y 0 0 1 0 1 0 1 0 0 1 1 0	$Y=\overline{A+B}$ $Y=\overline{A} \cdot \overline{B}$
XOR	A, B → Y	입력 신호가 같으면 0, 다르면 1 출력	A B Y 0 0 0 0 1 1 1 0 1 1 1 0	$Y=A \oplus B$ $Y=A'B+AB'$ $Y=(A+B)(A'+B')$ $Y=(A+B)\overline{(AB)}$
XNOR	A, B → Y	NOT+XOR 입력 신호가 같으면 1, 다르면 0 출력	A B Y 0 0 1 0 1 0 1 0 0 1 1 1	$Y=A \odot B$ $Y=\overline{A \oplus B}$

응용 논리 회로

조합 논리 회로(Combination Logical Circuit)의 개념

① 입력 값에 의해서만 출력 값이 결정되고, 기억 소자를 포함하지 않으므로 기억 능력이 없다.
② 입력, 논리 게이트, 출력으로 구성되며, 회로에 있는 게이트의 논리 동작에 근거한다.
③ 종류로는 반가산기(Half Adder), 전가산기(Full Adder), 반감산기(Half Subtracter), 전감산기(Full Subtracter), 디코더(Decoder, 해독기), 인코더(Encoder, 부호기), 멀티플렉서(Multiplexer, MUX), 디멀티플렉서(DeMultiplexer) 등이 있다.

조합 논리 회로의 종류

① 반가산기(Half Adder)

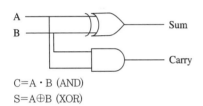

C=A · B (AND)
S=A⊕B (XOR)

- 1비트짜리 2진수 2개를 덧셈한 합(Sum)과 자리올림수(Carry)를 구하는 조합 논리 회로로 1개의 XOR 게이트와 1개의 AND 게이트로 구성된다.
- 진리표

A	B	S	C
0	0	0	0
0	1	1	0
1	0	1	0
1	1	0	1

② 전가산기(Full Adder)

- 뒷자리에서 올라온 자리올림수(C_i)를 포함하여 1비트짜리 2진수 3자리를 더하여 합(S_i)과 자리올림수(C_i+1)를 구하는 회로이다.
- 전가산기는 2개의 반가산기와 1개의 OR 게이트로 구성된다.

③ 디코더(Decoder)

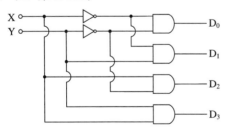

n개의 입력 회선이 있을 때 2^n개의 출력선 중 하나로 출력하며, AND 게이트로 구성된다.

④ 인코더(Encoder)

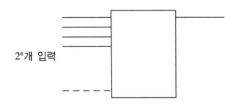

2^n개 입력

n개의 출력

2^n개의 입력 회선이 있을 때 n개의 출력선 중 하나로 출력하며, OR 게이트로 구성된다.

⑤ 멀티플렉서(MUX, Multiplexer)

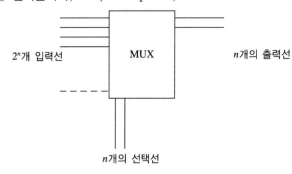

2^{n}개 입력선   MUX n개의 출력선

n개의 선택선

2^{n}개의 입력 신호에서 n개의 선택선 중 하나의 입력 신호를 선택하여 단일 출력선으로 전송한다.

⑥ 디멀티플렉서(DeMUX, DeMultiplexer)

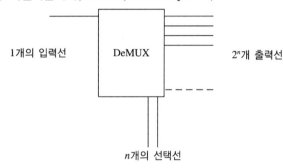

1개의 입력선   DeMUX   2^{n}개 출력선

n개의 선택선

하나의 입력선으로부터 입력 신호를 n개의 선에 의해 2^{n}개 출력선 중 하나를 선택하여 출력한다.

순서 논리 회로(Sequential Logical Circuit)의 개념과 특징

① 플립플롭(Flip-Flop, F/F, 기억 회로)과 게이트(조합 논리 회로)로 구성되며, 기억 소자(능력)를 가지고 있어 입력 값과 기억 소자의 상태에 따라 출력 값이 결정된다.
② 출력은 외부 입력과 플립플롭의 현재 상태에 의해 결정되며, 출력 신호의 일부가 피드백(Feedback)되어 출력 신호에 영향을 준다.
③ 설계 과정이 복잡하고, 고장 수리가 용이하지 않지만 처리 속도가 빠르다.
④ 종류로는 플립플롭(Flip-Flop), 레지스터(Register), 카운터(Counter) 등이 있다.

순서 논리 회로의 종류

① 플립플롭(Flip-Flop)
  • 전원이 공급되는 한 상태 변화를 위한 신호가 발생할 때까지 현재 상태를 유지하는 논리 회로로 1비트(bit)의 정보를 기억할 수 있다.
  • 기본적인 플립플롭은 2개의 NAND 또는 NOR 게이트를 이용한다.

구분	내용	플립플롭 특성표			
RS 플립플롭	• 가장 기본적인 플립플롭으로 S와 R이라는 2개의 입력선을 조절하여 임의의 비트 값을 그대로 유지하거나 0 또는 1의 값을 기억시키기 위해 사용한다. • S=R=1일 때 '동작 안 됨(부정)'의 단점이 있다.	S	R	$Q_{(t+1)}$	상태
		0	0	$Q_{(t)}$	변화 없음
		0	1	0	Reset
		1	0	1	Set
		1	1	동작 안 됨	동작 안 됨
JK 플립플롭	• RS 플립플롭에서 S=R=1일 때 동작이 안 되는 단점을 보완한 플립플롭이다. • 다른 플립플롭의 기능을 대용할 수 있어 응용 범위가 넓고 집적 회로화하여 가장 널리 사용된다. • J=K=1일 때 원래의 상태를 보수(반전)로 만든다.	J	K	$Q_{(t+1)}$	상태
		0	0	$Q_{(t)}$	변화 없음
		0	1	0	Reset
		1	0	1	Set
		1	1	$\overline{Q}_{(t)}$	반전
T 플립플롭	• JK 플립플롭의 두 입력선 J, K를 묶어서 한 개의 입력선 T로 구성한 플립플롭이다. • 원 상태와 보수 상태의 2가지 상태로만 전환 가능하다.	T		$Q_{(t+1)}$	상태
		0		$Q_{(t)}$	변화 없음
		1		$\overline{Q}_{(t)}$	반전
D 플립플롭	• RS 플립플롭의 R선에 인버터를 추가하여 S선과 하나로 묶어 입력선을 하나(D)만 구성한 플립플롭이다. • 입력하는 값을 그대로 저장하는 기능을 수행한다.	D		$Q_{(t+1)}$	상태
		0		0	Reset
		1		1	Set
마스터-슬레이브 플립플롭	• 두 개의 플립플롭을 주종관계로 연결하여, 안정적으로 내부상태를 유지할 수 있도록 구성된 플립플롭이다.				

② 레지스터(Register)
- 여러 개의 플립플롭을 이용하여 n비트(bit)의 정보를 기억하는 회로이다.
- n비트 레지스터는 n개의 플립플롭으로 구성되며, n비트를 저장할 수 있다.
- CPU 내부에서 처리할 명령이나 연산의 중간 값 등을 일시적으로 저장하는 기억 장치이다.
- 범용 레지스터, 세그먼트 레지스터, 프로그램 상태 제어 레지스터, 명령 포인터로 분류할 수 있다.

③ 카운터(Counter)
- 입력 펄스에 따라 미리 정해진 순서대로 상태가 변하는 장치이다.
- n개의 플립플롭을 가진 이진 카운터의 경우 0부터 $(2^n - 1)$까지 카운트 할 수 있다.

03 자료의 표현과 연산

THEME 006 진법 변환

진법

컴퓨터에서 사용되는 대표적인 수 체계는 2진법, 8진법, 16진법이다. 10진법은 컴퓨터는 특성상 ON / OFF의 2진 개념을 사용하므로 컴퓨터의 특성에 적합한 2진법을 사용한다. 2진법의 수의 길이가 길어지는 것을 방지하기 위해 2의 누승인 8진법과 16진법을 함께 사용한다.

2진수, 8진수, 16진수

16은 2^4이므로
16진수 1자리는
2진수 4자리로 표현

16진수 → 2진수

16은 2^4이므로
2진수 4자리를
16진수 1자리로 표현

8은 2^3이므로
8진수 1자리는
2진수 3자리로 표현

2진수 ← 8진수

8은 2^3이므로
2진수 3자리를
8진수 1자리로 표현

10진수	2진수	8진수	16진수	10진수	2진수	8진수	16진수
0	0000	00	0	8	1000	10	8
1	0001	01	1	9	1001	11	9
2	0010	02	2	10	1010	12	A
3	0011	03	3	11	1011	13	B
4	0100	04	4	12	1100	14	C
5	0101	05	5	13	1101	15	D
6	0110	06	6	14	1110	16	E
7	0111	07	7	15	1111	17	F

보수(Complement)

① 컴퓨터에서 보수(Complement)는 '채움수'라고 하여 합쳐서 어떤 수(10진수에서 9, 10)가 되는 수이다.
② 컴퓨터에서는 보수를 이용하여 음수를 표현할 수 있으며, 보수를 이용하면 뺄셈 연산을 덧셈 연산으로 구할 수 있다.

r의 보수(r은 진수)

① 10진수에는 10의 보수, 2진수에는 2의 보수가 있다.
② 보수를 구할 숫자의 자리 수만큼 0을 채우고, 가장 왼쪽에 1을 추가하여 기준을 만든다.

> 예 45에 대한 10의 보수는?
> $45+X=100 \rightarrow X=100-45 \rightarrow X=55$
> 예 11101에 대한 2의 보수는?
> $11101+X=100000 \rightarrow X=100000-11101 \rightarrow X=00011$

③ 다른 방법으로는 r−1의 보수를 구한 후 그 값에 1을 더하는 방법이 있다.

r−1의 보수(r은 진수)

① 10진수에는 9의 보수, 2진수에는 1의 보수가 있다.
② 10진수 X에 대한 9의 보수는 주어진 숫자의 자리 수만큼 9를 채워 기준을 만든다.

> 예 45에 대한 9의 보수는?
> $45+X=99 \rightarrow X=99-45 \rightarrow X=54$
> 예 11101의 1의 보수는?
> $11101+X=11111 \rightarrow X=11111-11101 \rightarrow X=00010$

③ 2진수 X에 대한 1의 보수는 주어진 숫자의 자리 수만큼 1을 채워 기준을 만든다.

보수의 표현법

1의 보수	각 자리에 있는 1을 0으로, 0을 1로 바꾸어 구한다.
2의 보수	1의 보수를 먼저 구한 다음 맨 오른쪽 자리에 1을 더하여 구한다.
9의 보수	10진수에서 각 자릿수의 숫자를 최댓값(999)에서 뺀다.
10의 보수	10진수에서 9의 보수를 먼저 구한 다음 그 결과에 1을 더하여 구한다.

자료의 내부적 표현

자료의 표현 방식

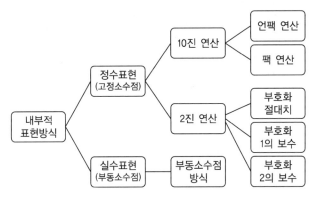

고정소수점(Fixed Point)

① 소수점의 위치를 숫자의 나열을 기준으로 하여 일정한 위치에 고정하는 방법이다.

② 소수점을 포함하지 않는 정수 데이터의 표현과 연산에 사용되며, 수치의 표현 범위는 작지만 연산 속도가 빠르다.

③ 맨 왼쪽 비트가 부호 비트이며 양수(+)는 0, 음수(-)는 1로 표시한다.

④ 기억장소의 크기는 2바이트(Half Word), 4바이트(Full Word), 8바이트(Double Word)가 존재한다.

고정소수점의 양수 표현 방법

① 수치자료는 정수, 실수에 따라 고정소수점 표현 방식과 부동소수점 표현 방식 중에 선택되어 표현된다.

② 양수인 경우는 컴퓨터 내부표현인 2진수로 변환되어 부호비트는 0으로 채운다.

예 '+26'을 컴퓨터 정수로 표현

고정소수점의 음수 표현 방법

종류	부호화 절대치	1의 보수	2의 보수
범위 (n비트)	$-(2^{n-1}-1) \sim +(2^{n-1}-1)$	$-(2^{n-1}-1) \sim +(2^{n-1}-1)$	$-(2^{n-1}) \sim +(2^{n-1}-1)$
0의 표현 (8비트)	$+0 : 0000\ 0000$ $-0 : 1000\ 0000$ → 0이 2가지 존재(+0, -0)	$+0 : 0000\ 0000$ $-0 : 1111\ 1111$ → 0이 2가지 존재(+0, -0)	$+0 : 0000\ 0000$ → 0이 1가지만 존재(+0)
$n=8$	$-127 \sim 127$	$-127 \sim 127$	$-128 \sim 127$

① 부호와 절대치
- 부호와 절대치 방식은 부호를 제외한 나머지 비트를 절대치로 나타내는 방식이다.
- 양수의 정수표현에 부호비트만 '1'을 채운다.
- k비트인 수치데이터의 컴퓨터 내부적 표현 범위는 $-(2^{k-1}-1) \sim +(2^{k-1}-1)$이다.

> **예** '−26'을 부호와 절대치 방식으로 표현
>
> | 1 | 0 | 0 | 0 | 0 | 0 | 0 | 0 | 0 | 0 | 0 | 0 | 1 | 1 | 0 | 1 | 0 |
> |---|---|---|---|---|---|---|---|---|---|---|---|---|---|---|---|---|
> | 부호 | | | | | | | | | | | | | | | | |

② 1의 보수(1's Complement)
- 1의 보수법은 부호비트가 양수이면 0, 음수이면 1로 채운다.
- 1의 보수를 음수로 표현하는 방법은 1 → 0, 0 → 1로 만드는 것이다.
- 1의 보수를 취하는 컴퓨터에서 k비트인 수치데이터의 컴퓨터 내부적 표현 범위는 $-(2^{k-1}-1) \sim +(2^{k-1}-1)$이다.

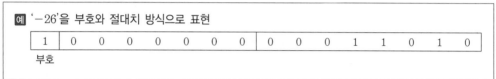

> **예** '−26'의 1의 보수 표현
> ㉠ 먼저 +26을 표현한다.
>
> | 0 | 0 | 0 | 0 | 0 | 0 | 0 | 0 | 0 | 0 | 0 | 0 | 1 | 1 | 0 | 1 | 0 |
> |---|---|---|---|---|---|---|---|---|---|---|---|---|---|---|---|---|
> | 부호 | | | | | | | | | | | | | | | | |
>
> ㉡ 부호비트를 제외한 나머지 비트에서 1 → 0, 0 → 1로 변환하고 부호비트는 1로 채운다.
>
> | 0 | 0 | 0 | 0 | 0 | 0 | 0 | 0 | 0 | 0 | 0 | 0 | 1 | 1 | 0 | 1 | 0 | +26 |
> |---|---|---|---|---|---|---|---|---|---|---|---|---|---|---|---|---|---|
> | 1 | 1 | 1 | 1 | 1 | 1 | 1 | 1 | 1 | 1 | 1 | 1 | 0 | 0 | 1 | 0 | 1 | −26 |
> | 부호 | | | | | | | | | | | | | | | | | |

③ 2의 보수(2's Complement)
- 2의 보수 또한 각 비트가 2가 되기 위해 상대되는 수가 2의 보수가 된다. 즉, 음수를 표현하기 위해 1의 보수를 만들고 1을 더한다.
- 2의 보수로 변환하는 방법은 양수로 표현된 각 비트에 대하여 오른쪽 마지막 비트에서 왼쪽으로 검색하면서 처음 만나는 '1'까지는 그대로 표현하고 나머지 비트만 1의 보수를 취하는 것이다.
- 2의 보수를 취하는 컴퓨터에서 k비트인 수치데이터의 컴퓨터 내부적 표현 범위는 $-(2^{k-1}) \sim +(2^{k-1}-1)$이다.

예 '−26'의 2의 보수 표현

㉠ 먼저 +26을 표현한다.

0	0	0	0	0	0	0	0	0	0	0	0	1	1	0	1	0

부호

㉡ 부호비트를 제외한 나머지 비트에 2의 보수를 취하고, 부호비트는 '1'을 채운다.

0	0	0	0	0	0	0	0	0	0	0	0	1	1	0	1	0	+26

←

1	1	1	1	1	1	1	1	1	1	1	1	0	0	1	1	0	−26

부호

부동소수점 표현(실수 표현 방식, Floating Point)

① 소수점을 포함한 실수 표현 방식으로, 수의 소수점의 위치를 움직일 수 있게 함으로써 한정된 비트의 수로 보다 높은 정밀도 표현이 가능하다.

② 기억장소의 크기는 4바이트(Full Word)와 8바이트(Double Word)가 존재한다.

③ 고정소수점 방식에 비해 연산과정이 복잡하고 시간이 많이 소요된다.

④ 가수(Mantissa)와 지수(Exponent)로 분리하여 표현하는데, 가수는 수의 정밀도를 표현하고, 지수는 수의 크기를 표현한다.

부동소수점 데이터 표현 방법

0 1	8 9	63
부호	지수부	가수부(소수부)

① 부호(1비트) : 음수이면 부호비트가 1, 양수이면 부호비트는 0이 된다.

② 지수부(8비트)

- 바이어스(Bias) 표현법을 사용한다. 즉, IEEE식은 바이어스 −127을 사용하고 IBM식은 바이어스 −64를 사용하였으나 현재는 바이어스 −127을 사용한다.
- 바이어스 표현법은 정규화를 통해서 한다. 주어진 수를 2진수로 변환한 뒤 $1.xxxx \times 2^n$의 형태가 정규화이다.
- 정규화된 2^n에서 n이 지수부에 $127+n$이 계산되어 표현된다.

③ 가수부(23비트) : 정규화된 $1.xxxx \times 2^n$에서 xxxx가 가수부에 표현된다.

팩(Pack) 형식

D	D	D	D	D	S

① 하나의 바이트에 BCD 코드 2개의 숫자를 표시하는 방식이다.

② 디지트(D–digit)와 부호(S–sign)로 구성한다.

③ 부호 부분은 양수인 경우 $(1100)_2 = C_{16}$, 음수인 경우 $(1101)_2 = D_{16}$, 부호가 없는 경우 $(1111)_2 = F_{16}$으로 표현한다.

④ 바이트 단위이므로 자릿수가 짝수인 수를 팩 형식으로 바꿀 때는 반 바이트(니블)가 아닌 한 바이트 추가한다.

예 +2743, −53689, 7911을 팩 형식으로 표현(16진수로 표현)

+2743	0	2	7	4	3	C
−53689	5	3	6	8	9	D
7912	0	7	9	1	2	F

+2743

0	2	7	4	3	C

−53689

5	3	6	8	9	D

7912

0	7	9	1	2	F

언팩(Unpack) 형식[존 형식(Zone Format) 또는 비팩형 10진 형식]

F	D	F	D	S	D

① 하나의 바이트에 한 개의 숫자가 저장된다.

② 존(F=1111)과 디지트로 구성된다.

③ 마지막 니블은 부호(S–sign)로 표현한다.

④ 하나의 바이트 왼쪽 4비트를 존(Zone)으로 취급하고, $(1111)_2 = F_{16}$와 함께 사용한다.

⑤ 부호 부분은 부호 양수인 경우 $(1100)_2 = C_{16}$, 음수인 경우 $(1101)_2 = D_{16}$, 부호가 없는 경우 $(1111)_2 = F_{16}$으로 채운다.

⑥ 숫자의 자릿수만큼 바이트 수가 결정한다.

⑦ +2743은 4바이트이고, −53689는 5바이트가 필요하다.

예 +2743, −53689, 7912를 언팩 형식으로 표현(16진수로 표현)

+2743

F	2	F	7	F	4	C	3

−53689

F	5	F	3	F	6	F	8	D	9

7912

F	7	F	9	F	1	F	2

THEME 008　자료의 외부적 표현

BCD 코드

① 대표적인 가중치 코드(Weighted Code)로 8421 코드 또는 2진화 10진 코드라고도 한다.

② 6비트로 구성되며, $2^6 = 64$가지의 문자를 표현할 수 있다.

③ 6비트 중 왼쪽 2비트는 존 비트, 나머지 4비트는 디지트 비트로 구성된다.

④ 숫자를 표현할 경우에는 4비트가 필요하고, 문자를 표현할 때는 6비트가 필요하다.

ASCII(아스키) 코드

① 미국 정보 교환 표준 코드로 데이터 통신 및 마이크로컴퓨터에서 주로 사용된다.

② 7비트로 구성되며, $2^7 = 128$가지의 문자를 표현할 수 있다.

③ 7비트 중 왼쪽 3비트는 존 비트, 나머지 4비트는 디지트 비트로 구성된다.

④ 패리티 비트를 포함하여 8비트로 사용하기도 한다.

EBCDIC 코드

① 주로 범용 컴퓨터에서 정보 처리 부호로 사용되며, 확장 이진화 10진 코드라고도 한다.

② 8비트로 구성되며, $2^8 = 256$가지의 문자를 표현할 수 있다.

③ 8비트 중 왼쪽 4비트는 존 비트, 나머지 4비트는 디지트 비트로 구성된다.

④ 중·대형급 이상의 컴퓨터에서 사용하는 코드 기법으로 알파벳 문자 코드가 연속적으로 정의되지 못한다는 단점이 있다.

UNI(유니) 코드

① 전 세계의 모든 문자를 컴퓨터에서 통일된 방법으로 표현하고 사용할 수 있도록 설계된 코드이다. 산업계에서 사용하는 표준 코드이다.

② 목적은 다국어 환경에서 서로 호환되지 않는 문제점을 해결하기 위해 현존하는 문자 인코딩 기법들을 유니 코드로 교체하는 것이다.

③ 일반 유니 코드는 2바이트 코드이므로 65,536개의 문자를 표현할 수 있다.

④ UTF-8 유니 코드는 영문, 숫자, 기호는 1바이트, 한글과 한자 등은 3바이트로 표현한다.

한글 코드 조합형 코드

① 초성(19자), 중성(21자), 종성(27자)을 서로 결합하지 않은 상태로 컴퓨터에 저장하여 화면이나 프린터에 나타나도록 하는 방식의 코드 체계이다.
② 16비트 내에서 첫 비트 MSB를 이용하여 0일 경우는 영문, 1일 경우는 한글로 세트하여 구별한다.
③ 15비트에서 초성, 중성, 종성에 각각 5비트씩을 할당하여 자소별로 코드를 할당한다.
④ 컴퓨터에 저장하여 화면이나 프린터에 나타나도록 하는 방식의 코드 체계이다.
⑤ 완성형보다는 많은 글자를 표현할 수 있고 한글을 모두 표현할 수 있다.

한글 코드 완성형 코드

① 한 자씩 도안하여 컴퓨터에 저장했다가 출력하면 그대로 화면이나 프린터에 나타나도록 하는 방식의 코드이다.
② 제작기간과 비용이 많이 드는 단점이 있다.
③ 한글의 음성인식, 음성합성, 자동번역 등 자연언어를 처리하기 위해 반드시 필요한 한글 자소 분리와 정렬이 되지 않는다.
④ 구현이 용이하고 국제 규격을 준수하여 현재 컴퓨터 환경적응이 가능하다.

THEME 009 | 기타 코드

성질에 따른 코드 분류

코드	종류
가중치 코드	BCD 코드(8421 코드), 2421 코드, 5421 코드, 51111 코드, 7421 코드, 8421 코드, Ring Counter 코드, Biquinary 코드 등
비가중치 코드	Excess-3 코드(3초과 코드), 그레이 코드, 2-Out-of-5 코드, 3-Out-of-5 코드 등
자기 보수 코드	Excess-3 코드(3초과 코드), 2421 코드, 5211 코드, 51111 코드, 8421 코드 등
에러 검출 코드	패리티 비트 코드, 해밍 코드, Biquinary 코드, Ring Counter 코드, 2-Out-of-5 코드, 3-Out-of-5 코드 등
에러 수정 코드	해밍 코드

가중치 코드

① BCD 코드(8421 코드)
- 10진수 1자리의 수를 2진수 4비트(Bit)로 표현하는 2진화 10진 코드이다.
- 4비트의 2진수 각 비트가 8($=2^3$), 4($=2^2$), 2($=2^1$), 1($=2^0$)의 자릿값을 가지므로 8421 코드라고도 한다.
- 문자 코드인 BCD에서 Zone 부분을 생략한 형태로 10진수 입출력이 간편하다.

② 2421 코드
- 각 자릿수의 가중치가 2, 4, 2, 1인 가중치 코드이다.
- 자기 보수(Self Complement)의 성질이 있다.

가중치가 없는 코드

① Excess-3 코드(3초과 코드)
- BCD 코드에 10진수 3(이진수 0011)을 더하여 만든 코드이다.
- 대표적인 자기 보수 코드로 연산에 용이하다.
- 8421 코드의 연산을 보정하기 위해서 사용한다.

② Gray 코드(순환 코드)
- BCD 코드에 인접하는 비트를 XOR 연산하여 만든 코드이다.
- 입출력장치, D/A 변환기, 주변 장치 등에서 숫자를 표현할 때 사용한다.
- 1비트(Bit)만 변화시켜 다음 수치로 증가시키기 때문에 하드웨어적인 오류가 적다.
- 아날로그 정보를 디지털 정보로 변환하는 데 사용된다.
- 2진수를 그레이 코드로 변환하려면 처음의 최상위 비트 그대로, 나머지는 이웃한 비트끼리 XOR 연산을 수행한다.

> **예** 2진수를 그레이 코드로 변환
>
>
>
> 따라서 2진수 1001은 그레이 코드로 1101이 된다.

- 그레이 코드를 2진수로 변환하려면 최상위 비트는 그대로, 그 결과를 다음 비트와 XOR 연산을 수행한다.

> **예** 그레이 코드를 2진수로 변환
>
>
>
> 따라서 그레이 코드 0110은 0100이 된다.

에러 검출 코드

① 패리티 체크 코드(Parity Check Code)
- 코드의 오류를 검사하기 위해서 데이터 비트 외에 1Bit의 패리티 체크 비트를 추가하는 코드로 1Bit의 오류만 검출할 수 있고, 2Bit 이상의 오류는 검출할 수 없다.
- 오류를 검출할 수는 있지만 오류를 수정(교정)할 수는 없다.

홀수 패리티(Odd Parity)	코드에서 1의 개수가 홀수가 되도록 0이나 1을 추가한다.
짝수 패리티(Even Parity)	코드에서 1의 개수가 짝수가 되도록 0이나 1을 추가한다.

② 해밍 코드(Hamming Code)
- 오류를 스스로 검출할 수 있을 뿐만 아니라 오류를 수정(교정)할 수 있는 코드이다.
- 1Bit의 오류는 검출할 수 있지만 2개 이상의 오류는 검출할 수 없다.
- 데이터 비트 외에 에러 검출 및 교정을 위한 잉여 비트가 많이 필요하다.
- 해밍 코드의 패리티 비트를 구하는 공식은 $2^p \geq n + p + 1$이다(단, p는 패리티 비트의 수, n은 정보 비트의 수).
- 1, 2, 4, 8, …, 2^n번째 비트는 오류 검출을 위한 패리티 비트이다.
- 8421 코드와 패리티 코드를 합한 코드가 전체 코드 수가 되고 정보 비트가 4비트인 경우 해밍 코드는 7비트가 된다.
- 정보 비트는 패리티 비트를 제외하고 8421 가중치 코드로 표현한다.

③ 자기 보수 코드(Self Complement code)
- 자기 보수 성질을 가진 코드로 더해서 9가 되는 두 수를 보수관계 코드라 한다.
- 0과 9가 서로 보수관계이고, 3과 6이 보수관계가 되도록 만들어진 코드이다.
- 대표적인 자기 보수 코드로는 3초과 코드, 2421 코드, 8421 코드, 51111 코드가 있다.

04 중앙처리장치(CPU)

THEME 010 중앙처리장치와 마이크로프로세서

중앙처리장치(CPU)의 개념

① 중앙처리장치(CPU; Central Processing Unit)는 사람으로 말하면 두뇌에 해당하는 장치로 컴퓨터 시스템에 부착된 모든 장치의 동작을 제어하고 명령을 실행하고 실행을 위해 임시로 데이터를 저장하는 장치이다.

② 중앙처리장치는 제어장치, 연산장치, 기억장치(레지스터)로 구성된다.

③ CPU의 4대 기능으로는 기억 기능, 연산 기능, 전달 기능, 제어 기능이 있다.

기능	담당 장소	특징
기억 기능	레지스터와 플래그	• 레지스터 세트는 CPU 내부에서 데이터를 일시에 저장하기 위해 사용되고 제한된 수가 존재한다.
연산 기능	연산장치	• 제어장치의 명령에 따라 실제로 연산을 수행하는 장치이다. • 산술연산, 논리연산, 관계연산, 이동(Shift) 등을 수행한다.
전달 기능	내부버스	• 내부버스는 내부 장치 간의 데이터 또는 제어신호가 지나는 통로로서 데이터 선과 제어 선이 있고, 외부 시스템과 연결되지 않는다.
제어 기능	제어장치	• 주기억 장치에 기억된 명령을 꺼내서 해독하고, 시스템 전체에 지시 신호를 내는 장치이다. • 프로그램 카운터, 명령어 레지스터, 부호기, 명령어 해독기가 이에 해당한다.

CPU의 특징

① 주기억장치에 저장되어 있던 데이터가 데이터 버스를 통해 CPU로 전달된다.

② 중앙처리장치의 클럭 주파수가 높으면 처리 속도가 빠르다.

③ 소수점이 있는 산술 연산이 많은 경우 속도 증가를 위해 보조 처리기가 필요하다.

④ 컴퓨터 장치 중 가장 빠르게 처리하는 장치이다.

아키텍처(Architecture)

하드웨어와 소프트웨어를 포함한 컴퓨터 시스템 전체의 설계방식으로 컴퓨터 아키텍처라고도 한다.

폰 노이만 아키텍처와 하버드 아키텍처 비교

구분	폰 노이만 아키텍처	하버드 아키텍처
개념도		
목적	• CPU는 한 번에 단일 명령어 실행 가능	• 병렬처리를 위해 메모리 분리
메모리	• 하나의 메모리 공유	• 명령어, 데이터 메모리 분리
프로세스	• 메모리 → 명령어 인출 → 메모리 → 명령어 해석 → 메모리 → 명령어 실행 → 메모리 저장 • 순차적으로 수행됨	• 명령어 메모리 → 명령어 인출 • 메모리 → 데이터 메모리 • 동시에 명령어와 데이터 처리 가능
장점	• 공용 메모리 사용으로 상대적 구현 비용 저렴	• 파이프라이닝 기술 사용을 위한 환경 제공
단점	• 파이프라이닝 기술 사용 시 메모리 공유문제 발생(제어 헤저드 발생)	• 별도 메모리 사용으로 비용 증가 • 회로 구조가 복잡
적용 사례	• 일반적인 범용 CPU	• Microchip Technology의 PIC • Atmel AVR • 현재 범용 CPU(Intel 펜티엄 이후)

마이크로프로세서(Microprocessor)

① 마이크로프로세서는 제어장치, 연산장치, 레지스터가 한 개의 반도체 칩에 내장된 장치이다.

② CPU 기능을 대규모 집적 회로(LSI)에 탑재한 장치로 산술 연산과 논리 연산의 제어 능력을 갖는다.

③ 클럭 주파수와 내부 버스(Bus)의 폭으로 성능을 평가한다.

④ 개인용 컴퓨터(PC)에서 중앙처리장치로 사용되며, CPU의 명령어 처리 및 구성 방식에 따라 RISC와 CISC, EISC로 구분한다.

RISC, CISC, EISC

RISC (Reduced Instruction Set Computer)	• 컴퓨터의 실행 속도를 높이기 위해 복잡한 처리를 소프트웨어에 맡기고, 명령 세트를 축소한 컴퓨터이다. • 복잡한 연산을 수행하려면 RISC가 제공하는 명령어를 반복 수행해야 하므로 프로그램이 복잡하다. • 명령의 대부분은 1머신 사이클에서 실행되고, 명령어 길이는 고정적이다. • 메모리에 대한 액세스는 LOAD와 STORE만으로 한정되어 있고, 어드레싱모드가 적어 와이어드 로직을 많이 이용한다. • 고정 배선 제어로 마이크로프로그램 방식보다 빠르다. • 단순 기능의 명령어 집합과 주소 지정 방식을 최소화하여 제어장치가 간단하다. • 속도가 빠른 그래픽 응용 분야에 적합하므로 워크스테이션에 주로 사용된다.
CISC (Complex Instruction Set Computer)	• 연산에 처리되는 복잡한 명령어들을 수백 개 이상 탑재하고 있는 프로세서이다. • 마이크로프로그래밍을 통해 사용자가 작성하는 고급언어에 각각 기계어를 대응시킨 회로로 구성된 중앙처리장치이다. • 데이터 경로, 마이크로프로그램 제어장치, 캐시, 메모리로 구성되어 있다. • 자주 사용하지 않는 명령어의 모든 셋을 갖춘 프로세서로 모든 요구 능력을 제공한다. • 명령어 집합이 커서 많은 명령어를 프로그래머에게 제공하므로 프로그래머 작업은 쉽다. • 마이크로 코드 설계가 매우 어렵다.
EISC (Extensible Instruction Set Computer)	• 에이디칩스에서 개발한 임베디드 프로세서용 RISC 기반 명령어 집합이다. • RISC의 간결성과 CISC의 확장성을 동시에 보유한다. • 확장 레지스터와 확장 플래그를 사용한다.

RISC와 CISC의 비교

구분	RISC	CISC
처리 속도	빠름	느림
명령어 수	적음	많음
전력 소모	적음	많음
레지스터	많음	적음
프로그래밍	복잡	간단

중앙처리장치 구성 요소

① 레지스터(Register)
- 레지스터는 중앙처리장치(CPU) 내부에서 처리할 명령어나 연산의 중간 결과 값, 주소 등을 일시적으로 기억하는 임시 기억 장소이다.
- 레지스터에 새로운 데이터가 들어오면 기존 내용은 사라지고, 새로 들어온 데이터만 기억한다.
- 레지스터의 크기는 컴퓨터가 한 번에 처리할 수 있는 데이터의 크기이다.
- 연산 속도를 향상시키기 위해 사용되며, 저장장치 중에서 속도가 가장 빠르다.
- 하나의 명령어에서 다른 명령어 또는 운영체제가 제어권을 넘긴 다른 프로그램으로 데이터를 전달하기 위한 장소를 제공한다.

② 제어장치(CU; Control Unit)

- 컴퓨터에 있는 모든 장치들의 동작을 지시하고 제어하는 장치이다.
- 주기억장치에서 읽어 들인 명령어를 해독하여 해당 장치에 제어 신호를 보내 정확하게 수행하도록 지시한다.
- 프로그램 카운터와 명령 레지스터를 이용하여 명령어 처리 순서를 제어한다.

구성 요소	설명
프로그램 카운터(PC)	CPU에서 다음에 실행될 명령어의 주소를 기억하는 레지스터
명령 레지스터(IR)	현재 실행 중인 명령어를 해독하기 위해 임시로 기억하는 레지스터
명령 해독기 (Instruction Decoder)	CPU에 입력된 명령어를 해독하여 올바른 연산이 이루어지도록 제어신호를 전송
번지 해독기(Address Decoder)	주소(번지)를 해독하여 주소에 기억된 내용을 데이터 레지스터로 전송
부호기(Encoder)	명령 해독기에서 받은 명령을 실행 가능한 제어 신호로 변환하여 각 장치로 전송
메모리 주소 레지스터(MAR)	명령이 기억된 주기억장치의 주소나 기억장치에서 메모리 주소를 기억하는 레지스터
메모리 버퍼 레지스터(MBR)	기억장치에서 읽거나 저장할 데이터를 일시적으로 기억하는 레지스터(입출력장치의 동작 속도와 전자계산기의 동작 속도를 맞추는 데 사용)
베이스 레지스터(Base Register)	명령이 시작되는 최초의 번지를 기억하는 레지스터
인덱스 레지스터(Index Register)	주소 변경, 서브루틴 연결, 반복 연산 등을 수행하는 레지스터
시프트 레지스터(Shift Register)	데이터를 좌우로 1비트씩 자리를 이동 시키는 레지스터
메이저 스테이트 레지스터 (Major State Register)	CPU의 메이저 스테이트를 기억하는 레지스터

③ 연산장치(ALU; Arithmetic & Logic Unit)

- 제어장치의 명령에 따라 실제로 연산을 수행하는 장치이다.
- 산술 연산, 논리 연산, 관계 연산뿐 아니라 자료의 비교, 이동, 편집 및 판단 작업도 수행한다.

구성 요소	설명
누산기(Accumulator)	• 산술 및 논리 연산의 결과를 일시적으로 기억하는 레지스터
가산기(Adder)	• 사칙연산과 함께 데이터 레지스터에 저장된 값과 누산기의 값을 더함
보수기(Complement)	• 음수 표현이나 뺄셈 시 입력된 데이터를 보수로 변환
시프터(Shifter)	• 곱셈, 나눗셈 등 연산의 보조 기능을 수행하는 자리 이동기
데이터(Data) 레지스터	• 연산에 필요한 데이터를 일시적으로 기억하는 레지스터
상태(Status) 레지스터	• CPU 상태와 연산 결과(자리올림, 인터럽트, 오버플로, 언더플로 등)의 상태를 기억하는 레지스터
기억(Storage) 레지스터	• 기억장치에 전송할 데이터를 일시적으로 기억하는 레지스터
인덱스(Index) 레지스터	• 주소를 변경하기 위해 사용되는 레지스터 • 주소(Address) 레지스터 기억장치 내의 주소를 기억하는 레지스터

PSW(Program Status Word)

CPU에서 명령이 실행되는 순서를 제어하거나 특정 프로그램에 관련된 컴퓨터 시스템의 상태를 나타내고, 유지하기 위한 제어 워드이다. 실행 중인 CPU의 상태 정보를 나타낸다.

클럭(Clock)

① 중앙처리장치에서 일정한 속도로 동작하기 위해 규칙적인 간격으로 공급되는 전기적 진동(Pulse)을 말한다.

② 주파수는 1초에 클럭이 발생하는 횟수를 말하고 단위는 Hz로 표시한다.

③ 1MHz는 1초에 10^6개, 1GHz는 1초에 10^9개의 클럭이 발생한다.

④ 75MHz라면 초당 7천 5백만 번의 사이클로, 0과 1의 디지털 신호를 발생한다.

⑤ 클럭의 수가 높을수록 컴퓨터의 처리 속도가 빠르다는 것을 의미한다.

머신 사이클

① 프로그램을 구성하는 명령어는 4단계의 과정을 통해서 수행하는데 이러한 과정을 머신 사이클이라고 한다.

② 머신 사이클의 역할

명령어 인출(Fetch) 사이클	필요한 명령어를 주기억장치에서 불러오는 사이클이다.
명령어 해석(Decode) 사이클	호출된 명령어를 해석하는 사이클이다.
명령어 실행(Execute) 사이클	해석된 명령어를 산술논리 연산장치를 통하여 실행하는 사이클이다.
명령어 저장(Store) 사이클	수행결과를 주기억장치에 저장하는 사이클이다.

THEME 011 마이크로 오퍼레이션

마이크로 연산(Micro Operation)

① CPU에서 발생시키는 한 개의 클럭 펄스(Clock Pulse) 동안 실행되는 기본 동작이다.

② 명령어(Instruction)를 수행하기 위해 CPU에 있는 레지스터와 플래그가 상태 변환을 하도록 동작한다.

③ 한 개의 명령어는 여러 개의 마이크로 연산이 동작되어 실행된다.

④ 레지스터에 저장된 데이터에 의해 이루어지며 시프트(Shift), 로드(Load) 등이 있다.

⑤ CPU에서 발생시키는 제어 신호에 따라 마이크로 연산이 순서대로 일어난다.

⑥ 마이크로 연산 순서를 결정하기 위해 제어 장치가 발생시키는 신호를 제어 신호라 하고, 마이크로 오퍼레이션의 집합을 마이크로 명령어라고 한다.

마이크로 사이클 타임(Micro Cycle Time)

① 한 개의 마이크로 연산을 수행하는 데 걸리는 시간으로, CPU의 속도를 나타내는 척도로 사용된다.

② 마이크로 사이클 타임 부여 방식 종류

동기 고정식 (Synchronous Fixed)	• 모든 마이크로 오퍼레이션의 동작 시간이 같다고 가정하여 CPU Clock의 주기를 마이크로 사이클 타임과 같도록 정의하는 방식이다. • 모든 마이크로 오퍼레이션 중에서 수행 시간이 가장 긴 동작 시간을 마이크로 사이클 타임으로 정한다. • 모든 마이크로 오퍼레이션의 동작 시간이 비슷할 때 유리한 방식이다. • 제어기의 구현이 단순하며, CPU의 시간 낭비가 심하다.
동기 가변식 (Synchronous Variable)	• 수행 시간이 유사한 마이크로 오퍼레이션끼리 그룹을 만들고, 그룹별로 서로 다른 마이크로 사이클 타임을 정의하는 방식이다. • 동기 고정식에 비해 CPU의 시간 낭비를 줄일 수 있지만 제어기의 구현은 조금 복잡하다. • 각 마이크로 오퍼레이션의 사이클 타임이 현저한 차이를 나타낼 경우 유리한 방식이다.
비동기식 (Asynchronous)	• 모든 마이크로 오퍼레이션에 대해 서로 다른 마이크로 사이클 타임을 정한다. • 하나의 레지스터 전달이 끝나는 즉시 다음 레지스터로 전달되어 CPU의 시간낭비가 적다. • 제어가 매우 복잡하다는 단점이 있어서 실제로는 거의 사용되지 않는다.

THEME 012 　메이저 상태(메이저 사이클)

메이저 스테이트(Major State)의 개념

① 현재 CPU가 무엇을 하고 있는가를 나타내는 상태로 인출(Fetch), 간접(Indirect), 실행(Execute), 인터럽트(Interrupt) 등의 4가지 단계가 있어 메이저 사이클(Major Cycle) 또는 머신 사이클 (Machine Cycle)이라고도 한다.

② CPU는 메이저 상태의 4가지 과정을 반복적으로 거치면서 동작을 수행한다.

③ 메이저 상태는 F, R 플립플롭의 상태로 파악한다.

F 플립플롭	R 플립플롭	메이저 상태
0	0	인출 주기(Fetch Cycle)
0	1	간접 주기(Indirect Cycle)
1	0	실행 주기(Execute Cycle)
1	1	인터럽트 주기(Interrupt Cycle)

메이저 스테이트 변화 과정

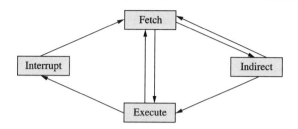

① 인출 주기(Fetch Cycle)가 완료되면서 해독 결과에 따라 직접 주소이면 실행 주기로 진행하고, 간접 주소이면 간접 주기를 거쳐 실행 주기로 진행한다.
② 실행 주기에서는 인터럽트 발생 여부에 따라, 인터럽트가 발생했으면 인터럽트 주기로 진행하고 그렇지 않으면 인출 주기로 진행한다.
③ 인터럽트 주기에서는 항상 인출 주기로 진행한다.

인출 사이클(Fetch Cycle)

① 명령어를 주기억장치에서 중앙처리장치의 명령 레지스터로 가져와 해독하는 사이클이다.
② 명령이 실행되기 위해 가장 우선적으로 처리되어야 한다.
③ PC(Program Counter)가 하나 증가되어 다음의 명령어를 지시한다.

제어 신호	Micro Operation	의미
$C_0 t_0$	MAR ← PC	• PC에 있는 번지를 MAR로 전송
$C_0 t_1$	MBR ← M[MAR] PC ← PC+1	• 메모리에서 MAR이 지정하는 위치의 값을 MBR에 전송 • 다음에 실행할 명령 위치를 지정하기 위해 PC 값을 1 증가시킴
$C_0 t_2$	IR ← MBR[OP] I ← MBR[I]	• 명령어의 OP-code 부분을 명령 레지스터에 전송 • 명령어의 모든 비트를 플립플롭 I에 전송
$C_0 t_3$	F ← 1 또는 R ← 1	• I가 0이면 F 플립플롭에 1을 전송하여 Execute 단계로 변천하고, I가 1이면 R 플립플롭에 1을 전송하여 Indirect 단계로 변천

간접 사이클(Indirect Cycle)

① 인출 단계에서 해석된 명령의 주소부가 간접 주소인 경우 기억장치로부터 유효 주소를 읽어오는 사이클이다.
② 간접 주소가 아닌 경우에는 명령어에 따라서 실행 사이클 또는 인출 사이클로 이동할지를 판단한다.

제어 신호	Micro Operation	의미
$C_1 t_0$	MAR ← MBR[AD]	MBR에 있는 명령어의 번지 부분을 MAR에 전송
$C_1 t_1$	MBR ← M[MAR]	메모리에서 MAR이 지정하는 위치의 값을 MBR에 전송
$C_1 t_2$	No Operation	동작 없음
$C_1 t_3$	F ← 1, R ← 0	F에 1, R에 0을 전송하여 Execute 단계로 변천

실행 사이클(Execute Cycle)

① 인출 단계에서 인출하여 해석한 명령을 실행하는 사이클이다.
② 플래그 레지스터의 상태 변화를 검사하여 인터럽트 단계로 변천할 것인지를 판단한다.
③ 인터럽트 요청 신호를 나타내는 플래그 레지스터의 변화가 없으면 인출 단계로 변천한다.
④ CPU는 기억장치나 입출력장치 사이에서 데이터를 이동하고, 데이터에 대해 산술 또는 논리 연산을 수행한다.

제어 신호	Micro Operation	의미
$C_2 t_0$	MAR ← MBR[AD]	MBR에 있는 명령어의 번지 부분을 MAR에 전송
$C_2 t_1$	MBR ← M[MAR]	메모리에서 MAR이 지정하는 위치의 값을 MBR에 전송
$C_2 t_2$	AC ← AC+MBR	누산기의 값과 MBR의 값을 더해 누산기에 전송(실질적인 ADD 연산이 이루어지는 부분)
$C_2 t_3$	F ← 0 또는 R ← 1	F에 0을 전송하면 F=0, R=0이 되어 인출 단계로 변천하고, R에 1을 주면 F=1, R=1이 되어 인터럽트 단계로 변천

인터럽트 사이클(Interrupt Cycle)

① 인터럽트 발생 시 복귀 주소(PC)를 저장시키고, 제어 순서를 인터럽트 처리 프로그램의 첫 번째 명령으로 옮기는 사이클이다.
② 인터럽트 단계를 마친 후에는 항상 인출 단계로 변천한다.
③ 하드웨어로 실현되는 서브루틴의 호출로 컴퓨터는 CPU의 정상적인 작업일 때 외부에서 끼어드는 인터럽트를 허용한다.

제어 신호	Micro Operation	의미
$C_3 t_0$	MBR[AD] ← PC PC ← 0	• PC가 가지고 있는 다음에 실행할 명령 주소를 MBR의 주소 부분으로 전송 • 복귀 주소를 저장할 0번지를 PC에 전송
$C_3 t_1$	MAR ← PC PC ← PC+1	• PC가 가지고 있는 값 0번지를 MAR에 전송 • 인터럽트 처리 루틴으로 이동할 수 있는 인터럽트 벡터의 위치를 지정하기 위해 PC 값을 1 증가시켜 1로 세트시킴
$C_3 t_2$	M(MAR) ← MBR IEN ← 0	• 복귀 주소를 메모리에 저장하고, IEN을 클리어
$C_3 t_3$	F ← 0 R ← 0	• 인출 사이클로 이동

THEME 013　주요 명령의 마이크로 오퍼레이션(Micro Operation)

ADD(ADD to AC) : AC ← AC+M[AD]

메모리 내용과 누산기(AC) 내용에 대하여 ADD 연산을 수행한 후 그 결과를 다시 누산기(AC)에 저장한다.

제어 신호		Micro Operation	의미
$C_2 t_0$		MAR ← MBR[AD]	MBR에 있는 명령어의 번지 부분을 MAR에 전송
$C_2 t_1$		MBR ← M[MAR]	메모리에서 MAR이 지정하는 위치의 값을 MBR에 전송
$C_2 t_2$		AC ← AC+MBR	누산기의 값과 MBR의 값을 더해 누산기에 전송
$C_2 t_3$	IEN'	F ← 0	F에 0을 전송하면 F=0, R=0이 되어 Fetch 단계로 변천
	IEN	R ← 1	R에 1을 전송하면 F=1, R=1이 되어 Interrupt 단계로 변천

LDA(Load to AC) : AC ← M[AD]

메모리 내용을 누산기(AC)에 저장하는 명령인 LDA(Load AC) 명령을 실행한다.

제어 신호		Micro Operation	의미
$C_2 t_0$		MAR ← MBR[AD]	• MBR에 있는 명령어의 번지 부분을 MAR에 전송
$C_2 t_1$		MBR ← M[MAR] AC ← 0	• 메모리에서 MAR이 지정하는 위치의 값을 MBR에 전송 • AC에 0을 전송하여 AC를 초기화함
$C_2 t_2$		AC ← AC+MBR	• 메모리에서 가져온 MBR과 AC를 더해 AC에 전송 • 초기화된 AC에 더해지므로 메모리의 값을 AC로 불러오는 것과 같음
$C_2 t_3$	IEN'	F ← 0	• F에 0을 전송하면 F=0, R=0이 되어 Fetch 단계로 변천
	IEN	R ← 1	• R에 1을 전송하면 F=1, R=1이 되어 Interrupt 단계로 변천

STA(Store to AC) : M[AD] ← AC

누산기(AC) 내용을 메모리에 저장하는 명령인 STA(Store To AC) 명령을 실행한다.

제어 신호		Micro Operation	의미
$C_2 t_0$		MAR ← MBR[AD]	MBR에 있는 명령어의 번지 부분을 MAR에 전송
$C_2 t_1$		MBR ← AC	AC의 값을 MBR에 전송
$C_2 t_2$		M[MAR] ← MBR	MBR의 값을 메모리의 MAR이 지정하는 위치에 전송
$C_2 t_3$	IEN'	F ← 0	F에 0을 전송하면 F=0, R=0이 되어 Fetch 단계로 변천
	IEN	R ← 1	R에 1을 전송하면 F=1, R=1이 되어 Interrupt 단계로 변천

BUN(Branch UNconditionally)

PC에 특정한 주소를 전송하여 실행 명령의 위치를 변경하는 무조건 분기 명령이다.

제어 신호		Micro Operation	의미
$C_2 t_0$		PC ← MBR[AD]	MBR에 있는 명령어의 번지 부분을 PC에 전송(다음에 실행할 명령의 주소를 갖는 PC 값이 변경되었으므로 변경된 주소에서 다음 명령이 실행됨)
$C_2 t_1$		No Operation	동작 없음
$C_2 t_2$		No Operation	동작 없음
$C_2 t_3$	IEN'	F ← 0	F에 0을 전송하면 F=0, R=0이 되어 Fetch 단계로 변천
	IEN	R ← 1	R에 1을 전송하면 F=1, R=1이 되어 Interrupt 단계로 변천

ISZ(Increment and Skip if Zero)

메모리 내용을 읽어 해당 내용을 1 증가시킨 후 결과 값이 0이면 건너뛰는 명령(스킵)인 ISZ 명령을 조건에 따라 실행한다.

제어 신호		Micro Operation	의미
$C_2 t_0$		MAR ← MBR(AD)	명령어의 주소 부분을 MAR에 전송
$C_2 t_1$		MBR ← M(MAR)	메모리에서 MAR에 위치한 내용을 MBR에 전송
$C_2 t_2$		MBR ← MBR+1	MBR의 값을 1 증가시킴
$C_2 t_3$	IEN'	M(MAR) ← MBR, IF(MBR=0) Then ← PC+1	증가된 값을 메모리에 다시 저장하고, MBR의 값이 0이면 스킵
	IEN		

기억장치

THEME 014   기억장치의 분류와 용어

사용 용도에 따른 분류

주기억장치	반도체	RAM	SRAM, DRAM
		ROM	Mask ROM, PROM, EPROM, EEPROM
	자기 코어		
보조기억장치	DASD	자기 디스크, 자기 드럼, 하드디스크, 플로피 디스크	
	SASD	자기 테이프	
특수기억장치	복수 모듈 기억장치(인터리빙), 연관 기억장치, 캐시기억장치, 가상기억장치		

특성에 따른 분류

전원 공급 유무	휘발성 메모리	RAM(SRAM, DRAM)
	비휘발성 메모리	ROM, 자기 코어, 보조기억장치(자기 디스크, 자기 테이프 등)
자료 보존 유무	파괴 메모리	자기 코어
	비파괴 메모리	RAM, ROM, Disk, Tape 등 반도체 메모리
접근 방식	순차 접근	자기 테이프
	직접 접근	자기 디스크, 자기 드럼, CD-ROM
시간 흐름	정적 메모리	SRAM
	동적 메모리	DRAM

접근 시간(Access Time)

① 정보를 기억장치에 기억시키거나 읽어내는 명령을 한 후부터 실제 정보를 기억 또는 읽기 시작할 때까지 소요되는 시간이다.
② 주소와 읽기/쓰기가 도착한 순간부터 데이터 액세스가 완료되는 순간까지의 시간이다.
③ 액세스 암이 실린더를 찾을 때부터 찾고자 하는 자료에 도달할 때까지의 시간이다.
④ 주기억장치와 캐시기억장치의 접근 시간
　(평균 기억장치의 접근 시간)=(적중률)×(캐시기억장치의 접근 시간)+{1-(적중률)×(주기억장치의 접근 시간)}

사이클 시간(Cycle Time)

① 읽기 또는 쓰기 신호를 보내고 나서 다음 읽기 또는 쓰기 신호를 보낼 때까지의 시간이다.
② 기억장치의 접근을 위하여 판독 신호를 보내고 나서 다음 판독 신호를 보낼 수 있을 때까지의 시간이다.
③ DRAM은 재충전 시간이 필요하기 때문에 사이클 시간이 접근 시간보다 크다.

반환 시간(Turn-around Time)

① 시스템에 사용자가 수집한 자료를 입력해서 그것이 처리되어 사용자에게 결과가 되돌아올 때까지 걸리는 시간이다.
② 어떤 명령을 내리고 그 결과가 되돌아올 때까지의 시간이다.

탐구 시간(Seek Time)

① 액세스 암이 원하는 실린더나 트랙까지 도달하는 데 걸리는 시간이다.
② 자료를 찾기 위해 액세스 암이 실린더를 찾는 데 걸리는 시간이다.

탐색 시간(Search = Latency Time)

① 특정 실린더에서 실제 데이터를 찾는 데 걸리는 시간이다.
② 액세스 암이 실린더를 찾은 후 찾는 자료에 도달할 때까지 걸리는 시간이다.

계층 메모리

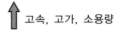 고속, 고가, 소용량

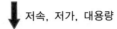 저속, 저가, 대용량

① 가격(고가 → 저가) : 레지스터 → 캐시기억장치 → 주기억장치 → 보조기억장치

② 처리 속도(고속 → 저속) : 레지스터 → 캐시기억장치 → 주기억장치 → 보조기억장치

③ 용량(대용량 → 소용량) : 보조기억장치 → 주기억장치 → 캐시기억장치 → 레지스터

주기억장치

① 자기 코어 메모리(Magnetic Core Memory)

- 전류 일치 기술에 의하여 기억 장소를 선별하는 기억장치이다.
- 비휘발성 메모리, 파괴성 판독 메모리(재저장 필요)이다.
- 자기 코어의 중심을 통과하는 전선에 흐르는 전류가 오른 나사 법칙에 따라 1 또는 0으로 숫자화 되어 기억된다.
- 자기 드럼이나 자기 디스크보다 호출 속도가 매우 빠르다.
- 사이클 시간이 기억장치의 접근 시간보다 항상 크거나 같다.
- X선, Y선, S선, Z선의 4개의 도선이 꿰어져 있으며, 이 선들을 이용해서 필요한 정보를 입출력 한다.

X선, Y선	구동선(Driving Wire)으로 코어를 자화시키기 위해 자화에 필요한 전력의 절반을 공급하는 도선이다.
S선	감지선(Sense Wire)으로 판독을 위해 구동선에 전력을 가했을 때 자장의 변화를 감지하여 0과 1의 저장 여부를 판단하는 선이다.
Z선	금지선(Inhibit Wire)으로 원하지 않는 곳의 자화를 방지하는 선이다.

② ROM(Read Only Memory)

- 읽기만 가능하다.
- 비휘발성 메모리이다.

Mask ROM	제조 과정에서 프로그램되어 생산되며, 한 번 수록된 데이터는 수정할 수 없다.
PROM(Program able ROM)	사용자가 한 번만 내용을 기입할 수 있으며, 지울 수는 없다.
EPROM	이미 기억된 내용을 자외선을 이용하여 지우고 다시 사용할 수 있다.
EAPROM	전기적 특성을 이용하여 기록된 정보의 일부를 변경할 수 있다.
EEPROM	전기적 특성을 이용하여 기록된 정보를 여러 번 지우고 다시 사용 가능하다.

③ RAM(Random Access Memory)
- 읽고 쓰기가 자유롭다.
- 휘발성 메모리이다.
- RAM의 단위로는 K(Kilo), M(Mega), G(Giga), T(Tera)가 있고, 각각 2^{10}Byte, 2^{20}Byte, 2^{30} Byte, 2^{40}Byte로 나타낼 수 있다.

종류	특징
DRAM (동적램)	• 주기적인 재충전(Refresh)이 필요하며, 주기억장치에 적합하다. • 소비 전력이 낮은 반면, 구성 회로가 간단하여 집적도가 높다. • 가격이 저렴하고, 콘덴서에서 사용한다.
SRAM (정적램)	• 재충전이 필요 없고, 액세스 속도가 빨라 캐시(Cache) 메모리에 적합하다. • 소비 전력이 높은 반면, 구성 회로가 복잡하여 집적도가 낮다. • 가격이 비싸고, 플립플롭(Flip-Flop)으로 구성한다.

기억 장치 용량 계산법

① (기억 장치 용량)=$2^{(입력\ 번지선의\ 수)}$×(출력 데이터선의 수)
② (입력 번지선의 수)=(MAR의 크기)=(PC의 크기)
③ (워드 수)=$2^{(입력\ 번지\ 수)}$
④ (출력 데이터선의 수)=(워드의 크기)=(MBR의 크기)=(DR의 크기)

보조기억장치

① 주기억장치의 부족한 용량 문제를 해결하기 위해 외부에 설치된 대용량 기억장치이다.
② 주기억장치에 비해 속도가 느리다.
③ 전원이 차단되어도 내용이 그대로 유지된다.
④ 자기 테이프와 자기 디스크가 있다.

자기 테이프 (Magnetic Tape)	• 자성 물질을 입힌 테이프를 릴에 감아서 만든 기억 장치이다. • 순차 접근만 가능하다. • 대량의 자료를 장시간 보관하는 데 가장 유리한 장치이다.
자기 디스크 (Magnetic Disk)	• 자성 물질을 입힌 금속 원판을 여러 장 겹쳐서 만든 기억 장치이다. • 순차적 접근, 직접 접근 모두 가능하다. • 접근 속도가 빠르다.

자기 디스크의 구조

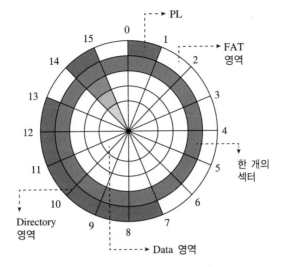

① 트랙(Track) : 디스크의 중심원을 따라 데이터를 기록할 수 있는 동심원이다.
② 섹터(Sector) : 트랙을 부채꼴 모양으로 분할한 영역이다.
③ 실린더(Cylinder) : 각 디스크 표면의 같은 트랙들의 모임이다.
④ 읽기 / 쓰기 헤드(Read / Write Head) : 디스크에 데이터를 읽거나 쓰기 위한 장치이다.
⑤ 액세스 암(Access Arm) : 데이터에 접근하기 위한 장치이다.

자기 드럼(Magnetic Drum)

① 원통 표면에 트랙과 섹터를 구성하고, 트랙마다 고정된 읽기 / 쓰기가 있는 기억장치이다.
② 자기 디스크보다 속도가 빠르지만 용량이 적다는 단점이 있어 사용되지 않는다.

파괴성 판독(Destructive Read Out)

① 데이터를 읽어내면서 원래의 데이터를 소거하는 판독 방법이다.
② 정보를 보존하려면 읽어낸 뒤 즉시 재기입해야 하므로 사이클 시간이 접근 시간에 비해 크다.

THEME 015　캐시기억장치(Cache Memory)

캐시기억장치(Cache Memory)의 개념

① 중앙처리장치와 주기억장치의 속도 차이를 극복하기 위해 둘 사이에 설치한 메모리이다.
② CPU와 비슷한 액세스 속도를 가지며, 미리 데이터를 옮겨 놓고 버퍼(Buffer) 개념으로 사용하는 기억장치이다.
③ 캐시에 기록하는 방식에는 Write-Through 방식과 Write-Back 방식이 있다.

Write-Through 방식	캐시와 주기억장치를 같이 Write하는 방식으로 간단하지만 성능이 떨어진다.
Write-Back 방식	캐시 내용이 사라질 때 주기억장치에 Write하는 방식으로 메모리의 접근 횟수가 적지만 회로가 복잡하다.

캐시기억장치(Cache Memory)의 특징

① CPU와 주기억장치 사이에 있는 고속 버퍼 메모리로, 주로 SRAM을 사용하며 가격이 비싸다.
② 메모리 계층 구조에서 가장 빠른 소자로 수십 ~ 수백 Kbyte의 용량을 사용한다.
③ 기억장치의 접근 시간이 줄어들기 때문에 컴퓨터의 처리 속도가 향상된다.
④ CPU에서 실행 중인 프로그램과 데이터를 기억한다.
⑤ 자주 참조되는 프로그램이나 데이터를 속도가 빠른 메모리에 저장하여 메모리 접근 시간을 감소시킨다.
⑥ 캐시 접근 시 충돌을 방지하기 위해 코드와 데이터를 분리해서 기억시키는 분리 캐시를 사용한다.

캐시의 매핑 프로세스

직접 사상 (Direct Mapping)	• 주기억장치의 임의의 블록들이 특정한 슬롯으로 사상되는 방식이다. • 기억시킬 캐시 블록의 결정 함수는 주기억장치의 블록 번호를 캐시 전체의 블록 수로 나눈 나머지로 결정한다. • 캐시 메모리에서 한 개의 페이지만 존재하도록 하는 경우로 1 : 1 매핑에 해당한다.
연관 사상 (Associative Mapping)	• 주기억장치의 임의의 블록들이 어떠한 슬롯으로든 사상될 수 있는 방식이다. • 가장 빠르고 융통성 있는 구조 방식으로 직접 사상의 단점을 극복한다. • 메모리 워드의 번지와 데이터를 함께 저장하는데 캐시 블록이 꽉 채워진 경우이면, 라운드 로빈(Round Robin) 방식으로 메모리 워드 번지와 데이터를 교체한다.
세트-연관 사상 (Set-Associative Mapping, 집합-연관 사상)	• 직접 사상과 연관 사상의 장점을 혼합한 방식이다. • 캐시 블록을 몇 개의 블록으로 이루어진 세트(Set) 단위로 분리한 후 세트를 선택할 때는 직접 사상 방식을 따르고 세트 내에서 해당 블록을 지정할 때는 연관 사상 방식을 따른다.

캐시메모리 적중률

① CPU가 기억장치에 접근하여 찾는 내용이 캐시에 기억될 경우 적중(Hit)되었다고 한다.

② 알고리즘에 따라 적중률이 달라지며, 캐시의 기본 성능은 히트율(Hit Ratio)로 표현한다.

③ (캐시 적중률)＝(적중 횟수)÷(주기억장치 접근의 총 횟수)

④ 지역성(Locality)이란 기억장치 내의 정보를 균일하게 접근하는 것이 아닌, 어느 한 순간에 특정부분을 집중적으로 참조하는 특성을 말한다.

⑤ 지역성(Locality)의 원리는 캐시 접근시간(Access Time)의 최소화, 캐시 적중률의 최대화이다.

THEME 016 RAID 방식

RAID(Redundant Array of Independent Disks)의 개념

① 여러 대의 하드디스크가 있을 때 동일한 데이터를 다른 위치에 중복해서 저장하는 기술이다.

② 하드디스크의 모음뿐만 아니라 자동으로 복제해 백업 정책을 구현해 주는 기술이다.

③ 여러 개의 하드디스크를 하나로 합쳐서 논리적인 Volume 디스크로 사용하는 것으로, 미러링 방식과 스트라이핑 방식을 조합하여 사용한다.

RAID의 목적

① 여러 개의 디스크 모듈을 하나의 대용량 디스크처럼 사용할 수 있도록 지원한다.

② 여러 개의 디스크 모듈에 데이터를 나누어서 한꺼번에 쓰고, 읽음으로써 I/O 속도를 향상시킨다.

③ 중복 저장을 통해 여러 개의 디스크 중 하나 또는 그 이상의 디스크에 장애가 발생하더라도 데이터 소멸을 방지한다.

RAID의 종류

RAID-0	디스크 스트라이핑(Disk Striping) 방식으로 중복 저장과 오류 검출 및 교정이 없다.
RAID-1	디스크 미러링(Disk Mirroring) 방식으로 높은 신뢰도를 갖는다.
RAID-2	해밍이라는 오류 정정 코드를 사용하는 방식으로 현재는 거의 쓰이지 않는다.
RAID-3	데이터를 Bit 단위로 여러 디스크에 분할하여 저장하며, 별도의 패리티 디스크를 사용한다.
RAID-4	데이터를 Block 단위로 여러 디스크에 분할하여 저장하며, 별도의 패리티 디스크를 사용한다.
RAID-5	패리티 블록들을 여러 디스크에 분산 저장하는 방식으로 단일 오류 검출 및 교정이 가능하다.
RAID-0+1	RAID-0과 RAID-1의 장점만 이용한 방식으로 성능 향상과 데이터의 안정성을 모두 보장한다.

THEME 017 버퍼(Buffer)

버퍼의 개념

① 버퍼는 동작 속도가 크게 다른 두 장치 사이에 접속되어 속도의 차이를 조정하기 위해 이용되는 임시적인 고속 저장장치로, 저속의 단말기와 고속의 중앙처리장치 사이에 설치된다. 즉, 데이터가 정체되지 않도록 완충재 역할을 하는 장치이다. 예를 들어, 프린터로 문서를 인쇄할 경우에 컴퓨터는 인쇄할 데이터를 버퍼에 저장한 다음 버퍼에 저장된 데이터를 인쇄하라고 프린터에 명령한다. 그러면 프린터가 버퍼에 저장된 데이터를 읽어 인쇄하는 동안에 컴퓨터는 프린터의 작업과 관계없이 자신의 다른 작업을 할 수 있다.

② 버퍼는 장치와 장치 사이에서 데이터를 송수신할 때 발생하는 시간의 차이나 데이터 흐름 속도의 차이를 보상하기 위해 사용하는 저장장치를 뜻한다. 즉, 데이터의 처리 속도·단위, 데이터 사용 시간이 다른 두 개의 장치 또는 프로그램 사이에서 데이터를 안정적으로 주고받기 위해 사용된다.

③ 버퍼는 레지스터(Resister)의 일종으로, 중앙처리장치(CPU)와 메모리, 입력과 출력 사이에서 데이터를 전송하는 데이터 버스 등에도 버퍼(데이터 버퍼)를 설치한다.

버퍼의 특징

① 버퍼는 컴퓨터의 처리 속도를 높이며, 논리회로에서는 신호 전달을 지연시키는 게이트 역할을 한다. 버퍼를 사용하면 중앙처리장치는 입력·출력할 데이터를 기다릴 필요 없이 입력·출력 명령을 즉시 내릴 수 있다.

② 버퍼 풀(Buffer Pool)은 프로그램들이 사용하는 버퍼를 한 장소에 미리 정해 두고 공유해 사용하게 한 것으로, 프로그램마다 별도의 버퍼 영역을 할당하지 않아도 되므로 기억장소를 절약할 수 있다.

③ 보조기억장치의 일종인 버퍼 캐시(Buffer Cache)는 디스크의 입력·출력 성능을 높이기 위해 주기억장치의 일부 영역을 최근에 사용된 디스크 블록의 내용을 기억하는 버퍼 영역으로 할당한 것으로, 버퍼 캐시에 있는 디스크 블록은 디스크 액세스 없이 즉각 이용할 수 있기 때문에 효율이 향상된다.

④ 버퍼의 효율성·기능성을 높이려면 버퍼의 크기를 상황에 적절하도록 설계하고, 데이터를 버퍼로 넣거나 빼내기 쉽도록 우수한 알고리즘을 개발해야 한다.

CHAPTER 06 입출력장치

THEME 018 입출력장치의 개요

입출력장치

① 입출력장치는 새로운 데이터를 받아들여서 중앙처리장치로 보내고, 다시 처리 결과를 받아서 사용자가 이해할 수 있는 형태로 바꾸어 주는 장치를 뜻한다. 즉, 컴퓨터와 사용자 사이에서 정보를 교환할 수 있는 장치를 통틀어 이르는 말이다.

② 입출력 시스템은 입출력장치, 입출력제어장치, 입출력 채널 등으로 구성되어 주기억장치에 저장되며, 이들 장치들 사이의 상호 유기적인 관계가 유지되어야 안정적·정상적으로 작동할 수 있다.

③ 입출력제어장치의 기능
  • 각 입출력장치의 고유한 제어 기능 및 입출력장치를 작동하게 한다.
  • 일반적으로 1개의 입출력제어장치가 다수의 입출력장치를 통제한다.

④ 입출력 채널의 기능
  • 입출력 명령을 해독하고, 각각의 입출력장치에 명령의 실행을 지시하며, 명령의 실행 상황을 통제한다.
  • 중앙처리장치가 수행할 입출력 조작을 대신 수행하므로 입출력 조작에 대한 중앙처리장치의 부담을 낮춤으로써 컴퓨터의 처리 능력을 개선한다.

입력장치

① 프로그램이나 데이터를 컴퓨터가 인식할 수 있는 부호 등의 형태로 바꾸어 주기억장치로 보내는 장치를 통틀어 이르는 말이다.

② **입력장치의 종류** : 키보드, 마우스, 스캐너, 터치스크린, 음성 입력장치, 조이스틱, 라이트펜, 디지타이저, 카드판독기, 광학식 문자판독기(OCR), 광학마크판독기(OMR), 바코드인식기, 자기잉크문자인식기 등

출력장치

① 출력장치는 주기억장치에서 데이터를 처리한 결과를 사용자인 사람이 인식할 수 있는 문자·도형·소리 등의 형태로 표시하는 여러 가지의 장치를 통틀어 이르는 말이다.
② 출력장치의 종류 : 모니터, 프린터, 스피커, 플로터, 음성응답장치, 음성합성장치 등

THEME 019 　입출력 시스템

입출력장치의 구성

① **입출력제어장치** : 입출력장치와 컴퓨터 간의 자료 전송 제어를 담당한다.
② **입출력 인터페이스** : 상이한 장치 간의 원활한 정보 전송 방법을 제공한다.
③ **입출력 버스** : 인터페이스에 공통으로 연결된 버스를 의미한다.

입출력장치 및 기억장치의 비교

구분	입출력장치	기억장치
속도	느림	빠름
자율성	타의 또는 자의	타의
에러 발생률	높음	낮음

버퍼링과 스풀링

구분	버퍼링	스풀링
구현 방식	하드웨어	소프트웨어
운영 방식	단일	다중
저장 위치	주기억장치	보조기억장치

THEME 020   입출력 제어 방식

DMA(Direct Memory Access)

① 기억 소자와 I/O 장치 간의 정보를 교환할 때, CPU의 개입 없이 명령어에 의해 직접 정보 교환이 이루어지는 방식이다.

② 대용량의 데이터를 전송할 때 효과적이다.

③ DMA가 메모리 접근을 하기 위해서는 사이클 스틸(Cycle Steal)을 한다.

④ 워드 카운트 레지스터, 주소 레지스터, 자료 버퍼 레지스터 등으로 구성된다.

⑤ DMA 제어기가 자료 전송을 종료하면 인터럽트를 발생시켜 CPU에게 알려준다.

사이클 스틸(Cycle Steal)

① CPU가 프로그램을 수행하기 위해 계속하여 메이저 사이클(Major Cycle, 인출, 간접, 실행, 인터럽트)을 반복하고 있는 상태에서 DMA 제어기가 하나의 워드(Word) 전송을 위해 일시적으로 CPU 사이클을 훔쳐서 사용하는 것이다.

② DMA가 기억장치 버스를 점유하여 CPU의 기억장치 액세스를 잠시 중지시키는 것으로 CPU는 DMA의 메모리 접근이 완료될 때까지 기다린다.

③ 사이클 스틸은 CPU의 상태를 보존할 필요가 없지만 인터럽트(Interrupt)는 CPU의 상태를 보존해야 한다.

채널(Channel)

① 입출력장치와 주기억장치 사이의 속도 차이를 개선하기 위한 장치로, DMA 개념을 확장한 방식이다.

② 채널 명령어를 분석하고 주기억장치에 직접적으로 접근해서 입출력을 수행한다.

③ 여러 개의 블록을 전송할 수 있으며, 전송 시에는 DMA를 이용할 수 있다.

④ 채널이 입출력을 수행하는 동안 CPU는 다른 프로그램을 수행함으로써 CPU의 효율을 향상시킬 수 있다.

⑤ CPU의 간섭 없이 독립적으로 입출력 동작을 수행하며, 작업이 끝나면 CPU에게 인터럽트로 알려준다.

셀렉터 채널 (Selector Channel)	• 하나의 채널을 입출력장치가 독점해서 사용하는 방식으로 고속 전송에 적합한 채널이다. • 입출력이 실제로 일어나고 있을 때는 채널 제어기가 임의의 시점에서 어느 한 입출력장치의 전용인 것처럼 운영된다.
바이트 멀티플렉서 채널 (Byte Multiplexor Channel)	• 한 개의 채널에 여러 개의 입출력장치를 연결하여 시분할 공유(Time Share) 방식으로 입출력하는 채널이다. • 저속의 입출력장치를 제어한다.
블록 멀티플렉서 채널 (Block Multiplexor Channel)	• 셀렉터 채널과 멀티플렉서 채널을 결합한 방식으로 융통성 있는 운용을 할 수 있다. • 고속의 입출력장치를 제어한다.

07 인터럽트, 시스템 버스, 병렬 컴퓨터

THEME 021   인터럽트(Interrupt)

인터럽트(Interrupt)

① 프로그램을 실행하는 도중에 예상치 않은 상황이 발생할 경우 현재 실행 중인 작업을 즉시 중단하고, 발생 상황을 우선 처리한 후 실행 중이던 작업으로 복귀하여 계속 처리하는 과정이다.
② 인터럽트의 처리 시기는 수행 중인 인스트럭션을 끝내고 마무리한다.
③ 인터럽트 수행 후에는 처리 시 보존한 PC 및 제어 상태 데이터를 PC와 제어 상태 레지스터에 복구한다.
④ 외부 인터럽트, 내부 인터럽트, 소프트웨어 인터럽트가 있다.

인터럽트의 종류

① 외부 인터럽트

전원 이상(Power Fail) 인터럽트	정전 또는 전원 이상이 있는 경우 발생한다.
기계 착오(Machine Check) 인터럽트	CPU의 기능적인 오류 동작이나 고장 시 발생한다.
외부 신호(External) 인터럽트	타이머에 의해 규정 시간(Time Slice)을 알리는 경우, 키보드로 인터럽트 키를 누른 경우, 외부 장치로부터 인터럽트의 요청이 있는 경우 발생한다.
입출력(Input-Output) 인터럽트	입출력 데이터의 오류나 이상 현상이 발생한 경우, 입출력장치가 데이터 전송을 요구하거나 전송이 끝났음을 알릴 경우 발생한다.

② 내부 인터럽트
   잘못된 명령이나 데이터를 사용할 때 발생하며, 트랩(Trap)이라고도 부른다.

명령어 잘못에 의한 인터럽트	프로그램에서 명령어를 잘못 사용한 경우 발생한다.
프로그램 검사(Program Check) 인터럽트	오버플로(Overflow), 언더플로(Underflow), 0으로 나누는 연산, 접근 금지 공간에 접근했을 때 발생한다.

③ 소프트웨어 인터럽트

프로그램 처리 중 명령 요청에 의해 발생하는 것으로 가장 대표적인 형태는 감시 프로그램을 호출하는 SVC(Supervisor Call) 인터럽트가 있다.

SVC(Supervisor Call) 인터럽트	사용자가 SVC 명령을 써서 의도적으로 호출한 경우 발생한다.

인터럽트 발생 시 CPU 확인 사항

프로그램 카운터(PC)의 내용, 사용한 모든 레지스터의 내용, 플래그 상태 조건(PSW)의 내용

인터럽트 동작 원리

① 요청 신호 발생 : 인터럽트 요청 신호가 발생한다.
② 프로그램 실행을 중단 : 현재 실행 중이던 명령어(Micro Instruction)는 끝까지 실행한다.
③ 현재의 프로그램 상태를 보존 : 프로그램 상태는 다음에 실행할 명령의 번지로서 PC가 가지고 있다.
④ 인터럽트 처리 루틴을 실행 : 인터럽트를 요청한 장치를 식별한다.
⑤ 인터럽트 서비스 루틴을 실행 : 실질적인 인터럽트를 처리한다.
⑥ 상태 복구 : 인터럽트 요청 신호가 발생했을 때 보관한 PC의 값을 다시 PC에 저장한다.
⑦ 중단된 프로그램 실행 재개 : PC의 값을 이용하여 인터럽트 발생 이전에 수행 중이던 프로그램을 계속 실행한다.

인터럽트 처리 순서

CPU에게 인터럽트 요청 → 현재 작업 중인 프로세스 상태를 저장 → 인터럽트 처리 프로그램 작동(인터럽트 취급 루틴 실행) → 해당 인터럽트에 대해 조치를 취함 → 인터럽트 처리 프로그램이 종료되면 리턴(Return), 주소를 이용하여 원래 작업으로 복귀

인터럽트 우선순위(높음 → 낮음)

전원 이상(Power Fail) → 기계 착오(Machine Check) → 외부 신호(External) → 입출력(I/O) → 명령어 잘못 → 프로그램 검사(Program Check) → SVC(Supervisor Call)

인터럽트 우선순위 판별법

① 소프트웨어적 판별 방법
- 인터럽트 발생 시 우선순위가 가장 높은 인터럽트 자원(Source)을 찾아 이에 해당하는 인터럽트 서비스 루틴을 수행하는 방식이다.
- 소프트웨어적인 방식을 폴링(Polling)이라고 하며, 이는 인터럽트 요청 신호 플래그를 차례로 검사하여 인터럽트의 원인을 판별한다.
- 많은 인터럽트가 있을 경우 그들을 모두 조사해야 하므로 반응 시간이 느리다.
- 회로가 간단하고 융통성이 있으며, 별도의 하드웨어가 필요 없어 경제적이다.

② 하드웨어적 판별 방법
- CPU와 인터럽트를 요청할 수 있는 장치 사이에 해당 버스를 병렬이나 직렬로 연결하여 요청 장치의 번호를 CPU에 알리는 방식이다.
- 인터럽트를 발생시킨 장치가 인터럽트 인식(Acknowledge) 신호를 받으면 자신의 장치 번호를 중앙처리장치로 보낸다.
- 장치 판별 과정이 간단해서 응답 속도가 빠르다.
- 회로가 복잡하고 융통성이 없으며, 추가적인 하드웨어가 필요하므로 비경제적이다.

부여 방식	설명
직렬(Serial) 우선순위	• 인터럽트가 발생하는 모든 장치를 1개의 회선에 직렬로 연결 • 우선순위가 높은 장치를 선두에 위치시키고, 나머지를 우선순위에 따라 차례로 연결 • 데이지 체인(Daisy-Chain) 방식이라고 함
병렬(Parallel) 우선순위	• 인터럽트가 발생하는 각 장치를 개별적인 회선으로 연결 • 각 장치의 인터럽트 요청에 따라 각 Bit가 개별적으로 Set될 수 있는 Mask Register를 사용 • 우선순위는 Mask Register의 Bit 위치에 의해서 결정 • 우선순위가 높은 인터럽트는 낮은 인터럽트가 처리되는 중에도 우선 처리됨

THEME 022　버스(Bus)

시스템 버스

중앙처리장치와 주기억장치 그리고 외부 입출력장치 간의 데이터 통신을 위해 공용으로 사용하는 전자기적 통로를 버스(Bus)라고 한다.

분류 기준	버스 종류	기능 및 역할
데이터 종류	데이터 버스	• 각 장치의 실제 데이터가 전달되는 버스, 양방향 버스
	제어 버스	• 제어장치의 제어신호가 전달되는 버스, 양방향 버스
	주소 버스	• 메모리의 주소가 전달되는 버스, 단방향 버스
버스 위치	내부 버스	• 컴퓨터 시스템 내의 칩들 사이에 신호를 전달하는 버스로 시스템 안이나 장치 안에 있는 버스
	외부 버스	• 주변장치들 사이에서 신호를 전달하기 위해 대부분 표준화되어 있는 범용의 인터페이스 버스로 내부 버스를 경유해서 중앙처리장치와 외부장치를 연결할 수 있는 버스
데이터 처리량	ISA 버스	• ISA(Industry Standard Architecture)는 중앙처리장치와 각종 주변장치를 연결하여 정보를 전달하는 버스 • IBM PC / AT의 16비트 버스 구조는 업계 표준 구조
	EISA 버스	• 16비트의 ISA 버스를 32비트로 확장하고 개선한 PC / AT 호환기의 버스 • 버스는 ISA 버스보다 훨씬 높은 주파수로 동작할 수 있고, 데이터 전송 속도도 훨씬 고속
	VESA 버스	• VESA(Video Electronics Standards Association) • 중앙처리장치와 주변장치를 직접 연결하여 고속으로 데이터를 전달하는 데이터 통로를 제공 • 데이터 전송 속도가 매우 빠름
	PCI 버스	• PCI(Peripheral Component Interconnect) • ISA나 EISA, VESA의 후속으로 개발된 로컬 버스 • 주소를 전달하는 신호와 데이터를 전달하는 신호를 시분할 다중화하여 하나의 선을 가지고 전송 • 중앙처리장치의 종류가 달라도 그에 대응하는 브리지 회로를 갖추기만 하면 어떤 중앙처리장치와도 연결 가능
용도고정 유무	전용 버스 (Dedicated Bus)	• 지정된 신호만 전달하는 버스, 데이터 버스, 제어 버스, 주소 버스가 전용버스의 종류
	다중화 버스 (Multiplexed Bus)	• 제어신호에 의해 다중 용도로 신호를 전달하는 버스 • 주소 및 데이터는 유효 주소 신호를 이용해서 주소 또는 일반 데이터를 전달 • 적은 버스 선으로 다양한 데이터의 전달이 가능하나 제어회로가 복잡 • 시분할 다중화 방식으로 성능 저하 우려

병렬 처리

① 여러 개의 프로세서에 의해 단일 프로그램에서 서로 다른 태스크(Task)를 동시에 처리할 수 있는 방식이다.
② 처리 부하를 분담하고, 처리 속도를 향상시키는 컴퓨팅 처리 기법이다.
③ 병렬 구조화 처리로 인해 처리장치 개수만큼 속도가 향상되지 않는다.
④ 병렬 처리로 인한 문제로 분할, 스케줄링, 동기화, 캐시메모리에 관한 문제가 발생한다.

병렬 컴퓨터의 분류

구분	종류	특징
명령어와 데이터 흐름의 수에 따른 분류 (Flynn의 분류)	SISD	• 전통적인 순차 컴퓨터로 Von Neumann 구조
	SIMD	• Array Processor, Vector Computer, Super Computer
	MISD	• 구현이 어려움, 알려진 적용 사례 없음
	MIMD	• 다중 프로세서, 클러스터, SMP, MPP, LCMP 시스템
메모리 공유에 따른 분류	SMP	• 단일 처리기 시스템에서 나타나는 성능의 한계를 극복하기 위해 두 개 이상의 프로세서를 공유 버스로 상호 연결하여 하나의 메모리를 망에 연결시켜 놓은 시스템
	MPP	• 수천 개 혹은 수만 개 정도의 처리기들을 상호 연결망에 의해 연결하여 태스크를 병렬로 처리하는 시스템 • 노드별로 각각의 CPU와 전용 메모리로 구성되며 메모리를 공유하지 않는 방식
	NUMA	• 프로세서별 공유 메모리를 두어 시스템 버스를 통하지 않고 Access를 원하는 데이터가 위치한 기억장치를 따라 Access 시간이 달라지는 고유 기억장치 구조

프로세스 병렬 처리 기능에 따른 분류

파이프라인 프로세서 (Pipeline Processor)	• 프로세서 하나를 서로 다른 기능을 가진 여러 개의 부 프로세서로 나누어, 각 부 프로세서가 동시에 서로 다른 데이터를 처리하는 방식 • 병렬 처리 컴퓨터에서 파이프라인 구조는 서브 프로세서 간 중첩되면서 단계별 수행을 하는 수직 형태의 종속적인 구조의 병렬성을 가짐
배열 프로세서 (Array Processor)	• 연산장치를 병렬로 배열하여 데이터를 고속으로 처리할 수 있는 처리 구조로, 벡터 계산이나 행렬(Matrix) 계산에 사용됨 • 각기 다른 처리 엘리먼트(Processing Element)들이 하나의 제어장치에 동기화되고, 한 명령이 내려지면 각 처리 엘리먼트에서 데이터를 동시에 처리하는 구조
다중 프로세서 (Multi Processor)	• 여러 프로세서에 다중의 독립적인 작업을 각각 배정하고 작업을 동시에 수행할 수 있도록 하는 방식 • 병렬 처리의 대표적인 모델로 기억장치 등 자원을 공유하며 프로세서들 간의 메시지 패싱 (Message-Passing)방식인 상호통신을 함

다중 프로세스의 상호 작용 결합 정도에 따른 분류

구분	특징
약결합 방식 (Loosely Coupled)	• 각각의 처리기가 각각의 지역 메모리(Local Memory)를 가진 독립적인 구조로 구성 • 처리기 사이의 데이터 교환이 많지 않을 경우에 사용
강결합 방식 (Tightly Coupled)	• 처리기 각각이 하나의 공유 메모리를 사용하는 구조 • 처리기 사이의 데이터 교환이 빈번하게 발생할 때 유리한 구조

적중예상문제

정답 및 해설 p.002

01 다음 중 컴퓨터의 중앙처리장치(CPU)에 포함되는 구성 요소로 옳지 않은 것은?

① 레지스터(Register)
② 산술장치
③ 논리장치
④ 모뎀(MODEM)

02 다음 중 컴퓨터에서 사용하는 펌웨어에 대한 설명으로 옳지 않은 것은?

① 하드웨어와 소프트웨어의 중간적 성격을 지닌다.
② 특정 하드웨어 장치에 포함된 소프트웨어로 디지털 시스템에서 사용된다.
③ 하드웨어를 읽어 실행하거나 수정하는 것이 가능하다.
④ ROM(EEPROM)에 저장되는 마이크로컴퓨터 프로그램이 해당된다.

03 다음 중 컴퓨터 시스템이 단위 시간에 얼마나 많은 자료를 처리할 수 있는가를 표시하는 용어로 옳은 것은?

① Access Time
② Throughput
③ MIPS
④ FLOPS

04 다음 중 RISC 마이크로프로세서에 대한 설명으로 옳지 않은 것은?

① CISC 방식에 비해 다양한 명령어들을 지원한다.
② 속도가 빠른 그래픽 응용 분야에 적합하다.
③ 복잡한 프로그램이 요구될 수 있다.
④ 향상된 속도를 제공한다.

05 다음 중 CISC(Complex Instruction Set Computer)의 특징으로 옳지 않은 것은?

① 많은 수의 명령어

② 다양한 주소 지정 방식

③ 가변 길이의 명령어 형식

④ 단일 사이클의 명령어 실행

06 다음 〈보기〉의 밑줄 친 빈칸에 들어갈 내용이 순서대로 적절하게 짝지어진 것은?

> 보기
>
> CPU는 _____에 저장된 명령어의 주소를 읽어 주기억장치로부터 해당 명령어를 명령어 레지스터로 가져오고 _____에 의해 명령어의 해독과 실행이 이루어진다.

① MBR, 연산장치

② 프로그램 카운터, 제어장치

③ 제어장치, 연산장치

④ 연산장치, MBR

07 다음 중 레지스터에 대한 설명으로 옳지 않은 것은?

① 데이터를 처리하는 동안 중간 결과를 일시적으로 저장해 두는 CPU 내의 고속기억장치를 의미한다.

② 다음에 수행하려는 명령어의 주소를 기억하는 레지스터를 프로그램 카운터(PC)라고 한다.

③ 산술 및 논리 연산의 결과를 일시적으로 기억하는 레지스터를 기억 레지스터라고 한다.

④ 레지스터의 수는 CPU의 성능을 결정하는 요인 중 하나이다.

08 다음 중 하드디스크 드라이브(HDD)와 컴퓨터 메인보드 간의 연결에 사용되는 인터페이스 방식이 아닌 것은?

① SATA

② DDR4

③ EIDE

④ SCSI

09 다음 그림에서 보이는 레지스터의 상태를 바탕으로 CPU에 두 개의 범용 레지스터와 하나의 상태 레지스터가 존재할 때, 두 범용 레지스터의 값이 동일한지 조사하기 위한 방법으로 옳은 것은?

Zero	Sign	Carry	Overflow

① 두 개의 레지스터의 내용을 뺀 후, Zero 여부를 조사한다.
② 두 개의 레지스터의 내용을 더한 후, Zero 여부를 조사한다.
③ 두 개의 레지스터의 내용을 뺀 후, Overflow 여부를 조사한다.
④ 두 개의 레지스터의 내용을 더한 후, Carry 여부를 조사한다.

10 다음 중 메모리 버퍼 레지스터(MBR)에 대한 설명으로 옳은 것은?

① 다음에 실행할 명령어의 번지를 기억하는 레지스터
② 현재 실행 중인 명령의 내용을 기억하는 레지스터
③ 기억장치를 출입하는 데이터가 일시적으로 저장되는 레지스터
④ 기억장치를 출입하는 데이터의 번지를 기억하는 레지스터

11 다음 중 베이스 레지스터 주소 지정 방식의 특징이 아닌 것은?

① 베이스 레지스터가 필요하다.
② 프로그램의 재배치가 용이하다.
③ 다중 프로그래밍 기법에 많이 사용된다.
④ 명령어의 길이가 절대 주소 지정 방식보다 길어야 한다.

12 다음 중 불 함수식 $F = (A + B) \cdot (A + C)$를 가장 간소화한 것은?

① $F = A + BC$
② $F = B + AC$
③ $F = AAC$
④ $F = C + AB$

13 다음 진리표에 해당하는 논리식으로 옳은 것은?

입력		출력
A	B	T
0	0	0
0	1	1
1	0	1
1	1	0

① $T = \overline{A} \cdot B + A \cdot \overline{B}$

② $T = A \cdot B + \overline{A} \cdot \overline{B}$

③ $T = \overline{A} \cdot \overline{A} + B \cdot \overline{B}$

④ $T = A \cdot \overline{A} + \overline{B} \cdot \overline{A}$

14 다음 중 불 대수의 기본 법칙으로 옳지 않은 것은?

① $A + \overline{A} \cdot B = A + B$

② $A \cdot (\overline{A} + B) = A \cdot B$

③ $A + A \cdot B = A$

④ $A + A = 1$

15 다음 중 $Y = (A + B)(\overline{A \cdot B})$와 같은 논리식으로 옳은 것은?

① $Y = \overline{A}A \cdot B\overline{B}$

② $Y = AB \cdot \overline{AB}$

③ $Y = \overline{A}B + \overline{AB}$

④ $Y = A\overline{B} + \overline{A}B$

16 다음 〈보기〉의 논리 연산식을 간략화한 논리 회로로 옳은 것은?

보기

$$(A+B)(A+\overline{B})(\overline{A}+B)$$

①

②

③

④
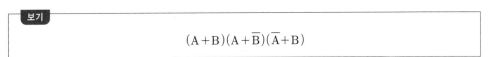

17 다음 그림의 논리 게이트 회로로 옳은 것은?

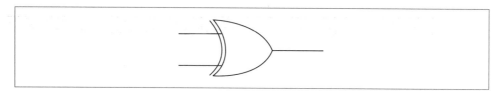

① Exclusive – AND
③ Exclusive – OR

② Exclusive – NOR
④ OR

18 다음 논리 회로에서 출력되는 f의 값으로 옳은 것은?

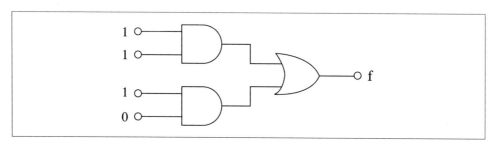

① 1
③ $\frac{1}{2}$

② 2
④ 0

19 다음과 같은 논리식으로 구성되는 회로로 옳은 것은?[단, S는 합(Sum), C는 자리올림(Carry)]

$$S = \overline{A}B + A\overline{B}$$
$$C = AB$$

① 반가산기(Half Adder)
② 전가산기(Full Adder)
③ 전감산기(Full Subtracter)
④ 부호기(Encoder)

20 다음 중 플립플롭이 가지고 있는 기능으로 옳은 것은?

① 전송 기능
② 기억 기능
③ 증폭 기능
④ 전원 기능

21 다음 중 JK 플립플롭에서 J에 1, K에 1이 입력될 경우, 동작 상태로 옳은 것은?

① 변화 없음
② Clear 상태
③ Set 상태
④ 반전

22 다음 중 2진수 0.1101을 10진수로 변환할 경우 결과값으로 옳은 것은?

① 0.8125
② 0.875
③ 0.9375
④ 0.975

23 다음 중 8진수(Octal Number) 4 7 4를 2진수(Binary Number)로 변환한 값으로 옳은 것은?

① 010 001 110
② 101 111 101
③ 011 110 011
④ 100 111 100

24 다음 중 16진수 FF를 10진수로 나타낸 것으로 옳은 것은?

① 256
② 265
③ 255
④ 245

25 다음 중 2의 보수 표현이 1의 보수 표현보다 더 널리 사용되고 있는 중요한 이유로 옳은 것은?

① 음수 표현이 가능하다.
② 10진수 변환이 더 용이하다.
③ 보수 변환이 더 편리하다.
④ 표현할 수 있는 수의 개수가 하나 더 많다.

26 다음 중 2진수 11001000의 2의 보수(Complement)로 옳은 것은?

① 11001000

② 00111000

③ 11001001

④ 00110111

27 다음 중 데이터를 고속으로 처리하기 위해 연산 장치를 병렬로 구성한 처리 구조로, 벡터 계산이나 행렬 계산에 주로 사용되는 프로세서의 명칭으로 옳은 것은?

① 코프로세서

② 다중 프로세서

③ 배열 프로세서

④ 대칭 프로세서

28 다음 중 10진수 3을 3-초과 코드(Excess-3 Code)에서 표현할 때, 옳은 것은?

① 0011

② 0110

③ 0101

④ 0100

29 다음 중 ASCII 코드에 대한 설명으로 옳지 않은 것은?

① 미국 정보 교환 표준 코드로 데이터 통신 및 마이크로 컴퓨터에서 주로 사용된다.

② 7비트로 구성되며, $2^7(=128)$가지의 문자를 표현할 수 있다.

③ 7비트 중 왼쪽 3비트는 존 비트, 나머지 4비트는 디지트 비트로 구성된다.

④ 확장 이진화 10진 코드라고도 한다.

30 다음 중 각 코드에 대한 설명으로 옳지 않은 것은?

① BCD 코드 : 10진수 1자리의 수를 2진수 4비트(Bit)로 표현하는 2진화 10진 코드이다.

② Excess-3 코드 : 대표적인 자기 보수 코드로 연산에 용이하다.

③ Gray 코드 : 주로 범용 컴퓨터에서 정보 처리 부호로 사용되며, 확장 이진화 10진 코드라고도 한다.

④ Uni 코드 : 전 세계 언어의 문자와 특수 기호에 대하여 코드 값을 부여하므로 기억 공간을 많이 차지한다.

31 다음 중 블루레이 디스크(Blu-ray Disc)에 대한 설명으로 옳지 않은 것은?

① 저장된 데이터를 읽기 위해 적색 레이저(650nm)를 사용한다.

② 비디오 포맷은 DVD와 동일한 MPEG-2 기반 코덱이 사용된다.

③ 단층 기록면을 가지는 12cm 직경에 25GB 정도의 데이터를 저장할 수 있다.

④ BD-ROM(읽기 전용), BD-R(기록 가능), BD-RE(재기록 가능)가 있다.

32 다음 중 마이크로 연산(Micro Operation)에 대한 설명으로 옳지 않은 것은?

① CPU에서 발생시키는 한 개의 클럭 펄스(Clock Pulse) 동안 실행되는 기본 동작이다.

② 여러 개의 명령어는 한 개의 마이크로 연산이 동작되어 실행된다.

③ CPU에서 발생시키는 제어 신호에 따라 마이크로 연산이 순서적으로 일어난다.

④ 명령어(Instruction)를 수행하기 위해 CPU에 있는 레지스터와 플래그가 상태 변환을 하도록 동작한다.

33 다음 중 마이크로 사이클에 대한 설명으로 옳지 않은 것은?

① 한 개의 마이크로 오퍼레이션을 수행하는 데 걸리는 시간을 마이크로 사이클 타임(Micro Cycle Time)이라고 한다.

② 마이크로 오퍼레이션 중 수행 시간이 가장 긴 것을 정의한 방식이 동기 고정식이다.

③ 마이크로 오퍼레이션에 따라서 수행 시간을 다르게 하는 것을 동기 가변식이라 한다.

④ 동기 고정식은 마이크로 오퍼레이션의 동작 시간이 현저한 차이가 날 때 유리하다.

34 다음의 마이크로 연산이 나타내는 동작으로 옳은 것은?

MAR ← MBR[AD]　　MBR ← M[MAR], AC ← 0　　AC ← AC+MBR

① ADD to AC　　　　　　　　　　　② OR to AC

③ STORE to AC　　　　　　　　　　④ LDA to AC

35 사이클 타임이 750ns인 기억장치에서 이론적으로 불러낼 수 있는 초당 데이터의 개수로 옳은 것은?

① 약 750개
② 약 1,330개
③ 약 1.3×10개
④ 약 750×10개

36 다음의 동작이 의미하는 사이클로 옳은 것은?

MAR ← MBR[AD] MBR ← M[MAR]
AC ← AC+MBR F ← 0 또는 R ← 1

① Fetch Cycle
② Indirect Cycle
③ Execute Cycle
④ Interrupt Cycle

37 다음 중 기억장치에서 데이터를 꺼내거나 주변 기기에서 데이터를 얻는 데 걸리는 시간으로, 데이터를 요구하는 명령을 실행한 순간부터 데이터가 지정한 장소에 넣는 순간까지 소요되는 시간으로 옳은 것은?

① 사이클(Cycle) 시간
② 접근(Access) 시간
③ 메모리(Memory) 시간
④ 탐구(Seek) 시간

38 다음 중 Access Time이 빠른 순서로 나열된 것은?

㉠ Cache Memory	㉡ Register
㉢ Main Memory	㉣ Magnetic Disk

① ㉠ – ㉡ – ㉢ – ㉣
② ㉡ – ㉠ – ㉢ – ㉣
③ ㉢ – ㉠ – ㉡ – ㉣
④ ㉢ – ㉡ – ㉠ – ㉣

39 다음 중 CPU와 주기억장치 사이에서 정보 교환을 위하여 주기억장치의 정보를 일시적으로 저장하는 고속 기억장치로 옳은 것은?

① 연관기억장치
② 보조기억장치
③ 가상기억장치
④ 캐시기억장치

40 다음 중 컴퓨터에서 사용하는 캐시메모리에 대한 설명으로 옳은 것은?

① 캐시메모리에 있는 데이터와 메인 메모리에 있는 데이터가 항상 일치하지는 않는다.
② 주기억장치와 하드디스크의 속도 차이를 극복하기 위하여 사용한다.
③ 주기억장치보다 큰 프로그램을 불러와 실행할 때 유용하다.
④ 캐시메모리는 접근 속도가 빠른 동적 램(DRAM)을 사용한다.

우리는 삶의 모든 측면에서 항상 '내가 가치있는 사람일까?',
'내가 무슨 가치가 있을까?'라는 질문을 끊임없이 던지곤 합니다.
하지만 저는 우리가 날 때부터 가치있다 생각합니다.

– 오프라 윈프리 –

통통한 IT · 디지털 상식

PART **2**

운영체제

01 운영체제 개요

THEME 024 　운영체제(OS)의 역사

1940년대의 운영체제

① 운영체제의 개념이 없었기 때문에 인간(Operator)이 천공카드를 이용해 기계어를 직접 작성했으며, 응용프로그램이 현재의 시스템 자원을 직접 파악해 제어하며 실행했다.

② 최초의 전자식 컴퓨터인 에니악처럼 진공관과 2진법(진공관에 전기가 통하면 1, 차단되면 2로 판단)을 사용하는 거대한 계산기에 가까운 컴퓨터가 등장해, 미사일의 탄도 계산 등 군사적인 목적을 위해 이용되었다.

1950년대의 운영체제

① 운영체제의 효시라고 할 수 있는 'IBM 701'이 등장했다. 여러 개의 작업을 묶어서 단일 작업으로 일괄처리(Batch)하는 시스템이었다.

② 일괄처리 시스템
- 컴퓨터가 일정한 기준으로 작업을 모았다가 한꺼번에 순차적으로 처리했다.
- 오퍼레이터가 작업 간에 하던 일을 별도의 프로그램이 대신 처리했다.
- 천공카드 리더를 입력장치로, 라인 프린터를 출력장치로 사용했다.
- 한 개의 작업이 일단 실행되면 중간에 데이터의 입력·수정 등이 불가능했기 때문에 해당 작업이 종료될 때까지 다른 작업은 할 수 없었다.

③ 작업들 사이의 전이를 자동적으로 처리하는 등 작업의 원활한 변환이 가능해졌다.

④ 입출력 제어 시스템이 제공되기 시작했으며, 작업 제어(Job Control) 언어를 사용했다.

1960년대 초반의 운영체제

① 인간이 키보드와 모니터를 통해 컴퓨터와 소통한다는 의미의 대화형 시스템이 등장했다. 이로써 작업 중간에도 입력·출력을 할 수 있기 때문에 작업 도중에 데이터를 입력해 작업의 흐름을 바꾸거나 중간 결괏값을 출력해 테스트하는 등 작업 진행 상황을 파악할 수 있게 되었다. 다만, 전체 작업 시간을 예측하기 곤란하다는 단점이 있었다.

② 고급 수준의 언어로 운영체제를 작성했으며, 다중 프로그래밍 시스템, 다중 처리 시스템, 시분할 시스템, 실시간 처리 시스템 등이 등장했다.

③ 다중(Multi) 프로그래밍 시스템
- 멀티프로그래밍이라고도 부르며, 중앙처리장치(CPU) 등의 하드웨어에서 다음에 수행할 명령어와 작업을 기다리는 동안 별다른 작업을 수행하지 않고 대기하는 일괄처리 시스템의 CPU Idle 문제에 대한 해법으로 등장했다. 운영체제에서 한 개의 중앙처리장치로 다수의 프로그램을 동시에 처리할 수 있는 사용자 프로그램 관리 시스템을 뜻한다.
- 여러 가지의 프로그램을 메모리에 적재한 다음 CPU를 번갈아 할당(Scheduling)하는데, 서로의 영역을 침범하지 못하도록 메모리를 보호했다.

④ 시분할(Time-sharing) 시스템
- 다중 프로그래밍 시스템을 보다 개선한 것으로서, 키보드가 개발되어 인간과 컴퓨터가 대화할 수 있게 되자 1대의 컴퓨터를 통해 다수의 사용자가 상호작용(Interact)할 용도로 개발되었다.
- CPU 할당 시간을 규정(Preemptive Scheduling)하여 짧은 시간 동안 여러 프로그램에 CPU를 번갈아 할당한다. 이때 할당 주기가 몹시 빠르기 때문에 모든 작업이 동시에 처리되는 것처럼 보인다. 다만, 여러 가지의 작업을 동시에 처리하기 위해 추가 작업이 필요하기 때문에 작업 종료 시간을 보장할 수 없다는 단점이 있다.

1960년대 중반 ~ 1970년대의 운영체제

① 일괄처리, 다중 프로그래밍, 시분할, 다중 처리, 실시간 처리 등을 모두 제공하는 다중 모드 시스템의 개념이 등장했다. 또한 스티브 잡스의 애플사가 최초의 개인용 컴퓨터(PC) '애플2'를 출시함으로써 PC의 시대가 태동하였다.

② 분산처리 시스템
- PC와 인터넷의 출현으로 새롭게 등장한 컴퓨팅 환경에서 네트워크에 분산된(Distributed) 다수의 컴퓨터로 작업을 처리하고 그 결괏값을 서로 교환하는 방식이다.
- 작업에 참여하는 컴퓨터들의 지위는 동등하기 때문에 컴퓨터가 추가되거나 고장이 발생하면 결괏값을 도출하는 데 지장을 겪을 수 있다.

③ 유닉스(Unix)
- 다양한 컴퓨터 간의 통일된 운영체제 사용을 목적으로 개발되었다. 미국의 벨 연구소에서 소형 컴퓨터용으로 개발한 시분할 처리 시스템용 운영체제이다.

- 1969년 개발 당시에는 어셈블리어로 구현되었으나 1973년에 대부분이 고급 언어인 C언어로 수정되어 이식성·호환성이 개선되었다.
- 멀티태스킹(동시에 여러 가지의 작업 가능) 기능과 멀티유저(동시에 여러 명의 사용자 가능) 기능 등을 지원하는 대화형 운영체제이다.

1980년대의 운영체제

① 보조기억장치인 디스크에 운영체제를 저장함으로써 디스크를 중심으로 시스템을 관리·제어하고 작동시키는 DOS(Disk Operating System)가 등장했다. 마이크로소프트사에서 출시한 'MS-DOS'가 가장 널리 사용되었다.

② 전문 지식이 없어도 컴퓨터를 쉽게 사용할 수 있게 하는 매킨토시 시스템의 등장했다. 다만 호환성이 높지 않다는 한계가 있다.

1990년대의 운영체제

① 작업을 요청하는 클라이언트와 요청받은 작업을 수행하는 서버 구조로 구성되는 웹 시스템이 출현해 사용자들의 인터넷 사용이 증가했다. 그러나 모든 요청이 서버로 집중될 경우에 서버에 과부하 발생의 우려가 있다.

② 리눅스(Linux)
- 핀란드에서 1991년 리누스 토발즈가 유닉스를 기반으로 어셈블리어로 개발한 개인용 컴퓨터용 운영체제로서, 프로그램 소스 코드를 무료로 공개했기 때문에 사용자는 자신이 원하는 대로 특정 기능을 추가할 수 있다.
- 전 세계적으로 수백만 명 이상의 프로그래머들이 리눅스 개발자 그룹에 참여하고 있으며, 다수를 위한 공개라는 원칙에 따라 지속적인 업그레이드가 이루어지고 있다.
- 파일 구성과 시스템 기능의 일부는 유닉스를 기반으로 하지만, 핵심 커널 부분은 유닉스와 다르며, 인터넷 프로토콜(TCP / IP)을 적극적으로 지원하는 등 네트워크 작업에 매우 유용하다. 또한 각종 주변기기에 따라, 사용하는 시스템의 특성에 따라 소스를 변경할 수 있으므로 다양한 변종이 등장하고 있다.

① P2P(Peer to Peer) 시스템
- 서버를 거치지 않고 사용자와 사용자를 직접 동등하게 연결한다는 의미로서, 서버를 통해 대용량 파일을 공유하면 서버에 과부하가 발생할 수 있다는 문제를 해소하기 위해 서버를 거치지 않고 사용자끼리 직접 연결하여 파일을 전송하는 방식이다. 모든 참여자가 공급자인 동시에 수요자이다. 또한 파일뿐만 아니라 데이터베이스, 중앙처리장치 등을 공유할 수도 있다.
- 서버가 일부 개입하는 P2P : 어느 정도 서버의 지원을 통해 사용자 사이의 연결을 구현한다. 접속과 검색 등 서버의 지원 단계 이후에는 사용자끼리 직접 정보를 공유한다. 다만, 저작권 문제로부터 자유로울 수 없는 것과 서버 과부하(속도 저하) 등의 한계가 있다.
- 서버가 전혀 필요 없는 P2P : 사용자가 사전에 주소(IP Address) 등을 공유한 다음 서버 없이 직접 연결된다. 다만 정확한 검색이 어렵고 네트워크 자체의 부하를 해결해야 한다.

② 그리드 컴퓨팅(Grid Computing)
- 그리드는 월드와이드웹(WWW)과 달리 컴퓨터의 처리 능력을 한 곳으로 집중할 수 있는 인터넷망으로, WWW보다 1만 배 이상의 연산 속도가 가능하다고 한다.
- 그리드 컴퓨팅은 지리적으로 분산된 컴퓨터 시스템, 대용량 저장 장치 및 데이터베이스, 첨단 실험 장비 등의 컴퓨팅 자원들을 초고속 네트워크에 연결해 공유함으로써 컴퓨터의 계산능력을 극대화할 수 있는 디지털 신경망 구조의 인터넷 서비스를 뜻한다. 지구상의 모든 컴퓨터를 네트워크로 연결해 슈퍼 컴퓨터를 뛰어넘는 거대한 가상의 컴퓨터를 만든다는 개념이다.
- 그리드 컴퓨팅의 핵심은 방대한 데이터와 애플리케이션을 네트워크를 통해 효과적으로 운용할 수 있는 소프트웨어이다. 따라서 뛰어난 분산처리 능력을 갖춘 소프트웨어와 초고속의 광대역 네트워크 구축의 개발이 반드시 이루어져야 한다. 또한 사용 가능한 컴퓨팅 자원들을 단일한 시스템처럼 보이도록 하는 미들웨어가 필요하다.

③ 클라우드 컴퓨팅(Cloud Computing)
- 인터넷상에 마련한 개인용 서버에 각종 문서, 사진, 음악 등의 파일 및 정보를 저장하는 클라우드를 사용해 인터넷이 연결된 환경에서 여러 종류의 단말기를 통해 저장된 정보에 언제든 편리하고 자유롭게 접근하는 과정을 뜻한다. 즉, 서로 다른 물리적인 위치에 존재하는 컴퓨팅 자원을 가상화 기술로 통합해 제공하는 기술이다. 이때 '클라우드'는 하드웨어를 비롯한 시스템이 구름처럼 무형의 형태를 이루므로 사용자가 눈으로는 볼 수 없는 환경이라는 의미이다.
- 클라우드 컴퓨팅은 컴퓨터 시스템의 유지·보수·관리 비용, 서버의 구매·설치·업데이트 비용, 소프트웨어 구매 비용 등을 절약하게 하는 것뿐만 아니라 이와 관련한 인력과 시간의 소모를 줄일 수 있게 한다.
- 클라우드 컴퓨팅은 외부 서버에 자료를 저장하므로 화재나 하드디스크 장애 등으로 인한 자료의 손실을 예방하는 등 정보를 안전하게 보관할 수 있게 하며 저장 공간의 제약도 해소할 수 있다. 또한 언제나, 어디에서도 정보에 접근해 수정할 수 있어 시공간의 제약을 벗어나게 한다.
- 클라우드 컴퓨팅은 서버 해킹의 경우에 발생할 수 있는 정보의 유출, 서버 장애의 경우에 정보의 이용 불가능 등의 단점도 있다.

PART 2

운영체제

THEME 025　시스템 소프트웨어

시스템 소프트웨어

① 컴퓨터를 효율적으로 사용하기 위해 필요한 소프트웨어로 운영체제 및 컴파일러, 어셈블러, 라이브러리 등이 있다.
② 시스템 감시와 기억장치를 관리하는 제어 프로그램과 데이터의 처리와 결과를 출력하는 처리 프로그램으로 구분한다.

제어 프로그램(Control Program)

시스템 전체의 작동 상태 감시, 작업의 순서 지정, 기억장치 관리, 데이터 관리, 프로그램 실행의 스케줄링 등의 역할을 수행하는 프로그램으로 운영체제에서 가장 기초적인 시스템 기능을 담당한다.
① **감시 프로그램**(Supervisor Program) : 각종 프로그램의 실행과 시스템 전체의 작동 상태를 감시·감독하는 프로그램이다.
② **작업 관리 프로그램**(Job Management Program) : 어떤 업무를 처리하고 다른 업무의 이행을 자동으로 수행하기 위한 준비 및 그 처리에 대한 완료를 담당하는 프로그램이다.
③ **데이터 관리 프로그램**(Data Management Program) : 주기억장치와 보조기억장치 사이의 데이터 전송과 보조기억장치의 자료 갱신 및 유지 보수 기능을 수행하는 프로그램이다.

처리 프로그램(Processing Program)

제어 프로그램의 지시를 받아 사용자가 요구한 문제를 해결하기 위한 프로그램을 말한다.
① **언어 번역 프로그램**(Language Translate Program) : 사용자가 작성한 원시 프로그램을 기계어로 번역하여 목적 프로그램을 작성한 것으로 어셈블러(Assembler), 컴파일러(Compiler), 인터프리터(Interpreter) 등이 있다.
② **서비스 프로그램**(Service Program) : 프로그램 작성 시간과 노력을 줄이고 업무 처리 능률의 향상을 목적으로 작성된 것으로 연계 편집(Linkage Editor), 정렬 / 병합(Sort / Merge), 유틸리티(Utility), 라이브러리(Library) 등이 있다.
③ **문제 프로그램**(Problem Program) : 특정 업무 및 해결을 위해 사용자가 작성한 프로그램이다.

THEME 026 　운영체제

운영체제

① 컴퓨터와 사용자 사이에서 시스템을 효율적으로 운영할 수 있도록 인터페이스 역할을 담당한다.

② 사용자가 응용 프로그램을 편리하게 사용하고, 하드웨어의 성능을 최적화할 수 있도록 한다.

③ 운영체제의 기능에는 프로세스 관리, 메모리 관리, 기억장치 관리, 파일 관리, 입출력 관리, 리소스 관리 등이 있다.

④ 운영체제 발달 과정

　일괄 처리 시스템 → 다중 프로그래밍, 다중 처리, 시분할, 실시간 처리 시스템 → 다중 모드 시스템 → 분산 처리 시스템

운영체제의 운영 방식

일괄 처리(Batch Processing) 시스템	• 데이터를 일정량 또는 일정 기간 모아서 한꺼번에 처리하는 시스템이다. • 급여 계산, 전기 요금 등이 해당된다. • 일정한 매뉴얼에 따라 절차가 진행되고 일괄처리가 시작되면 사용자는 개입할 수 없다.
실시간 처리(Real Time Processing) 시스템	• 자료가 수신되는 즉시 처리하여 사용자 입력에 즉시 응답할 수 있는 시스템이다. • 좌석 예약, 은행 업무 등이 해당된다. • 빠른 응용처리가 가능하고, 높은 시스템 성능을 요구한다.
시분할(Time Sharing) 시스템	• CPU의 처리 시간을 일정한 시간(Time Quantum) 단위로 나누어서 여러 개의 작업을 연속적으로 처리하는 시스템이다(라운드 로빈 방식). • 여러 사용자가 동시에 하나의 컴퓨터를 사용할 수 있고, 다중 프로그래밍 방식과 결합하여 사용 가능하다.
다중 처리(Multi Processing) 시스템	• 여러 개의 CPU와 하나의 주기억장치를 이용하여 여러 개의 프로그램을 동시에 처리하는 시스템이다.
다중 프로그래밍(Multi Programming) 시스템	• 하나의 CPU와 주기억장치를 이용하여 여러 개의 프로그램을 동시에 처리하는 시스템이다. • 처리량을 극대화할 수 있다.
다중 모드 처리(Multi Mode Processing) 시스템	• 일괄 처리 시스템, 시분할 시스템, 다중 처리 시스템, 실시간 처리 시스템을 한 시스템에서 모두 제공하는 방식이다.
분산 처리(Distributed Processing) 시스템	• 여러 대의 컴퓨터를 통신망으로 연결하여 작업과 자원을 분산시켜 처리함으로써 컴퓨터의 처리 능력과 효율을 향상시키는 시스템이다.

운영체제의 목적

효율성(Efficiency), 견고함(Robustness), 규모 확장성(Scalability), 확장성(Extensibility), 이식성(Portability), 보안(Security), 상호 작용성(Interactivity), 사용성(Usability)

운영체제의 핵심 구성 요소

프로세스 스케줄러, 메모리 관리자, 입출력 관리자, 프로세스 간 통신 관리자, 파일 시스템 관리자

운영체제의 환경

① 범용 시스템 환경
- 대용량 메모리와 디스크, 고속 프로세서와 주변 장치로 구성되는 환경이다.
- 개인용 컴퓨터나 워크스테이션을 사용한다.
- 대용량 메모리, 특수 목적 하드웨어, 다중 프로세스 지원이 가능하다.
- 고성능 하드웨어를 갖춘 고사양 웹 서버와 데이터베이스 서버에 적용 가능하다.

② 임베디드 시스템 환경
- 소형기기(휴대폰, 가전기기)에 기능을 제공하는 특화된 소규모 자원이다.
- 효율적인 자원 관리가 요구되는 환경으로 적은 코드로 서비스 제공하지만, 전력관리가 필요하다.
- 사용자 친화적 인터페이스를 제공한다.

③ 실시간 시스템
요청에 대해 즉시 특정 작업을 응답하는 시스템이다.

소프트 실시간 시스템	• 작업 실행에 대한 시간 제약이 있지만, 이를 지키지 못하더라도 전체에 큰 영향을 끼치지 않는 시스템이다. • 작업의 데드라인을 지키지 못했을 때, 치명적인 타격을 주지는 않지만 신뢰도가 떨어지는 시스템이다.
하드 실시간 시스템	• 작업의 시간 제약조건을 지키지 못하는 경우 시스템에 치명적인 영향을 주는 시스템이다. • 자동차 엔진, 무기 제어, 원자력 발전소, 철도 제어 등이 해당된다.

④ 가상 머신
컴퓨터를 소프트웨어로 추상화한 것을 가상 머신이라고 한다. 여러 사용자가 하드웨어 공유가 가능하고, 소프트웨어 이식성을 향상한다.

가상 머신 운영 체제	• 가상 머신에 의해서 제공되는 자원관리 시스템이다.
가상 머신 응용프로그램	• 여러 운영체제의 인스턴스를 동시에 실행 가능하도록 허용한다. • 에뮬레이션 : 시스템에 존재하지 않는 하드웨어나 소프트웨어 기능을 흉내낸다.
자바 가상 머신	• JVM, VMware

THEME 027 　운영체제 성능 평가 기준

처리량(Throughput)

① 하루에 처리되는 작업의 개수 또는 시간당 처리되는 온라인 처리의 개수 등으로 보통 안정된 상태에서 측정된다.

② 일정한 단위 시간 내에 얼마나 많은 작업량을 처리할 수 있는가를 기준으로 처리량이 극대화되어야 성능이 좋은 컴퓨터 시스템이다.

반환(응답) 시간(Turn − around Time)

① 실행 시간과 대기 시간(응답 시간 포함)을 더한 것으로 작업이 완료될 때까지 걸린 시간을 말한다.

② 주어진 작업 수행을 위해, 시스템에 도착한 시점부터 해당 작업의 출력이 사용자에게 제출되는 시점까지 걸린 시간이다.

③ 반환 시간이 최소화되어야 성능이 좋은 컴퓨터 시스템이라 할 수 있다.

④ 반환 시간 안에 포함된 응답 시간(반응 시간, Response Time)은 대화형 시스템에서 가장 중요한 기준이 된다.

⑤ 응답 시간은 사용자의 요구에 대하여 응답이 올 때까지의 시간으로 컴퓨터 시스템에 입력된 시점부터 반응하기까지 걸린 시간, 작업이 처음 실행되기까지 걸린 시간을 말한다.

신뢰도(Reliability)

① 작업의 결과가 얼마나 정확하고 믿을 수 있는가를 나타내는 척도이다.

② 처리량이 높은 시스템이라 하더라도 처리 결과에 오류가 많다면 좋은 성능을 가진 시스템이라 할 수 없다.

③ 신뢰도가 높을수록 성능이 좋은 컴퓨터 시스템이라 할 수 있다.

사용 가능도(Availability)

① 컴퓨터 시스템 내의 한정된 자원을 여러 사용자가 요구할 때, 어느 정도 신속하고 충분하게 지원해줄 수 있는 정도를 말한다.

② 같은 종류의 시스템 자원 수가 많을 경우에는 사용 가능도가 높아질 수 있다.

③ 병목(Bottleneck) 현상은 시스템 자원이 용량(Capacity) 또는 처리량에 있어서 최대 한계에 도달할 때 발생한다.

자원 이용도(Utilization)

일반적으로 전체 시간에 대해 주어진 자원이 실제로 사용되는 시간의 백분율로 나타낸다.

THEME 028   언어 번역과 링커(Linker), 로더(Loader)

원시 프로그램(Source Program)

원시 언어로 작성된 프로그램이다.

언어 번역 프로그램(Language Translate Program)

원시 프로그램을 기계어로 된 목적 프로그램으로 번역하는 프로그램이다.

언어 번역 프로그램의 종류

① **어셈블러(Assembler)** : 어셈블리 언어로 작성된 원시 프로그램을 입력으로 받아 기계어 프로그램으로 바꾸어 주는 번역기이다.
② **컴파일러(Compiler)** : 고급언어로 작성된 원시 프로그램을 그와 의미적으로 동등하며 컴퓨터에서 즉시 실행될 수 있는 형태의 목적 프로그램으로 바꾸어 주는 번역 프로그램이다.
③ **인터프리터(Interpreter)** : 원시 프로그램을 한 문장 단위로 번역하여 바로 실행하는 프로그램으로 보통 온라인에서 쓰이는 언어가 대표적이다.

링커(Linker)

① 언어 번역 프로그램이 생성한 목적 프로그램과 라이브러리, 다른 실행 프로그램(로드 모듈) 등을 연결하여 실행 가능한 로드 모듈을 만드는 시스템 소프트웨어이다.
② 연결 기능만 수행하는 로더의 한 형태로 링커에 의해 수행되는 작업을 링킹(Linking)이라 한다.
③ 링커(Linker)는 다른 곳에서 작성된 프로그램 루틴이나 컴파일 또는 어셈블러된 루틴을 모아 실행 가능한 하나의 루틴으로 연결하는 기능을 수행한다.

로더(Loader)

① 컴퓨터 내부로 정보를 들여오거나 로드 모듈을 디스크 등의 보조기억장치로부터 주기억장치에 적재하는 시스템 소프트웨어를 말한다(좁은 의미의 로더).
② 적재뿐만 아니라 목적 프로그램들끼리 연결시키거나 주기억장치를 재배치하는 등의 포괄적인 작업까지를 의미한다(넓은 의미의 로더).
③ 종속적인 모든 주소를 할당된 주기억장치 주소와 일치하도록 조정하고, 기계 명령어와 자료를 기억장소에 물리적으로 배치한다.

로더의 기능

로더는 프로그램을 실행하기 위하여 해당 프로그램을 보조기억장치로부터 주기억장치에 올려놓는 기능을 가진 프로그램으로 할당 → 연결 → 재배치 → 적재의 순서로 진행된다.

① 할당(Allocation) : 프로그램을 실행시키기 위해 주기억장치 내에 옮겨놓을 공간을 확보하는 기능이다.
② 연결(Linking) : 부프로그램 호출 시 해당 부프로그램이 할당된 기억 장소의 시작 주소를 호출한 부분에 등록하여 연결하는 기능이다.
③ 재배치(Relocation) : 보조기억장치에 저장된 프로그램이 사용하는 각 주소를 할당된 기억 장소의 실제 주소로 배치시키는 기능이다.
④ 적재(Loading) : 실행 프로그램을 할당된 기억 공간에 실제로 옮기는 기능이다.

로더의 종류

컴파일 로더 (Compile & Go Loader)	별도의 로더 없이 언어 번역 프로그램이 로더의 기능까지 수행한다(할당, 연결, 재배치, 적재 작업을 모두 언어 번역 프로그램이 담당).
절대 로더 (Absolute Loader)	목적 프로그램을 기억 장소에 적재시키는 기능만 수행하며, 기억장치의 재배치 작업을 하지 않는다(할당 및 연결은 프로그래머가, 재배치는 언어 번역 프로그램이 담당).
재배치 로더 (Relocating Loader)	재배치가 가능한 프로그램과 이를 배치하기 위해 필요한 정보로부터 주기억장치 주소를 대략적으로 표시한 후 실제 주소로 고친 프로그램을 작성한다.
직접 연결 로더 (Direct Linking Loader)	일반적인 기능의 로더로 로더의 기본 기능 4가지를 모두 수행한다.
동적 적재 로더 (Dynamic Loading Loader)	모든 세그먼트를 주기억장치에 적재하지 않고, 필요한 부분만을 주기억장치에 적재하고 나머지는 보조기억장치에 저장한다(Load-on-Call이라고도 함).

디버거(Deburgger)

실행 시간 오류가 발생할 경우 기계 상태를 검사 및 수정한다.

프리프로세서(Preprocessor)

컴퓨터 처리작업 시 중심이 되는 처리를 하는 프로그램의 조건에 맞추기 위해 수행하는 사전 처리 프로그램이다.

THEME 029 분산 처리 시스템

분산 처리 시스템의 개념

① 데이터의 처리 능력을 각 노드에 분산시켜 특정 노드에 고장이 발생해도 시스템이 정상적으로 작동할 수 있도록 구성된 시스템이다.
② 데이터와 데이터베이스가 분산되어 각 조직의 업무를 수행하며, 네트워크를 통해 정보 교환이 이루어진다.
③ 다수의 사용자들로 인하여 장치와 데이터를 공유하고, 상호 간 통신이 용이하다.

분산 처리 시스템의 특징

① 하드웨어에 대해 여러 사용자 간 자원, 통신, 정보의 공유가 증대된다.
② 시스템 병목 현상을 제거하기 위한 점진적인 확대가 용이하다.
③ 비용 발생이 높지만 고가의 자원을 쉽게 공유할 수 있어 작업 부하를 균등하게 유지한다.
④ 빠른 응답(반응) 시간과 처리 능력의 한계를 극복한다.
⑤ 병렬적 작업 처리로 인한 작업 처리량, 사용 가능도, 연산 속도, 신뢰도, 가용성, 확장성 등의 성능이 향상된다.
⑥ 보안을 위한 추가 기술이 필요하며, 소프트웨어 개발과 시스템 보호에 어려움이 있다.

분산 처리 시스템의 설계 목적

① 공유된 자원에 접근할 경우 시스템의 유지를 위해 제어를 분산할 수 있다.
② 처리기 및 입력 장치와 같은 물리적인 자원을 분산할 수 있다.
③ 시스템 성능과 가용성을 증진시키기 위하여 자료를 분산할 수 있다.

분산 운영체제의 특징

① 하나의 운영체제가 모든 시스템 내의 자원을 관리하므로 떨어진 곳의 자원을 쉽게 액세스할 수 있다.
② 모든 시스템의 자원을 관리하므로 설계와 구현에 따른 어려움이 있다.
③ 시스템 내의 자원 공유가 용이하다.

분산 운영체제의 작업

① 데이터 이주(Data Migration) : 서로 다른 사이트에 있는 데이터에 접근할 때 시스템의 전송 방안을 모색하며, 한 노드의 사용자가 다른 노드에 접근할 때 데이터의 전체나 일부분을 전송한다.
② 연산 이주(Computation Migration) : 서로 다른 컴퓨터 간에 많은 양의 파일을 처리하기 위하여 액세스할 때 가장 적절한 방법으로 시스템의 효율성을 위하여 데이터가 아닌 연산 자체를 이동한다.
③ 프로세스 이주(Process Migration) : 프로세스의 일부 또는 모두가 다른 컴퓨터에서 수행되거나 프로세스를 실행할 때 다른 노드에서도 연산을 수행한다.

분산 처리 시스템의 분류

① 성형 연결(Star Connection)
- 각 노드가 Point to Point 형식으로 중앙 컴퓨터(Host Computer)에 연결되는 구조이다.
- 모든 제어 동작이 중앙 컴퓨터에서 이루어지므로 중앙 컴퓨터에 장애가 발생하면 모든 사이트 간 통신이 불가능하다.
- 중앙 노드에 과부하가 발생하면 성능이 현저히 감소한다.
- 통신 시 최대 두 개의 링크만 필요하며, 응답 속도가 빠르고 통신비용이 저렴하다.
- 모든 사이트는 하나의 호스트로 직접 연결되며, 한 노드의 고장은 다른 노드에 영향을 주지 않는다.
- 터미널(노드, 사이트)의 증가에 따라 통신 회선 수도 증가한다.
② 링형 연결(Ring Connection)
- 각 사이트가 서로 다른 두 사이트와 물리적으로 연결되어 있는 구조이다.
- 정보의 전달 방향은 단방향 또는 양방향일 수 있으며, 목적지에 도달하는 단방향은 최대 $(n-1)$개의 노드를 거쳐야 한다.
- 메시지가 링을 순환할 경우 통신비용은 증가한다.

- 노드와의 연결이 고장 나면 우회할 수 있으며, 새로운 노드를 추가할 경우 통신 회선을 절단해야 한다.
- 기본 비용은 사이트의 수에 비례하며, 근거리 네트워크(LAN) 구조로 가장 많이 사용된다.
- 각 노드가 공평한 서비스를 받으며, 전송 매체와 노드의 고장 발견이 쉽다.

③ 완전 연결(Fully Connection)
- 네트워크의 각 사이트가 시스템 내의 다른 모든 사이트들과 직접 연결되는 구조이다.
- 그물형 LAN 또는 Mesh형이라고도 하며, 간선의 수는 $n(n-1) \div 2$개이다.
- 기본 비용이 높은 대신 사이트 간 메시지 전달이 가장 빠른 방식이다.
- 사이트 간의 연결은 여러 회선이 존재하므로 신뢰성이 높다.

④ 계층 연결(Hierarchy Connection)
- 네트워크에서 사이트들이 트리(Tree) 형태로 구성되는 구조이다.
- 루트 사이트와 서브 사이트가 존재하며, 루트 사이트를 제외한 다른 사이트는 하나의 부모 사이트와 여러 개의 자식 사이트를 갖는다.
- 단말 노드(자식이 없는 노드)를 제외한 사이트의 고장 하위 사이트는 연결에 지장을 초래한다.

⑤ 다중 접근 버스 연결(Multi Access Bus Connection)
- 모든 사이트는 공유 버스에 연결되고, 공유되는 하나의 버스가 시스템 내의 모든 노드와 연결되는 구조이다.
- 한 노드의 고장은 다른 노드 간 통신에 영향을 주지 않지만, 링크 고장은 전체 시스템에 영향을 준다.
- 한 시점에 하나의 전송만 가능하며, 처리기나 다른 장치의 증설 절차가 간단하다.
- 기본적인 비용은 사이트 수에 비례하며, 노드의 추가 및 삭제가 용이하다.
- 통신 회선이 1개이므로 물리적 구조가 간단하다.

성형 연결	링형 연결	완전 연결	계층 연결	다중 접근 버스 연결

분산 처리 시스템의 투명성(Transparency)

① 분산 처리 운영체제에서 구체적인 시스템 환경을 사용자가 알 수 없도록 하며, 사용자들로 하여금 이에 대한 정보가 없어도 원하는 작업을 수행할 수 있도록 지원한다.
② 사용자가 분산된 자원의 위치 정보를 모르는 상태에서 마치 하나의 컴퓨터 시스템을 사용하는 것처럼 인식하도록 설계한다.

구분	특징
위치(Location) 투명성	• 사용자가 하드웨어와 소프트웨어의 물리적 위치를 몰라도 자원 접근이 가능하다. • 사용자가 원하는 파일, 데이터베이스, 프린터 등의 자원이 지역 컴퓨터 또는 네트워크 내의 다른 원격지 컴퓨터에 존재하더라도 사용을 보장한다.
이주(Migration) 투명성	• 사용자나 응용 프로그램의 동작에 영향을 받지 않고, 시스템 자원을 이동한다. • 자원들을 이동해도 사용자는 자원의 이름이나 위치를 고려할 필요가 없다.
복사(Replication) 투명성	• 사용자에게 통보할 필요 없이 시스템 안에 있는 파일들과 자원들의 부가적인 복사를 자유롭게 할 수 있다.
병행(Concurrency) 투명성	• 다중 사용자들이 자원들을 자동으로 공유할 수 있지만 몇 개의 처리기가 사용되는지는 알 필요가 없다.

THEME 030　병렬 처리 시스템

컴퓨터 관계에 따른 분류

① 다중 처리기(Multi Processor)
- 여러 프로세서가 한 운영체제에서 하나의 공유 메모리를 사용하는 방식이다.
- 여러 개의 처리기를 사용하므로 처리 속도가 빠르다.
- 강결합(Tightly-Coupled) 시스템과 병렬 처리 시스템에 유용하다.
- 공유 메모리를 통해서 프로세스 간 통신이 가능하다.
- 각 프로세서는 자체 계산 능력을 가지며, 주변 장치 등을 공동으로 사용한다.
② 다중 컴퓨터(Multi Computer)
- 여러 개의 처리기에 각각의 메모리를 사용하는 방식이다.
- 약결합(Loosely-Coupled) 시스템과 분산 처리 시스템에 유용하다.
- 프로세스 간 통신은 메시지를 전송함으로써 가능하다.

컴퓨터 결합도에 따른 분류

① 약결합 시스템(Loosely-Coupled System)
- 각 프로세서가 자신만의 지역 메모리를 가지는 '분산 기억장치' 방식이다.
- 각 시스템이 별도의 운영체제를 가지며, 둘 이상의 독립된 시스템을 통신 링크로 연결한다.
- 프로세스 간의 통신은 메시지나 원격 프로시저의 호출을 통해 전달한다.
- 분산 처리 시스템으로 각 시스템은 독립적으로 작동한다.

② 강결합 시스템(Tightly-Coupled System)
- 모든 프로세서가 기억장치를 공유하는 '공유 기억장치' 방식이다.
- 하나의 운영체제가 모든 프로세서와 하드웨어를 제어한다.
- 프로세서 간의 통신은 공유 메모리를 통해서 가능하다.
- 다중 처리 시스템으로 공유 메모리를 차지하는 프로세서 간 경쟁을 최소화한다.

컴퓨터 연결 방식에 따른 분류

① 시분할 공유 버스
- 각종 장치들을 하나의 통신 회선으로 연결하는 방식이다.
- 한 지점에서 하나의 전송만이 가능하고, 버스에 이상이 생기면 전체 시스템에 장애가 발생한다.

② 크로스바 교환 행렬
- 공유 버스 시스템에서 버스의 수를 기억장치의 수만큼 증가시켜 연결하는 방식이다.
- 다중 처리기 시스템을 구현하며, 두 개의 서로 다른 저장 장치들을 동시에 참조한다.
- 하드웨어(장치)의 연결이 복잡해지는 단점이 있다.

③ 하이퍼 큐브
- 여러 프로세서들을 연결하는 방식이다.
- 경제적이지만, 다수의 프로세서가 동일한 장소에 접근할 때 경쟁 문제가 발생한다.
- 각 프로세서에 연결된 다른 프로세스의 연결점이 n개이면 프로세서는 $2n$개가 필요하다.

컴퓨터 다중 처리기의 형태에 따른 분류

① Master / Slave 처리기
- 주프로세서에서만 운영체제와 입출력을 수행하므로 비대칭 구조를 갖는 방식이다.
- 하나의 처리기를 Master로 지정하고, 다른 처리기들은 Slave로 처리한다.
- Master에 문제가 발생하면 입출력 작업을 수행할 수 없다.
- 주프로세서는 입출력과 연산을 담당하고, 종프로세서는 연산만 담당한다.
- 주프로세서가 고장나면 시스템 전체가 다운된다.

② 분리 수행 처리기
- Master / Slave 처리기의 비대칭성 구조를 보완한 방식이다.
- 한 프로세서의 장애는 전체 시스템에 영향을 주지 못한다.
- 프로세서마다 자신만의 파일 및 입출력장치를 제어하고, 프로세서마다 발생하는 인터럽트는 독립적으로 수행한다.
③ 대칭적 처리기
- 분리 수행 처리기의 구조 문제를 보완한 방식이다.
- 여러 프로세서들이 하나의 운영체제를 공유한다.
- 가장 강력한 시스템이나 구조가 복잡하다.

THEME 031   분산 파일 시스템(Distributed File System)

분산 파일 시스템(DFS)의 개념

① DFS는 물리적으로 서로 다른 다수의 컴퓨터들을 네트워크로 연결해 클라이언트(사용자)가 분산된 같은 파일에 쉽게 접근해 관리할 수 있게 할 수 있는 클라이언트 / 서버 기반의 애플리케이션을 말한다. 즉, 네트워크를 통해 물리적으로 다른 곳에 있는 여러 컴퓨터들에 파일을 분산해 저장함으로써 로컬 시스템의 파일을 사용하는 것처럼 작동하는 시스템이다.
② 방대한 양의 데이터를 안정적으로 저장·관리하기 위해 수많은 서버들에 데이터를 나누어 저장·관리하는 DFS는 주로 파일 서버 추가, 파일 위치 수정, 클라이언트가 여러 사이트나 대상에 접근할 경우, 조직에 내부용 또는 외부용 웹 사이트가 있을 때에 사용된다.

DFS의 장점 및 단점

① 장점
- 다수의 클라이언트가 원격으로 데이터를 쉽게 공유할 수 있으므로 데이터의 가용성을 크게 높일 수 있다.
- 물리적으로 다른 곳에 데이터를 중복해 저장하기 때문에 디스크에 장해가 발생해도 단일한 서버 환경에서보다 쉽게 복구할 수 있다.
② 단점
- 네트워크를 이용하므로 시스템 노드(Node)들 사이의 연결을 보호해야 하며, 노드들 사이에서 데이터를 전송할 때 데이터의 손실·누락 가능성이 있다.
- 다수의 클라이언트 노드에서 동시에 같은 데이터에 접근하거나 전송을 요청할 때는 지연·장해가 일어날 가능성이 있다.

DFS의 대표적 종류

① **구글 파일 시스템(GFS)** : 구글에서 자사의 데이터 저장소와 검색 엔진에 이용하기 위해 만든 DFS 로, 하드웨어의 안정성, 자료의 유실 문제 처리, 높은 데이터 처리율 등의 장점이 있다.

② **하둡 분산 파일 시스템(Hadoop DFS)** : GFS를 기반으로 만든 오픈소스 DFS로, 대용량의 파일을 블록 단위로 나누어 데이터 노드에 저장하며, 블록이 어느 데이터 노드에 저장되었는지에 대한 메타데이터를 네임노드에 저장한다. GFS와 유사한 장점이 있다.

③ **앤드루 파일 시스템(AFS)** : 미국의 카네기멜런 대학에서 자원의 공유를 통해 시스템을 효율적으로 관리하고 통합된 연구·교육 시스템을 구축하려고 만들었다. 캐시를 이용해 성능을 향상시키며 파일을 복제함으로써 안정성·가용성·확장성을 지원한다. 이로써 네트워크로 연결된 파일 시스템의 자원을 효율적으로 공유할 수 있다.

④ **NFS(Network File System)** : 미국의 선 마이크로시스템스에서 개발한 NFS 프로토콜로, 네트워크 드라이브를 로컬 컴퓨터의 디렉터리로 마운트(Mount)해 사용할 수 있다.
  - 마운팅은 새로운 파일을 개방하려고 할 때 새로운 파일 시스템을 기존의 파일 시스템의 디렉터리에 설치하는 일련의 과정을 뜻한다. 운영체제는 여러 파일 시스템을 마운트할 수 있는 기능을 지원한다.

⑤ **글러스터(Gluster) FS** : 다수의 스토리지를 병렬 네트워크 파일 시스템으로 통합해 제공하는 소프트웨어 정의(Defined) 스토리지(SDS)형 DFS이다.

⑥ **러스터(Lustre)** : 병렬형 DFS로, 대규모 클러스터 컴퓨팅에서 주로 이용되고 있다. 'Luster'는 '리눅스'와 '클러스터'의 조합어이다.

네이밍 방식(Naming Schemes)

① **호스트 네임과 로컬 네임의 조합**
  - 가장 간단한 방식으로서, 시스템 전체를 통틀어 유일한 네임을 보장할 수 있다. 또한 동일한 파일 동작으로 로컬 또는 원격 파일 모두에 적용 가능하다.
  - 위치의 투명성(Transparency)과 독립성(Independency) 등이 없다. 즉, 파일의 명칭이 해당 파일의 물리적 저장 장소에 대한 정보를 나타내지 않으며, 파일의 물리적 저장 장치의 위치가 바뀌어도 파일 명칭을 바꿀 필요가 없다.

② **원격 디렉터리들을 로컬 디렉터리에 붙이는 방식** : NFS에서 사용되는 방식으로, 투명성 있는 공유를 지원하지만 제한적이라는 특징이 있다. 일관된 트리처럼 보인다.

③ **구성 파일 시스템을 전체적으로 통합하는 방식** : 이상적인 방식으로서, 구성된 파일 시스템 구조는 전통적인 파일 시스템 구조와 동일한 형태이다. 다만 실제로는 이러한 목표를 어렵게 만드는 여러 특수한 파일(장치 파일, 이진 디렉터리)이 존재한다.

프로세스 관리

프로세스(Process)

프로세스(Process)

① 레지스터(Register), 스택(Stack), 포인트(Point), 프로그램, 데이터 등의 집합체로 실행 중인 프로그램 인스턴스를 말한다.
② 비동기적 행위, 프로시저(Procedure)가 활동 중인 것, 실행 중인 프로시저의 제어 경로 등을 의미하는 것으로 디스패치(Dispatch)된 작업 단위이다.
③ CPU에 의해 수행되는 사용자 및 시스템 프로그램으로 운영체제(OS)가 관리하는 실행 단위이다.
④ 지정된 결과를 얻기 위한 동작으로 목적과 결과에 따라 발생되는 사건들의 과정이다.
⑤ 프로세서(Processor)가 할당된 개체(Entity)로 프로세스 제어 블록(PCB)에 존재한다.
⑥ 프로세스가 자원을 이용하는 작동 순서는 요청 → 사용 → 해제 순서이다.

프로세스의 특징

① 우선순위 지정이 가능하다.
② 상황에 따른 상태를 전이 수행한다.
③ 다중 사용자 컴퓨터 시스템에서 사용자 요구 처리의 핵심이다.
④ 자원 할당, 지정된 연산 수행, 프로세스 간 통신 수행 등의 역할을 한다.

프로세스 상태 구분

① **준비(Ready) 상태** : CPU를 사용할 수 있도록 대기하고 있는 상태로 바로 프로그램이 실행될 수 있다.
② **실행(Run) 상태** : 하나의 프로세스가 CPU를 차지하여 실행 중인 상태이다.
③ **대기(Waiting) 또는 블록(Block) 상태** : 프로세스가 어떠한 사건(입력, 출력 등)이 발생하기를 기다리고 있는 상태이다.
④ **종료(Exit) 상태** : 프로세스가 실행 가능한 상태의 집합에서 해제된 상태이다.

프로세스 준비 리스트(Ready List)

① 실행을 위해 진입 준비하는 리스트로 우선순위 정보를 포함한다.
② 리스트에서 우선순위가 가장 높은 첫 번째 프로세스가 프로세서를 할당받고 실행 상태가 된다.

대기(블록) 리스트(List)

① 실행 중에 입출력 등의 필요에 의해 프로세서 점유를 놓은 상태이다.
② 블록된 프로세스가 기다리는 이벤트가 발생하는 순서로 블록이 해제된다.

프로세스 생성(Create)

실행을 위한 프로세스가 생성된다.

프로세스 소멸(Destroy)

프로세스가 실행을 마치고 메모리에 없는 상태이다.

프로세스 일시 정지(Suspend)

실행 중인 프로세스를 완전히 정지하지 않고 잠깐 정지된 상태이다.

프로세스 재시작(Resume)

서스펜드에서 다시 실행을 재개(Resume)한다.

프로세스 우선순위 변경(Change Priority)

긴급한 프로세스의 진입 등을 위해 우선순위가 최우선 또는 최하위로 변경되는 것이다.

프로세스 블록(Block)

실행 상태의 프로세스가 시간 할당량 이전에 입출력이나 다른 작업을 필요로 할 경우 CPU를 다음 프로세스에게 양도하고, 입출력이나 다른 작업의 완료를 기다리면서 대기 상태로 전환하는 것이다.

프로세스 깨우기(Wake Up)

입출력이나 다른 작업이 완료되었을 때 대기 상태에 있던 프로세스가 준비 상태로 전환하는 것이다.

프로세스 디스패치(Dispatch)

준비 상태에서 첫 번째 위치한 프로세스가 실행 상태로 전환되는 것이다.

IPC(Inter – Process Communication)

프로세스 간의 협력과 경쟁을 위한 통신 메커니즘 서비스이다.

프로세스 제어 블록(PCB; Process Control Block)

① 운영체제가 프로세스를 제어하기 위해 정보를 저장해 놓는 곳이며, 프로세스의 상태 정보를 저장하는 구조체 프로세스 상태 관리를 위한, 문맥 교환(Context Switching) 시 필요하다.
② PCB는 프로세스 생성 시에 만들어지며 주기억장소에 유지된다.
③ 시스템 내에서 활동하는 각 프로세스는 자신의 정보를 보관하고 있는 프로세스 제어 블록에 의해 관리된다.

PCB의 구성도 및 구성 요소

① PID : 프로세스 고유 번호
② 포인터 : 부모 프로세스, 자식 프로세스, 프로세스의 주소, 할당된 자원
③ 상태 : 준비, 대기, 실행
④ 레지스터 관련 정보
⑤ 스케줄링 및 프로세스 우선순위

⑥ Account : CPU 사용시간, 실제 사용된 시간

⑦ 메모리관리 정보

⑧ 입출력 상태 정보

PCB 관리

① 트래픽 제어기에 의해 내용이 변경된다.

② 수행 완료 시 프로세스와 PCB가 함께 삭제된다.

THEME 033 스레드(Thread)

스레드(Thread)

① 프로세스보다 가볍게 독립적으로 수행되는 순차적인 제어의 흐름(경량 프로세스, Light Weight Process)이다.

② 프로세스의 실행부분을 담당하는 실행의 기본단위(프로세스에서 실행 개념만 분리)이다.

③ 프로세스의 구성을 크게 제어의 흐름부분(실행단위)과 실행부분으로 나눌 때, 스레드는 프로세스의 실행부분을 담당하는 실행의 기본단위이다.

④ 하나의 프로세스 내에서 여러 개의 루틴을 동시에 수행해서 수행 능력을 향상(다중 스레드)시킨다.

⑤ 자신만의 스택(Stack)과 레지스터(Register)를 가지며, 독립된 제어의 흐름을 가진다.

⑥ 스레드는 그들이 속한 부모 프로세스의 자원들과 메모리를 공유한다.

스레드 A		부모 프로세스		스레드 B
기계어 코드	공유	기계어 코드	공유	기계어 코드
Data 영역	⇔	Data 영역	⇔	Data 영역
Heap		Heap(힙)		Heap
Stack	별도	Stack(스택)	별도	Stack

스레드의 특징

구분	내용
자원 공유	Parent Process의 데이터 영역을 공유함
동기화	한 프로세스 내의 다른 스레드들과 동기화(Sync)
병렬성	각 스레드는 상호 간섭 없이 독립 수행이 가능한 병렬 처리 가능
독립적 스케줄링	독립적 스케줄링의 최소단위로 프로세스의 기능과 역할을 담당
분할과 정복	프로세스에서 실행의 개념만을 분리(제어는 프로세스가 관리, 실행은 스레드가 관리)
다중 스레드 지원	한 개의 프로세스에 여러 개의 스레드가 존재 가능, 자원공유, 응답성 / 경제성 향상
Priority	다양한 우선순위로 실행, Priority가 정해짐
IPC	Inter-Process Communication의 약자로 스레드 간 신호를 주고받을 수 있음
CPU Overhead 감소	서비스 요청에 프로세스 생성이 필요 없어 Overhead 감소
구성 요소	TID(Thread ID), 프로그램 카운터, 레지스터 집합, 스택

스레드의 종류

종류	설명
사용자 스레드 (User Thread)	• 커널은 스레드의 존재를 알지 못함 • 모든 스레드 관리는 응용프로그램이 스레드 라이브러리를 사용하여 수행 • 스레드 간의 전환에 커널모드의 특권이 필요하지 않음 • 스케줄링은 응용프로그램마다 다르게 할 수 있음
커널 스레드 (Kernel Thread)	• 모든 스레드는 커널이 관리 • 커널 스레드를 이용하기 위한 API는 제공되나 별도의 스레드 라이브러리는 제공되지 않음 • 프로세스와 스레드에 대한 문맥교환 정보를 커널이 유지 • 스레드 간 전환을 위해 커널 스케줄링 정책이 필요

스레드와 프로세스의 비교

구분	스레드	프로세스
상호통신	• Library Call • 요청 Thread만 Blocking	• System Call • Call 종료 시까지 전체 자원 Blocking
처리방식	• CPU를 이용하는 기본 작업 단위로 구분	• 주로 자원 할당을 위한 기본 구분 단위
부하	• 프로세스보다 상대적으로 적음	• Context Switching으로 인한 부하 발생
다중처리	• Multi-Process • 여러 개의 프로그램을 동시에 수행(Job Scheduler) • 프로세스 내의 메모리를 공유해 사용	• Multi-Thread • 하나의 프로그램을 CPU가 나누어서 동시에 처리 • 각 프로세스는 독립적으로 실행되며 각각 별개의 메모리를 차지

장점	• 스레드 간의 전환속도가 빠름 • CPU가 여러 개일 경우에 각각의 CPU가 스레드 하나씩을 담당하는 방법으로 속도를 높일 수 있음 • 여러 스레드가 실제 시간상으로 동시에 수행될 수 있음	• 각각의 스레드 중 어떤 것이 먼저 실행될지 순서를 알 수 없음
단점	• 각각의 스레드 중 어떤 것이 먼저 실행될지 순서를 알 수 없음	• 전환 속도가 느림 • 여러 프로세스가 실제 시간상으로 동시에 수행될 수 없음
공통점	여러 흐름이 동시에 진행	

THEME 034 　병행 프로세스

병행 프로세스(Concurrent Process)

두 개 이상의 프로세스들이 동시에 존재하며 실행 상태에 있는 것을 의미한다.

독립적 병행 프로세스	상호 연관 없이 독립적으로 수행되는 프로세스이다.
협동적 병행 프로세스	다른 수많은 프로세스들과 상호 연관되어 동시에 수행되는 프로세스이다.

병행 프로세스의 문제점

① 다수의 프로세스가 병행되어 처리될 때의 결정성 문제
② 공유 자원의 상호 배제 문제
③ 하나의 기능을 함께 수행하는 프로세스 간의 동기화 문제
④ 프로세스 사이의 메시지 교환을 위한 통신 문제
⑤ 프로세스의 교착상태(Deadlock) 문제

병행 프로세스의 동기화 유형

동기화 유형	설명
임계 구역	• 하나의 프로세스가 공유 자원을 변경하는 코드를 실행하고 있을 경우의 구역으로, 상호 배제 구현
상호 배제 (Mutual Exclusion)	• 한 프로세스가 공유자원을 사용 중일 때 다른 프로세스가 그 자원을 사용하지 못하는 규칙 • SW기법 : 데커(Dekker), 피터슨(Peterson), 람포트(Lamport) 베이커리 알고리즘 • HW기법 : 테스트 및 셋(Test & Set), 스왑(Swap) 명령어 알고리즘
세마포어 (Semaphore)	• 다익스트라(E. W. Dijkstra)가 고안한 프로세스 간 동기화 문제 해결 도구
모니터 (Monitor)	• 병행 다중 프로그래밍에서 상호 배제를 구현하기 위한 특수 프로그램 기법 • 외부 프로세스는 모니터 내부 데이터 직접 접근 불가 • 한 번에 하나의 프로세스만 모니터에 접근 가능 • 구조적으로 공유데이터와 이 데이터를 처리하는 프로시저의 집합

동기화(Synchronization)

① 두 개의 프로세스가 하나의 기능을 수행하기 위해 한 프로세스의 결과를 다른 프로세스에 전달하고, 전달된 내용에 의해 다른 프로세스는 수행된다.
② 상호 간 주고받는 상태에 의해서 순서가 결정된다.

임계 구역(Critical Section)

① 다중 프로그래밍에서 한 순간에 여러 개의 프로세스에 공유되는 데이터와 자원에 대해 반드시 하나의 프로세스에 의해서만 데이터(자원)가 사용되도록 한다.
② 상호 배제의 문제로 자원이 프로세스에 의해 반납되면 다른 프로세스에서 자원을 이용하거나 데이터에 접근할 수 있도록 지정된 영역이다.

임계 구역의 원칙

① 두 개 이상의 프로세스가 동시에 사용할 수 없다.
② 순서를 지키며 신속하게 사용한다.
③ 하나의 프로세스를 독점하여 사용할 수 없고, 한 프로세스가 임계 구역에 대한 진입을 요청하면 일정 시간 내에 허락하여야 한다.
④ 사용 중에 중단되거나 무한 루프(반복)에 빠지지 않도록 주의해야 한다.
⑤ 인터럽트가 불가능한 상태로 만들어야 한다.

상호 배제(Mutual Exclusion)

① 한 프로세스가 공유 메모리나 파일을 사용하고 있을 때 다른 프로세스들이 사용하지 못하도록 배제시키는 기법이다.
② 임계 구역(공유 자원)을 특정 시점에서 한 개의 프로세스만이 사용할 수 있도록 한다.
③ 다른 프로세스가 현재 사용 중인 임계 구역에 대하여 접근하지 못하게 제어한다.
④ 교착 상태가 발생하지 않음을 보장하는 데커(Dekker) 알고리즘은 상호 배제 기법을 구현하기 위한 방법으로 사용된다.

세마포어(Semaphore)

① 개념 및 특징
  • E. J. Dijkstra가 제시한 상호 배제를 위한 알고리즘으로, 여러 프로세스가 동시에 값을 수정할 수 없다.
  • 세마포어에 대한 연산(오퍼레이션)은 처리 중에 인터럽트될 수 없고, 소프트웨어나 하드웨어로 구현이 가능하다.
  • 상호 배제의 원리를 보장하는 공유 영역에 프로세스들이 접근하기 위해서는 P와 V라는 두 개의 연산을 통해서 프로세스 사이의 동기를 유지한다.
  • V연산(Signal 동작)은 블록 큐에 대기 중인 프로세스를 Wake-Up하는 신호이다.
  • P연산(Wait 동작)은 임계 영역을 사용하는 프로세서의 진입 여부를 결정한다.
② 세마포어의 종류

종류	내용
이진(Binary) 세마포어	• 세마포어 변수가 오직 0과 1값을 가짐 • 하나의 임계 구역만을 상호 배제하기 위한 알고리즘
산술(Counting) 세마포어	• 세마포어 변수가 0과 양의 정수 값을 가짐 • 여러 개의 임계 구역을 관리하기 위한 상호 배제 알고리즘

③ 세마포어 동작 원리

Process	Activity 내용	자원의 값 및 상태
초기화	Semaphore s에 하나의 대기큐 Qs를 할당하고 초기화	S=0
P연산	P(S) 연산(wait())　　　　수행 while s=0 do　 wait　//　대기 s=s-1;　　　　//　독점	S=0 → 자원 할당 상태
V연산	V(S) 연산(Signal())　　　수행 s=s+1;　　//　해제	S=1 → 자원 해제 상태

모니터(Monitor)

① 개념
- 두 개 이상의 프로세스들이 특정 공유 자원과 공유 자원 그룹을 할당하는 데 필요한 데이터 및 프로시저를 포함하는 병행성 구조이다.
- 데이터를 처리하는 프로시저의 집합으로 자료 추상화와 정보 은폐를 기초로 사용한다.
- 모니터 내의 자원을 원하는 프로세스는 해당 모니터의 진입부(Entry)를 호출해야 한다.
- 모니터 외부의 프로세스는 모니터 내부의 데이터를 직접 액세스할 수 없다.
- 스위치 개념을 사용하여 한 순간에 하나의 프로세스만이 모니터에 진입할 수 있다.
- 모니터의 경계에서 상호 배제가 시행되며, 사용되는 연산에는 Signal과 Wait이 있다.

② 모니터의 특징
- 지역변수는 모니터의 내부에서만 접근이 가능하고 프로세스는 모니터 프로시저 중 하나를 호출하여 내부로 진입한다.
- 한 시점에 단 하나의 프로세스만 모니터 내부에서 실행된다.
- 세마포어보다 높은 단계(High Level)의 동기화 메소드로 사용하기가 용이하다.

③ 동기화 방법
- cwait(c) : 호출한 프로세스를 조건 c에서 일시 중지한다.
- csignal(c) : cwait(c)에 의해 중지된 프로세스를 재실행한다.

세마포어와 모니터의 비교

구분	세마포어	모니터
주체	• OS, 개발자 주체의 동시성 지원	• 프로그래밍 언어 수준의 동시성 지원
상호작용	• 모니터에게 이론적 기반 제공 • 모니터에게 효과적인 기법 제공	• 세마포어의 단점인 타이밍 오류 해결 • 세마포어의 단점인 개발편의성의 보완
특징	• S의 타입에 따라 Binary / Counting 세마포어로 구분	• 한 시점에 하나의 프로세스만 모니터 내부에서 수행

동기화
구현사례
	Semaphores S;
	P (S) ; // 검사역할, S--
	임계구역()
	V (S) ; // 증가역할, S++
		Monitor monitor-name
		{
		　//지역변수 선언
		　Public entry p1(…) {
		　}
		　Public entry p2(…) {
		　}
		}

언어사례	• P, V 연산으로 구현	• Java의 Synchronized Object, .Net의 모니터
공통점	동시성 지원을 위한 조정(Coordination) 기능을 수행	

교착상태(Deadlock)

교착상태(Deadlock)

① 둘 이상의 프로세스들이 서로 다른 프로세스가 차지하고 있는 자원을 서로 무한정 기다리고 있어 프로세스의 진행이 중단된 상태를 의미한다.

② 두 개 이상의 프로세스들이 자원을 점유한 상태에서 서로 다른 프로세스가 점유하고 있는 자원을 동시에 사용할 수 없는 현상이다.

교착상태 발생 조건

발생 조건	특징
상호 배제 (Mutual Exclusion)	• 한 프로세스가 사용 중이면 다른 프로세스가 기다리는 경우로, 프로세스에게 필요한 자원의 배타적 통제권을 요구한다. • 한 번에 한 개의 프로세스만이 공유 자원을 사용할 수 있어야 한다.
점유와 대기 (Hold and Wait)	• 프로세스들은 할당된 자원을 가진 상태에서 다른 자원을 기다린다. • 최소한 하나의 자원을 점유하고 있으면서 다른 프로세스에 할당되어 있는 자원을 추가로 점유하기 위해 대기하는 프로세스가 있어야 한다.
비선점 (Non-Preemption)	• 프로세스가 점유한 자원을 사용이 종료될 때까지 강제로 해제할 수 없다. • 다른 프로세스에 할당된 자원은 사용이 끝날 때까지 강제로 빼앗을 수 없다.
환형(순환) 대기 (Circular Wait)	• 각 프로세스는 순환적으로 다음 프로세스가 요구하는 자원을 가지고 있다. • 공유 자원을 사용하기 위해 대기하는 프로세스들이 원형으로 구성되어 있어 자신에게 할당된 자원을 점유하면서 앞뒤에 있는 프로세스의 자원을 요구한다.

교착상태 해결 방법

해결 방법	설명
예방(Prevention) 기법	• 교착상태가 발생되지 않도록 사전에 시스템을 제어하는 기법으로 교착상태 발생의 4가지 조건 중 상호 배제를 제외한 어느 하나를 제거(부정)함으로써 수행된다. 　㉠ 점유 및 대기 부정 : 프로세스가 실행되기 전 필요한 모든 자원을 할당하여 프로세스 대기를 없애거나 자원이 점유되지 않은 상태에서 자원을 요구한다. 　㉡ 비선점 부정 : 자원을 점유하고 있는 프로세스가 다른 자원을 요구할 때 점유하고 있는 자원을 반납하고, 요구한 자원을 사용하기 위해 기다린다. 　㉢ 환형 대기 부정 : 자원을 선형 순서로 분류하여 고유 번호를 할당하고, 각 프로세스는 현재 점유한 자원의 고유 번호보다 앞뒤 어느 한쪽 방향으로만 자원을 요구한다.
회피(Avoidance) 기법	• 교착상태의 발생 가능성을 인정하여 교착상태가 발생하려고 할 때 이러한 가능성을 피해 가는 기법이다. • 프로세스가 자원을 요구할 경우 교착상태가 발생하지 않는 범위에서 시스템이 안전한 상태를 유지할 수 있도록 자원을 할당한다.
발견(Detection) 기법	• 시스템에 교착상태가 발생했는지 점검하여 교착상태에 있는 프로세스와 자원을 발견하는 기법이다.
회복(Recovery) 기법	• 교착상태를 일으킨 프로세스를 종료하거나 교착상태의 프로세스에 할당된 자원을 선점하여 프로세스나 자원을 회복하는 기법이다. • 교착상태에 빠져 있는 프로세스를 중지시켜 시스템이 정상적으로 동작할 수 있도록 한다.

프로세스 상태 전이의 요소

① **상태 전이** : 프로세스가 시스템 내에 존재하는 동안 프로세스의 상태가 준비, 실행, 대기·블록 등의 여러 가지로 변화하는 것을 뜻한다.

② **프로세스 상태 전이도** : 프로세스 상태들이 전환되는 과정을 그림으로 표시한 것으로서, 프로세스들이 실행 상태인지 아니면 비실행 상태인지, 프로세스들이 정상적으로 종료되었는지 아니면 비정상적으로 종료되었는지를 쉽게 파악할 수 있다.

③ **디스패치(Dispatch)** : 준비 상태에서 대기 중인 프로세스 중에서 우선수위가 가장 높은 한 개의 프로세스에 CPU가 할당됨으로써 준비 상태에서 실행 상태로 전환되는 것이다(준비 → 실행). 이때 CPU의 할당 시간이 지정된다.

④ **할당 시간 초과 상태** : CPU에서 할당된 프로세스가 시간을 초과했을 경우에 다른 프로세스에 할당하기 위해서 다시 준비 상태로 전환된다(실행 → 준비).

⑤ **타임 슬라이스(Time Slice) 또는 시간 할당량(Time Quantum)** : 실행 상태에 있는 프로세스들이 주어진 시간 동안 CPU를 차지해 실행하는 시간으로서, 이때 타임 슬라이스 또는 시간 할당량을 초과하면 시간 초과 인터럽트가 발생한다.

⑥ **대기** : 실행 중인 프로세스가 입출력 명령을 받으면 인터럽트(Interrupt)가 발생해 입출력 전용 프로세서에게 CPU를 넘기고 자신은 스스로 대기 상태로 전환된다(실행 → 대기).

⑦ **작업 스케줄러(Job Scheduler)** : 보류(Hold) 상태의 작업들 중에서 실행될 프로세스 작업을 선정해 보류 상태에서 준비 상태로 전환된다.

⑧ **문맥 교환(Context Switching)** : 준비 상태에 있는 프로세스가 CPU에 할당되어 실행되던 중 할당된 시간이 초과되어 프로세스 실행을 중단하고 다시 준비 상태로 라운드 로빈된다.

⑨ **스풀러(Spooler)** : 제출된 프로세스들을 스풀 공간인 디스크에 수록해 준비 큐를 만든다.

04 프로세스 스케줄링

THEME 037 프로세스 스케줄링의 원칙과 성능 평가

프로세스 스케줄링의 원칙

프로세스 스케줄링은 그 과정에서 중앙처리장치(CPU) 자원이 독점 사용되는 것을 예방하고, 스케줄링의 효율을 최대한 높일 수 있도록 다음의 원칙들을 충분히 고려해야 한다.

① 단위 시간 동안 가능한 최대로 많은 양을 처리할 수 있게 해야 한다.

② 예외적인 경우가 아니라면 중앙처리장치(CPU) 자원을 모든 프로세스들에게 공정하게 배정해야 한다.

③ 프로세스를 제출한 시간부터 실행이 완료될 때까지 소모되는 반환 시간을 최소화하고 예측할 수 있어야 한다.

④ 작업을 지시한 후 반응을 시작하기까지의 응답 시간을 최소화해야 한다. 이때 응답 시간과 자원의 활용 간의 적절한 균형을 유지하도록 한다.

⑤ 프로세스가 준비 상태 큐에서 대기하는 시간을 최소화해야 한다.

⑥ 오버헤드(간접 부담 비용)를 최소화해야 한다.

⑦ 프로세스의 상태를 파악해 우선순위가 높은 프로세스를 먼저 실행해야 한다. 이때 중요 자원을 차지하고 있는 프로세스에게 우선순위를 부여한다.

⑧ 자원을 사용하기 위해 프로세스가 무한정 대기하는 상태를 피해야 한다.

⑨ 입출력장치, 메모리 등의 자원을 균형 있게 골고루 활용해야 한다.

⑩ 동일한 종류의 작업은 거의 같은 비용과 시간으로 실행되도록 한다.

⑪ 시스템 내의 자원이 사용하지 않는 시간이 없도록 유지해야 한다.

⑫ 문제로 인해 불안하지 않은 프로세스에 서비스를 많이 제공하도록 한다.

⑬ 부하가 큰 경우에는 갑자기 체증이 일어나지 않도록 적절히 조절해야 한다.

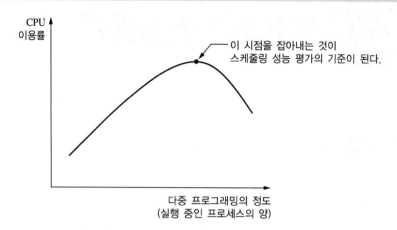

① **CPU 이용률** : 중앙처리장치(CPU)를 쉬지 않고 얼마나(40~90%) 이용하는지에 대한 기준(많을수록 양호)

② **처리 능력(Throughput)** : 단위 시간당 처리할 수 있는 CPU 작업량이 얼마나 많은가 하는 기준(많을수록 양호)

③ **대기 시간(Waiting time)** : 각 프로세스가 수행이 완료될 때까지 준비 큐에서 기다리는 시간, 즉 준비 상태에서 대기하는 시간이 얼마인가 하는 기준(짧을수록 양호)

④ **반환 시간(Turnaround Time)** : 각 프로세스가 생성된 시점(준비 큐에 들어온 시점과 동일하다고 가정)부터 수행이 완료된 시간, 즉 작업을 지시해서 작업이 끝날 때까지 시간이 얼마인가 하는 기준(짧을수록 양호)

⑤ **응답 시간(Response Time, 반응 시간)** : 입력에 대해 처음 반응하는 시간이 얼마인가 하는 기준(짧을수록 양호)

THEME 038 　스케줄링(Scheduling)

프로세스 스케줄링

스케줄링은 프로세스가 생성되어 실행될 때 필요한 순서와 시간을 결정하여 해당 프로세스에 할당하는 작업이다.

작업 스케줄링 (Job Scheduling)	어떤 프로세스가 시스템의 자원을 사용할 수 있는지 결정하여 준비 상태(Wake Up) 큐로 보내는 작업을 의미한다.
프로세스 스케줄러	하나의 프로세스를 준비 상태에서 실행 상태로 전이시키는 것을 말한다.

프로세스 스케줄링 알고리즘

비선점형(Non-Preemptive) 방식	선점형(Preemptive) 방식
• 한 프로세스가 CPU를 할당받으면 다른 프로세스는 이전 프로세스가 CPU를 반환할 때까지 CPU를 점유하지 못하는 방식 (권한을 빼앗을 수 없는 방식) • 일괄 처리 방식에 적합 • 대화형, 시분할, 실시간 시스템에는 부적합 • 응답 시간 예측이 용이 • 문맥 교환이 적어 오버헤드가 적음 • FIFO(FCFS), SJF, HRN, 우선순위, 기한부 방식 등	• 한 프로세스가 CPU를 차지하고 있을 때 우선순위가 높은 다른 프로세스가 현재 실행 중인 프로세스를 중지시키고 자신이 CPU를 점유하는 방식 • 일괄 처리 방식에는 부적합 • 대화형, 시분할, 실시간 시스템에는 적합 • 응답 시간 예측이 어려움 • 문맥 교환이 많아 오버헤드가 많음 • RR, SRT, MQ, MFQ 방식 등

THEME 039 　비선점형(Non-Preemptive) 스케줄링

FIFO(First Input First Output, FCFS)

① 정의
- 먼저 입력된 작업을 먼저 처리하는 방식으로 가장 간단한 방식이다.
- 디스크 대기 큐에 들어온 순서대로 처리하기 때문에 높은 우선순위의 요청이 입력되어도 순서가 바뀌지 않고, 평균 반환 시간이 길다.
- 짧은 작업이나 중요한 작업을 오랫동안 기다리게 할 수 있다는 단점이 있다.

② 작업 방식

작업	실행(추정) 시간
A	24초
B	6초
C	3초

대기 리스트

A(24초)	B(6초)	C(3초)
0	24	30　　　 33

- 다음의 경우 평균 실행 시간은 {A(24초)＋B(6초)＋C(3초)}÷3＝11초이다.
- 평균 대기 시간을 살펴보면 A작업은 곧바로 실행되므로 0초이고, B작업은 A작업이 끝난 후 실행되므로 24초이고, C작업은 A작업과 B작업이 끝난 후 실행되므로 30초이다. 그러므로 (평균 대기 시간)＝{A(0초)＋B(24초)＋C(30초)}÷3＝18초이다.
- 평균 반환 시간은 (평균 실행 시간)＋(평균 대기 시간)이므로 11＋18＝29초이다.
- 제출 시간이 존재하는 경우에는 대기 시간과 반환 시간 모두를 제출한 시점부터 계산하므로 각 대기 시간에서 제출 시간을 빼고 계산해야 한다.
- 임의의 작업 순서로 얻을 수 있는 최대 평균 반환 시간은 대기 시간이 가장 긴 경우이므로 큰 작업 순서로 배치하면 된다. 반면, 임의의 작업 순서로 얻을 수 있는 최소 평균 반환 시간은 대기 시간이 가장 짧은 경우이므로 짧은 작업 순서로 배치하면 된다.

SJF(Shortest Job First, 최단 작업 우선)

① 정의
- 작업이 끝나기까지의 실행 시간 추정치가 가장 작은 작업을 먼저 실행시키는 방식이다.
- 긴 작업들을 어느 정도 희생시키면서 짧은 작업들을 우선적으로 처리하기 때문에 대기 리스트 안에 있는 작업의 수를 최소화하면서 평균 반환 시간을 최소화할 수 있다.
- 실행 시간이 많이 소요되는 작업은 무한 연기 현상이 발생될 수 있고, 이러한 현상을 방지하기 위해서 에이징(Aging) 기법을 사용해야 한다. 에이징 기법은 자원 할당을 오랫동안 기다린 프로세스에 대해 기다린 시간에 비례하는 높은 우선순위를 부여하여 가까운 시간 내에 자원이 할당되도록 하는 기법으로 이를 통하여 무한 연기 현상을 방지한다.

② 작업 방식

작업	실행(추정) 시간	제출 시간
A	24초	0초
B	6초	1초
C	3초	2초

대기 리스트

A(24초)	C(3초)	B(6초)

0　　　　　　24　　　　　27　　　　　33

- 제시된 경우 첫 번째 A작업은 실행 시간이 길더라도 실행 중이면 작업이 끝날 때까지 진행된다. 또한, B와 C 중에서는 실행 시간이 짧은 C가 먼저 처리되므로 대기 리스트는 A(24초), C(3초), B(6초) 순이다.
- 평균 실행 시간은 {A(24초)＋B(6초)＋C(3초)}÷3＝11초이다.
- 평균 대기 시간을 살펴보면 A작업은 곧바로 실행하므로 0초이고, C작업은 A작업이 끝날 때까지 기다리므로 24초에서 제출 시간 2초를 뺀 22초이고, B작업은 A작업과 C작업이 끝난 후 실행하므로 27초에서 제출 시간 1초를 뺀 26초이다. 따라서 평균 대기 시간은 {A(0초)＋C(22초)＋B(26초))÷3＝16초이다.
- 평균 반환 시간은 (평균 실행 시간)＋(평균 대기 시간)이므로 11＋16＝27초이다.

HRN(Highest Response-ratio Next)

① 서비스 시간(실행 시간 추정치)과 대기 시간의 비율을 고려한 방식으로 SJF의 무한 연기 현상을 극복하기 위해 개발되었다.

② 대기 리스트에 있는 작업들에게 합리적으로 우선순위를 부여하여 작업 간 불평등을 해소할 수 있다.

③ 프로그램의 처리 순서는 서비스 시간의 길이뿐만 아니라 대기 시간에 따라 결정된다.

④ (우선순위)＝{(대기 시간)＋(서비스 시간)}÷(서비스 시간)이다.

우선순위(Priority)

① 대기 중인 작업에 우선순위를 부여하여 CPU를 할당하는 방식이다.

② 우선순위가 가장 빠른 작업부터 순서대로 수행한다.

기한부(Deadline)

① 제한된 시간 내에 반드시 작업이 종료되도록 스케줄링하는 방식이다.

② 작업이 완료되는 시간을 정확히 측정하여 해당 시간 만큼에 CPU의 사용 시간을 제한한다.

③ 동시에 많은 작업이 수행되면 스케줄링이 복잡해지는 단점이 있다.

에이징(Aging) 기법

프로세스가 자원을 기다리고 있는 시간에 비례하여 우선순위를 부여함으로써 무기한 문제를 방지하는 기법이다.

선점형(Preemptive) 스케줄링

라운드 로빈(RR; Round-Robin)

① 정의
- 여러 개의 프로세스에 시간 할당량이라는 작은 단위 시간이 정의되어 시간 할당량만큼 CPU를 사용하는 방식으로 시분할 시스템을 위해 고안되었다.
- FIFO 스케줄링을 선점형으로 변환한 방식으로 먼저 입력된 작업이더라도 할당된 시간 동안만 CPU를 사용할 수 있다.
- 프로세스가 CPU에 할당된 시간이 경과될 때까지 작업을 완료하지 못하면 CPU는 다음 대기 중인 프로세스에게 사용 권한이 넘어가고, 현재 실행 중이던 프로세스는 대기 리스트의 가장 뒤로 배치된다.
- 적절한 응답 시간을 보장하는 대화식 사용자에게 효과적이다.

② 작업 방식

작업	실행(추정) 시간
A	12초
B	25초
C	15초
D	8초
E	10초

대기 리스트

A (10초)	B (10초)	C (10초)	D (8초)	E (10초)	A (2초)	B (10초)	C (5초)	B (5초)

0   10   20   30   38   48   50   60   65   70

- 시간 할당량을 크게 하면 FIFO 방식과 같아지고, 시간 할당량을 작게 하면 문맥 교환에 따른 오버헤드가 커진다.
- 시간 할당량이 10초일 경우 A부터 순서대로 10초씩 할당하고, 나머지가 있으면 대기 리스트 뒤쪽으로 계속 배치한다. 즉, A(10초) − B(10초) − C(10초) − D(8초, 完) − E(10초, 完) − A(12−10=2초, 完) − B(10초) − C(15−10=5초, 完) − B(5초, 完) 순서이다.
- 평균 실행 시간은 {A(12초)+B(25초)+C(15초)+D(8초)+E(10초)} ÷ 5 = 14초이다.
- 평균 대기 시간은 각 작업에서 마지막으로 처리되기 전까지 실행되지 않은 시간을 모두 더하거나 각 작업에서 마지막으로 처리되기 전까지의 시간에서 실행 시간을 뺀다. 즉, A의 대기 시간은 A작업이 마지막으로 처리된 2초 작업 전까지의 시간 48초에서 A의 실행시간인 10초를 빼면 38초가 된다. B의 대기 시간은 마지막 처리 전까지의 시간 65초에서 B의 실행 시간인 20초를 빼면 45초가 된다. C의 대기 시간은 마지막 처리 전까지의 시간 60초에서 C의 실행 시간인 10초를 빼면 50초가 된다. D의 대기 시간은 30초가 되고, E의 대기 시간은 38초가 된다. 그러므로 평균 대기 시간은 {A(38초)+B(45초)+C(50초)+D(30초)+E(38초)} ÷ 5 = 40.2초이다.
- 평균 반환 시간은 (평균 실행 시간)+(평균 대기 시간)이므로 14+40.2=54.2초이다.

SRT(Shortest Remaining Time)

① 정의
- 작업이 끝나기까지 남아 있는 실행 시간의 추정치 중 가장 작은 프로세스를 먼저 실행하는 방식으로 새로 입력되는 작업까지도 포함한다.
- SJF는 한 프로세스가 CPU를 사용하면 작업이 모두 끝날 때까지 계속 실행되지만 SRT는 남아 있는 프로세스의 실행 추정치 중 더 작은 프로세스가 있다면 현재 작업 중인 프로세스를 중단하고, 작은 프로세스에게 CPU의 제어권을 넘겨준다.
- 임계치(Threshold Value)를 사용한다.

② 작업 방식

작업	실행(추정) 시간	제출 시간
A	7초	0초
B	4초	2초
C	6초	4초
D	3초	6초

대기 리스트

A(2초)	B(4초)	D(3초)	A(5초)	C(6초)
0	2	6	9	14	20

- 제출(도착) 시간이 가장 빠른 작업 A를 대기 리스트에 기억시킨 후 2초가 지나면 작업 B가 입력되고, 작업 B의 실행 시간(4초)이 작업 A의 남아 있는 실행 시간(5초)보다 작으므로 작업 B가 처리된다. 4초가 지나면 작업 C가 입력되지만 작업 C의 실행 시간(6초)이 작업 B의 남아 있는 실행 시간(2초)보다 작지 않으므로 작업 B가 계속 실행된다. 6초가 지나면 작업 D의 실행 시간이 가장 작으므로 작업 D가 실행된다. 다음으로 실행 시간이 작은 작업 A(5초)가 실행되고, 마지막으로 작업 C(6초)가 실행된다. 즉, A(2초) − B(4초, 完) − D(3초, 完) − A(5초, 完) − C(6초, 完) 순이다.
- 평균 실행 시간은 {A(7초)+B(4초)+C(6초)+D(3초)} ÷ 4=5초이다.
- 대기 시간은 작업마다 마지막으로 처리되기 전까지의 시간에서 자신의 실행 시간을 뺀 후 제출 시간을 감한다. 작업 A는 마지막으로 처리된 5초 작업 전까지의 시간 9초에서 A의 실행 시간인 2초를 빼고 제출 시간을 감하면 9−2−0=7초가 대기 시간이다. B는 2초에서 제출 시간 2초를 감하면 0초가 대기 시간이다. C는 14초에서 C의 제출 시간 4초를 빼면 10초가 대기 시간이다. D는 6초에서 제출 시간 6초를 빼면 0초가 대기 시간이다. 그러므로 평균 대기 시간은 {A(7초)+B(0초)+C(10초)+D(0초)} ÷ 4=4.25초이다.
- 평균 반환 시간은 (평균 실행 시간)+(평균 대기 시간)이므로 5+4.25=9.25초이다.

다단계 큐(MQ; Multi-level Queue)

① 프로세스를 특정 그룹으로 분류할 경우 그룹에 따라 각기 다른 큐(대기 리스트)를 사용하며, 선점형과 비선점형을 결합한 방식이다.

② 각 큐(대기 리스트)는 자신보다 낮은 단계의 큐보다 절대적인 우선순위를 갖는다(각 큐는 자신보다 높은 단계의 큐에게 자리를 내주어야 함).

③ 우선순위가 가장 높은 대기 리스트에 존재하는 프로세스는 어떠한 경우에도 프로세스를 빼앗기지 않는 비선점형이다.

④ 우선순위가 높은 큐에 프로세스가 입력되면 CPU를 빼앗기게 되므로 선점형이 된다.

다단계 피드백 큐(MFQ; Multi-level Feedback Queue)

① 특정 그룹의 준비 상태 큐에 들어간 프로세스가 다른 준비 상태 큐로 이동할 수 없는 다단계 큐 방식을, 준비 상태 큐 사이로 이동할 수 있도록 개선한 방식이다.

② 짧은 작업이나 입출력 위주의 작업에 우선권을 부여하기 위해 개발되었다.

③ 큐마다 시간 할당량이 존재하며, 낮은 큐일수록 시간 할당량이 커진다.

④ 마지막 단계에서는 라운드 로빈(RR) 방식으로 처리한다.

기억장치 관리

THEME 041 | 기억장치 관리(Memory Management)의 개요

기억장치 관리

다중 프로그래밍 시스템에서 다수의 프로세스를 수용하기 위해 주기억장치를 동적으로 분할하는 작업을 기억장치 관리라 한다.

기억장치 관리 요구조건

요구조건	특징
재배치 (Relocation)	• 다수의 프로세스들이 스왑인(Swap-in), 스왑아웃(Swap-out) 시 다른 주소 공간으로 프로세스의 재배치가 필요하다. • 재배치를 고려한 프로세스 주소 지정 요구조건이 존재한다.
보호 (Protection)	• 다른 프로세스들의 간섭으로부터 보호해야 한다. • 메모리 참조 검사, 즉 실행 중 해당 프로세스에 할당된 메모리 공간만 참조되었는지에 관한 확인이 필요하다. • 처리기(하드웨어)적인 검사가 요구된다.
공유 (Sharing)	• 기억장치의 같은 부분을 접근하려는 여러 개의 프로세스들을 융통성 있게 허용한다. • 필수적인 보호 기능을 침해하지 않는 범위에서 제한된 접근 공유가 가능하다.
논리적 구성 (Logical Organization)	• 일반적인 프로그램은 모듈 단위로 구성한다. • 모듈의 작성과 컴파일은 독립적으로 이루어진다. • 비교적 적은 추가비용(Overhead)으로 모듈마다 서로 다른 보호 등급을 적용하는 것이 가능하다. • 프로세스 간 모듈 공유 기법을 제공한다. • 세그먼테이션(Segmentation)은 대표적인 논리적 메모리 관리 기술이다.
물리적 구성 (Physical Organization)	• 주기억장치와 보조기억장치 사이의 정보 흐름 구성에 사용된다. • 정보 흐름 구성 책임자는 시스템이고, 사용가능한 주기억장치 용량이 프로그램 및 데이터보다 작은 경우 처리하는 데, Overlay 기법을 이용한다. • 다중 프로그래밍 환경에서 사용가능한 공간의 양과 위치 정보 파악이 가능하다.

THEME 042 기억장치의 관리 전략

반입 전략(Fetch Strategy)

① 프로그램이나 데이터를 보조기억장치에서 주기억장치로 언제(When) 가져올지를(반입 또는 인출할지를) 결정하는 전략이다.

② 종류에는 요구 반입(Demand Fetch), 예상 반입(Anticipatory Fetch)이 있다.

요구 반입 (Demand Fetch)	실제로 요구(Demand)가 있을 때마다 페이지나 세그먼트를 주기억장치로 가져오는 전략
예상 반입 (Anticipatory Fetch)	앞으로 요구될 가능성이 높은 프로그램, 데이터를 예상하여 주기억장치로 미리 가져오는 전략

배치 전략(Placement Strategy)

① 프로그램이나 데이터를 주기억장치 내의 가용 공간 중 어디에(Where) 둘 것인지 결정하는 전략이다.

② 종류에는 최초 적합(First-Fit), 최적 적합(Best-Fit), 최악 적합(Worst-Fit)이 있다.

최초 적합 (First-Fit)	• 주기억장치 내에서 작업을 수용할 수 있으면서 처음 만나는 공간에 배치(프로그램보다 가용 공간이 적은 곳은 배제) • 내부 단편화가 많이 발생하며, 배치 결정이 가장 빠름
최적 적합 (Best-Fit)	• 입력된 작업은 주기억장치 내의 공백 중 가장 알맞은 작업의 공백으로, 사용되지 않는 공간을 가장 적게 남기는 공백에 배치 • 내부 단편화가 가장 적게 발생
최악 적합 (Worst-Fit)	• 데이터를 입력한 후 주기억장치 내의 공백이 너무 많이 남은 경우에 배치 • 내부 단편화가 가장 크게 발생

교체 전략(재배치 전략, Replacement Strategy)

① 주기억장치 내에 빈 공간을 확보하기 위해 제거해야 할 프로그램이나 데이터를 결정하는 전략이다.

② 종류로는 OPT(최적화), FIFO, LRU, LFU, NUR, PFF, Second Chance 등이 있다.

THEME 043 　기억장치의 분할 관리 기법

기억장치 분할

주기억장치 할당 기법

단순 페이징(Simple Paging)	단순 세그먼테이션(Simple Segmentation)
• 주기억장치는 균등사이즈의 프레임으로 나뉜다. • 각 프로세스는 프레임들과 같은 길이를 가진 균등 페이지들로 나뉜다. • 프로세스의 모든 페이지가 적재되어야 하며, 이 페이지를 저장하는 프레임들은 연속적일 필요는 없다. • 외부 단편화가 없다. • 적은 양의 내부 단편화가 생긴다.	• 각 프로세스는 여러 세그먼트들로 나뉜다. • 프로세스의 모든 세그먼트가 적재되어야 하며, 이 세그먼트를 저장하는 동적 파티션들은 연속적일 필요는 없다. • 내부 단편화가 없고 메모리 사용 효율이 개선된다. • 동적 분할에 비해서 오버헤드가 적다. • 외부 단편화가 생긴다.

파티션의 고정 및 동적 분할

고정 분할(Fixed Partitioning)	동적 분할(Dynamic Partitioning)
• 시스템 생성 시에 주기억장치가 고정된 파티션들로 분할된다. • 프로세스는 균등 사이즈의 파티션 또는 그보다 큰 파티션으로 적재된다. • 구현이 간단하고 운영체제에 오버헤드가 거의 없다. • 내부 단편화로 인한 비효율적이라는 약점이 있는데 최대 활성 프로세스의 수가 고정된다.	• 파티션들이 동적으로 생성되며, 각 프로세스는 자신의 크기와 일치하는 크기의 파티션에 적재된다. • 내부 단편화가 없고 주기억장치를 보다 효율적으로 사용할 수 있다. • 외부 단편화를 해결하기 위한 메모리 집약(Compaction)이 요구되므로 처리기 효율이 나빠진다.

단일 분할 할당 기법

오버레이 기법	스와핑 기법
• 단일 사용자 시스템에서 프로그램의 크기는 주기억장치의 용량보다 클 수 없다. • 사용하지 않는 프로그램의 부분을 보조기억장치로 옮겨와서, 이제 더 이상 필요하지 않는 프로그램 부분이 사용하고 있던 장소를 다른 프로그램이 사용하게 되면 실제 영역보다 더 큰 프로그램의 실행이 가능하다.	• 프로그램 전부를 할당하여 필요시 다른 프로그램과 바꾸는 기법이다. • 교체 과정을 여러 번 수행하여 사용자가 원하는 프로그램을 완료할 수 있다.

THEME 044 교체 전략과 페이지 부재

최적화(OPT; OPTimal replacement)

① 페이지 프레임에 새로운 참조 페이지를 가져오는 대신 가장 오랫동안 사용되지 않을 페이지와 교체하는 것으로 참조 페이지를 미리 알고 운영하므로 Hit율이 가장 높다.

② 현 시점을 기준으로 앞으로의 페이지 사용을 미리 예상하여 교체(제거)하는 전략이다.

③ 참조 페이지가 페이지 프레임에 있으면 히트(Hit)라 하고, 참조 페이지가 페이지 프레임에 없으면 페이지 부재(Page Fault)라고 한다.

예 3개의 페이지 프레임을 가진 기억장치에서 참조 페이지 번호 순서대로 페이지 참조가 발생할 때 OPT 기법을 사용할 경우 몇 회의 페이지 부재(Page Fault)가 발생하는가?(단, 초기 페이지 프레임은 모두 비어 있는 상태이다)

> • 참조 페이지 번호 : 1, 2, 3, 4, 1, 3, 5, 3, 4, 3, 4, 6
> • 페이지 프레임 수 : 3개

다음과 같이 직접 기입을 하면서 Hit / Fault를 계산한다.

참조 페이지		페이지 프레임			Hit / Fault
1	→	1			Fault
2	→	1	2		Fault
3	→	1	2	3	Fault
4	→	1	4	3	Fault
1	→	1✔	4	3	Hit
3	→	1	4	3✔	Hit
5	→	5	4	3	Fault
3	→	5	4	3✔	Hit
4	→	5	4✔	3	Hit
3	→	5	4	3✔	Hit
4	→	5	4✔	3	Hit
6	→	6	4	3	Fault

히트(Hit) 6회, 페이지 부재(Page Fault) 6회이다.

FIFO(First Input First Output)

① 가장 오랫동안 주기억장치에 있던 페이지를 교체하는 것으로 페이지 부재(Page Fault)가 가장 많이 일어난다.

② 주기억장치에 들어 있는 페이지에 타임 스탬프를 찍어 그 시간을 기억하고 있다가, 먼저 들어온 페이지부터 교체(제거)하는 전략이다.

③ 참조 페이지를 교체할 때는 주기억장치에 먼저 들어와서 가장 오래 있었던 페이지를 교체한다.

예 3개의 페이지 프레임을 가진 기억장치에서 참조 페이지 번호 순서대로 페이지 참조가 발생할 때 FIFO 기법을 사용할 경우 몇 회의 페이지 부재(Page Fault)가 발생하는가?(단, 초기 페이지 프레임은 모두 비어 있는 상태이다)

- 참조 페이지 번호 : 1, 2, 3, 4, 1, 2, 5, 1, 2, 3, 4, 5
- 페이지 프레임 수 : 3개

다음과 같이 직접 기입을 하면서 Hit / Fault를 계산한다.

참조 페이지		페이지 프레임			Hit / Fault
1	→	1			Fault
2	→	1	2		Fault
3	→	1	2	3	Fault
4	→	4	2	3	Fault
1	→	4	1	3	Fault
2	→	4	1	2	Fault
5	→	5	1	2	Fault
1	→	5	1✔	2	Hit
2	→	5	1	2✔	Hit
3	→	5	3	2	Fault
4	→	5	3	4	Fault
5	→	5✔	3	4	Hit

히트(Hit) 3회, 페이지 부재(Page Fault) 9회이다.

LRU(Least Recently Used)

① 한 프로세스에서 사용되는 각 페이지마다 시간 테이블을 두어 현 시점에서 가장 오랫동안 사용되지 않은 페이지를 교체한다.

② 현 시점을 기준으로 과거에 사용(참조)된 가장 오래된 페이지를 교체하는 전략이다.

③ 페이지마다 참조 계수기(시간 기억 영역)를 두어 사용한다.

예 3개의 페이지 프레임을 가진 기억장치에서 참조 페이지 번호 순서대로 페이지 참조가 발생할 때 LRU 기법을 사용할 경우 몇 회의 페이지 부재(Page Fault)가 발생하는가?(단, 초기 페이지 프레임은 모두 비어 있는 상태이다)

> • 참조 페이지 번호 : 1, 2, 3, 4, 1, 3, 5, 3, 2, 3, 4, 5
> • 페이지 프레임 수 : 3개

다음과 같이 직접 기입을 하면서 Hit / Fault를 계산한다.

참조 페이지		페이지 프레임			Hit / Fault
1	→	1			Fault
2	→	1	2		Fault
3	→	1	2	3	Fault
4	→	4	2	3	Fault
1	→	4	1	3	Fault
3	→	4	1	3✔	Hit
5	→	5	1	3	Fault
3	→	5	1	3✔	Hit
2	→	5	2	3	Fault
3	→	5	2	3✔	Hit
4	→	4	2	3	Fault
5	→	4	5	3	Fault

히트(Hit) 3회, 페이지 부재(Page Fault) 9회이다.

LFU(Least Frequence Used)

① 기억장치에서 참조된 횟수가 가장 적은 페이지를 교체 페이지로 선택하고, 사용(참조)된 횟수가 가장 작은 페이지와 교체한다.
② 현 시점에서 과거의 사용(참조)된 횟수를 기준으로 페이지를 교체하는 전략이다.
③ 각 페이지가 얼마나 자주 사용되었는가에 중점을 두고, 참조 횟수가 적은 페이지를 교체한다.

NUR(Not Used Recently)

① 가장 최근에 참조되지 않은 페이지를 교체할 페이지로 선택하고, 최근에 사용(참조)되지 않은 페이지를 제거한다.
② 페이지별로 참조 비트와 변형 비트라는 하드웨어 비트를 사용하여 교체하는 전략이다.
③ LRU 기법에서 나타나는 시간적 오버 헤드(시간 초과)를 줄일 수 있다.

2차 기회 부여(SCR; Second Chance Replacement)

① 가장 먼저 입력된 페이지를 교체 대상으로 삼는 FIFO의 단점을 보완한 형태로 가장 오래된 페이지를 제거하기 전에 한 번의 기회를 더 부여한다.
② 가장 오래 있던 페이지는 그만큼의 중요성 때문에 다시 사용할 가능성이 높을 수 있다.

THEME 045 가상기억장치의 구현 방식

가상 메모리 페이징(Virtual Memory Paging)

① 크기가 고정된 블록이나 일정 크기의 프로그램 분할 단위를 페이지(Page)라 한다.

② 단순 페이징과 비교해서 프로세스의 페이지 전부를 로드시킬 필요가 없다.

③ 외부 단편화는 없으나 내부 단편화가 생긴다.

④ 페이지 크기가 작을수록 페이지 사상 테이블 공간이 많이 필요하지만 내부 단편화는 감소한다.

⑤ 다중프로그래밍 정도가 높으며, 가상주소 공간이 크다.

⑥ 페이지 크기가 클수록 페이지 테이블의 크기는 작아지며, 디스크 접근 시간의 부담이 감소된다.

⑦ 필요한 페이지가 있으면 후에 자동적으로 메모리에 들어간다.

⑧ 페이지 크기가 크면 단편화(Fragmentation)로 인해 많은 기억 공간을 낭비한다.

⑨ 어떤 프로세스가 프로그램 실행에 사용하는 시간보다 페이지 적재에 소비하는 시간이 더 큰 경우 스래싱이 발생하며, 다중 프로그래밍의 정도가 높을수록 발생 빈도는 높아진다.

⑩ 복잡한 메모리 관리의 오버헤드가 발생한다.

가상 메모리 세그먼테이션(Virtual Memory Segmentation)

① 단순 세그먼테이션과 비교해서 필요하지 않은 세그먼트들을 로드하지 않는다.

② 페이징 기법과 동일하지만 고정 크기로 분할된 기억 영역이 아닌 가변 크기의 빈 메모리에서 처리한다.

③ 프로세스의 세그먼트들은 동시에 기억장치 내에 있을 필요가 없고, 연속적일 필요도 없다.

④ 필요한 세그먼트가 있으면 나중에 자동적으로 메모리에 들어간다.

⑤ 내부 단편화가 없다. 높은 수준의 다중 프로그래밍, 큰 가상 주소 공간, 보호와 공유를 지원한다.

⑥ 기억장치의 분할된 크기에 맞게 동적으로 적재시키는 방식으로 외부 단편화가 발생한다.

⑦ 크기가 변할 수 있는 블록을 세그먼트라 하며, 블록의 크기는 서로 가변적이다.

⑧ 메모리 절약을 위해서 기억장치 보호키(Storage Protection Key)를 사용한다.

⑨ 주소 변환을 위해 세그먼트 맵 테이블이 필요하며, 각 세그먼트는 고유한 이름과 크기를 갖는다.

⑩ 복잡한 메모리 관리의 오버헤드가 발생한다.

교체(Swapping)

① 작업 크기가 너무 커서 기억 공간에 수용시킬 수 없는 경우나 모든 작업이 주기억장치에 상주할 필요가 없는 경우에 작업을 분할하여 필요한 부분만 교체하는 방식이다.
② 프로그램 디버깅(Debugging)에 적합하지 않다.
③ 보조기억장치에서 주기억장치로 새로운 페이지를 불러와 주기억장치에 있는 페이지와 교환한다.

중첩(Overlay)

① 주기억장치보다 큰 프로그램을 실행하기 위해서 프로그램을 오버레이(Overlay)라는 조각으로 분할하여 보조기억장치에 기억시키고, 순차적으로 주기억장치로 불러와 처리하는 방식이다.
② 단일 프로그래밍 기법에서 가상기억장치의 개념이 나오기 이전의 방식이다.

사상(Mapping)

① 보조기억장치의 논리적 주소를 주기억장치의 물리적 주소와 연관을 맺는 방식이다.
② 가상기억장치에서 주기억장치로 페이지를 옮겨 넣을 때 주소를 조정한다.
③ 프로그램에서 사용하고 있는 주소를 기억장치의 실제 주소로 변환한다.

페이지 부재(Page Fault)

① 모든 프로그램은 실행 시 주기억장치에 존재해야 하는데 원하는 프로그램이 주기억장치에 존재하지 않는 경우 일어나는 현상이다.
② 페이지 오류율이 크면 스래싱(Thrashing)이 많이 발생한 것이다.
③ 페이지 부재가 발생하면 디스크의 해당 페이지나 세그먼트를 주기억장치로 가져온다.

스래싱(Thrashing)

① 다중 프로그래밍이나 가상 메모리에서 페이지 교환이 자주 일어나는 현상이다.
② 너무 잦은 페이지 교체 현상으로 특정 프로세스에서 지속적으로 페이지 부재가 발생한다.
③ 프로세스 간 메모리 경쟁으로 페이지 폴트가 발생하여 전체 시스템의 성능이 저하된다.
④ 프로그램 수행의 소요 시간보다 페이지 이동(교체)의 소요 시간이 더 큰 경우 발생한다.
⑤ CPU의 이용률을 높이는 동시에 실행되는 프로그램 수와 다중 프로그래밍은 줄여야 한다.
⑥ 스래싱을 해결하려면 적정한 프레임 수를 제공하고, 부족한 자원을 증설하거나 일부 프로세스를 중단시킨다.

지역성(구역성)

구분	내용
시간적 지역성 (Temporal Locality)	• 최근에 참조된 기억장소가 가까운 장래에 참조될 가능성이 높음을 의미 • 시간적 지역성을 이용한 교체전략은 LRU **예** 순환(Lopping), 서브루틴(Subroutine), 스택(Stack), 카운팅(Counting), 토털링(Totaling), 루프(Loof), 부프로그램(Subprogram)
공간적 지역성 (Spatial Locality)	• 특정 기억장소들에 대해 참조가 집중적으로 일어나는 성질로 최근 참조된 기억장소와 가까운 기억정보에 대한 참조 가능성이 높음을 의미 **예** 배열 순례(Array Traversal), 순차적 코드(Sequential Code) 실행, 프로그램 변수 선언, 프리패치(Prefetch)
순차적 지역성 (Sequential Locality)	• 따로 분기가 없는 한 데이터가 기억장치에 저장된 순서대로 인출되고 실행될 가능성이 높음 • 공간 지역성에 편입 가능

워킹 셋(Working Set)

① Denning이 제안한 프로그램의 움직임에 관한 모델로 프로세스를 효과적으로 실행하기 위하여 주기억장치에 적재되어야 한다.

② 주기억장치에 적재되지 않으면 스래싱이 발생할 수 있다.

③ 실행 중인 프로세스가 CPU에 의해 일정 시간 동안 자주 참조되는 페이지(Page)들의 집합이다.

④ 스래싱(Thrashing) 현상을 최소화하기 위한 이론으로 프로세스를 효과적으로 실행한다.

THEME 046 동적 적재와 동적 연결

동적 적재(Dynamic Loading)

① 동적 적재의 개념

- 동적 적재는 실행 중인 프로그램이 다른 프로그램 모듈이나 루틴을 참조할 때 이들을 주기억장치에 적재하는 것을 뜻한다. 즉, 재배치가 가능한 형태로 모든 루틴들이 디스크에서 대기하고 있다가, 프로그램에 의해 그 루틴을 호출할 때 주기억장치에 적재하는 것이다. 이처럼 실행 시에 필요한 루틴과 데이터만을 그때그때 적재함으로써 메모리의 낭비를 방지할 수 있다.

- 호출된 루틴이 주기억장치에 없을 경우에는 재배치 가능(Relocatable) 연결로더가 호출되며 요구된 루틴은 주기억장치 내로 적재되어 실행되고, 이러한 변화를 반영해 테이블이 업데이트된다.

② 동적 적재의 특징
- 사용되지 않는 각각의 루틴들은 주기억장치에 적재되지 않으므로 메모리 공간 활용성을 높일 수 있다. 실제로 필요한 부분만 적재되어 사용된 구역이 작으므로 효율적이다.
- 오류 처리 코드의 경우처럼 많은 양의 코드가 덜 빈번히 사용될 때 유용하다.
- 운영체제의 특별한 지원이 필요하지 않기 때문에 프로그래머가 책임지고 모듈 단위로 프로그램을 설계하고 구현할 수 있다.

동적 연결(Dynamic Linking)

① 동적 연결의 개념
- 동적 연결은 입출력되는 선 사이의 스위칭 연결 방식으로서, 입출력 선의 스위칭이 고정적으로 만들어지지 않고, 통신량에 따라 중간의 공통 접속로를 통하여 자동적으로 이루어진다. 즉, 하나의 프로그램이 실행되는 도중에 다른 목적 프로그램이 필요할 경우에 프로그램 제어 기능을 통해 해당 프로그램과 연결하는 것이다.
- 링킹(Linking)은 별도로 작성된 목적 프로그램들이나 목적 모듈들을 결합해 단일한 목적 프로그램(로드 모듈)으로 하는 것이며, 프로그램을 여러 개의 부분으로 나누어 작성했을 때 이들 각각의 부분마다 목적 프로그램이 만들어진다.
- 동적 연결은 링킹을 사전에 해놓지 않고 프로그램이 실행되는 도중에 다른 목적 프로그램이 필요해졌을 때 프로그램의 제어 기능을 통해 링킹하는 것이다. 공통으로 사용하는 라이브러리 루틴들을 중복해서 메모리에 적재하는 것이 아니라 필요한 하나의 라이브러리 루틴만 메모리에 적재함으로써 메모리의 낭비를 방지한다.

② 동적 연결의 특징
- 실행 가능 이진 프로그램의 크기를 줄일 수 있게 하며, 라이브러리 루틴을 바꿀 때에 매우 유용하다.
- 동적 적재의 경우에 적재(Loading)를 실행 시까지 미룬다면, 동적 연결은 링킹을 실행 시간까지 미루며, 오직 하나의 라이브러리만 메모리에 적재하고 이를 여러 프로그램과 연결한다.
- 동적 적재와 달리 동적 연결은 운영체제의 도움이 필요하다. 운영체제가 라이브러리 루틴이 메모리에 있는지 혹은 없는지 검사하며, 여러 프로세스가 라이브러리를 공유할 수 있게 해준다. 이러한 라이브러리를 윈도우에서는 동적 연결 라이브러리(DLL; Dynamic Linking Library)라고 부르며, 리눅스에서는 공유 라이브러리(Shared Library)라고 부른다.

CHAPTER 06 파일 관리

THEME 047 파일의 구조 / 파일 관리 시스템(File Management System)

파일 시스템(File System)

① 보조기억장치의 파일을 관리하는 기술이다.

② 계층적 트리 구조로 각 디렉터리는 커널(Kernel)에 의해 관리된다.

③ 네트워크 환경에서 상호 공유되며, 다중 파일 시스템을 지원한다.

④ 파일 소유자, 그룹 및 그 외의 다른 사람들로부터 사용자를 구분하여 파일을 보호한다.

⑤ 주변 장치(디렉터리 및 디바이스)를 파일과 동일하게 취급한다.

⑥ 파일의 생성, 수정, 삭제가 가능하며, 여러 종류의 인터페이스를 제공한다.

파일 디스크립터(File Descriptor)

① 파일이 액세스되는 동안 운영체제의 관리 목적에 필요한 정보를 수집한 자료 구조이다.

② 파일 관리에 필요한 정보를 가지고 있는 파일 제어 블록(FCB; File Control Block)으로 실행 시점에서 시스템이 필요로 하는 파일 정보를 가지고 있다.

③ 보조기억장치에 저장되어 있다가 파일이 개방(Open)될 때 주기억장치로 이동한다.

④ 해당 파일이 Open되면 FCB(File Control Block)가 메모리에 올라와야 한다.

⑤ 파일 디스크립터로 보조기억장치의 유형, 파일의 ID 번호, 디스크 내 주소, 접근 제어 정보, 파일 구조, 파일 크기, 파일 사용횟수, 생성일, 삭제일, 최종 수정일 등이 있다.

파일 관리 시스템(File Management System)

① 운영체제의 주요 구성 요소로 파일에 의해 사용되는 자원 관리, 파일의 생성, 삭제, 수정, 접근을 제어하는 소프트웨어를 파일 관리 시스템이라고 한다.

② 파일 관리 시스템은 액세스 방식, 파일 관리, 보조기억장치 관리, 파일 무결성 유지를 담당한다.

③ 액세스 방식(Access Method)은 파일에 저장되어 있는 데이터에 접근하는 방식이다.

④ 파일 관리(File Management)는 파일 저장, 참조, 공유, 보호하는 기법을 제공한다.

⑤ 보조기억장치 관리(Auxiliary Storage Management)는 보조기억장치에 파일 저장 필요 공간을 할당한다.

⑥ 파일 무결성 유지(File Integrity Mechanism)는 파일정보가 소실되지 않도록 보장한다.

디스크 공간 할당

① 디스크 공간 할당은 연속적 가용 공간에 파일 저장 공간을 할당한다.

② 불연속 할당은 섹터 또는 섹터로 구성된 블록단위에 공간을 할당한다.

③ 연속 할당 기법은 필요한 공간의 크기를 미리 지정한다.

④ 불연속 할당 기법은 포인터를 이용한 블록을 연결하는 기법으로 블록체인 기법과 인덱스 기법이 있다.

⑤ 장점 및 단점

구분	연속 할당 기법	불연속 할당 기법
장점	• 연속 레코드 엑세스 시 효율적임 • 디렉터리 내용이 단순함	• 연속 할당의 단편화 문제 및 파일 확장 문제가 해결됨
단점	• 단편화 발생으로 주기적인 압축 필요 • 파일 크기 확장에 대한 대응이 비효율적임	• 파일 공간의 분산으로 인한 성능 저하 • 포인터 관리를 위한 연산 및 공간 낭비

THEME 048　파일 접근 방식

순차 접근 방식(Sequential Access File), 순차 파일

① 입력 데이터의 논리적 순서에 따라 연속적인 물리적 위치에 기록하는 파일 접근 방식이다.

② 주로 순차 접근이 가능한 자기 테이프에서 사용하지만 정보의 구현이 쉽기 때문에 어떤 매체라도 쉽게 사용할 수 있다.

③ 장점 및 단점

• 장점 : 파일 구성이 용이, 저장 매체의 효율이 매우 높음, 접근 속도 빠름

• 단점 : 파일에 새로운 레코드를 삽입 / 삭제하는 경우 시간이 많이 소요되고, 검색 효율이 낮음

직접 접근 방식(Direct Access File), 직접 파일

① 파일을 구성하는 레코드를 임의의 물리적 저장 공간에 직접 기록하는 파일 접근 방식이다.
② 데이터 내의 키 필드를 해싱 사상 함수에 의해 물리적인 주소로 변환하여 데이터를 기록하거나 검색한다.
③ 키에 일정 함수를 적용하여 상대의 레코드 주소를 얻고, 그 주소를 레코드에 저장한다.
④ 임의 접근이 가능한 자기 디스크나 자기 드럼에 사용한다.
⑤ 장점 및 단점
  • 장점 : 파일의 각 레코드에 직접 접근 가능함, 접근 시간이 빠르고, 레코드의 삽입 / 삭제 / 갱신이 용이함
  • 단점 : 레코드의 주소 변환 과정이 필요하여 시간이 소요됨, 키 변환법에 따라 공간의 낭비를 가져올 수 있음

색인 순차 파일(Indexed Access Sequential File, =ISAM)

① 각 레코드를 키 값 순서에 따라 논리적으로 저장하고, 시스템은 각 레코드의 실제 주소가 저장된 색인을 관리하는 파일 접근 방식이다.
② 자기 디스크를 저장 매체로 하며, 레코드를 추가하거나 삽입하는 경우에도 파일 전체를 복사할 필요가 없다.
③ 레코드를 참조하려면 색인을 탐색한 후 색인이 가리키는 포인터(주소)를 사용하여 직접 참조할 수 있다.
④ 장점 및 단점
  • 장점 : 순차 처리와 임의 처리가 모두 가능, 효율적인 검색 / 삭제 / 삽입 / 갱신이 용이함
  • 단점 : 기억 공간이 필요함, 접근 시간이 직접 파일보다 느림

기본 데이터 영역	파일을 구성하는 레코드가 키 값의 순서대로 저장
인덱스 영역	마스터 인덱스, 실린더 인덱스, 트랙 인덱스로 구성
오버플로 영역	추가 데이터가 기본 영역에 삽입되지 못하는 경우에 생기는 공간

분할 파일(Partition File)

① 하나의 파일을 여러 개의 파일로 재구성한 것으로 파일 크기가 큰 경우에 사용한다.
② 분할된 파일은 여러 개의 순차 서브 파일로 구성된다.

THEME 049　디스크 스케줄링 기법

디스크 스케줄링(Disk Scheduling)

사용할 데이터가 디스크의 여러 곳에 저장되어 있을 때 데이터를 액세스하기 위해 디스크 헤드의 이동 경로를 결정하는 기법이다.

FCFS(First Come First Served)

① 디스크 대기 큐에 가장 먼저 들어온 트랙에 대한 요청을 먼저 처리하는 기법이다(＝FIFO).

② 디스크 대기 큐에 있는 트랙 순서대로 디스크 헤드를 이동한다.

③ 도착 순서에 따라 실행 순서가 정해져 있으므로 순서가 변경되지는 않는다.

④ 디스크의 부하가 클 경우 응답 시간이 길어진다.

☞ FCFS(FIFO) 기법을 사용할 경우 디스크 대기 큐의 작업들을 수행하기 위한 헤드의 이동 순서와 총 이동 거리는?(단, 초기 헤드의 위치는 50이다)

> 대기 큐 : 100, 150, 20, 120, 30, 140, 60, 70, 130, 200

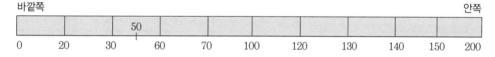

바깥쪽　　　　　　　　　　　　　　　　　　　　　　　　　　　안쪽

| 0 | 20 | 30 | 50 | 60 | 70 | 100 | 120 | 130 | 140 | 150 | 200 |

• 이동 순서 : 50 → 100 → 150 → 20 → 120 → 30 → 140 → 60 → 70 → 130 → 200

• 총 이동 거리 : 50＋50＋130＋100＋90＋110＋80＋10＋60＋70＝750

SSTF(Shortest Seek Time First)

① 탐색 거리가 가장 짧은 트랙에 대한 요청을 먼저 처리하는 기법이다.

② 현재 헤드 위치에서 가장 가까운 거리에 있는 트랙으로 헤드를 이동한다.

③ 가운데 트랙이 안쪽이나 바깥쪽 트랙보다 서비스의 모듈 확률이 높다.

④ 헤드에서 멀리 떨어진 요청은 기아 상태(무한 대기 상태)가 발생할 수 있다.

⑤ 일괄 처리 시스템에는 유용하나 응답 시간의 편차가 크기 때문에 대화형 시스템에는 부적합하다.

예 SSTF 기법을 사용할 경우 디스크 대기 큐의 작업들을 수행하기 위한 헤드의 이동 순서와 총 이동 거리는?(단, 초기 헤드의 위치는 50이다)

대기 큐 : 100, 150, 20, 120, 30, 140, 60, 70, 130, 200

바깥쪽   안쪽

| 50 |

0   20   30   60   70   100   120   130   140   150   200

- 이동 순서 : 50 → 60 → 70 → 100 → 120 → 130 → 140 → 150 → 200 → 30 → 20
- 총 이동 거리 : 10+10+30+20+10+10+10+50+170+10=330

SCAN

① 현재 진행 중인 방향으로 가장 짧은 탐색 거리에 있는 요청을 먼저 처리하는 기법이다.
② SSTF의 문제점인 응답 시간의 편차를 극복하기 위해 개발되었다.
③ 헤드는 이동하는 방향의 앞쪽에 I/O 요청이 없을 경우에만 후퇴(역방향)가 가능하다.

예 SCAN 기법을 사용할 경우 디스크 대기 큐의 작업들을 수행하기 위한 헤드의 이동 순서와 총 이동 거리는?(단, 진행 방향은 바깥쪽, 초기 헤드의 위치는 50이다)

대기 큐 : 100, 150, 20, 120, 30, 140, 60, 70, 130, 200

바깥쪽   안쪽

| 50 |

0   20   30   60   70   100   120   130   140   150   200

- 이동 순서 : 50 → 30 → 20 → 0 → 60 → 70 → 100 → 120 → 130 → 140 → 150 → 200
- 총 이동 거리 : 20+10+20+60+10+30+20+10+10+10+50=250

C-SCAN

① 항상 바깥쪽에서 안쪽으로 움직이면서 가장 짧은 탐색 거리를 찾도록 처리하는 기법이다.
② 헤드는 트랙의 바깥쪽에서 안쪽으로 한 방향으로만 움직이며, 안쪽보다 기회가 적은 바깥쪽의 시간 편차를 줄인다.
③ 헤드의 바깥쪽이 가운데보다 서비스 기회가 적은 점(SCAN의 단점)을 보완하며, 한쪽 요구를 모두 수용한 후 헤드를 가장 바깥쪽으로 이동시켜 안쪽으로 수행한다(단방향).

예 C-SCAN 기법을 사용할 경우 디스크 대기 큐의 작업들을 수행하기 위한 헤드의 이동 순서와 총 이동 거리는?(단, 진행 방향은 항상 바깥쪽에서 안쪽으로 고정하며, 초기 헤드의 위치는 50이다)

대기 큐 : 100, 150, 20, 120, 30, 140, 60, 70, 130, 200

바깥쪽									안쪽

| 0 | 20 | 30 | 50 | 60 | 70 | 100 | 120 | 130 | 140 | 150 | 200 |

- 이동 순서 : 50 → 60 → 70 → 100 → 120 → 130 → 140 → 150 → 200 → 0 → 20 → 30
- 총 이동 거리 : 10+10+30+20+10+10+10+50+200+20+10=380

N-Step SCAN

① 진행 도중 도착한 요청을 모아서 다음 방향으로 진행할 때 최적의 서비스를 처리하는 기법이다.
② SCAN의 무한 대기 발생 가능성을 제거한 것으로 특정 방향의 진행이 시작될 경우에 대기 중이던 요청들만 서비스한다.
③ SCAN보다 응답 시간의 편차가 적고, 진행 방향의 요청을 서비스한다.

LOOK과 C-LOOK

① LOOK

SCAN 알고리즘 기법을 사용하며 디스크 암(Disk Arm : 디스크상에 기억되어 있는 레코드에 접근하여 읽고 쓰기 위하여 헤드를 디스크면상의 위치로 이동시키기 위해 사용되는 기구)이 디스크의 한 끝에서 시작하여 다른 끝으로 이동하며 가는 길에 있는 모든 요청을 처리한다. 다른 한쪽 끝에 도달하면 역 방향으로 이동하면서 오는 길에 있는 요청을 처리하기 때문에 엘리베이터처럼 왕복하며 처리하므로 엘리베이터(Elevator Algorithm) 스케줄링이라고도 부른다.

② C-LOOK

C-SCAN 알고리즘 기법을 사용하며 각 요청에 걸리는 시간을 좀 더 균등하게 하기 위한 SCAN의 변형이다. SCAN과 같이 C-SCAN은 한쪽 방향으로 헤드를 이동해 가면서 요청을 처리하지만 한쪽 끝에 다다르면 반대 방향으로 헤드를 이동하며 처리하는 것이 아니라 처음 시작했던 자리로 다시 되돌아가서 서비스를 시작한다. C-SCAN 스케줄링 알고리즘은 실린더들을 마지막 실린더가 처음 실린더와 맞닿은 원형 리스트로 간주한다.

CHAPTER 07 범용 다중 사용자 운영체제

THEME 050 유닉스(UNIX)

유닉스(UNIX)의 정의

① 워크스테이션(Workstation)급에서 강력한 네트워크 기능을 가지는 마이크로 컴퓨터의 운영체제이다.

② 부분의 코드가 C 언어로 기술되어 있는 대화식 시분할 시스템이다.

유닉스 시스템의 구성

① 커널(Kernel)
- 유닉스의 가장 핵심적인 부분이다.
- 하드웨어를 보호(캡슐화)하며, 프로그램과 하드웨어 간에 인터페이스 역할을 담당한다.
- 프로세스 관리, 기억 장치 관리, 입출력 관리, 파일 관리, 시스템 호출 인터페이스 등의 기능을 담당한다.
- 주기억장치에 적재된 후 상주하면서 실행되며, 대부분 C 언어로 개발되어 이식성과 확장성이 우수하다.

② 쉘(Shell)
- 사용자의 명령어를 인식해 프로그램을 호출하고 명령을 수행하는 명령어 해석기이다.
- 사용자와 시스템 간의 인터페이스를 제공한다.
- 항상 보조기억장치에 상주하지만 주기억장치로 교체되어 실행된다.
- 도스의 COMMAND.COM과 같은 역할을 수행하며, 사용자가 로그인(Login)할 때 가장 먼저 수행된다.
- 종류로는 Bourn Shell, Kernel Shell, C Shell 등이 있다.

③ 유틸리티(Utility)
- 사용자의 편의를 위한 프로그램이다.
- DOS의 외부 명령어와 유사하며, 문서 편집기, 컴파일러, 언어 번역 프로그램, 정렬 프로그램 등이 있다.

유닉스의 특징

① 분할 시스템을 위해 설계된 대화식 운영체제로 강력한 명령어를 제공한다.
② 소스가 공개된 개방형 시스템으로 멀티 유저, 멀티 태스킹을 지원한다.
③ 대부분 C 언어로 작성되어 이식성, 확장성, 개방성이 우수하다.
④ 시스템 구조를 은폐시킬 수 있는 보호 기능을 제공한다.
⑤ 트리 구조의 계층적 파일 시스템, 다중 작업 시스템, 다중 사용자 시스템을 제공한다.
⑥ 사용자는 하나 이상의 작업을 백그라운드에서 수행할 수 있어 여러 개의 작업을 병행 처리할 수 있다.
⑦ 여러 사용자가 동시에 시스템을 사용할 수 있어 정보와 유틸리티를 공유하는 편리한 작업 환경을 제공한다.

유닉스 파일 시스템의 구조

구조	특징
부트(Boot) 블록	• 부트스트랩에 필요한 코드를 저장하는 블록으로 시스템이 부팅될 때 사용되는 코드 영역이다.
슈퍼(Super) 블록	• 전체 파일 시스템에 대한 정보를 저장하는 블록으로 파일 시스템마다 각각의 슈퍼 블록을 가지고 있다. • 슈퍼 블록에 포함된 정보에는 파일 시스템에 있는 블록의 총 개수, 사용 가능한 I-Node의 개수, 사용 가능한 디스크 블록의 개수, 자유 블록의 비트맵 등이 있다.
I-Node 블록	• 각 파일에 대한 정보를 기억하는 자료 구조 블록으로 파일 정보를 기억하는 데 레코드로 모든 파일을 표시한다. • I-Node에 포함된 정보에는 파일 소유자와 그룹 소유자의 식별자, 파일의 접근 허가 및 보호 권한, 파일이 생성된 시간, 파일의 최종 접근 및 수정 시간, 파일 크기, 파일 링크 수, 데이터가 저장된 블록의 주소, 파일 종류(일반 파일, 특수 파일, 디렉터리) 등이 있다.
데이터(Data) 블록	• 실제 데이터가 저장되어 있는 블록으로 파일 내용에 저장되며, 파일과 디렉터리가 있다.

유닉스 파일 시스템의 유형

일반 파일	• 실행 가능한 프로그램 파일, 원시 프로그램 파일, 문서 파일 등 사용자가 정의한 그대로의 파일을 디스크 등에 내용이 수록된다. • 파일 종류로는 Text file, Binary file이 있다.
디렉터리 파일	• 디렉터리에 포함되어 있는 여러 가지 파일과 디렉터리에 관한 정보 등을 저장하는 논리적인 영역이다. • 파일의 위치, 크기, 만들어진 시간, 변경정보 등이 기록되어 있다. • 루트 디렉터리(/), 실행 파일(/bin), 입출력장치 파일(/dev)이 존재한다.
특수 파일	• 주변장치 또는 파이프와 소켓 같은 프로세스 간의 상호 통신 기법에 해당한다. • 표준입출력 시스템 호출을 통해 참조, 채널 정보 파일이 특수 파일에 속한다. • 문자 특수파일, 블록 특수 파일이 있다.
인덱스 노드 (I-node)	• 각 파일에 대한 정보를 기억하는 약 120byte의 고정 크기 구조체이다. • 일반 파일 아이노드, 특수 파일 아이노드가 있다.

유닉스 명령어

① 파일 관리 호출 명령어

access	파일의 접근 가능성을 결정한다.
chgrp	(Change Group) 파일의 그룹명을 변경한다.
chmod	파일에 대한 액세스 권한을 설정하여 파일의 사용 허가를 지정한다.
chown	(Change Owner) 파일의 소유권을 변경한다.
close	FCB(File Control Block)를 닫는다.
creat	파일을 생성하거나(Create의 개념) 다시 기록한다.
dup	Open FCB를 복사한다.
fsck	파일 시스템을 일관성 있게 검사하고, 대화식으로 복구(무결성 검사)한다.
mkfs	파일 시스템을 구성한다.
open	FCB(File Control Block)를 연다.

② 디렉터리 관리 호출 명령어

pwd	현재 작업 중인 디렉터리 경로를 화면에 출력한다.
brk	데이터 세그먼트의 크기를 변경한다.
chdir	(Change Directory) 디렉터리를 변경한다.
mkdir	(Make Directory) 디렉터리를 생성한다.
mknod	특수 파일을 만든다.
mount	기존 파일 시스템에 새로운 파일 시스템을 서브 디렉터리에 연결한다.
rmdir	비어있는 디렉터리를 삭제한다.
umount	파일 시스템에서 서브 디렉터리를 해제한다.

③ 프로세스 관리 호출 명령어

exec	새로운 프로그램을 수행하기 위한 시스템을 호출한다.
exit	프로세스 수행을 종료한다.
fork	새로운 프로세스를 생성(프로세스 복제), 자식 프로세스를 생성한다.
getpid	자신의 프로세스 아이디를 얻는다.
getppid	부모 프로세스 아이디를 얻는다.
kill	프로세스를 제거한다.
preemption	프로세스의 자원 사용 권한을 선점한다.
ps	프로세스의 현재 상태를 출력한다.
signal	신호를 받았을 때 프로세스가 할 일을 지정한다.
sleep	프로세스를 일정 기간 중단한다.
uname	현재 운영체제의 버전 정보 출력한다.
wait	하위 프로세스 중의 하나가 종료될 때까지 상위 프로세스를 임시 중지한다.
&	백그라운드 작업을 지시한다.

④ 프로세스 간 통신 호출 명령어

abort	비정상적인 프로세스를 종료한다.
finger	로그인 중인 유저의 정보를 표시한다.
mail	편지를 읽는다.
pipe	프로세스 간의 통신 경로를 설정하여 정보 교환이 가능하도록 한다.
semget	세마포어를 읽는다.

⑤ 범용 명령어

cat	파일 내용을 화면에 출력한다.
cp	파일 내용을 복사한다.
df	각 파일 시스템의 디스크 블록 수, 사용 중인 I-node 수, 사용 가능한 I-node 수를 출력한다.
diff	파일의 차이를 비교하여 출력한다.
du	(Disk Usage) 디스크 공간에 대해 정보 사용자가 지정한 파일 혹은 디렉터리에 대해 사용 중인 디스크 용량을 출력한다.
grep	파일을 찾는다.
lp	파일의 하드 카피를 만들기 위해 프린터에 파일의 복사본을 보낸다.
ls	현재 디렉터리의 파일 목록을 표시한다.
man	명령어에 대한 설명을 출력한다.
mkfs	(Make File System) 파일 시스템을 만든다.
mv	(Move) 파일을 이동시키거나 이름을 변경한다.
rm	파일을 삭제한다.

리눅스 운영체제의 정의

① 여러 사용자가 동시에 접속하여 시스템을 사용할 수 있는 다중 사용자(멀티유저)와 다중 프로세서를 지원하는 다중 작업 운영체제(멀티태스킹 운영체제)이다.

② 유닉스에 상응하는 강력한 운영체제로 이식 가능 운영체제 인터페이스(POSIX) 표준을 도입한 운영체제이다.

③ 소유권에 대한 문제가 없는 코드로 GNU(Gnu is Not Unix)이다.

④ 공개라이센스 정신(GPL; General Public License)에 의거 자유롭게 배포 가능한 운영체제이다.

리눅스의 특징

① 안정된 환경에서의 프로그램 수행이 가능하고 백그라운드 작업이 용이하여 완전한 멀티태스킹이 가능하다.

② 가상메모리 기법인 페이징 기법으로 보다 많은 메모리 지원이 가능하여 소형 시스템 운영이 가능하다.

③ GUI 환경으로 구성된다. POSIX(이식 가능 운영체제 인터페이스) 기반의 X-Window의 사용이 가능하다.

④ 유닉스 기반 운영체제로는 가장 많은 수의 하드웨어 지원이 가능하다.

⑤ 비 유닉스 계열 운영체제보다 안정성이 높고 보안성도 뛰어나다.

⑥ 작은 사이즈와 안정성, 효율성이 높아 임베디드 시스템의 운영체제로 활용이 가능하다.

⑦ 단일형(Monolithic, 모놀리틱) 커널의 구조 방식이다(마이크로 커널 방식이 아님).

⑧ 리눅스 커널 2.6 버전의 스케줄러는 임의의 프로세스를 선점할 수 있으며, 우선순위 기반 알고리즘이다.

⑨ 윈도우 파일 시스템인 NTFS와 저널링 파일 시스템인 JFFS를 지원한다. 즉, 데이터를 저장하는 데 필요한 여러 종류의 파일 시스템을 지원한다.

⑩ CUI(Character User Interface) 및 GUI(Graphical User Interface)를 지원한다.

⑪ 사용자들에게 가장 중요한 유틸리티인 쉘(Shell)을 제공한다.

리눅스의 구조

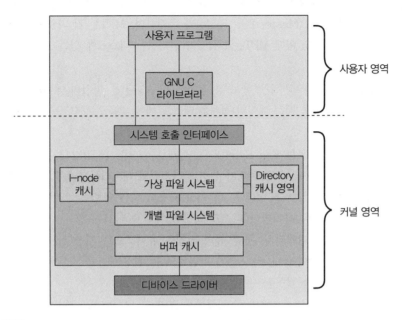

① 사용자 영역

사용자 프로그램이 있고 유닉스의 쉘 역할을 하는 인터페이스를 제공해주는 영역이다.

② 커널 영역

- 운영체제의 관리 모듈이 포함되어 있는 영역으로 시스템 호출을 통해 사용자 영역과 접근한다.
- 가상 파일 시스템, 개별 파일 시스템, 버퍼 캐시, 디바이스 드라이버, I-node 캐시, Directory 캐시로 이루어진다.

THEME 052 Windows NTFS와 MFT

Windows NT와 NTFS(NT Flie System)

① Windows NT(New Technology)는 미국의 마이크로소프트가 개발한 컴퓨터 운용체제로서 그래픽 사용자 인터페이스 기능, 다수 사용자 OS, 다중처리 네트워크 등의 특징이 있다. 높은 수준의 안전 성과 보안성을 요구하는 소프트웨어 개발자 등의 기업 이용자들을 위해 개발되었다. 마이크로소프 트 NT 워크스테이션과 NT 서버의 두 가지 제품군을 통틀어 일컫는 말이다.

② Windows NT는 시스템 폭주, 시스템 다운의 방지를 위해 작동하는 프로그램별로 기억장치 공간을 할당하며, NT 파일 시스템(NTFS)을 적용해 손상된 파일을 빠른 시간에 복구할 수 있다. 또한 문자 처리에 영어 이외의 언어를 고려한 문자 부호 체계인 유니코드를 채용했다.

③ NTFS는 윈도우 NT 전용 파일 시스템으로, 보안성을 높이고 장애 발생의 경우에 복구가 가능하도록 개발되었으며, 파일, 디렉터리 및 메타 정보(이름, 위치, 크기, 시간, 내용 등)까지 파일 형태로 관리한다. NTFS에는 MFT(Master File Table)가 존재하며, MFT는 각 파일의 정보를 포함한 고정길이 레코드의 모임이다. 이때 MFT는 NTFS가 관리하는 디스크에 있는 모든 파일과 일대일로 대응한다.

④ MFT의 각 레코드는 그 파일과 관련한 속성 집합으로 구성된다. 파일의 데이터 자체도 속성으로 취급된다. 파일 크기가 작을 때는 데이터 전체를 레코드 내에 넣음으로써 고속으로 처리할 수 있다.

⑤ NTFS의 특징

- 대용량 지원 : 이론상으로는 Exa Byte(2^{64}), 실제로는 대략 16TB(2^{44})를 지원함
- 동적 배드 클러스터 재할당 : 배드섹터가 생긴 클러스터의 데이터를 자동으로 새로운 클러스터로 복사하고, 배드섹터가 있는 클러스터는 더 이상 사용되지 않게 함
- 디스크 할당(Quotas) : 사용자마다 디스크 사용량 제한을 다르게 함
- 유니코드 지원 : 파일, 디렉터리, 볼륨 등의 명칭을 유니코드로 저장함
- USN(Update Sequence Number) 저널 : 파일의 모든 변경 내용을 기록하는 로그 시스템에 오류가 생겨 재부팅될 때는 잘못된 처리 작업을 롤백(Rollback)
- VSS(Volume Shadow Copy Service) : 새롭게 덮어 쓴 디렉터리, 파일 등의 백업본을 유지해 USN 저널과 함께 안전한 복구를 지원함
- Sparse 파일 : 파일 데이터가 대부분 0일 때 실제 데이터는 저장하지 않고 정보만 기록함
- ADS(Alternate Data Stream) : 각각의 파일이 1개 이상의 데이터 스트림을 저장할 수 있도록 지원하며, 파일 이름, 소유자, 시간 정보 등을 스트림 통해 표현함(데이터도 하나의 데이터 스트림으로 표현), 추가된 ADS는 정보 은닉 용도로 사용될 수 있음
- EFS(Encrypting File System) : 파일을 암호화하는 기능으로, 빠른 암호화 및 복호화를 위해 FEK(File Encryption Key)를 통한 대칭키 방식의 암호화를 수행함

NTFS의 구조와 MFT(Master File Table)

NTFS의 구조

VBR Area	MFT Area	Data Area

① VBR(Volume Boot Record) 영역 : NTFS로 포맷된 드라이브의 가장 앞부분에 있으며, 부트 섹터와 추가적인 부트 코드를 저장한다. 이때 VBR의 첫 섹터에는 부트 코드를 포함한 부트 섹터가 있으며, 부트 섹터는 BIOS Parameter Block(BPBB)을 포함한다.

② MFT 영역 : 메타 정보를 저장하는 등 파일과 디렉터리를 관리하기 위한 MFT Entry의 집합체로서, MFT는 NTFS상의 모든 MFT Entry들의 배열이다.

MFT Entry의 구조

MFT Entry Header	Fix-up Array	MFT Attributes	End Marker	Unused Space

- MFT 영역의 크기는 가변적이며(폴더와 파일이 늘어나면 MFT도 증가), 해당 MFT가 모두 사용되면 동적으로 클러스터를 추가로 할당해 MFT 영역의 크기를 증가시키기 때문에 MFT는 파일 시스템의 여러 영역에 조각나 산재할 수 있다. 메타 정보의 크기에 따라 각 파일은 하나 이상의 MFT Entry를 갖는다.
- MFT Entry 0 ~ 15번은 파일 시스템을 생성할 때 함께 생성되어 NTFS의 다양한 특성을 지원하기 위해 쓰인다. 사용자가 파일을 생성할 때마다 새로운 MFT Entry가 할당되어 해당 파일의 정보를 유지·관리한다.
- 속성들의 정보가 많아져 하나 이상의 MFT Entry를 사용할 경우 마지막 MFT Entry의 끝에 End Marker가 표시된다.
- Fix-up 배열(Array) : 저장하려는 데이터가 하나 이상의 섹터를 사용할 때 각 섹터의 마지막 2바이트를 따로 저장하는 것이다. 3개의 섹터를 사용하므로 각 섹터의 마지막 2바이트를 별도로 저장해 Fix-up 배열을 만든 다음 마지막 2바이트 공간에 별도의 시그니처를 저장한다(해당 데이터가 저장되는 섹터의 이상 유무 점검 위해).
- MFT Attributes : 각 파일의 메타 정보는 속성이라는 구조를 통해 관리되며, 각 속성은 속성 헤더와 속성 내용을 가진다. 속성 내용에는 Standard Information(파일의 생성·접근·수정 시간, 소유자 등의 일반적인 정보), File Name[파일 이름(유니코드), 파일의 생성·접근·수정 시간], Data(파일 내용) 등이 있다. 이때 해당 속성이 Resident인가 아니면 Non-Resident인가에 따라 속성 헤더 항목의 데이터 구조가 달라진다.

MFT Attributes의 구조

Attr Header	Attr Contents (Standard_Information)	Attr Header	Attr Contents (File_Name)	Attr Header	Attr Contents (Data)

③ DATA 영역 : 파일의 실제 내용이 저장되는 공간으로서, 모든 관련 정보는 MFT Entry의 속성을 통해 관리되므로 특별한 구조 없이 내용만 기록된다.

운영체제 비교

환경 기준 비교

구분	Linux	Unix	NT
실행환경 모델	C/S Computing, 객체 지향	호스트 중심, 단말 컴퓨터	C/S Computing, 객체 지향
기본 사용환경	다중 사용자 환경	다중 사용자 환경 –Dummy, X–Terminal	범용 Workstation의 사용자를 서버에 연결
사용 플랫폼	중형 이하 PC 서버	중형 컴퓨터 이상	중형 이하 PC 서버
운영체제 기반	커널	커널	마이크로 커널

특징 기반 비교

구분	Linux	Unix	NT
주요 용도	Internet Server	기간 MS 시스템	File Server, Internet Server
사용자 인터페이스	불편	CDE (Common Desktop Environment)	우수 (Windows Interface)
가격	저가	고가	고가
응용 S/W	적음	보통	많음
소스코드	공개	비공개	비공개
특징	• 적은 이용으로 구축 가능 • 소스코드 공개 • 진정한 Multi Tasking • Real Time Pageload • 완벽한 Unix 호환	• OSF의 DCE RPC 표준과 호환 • 분산된 자원의 공유 능력 탁월 • 다양한 DB 지원 • 강력한 TCP / IP 네트워킹	• OS와 API의 명확한 통제 • 강력한 파일 시스템 • Window Interface로 PC와 동일 • Window 2000으로 버전 업 됨

08 전용 운영체제

THEME 054 임베디드(Embedded) 운영체제

임베디드 운영체제

① 특별한 하드웨어를 제어하는 시스템인 임베디드 시스템용 운영체제이다.

② 전력이 낮고 신뢰성이 높은, 소형 경량화한 운영체제이다.

특징	설명
낮은 전력	소형 시스템의 작은 용량 배터리를 이용해 장시간 기능 수행이 가능하도록 낮은 전력 기능이 요구된다.
높은 신뢰성	특수 목적으로 사용되므로 정해진 시간 내 정확한 결과를 얻도록 만든다.
소형 경량화	작은 용량의 기기에 맞도록 설계되어야 하기 때문에 각 기기의 특성에 맞게 가볍고 효율적으로 설계된다.
낮은 가격	임베디드 시스템은 하드웨어가 그 비용의 대부분을 차지하고 운영체제는 저렴하다.

임베디드 종류

Window ce	• 기존의 윈도우 인터페이스에 모바일 네트워크 기능을 강화하여 가전제품, PDA, 자동차 셋톱박스 등에 탑재될 운영체제를 생산한다. • 네트워크 기능을 보면 적외선 통신, 데스크 탑과 오토 싱크 PCS나 셀룰러 폰을 이용한 웹 브라우징 능력을 구비한다. • 개발이 용이하나 완전한 실시간 운영체제는 아니다. • 32bit 윈도우 운영체제와 호환이 가능하다. • TCP, PPP, IrDA 프로토콜로 다른 시스템에 연결이 쉽다.
임베디드 리눅스	• 임베디드 시스템에 리눅스가 포팅되어 출시된 제품이다. • AMR 코어는 CPU로 쓰는 시스템에 리눅스를 포팅하여 만든 제품으로 강한 ARM 시스템에 포팅한 사례이다. • 무료라는 비용 절감 요소로 많이 사용된다.
임베디드 자바	• 선(SUN) 사에서 제공하는 Java를 이용한 운영체제이다. • 임베디드 환경에 맞는 개발환경을 제공, 웹 기반의 환경에 우수하다. • 스크린 폰, 셋톱박스 등을 중심으로 사용된다.

보안 운영체제 개념

① 컴퓨터 운영체제상에는 내재된 보안상의 결함으로 인해 발생할 수 있는 각종 해킹 위험이 있다. 이로부터 시스템을 보호하기 위해 기존의 운영체제 내에 보안 기능을 통합시킨 보안 커널을 추가로 이식한 운영체제이다.
② 보안계층을 파일 시스템과 디바이스, 프로세스에 대한 접근권한 결정이 이루어지는 운영체제의 커널 레벨로 낮춘 차세대 보안 솔루션이다.
③ 컴퓨터 사용자에 대한 식별 및 인증, 강제적 접근 통제, 임의적 접근 통제, 재사용 방지, 침입 탐지 등의 보안 기능 요소를 갖춘 운영체제이다.

보안 운영체제 한계

① 애플리케이션 수준의 보안만 가능하다.
② 시스템의 버그, 알려진 공격만 탐지하는 침입 탐지 시스템(IDS)으로 차단이 어렵다.

보안 운영체제 목적

안정성	• 중단 없는 안정적인 서비스 지원을 가능하게 한다.
신뢰성	• 중요한 정보를 안전하게 보호하여 신뢰성 확보가 가능하다.
보안성	• 주요 핵심 서버에 대한 침입 차단 및 통합 보안 관리가 가능하다. • 안전한 운영체제 기반의 서버보안 보호대책을 마련한다. • 버퍼 오버플로, 인터넷 웜 등 다양해지는 해킹 공격을 효과적으로 방어할 수 있는 서버 운영환경을 구축한다.

보안 운영체제 필수 보안 요소

식별 및 인증	• 시스템 사용을 인식 · 식별한다. • 사용자 신분과 유일성을 보장하는 인증을 한다.
접근제어	• 소유자가 다른 사용자에게 권한을 부여할 수 있는 임의적 접근제어(DAC) 기반이다. • 사용자들이 관리자에 의해 권한을 부여받는 강제적 접근제어(MAC) 기반이다. • 주어진 역할에 대해서만 접근할 수 있는 역할기반(RBAC) 접근제어이다. • 완전한 중재 및 조정을 하고 자원 재사용에 대해 제한한다.
감사	• 감사하여 기록한다. • 감사기록을 축소한다.
시스템 관리	• 침입을 탐지하고 공격 탐지 시 차단한다. • 안전한 경로를 제공한다.

보안 운영체제의 주요 기능

보안 커널 변경 방지	• 보안 커널의 관리기능과 시스템의 분리 • 시스템의 Root 권한으로 접근하더라도 보안 커널의 변경 방지
사용자 인증 및 계정관리	• Root의 기능 제한 및 보안 관리자와 권한 분리 • 계정의 패스워드 관리 및 유효기간 관리, 사용자별 SU 권한 제어 • Login 시 사용자 권한 부여 및 해킹에 의한 권한 변경 금지 • PAM / LAM 인증 지원, 서비스별로 보안인증 제어 기능 • 미사용 계정의 사용 제한, 암호 갱신 기간 제한, 과거 암호 재사용 제한, 암호 규칙 제한, 암호 오류 횟수 제한, 로그인 시간대 제한, 사용자 상세 정보 및 옵션 지원
해킹방지 (Anti-Hacking)	• BOF, Format String, Race Condition, Process Trace, Root Shell 등의 해킹 기법에 대한 직접적 대응, Remote / Local Attack 대응, 알려지지 않은 Worm 대응 • 해킹의 즉각적 탐지, 실시간 차단, 실시간 경보
시스템 리소스 관리	• 시스템 정보 : CPU / 디스크 / 메모리 / 네트워크 / OS 정보 조회, 네트워크 설정(Host, DNS, IP 등) 상태, 인터넷 서비스 내역 조회 등 • 시스템 상태 : 계정 정보, 사용자별 시스템 사용 내역, 파일시스템 / 프로세스 상세 정보, 열려 있는 네트워크 포트에 대한 상세 정보
강제적 접근제어	• Role Based Access Control에 의한 정확하고 쉬운 정책 설정 • 주체와 객체에 대한 보안 그룹화 및 Role 명시, 정책 검색 기능 • 모든 접근제어 설정에 대하여 개별적 / 전체적으로 사전 탐지 기능(테스트 모드)
네트워크 제어	• 네트워크 접속 / 경유에 대한 서비스별, 사용자별, IP별 또는 복합적인 주체 설정 등 다양한 제어 설정 / 조회(IPv6 지원)
통합 집중 관리	• UNIX, Windows 계열 구분 없는 이 기종 서버의 그룹화 및 통합관리 • 서버의 보안정책을 Copy / Paste 형식으로 이식 / 확대적용 가능 • 서버 그룹별 통합 레포팅 기능, 기존 ESM 연동 기능 등 • Shell Script 형식의 일괄 보안설정 기능, 로그 백업 기능, 도움말 기능 등

보안 운영체제 설계 원리

① 권한부분 : 최소 권한, 접근 권한, 권한 분리 원칙이다.

② 설계 메커니즘 : 보호 메커니즘의 경제성, 개방형 설계, 최소 공통 메커니즘이다.

③ 사용부분 : 완전한 중재 및 조정, 사용 용이성이 필요하다.

보안 운영체제 제작 방법

① 전통적 운영체제의 설계 개념을 사용하며, 일반 운영 체제의 보안 문제점 해결을 위한 설계이다.

② 민감한 오퍼레이션을 안쪽에 배치하여 안정성을 높이는 계층형 설계방식이다.

직접 수정 제작방식 운영체제 커널

① OS의 제조사나 OS의 라이센스를 보유한 제조자가 OS 커널을 수정하여 배포한다.

② OS 패치 시 보안기능을 강화한 신뢰할 수 있는(Trusted OS) 운영체제이다.

LKM(Loadable Kernel Mode) 제작 방식 운영체제

① OS 라이센스를 가진 보안업체가 커널에 보안기능을 추가하는 방식이다.

② OS 이외의 네트워크 보안 솔루션과 결합이 쉽다.

③ OS와 보안 운영체제 접근권한이 분리된다.

보안 운영체제 제작 공정

① 보안 정책(Security Policy)을 세운다.

② 보안 모델(Security Model)을 결정한다.

③ 보안 메커니즘(Security Mechanism)을 설계한다.

④ 프로세스에 부여된 최소한의 권한만을 수행하도록 통제한다.

PART 2 적중예상문제

정답 및 해설 p.008

01 다음 중 시스템 소프트웨어의 역할로 가장 거리가 먼 것은?

① 프로그램을 메모리에 적재한다.
② 인터럽트를 관리한다.
③ 복잡한 수학 계산을 처리한다.
④ 기억 장치를 관리한다.

02 다음 중 운영체제의 발달 과정을 순서대로 옳게 나열한 것은?

㉠ 일괄 처리 시스템	㉡ 분산 처리 시스템
㉢ 다중 모드 시스템	㉣ 시분할 시스템

① ㉠ - ㉣ - ㉢ - ㉡
② ㉢ - ㉡ - ㉣ - ㉠
③ ㉠ - ㉢ - ㉣ - ㉡
④ ㉢ - ㉣ - ㉡ - ㉠

03 다음 중 운영체제(OS)의 역할에 대한 설명으로 옳지 않은 것은?

① 컴퓨터와 사용자 사이에서 시스템을 효율적으로 운영할 수 있도록 인터페이스 역할을 담당한다.
② 사용자가 시스템에 있는 응용 프로그램을 편리하게 사용할 수 있다.
③ 하드웨어의 성능을 최적화할 수 있도록 한다.
④ 운영체제의 기능에는 제어기능, 기억기능, 연산기능 등이 있다.

04 다음 중 운영체제의 기능으로 옳지 않은 것은?

① 자원을 효율적으로 사용하기 위하여 자원의 스케줄링 기능을 제공한다.
② 사용자와 시스템 간의 편리한 인터페이스를 제공한다.
③ 데이터를 관리하고 데이터 및 자원의 공유 기능을 제공한다.
④ 두 개 이상의 목적 프로그램을 합쳐서 실행 가능한 프로그램으로 만든다.

05 다음 중 온라인 실시간 시스템의 조회 방식에 가장 적합한 업무는?

① 객관식 채점 업무   ② 좌석 예약 업무

③ 봉급 계산 업무   ④ 성적 처리 업무

06 다음 중 시스템 성능을 극대화하기 위한 운영체제의 목적으로 옳지 않은 것은?

① 처리량(Throughput)은 일정한 단위 시간 내에 얼마나 많은 작업량을 처리할 수 있는가의 기준이다.

② 반환 시간(Turnaround Time)은 요청한 작업에 대하여 해당 결과를 사용자에게 되돌려 줄 때까지 걸리는 시간을 말한다.

③ 신뢰도(Reliability)는 작업의 결과가 얼마나 정확하고, 믿을 수 있는가를 나타내는 척도이다.

④ 사용 가능도(Availability)는 전체 시간에 대해 주어진 자원이 실제로 사용되는 시간의 백분율로 나타낸다.

07 HRN 스케줄링 방식에서 입력된 작업이 다음과 같을 때 우선순위가 가장 높은 것은?

작업	대기시간	서비스(실행)시간
A	5	20
B	40	20
C	15	45
D	20	2

① A   ② B

③ C   ④ D

08 다음 중 분산 처리 시스템에 대한 설명으로 옳지 않은 것은?

① 점진적 확장이 용이하다.
② 신뢰성 및 가용성이 증진된다.
③ 시스템 자원을 여러 사용자가 공유할 수 있다.
④ 중앙집중형 시스템에 비해 시스템 개발이 용이하다.

09 다음 중 교착상태가 발생할 수 있는 필요충분조건으로 옳은 것은?

① 중단 조건(Preemption)
② 환형 대기(Circular Wait)
③ 기아 상태(Starvation)
④ 동기화(Synchronization)

10 다음은 교착상태 발생조건 중 어떤 조건을 제거하기 위한 것인가?

> • 프로세스가 수행되기 전에 필요한 모든 자원을 할당시켜 준다.
> • 자원이 점유되지 않은 상태에서만 자원을 요구하도록 한다.

① Mutual Exclusion
② Hold and Wait
③ Non-Preemption
④ Circular Wait

11 다음 중 로더(Loader)가 수행하는 기능으로 옳지 않은 것은?

① 재배치가 가능한 주소들을 할당된 기억장치에 맞게 변환한다.
② 로드 모듈은 주기억장치로 읽어 들인다.
③ 프로그램의 수행 순서를 결정한다.
④ 프로그램을 적재할 주기억장치 내의 공간을 할당한다.

12 다음에서 설명하는 특징을 지닌 분산 운영체제의 구조로 옳은 것은?

> - 모든 사이트는 하나의 호스트에 직접 연결한다.
> - 중앙 컴퓨터 장애 시 모든 사이트 간의 통신 불가하다.
> - 통신 시 최대 두 개의 링크만 필요하고, 통신 비용이 저렴하다.

① 링 연결 구조
③ 계층 연결 구조
② 다중 접근 버스 연결 구조
④ 성형 연결 구조

13 다음에서 설명하는 분산 운영체제의 구조로 옳은 것은?

> - 각 사이트는 정확히 다른 두 사이트와 물리적으로 연결되어 있다.
> - 정보 전달 방향은 단방향 또는 양방향일 수 있다.
> - 기본비용은 사이트의 수에 비례한다.
> - 메시지가 링을 순환할 경우 통신비용이 증가한다.

① Ring Connection
③ Star Connection
② Hierarchy Connection
④ Partially Connection

14 다음 중 분산 운영체제의 구조에서 완전 연결(Fully Connection)에 대한 설명으로 옳지 않은 것은?

① 모든 사이트는 시스템 안의 다른 모든 사이트와 직접 연결된다.
② 사이트들 간의 메시지 전달이 매우 빠르다.
③ 기본비용이 적게 든다.
④ 사이트 간의 연결은 여러 회선이 존재하므로 신뢰성이 높다.

15 다음 중 프로세스의 상태 전이에 있어서 실행 상태에 있던 프로세스가 할당 시간 종료로 인하여 바뀌어지는 상태로 옳은 것은?

① 보류 상태
③ 준비 상태
② 종료 상태
④ 서스펜드 상태

16 다음 표는 고정 분할에서의 기억장치 단편화(Fragmentation) 현상을 보이고 있다. 외부단편화(External Fragmentation)의 크기로 옳은 것은?(단, 페이지 크기의 단위는 K이다)

	분할의 크기		작업의 크기
A	20K	←	10K
B	50K	←	60K
C	120K	←	160K
D	200K	←	100K
E	300K	←	150K

① 480K   ② 430K

③ 260K   ④ 170K

17 다음 중 150K의 작업 요구 시 First-Fit과 Best-Fit 전략을 각각 적용할 경우, 할당 영역의 연결이 옳은 것은?

할당 영역	운영체제
1	50K
	사용 중
2	400K
	사용 중
3	200K

① First-Fit : 2, Best-Fit : 3   ② First-Fit : 3, Best-Fit : 2

③ First-Fit : 1, Best-Fit : 2   ④ First-Fit : 3, Best-Fit : 1

18 다음 중 PCB(Process Control Block)가 갖고 있는 정보가 아닌 것은?

① 프로세스의 현재 상태

② 프로세스 고유 식별자

③ 스케줄링 및 프로세스의 우선순위

④ 할당되지 않은 주변 장치의 상태 정보

19 다음 중 완전연결(Fully Connection)형 분산처리 시스템에 대한 설명으로 옳지 않은 것은?

① 각 사이트가 시스템 내의 다른 모든 사이트들과 직접 연결된 구조이다.

② 하나의 링크가 고장 나더라도 다른 링크를 이용할 수 있다.

③ 사이트 수가 n개이면 링크 연결 수는 $(n-1)$개이다.

④ 기본비용은 많이 들지만 통신비용은 적게 들고, 신뢰성이 높다.

20 다음 중 임계 구역의 원칙으로 옳지 않은 것은?

① 두 개 이상의 프로세스가 동시에 사용할 수 없다.

② 인터럽트가 가능한 상태로 만들어야 한다.

③ 사용 중에 중단되거나 무한 루프에 빠지지 않도록 주의해야 한다.

④ 하나의 프로세스가 독점하여 사용할 수 없고, 한 프로세스가 임계 구역에 대한 진입을 요청하면 일정 시간 내에 허락하여야 한다.

21 다음 〈보기〉에서 스레드(Thread)의 특징을 바르게 표현한 것을 모두 고르면?

> **보기**
> ㉠ 시스템의 여러 자원을 할당받아 실행하는 프로그램의 단위이다.
> ㉡ 프로세스의 자원과 메모리를 공유한다.
> ㉢ 실행 환경을 공유시켜 기억 장소의 낭비를 줄인다.
> ㉣ 응답 시간을 감소시킬 수 있다.

① ㉠

② ㉡, ㉢

③ ㉠, ㉢, ㉣

④ ㉠, ㉡, ㉢, ㉣

22 다음 중 교착 상태 발생의 필수 조건으로 옳지 않은 것은?

① 선점(Preemption)

② 환형 대기(Circular Wait)

③ 점유와 대기(Hold And Wait)

④ 상호 배제(Mutual Exclusion)

23 교착 상태는 순환 대기(Circular Wait) 상황을 허용하지 않음으로써 해결할 수 있다. 이에 대한 설명으로 옳지 않은 것은?

① 모든 자원들을 선형 순서(Linear Order)로 분류한다.

② 프로세스는 자신이 가지고 있는 자원보다 앞의 순서에 있는 자원들만을 요청하게 한다.

③ 프로세스는 자신이 가지고 있는 자원보다 뒤의 순서에 있는 자원들만을 요청하게 한다.

④ 프로세스는 자신이 가지고 있는 자원의 앞 또는 뒤의 순서에 있는 자원들을 자유롭게 요청하게 한다.

24 다음의 교착 상태 발생 조건 중 프로세스에 할당된 자원은 사용이 끝날 때까지 강제로 빼앗을 수 없음을 의미하는 것은?

① Mutual Exclusion　　　　　　② Hold and Wait

③ Circular Wait　　　　　　　　④ Non-Preemption

25 다음 중 한 작업이 CPU를 할당받으면 그 작업이 종료될 때까지 다른 작업에게 CPU를 할당하지 못하는 스케줄링 기법에 해당하는 것으로만 짝지어진 것은?

① SRT, SJF　　　　　　　　　　② SRT, HRN

③ Round Robin, FIFO　　　　　④ FIFO, SJF

26 FIFO 스케줄링에서 3개의 작업 도착 시간과 CPU 사용 시간(Burst Time)이 다음 표와 같다. 이때 모든 작업들의 평균 반환 시간(Turn Around Time)은?(단, 소수점은 버림한다)

작업	도착 시간	CPU 사용 시간(Burst Time)
JOB1	0	13
JOB2	3	35
JOB3	8	2

① 33　　　　　　　　　　　　　② 20

③ 17　　　　　　　　　　　　　④ 16

27 다음 중 새로 들어온 프로그램과 데이터를 주기억장치 내의 어디에 놓을 것인가를 결정하기 위한 주기억장치 배치 전략에 해당하지 않는 것은?

① Best-Fit　　　　　　　　　　② Worst-Fit

③ First-Fit　　　　　　　　　　④ Last-Fit

28 주기억장치의 관리 기법인 First-Fit, Best-Fit, Worst-Fit 방법을 각각 적용할 경우 다음과 같은 9K의 프로그램이 할당될 영역이 순서대로 옳게 짝지어진 것은?

영역 1	9K
영역 2	15K
영역 3	10K
영역 4	30K

① 1, 1, 4   ② 1, 4, 2

③ 4, 3, 4   ④ 4, 3, 2

29 주기억장치 배치 전략 기법으로 최적 적합을 사용할 때, 다음과 같은 기억 장소 리스트에서 10K 크기의 작업이 할당되는 공간으로 옳은 것은?

영역 기호	운영체제
A	사용 중
B	5K
C	사용 중
D	15K
E	사용 중
F	25K

① B   ② C

③ D   ④ F

30 다음 중 데이터 발생 즉시, 또는 데이터 처리 요구가 있는 즉시 처리하여 결과를 산출하는 방식으로, 정해진 시간 내에 결과를 도출하는 시스템으로 옳은 것은?

① 분산 처리 시스템   ② 실시간 처리 시스템

③ 배치 처리 시스템   ④ 시분할 처리 시스템

31 다음과 같이 준비 상태 큐에 프로세스 A, B, C가 차례로 도착하였다. 라운드 로빈(Round Robin)으로 스케줄링할 때, 타임 슬라이스를 4초로 한다면 평균 반환 시간으로 옳은 것은?

프로세스	A	B	C
실행시간(초)	17	4	5

① 12초
② 14초
③ 17초
④ 18초

32 3개의 페이지를 수용할 수 있는 주기억장치가 있으며, 초기에는 모두 비어 있다고 가정한다. 다음의 순서로 페이지 참조가 발생할 때 FIFO 페이지 교체 알고리즘을 사용할 경우 결함이 발생하는 페이지로 옳은 것은?

> 페이지 참조 순서 : 1, 2, 3, 1, 2, 4, 1, 2, 5

① 4
② 5
③ 6
④ 7

33 0 ~ 7의 여덟 개의 페이지로 구성된 프로세스에 네 개의 페이지 프레임이 할당되어 있고, 프로세스의 페이지 참조 순서는 〈보기〉와 같다. 이 경우 LRU 페이지 교체 알고리즘을 적용할 때 페이지 적중률(Hit Ratio)은 얼마인가?(단, 보기의 숫자는 참조하는 페이지 번호이고, 최초의 페이지 프레임은 모두 비어있다고 가정한다)

> **보기**
>
> 1, 0, 2, 2, 2, 1, 7, 6, 7, 0, 1, 2

① $\dfrac{5}{12}$
② $\dfrac{6}{12}$
③ $\dfrac{7}{12}$
④ $\dfrac{8}{12}$

34 다음 중 세그먼테이션 기법에 대한 설명으로 옳지 않은 것은?

① 각 세그먼트는 고유한 이름과 크기를 갖는다.
② 세그먼트 맵 테이블이 필요하다.
③ 프로그램을 일정한 크기로 나눈 단위를 세그먼트(Segment)라고 한다.
④ 기억장치 보호키가 필요하다.

35 다음 중 하나의 프로세스가 작업 수행 과정 중 수행하는 기억장치 접근에서 지나치게 페이지 폴트가 발생하여 프로세스 수행에 소요되는 시간보다 페이지 이동에 소요되는 시간이 더 커지는 현상으로 옳은 것은?

① 스래싱(Thrashing)
② 워킹 셋(Working Set)
③ 세마포어(Semaphore)
④ 교환(Swapping)

36 초기 헤드 위치가 50이며, 트랙을 0 방향으로 이동 중이다. 디스크 대기 큐에 다음과 같은 순서의 액세스 요청이 대기 중일 때 모든 처리를 완료하기 위한 헤드의 총 이동 거리가 370일 경우 사용된 디스크 스케줄링 기법은?(단, 가장 안쪽 트랙은 0, 가장 바깥쪽 트랙은 200이다)

대기 큐 : 100, 180, 40, 120, 0, 130, 70, 80, 150, 200

---

① SCAN
② SSTF
③ FIFO
④ C-SCAN

37 현재 헤드의 위치가 28에 있고 트랙 0번 방향으로 이동 중이었다. 요청 대기 큐에는 다음과 같은 순서의 액세스 요청이 대기 중일 때, SSTF 스케줄링 알고리즘을 사용한다면 헤드의 총 이동 거리로 옳은 것은?(단, 가장 안쪽 트랙은 0번 트랙이다)

요청 대기 큐 : 73, 158, 14, 97, 6, 99, 40, 42

---

① 200
② 202
③ 256
④ 320

38 다음 중 SSTF 스케줄링 알고리즘을 이용할 경우 보기의 요구 큐에 있는 트랙은 어떻게 이동하게 되는가?

• 요구 큐 : 98, 183, 37, 122, 14, 124, 65, 67
• Head 시작 위치 : 57

---

① 98, 183, 37, 122, 14, 124, 65, 67
② 65, 67, 37, 14, 98, 122, 124, 183
③ 37, 14, 65, 67, 98, 122, 124, 183
④ 65, 67, 98, 122, 124, 183, 14, 37

39 다음 밑줄 친 빈칸에 해당하는 디스크 스케줄링 기법으로 옳은 것은?

> 입출력 헤드는 디스크의 양쪽 끝을 왕복하면서 동작시키지만, _____는 움직이고 있는 방향 쪽으로 더 이상의 트랙 요청이 있는가를 검사한다. 그 방향으로 더 이상의 트랙 요청이 없으면 끝까지 가지 않고, 그 자리에서 방향을 바꾸어 다른 한쪽으로 움직여 나가게 된다.

① SLTF
② Eschenbach
③ LOOK
④ SSTF

40 다음 중 페이지 부재율(Page Fault Ratio)과 스래싱(Thrashing)의 관계에 대한 설명으로 가장 옳은 것은?

① 페이지 부재율이 크면 스래싱이 많이 일어난 것이다.
② 페이지 부재율과 스래싱은 관계가 없다.
③ 다중 프로그래밍의 정도가 높아지면 페이지 부재율과 스래싱이 감소한다.
④ 스래싱이 많이 발생하면 페이지 부재율이 감소한다.

41 다음 중 파일의 접근 방식에 대한 설명으로 옳은 것은?

① 순차 접근은 디스크를 모형으로 한 것이다.
② 순차 접근에서 기록은 파일의 임의 위치에서 가능하다.
③ 직접 접근 파일에서 파일을 구성하는 어떠한 블록도 직접 접근할 수 있어서 판독이나 기록의 순서에는 제약이 없다.
④ 직접 접근 파일에서 파일을 구성하는 블록의 번호는 절대 블록 번호이어야 사용자가 자신의 파일이 아닌 부분을 접근하는 것을 운영체제가 방지할 수 있다.

42 다음 중 순차 파일(Sequential File)을 사용했을 때 얻을 수 있는 장점으로 가장 옳은 것은?

① 원하는 레코드에 대한 순차 및 직접 접근 형태를 모두 지원할 수 있다.
② 레코드들이 많이 삽입되면 주기적으로 블록 재구성이 필요하다.
③ 저장 매체의 효율이 매우 높다.
④ 한 번 파일을 개방하면 읽기나 쓰기를 자유롭게 할 수 있다.

43 일반적으로 많이 사용되는 파일 조직 방법 중에서 키 값에 따라 순차적으로 정렬된 데이터를 저장하는 데이터 지역(Data Area)과 이 지역에 대한 포인터를 가진 색인 지역(Index Area)으로 구성된 파일로 옳은 것은?

① 링 파일(Ring File)

② 직접 파일(Direct File)

③ 순차 파일(Sequential File)

④ 색인 순차 파일(Indexed Sequential File)

44 다음 중 색인 순차 파일의 인덱스에 포함되지 않는 것은?

① 오버플로 인덱스(Overflow Index)　　② 마스터 인덱스(Master Index)

③ 트랙 인덱스(Track Index)　　④ 실린더 인덱스(Cylinder Index)

45 다음 중 색인 순차 파일에 대한 설명으로 옳지 않은 것은?

① 순차 처리와 직접 처리가 모두 가능하다.

② 레코드의 삽입, 삭제, 갱신이 용이하다.

③ 인덱스를 이용하여 해당 데이터 레코드에 접근하기 때문에 처리 속도가 랜덤 편성 파일보다 느리다.

④ 인덱스를 저장하기 위한 공간과 오버플로 처리를 위한 별도의 공간이 필요 없다.

46 다음 순차 파일의 인덱스 영역 중 〈보기〉가 설명하고 있는 것은?

> **보기**
>
> 인덱스 영역의 첫 번째 테이블로서 실린더 인덱스 정보가 많을 때 그것을 효율적으로 탐색하기 위하여 만든 인덱스이다. 순차 파일의 최상위 인덱스로 일정 크기의 블록으로 만들어 처리하는 데이터 레코드가 어느 실린더 인덱스 영역에 기록되어 있는지를 나타낸다.

① 기본 데이터 영역　　② 트랙 인덱스 영역

③ 실린더 인덱스 영역　　④ 마스터 인덱스 영역

47 다음 중 레코드가 직접 액세스 기억장치의 물리적 주소를 통해 직접 액세스되는 파일 구조로 옳은 것은?

① Sequential File
② Indexed Sequential File
③ Direct File
④ Partitioned File

48 다음 중 약결합(Loosely-Coupled) 시스템의 특성으로 옳지 않은 것은?

① 기억장치 공유
② 통신망 사용
③ 시스템마다 독자적 운영체제 보유
④ 프로세스 간 통신

49 다음 중 다중 처리기 구조에서 강결합 시스템에 대한 설명으로 옳지 않은 것은?

① 프로세서 간 통신은 공유 메모리를 통하여 이루어진다.
② 각 시스템은 자신만의 독자적인 운영체제와 주기억장치를 가진다.
③ 다중 처리 시스템이라고도 한다.
④ 공유 메모리를 차지하려는 프로세서 간의 경쟁을 최소화해야 한다.

50 다음 중 파일 디스크립터(File Descriptor)에 대한 설명으로 옳지 않은 것은?

① 사용자가 직접 참조할 수 있다.
② 파일마다 독립적으로 존재하며, 시스템에 따라 다른 구조를 가질 수 있다.
③ 대개 보조기억장치에 저장되어 있다가 해당 파일이 열릴(Open) 때 주기억장치로 이동한다.
④ 파일을 관리하기 위해 시스템(운영체제)이 필요로 하는 파일에 대한 정보를 갖고 있는 제어블록 (FCB)이다.

51 다음 중 〈보기〉에서 설명하는 처리기로 옳은 것은?

> 보기
> • 주프로세서는 입출력과 연산 작업을 수행한다.
> • 종프로세서는 입출력 발생 시 주프로세서에게 서비스를 요청한다.

① Master / Slave 처리기
② 분리 수행 처리기
③ 대칭적 처리기
④ 다중 처리기

52 다음 중 UNIX에 대한 설명으로 옳지 않은 것은?

① 상당 부분 C 언어를 사용하여 작성되었으며, 이식성이 우수하다.

② 사용자는 하나 이상의 작업을 백그라운드에서 수행할 수 있어 여러 개의 작업을 병행 처리할 수 있다.

③ 쉘(Shell)은 프로세스 관리, 기억장치 관리, 입출력 관리 등의 기능을 수행한다.

④ 두 사람 이상의 사용자가 동시에 시스템을 사용할 수 있어 정보와 유틸리티들을 공유하는 편리한 작업 환경을 제공한다.

53 다음 중 UNIX 명령의 실행 상태에 대한 설명으로 옳은 것은?

```
$ ls -l
-rwxr-xr-x aaa bbb 98 Aug 7 19:16 ccc
```

① 파일 aaa에 대하여 소유자는 읽기, 쓰기, 실행이 모두 가능하다.

② 파일 aaa에 대하여 소유자는 bbb이고, 그룹은 ccc이다.

③ 파일 bbb에 대하여 소유자는 aaa이고, 그룹은 ccc이다.

④ 파일 ccc에 대하여 소유자는 aaa이고, 그룹은 bbb이다.

54 다음 중 유닉스의 쉘(Shell)에 대한 설명으로 옳지 않은 것은?

① 사용자와 커널 사이에서 중계자 역할을 한다.

② 문서 편집기, 컴파일러, 언어 번역 프로그램, 정렬 프로그램 등이 있다.

③ 여러 가지의 내장 명령어를 가지고 있다.

④ 항상 보조기억장치에 상주하지만 주기억장치로 교체되어 실행된다.

55 다음 중 UNIX에서 파일 사용 권한 지정에 대한 명령어로 옳은 것은?

① mv   ② ls

③ chmod   ④ fork

56 다음 중 분산 파일 시스템(DFS)에 대한 설명으로 옳지 않은 것은?

① DFS는 다수의 클라이언트가 원격으로 데이터를 편리하게 공유할 수 있게 함으로써 데이터의 가용성을 크게 개선한다.

② DFS는 물리적으로 특정한 한 장소에 데이터를 하나만 저장하므로 디스크에 장해가 발생할 경우에는 복구 가능성이 현저히 낮아진다.

③ DFS는 다수의 클라이언트 노드에서 동시에 같은 데이터에 접근하거나 전송을 요청할 경우에는 지연 발생 가능성이 있다.

④ DFS는 네트워크를 이용하므로 시스템 노드(Node)들 사이의 연결을 보호해야 하며, 노드들 사이에서 데이터를 전송할 때 데이터의 손실 가능성이 있다.

57 다음 중 프로세스 상태 전이에 대한 설명으로 옳지 않은 것은?

① 작업 스케줄러 : 보류(Hold) 상태의 작업들 중에서 실행될 프로세스 작업을 선정해 보류 상태에서 준비 상태로 전환된다.

② 디스패치 : 중앙처리장치(CPU)에서 할당된 프로세스가 시간을 초과했을 경우에 다른 프로세스에 할당하기 위해서 다시 준비 상태로 전환되는 과정이다.

③ 문맥 교환 : 준비 상태에 있는 프로세스가 CPU에 할당되어 실행되던 중 할당된 시간이 초과되어 프로세스 실행을 중단하고 다시 준비 상태로 라운드 로빈된다.

④ 프로세스 상태 전이도 : 프로세스들이 실행 상태인지 아니면 비실행 상태인지, 프로세스들이 정상적으로 종료되었는지 아니면 비정상적으로 종료되었는지를 쉽게 파악할 수 있다.

58 다음 중 프로세스 스케줄링의 원칙 및 성능에 대한 평가에 대한 설명으로 옳지 않은 것은?

① 프로세스 스케줄링은 프로세스 제출부터 실행 완료까지의 반환 시간을 최대화하고 예측 가능해야 한다.

② 프로세스 스케줄링은 작업을 지시한 후 처음으로 반응을 시작하기까지의 시간이 짧을수록 양호하다고 볼 수 있다.

③ 프로세스 스케줄링은 프로세스의 상태를 파악해 중요 자원을 차지하고 있는 프로세스에게 우선순위를 부여해야 한다.

④ 프로세스 스케줄링은 단위 시간당 중앙처리장치에서 처리할 수 있는 작업량이 많을수록, 준비 상태에서 대기하는 시간이 짧을수록 성능이 양호하다.

59 다음 중 동적 적재(Dynamic Loading) 및 동적 연결(Dynamic Linking) 등에 대한 설명으로 옳지 않은 것은?

① 동적 적재는 실행 시에 필요한 루틴과 데이터만을 필요할 때만 적재함으로써 메모리의 낭비를 방지한다.

② 동적 적재 시에 호출된 루틴이 주기억장치에 없을 때는 재배치 가능 연결로더가 호출된다.

③ 동적 적재가 운영체제의 특별한 지원을 요구하는 반면 동적 연결은 운영체제의 지원이 필요하지 않다.

④ 동적 적재 시에 적재(Loading)가 실행 시까지 지연된다면, 동적 연결 시에는 링킹이 실행 시간까지 지연된다.

60 다음 중 Window NTFS에 대한 설명으로 옳지 않은 것은?

① 보안성 강화와 장애 발생 시에 손상된 파일을 보다 빠르게 복구할 수 있게 한다.

② 1개의 파일이 1개 이상의 데이터를 담을 수 있도록 다중 데이터 스트림을 지원한다.

③ 이론상 2의 64제곱(엑사 바이트)까지 용량을 구현할 수 있으나, 현실적으로는 2의 44제곱(16테라바이트)까지 가능하다.

④ NTFS의 MFT(Master File Table) 영역의 크기는 고정적이기 때문에 폴더와 파일이 늘어나도 MFT 영역의 크기는 변하지 않는다.

통통한 IT · 디지털 상식

PART **3**

데이터베이스

01 데이터베이스 개요

THEME 056 자료 처리

정보 시스템(IS; Information System)

① 정보 시스템은 기업이나 조직에 필요한 자료(Data)를 수집, 저장해 두었다가 필요 시 처리해서 의사 결정에 유용한 정보를 생성하고 분배하는 수단이다.

② 사용 목적에 따라 경영정보 시스템, 군사정보 시스템, 인사행정정보 시스템, 의사결정지원 시스템 등으로 나눈다.

자료와 정보

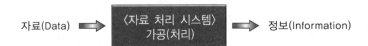

① **자료(Data)** : 현실 세계에서 관찰이나 측정을 통해 수집한 단순한 사실이나 결괏값으로 데이터를 가공하지 않고 있는 상태를 의미한다.

② **정보(Information)** : 의사 결정의 수단으로 사용될 수 있는 유용한 지식으로 자료(Data)를 가공(처리)해서 얻을 수 있는 결과물이다.

자료 처리 시스템(Data Processing System)

정보 시스템이 사용할 자료를 처리하는 보조 시스템(서브 시스템)으로 처리 형태에 따라 일괄 처리 시스템, 온라인 실시간 처리 시스템, 분산 처리 시스템으로 분류된다.

일괄 처리 시스템 (Batch Processing System)	데이터가 발생하면 바로 처리하지 않고, 자료들을 모았다가 일괄적으로 처리하는 시스템으로 전화 요금, 급여 계산, 세무 처리, 연말 결산 등 일정한 시점에서 처리하는 업무 형태에 적합하다(시스템 중심 처리 방식).
온라인 실시간 처리 시스템 (On-Line Real Time Processing System)	데이터가 발생하면 실시간으로 바로 처리하는 시스템으로 좌석 예약, 은행 입출금, 온라인 상품 구입 등 실시간 처리 업무 형태에 적합하다(사용자 중심 처리 방식).

분산 처리 시스템 (Distributed Processing System)	지리적으로 분산되어 있는 처리기를 통신 네트워크로 연결하여 하나의 시스템을 사용하는 것처럼 운영 처리하는 시스템으로 분산되어 있는 업무를 효과적으로 처리할 수 있다.

데이터 웨어하우스(Data Warehouse)

① 조직이나 기업체의 주요 업무 시스템에서 추출되어 새롭게 생성된 데이터베이스로 의사결정 시스템을 지원하는 주체적, 통합적, 시간적 데이터의 집합체를 말한다.
② 사용자의 의사 결정에 도움을 줄 수 있는 다양한 운영 시스템에서 추출, 변환, 통합, 요약된 데이터베이스의 저장소이다.

THEME 057 데이터베이스와 DBMS

데이터베이스(Database)의 정의

① **통합된 데이터**(Integrated Data) : 자료의 최소 중복을 배제한 데이터의 모임이다.
② **저장된 데이터**(Stored Data) : 컴퓨터가 쉽게 접근할 수 있도록 저장 매체에 저장된 자료이다.
③ **운영 데이터**(Operational Data) : 조직에서 고유 기능을 수행하기 위해 반드시 유지해야 할 데이터로, 조직의 존재 목적이나 기능을 수행하는 데 반드시 필요한 데이터의 집합이다.
④ **공용 데이터**(Shared Data) : 여러 응용 시스템이 공동으로 소유하고, 유지하는 자료이다.

데이터베이스(Database)의 특징

① **실시간 접근성**(Real Time Accessibility) : 수시적이고 비정형적인 질의(조회)에 대하여 실시간 처리(Real Time Processing)에 의한 응답이 가능하다.
② **계속적인 변화**(Continuous Evolution) : 데이터베이스는 새로운 데이터의 삽입(Insertion), 삭제(Deletion), 갱신(Update)을 통해 현재의 정확한 자료를 유지하면서도 변화하는 동적인 상태이며, 항상 최신의 데이터를 유지한다.
③ **동시 공용**(Concurrent Sharing) : 다수의 사용자가 동시에 자기가 원하는 데이터를 이용할 수 있다.
④ **내용에 의한 참조**(Content Reference) : 데이터를 참조할 때 데이터 주소나 위치에 의해서가 아니라 사용자가 요구하는 데이터 값(내용)을 바탕으로 찾는다.

데이터베이스(Database)의 장점과 단점

장점	단점
• 최신 정보 이용과 데이터 처리 속도 증가 • 데이터 중복의 최소화와 데이터 공유의 표준화 • 데이터의 일관성과 보안성 유지	• 규모가 방대하여 구축이 어려움 • 구축에 많은 비용이 소요

데이터베이스 시스템

데이터를 데이터베이스에 저장하고 관리하고 필요한 정보를 실시간 처리하는 시스템이다.

구성 요소	설명
Database	• 여러 응용시스템이 공용하기 위해 최소 중복으로 통합, 저장된 운영 데이터의 집합
Database 언어	• 사람과 시스템의 인터페이스를 제공하는 도구 • DML(Data Manipulation Language) / DDL(Data Definition Language)
사용자	• 데이터베이스 관리자(DBA) • 데이터베이스 응용 프로그래머(Developer) / 사용자(End User)
DBMS	• DataBase Management System • 데이터베이스를 구축하고 이용하는 기능을 제공하는 시스템 S/W

데이터베이스 관리 시스템(DBMS; DataBase Management System)의 정의

① 기존 파일 시스템의 데이터 종속성과 중복성 문제를 해결하기 위해 제안된 시스템이다.
② 응용 프로그램과 데이터의 중재자로서 모든 응용 프로그램들이 데이터베이스를 공유할 수 있도록 관리한다.
③ 데이터베이스의 구성, 접근 방법, 유지 관리에 대한 모든 책임을 진다.

DBMS의 필수 기능

① 정의(Definition) : 데이터의 논리적 / 물리적 구조 변환이 가능하도록 사상(Mapping)을 명시하는 기능으로 응용 프로그램과 데이터베이스 간의 인터페이스를 제공한다.
② 조작(Manipulation) : 사용자의 요구에 따라 검색, 갱신, 삽입, 삭제 등을 지원하는 기능으로 사용자와 데이터베이스 간의 인터페이스를 제공한다.
③ 제어(Control) : 데이터베이스의 내용을 정확하고, 안전하게 유지하는 기능으로 데이터 무결성 유지, 보안 유지와 권한 검사, 병행 수행 제어 등을 제공한다.

DBMS의 장점과 단점

장점	단점
• 데이터의 중복을 피할 수 있음 • 저장된 자료를 공동으로 이용할 수 있음 • 데이터의 논리적 독립성과 물리적 독립성이 보장됨 • 데이터의 일관성과 무결성을 유지할 수 있음 • 보안을 유지할 수 있음 • 데이터를 표준화할 수 있음 • 데이터를 통합하여 관리할 수 있음 • 항상 최신의 데이터를 유지함 • 데이터의 실시간 처리가 가능함	• 데이터베이스의 전문가 부족 • 전산화 비용이 증가함 • 대용량 디스크로의 집중적인 접근으로 과부하(Overhead)가 발생함 • 파일의 예비(Backup)와 회복(Recovery)이 어려움 • 시스템이 복잡함

DBMS의 궁극적인 목적

데이터베이스의 구조 정의, 시스템의 보안 유지, 데이터의 무결성 관리, 다양한 액세스 제공, 데이터의 저장 및 유지 보수, 다중 사용자의 병행 수행 제어, 질의문의 변환 등을 목적으로 한다.

논리적 데이터의 독립성 (Logical Data Independence)	응용 프로그램과 데이터베이스를 독립시킴으로써 데이터의 논리적 구조를 변경시키더라도 응용 프로그램은 변경되지 않는다.
물리적 데이터의 독립성 (Physical Data Independence)	응용 프로그램과 보조기억장치 같은 물리적 장치를 독립시킴으로써 데이터베이스 시스템의 성능 향상을 위해 새로운 디스크를 도입하더라도 응용 프로그램에는 영향을 주지 않고, 데이터의 물리적 구조만을 변경한다.

DBMS의 유형

구분	RDBMS	OODBMS	ORDBMS
저장 자료	• 문자형 데이터 위주	• 데이터와 연관 프로그램(메소드)	• 데이터와 연관 프로그램(메소드)
자료 모델	• 테이블 구조관계 • 기본키(Primary Key)	• 엔터키 간 포인팅 방식 • 객체 식별	• RDBMS+OODBMS
지원 자료형	• 미리 정의된 일반정보 타입만 지원	• 비정형 객체타입 지원	• 사용자 정의 및 비정형 객체타입 지원
DB 엑세스 방식	• SQL 질의어 사용	• OQL(Object Query Language)	• SQL 확장 질의어 사용(SQL3)
장점	• 시스템의 안정성과 대규모 트랜잭션 처리	• 복잡 비정형 데이터 모델 적용 • GIS 분야에 적용	• 관계형의 안정성과 객체 지향 모델의 복합적 요소 모델 적용
단점	• 복잡한 정보수용을 위한 모델 적용이 제한적임	• 데이터베이스 기본기능이 미약하여 안정성 및 성능 검증 미흡	• 표준화가 되어 있지 않음

PART 3

데이터베이스

기존 파일 처리 방식의 문제점

① 데이터 종속성으로 인한 문제점
  • 응용 프로그램과 데이터 파일이 상호 의존적인 관계이다.
  • 데이터 파일이 하드디스크와 같은 보조기억장치에 저장되는 방법이나 저장된 데이터의 접근 방법을 변경할 때는 응용 프로그램도 같이 변경해야 한다(데이터 독립성의 반대 개념).
② 데이터 중복성으로 인한 문제점
  • 일관성 : 중복된 데이터 간 내용이 일치하지 않는 상황이 발생하여 일관성이 없어진다.
  • 보안성 : 중복되어 있는 모든 데이터에 동등한 보안 수준을 유지하기 어렵다.
  • 경제성 : 저장 공간의 낭비와 동일한 데이터의 반복 작업으로 비용이 증가한다.
  • 무결성 : 제어의 분산으로 인해 데이터의 정확성을 유지할 수 없다.

파일 시스템과 데이터베이스의 특성 비교

특성	파일 시스템	데이터베이스
무결성	• 응용 프로그램에 의존적	• 데이터베이스 제약조건(PK, FK 등)
중복성	• 동일한 정보가 다수의 파일에 관리	• 정규화 과정을 통한 중복 지양
접근성	• 응용 프로그램을 통한 파일에 관리 • 사용자의 직접 작업은 불편함과 많은 작업 시간을 소요함	• SQL 등 간편한 데이터 검색 및 조작

THEME 058 데이터 독립성

스키마(Schema)

① 데이터베이스의 구조(개체, 속성, 관계)와 제약 조건에 관한 전반적인 명세(Specification)를 기술(Description)한 메타데이터(Meta-Data)의 집합이다.
② 데이터베이스를 구성하는 데이터 개체(Entity), 속성(Attribute), 관계(Relationship) 및 데이터 조작 시 데이터 값들이 갖는 제약 조건 등에 관해 전반적으로 정의한다.
③ 외부 스키마, 개념 스키마, 내부 스키마로 나뉜다.
④ 현실 세계의 특정한 부분에 대한 표현으로 특정 데이터 모델을 이용하여 작성한다.
⑤ 시간에 따라 불변하고, 데이터베이스의 구조를 설명한 데이터로 소프트웨어는 아니다.
⑥ 스키마 변환의 원칙에는 분해의 원칙, 정보의 무손실 원칙, 데이터 중복 감소의 원칙 등이 있다.

데이터 독립성(Data Independence)

하위 단계 데이터의 논리적, 물리적 구조가 변경되어도 상위 단계에 영향을 미치지 않도록 구성하는 데이터베이스 규정이다.

종류	내용	목적
논리적 독립성 (논리적 구조 사상)	• 응용 프로그램과 자료구조를 독립시킨다. • 데이터베이스 관리시스템이 하나의 논리적 데이터 구조를 가지고 많은 응용 프로그램이 각각 요구하는 다양한 형태의 논리적 구조로 사상(Mapping)시켜 줄 수 있어야 한다.	• 사용자 특성에 맞는 변경 가능 • 통합구조 변경 가능
물리적 독립성 (물리적 구조 사상)	• 응용 프로그램과 논리적 구조에 영향 주지 않고, 데이터베이스의 물리적 구조를 변경시킬 수 있다. • 하나의 논리적 구조로부터 여러 가지 다른 물리적 구조를 지원할 수 있는 사상능력이 있어야 한다. • 시스템 성능을 향상시키기 위하여 필요하다.	• 물리적 구조 변경 없이 개념 구조 변경 가능 • 개념 구조 영향 없이 물리적인 구조 변경 가능

데이터 독립의 필요성

① 데이터베이스에 대한 사용자의 뷰(View)와 DB의 구현 뷰(View)를 분리하여, 변경에 따른 영향을 줄여야 한다.
② 각 창의 독립성 유지, 계층별 창에 영향을 주지 않고 변경할 수 있어야 한다.
③ 각 스키마에 따라 DDL(데이터 정의어), DML(데이터 조작어)이 달라야 한다.

데이터 독립성의 아키텍처

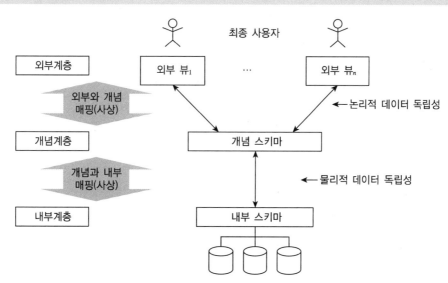

3계층 데이터 스키마(3-Level Database Architecture)

① 데이터베이스를 관점(View)에 따라 3개의 계층으로 분리하여, 사용자에게 내부적으로 복잡한 데이터베이스 구조를 단순화시킨 관점으로 제공한다.

② 사용자 관점의 외부계층(External), 총체적인 관점의 개념계층(Conceptual), 물리적인 저장장치 관점의 내부계층(Internal) 등의 3단계로 구성된다.

3단계 데이터베이스 스키마 구성

① 외부 스키마(External Schema)=서브 스키마(Subschema)=사용자 뷰(View)
   - 사용자나 응용 프로그래머가 각 개인의 입장에서 필요로 하는 데이터베이스의 논리적 구조를 정의한다.
   - 데이터베이스와 사용자 간 중개 역할을 담당한다.
   - 하나의 데이터베이스 시스템에는 여러 개의 외부 스키마가 존재할 수 있으며, 하나의 외부 스키마를 여러 개의 응용 프로그램이나 사용자가 동시에 이용할 수 있다.
   - 같은 데이터베이스에 대해서도 서로 다른 관점을 정의할 수 있도록 허용한다.
   - 일반 사용자는 질의어(SQL)를 사용하여 DB를 사용한다.
   - 해당 응용 프로그램이나 사용자에 관련된 개체와 관계 정보를 관리한다.

② 개념 스키마(Conceptual Schema)=전체적인 뷰(View)
   - 모든 응용 시스템과 사용자가 필요로 하는 데이터를 통합한 조직 전체의 데이터베이스로 하나만 존재한다(단순히 스키마라고 하면 개념 스키마를 의미).
   - 기관이나 조직체의 범기관적 관점에서 데이터베이스를 정의한다.
   - 데이터베이스의 전체적인 논리적 구조로 데이터베이스 관리자에 의해서 구성된다.
   - 데이터베이스 설계 시 요구 분석 단계에서 결과(명세)를 E-R 다이어그램과 같은 DBMS에 독립적이고, 고차원적인 표현 기법으로 기술한다.
   - 접근 권한, 보안 정책, 무결성 규칙을 정의한다.
   - 모든 데이터 객체 정보(개체, 관계 및 제약 조건)를 관리한다.

③ 내부 스키마(Internal Schema)=물리적 스키마(Physical Schema)
   - 물리적 저장 장치의 입장에서 본 데이터베이스 구조이다.
   - 실제로 데이터베이스에 저장될 레코드의 형식을 정의하고, 저장 데이터 항목의 표현 방법과 내부 레코드의 물리적 순서 등을 나타낸다.
   - 저장장치(Storage) 입장에서 데이터베이스 전체에 저장 방법을 명세한다.
   - 개념 스키마에 대한 저장 구조를 정의한다.
   - 내부레코드의 형식, 인덱스 유무, 데이터 표현 방법 등을 기술한다.

THEME 059　데이터베이스 언어(Database Language)

데이터베이스 언어의 종류

종류	설명	예시
데이터 정의어 DDL (Definition)	• 데이터베이스 객체의 생성, 변경, 삭제 기능을 갖는 SQL 언어이다. • 테이블, 뷰, 인덱스를 구축 또는 삭제하며, 스키마와 보안 무결성을 정의한다. • 논리적 데이터 구조와 물리적 데이터 구조 간의 사상 정의이다. • 번역의 결과는 데이터 사전에 저장된다.	CREATE, ALTER, DROP, RENAME, TRUNCATE
데이터 조작어 DML (Manipulation)	• 데이터베이스 내부 스키마에 데이터를 입력, 수정, 삭제, 조회하기 위한 언어이다. • 관계형 데이터베이스의 데이터 조작을 위한 필수 언어이다. • 절차형(PL / SQL)과 비절차형(SQL)으로 구분된다. • 질의 방법에 따라 성능 차이가 발생할 수 있다.	SELECT, INSERT, UPDATE, DELETE, MERGE
데이터 제어어 DCL (Control)	• 데이터베이스 데이터의 제어 언어이다. • 데이터 보안, 무결성, 복구에 관해 정의한다. • 불법 사용자로부터 데이터를 보호한다. • 데이터 회복 및 병행 제어를 수행한다.	GRANT, REVOKE, COMMIT, ROLLBACK

데이터 정의어(DDL; Data Definition Language)

명령어	기능 설명
CREATE	새로운 데이터베이스 객체를 생성한다.
ALTER	존재하는 데이터베이스 객체를 변경한다.
DROP	존재하는 데이터베이스 객체를 제거한다.
TRUNCATE	테이블에서 데이터를 삭제한다.
RENAME	테이블의 이름을 변경한다.

데이터 조작어(DML; Data Manipulation Language) = 서브 언어

명령어	기능 설명
SELECT	데이터베이스 안 테이블의 레코드(데이터)를 조회한다.
INSERT	데이터베이스 안 테이블의 레코드(데이터)를 삽입한다.
UPDATE	데이터베이스 안 테이블의 레코드(데이터)를 수정한다.
DELETE	데이터베이스 안 테이블의 레코드(데이터)를 삭제한다.
MERGE	데이터베이스 안 테이블의 입력 / 수정 / 삭제의 동시 작업 구문을 처리한다.

데이터 제어어(DCL; Data Control Language)

명령어	기능 설명
COMMIT	데이터베이스 조작 작업이 정상적이므로 반영한다.
ROLLBACK	데이터베이스 조작 작업이 비정상적이므로 작업을 복구한다.
GRANT	데이터베이스 사용자에게 객체의 사용 권한을 부여한다.
REVOKE	데이터베이스 사용자에게 부여된 권한을 회수한다.

THEME 060 · 데이터베이스 시스템 유틸리티

적재(Loading)

데이터 파일을 자동적으로 데이터베이스 파일의 형식으로 바꿔서 저장한다.

백업(Backup)

데이터베이스 전체를 디스크, 테이프 등에 복사해 데이터베이스의 백업 사본을 만든다. 이로써 시스템 파괴, 디스크 파손 등의 심각한 오류에 대비할 수 있다.

파일 재조직(Reorganization)

성능을 향상시키기 위해 데이터베이스 파일 구조를 다른 파일 구조로 재조직한다.

성능(Performance) 모니터링

데이터베이스의 사용을 모니터링해서 사용 통계를 데이터베이스 관리책임자(DBA; Database Administrator)에게 제공한다. 이러한 정보는 데이터베이스의 성능 향상을 위해서 파일들을 재조직할 것인지 결정할 때 활용될 수 있다.

THEME 061 데이터 사전 시스템과 데이터 디렉터리

데이터 사전(Dictionary) 시스템

① 데이터 사전은 DBMS를 보다 효율적으로 이용할 수 있게 데이터베이스에 저장된 정보를 요약해 관리하는 것이다. 시스템 카탈로그(Catalog)라고도 부르는 데이터 사전은 데이터 정보를 분류해 처리하기 위한 시스템으로, 데이터를 이해하는 과정에서 오류, 모호함, 데이터 해석의 어려움 등을 제거하는 것을 목적으로 한다. 주로 DBMS가 데이터 사전에 접근하지만 일반 사용자도 접근할 수 있다. 이때 DBMS는 데이터 사전의 내용을 수정하거나 새로운 내용을 추가할 수 있지만, 일반 사용자는 저장 내용의 검색만 가능하다.

② 데이터 사전은 데이터에 관한 정보를 수집해 담아 두는 저장소로, 자료의 명칭, 표현 방식, 자료의 의미와 사용 방식, 다른 자료와의 관계와 관련한 정보를 저장한다. 즉, 데이터 사전은 데이터에 대한 데이터로서의 메타(Meta) 데이터라고 할 수 있다.

③ 데이터 사전은 그 자체가 하나의 데이터베이스를 이루며 데이터베이스 시스템의 다양한 스키마들, 사상 정보, 다양한 제약조건 등을 저장한다. 이처럼 데이터 사전은 데이터베이스의 일종이므로 시스템 데이터베이스라고도 부르며, 시스템 데이터베이스와 구별하기 위해 실제로 사용자가 이용하는 데이터를 저장하는 일반 데이터베이스를 사용자 데이터베이스라고 부르기도 한다.

데이터 디렉터리

① 데이터 사전에 있는 데이터에 접근할 때 필요한 위치 정보를 유지·관리하는 것으로, 데이터 디렉터리와 데이터 사전은 DBMS를 위한 데이터베이스라는 점에서 같지만, 데이터 사전과 달리 데이터 디렉터리는 DBMS만 접근이 가능하고 사용자는 불가능하다.

② 사용자만 이용하는 수동 데이터 사전과 대비된다는 의미로 데이터 디렉터리를 능동 데이터 사전이라고도 부른다.

02 데이터 모델 및 설계

THEME 062 데이터 모델링

데이터 모델링

① 데이터베이스 설계 과정에서 데이터의 구조를 표현하기 위해 데이터베이스로 모델화하는 작업이다.
② 개념적인 구조, 논리적인 구조를 표현하기 위해 사용되지만 물리적인 구조는 표현하지 않는다.
③ 데이터 타입, 데이터 관계, 데이터 의미 및 일관성 제약 조건 등을 기술한다.

데이터 모델의 분류

① 개념적 데이터 모델
  • 속성들로 기술된 개체 타입과 개체 타입들 간의 관계를 이용하여 현실 세계를 표현하는 방법이다.
  • 종류로는 개체-관계(E-R, Entity-Relation) 모델이 있다.
② 논리적 데이터 모델
  • 개념적 모델링 과정에서 얻은 개념적 구조를 컴퓨터가 이해하고, 처리할 수 있도록 컴퓨터 환경에 맞게 변환하는 과정이다.
  • 데이터 간의 관계를 어떻게 표현하느냐에 따라 관계형 데이터 모델, 계층형 데이터 모델, 망형 데이터 모델로 구분한다.

데이터 모델의 3요소

① 구조(Structure) : 데이터 구조 및 논리적으로 표현된 개체들 간의 관계를 표시한다.
② 연산(Operation) : 데이터베이스에 저장된 실제 데이터의 처리 방법을 표시한 것으로 데이터의 인스턴스에 적용 가능한 연산 명세와 조작 기법을 표현한다.
③ 제약 조건(Constraint) : 데이터베이스에 저장될 수 있는 실제 데이터의 논리적 제약 조건을 표시한다.

데이터 모델의 구성 요소

개체 (Entity)	• 데이터베이스에 표현하려는 것으로 현실 세계의 대상체를 가리킨다. • 서로 연관된 몇 개의 속성으로 구성되며, 독립적으로 존재하거나 자체 구별이 가능하다. • 특정한 정보를 제공하는 역할을 수행한다. • 속성, 개체 타입(레코드 타입), 개체 인스턴스, 개체 세트로 구성된다.
속성 (Attribute)	• 데이터의 가장 작은 논리적 단위로 데이터 항목 또는 데이터 필드에 해당된다. • 하나의 개체는 한 개 이상의 속성으로 구성되고, 각 속성은 개체의 특성을 설명한다.
관계 (Relationship)	• 개체(Entity) 간의 관계 또는 속성(Attribute) 간의 관계를 말한다. • 개체-관계 모델(ERD)에 나타내는 방법은 관계가 있는 개체 간을 실선으로 연결한다.

THEME 063 　데이터 모델링의 종류 및 단계

개념 데이터 모델링(Conceptual Data Modeling)

① 해당 조직의 업무요건을 충족하기 위해서 주제영역과 핵심 데이터 집합 간의 관계를 정의하는 상위 수준의 개략적 데이터 설계 작업이다.

② 세부적인 내용보다는 정보가 중복되지 않고 확장성 있는 체계로 분류하는 것에 초점을 맞추어 설계한다.

절차	절차 중 상세 작업	기법 및 종류
주제영역 선정	• 주제는 업무 기능과 대응된다. • 하위주제 영역 또는 데이터 집합들로 구성한다.	상향식, 하향식, Inside-Out, 혼합식
핵심데이터 집합 선정 (Entity)	데이터의 보관 단위로 주제영역에서 중심이 되는 데이터 집합을 정의한다.	독립중심, 의존중심, 의존특성, 의존연관데이터
관계설정 (Cardinality)	업무 연관성에 따라 개체 간 관계(Relationship)를 설정한다.	1 : 1, 1 : N, M : N, 순환관계
핵심속성 정의 (Attribute)	데이터 집합의 성질을 나타내는 항목을 정의한다.	원자단위검증, 유일 값 유무 판단, 관리수준 상세화
식별자 정의 (Identifier)	데이터 집합을 유일하게 식별해주는 속성(PK)을 정의한다.	PK, CK, AK, FK로 구분

논리적 데이터 모델링(Logical Data Modeling)

① 업무의 모습을 모델링 표기법으로 형상화하는 작업이다.

② 데이터 관점의 모델을 만드는 과정이다.

작업	내용
엔티티 타입 도출	기본, 중심, 행위 엔티티 타입을 도출한다.
관계 도출	엔티티 타입 간의 관계를 도출한다.
식별자 도출	기본키(PK), 외래키(FK), 유일키(UK), 대체키(AK) 등에 대해 정의한다.
속성 도출	기본, 설계, 파생 속성을 정의한다.
세부사항 도출	용어사전, 도메인 정의, 속성 규칙(기본 값, 체크 값 등)을 정의한다.
정규화	1차, 2차, 3차, BCNF, 4차, 5차 정규화 작업을 한다.
통합 / 분할	엔티티 타입의 성격에 따라 통합, 분할 수행한다.
데이터 모델 검증	엔티티 타입, 속성, 관계 등에 대한 적합성을 검증한다.

물리적 데이터 모델링(Physical Data Modeling)

① 실제로 데이터베이스에 이식할 수 있도록 성능·물리적 성격을 고려하여 설계하는 과정이다.

② 특정 DBMS상에서 최상의 성능을 보장하도록 데이터의 물리적 특성을 반영하려 한다.

③ 샘플 데이터를 이용하여 논리 데이터 모델의 정합성을 재검증하려 한다.

단계	과정	검토사항
일괄전환	엔티티(Entity)별 테이블로 전환한다.	하위 타입 설계 방안이 필요하다.
	식별자인 기본키(Primary Key)를 정의한다.	인조 키(Artificial Key) 검토, 기본키(PK) 컬럼 순서를 검토한다.
	논리 모델링 단계에서 속성을 컬럼으로 전환한다.	영문 컬럼명 매핑, 데이터 타입 / 길이 결정, 도메인(Domain) 정의, 컬럼 순서를 검토한다.
	논리 모델링 단계에서 관계(Relationship)에 대해 컬럼으로 전환한다.	참조 무결성 규칙 및 구현 방향을 결정한다.
구조조정	수퍼 타입 / 서브 타입 모델을 전환한다.	트랜잭션의 성격에 따라 전체 통합, 부분 통합, 개별 유저에 대한 의사 결정을 통해 데이터 모델을 조정한다.
성능향상	성능을 고려한 반정규화 작업을 한다.	SQL 활용 능력 미흡으로 인한 빈번한 비정규화는 배제하도록 신중하게 검토해야 한다.

개념적 데이터 모델

① 개체-관계(E-R; Entity-Relationship) 모델
- 개념적 데이터 모델의 가장 대표적인 것으로 1976년 피터 첸(Peter Chen)에 의해 제안된 모델이다.
- 개체 타입(Entity Type)과 이들 간의 관계 타입(Relationship Type)을 이용해 현실 세계를 개념적으로 표현한 모델이다.
- 데이터를 개체(Entity), 관계(Relationship), 속성(Attribute)으로 묘사한다.
- 1:1, 1:N, N:M 등의 관계 유형을 나타낼 수 있다.

② E-R 다이어그램(ERD)

기호	기호 이름	의미
사각형(직사각형)	사각형	개체 타입(개체 집합)
다이아몬드	다이아몬드	관계 타입(관계 집합)
타원	타원	속성(Attribute)
밑줄 타원	밑줄 타원	기본키 속성
복수 타원	복수 타원	복합 속성 예 성명은 성과 이름으로 구성
관계 기호	관계	1:1, 1:N, N:M 등의 개체 관계에 대해 선 위에 대응수 기술
선	선, 링크	개체 타입과 속성을 연결

논리적 데이터 모델

① 관계형 데이터 모델
- 계층 모델과 망 모델의 복잡한 구조를 단순화시킨 모델이다.
- 데이터와 데이터 간의 관계가 릴레이션이라는 테이블(Table) 집합으로 표현된다.
- 데이터 간의 관계를 기본키(Primary Key)와 이를 참조하는 외래키(Foreign Key)로 표현한다.
- 개체와 관계로 구성되며, 도메인은 표현되는 속성 값의 범위를 나타내고, 속성은 개체의 특성을 기술한다.
- 데이터 조작 면에서 용이하지만 성능이 다소 떨어진다.
- 1 : 1, 1 : N, N : M 관계 유형을 나타낼 수 있다.
- 대표적인 언어에는 Oracle, MS-SQL, Informix 등이 있다.

② 계층형 데이터 모델
- 데이터의 논리적 구조가 트리(Tree) 형태이며, 개체가 트리를 구성하는 노드(Node) 역할을 한다.
- 개체 집합에 대한 속성 관계를 표시하기 위해 개체를 노드로 표현하고, 개체 집합들 사이의 관계를 링크로 연결한다.
- 개체 간의 관계를 부모와 자식 간의 관계로 표현하며, 대표적인 DBMS는 IMS이다.
- 개체 타입 간에는 상위와 하위 관계가 존재하며, 일대다(1 : N) 대응 관계만 존재한다.
- 레코드 삭제 시 연쇄 삭제(Triggered Delete)가 된다.
- 개체 타입 간에는 사이클(Cycle)이 허용되지 않는다.
- 계층형 데이터 모델에서는 개체(Entity)를 세그먼트(Segment)라 부른다.

③ 망(그래프, 네트워크)형 데이터 모델
- 코다실(CODASYL)이 제안한 것으로 CODASYL DBTG 모델이라고도 한다.
- 그래프를 이용해서 데이터베이스의 논리 구조를 표현한 데이터 모델이다.
- 일대다(1 : N) 관계에 연관된 레코드 타입들을 각각 오너(Owner), 멤버(Member)라고 한다.
- 레코드 타입 간의 관계는 1 : 1, 1 : N, N : M이 될 수 있다.
- 각 레코드가 망처럼 연결되며, 상 / 하위 레코드가 서로 복수 대응한다.
- 대표적인 DBMS는 DBTG, EDBS, TOTAL 등이 있다.

데이터베이스 설계 단계

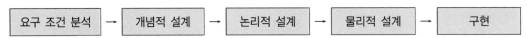

① 요구 조건 분석 단계
- 데이터베이스 범위, 요구 조건 명세서 작성, 데이터 활용에 대한 정보 수집과 변환을 하는 단계이다.
- 결과물로 요구 사항 명세서를 얻는다.

② 개념적 설계 단계
  • 정보의 구조를 얻기 위하여 현실 세계의 무한성과 계속성을 이해하고, 다른 사람과의 통신을 위해 현실 세계에 대한 인식을 추상적 개념으로 표현하는 과정이다.
  • 데이터베이스 관리 시스템 개념 스키마 모델링과 트랜잭션 모델링을 병행 수행한다.
  • 요구 분석 단계에서 나온 결과(요구 조건 명세)를 DBMS에 독립적인 E-R 다이어그램으로 작성한다.
  • 결과물로 개체-관계 모델(Entity-Relationship Model)의 ERD가 만들어진다.
③ 논리적 설계 단계
  • 현실 세계에서 발생하는 자료를 컴퓨터가 처리할 수 있는 물리적 저장장치에 저장하기 위해 특정 DBMS가 지원하는 논리적 자료 구조로 변환시키는 과정이다.
  • 개념 세계의 데이터를 필드로 기술된 데이터 타입과 데이터 타입들 간의 관계로 표현되는 논리적 구조의 데이터로 모델화한다.
  • 개념적 설계가 개념 스키마를 설계하는 단계라면 논리적 설계에서는 개념 스키마를 평가 및 정제하고 DBMS에 따라 서로 다른 논리적 스키마를 설계하는 단계이다.
  • 결과물로 논리적 스키마, 상세 ERD가 만들어진다.
④ 물리적 설계 단계
  • 논리적 설계 단계에서 논리적 구조로 표현된 데이터를 물리적 저장장치에 저장할 수 있도록 물리적 구조의 데이터로 변환하는 과정이다.
  • 데이터베이스 파일의 저장 구조, 레코드 형식, 접근 경로와 같은 정보를 사용하여 데이터가 컴퓨터에 저장되는 방법을 묘사한다.
  • 반드시 포함되어야 할 것으로 저장 레코드의 양식 설계, 레코드 집중(Record Clustering)의 분석 및 설계, 접근 경로 설계 등이 있다.
  • 결과물로 실제 테이블이 만들어진다.
⑤ 구현 단계
  • 데이터베이스 스키마를 생성한다.
  • 공백 데이터베이스 파일을 생성한다.
  • 데이터 전환·적재·트랜잭션 테스트 작업을 한다.
  • 결과물로 데이터베이스가 구축된다.

액세스(Access)

액세스(Access)

데이터를 구축하여 원하는 형태로 데이터를 분류하거나 검색할 수 있으며, 다양한 형태로 인쇄할 수 있는 데이터베이스 프로그램이다.

액세스의 7개체

구분	특징
테이블(Table)	• 데이터베이스 내에서 사용할 데이터를 저장하고, 관리한다. • 각각의 고유한 정보를 가지고 있는 열 단위의 필드(Field)와 관련된 필드들을 모아 놓은 행 단위의 레코드(Record)로 구성된다. • 테이블을 이용해서 데이터를 추가, 수정, 삭제 등의 관리를 할 수 있고, 정렬하거나 원하는 데이터만 검색할 수도 있다.
쿼리(Query)	• 테이블(Table)에서 만든 데이터를 이용하여 원하는 구성으로 변경하거나 다양한 조건으로 검색하고 추출할 수 있다. • 여러 테이블을 연결하여 하나의 테이블처럼 새로운 결과를 추출한다. • SQL문을 직접 입력해서 쿼리를 작성하거나 반대로 작성한 쿼리를 SQL문으로 변환한다. • 간단한 선택 쿼리뿐만 아니라 업데이트 쿼리, 삭제 쿼리, 테이블 작성 쿼리, 추가 쿼리, 크로스탭 쿼리 등의 다양한 종류를 사용할 수 있다.
폼(Form)	• 데이터를 보다 편리하게 입력 및 편집하고, 검색할 수 있다. • 사진, 그림, 동영상, 소리, 차트 등의 OLE 개체 데이터를 표시할 수 있다. • 매크로나 VBA로 만든 프로시저를 특정 이벤트에 연결할 수도 있다.
보고서(Report)	• 테이블이나 질의 등의 데이터를 출력하기 위한 개체로 데이터를 재조합할 수 있다. • 많은 양의 데이터를 분류하고, 요약해서 계산된 정보들을 출력한다. • 보고서 마법사를 이용하여 우편엽서, 주소 레이블, 업무 양식 등의 자료를 만들 수 있다. • 여러 유형의 컨트롤을 이용하여 다양한 데이터를 표시할 수 있다.
페이지(Page)	• 윈도우 환경과 웹 인터페이스의 결합으로 손쉽게 데이터베이스 정보를 웹에 게시할 수 있도록 웹 페이지를 만든다.
매크로(Macro)	• 테이블, 쿼리, 폼, 보고서 등 개체들을 자동화할 수 있도록 미리 정의된 기능을 사용한다. • 작업을 자동화할 때 사용할 수 있는 매크로 함수 집합을 의미한다.
모듈(Module)	• 복잡한 작업을 위해 VBA(Visual Basic for Applications)로 프로그램을 코딩한다. • 매크로에 비해 복잡한 작업을 처리하기 위해 프로그램을 직접 작성한다.

THEME 066 ㅤ 관계형 데이터베이스의 기초

관계형 데이터베이스

데이터 간의 관계를 테이블(Table) 구조로 나타내는 데이터베이스이다.

표＝릴레이션(Relation)

속성(Attribute) 요소

회원	회원번호	이름	전화번호	주소	이메일 주소
튜플 (Tuple) 요소	1	김권철	02-701-8820	서울시 마포구 도화동 303-1	kgc1011@naver.com
	2	박경선	02-701-8821	서울시 마포구 도화동 303-2	pus2222@hanmail.net
	3	이소연	02-701-8822	서울시 마포구 도화동 303-3	lsy5055@nate.com
	4	정보람	02-701-8823	서울시 마포구 도화동 303-4	jbr3579@hanmail.net

① 릴레이션(Relation)
- 데이터 간의 관계를 열과 행으로 된 격자 모양의 표로 표현한다(파일과 대응 관계).
- 열의 명칭을 속성(Attribute)이라 하고, 행의 각각을 튜플(Tuple)이라 한다.
- 한 릴레이션에 나타난 속성 값은 논리적으로 분해할 수 없다.
- 릴레이션에 포함된 튜플들은 모두 상이하다(튜플의 유일성).
- 한 개 이상의 속성(Attribute)들의 집합으로 표현되면서 릴레이션 스킴과 릴레이션 어커런스를 합쳐 지칭한다.

릴레이션 스킴 (Relation Scheme)	릴레이션의 논리적 구조(Scheme)를 정의하는 것으로 릴레이션 명칭과 해당 릴레이션을 형성하는 속성들을 합쳐 정의한다. 릴레이션 스킴을 릴레이션 스키마, 릴레이션 타입, 릴레이션 인텐션이라고도 한다.
릴레이션 어커런스 (Relation Occurrence)	어느 한 시점에서 릴레이션 스킴에 따라 실제 데이터로 입력된 튜플들의 집합을 의미하며, 시간적으로 가변적 특성을 갖는다. 릴레이션 어커런스는 릴레이션 인스턴스, 릴레이션 익스텐션이라고도 한다.

- 릴레이션의 특징
  - ㉠ 튜플의 유일성 : 모든 튜플은 서로 다른 값을 갖는다.
  - ㉡ 튜플 간의 무순서 : 하나의 릴레이션에서 튜플의 순서는 없다(순서는 큰 의미가 없음).
  - ㉢ 속성의 원자성 : 하나의 릴레이션에 나타난 속성 값은 논리적으로 더 이상 분해할 수 없는 원자 값이다.
  - ㉣ 속성 간의 무순서 : 속성 간의 순서는 없다.
  - ㉤ 속성 이름의 유일성 : 모든 속성은 릴레이션 내에서 유일한 이름을 갖는다.

② 속성(Attribute)
- 릴레이션에서 열을 의미하며, 릴레이션 내의 모든 값은 원자 값이다(무순서).
- 데이터를 구성하는 가장 작은 논리적 단위로서 파일 구조상의 데이터 항목 또는 데이터 필드에 해당한다.
- 어떤 개체 정보의 특성이나 특징에 대한 명칭이다.
- 프로그래밍을 작성할 때 어떤 값에 따라 변수를 정하는데, 이러한 변수의 개념을 의미한다.
- 각 속성은 릴레이션 내에서 유일한 이름을 가지며, 필드(Field)와 대응 관계이다.

③ 튜플(Tuple)
- 릴레이션 스킴에 따라 각 속성으로 실제 값이 입력되었을 때 하나의 행 값에 해당한다.
- 행에 입력된 실제 값들을 튜플이라 하고, 각 튜플들의 전체 집합을 릴레이션 어커런스라고 한다.
- 한 릴레이션에 포함된 모든 튜플은 서로 다른 값을 가지며, 레코드(Record)와 대응 관계이다(두 개의 동일한 튜플은 한 릴레이션에 포함될 수 없음).

④ 도메인(Domain)
- 관계형 데이터베이스에서 하나의 속성(Attribute)이 취할 수 있는 모든 실제값(원자 값, Atomic)의 범위나 집합이다.
- 변수를 선언하게 되면 그 선언 타입(Type)에 해당한다.
- 실제 속성값이 나타날 때 그 값의 합법 여부를, 데이터베이스 시스템이 적합성 여부를 통해 판단하므로 항상 올바른 값을 유지할 수 있다.

⑤ 차수(디그리, Degree)
- 하나의 릴레이션에서 정의된 속성(Attribute)의 개수, 즉 필드의 개수이다.
- 설계가 변경되지 않는다면 차수는 항상 정적인 상태로 유지된다.

⑥ 기수(대응수, 카디널리티, Cardinality)
- 하나의 릴레이션에 형성된 튜플의 개수, 즉 레코드의 수이다.
- 데이터의 조작 연산에 의해 항상 변화되므로 동적인 상태가 된다.

⑦ 널(NULL)
- Empty 또는 아직 알려지지 않은 값, 아직 모르는 값, 정의되지 않은 값으로 0이나 공백의 의미와는 구별된다.
- 정보의 부재를 나타내기 위해 사용하는 특수한 데이터 값이다.

⑧ 키(Key)
- 각각의 튜플을 유일하게 구분할 수 있는 개념으로 관계형 모델에서는 매우 중요하다.
- 키는 유일한 식별성과 최소성을 가지고 있어야 한다.
- 하나의 릴레이션에는 최소한 하나의 키(Key)가 존재해야 한다(키의 무결성).

종류	특징
후보키 (Candidate Key)	• 하나의 릴레이션에서 유일성과 최소성을 가지고 있는 키이다(**예** 학번, 주민번호 등). • 릴레이션에서 튜플을 유일하게 구별하기 위해 사용하는 속성 또는 속성들의 집합이다. • 유일 식별성을 갖는 속성 조합이 한 릴레이션에 여러 개 있을 경우 사용한다. • 후보키의 선정 조건으로는 유일성(Uniqueness)과 최소성(Minimize)이 있다.
기본키 (Primary Key)	• 후보키 중 개체 구별이나 데이터베이스의 설계자에 의해 선택된 한 개의 키이다. • 기본키로 선택된 속성은 중복되면 안 되고, 정의되지 않은 값(NULL)이 있어서도 안 된다. • 하나의 속성만으로 한 릴레이션 내의 모든 튜플을 구분한다.
대체(부)키 (Alternate Key)	• 기본키를 제외한 다른 키이다. • 후보키 중에 선택된 기본키를 제외한 모든 키는 대체키가 된다.
외래키 (Foreign Key)	• 유일성을 가지는 후보키 중 다른 릴레이션의 기본키로 사용되는 키이다. • 참조되는 릴레이션의 기본키와 대응되어 릴레이션 간에 참조 관계를 표현한다. • 릴레이션 A와 B가 있다고 할 때, A릴레이션에 있는 어떤 속성이 B릴레이션에서 기본키가 되는 경우에는 이 속성을 데이터 무결성을 위해 외래키로 선언한다. • 2개의 릴레이션에 대한 관계를 맺어 참조 무결성을 유지하기 위해 사용되는 키로서 한 릴레이션에서는 기본키로, 다른 릴레이션에서는 외래키로 쓰인다.
슈퍼키 (Super Key)	• 식별성을 부여하기 위해 두 개 이상의 속성들로 이루어진 키이다. • 최소성 없이 단지 튜플을 식별하기 위해 두 개 이상의 속성들 집합으로 이루어진 키이다. • 릴레이션을 구성하는 속성 전체의 부분 집합에서 같은 튜플이 발생하지 않는 부분 집합으로 유일성만 있고, 최소성이 없다.

무결성(Intergrity)

① 정당한 권한이 있는 사용자로부터 데이터베이스에 있는 데이터 값의 정확성(Correcrness), 정밀성(Accuacy), 유효성(Validity)을 보장하는 것을 의미한다.
② 무결성 규정에는 규정 이름, 검사 시기, 제약 조건, 위반 조치 등이 명시되어 있다.
③ 데이터 특성을 부여하고, 각 데이터의 허용 가능한 값을 제한하여 무결성을 유지한다.
④ 무결성의 제약 조건으로는 도메인 무결성, 개체 무결성, 참조 무결성, 키의 무결성, 고유 무결성이 있다.

제약 조건	특징
도메인 무결성 (Domain Integrity)	• 속성에 관련된 무결성으로 데이터 형태, 범위, 기본값, 유일성 등을 제한한다. • 가장 기본적인 무결성 조건으로 데이터베이스 릴레이션에서 주어진 속성으로 입력되는 모든 값은 그 속성으로 정의되거나 제약된 도메인 영역 내에 있어야 된다.
개체 무결성 (Entity Integrity)	• 하나의 릴레이션에서 기본키와 관련된 무결성이다. • 한 릴레이션의 기본키를 구성하는 어떠한 속성 값도 널(NULL) 값이나 중복 값을 가질 수 없다(정확성 유지).
참조 무결성 (Reference Integrity)	• 2개의 릴레이션에서 기본키와 외래키가 관련된 무결성이다. • 릴레이션에 있는 튜플 정보가 다른 릴레이션에 있는 튜플 정보와 관계성이 있으며, 관계되는 정보의 정확성을 유지한다(외래키에 의해 유지). • 참조할 수 없는 외래키 값을 가질 수 없다(일관성 유지). • 릴레이션 A, B 중 A의 속성이 B의 기본키로 사용될 때 이를 외래키로 지정한다(외래키 값은 NULL). • 릴레이션 R1에 저장된 튜플이 릴레이션 R2에 있는 튜플을 참조하려면 참조되는 튜플이 반드시 R2에 존재해야 한다.
키의 무결성 (Key Intergrity)	• 한 릴레이션(테이블)에는 최소한 하나의 키가 존재해야 한다.
고유 무결성 (Unique Intergrity)	• 특정 속성에 대해 고유한 값을 가지도록 조건이 주어진 경우, 그 속성 값은 모두 달라야 한다.

THEME 067 데이터 정규화(Normalization)

정규화(Normalization)

① 릴레이션에 데이터의 삽입·삭제·갱신 시 발생하는 이상 현상이 발생하지 않도록 릴레이션을 보다 작은 릴레이션으로 표현하는 과정이다.
② 현실 세계를 표현하는 관계 스키마를 설계하는 작업으로 개체, 속성, 관계성들로 릴레이션을 만든다.
③ 속성 간 종속성을 분석해서 하나의 종속성은 하나의 릴레이션으로 표현되도록 분해한다.

정규화의 목적

① 데이터 구조의 안정성을 최대화한다.
② 중복 데이터를 최소화한다.
③ 수정 및 삭제 시 이상 현상을 최소화한다.
④ 테이블 불일치 위험을 간소화한다.

관계 스키마 설계의 원칙

① 필요한 속성(Attribute), 개체(Entity), 관계성(Relationship)을 식별하여 릴레이션을 구성한다.
② 불필요한 데이터의 중복과 종속이 발생하지 않도록 설계한다.
③ 속성 사이의 관계성과 데이터의 종속성을 고려하여 설계한다.
④ 효율적인 데이터 처리와 일관성 유지 방법 등을 고려하여 설계한다.

이상 현상(Anomaly)

삽입 이상 (Insertion Anomaly)	데이터를 삽입했을 때 불필요한 데이터가 삽입되는 현상이다.
삭제 이상 (Deletion Anomaly)	릴레이션의 한 튜플을 삭제함으로써 연쇄 삭제로 인해 정보의 손실을 발생시키는 현상이다.
갱신 이상 (Updating Anomaly)	튜플 중에서 일부 속성을 갱신함으로써 정보의 모순성이 발생하는 현상이다.

함수의 종속

① 릴레이션에서 속성들의 부분 집합을 X, Y라 할 때, 임의 튜플에서 X의 값이 Y의 값을 함수적으로 결정하면 Y가 X에 함수적으로 종속되었다고 한다.

② 기호는 X → Y로 표기하며, X를 결정자, Y를 종속자라 한다.

③ 다음 표에서 '사번'을 알면 해당 직원의 성명, 부서, 연차를 알 수 있으며, 이때 성명, 부서, 연차는 사번에 종속되었다고 한다(사번 → 성명, 사번 → 부서, 사번 → 연차).

사번	성명	부서	연차
4159	김무선	기획부	5
3470	박근영	총무부	3
9653	문재동	편집부	4

함수의 종속에 따른 추론 규칙

규칙	추론 이론
반사 규칙	A ⊇ B이면, A → B
첨가 규칙	A → B이면, AC → BC, AC → B
이행 규칙	A → B, B → C이면, A → C
결합 규칙	A → B, A → C이면, A → BC
분해 규칙	A → BC이면, A → B, A → C

정규형의 종류

종류	특징
제1정규형 (1NF)	• 모든 도메인은 원자 값만으로 구성된 릴레이션으로 모든 속성값은 도메인에 해당된다. • 기본키에서 부분 함수가 종속된 속성이 존재하므로 이상 현상이 발생할 수 있다. • 하나의 항목에는 중복된 값이 입력될 수 없다.
제2정규형 (2NF)	• 제1정규형을 만족하고 모든 속성들이 기본키에 완전 함수 종속인 경우이다(부분 함수 종속 제거). • 기본키가 아닌 애트리뷰트 모두가 기본키에 완전 함수 종속이 되도록 부분 함수적 종속에 해당하는 속성을 별도 테이블로 분리한다.
제3정규형 (3NF)	• 제1, 2정규형을 만족하고, 모든 속성들이 기본키에 이행적 함수 종속이 아닌 경우이다. • 무손실 조인 또는 종속성 보존을 방해하지 않고도 항상 3NF를 얻을 수 있다. • 이행 함수적 종속(A→B, B→C, A→C)을 제거한다.
보이스-코드 정규형 (BCNF)	• 모든 BCNF 스킴은 3NF에 속하게 되므로 BCNF가 3NF보다 한정적 제한이 더 많다. • 제3정규형에 속하지만 BCNF에 속하지 않는 릴레이션이 있다. • 릴레이션 R의 모든 결정자가 후보키이면 릴레이션 R은 BCNF에 속한다. • 결정자가 후보키가 아닌 함수 종속을 제거하며, 모든 BCNF가 종속성을 보존하는 것은 아니다. • 비결정자에 의한 함수 종속을 제거하여 모든 결정자가 후보키가 되도록 한다.

제4정규형 (4NF)	• 릴레이션에서 다치 종속(MVD)의 관계가 성립하는 경우이다(다중치 종속 제거). • 릴레이션 R(A, B, C)에서 다치 종속 A→B가 성립하면, A→C도 성립하므로 릴레이션 R의 다치 종속은 함수 종속 A→B의 일반 형태이다.
제5정규형 (5NF)	• 릴레이션 R에 존재하는 모든 조인 종속성이 오직 후보키를 통해서만 성립된다. • 조인 종속이 후보키로 유추되는 경우이다.

정규화 과정

비정규형 릴레이션 → (속성의 도메인이 원자 값으로만 구성되도록 분해) → 제1정규형 릴레이션 (모든 속성의 도메인이 원자 값으로만 구성) → (부분 함수 종속 제거) → 제2정규형 릴레이션 (모든 속성이 기본키에 완전 함수 종속)

(이행적 함수 종속 제거) → 제3정규형 릴레이션 (모든 속성이 기본키에 이행적 함수 종속이 아님) → (후보키가 아닌 결정자 제거) → 보이스/코드 정규형 릴레이션 (모든 결정자가 후보키)

THEME 068   SQL의 분류

DDL(데이터 정의어)

스키마, 도메인, 테이블, 뷰, 인덱스를 정의하거나 변경 또는 삭제할 때 사용하는 언어이다.

① CREATE문

> CREATE TABLE STUDENT ~; (STUDENT명의 테이블 생성)

• 새로운 테이블을 만들며 스키마, 도메인, 테이블, 뷰, 인덱스를 정의할 때 사용한다.
• CREATE TABLE에는 속성의 Not NULL 제약 조건, Check의 무결성 제약 조건, 속성의 초기값 지정, 참조 무결성을 포함한다.
• 널(NULL) 값에 대한 비교는 Is NULL 또는 Is Not NULL을 사용하며, 필드에 Not NULL을 설정하면 공백을 허용하지 않는다.

② ALTER문

> ALTER TABLE STUDENT ADD ~; (STUDENT명의 테이블에 속성 추가)

• 기존 테이블에 대해 새로운 열의 첨가, 값의 변경, 기존 열의 삭제 등에 사용한다.
• 테이블의 제약 조건이나 구조 변경에 사용되며, 속성 타입(Type)을 변경한다.
• ALTER ~ ADD는 기존 테이블에 새로운 열을 첨가할 때 사용한다.

③ DROP문

| DROP TABLE STUDENT [CASCADE / RESTRICTED]; (STUDENT명의 테이블 제거) |

- 스키마, 도메인, 테이블, 뷰, 인덱스의 전체 제거 시 사용한다.
- CREATE 문에 의해 생성된 모든 정의를 삭제하므로 정의된 테이블이 삭제되면 테이블에 있는 튜플, 테이블의 접근 경로인 인덱스, 테이블에 유도되어진 뷰 등이 함께 삭제된다.
- 참조 관계에 있는 테이블은 RESTRICT나 CASCADE를 사용하여 삭제할 수도 있고, 명령문의 실행이 거부될 수도 있다.

DML(데이터 조작어)

데이터베이스 사용자가 응용 프로그램이나 질의어를 통하여 저장된 데이터를 처리하는 데 사용하는 언어이다.

① 검색(SELECT)문

| SELECT [DISTINCT] 속성 LIST(검색 대상) FROM 테이블명 [WHERE 조건식] [GROUP BY 열_이름 [HAVING 조건]] [ORDER BY 열_이름 [ASC or DESC]]; |

SELECT	• 질문의 결과에 원하는 속성을 열거하거나 테이블을 구성하는 튜플(행) 중에서 전체 또는 조건을 만족하는 튜플(행)을 검색한다(ALL이 있는 경우 모든 속성을 출력하므로 주로 생략하거나 * 로 표시).
FROM	• 검색 데이터를 포함하는 테이블명을 2개 이상 지정할 수 있다.
WHERE	• 조건을 설정할 때 사용하며, 다양한 검색 조건을 활용한다(SUM, AVG, COUNT, MAX, MIN 등의 함수와 사용 불가능).
DISTINCT	• 중복 레코드를 제거한다(DISTINCTROW 함수는 튜플 전체를 대상으로 함).
HAVING	• 추가 검색 조건을 지정하거나 행 그룹을 선택한다. • GROUP BY절을 사용할 때 반드시 기술한다(SUM, AVG, COUNT, MAX, MIN 등의 함수와 사용 가능).
GROUP BY	• 그룹 단위로 함수를 이용하여 평균, 합계 등을 구하며, 집단 함수 또는 HAVING절과 함께 기술한다(필드명을 입력하지 않으면 오류 발생).
ORDER BY	• 검색 테이블을 ASC(오름차순, 생략 가능), DESC(내림차순)으로 정렬하며, SELECT문의 마지막에 위치한다.
LIKE 연산자	• '='를 의미(% : 하나 이상의 문자, _ : 단일 문자)하며, 특정 필드에 기억된 문자열의 일부를 검색 조건으로 설정한다.
IN 연산자	• 검사 값이 주어진 리스트에 속하는지의 여부를 확인한다.
BETWEEN 연산자	• 두 개의 검사 값에서 구하고자 하는 값 사이에 포함되는지를 확인한다.

② 삽입(INSERT)문

> INSERT INTO 테이블[(열_이름…)] → 하나의 튜플을 테이블에 삽입
> VALUES(열 값_리스트); → 여러 개의 튜플을 테이블에 한번에 삽입

- 기존 테이블에 행을 삽입하는 경우로 필드명을 사용하지 않으면 모든 필드가 입력된 것으로 간주한다.
- 특정 속성에 대해 특정값을 갖는 하나의 튜플을 테이블에 삽입한다.
- 여러 개의 설정 필드 중 필드명 하나만 실행하면 해당 필드만 값이 입력되고, 나머지는 널(NULL)값이 입력된다.

③ 갱신(UPDATE)문

> UPDATE 테이블 SET 열_이름=식 [WHERE 조건];

- 기존 레코드의 열 값을 갱신할 경우 사용하며, 연산자를 이용하여 빠르게 레코드를 수정한다.
- 조건을 만족하는 각 튜플에 대하여 SET 절의 지시에 따라 갱신한다.
- 조건을 지정하지 않으면 모든 레코드가 갱신된다.

④ 삭제(DELETE)문

> DELETE FROM 테이블 [WHERE 조건];

- 테이블의 행을 하나만 삭제하거나 조건을 만족하는 튜플을 테이블에서 삭제할 때 사용한다.
- 조건을 지정하지 않으면 모든 레코드가 삭제된다.

DCL(데이터 제어어)

데이터 관리를 목적으로 데이터의 보안, 무결성, 데이터 회복, 병행 수행 제어 등을 정의하는 데 사용하는 언어이다.

① GRANT문

> GRANT 권한 ON 개체 TO 사용자 (WITH GRANT OPTION);

유저, 그룹 혹은 모든 사용자들에게 조작할 수 있는 사용 권한을 부여한다.

② REVOKE문

> REVOKE 권한 ON 개체 FROM 사용자 (CASCADE);

유저, 그룹 혹은 모든 유저들로부터 주어진 사용 권한을 해제한다.

③ CASCADE문
- Main Table의 데이터를 삭제할 때 각 외래키에 부합되는 모든 데이터를 삭제한다(연쇄 삭제, 모든 권한 해제).
- '삭제 요소를 참조하는 요소가 있다면 같이 제거하라.'는 의미이다.

④ RESTRICTED문
- 외래키에 의해 참조되는 값은 Main Table에서 삭제할 수 없다(FROM절에서 사용자의 권한만을 해제).
- '삭제 요소를 참조하는 요소가 있다면 삭제를 하지 말라.'는 의미이다.

THEME 069   관계 데이터의 연산

관계 대수(Relation Algebra)

① 원하는 정보와 그 정보를 어떻게 유도하는가를 기술하는 절차적인 방법이다.
② 질의에 대한 해를 구하기 위해 수행해야 할 연산의 순서를 명시한다.

- 일반 집합 연산자

연산자	기호	의미
합집합 (Union)	$A \cup B$	• A릴레이션 또는 B릴레이션에 속하는 튜플의 집합을 구함 • 합집합의 수행 조건 : 속성의 개수가 같아야 함, 대응되는 각 속성들 간의 도메인이 같아야 하고, 대응되는 속성명은 달라야 함
교집합 (Intersection)	$A \cap B$	• A릴레이션과 B릴레이션에 공통으로 속하는 튜플의 집합을 구함 • 두 개의 릴레이션을 교집합하면 두 릴레이션의 차수가 같아야 연산을 할 수 있으므로 교집합의 차수(Degree)는 두 릴레이션 중 가장 작음
차집합 (Difference)	$A - B$	• A릴레이션에는 속하지만 B릴레이션에는 속하지 않는 튜플의 집합을 구함
곱집합 (Cartesian Product)	$A \times B$	• A릴레이션에 속하는 각 튜플에 B릴레이션에 속하는 모든 튜플을 접속하여 구성된 튜플의 집합을 구함 • 두 개의 릴레이션이 있을 때 레코드(튜플)들의 순서쌍 집합을 만들어 새로운 릴레이션을 만드는 연산 • 카디널리티의 개수 : $\|R \times K\| = \|R\| \times \|K\|$ • 정의 : $R \times K = \{ r \cdot k \mid r \in R \lor k \in K \}$

- 순수 관계 연산자

연산자	기호	의미
셀렉션(Selection)	$\sigma_{a\theta b}(R)$	R릴레이션에서 $a\theta b$ 조건을 만족하는 튜플을 구함(수평적 부분 집합)
프로젝션 (Projection)	$\pi_{a\theta b}(R)$	R릴레이션에서 $a\theta b$ 속성값으로 이루어진 튜플을 구함(수직적 부분 집합)
조인(Join)	$A \bowtie B$	A릴레이션과 B릴레이션에서 공통된 속성값이 들어 있는 경우를 접속하여 튜플의 집합을 구함
디비전 (Division)	$A \div B$	A릴레이션과 B릴레이션이 있을 때 B릴레이션의 모든 조건을 만족하는 경우의 튜플들을 A릴레이션에서 구함

연산 우선 순위

우선 순위	연산자	기호	연산자	기호
높음	프로젝션(Projection)	π(파이)	셀렉션(Selection)	σ(시그마)
↑	곱집합 (Cartesian Product)	×	조인(Join)	⋈
			디비전(Division)	÷
↓	차집합(Difference)	−	합집합(Union)	∪
낮음			교집합(Intersection)	∩

THEME 070   비관계형(비정형) 데이터베이스(NoSQL)

NoSQL(Not Only SQL)의 정의

① 관계형 데이터베이스의 한계를 벗어나, Web 2.0의 비정형 초고용량 데이터 처리를 다수 서버들의 데이터 복제 및 분산 저장이 가능한 데이터베이스 관리시스템이다.

② 데이터의 읽기보다 쓰기에 중점을 둔, 수평적 확장이 가능한 데이터베이스 관리시스템이다.

NoSQL(Not Only SQL)의 특징

① 데이터의 분산 저장으로 수평적인 확장이 쉬워졌다.

② 대용량 데이터의 쓰기 성능이 향상되었다.

③ 디스크 기반인 경우 저비용으로 대용량 데이터 저장소 구축이 쉽다.

④ 기존 RDBMS(원자성, 일관성, 독립성, 지속성) 특성을 보장할 수 없다.

⑤ 구현기술의 난이도가 높다.

⑥ 대부분 공개 소스 기반으로 안정성 보장 및 문제 발생 시 기술지원이 곤란하다.

⑦ 자체적인 기술력을 확보하여야 구축, 유지 보수가 가능하다.

⑧ Google, Yahoo, Twitter, Facebook 등 대형 인터넷 포털 업체들이 주로 채택하고 있다.

SQL과 NoSQL의 비교

구분	SQL	NoSQL
저장 데이터	기업의 제품판매 정보, 고객정보 등의 핵심 정보의 저장	중요하지 않으나 데이터 양이 많고 급격히 늘어나는 정보의 저장
환경 측면	일반적인 환경이나 분산 환경 등에 사용	클라우드 컴퓨팅처럼 수천, 수만 대 서버의 분산 환경에서 사용
장점	무결성, 정합성, 원자성, 독립성, 일관성	비용적인 측면과 확장성 기준
처리 방법	오라클 RAC 등으로 분산 처리 방법	페타 바이트 수준의 대량의 데이터 처리
특징	고정된 스키마를 가지며 조인 등을 통하여 데이터를 검색함	단순한 키와 값의 쌍으로만 이루어져 인덱스와 데이터가 분리되어 별도로 운영됨
사용 예	오라클 RAC	구글의 Bigtable, 아마존의 Dynamo, 트위터의 Cassandra 등

NOSQL의 제품별 비교

특성＼제품	CouchDB	MongoDB	Cassandra
개발언어	Erlang	C++	Java
중요점	DB Consistency, Ease of use	Retains some friendly properties of SQL.(Query, Index)	Best of Big Table and Dynamo
License	Apache	AGPL(Driver : Apache)	Apache
Protocol	HTTP / REST	Custom, binary(BSON)	Custom, binary(Thrift)
CAP	AP	CP	AP
Best used	• 계산이 필요할 때 • 종종 데이터 갱신이 필요할 때	• 동적인 질의가 필요할 때 • 커다란 DB에서 좋은 수행능력이 필요할 때 • CouchDB를 필요로 하지만 너무 많은 쓰기가 이루어질 때	• 읽기보다 쓰기가 많을 때 • 시스템 컴포넌트가 모두 자바로 이루어져야 할 때
사용 예	CRM, CMS 시스템, 마스터 복제를 통해 데이터 복제를 쉽게 가능하게 사용할 수 있는 서비스	SQL 처리를 이용해야 하는 서비스	은행 서비스, 재무 관련 서비스

04 데이터베이스 운용

THEME 071 트랜잭션(Transaction)

트랜잭션(Transaction)의 정의

① 데이터베이스 상태를 일관적으로 유지하기 위한 병행 수행 제어 및 회복의 기본 단위이다.

② 사용자 시스템에 대한 서비스 요구 시 시스템의 상태 변환 과정의 작업 단위이다.

③ 한꺼번에 모두 수행되어야 할 일련의 데이터베이스의 논리적 연산 집합이다.

④ 하나의 트랜잭션은 완료(Commit)되거나 복귀(Rollback)되어야 한다(트랜잭션의 연산).

Commit(완료)	• 트랜잭션 실행이 성공적으로 완료되었음을 선언하는 연산이다. • 데이터 값들은 영속성이 보장되고, 데이터베이스 상태가 일관성 있는 상태로 변화된다. • 수행된 결과를 실제 물리적 디스크로 저장한다.
Rollback(복귀)	• 트랜잭션 실행이 실패하였음을 선언하는 연산이다. • 트랜잭션이 수행한 결과를 원래의 상태로 원상 복귀시키는 연산이다.

트랜잭션의 특성(ACID)

원자성 (Atomicity)	• 트랜잭션의 연산을 데이터베이스에 모두 반영하든지 아니면 전혀 반영되지 않아야 한다(All or Nothing). • 트랜잭션은 일부만 수행된 상태로 종료되어서는 안 된다. • 트랜잭션 A가 수행되는 동안 다른 트랜잭션 B는 트랜잭션 A가 지금까지 수행한 중간 결과를 참조할 수 없다.
일관성 (Consistency)	• 트랜잭션 실행 후 데이터베이스의 상태는 무결성이 유지되고, 모순되지 말아야 한다. • 시스템이 가지고 있는 고정 요소는 트랜잭션 수행 전과 트랜잭션 수행 완료 후가 같아야 한다. • 트랜잭션의 실행을 성공적으로 완료하면 언제나 일관성 있는 데이터베이스 상태로 변환(유지)한다.
독립성 (Isolation, 격리성)	• 트랜잭션 수행 중에 다른 트랜잭션 연산을 끼어놓을 수 없다.
영속성 (Durability, 지속성, 계속성)	• 트랜잭션 결과로 나온 상태는 계속 유지될 수 있어야 한다. • 트랜잭션이 일단 실행을 성공적으로 완료하면 결과는 영속적이어야 한다.

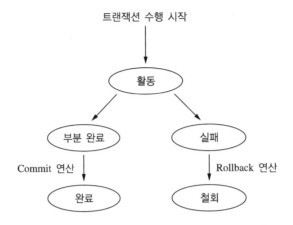

① Active(활동) : 트랜잭션이 실행을 시작하였거나 실행 중인 상태이다.
② Failed(실패) : 트랜잭션 실행에 오류가 발생하여 중단된 상태이다.
③ Aborted(철회) : 트랜잭션이 비정상적으로 종료되어 Rollback 연산을 수행한 상태이다.
④ Partially Committed(부분 완료) : 트랜잭션의 마지막 연산까지 실행했지만 Commit 연산이 실행되기 직전의 상태이다.
⑤ Committed(완료) : 트랜잭션이 성공적으로 종료되어 Commit 연산을 실행한 후의 상태이다.

THEME 072 데이터 무결성 제약조건(Integrity Constraints)

데이터 무결성(Data Integrity)

① 사용자의 목적이나 의도와 다른 데이터의 오류 방지, 정확성, 유효성, 일관성, 신뢰성을 위해 무효 갱신으로부터 데이터를 보호하는 개념을 무결성이라 한다.
② 데이터 정확성 확보로 신뢰할 수 있는 정보를 제공하고 데이터 일관성 유지로 자료의 효율적 관리가 가능하다.
③ 사용자 및 애플리케이션 개발자의 생산성 향상이 기대된다.
④ 데이터 무결성 규칙을 강제 시행하면 약간의 성능 저하를 동반하게 된다.

데이터 무결성의 종류

종류	의미	예시
개체(엔티티) 무결성	한 엔티티는 중복과 누락이 있을 수가 없음. 즉, 동일한 PK를 가질 수 없거나, PK의 속성이 NULL을 허용할 수 없음	Primary Key, Unique Index
참조(도메인) 무결성	외래키가 참조하는 다른 개체의 기본키에 해당하는 값이 기본키 값이나 NULL이어야 함	Foreign Key
속성 무결성	속성의 값은 기본값, NULL 여부, 도메인(데이터 타입, 길이)이 지정된 규칙을 준수하여 존재해야 함	CHECK, NULL / NOT NULL, DEFAULT
사용자(의미) 무결성	사용자의 의미적 요구사항을 준수해야 함	Trigger, User Defined Data Type
키 무결성	한 릴레이션에 같은 키 값을 가진 튜플들이 허용 안 됨	Unique

PART 3

데이터베이스

선언적 방법 제약조건

데이터베이스 관리자가 DDL을 이용하여 무결성 제약조건을 명시적으로 선언하여 데이터 사전이나 시스템 카탈로그에 저장하고 실행되는 방법이다.

기본키(Primary key) 선언

① 지정된 컬럼들이 유일성이 위배되는 일이 없음을 보장한다. 즉, 하나의 튜플을 유일하게 구분한다.
② 기본키는 NULL 값을 허용하지 않는다.

절차적 방법 제약조건

DML을 이용해서 제약조건을 명세한다.

트리거 (Trigger)	• 테이블의 내용을 변경하려는 특정 사건에 대해서 DBMS가 미리 정의된 일련의 행동을 수행하는 메커니즘이다. • 데이터베이스 서버에 의해 자동적으로 호출된다. • 데이터에 대한 변경을 시도할 때마다 자동적으로 호출된다. • 트랜잭션의 철회(Rollback)와 같은 동작을 수행할 수 있다. • 저장 프로시저의 특별한 형태로서 SQL의 모든 기능을 이용할 수 있다. • 참조 무결성이 위배되는 경우에 원하는 동작을 하도록 트리거를 구성하면 된다.
저장 프로시저 (Stored Procedure)	• SQL과 SPL(Stored Procedure Language) 언어를 조합하여 만든 프로시저이다. • DB 엔진의 각 인스턴스에 컴파일된 형태로 저장한다. • 저장 프로시저를 사용하여 데이터에 대한 무결성을 유지한다.
애플리케이션 (Application)	• 비즈니스 로직을 갖고 있는 응용 프로그램 코드에 업무 규칙을 강제로 시행하여 데이터 무결성을 확보할 수 있다.

데이터 무결성 유지 방법 간 비교

구분	선언적 데이터 무결성 구현	절차적 데이터 무결성 구현
개념	DBMS 기능으로 무결성 구현	애플리케이션에서 무결성 구현
구현방법	DDL문으로 구현	DML문으로 구현
무결성 점검	DBMS에 의해 수행	프로그래머에 의해 수행
장점	절차적 데이터 무결성보다 오류 발생 가능성 낮음	여러 번 반복해서 사용하는 경우 편리성 높음
단점	시스템 성능에 영향을 미침	오류 발생 확률 높음
사례	DDL(CREATE, ALTER), PK, FK, Unique, Check, Data type, default	Trigger, Stored Procedure,application

THEME 073 데이터베이스 보안

보안(Security)의 정의

① 불법적인 데이터의 접근으로부터 데이터베이스를 보호하는 것이다.

② 보안을 위한 데이터 단위는 테이블 전체로부터 테이블의 특정 행과 열 위치에 있는 특정한 데이터 값에 이르기까지 다양하다.

③ 각 사용자들은 서로 다른 객체에 대하여 다른 접근 권리 또는 권한을 갖게 된다.

④ SQL의 경우 보안 규정에 포함된 독립적인 기능으로 뷰 기법(View Mechanism)과 권한인가 서브 시스템(Authorization Sub System)이 있다.

공개키(공중키, Public Key)

① 지정된 인증기관에 의해 제공되는 키의 값으로 암호 키는 공개하고, 해독키는 비공개한다.

② 개인키와 함께 메시지 및 전자 서명의 암호화와 복호화에 효과적으로 사용된다.

비밀키(Secret Key)

① 암호 작성 및 해독 기법에서 암호화 및 복호화를 위해 비밀 메시지를 교환하는 당사자만 알고 있는 키이다.

② 속도가 빠르고, 키의 개수가 적어 경제적이다.

데이터 암호화 기법

① 대칭형 방식
- 암호화와 해독화가 동일한 비밀키 암호화 방식으로 DES(Date Encryption Standard) 알고리즘이 있다.
- DES 알고리즘은 특정 시스템의 보안에 사용하며, 속도가 빠르고 경제적이다. 또한, 평문을 64bit로 블록화하고, 실제 키의 길이는 56bit로 한다.

② 비대칭형 방식
- 암호화와 해독화가 동일하지 않은 공개키 암호화 방식으로 RSA(Rivest, Shamir, Adleman) 알고리즘이 있다.
- RSA 알고리즘은 전자상거래 등에 이용하며, 실행 속도가 느리고 구현이 어렵다. 또한 암호화키를 공중키라고도 하는데 해독키는 반드시 비밀로 보호한다.

THEME 074 병행 수행 제어(Concurrency Control)

병행 수행 제어(Concurrency Control)

① 여러 사용자가 동시에 데이터베이스에 접근하면 많은 트랜잭션들이 발생하는데 이것을 일관성 있게 처리하기 위해 직렬성을 보장하는 것이다.
② 데이터베이스의 공유와 시스템의 활용도를 최대화하고, 사용자에 대한 응답 시간을 최소화한다.

병행 수행 제어의 문제성

갱신 분실 (Lost Update)	한 레코드에 두 개의 트랜잭션이 동시 접근하면 갱신 연산을 수행하지만 실제로는 한 트랜잭션만 갱신하고, 다른 트랜잭션의 갱신 연산은 무효가 된다.
모순성 (Inconsistency)	두 트랜잭션의 실행이 끝나면 연산 결과는 사용자가 원하는 것이 아니며, 데이터베이스 자체가 모순된 상태로 남게 된다(불일치성).
연쇄 복귀 (Cascading Rollback)	트랜잭션이 두 개의 레코드에 동시 접근하면 한 트랜잭션이 레코드를 판독한 후 다른 트랜잭션이 레코드를 판독하여 갱신하는데, 트랜잭션이 다른 레코드의 갱신을 취소하면 두 트랜잭션 중 하나만 복귀(Rollback)하고, 나머지는 완료(Commit)하여 복귀할 수 없다.
비완료 의존성 (Uncommitted Dependency)	하나의 트랜잭션 수행이 실패한 후 회복되기 전에 다른 트랜잭션이 실패한 갱신 결과를 참조한다.

병행 수행 제어의 방법

① 로킹(Locking)
  - 트랜잭션이 데이터에 액세스하는 동안 다른 트랜잭션이 접근하기 위해서는 Lock을 소유하고 있어야 한다.
  - 갱신 분실 문제, 불일치 문제, 비완료 의존성 문제 등을 해결할 수 있다.
  - 다른 데이터 항목을 로크하면서 한 데이터 항목의 로크를 반납하지 않으면 교착상태(Deadlock)가 발생한다.
② 교착상태(Deadlock)
  - 두 개 이상의 트랜잭션이 있을 때 이들이 서로 실행이 완료되기를 무한정 기다리는 상태를 말한다.
  - 교착상태가 발생하는 경우는 상호 배제(Mutual Exclusion), 순환 대기(Circular Wait), 대기(Wait) 등이 있다.
  - 교착상태 해결 방법으로 회피(Avoidance), 예방(Prevention), 탐지(Detection) 등이 있다.

THEME 075 · 데이터베이스 장애와 회복기법

데이터베이스 장애 유형

유형	내용
트랜잭션 장애	• 트랜잭션 간 상호 실행 순서 / 결과 등에 의한 오류이다. • 논리적 오류와 시스템적 오류가 있다. • 논리적 오류는 내부적인 오류로 트랜잭션을 완료할 수 없다. • 시스템 오류는 교착상태(Deadlock) 등 오류 조건이 발생하여 트랜잭션을 강제로 종료한다.
시스템 장애	• 전원, 하드웨어, 소프트웨어 등 고장에 의한 장애이다. • 시스템 장애로 인해 저장 내용이 영향 없도록 무결성 체크가 필요하다.
디스크 장애	• 디스크 스토리지의 일부 또는 전체가 붕괴되는 장애이다. • 가장 최근의 덤프와 로그를 이용, 덤프 이후에 완결된 트랜잭션을 재실행(REDO)해야 한다.
사용자 장애	• 사용자들이 데이터베이스에 대한 이해가 부족하여 발생하는 장애이다. • 데이터베이스 관리자(DBA)가 데이터베이스를 관리하다 발생시키는 실수이다.

데이터 회복(Data Recovery)

① 데이터베이스 운영 도중 예기치 못한 장애가 발생할 경우 데이터베이스를 장애 발생 이전의 일관된 상태로 복원하는 작업을 말한다.

② 데이터베이스 회복 기법에는 로그기반 회복 기법, 체크 포인트(Check Point) 회복 기법, 그림자 페이징 기법이 있다.

회복 기법	내용
로그기반 회복 기법	• 로그파일을 이용하여 장애 발생을 회복하는 기법이다. • 복구과정은 로그를 확인하여 재실행, 취소 작업을 수행한다. • 재실행(Redo), 실행취소(Undo)를 결정하기 위해서 로그 전체를 조사하므로 시간지연이 발생하므로 회복 속도가 느리다.
체크 포인트(Check Point) 회복 기법	• 로그파일과 검사 점(Check Point)을 이용한 복구방법이다. • 로그기반 기법보다 상대적으로 속도가 빠르다. • Undo(실행취소)를 사용한 회복 과정을 수행한다.
그림자 페이징 기법	• 그림자 페이지 테이블을 이용한 복구 기법이다. • Undo가 간단하고 Redo가 불필요하므로 수행속도가 빠르고 간편하다. • 여러 트랜잭션이 병행 수행되는 환경에서는 단독으로 사용이 어렵다. • 로그기반이나 체크 포인트 기법과 함께 사용하는 것이 바람직하다. • 그림자 페이지 테이블 복사, 기록하는 데 따른 오버헤드가 발생한다. • 본 테이블에 대해 만들어진 그림자 테이블로 교체한다.

THEME 076 분산 데이터베이스

분산 데이터베이스의 정의

① 분산된 데이터베이스와 처리기를 통신 네트워크로 연결하여 모든 지역 시스템이 하나인 것처럼 처리하는 시스템이다.

② 다양한 지역의 처리 효율성을 높이기 위한 것으로 클라이언트 / 서버 데이터베이스라고도 한다.

③ 분산 데이터베이스 관리 시스템의 형태로는 동질 분산 데이터베이스 관리 시스템과 이질 분산 데이터베이스 관리 시스템으로 구분할 수 있다.

④ 수평 분할은 전역 테이블을 구성하는 튜플들을 부분 집합으로 분할하는 방법을 말한다.

분산 데이터베이스의 특징

① 중앙 컴퓨터에 장애가 발생하더라도 전체 시스템에 영향을 끼치지 않는다.
② 점진적 시스템 용량의 확장으로 분산 제어가 가능하다.
③ 효율성, 융통성, 신뢰성, 가용성, 일관성, 시스템 확장성, 지역 자치성이 높다.
④ 작업 부하(Work Load)의 노드별 분산 정책을 고려해야 한다.
⑤ 분산 데이터베이스의 가장 중요한 목적은 투명성(Transparency) 보장에 있다.

분산 데이터베이스의 장점과 단점

장점	단점
• 분산 데이터의 효과적 처리와 데이터의 공유성 향상 • 시스템 장애 시 다원적 변경으로 성능 향상 • 지역 특성에 맞는 H/W, S/W를 구축 • 질의 처리(Query Processing) 시간의 단축	• 소프트웨어 개발 비용과 처리 비용의 증가 • 결함(Bug)의 잠재성이 큼 • 통신망에 제약을 받을 수 있음 • 복잡성이 증대하여 여러 새로운 사이트를 추가

분산 데이터베이스의 투명성과 무관성

구분		특징
투명성	위치 투명성 (위치 독립성)	사용자가 데이터의 물리적 저장 위치를 알 필요 없이 논리적인 입장에서 데이터가 자신의 사이트에 있는 것처럼 처리하는 특성이다.
	중복 투명성 (중복 무관성)	데이터의 개체는 서로 다른 사이트에 중복될 수 있으며, 중복 데이터의 일관성 유지는 사용자와는 관계없이 시스템에 의해 수행된다.
	장애 투명성	트랜잭션, DBMS, 네트워크, 컴퓨터의 장애에도 불구하고 트랜잭션을 정확하게 처리한다.
	병행 투명성	분산 데이터베이스와 관련된 다수의 트랜잭션들이 동시에 실현되더라도 그 트랜잭션의 결과는 영향을 받지 않는다.
무관성	위치 무관성	사용자는 데이터의 위치에 관하여 알 필요가 없다.
	중복 무관성	사용자는 데이터의 중복이나 분할에 관하여 알 필요가 없다.
	고장 무관성	트랜잭션이 일단 수행되면 완전히 끝나거나 전혀 수행되지 말아야 한다.
	병렬 처리 무관성	사용자는 시스템 내에 병렬 처리되고 있는 다른 트랜잭션과 무관하다.

01 다음 중 자료(Data)와 정보(Information)에 대한 설명으로 옳은 것은?

① 정보란 자료를 처리해서 얻을 수 있는 결과이다.

② 자료란 적절한 의사 결정의 수단으로 사용할 수 있는 시작이다.

③ 정보란 현실 세계에 존재하는 가능하지 않은 그대로의 모습을 의미한다.

④ 자료와 정보는 같은 의미이다.

02 다음 중 데이터베이스의 특성으로 옳지 않은 것은?

① 실시간 접근성(Real-Time Accessibility)

② 내용에 의한 참조(Content Reference)

③ 동시 공유(Concurrent Sharing)

④ 이산적 변화(Discrete Evolution)

03 다음 중 데이터베이스 관리 시스템의 필수 기능으로, 다양한 응용 프로그램과 데이터베이스가 서로 인터페이스를 할 수 있는 방법을 제공하는 기능으로 옳은 것은?

① 정의 기능   ② 조작 기능

③ 제어 기능   ④ 저장 기능

04 다음 중 데이터베이스 설계 단계에서 응답시간, 저장 공간의 효율화, 트랜잭션 처리도와 가장 밀접한 관계가 있는 것은?

① 물리적 설계   ② 논리적 설계

③ 개념적 설계   ④ 요구 조건 분석

05 다음 중 스키마(Schema)에 대한 설명으로 옳지 않은 것은?

① 데이터베이스를 운용하는 소프트웨어이다.

② 데이터 사전(Data Dictionary)에 저장된다.

③ 다른 이름으로 메타 데이터(Meta-Data)라고도 한다.

④ 데이터베이스의 구조(개체, 속성, 관계)에 대한 정의이다.

06 다음 중 개념 스키마(Conceptual Schema)에 대한 설명으로 옳지 않은 것은?

① 단순히 스키마(Schema)라고도 한다.

② 범기관적 입장에서 데이터베이스를 정의한 것이다.

③ 모든 응용 시스템과 사용자가 필요로 하는 데이터를 통합한 조직 전체의 데이터베이스로 하나만 존재한다.

④ 개개 사용자나 응용 프로그래머가 접근하는 데이터베이스를 정의한 것이다.

07 다음 중 3단계 데이터베이스 구성에서 모든 응용에 관하여 전체적으로 통합된 데이터 구조로서 접근 권한, 보안 정책, 무결성 규칙을 영세한 것은?

① Internal Schema   ② External Schema

③ Auto Schema   ④ Conceptual Schema

08 다음 중 모든 응용프로그램이나 사용자들이 필요로 하는 데이터를 통합한 조직 전체의 데이터베이스 구조를 논리적으로 정의하는 스키마로 옳은 것은?

① 개념 스키마   ② 외부 스키마

③ 내부 스키마   ④ 처리 스키마

09 다음 중 데이터 제어어(DCL)의 역할로 옳지 않은 것은?

① 불법적인 사용자로부터 데이터를 보호하기 위한 데이터 보안(Security)

② 데이터 정확성을 위한 무결성(Integrity)

③ 시스템 장애에 대비한 데이터 회복과 병행 수행

④ 데이터의 검색, 삽입, 삭제, 변경

10 다음 중 데이터베이스 관리 시스템에서 데이터 언어(Data-Language)에 대한 설명으로 옳지 않은 것은?

① 데이터 정의어(DDL)는 데이터베이스를 정의하거나 그 정의를 수정할 목적으로 사용하는 언어이다.

② 데이터베이스를 정의하고 접근하기 위해서 시스템과의 통신 수단이 데이터 언어이다.

③ 데이터 조작어(DML)는 대표적으로 질의어(SQL)가 있으며, 질의어는 터미널에서 주로 이용하는 비절차적(Non Procedural) 데이터 언어이다.

④ 데이터 제어어(DCL)는 주로 응용 프로그래머와 일반 사용자가 사용하는 언어이다.

11 다음 중 개체(Entity)에 대한 설명으로 옳은 것은?

① 컴퓨터가 취급하는 파일의 레코드에 대응된다.

② 하나의 개체는 하나의 속성만을 가진다.

③ 한 속성이 취할 수 있는 모든 값을 의미한다.

④ 개체는 단독으로는 존재하지 못한다.

12 다음 중 개체-관계 모델(E-R Model)에 대한 설명으로 옳지 않은 것은?

① E-R 모델의 기본적인 아이디어를 시각적으로 가장 잘 표현한 것이 E-R 다이어그램이다.

② E-R 다이어그램에서 개체 타입은 다이아몬드, 관계 타입은 사각형, 속성은 타원으로 표시한다.

③ 개체, 속성, 그들 간의 관계를 이용하여 개념 세계의 정보 구조를 표현한다.

④ 1976년 P. Chen이 제안하였다.

13 다음 중 개체 관계(Entity Relationship) 모델링에 대한 설명으로 옳지 않은 것은?

① 기본적으로 개체 타입(Entity Type)과 이들 간의 관계 타입(Relationship Type)을 이용해서 현실 세계를 개념적으로 표현하는 방법이다.

② 개체와 개체 간의 관계를 기본 요소로 하여 현실 세계를 개념적인 논리 데이터로 표현하는 방법이다.

③ E-R 다이어그램의 개체 타입은 사각형, 관계 타입은 다이아몬드, 속성은 타원, 그리고 이들을 연결하는 링크로 구성된다.

④ 개체(Entity)는 가상의 객체나 개념을 의미하고, 속성(Attribute)은 개체를 묘사하는 특성을 의미한다.

14 다음 중 논리적 데이터 모델에서 데이터간의 관계를 기본키(Primary Key)와 이를 참조하는 외래키(Foreign Key)로 표현하는 모델로 옳은 것은?

① 관계형 데이터 모델　　　　　　② 네트워크 데이터 모델

③ 계층적 모델　　　　　　　　　　④ 객체 지향 데이터 모델

15 다음 중 데이터베이스의 설계 순서로 바르게 나열한 것은?

① 요구 조건 분석 → 개념적 설계 → 논리적 설계 → 물리적 설계 → 구현

② 요구 조건 분석 → 논리적 설계 → 개념적 설계 → 물리적 설계 → 구현

③ 요구 조건 분석 → 논리적 설계 → 물리적 설계 → 개념적 설계 → 구현

④ 요구 조건 분석 → 개념적 설계 → 물리적 설계 → 논리적 설계 → 구현

16 다음 중 논리적 설계(데이터 모델링)에 대한 설명으로 옳지 않은 것은?

① 요구 분석 단계에서 나온 결과(요구 조건 명세)를 DBMS에 독립적인 E-R 다이어그램으로 작성한다.

② 개념 세계의 데이터를 필드로 기술된 데이터 타입과 데이터 타입들 간의 관계로 표현되는 논리적 구조의 데이터로 모델화한다.

③ 개념 스키마를 평가 및 정제하고, DBMS에 따라 서로 다른 논리적 스키마를 설계하는 단계이다.

④ 트랜잭션(Transaction, 작업 단위)의 인터페이스를 설계한다.

17 다음 중 릴레이션의 특징으로 옳은 것을 모두 고르면?

> ㉠ 모든 튜플은 서로 다른 값을 갖는다.
> ㉡ 각 속성은 릴레이션 내에서 유일한 이름을 가진다.
> ㉢ 하나의 릴레이션에서 튜플의 순서는 존재한다.
> ㉣ 모든 속성 값은 원자 값이다.

① ㉠, ㉢　　　　　　　　　　　② ㉠, ㉡, ㉣

③ ㉡, ㉢, ㉣　　　　　　　　　④ ㉠, ㉡, ㉢, ㉣

18 다음 자료에서 속성(Attribute)의 개수는?

학번	이름	학과	성별	학년
001	김영수	경영	남	2
002	박철수	경영	남	2
003	홍길동	경제	남	3
004	김나라	법학	여	4

① 2개 ② 3개
③ 4개 ④ 5개

19 다음 중 후보키에 대한 설명으로 옳지 않은 것은?

① 릴레이션의 기본키와 대응되어 릴레이션 간의 참조 무결성 제약조건을 표현하는 데 사용되는 중요한 도구이다.
② 릴레이션의 후보키는 유일성과 최소성을 모두 만족해야 한다.
③ 하나의 릴레이션에 속하는 모든 튜플들은 중복된 값을 가질 수 없으므로 모든 릴레이션은 반드시 하나 이상의 후보키를 갖는다.
④ 릴레이션에서 튜플을 유일하게 구별해 주는 속성 또는 속성들의 조합을 의미한다.

20 다음은 학생이라는 개체의 속성을 나타내고 있다. 여기에서 밑줄 친 '성명'을 기본키로 사용하기 곤란한 이유로 가장 타당한 것은?

학생(성명, 학번, 전공, 주소, 우편번호)

① 동일한 성명을 가진 학생이 두 명 이상 존재할 수 있다.
② 성명은 기억하기 어렵다.
③ 성명을 정렬하는 데 많은 시간이 소요된다.
④ 성명은 기억 공간을 많이 필요로 한다.

21 다음 중 참조 무결성에 대한 설명으로 옳지 않은 것은?

① 검색 연산의 수행 결과는 어떠한 참조 무결성 제약조건도 위배하지 않는다.

② 참조하는 릴레이션에서 튜플이 삭제되는 경우, 참조 무결성 제약조건에 위배될 수 있다.

③ 외래키 값은 참조되는 릴레이션의 어떤 튜플의 기본키 값과 같거나 널(NULL) 값일 수 있다.

④ 참조 무결성 제약조건은 DBMS에 의하여 유지된다.

22 다음 중 한 릴레이션의 기본키를 구성하는 어떠한 속성 값도 널(NULL) 값이나 중복 값을 가질 수 없음을 의미하는 것은?

① 개체 무결성 제약조건　　　　　② 참조 무결성 제약조건

③ 도메인 무결정 제약조건　　　　④ 키 무결성 제약조건

23 다음 중 릴레이션 R1에 저장된 튜플이 릴레이션 R2에 있는 튜플을 참조하려면 참조되는 튜플이 반드시 R2에 존재해야 한다는 무결성 규칙은?

① 개체 무결성 규칙(Entity Integrity Rule)

② 참조 무결성 규칙(Reference Integrity Rule)

③ 영역 무결성 규칙(Domain Integrity Rule)

④ 트리거 규칙(Trigger Rule)

24 다음 중 데이터베이스에서 널(NULL) 값에 대한 설명으로 옳지 않은 것은?

① 아직 모르는 값을 의미한다.

② 아직 알려지지 않은 값을 의미한다.

③ 공백이나 0(Zero)과 같은 의미이다.

④ 정보의 부재를 나타내기 위해 사용한다.

25 다음 중 정규형에 대한 설명으로 옳지 않은 것은?

① 제2정규형은 반드시 제1정규형을 만족해야 한다.

② 제1정규형은 릴레이션에 속한 모든 도메인이 원자 값만으로 되어 있는 릴레이션이다.

③ 정규화하는 것은 테이블을 결합하여 종속성을 제거하는 것이다.

④ BCNF는 강한 제3정규형이라고도 한다.

26 다음 중 정규화에 대한 설명으로 옳은 것을 모두 고르면?

> ⊙ 정규화하는 것은 테이블을 결합하여 종속성을 증가시키는 것이다.
> ⓒ 제2정규형은 반드시 제1정규형을 만족해야 한다.
> ⓒ 제1정규형은 릴레이션에 속한 모든 도메인이 원자 값만으로 되어 있는 릴레이션이다.
> ② BONF는 강한 제3정규형이라고도 한다.

① ⊙, ⓒ   ② ⊙, ⓒ, ⓒ

③ ⓒ, ⓒ, ②   ④ ⊙, ⓒ, ⓒ, ②

27 다음 중 정규화의 필요성으로 옳지 않은 것은?

① 데이터 구조의 안정성 최대화

② 중복 데이터의 활성화

③ 수정, 삭제 시 이상 현상의 최소화

④ 테이블 불일치 위험의 최소화

28 다음 설명에서 말하는 기본 정규형으로 옳은 것은?

> 어떤 릴레이션 R에 속한 모든 도메인이 원자 값(Atomic Value)만으로 되어 있다.

① 제1정규형(1NF)   ② 제2정규형(2NF)

③ 제3정규형(3NF)   ④ 보이스-코드 정규형(BCNF)

29 다음 중 데이터베이스 설계 시 정규화(Normalization)에 대한 설명으로 옳지 않은 것은?

① 데이터의 이상(Anomaly) 현상이 발생하지 않도록 하는 것이다.

② 정규형에는 제1정규형에서부터 제5정규형까지 있다.

③ 릴레이션 속성들 사이의 종속성 개념에 기반을 두고 이들 종속성을 제거하는 과정이다.

④ 정규화는 데이터베이스의 물리적 설계 단계에서 수행된다.

30 다음 정규화 과정에서 A → B이고, B → C일 때 A → C인 관계를 제거하는 관계는?

① 1NF → 2NF

② 2NF → 3NF

③ 3NF → BCNF

④ BCNF → 4NF

31 어떤 릴레이션 R이 2NF를 만족하면서 키에 속하지 않는 모든 애트리뷰트가 기본키에 대하여 이행적 함수 종속이 아니면 어떤 정규형에 해당하는가?

① 제1정규형

② 제2정규형

③ 제3정규형

④ 제1, 2, 3정규형

32 다음 중 데이터 정의어(DDL)에 해당하는 SQL 명령은?

① UPDATE

② CREATE

③ INSERT

④ SELECT

33 다음 중 테이블을 삭제하기 위한 SQL 명령은?

① DROP

② DELETE

③ CREATE

④ ALTER

34 다음 중 DDL에 해당하는 SQL 명령으로만 짝지어진 것은?

① SELECT, ALTER, UPDATE   ② INSERT, CREATE, DELETE

③ DELETE, DROP, ALTER   ④ DROP, ALTER, CREATE

35 다음 중 순수관계 연산자에서 릴레이션의 일부 속성만 추출하여 중복되는 튜플은 제거한 후 새로운 릴레이션을 생성하는 연산자는?

① REMOVE   ② PROJECT

③ DIVISION   ④ JOIN

36 다음 SQL문에서 빈칸에 들어갈 내용으로 옳은 것은?

UPDATE 인사급여 (　　　　) 호봉 15 WHERE 성명 '홍길동'

① SET   ② FROM

③ INTO   ④ IN

37 다음과 같은 결과를 도출하는 SQL문으로 옳은 것은?

[학생 Table]

학번	이름	반
2019010207	이경서	7반
2019010208	김인수	1반
2019010311	이은경	5반
2019010318	김효진	4반
2019010421	김경준	4반

[결과]

학번	이름	반
2019010207	이경서	7반
2019010421	김경준	4반

① SELECT * FROM 학생 WHERE 이름 LIKE '%경%'

② SELECT * FROM 학생 WHERE 이름 LIKE '이%'

③ SELECT * FROM 학생 WHERE 이름 LIKE '%준'

④ SELECT * FROM 학생 WHERE 이름 LIKE '_준'

38 다음 중 학적 테이블에서 전화번호가 NULL 값이 아닌 학생명을 모두 검색할 때, SQL 구분으로 옳은 것은?

① SELECT 학생명 FROM 학적 WHERE 전화번호 DON'T NULL;

② SELECT 학생명 FROM 학적 WHERE 전화번호 ! NULL;

③ SELECT 학생명 FROM 학적 WHERE 전화번호 IS NOT NULL;

④ SELECT 학생명 FROM 학적 WHERE 전화번호 IS 0;

39 다음과 같이 SQL의 명령을 DDL, DML, DCL로 구분할 경우, 이를 바르게 짝지은 것은?

	DDL	DML	DCL
①	RENAME	SELECT	COMMIT
②	UPDATE	SELECT	GRANT
③	RENAME	ALTER	COMMIT
④	UPDATE	ALTER	GRANT

40 다음의 SQL 명령에서 DISTINCT의 의미를 가장 잘 설명한 것은?

SELECT DISTINCT 학과명 FROM 학생 WHERE 총점 > 80;

① 학과명이 중복되지 않게 검색한다.

② 중복된 학과명만 검색한다.

③ 동일한 총점을 가진 학생만 검사한다.

④ 학과명만 제외하고 검색한다.

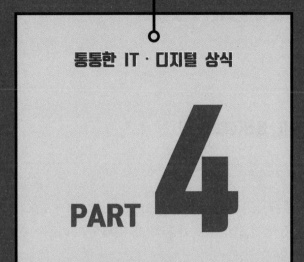

통통한 IT · 디지털 상식

PART 4

정보통신과 인터넷

01 데이터 통신

THEME 077 데이터 통신(정보 통신)

데이터 통신(정보 통신)의 개념

① 컴퓨터에 설치된 모뎀이나 LAN 카드에 전화선이나 전용선을 연결하여 정보를 서로 주고받는 것이다.
② 기계 간의 통신 회선을 통해 정보의 수집, 가공, 처리, 분배 등의 기능을 수행한다.

데이터 통신의 특징

① 고속 통신에 적합하며, 거리와 시간상의 제약을 극복할 수 있다.
② 대형 시스템과 대용량 파일의 공동 이용이 가능하다.
③ 동보 전송이 가능하고, 광대역 전송과 다방향 전달 체계를 갖는다.
④ 고도의 에러 제어 기능으로 신뢰성이 높고, 응용 범위가 넓다.
⑤ 시간과 횟수에 관계없이 같은 내용을 반복하여 전송할 수 있다.

데이터 통신의 3요소

① **정보원(Information Source)** : 정보가 생성되는 곳으로 정보를 보내는 장소이다.
② **전송 매체(Medium)** : 통신 회선을 통하여 정보를 목적지로 전송한다.
③ **정보 목적지(Information Destination)** : 정보가 전달되는 곳으로, 정보를 받는 장소이다.

데이터 통신 시스템의 구성

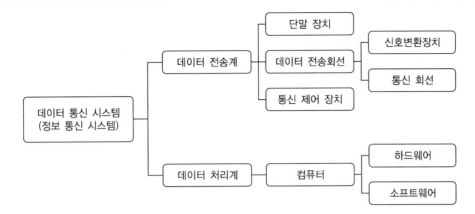

① 데이터 전송계

데이터 단말 장치 (DTE)	통신 회선을 통하여 데이터 통신 시스템에 접속된 데이터의 입출력을 위해 사용하는 장치로, 단말 장치나 통신 제어 장치를 의미한다.
데이터 회선 종단 장치 (DCE)	데이터 통신 회선의 종단에 위치하여 데이터 전송로에 적합한 신호로 변환하는 장치로 아날로그 회선의 MODEM(변복조기)과 디지털 회선의 DSU(Digital Service Unit) 등이 있다.
통신 회선 (Communication Line)	데이터 통신에서 단말 장치와 단말 장치 사이를 연결하는 물리적인 통로로 전화선, 동축 케이블, 광섬유 케이블 등이 있다.
통신 제어 장치 (CCU)	전송 회선과 컴퓨터의 전기적 결합을 통해 전송 문자를 조립, 분해하는 장치로 통신의 시작과 종료 제어, 송신권 제어, 동기 제어, 오류 제어, 흐름 제어, 응답 제어, 오류 복구, 제어 정보의 식별, 기밀 보호, 관리 기능 등을 담당한다.
전송 제어 장치 (TCU)	단말 장치에서 하나의 회선을 제어하고, 오류 검출 및 수정을 담당하는 장치로 입출력 제어 기능, 동기 제어 기능, 송수신 제어 기능, 에러 제어 기능이 있다.

② 데이터 처리계

중앙처리장치	프로그램의 지시에 따라 컴퓨터 내부의 전체 처리 과정과 부속 장치들의 작동을 통제하는 장치로 기억장치, 연산장치, 제어장치로 구성된다.
통신 제어 프로그램	대형 컴퓨터와 개인용 컴퓨터 또는 개인용 컴퓨터끼리 접속하여 데이터를 교환할 수 있도록 도와주는 프로그램으로 시스템 소프트웨어와 응용 소프트웨어가 있다.

DTE / DCE 접속 규격

서로 다른 하드웨어인 DTE와 DCE 간의 접속을 정확하게 수행하기 위한 기계적, 전기적, 기능적, 절차적 특성을 사전해 정해놓은 것이다.

기계적 특성	연결 기기의 크기, 핀의 개수 등 물리적 연결을 규정한다.
전기적 특성	DTE와 DCE 사이에 있는 커넥터에 흐르는 신호의 전압 레벨과 전압 변동, 잡음 정도 등 전기적 신호법을 규정한다.
기능적 특성	DTE와 DCE 사이를 연결하는 각 회선에 의미를 부여하여 데이터 제어, 타이밍, 접지 등을 수행하는 기능을 규정한다.
절차적 특성	데이터를 전송하기 위하여 사건 흐름 순서를 규정한다.

아날로그 전송과 디지털 전송

아날로그 전송 (Analog Transmission)	• 전압, 전류 등의 연속적인 물리량을 처리한다. • 모뎀을 이용하여 디지털 신호를 아날로그 신호로 변환할 수 있다. • 일정 거리에서 신호가 감쇠되면 장거리 전송의 증폭기(Amplifier)를 이용하여 신호의 세기를 증폭시킨다.
디지털 전송 (Digital Transmission)	• 디지털 신호의 변환에 의해 아날로그나 디지털 정보의 암호화를 쉽게 구현할 수 있다. • 전송 용량을 다중화 함으로써 효율성이 높아지고 고속, 고품질의 전송이 가능하다. • 중계기를 사용함으로 신호의 왜곡과 잡음 등을 줄일 수 있다. • 전송 장비의 소형화가 가능하고, 가격도 저렴하다. • 장거리 전송 시 데이터의 감쇠 및 왜곡 현상을 방지하기 위해서 리피터(Repeater)를 사용한다.

슬라이딩 윈도우(Sliding Window)

① 흐름 제어 방식에서 한 번에 여러 개의 프레임을 나누어 전송할 경우 효율적인 방식이다.

② 수신측에서 응답 메시지가 없어도 미리 약속된 윈도우(전송할 수 있는 프레임의 수)의 크기만큼 전송할 수 있다.

③ 수신측으로부터 이전에 송신한 프레임의 긍정 수신 응답이 왔을 때 송신 윈도우가 증가한다.

④ 송신자가 일련 번호(Sequence Number)와 함께 데이터를 전송하면 수신자는 데이터 수의 전송 확인 번호(Acknowledge Number)를 응답하여 안정적인 데이터를 전송한다.

직렬 전송과 병렬 전송

직렬 전송 (Serial Transmission)	• 한 문자를 이루는 각 비트가 하나의 전송 선로를 통하여 차례대로 전송된다. • 통신 설치 비용이 저렴하고, 원거리 전송에 적합하지만 전송 속도가 느리다. • 대부분의 데이터 통신에 이용된다.
병렬 전송 (Parallel Transmission)	• 한 문자를 이루는 각 비트가 각각의 전송 선로를 통해 동시에 전송된다. • 송수신기가 복잡하지 않지만, 전송 거리에 따라 전송로의 비용이 커진다. • 전송 속도가 빠르며, 컴퓨터와 주변 장치 간의 통신에 이용된다.

동기식 전송과 비동기식 전송

동기식 전송 (Synchronous Transmission)	• 전송 문자를 여러 블록으로 나누어 각 블록 단위로 전송한다(버퍼가 필요). • 2,400BPS 이상의 고속 전송과 원거리 전송에 이용되며, 위상 편이 변조(PSK) 방식을 사용한다. • 문자 또는 비트들의 데이터 블록을 송수신하며, 정해진 숫자만큼의 문자열을 묶어 일시에 전송한다. • 시작과 끝 부분에 플래그 신호를 삽입하거나 제어가 가능한 특정 문자를 삽입하여 문자열을 동기화한다. • 블록과 블록 사이에 유휴 시간(Idle Time)이 없어 전송 효율과 전송 속도가 높다. • 제어 신호 비트에 의한 방식으로 비트별 동기화하며 HDLC, SDLC 등의 프로토콜에 이용된다. • 정보의 프레임 구성에 따라 문자 동기 방식, 비트 동기 방식, 프레임 동기 방식으로 나뉜다.

Sync	Sync	Data	Data	Data	Data	Sync	Sync	Data	Data	Data	Data
동기 문자		데이터 블록				동기 문자		데이터 블록			

비동기식 전송 (Asynchronous Transmission)	• 작은 비트 블록의 앞뒤에 스타트 비트와 스톱 비트를 삽입하여 비트 블록의 동기화를 한다. • 문자당 2~3비트의 오버헤드를 요구하면 전송 효율이 떨어지므로 1,200BPS 이하의 저속 통신 시스템에 이용된다. • 비트 열이 전송되지 않을 때는 각 문자 사이에 유휴 시간이 있으며, 주파수 편이 변조(FSK) 방식을 사용한다.

스타트 비트	문자 비트	스톱 비트	유휴 시간	스타트 비트	문자 비트	스톱 비트

THEME 079　전송 설비 및 방식

다중화(Multiplexing)

① 효율적인 전송을 위하여 넓은 대역폭(혹은 고속 전송 속도)을 가진 전송 링크를 통해 여러 신호(혹은 데이터)를 동시에 보내는 기술이다.
② 하나의 통신 채널을 이용하여 다수의 단말기가 동시에 데이터를 전송할 수 있다.
③ 통신 채널의 효율을 높이기 위하여 주파수 분할 다중화, 시분할 다중화, 코드 분할 다중화가 사용된다.

다중화의 기능

① 음성과 영상 데이터를 안전하고, 신속하게 서비스할 수 있도록 한다.
② 시스템 사이의 전송 선로에서 자동 우회 기능을 수행하므로 전송 효율이 높다.
③ 비용을 절감시킨다.
④ 멀티 드롭(Multi-Drop) 기능을 수행하며, T1 / E1(1.544 / 2.048Mbps)의 대용량 고속 전송이 가능하다.

CHAPTER 01 데이터 통신 • 199

다중화기(Multiplexer)

① 여러 개의 채널이 하나의 통신 회선을 통해 결합된 신호 형태로 전송되고, 수신측에서 다시 여러 개의 채널 신호로 분리하는 역할을 하는 장비이다.
② 여러 개의 터미널 신호를 하나의 통신 회선을 통해 전송할 수 있도록 하는 장치이다.

주파수 분할 다중화기(FDM)

① 저속의 데이터를 서로 다른 주파수에 변조하여 전송 선로를 보내는 방식이다.
② 사용 가능한 주파수 대역을 나누어 통화로를 할당하며, 시분할 다중화에 비해 비효율적이다.
③ 여러 개의 정보 신호를 한 개의 전송 선로에서 동시에 전송할 수 있다.
④ 전송 매체에서 사용 가능한 주파수 대역이 전송하려는 각 터미널의 신호 대역보다 넓은 경우 적용된다(변복조 기능 포함).
⑤ 위성, Radio, TV, CATV와 같은 실시간 아날로그 전송에 쓰이며, 높은 주파수 대역폭을 낮은 대역폭으로 나누어 사용한다.
⑥ 신호 전송에 필요한 대역폭보다 전송 매체의 유효 대역폭이 클 경우 사용한다.
⑦ 부 채널 간 상호 간섭을 방지하기 위해 가드 밴드(Guard Band, 채널 간 완충 영역)를 두는데, 이로 인해 대역폭이 낭비된다.
⑧ 비동기 전송에 주로 사용한다.
⑨ 변복조 기능을 포함하고 있으므로 모뎀을 사용할 필요가 없다.
⑩ 구조가 간단하고 가격이 저렴하다.
⑪ 인접 신호 간에 주파수 스펙트럼이 겹치는 경우 누화 현상이 발생한다.

시분할 다중화기(TDM)

① 여러 데이터를 일정한 시간으로 분할하여 전송하고, 하나의 회선을 복수 채널로 다중화하는 방식이다.
② 한 전송로의 데이터 전송 시간을 일정한 시간 폭(Time Slot)으로 나누어 부 채널에 차례로 분배하거나 일정 크기의 프레임을 묶어 채널별 특정 시간대에 해당 슬롯을 배정한다.
③ 다중화기와 단말 기기의 속도 차로 인하여 버퍼(Buffer)가 필요하다.
④ 전송 매체의 전송 속도가 정보 소스의 정보 발생률보다 빠를 때 사용한다.
⑤ 시분할 교환 기술로는 TDM 버스 교환, 타임 – 슬롯 상호 교환, 시간 – 다중화 교환 등이 있다.
⑥ 송수신 스위치가 서로 정확히 동기되도록 하기 위해서 동기 비트가 필요하다.
⑦ 하나의 회선을 다수의 짧은 시간 간격으로 분할하여 다중화한다.
⑧ FDM보다 고속의 디지털 전송이 가능하며, 포인트 투 포인트 방식에서 많이 사용한다.

⑨ 아날로그를 디지털로 변환하여 전송하며, 음성 대역을 이용할 경우 9,600BPS의 전송 속도를 낼수 있다.

종류	설명
동기식 시분할 다중화 (STDM)	• 고정된 타임 슬롯을 모든 이용자에게 규칙적으로 할당한다(비트 삽입식). • 전송 회선의 대역폭을 일정 시간 단위로 나누어 각 채널에 할당한다. • 데이터 전송률이 디지털 신호의 데이터 전송을 능가할 때 사용한다. • 전송할 데이터가 없는 단말 장치에도 타임 슬롯을 고정적으로 할당하므로 링크의 총 용량이 낭비된다(타임 슬롯의 낭비 발생).
비동기식 시분할 다중화 (ATDM)	• 다수의 타임 슬롯으로 하나의 프레임을 구성하고, 각 타임 슬롯에 채널을 할당한다(문자 삽입식). • 통계적 다중화, 지능적 다중화라고도 한다. • STDM의 단점을 보완하여 링크의 효율성을 높인다(버퍼가 필요). • 각 채널의 할당 시간이 공백인 경우 다음 차례의 연속 전송이 가능하다. • 전송 전달 시간이 빠른 반면 제어 회로가 복잡하고, 가격이 비싸다. • 주소 제어 회로, 흐름 제어, 오류 제어 등의 기능이 필요하다.

통계적 시분할 다중화기

① 전송 데이터가 있는 동안에만 시간 슬롯을 할당하는 다중화 방식이다.
② 같은 속도일 경우 동기식 다중화기보다 더 많은 수의 터미널에 접속할 수 있다.
③ 동시에 데이터를 보낼 수 있는 터미널의 수가 동적으로 변할 수 있다.
④ 낭비되는 슬롯을 전송하지 않기 때문에 채널의 낭비를 줄인다.
⑤ 동기식 다중화기보다 높은 전송 효율을 가진다.
⑥ 다중화된 회선의 데이터 전송률보다 접속 장치들의 데이터 전송률의 합이 크다.

다중화 장비

① 광대역 다중화기
  • 다양한 속도의 동기식 데이터를 묶어서 광대역 전송 매체를 통해 전송하는 방식이다.
  • 채널의 전송 속도는 9.6 ~ 56Kbps이며, 광섬유 등의 매체에서는 보다 높은 속도가 가능하다.
  • 통신이 요구되는 두 지역의 컴퓨터 센터 간 연결에 이용된다.
② 역 다중화기
  • 두 개의 음성 대역폭을 이용하여 광대역의 통신 속도를 얻을 수 있는 방식이다.
  • 전용 회선 고장 시 DDD(Direct Distance Dial)망을 이용하며, 비용을 절감할 수 있다.
  • 통신 회선 고장 시 회선 경로 변경에 따라 융통성을 부여한다.
  • 한 채널이 고장 나면 나머지 한 채널의 1/2 속도로 운영이 가능하다.

③ 지능 다중화기(＝통계적 다중화기)
- 비동기식 시분할 다중화 장비로 기억장치, 복잡한 주소 제어 회로 등이 필요하다.
- 주소 제어, 흐름 제어, 오류 제어 등의 기능을 제공한다.
- 전송할 데이터가 있는 부 채널에만 시간 폭을 할당하므로 많은 데이터 전송이 가능하다.

집중화기(Concentrator)

① 하나의 고속 통신 회선에 많은 저속 통신 회선을 접속하므로 비용을 절감할 수 있다.
② 호스트 컴퓨터와 연결되며, m개의 입력 회선을 n개의 출력 회선으로 집중화한다.
③ 입력 회선 수는 출력 회선 수보다 같거나 많으며, 입출력 대역폭이 각각 다르다.
④ 시스템의 구조가 복잡하고, 이용률이 낮거나 불규칙한 전송에 적합하다.

전송 방식

베이스 밴드 전송 (Baseband Transmission)	• 펄스 파형을 변조 없이 바로 전송하는 방식으로 기존 신호를 다른 주파수 대역으로 전송한다(기저 대역). • 장거리 전송에는 부적합하다. • 잡음의 영향을 받기 쉽고 정보 손실이 크지만 전송 품질은 우수하다. • 정보를 0과 1로 표시하고, 이를 바탕으로 직류의 전기 신호를 전송한다.
광대역 전송 (Broadband Transmission)	• 데이터 전송 등 여러 개의 변조 신호를 서로 다른 주파수 대역에서 동시에 보내는 방식이다. • 기저 대역 전송보다 보내는 데이터 양이 많으므로 회로가 복잡하다.

회선 방식

교환 회선 (Switched Line)	• 다이얼 업(Dial-Up) 회선이라고도 하며, 전용 회선에 비해 전송 속도(4,800BPS)가 느리다. • 제한된 시간에만 접속하므로 많은 사용자가 여러 개의 회선을 공유하는 시스템의 전화 접속에 적합하다. • 다이얼 업 모뎀은 자동 호출 / 응답, 자동 속도 조절, 고장 장애 시험 등의 역할을 한다. • 교환 방식에 따라 회선 교환, 메시지 교환, 패킷 교환이 있다.
전용 회선 (Leased Line)	• 데이터 전송은 같은 경로와 시설을 이용하여 안정된 통신을 제공한다. • 교환 회선에 비해 편리하고, 전송 품질이 뛰어나다(고속 광대역 회선에 이용). • 요금은 정액제로 일정량 이상의 통신량만 있으면 공중 회선(교환 회선)보다 저렴하다. • 전용 방식에 따라 직통 회선(Point to Point), 분기 회선(Multipoint) 등이 있다.

전송 오류(에러)

감쇠 현상(Attenuation)

① 전송 매체를 통하여 데이터를 원격지로 전송하는 경우 거리가 멀어질수록 전자 신호의 세기가 점차 약해지는 현상이다.
② 아날로그 신호는 고주파일수록 감쇠가 커지므로 증폭기를 이용하여 신호 강도를 회복시킨다.
③ 디지털 신호는 해당 내용이 기본 주파수(저주파)에 집중되어 신호의 불균형이 발생한다. 때문에 리피터로 비트 정보를 복원하여 재전송한다.

지연 왜곡(Delay Distortion)

① 일정한 신호 세력으로 여러 종류의 주파수를 동일 선로에 전송할 때 수신측에 도착하는 시간차로 인하여 신호 모양이 찌그러지는 현상이다.
② 전송 신호의 중심 주파수는 전송 속도가 고속이지만 양끝으로 갈수록 속도가 감소된다.
③ 다양한 주파수 성분을 갖는 디지털 신호의 전송에서 문제가 발생한다.
④ 하드 와이어 전송의 주파수에 따라 발생하며, 디지털 전송에서 최대 전송 속도를 제한한다.

잡음(Noise)

전송 시스템에 의한 왜곡의 변형된 여러 형태로, 정보 전송 중 추가된 불필요한 신호이다. 통신 시스템의 효율성을 제한하는 요인으로 백색 잡음, 충격성 잡음, 위상 지터 잡음, 위상 히트 잡음, 누화 잡음, 상호 변조 잡음 등이 있다.

기타 잡음

종류	특징
손실(Loss)	채널상에서 언제든지 발생할 수 있는 시스템적인 왜곡으로, 신호 전송 중에 신호의 세기가 약해진다.
하모닉 왜곡 (Harmonic Distortion)	신호의 감쇠가 신호의 진폭에 따라 달라진다.
주파수 왜곡 (Frequency Distortion)	전송 채널에 보내지는 원 신호의 주파수가 변형된다.

오류(에러) 검출 방식

① 패리티 검사(Parity Check)
- 한 블록의 데이터 끝에 패리티 비트(Parity Bit)를 추가하여 오류를 검출하는 방식이다.
- 전송 부호의 에러를 검출하되 오류 검출은 가능하지만 오류 정정은 불가능하다.
- 짝수 개의 비트에서 동시에 에러가 발생하면 검출 자체가 불가능하다.
- 오류 발생 확률이 낮고, 정보의 비트 수가 적은 경우에 사용한다.
- 비동기식 전송에 적합하며, 7 ~ 8개의 비트로 구성된 전송 문자에 패리티 비트를 부가한다.
- 기수(홀수, Odd) 패리티 검사와 우수(짝수, Even) 패리티 검사가 있다.

② 블록합 검사(Block Sum Check)
- 각 문자당 패리티 체크 비트와 데이터 프레임의 모든 문자열에 대한 에러 체크의 블록합 검사 문자를 함께 전송하는 방식이다.
- 블록합 검사 문자는 데이터 문자의 각 비트에 대해서 동일한 위치에 있는 비트들로 패리티를 구한다.
- 데이터 프레임의 마지막 데이터를 함께 전송하고, 수신한 데이터 프레임의 블록합 문자와 비교하여 에러의 발생 여부를 판단한다.

③ 순환 잉여 검사(CRC; Cyclic Redundancy Check)
- 오류가 많이 발생하는 블록합 검사의 단점과 집단 오류를 해결하기 위한 방식이다.
- 가장 우수한 검사 방식으로, 에러 검출 코드인 FCS(Frame Check Sequence)를 정보에 추가하여 전송한다.
- FCS는 프레임의 에러 검출을 위한 비트열로 송신 시 특정 알고리즘의 정보 프레임과 함께 전송된다.
- 데이터 블록마다 CRC 코드를 추가하며, 동기식 전송에서 주로 사용된다.
- 여러 비트에서 발생하는 집단 에러(다항식 코드)도 검출한다.

오류(에러) 수정 방식

방식	특징
전진 에러 수정 (FEC)	• 에러 검출과 수정을 동시에 수행하는 에러 제어기법이다. • 연속된 데이터 흐름이 가능하지만 정보 비트 외에 잉여 비트가 많이 필요하므로 널리 사용되지 않는다. • 역 채널을 사용하지 않으며, 오버헤드가 커서 시스템 효율을 저하시킨다. • 해밍 코드(Hamming Code)와 상승 코드 등의 알고리즘이 해당된다.
후진 에러 수정 (BEC)	• 송신측에서 전송한 프레임 중 오류가 있는 프레임을 발견하면 오류가 있음을 알리고, 다시 재전송하는 방식으로 역 채널을 사용한다. • 자동 반복 요청(ARQ), 순환 잉여 검사(CRC) 등의 알고리즘이 해당된다.
자동 반복 요청 (ARQ)	• 통신 경로의 오류 발생 시 수신측은 오류 발생을 송신측에 통보하고, 송신측은 오류가 발생한 프레임을 재전송하는 방식이다. • 전송 오류가 발생하지 않으면 쉬지 않고 송신이 가능하다. • 오류가 발생한 부분부터 재송신하므로 중복 전송의 위험이 있다.

정지 대기(Stop-and-Wait) ARQ	• 송신측에서 하나의 블록을 전송하면 수신측에서 에러 발생을 점검한 후 에러 발생 유무 신호를 보내올 때까지 기다리는 가장 단순한 방식이다. • 수신측의 에러 점검 후 제어 신호를 보내올 때까지 오버헤드(Overhead)의 부담이 크다. • 송신측은 최대 프레임 크기의 버퍼를 1개만 가져도 되지만 송신측이 ACK를 수신할 때까지 다음 프레임을 전송할 수 없으므로 전송 효율이 떨어진다.
연속적(Continuous) ARQ	• 정지 대기 ARQ의 오버헤드를 줄이기 위하여 연속적으로 데이터 블록을 전송하는 방식이다.
Go-Back-N ARQ	• 송신측에서 데이터 프레임을 연속적으로 전송하다가 NAK(부정응답)를 수신하면 에러가 발생한 프레임을 포함하여 그 이후에 전송된 모든 데이터 프레임을 재전송하는 방식이다. • 송신측은 데이터 프레임마다 일련번호를 붙여서 전송하고, 수신측은 오류 검출 시 오류 발생 이루의 모든 블록을 재전송한다. • 중복전송의 위험이 있다.
선택적(Selective) ARQ	• 송신측에서 블록을 연속적으로 보낸 후 에러가 발생한 블록만 다시 재전송하는 방식이다. • 원래 순서에 따라 배열하므로 그 사이에 도착한 모든 데이터 프레임을 저장할 수 있는 대용량의 버퍼와 복잡한 논리회로가 필요하다.
적응적(Adaptive) ARQ	• 전송 효율을 최대로 하기 위하여 프레임 블록 길이를 채널 상태에 따라 변경하는 방식이다. • 통신 회선의 품질이 좋지 않아 에러 발생율이 높을 경우는 프레임 길이를 짧게 하고, 에러 발생율이 낮을 경우는 프레임 길이를 길게 한다. • 전송 효율이 가장 높으나 제어 회로가 복잡하여 거의 사용되지 않는다.

THEME 081 광대역통합망(BcN)과 위성 인터넷

광대역통합망(BcN; Broadband Convergence Network)

① 광대역통합망(BcN)은 유선·무선, 데이터·음성 등 인터넷·방송·통신 등이 융합된 차세대 네트워크(NGN; Next Generation Network)로, NGN이라는 국제표준에 방송·통신 등을 융합한 개념을 브랜드로 삼은 용어이다. 광대역통합망은 기존의 초고속 인터넷망이나 광동축 혼합망(HFC; Hybrid Fiber Coax)을 활용해 교환장치·전송장치·단말장치 등을 업그레이드함으로써 100Mbps 속도로 서비스를 제공받을 수 있다.

② 광대역통합망은 안전하며 품질 보장(QoS)과 망 관리가 쉬운 통신망, 다양한 형태의 서비스를 제공하는 개방형 통신망, 원활한 광대역 서비스가 이용 가능한 유선·무선·방송 가입자망, 단말기나 네트워크에 얽매이지 않고 여러 가지 유형의 서비스를 끊임없이 이용 가능한 유비쿼터스 서비스 환경 등을 지향한다. 요컨대 인터넷·방송·통신 등을 융합한 광대역 멀티미디어 서비스를 안정적으로 제공할 수 있는 품질 보장형 통합 네트워크이다.

③ 브로드밴드 IT 코리아 건설 계획(2003년 7월, 방송통신위원회 주관)

- 1단계(2004~2005) : 망 구조를 설계하고 구축 계획을 수립하는 등의 기반 조성, 양방향 디지털 케이블 TV 등 일부 상용화 개시
- 2단계(2006~2007) : 전달망 본격 구축 실시
- 3단계(2008~2010) : 전국 규모의 망 구축 완성, 4중 결합 서비스(QPS; Quadruple Play Service) 상용화 개시

위성 통신과 위성 인터넷

① 위성 통신

- 위성 통신은 지구를 선회하며 중계국 역할을 하는 인공위성을 통해 구현되는 무선 통신으로, 지구 적도 상공 약 35,800km 높이에 있는 정지위성(통신 위성의 대부분), 약 1,000km 부근에 있는 저궤도 위성, 약 10,000km 이상에 있는 중궤도 위성으로 구분된다.
- 통신 위성은 ▲1개의 위성으로 중계 가능한 통신 구역의 광역성, ▲전송 거리와 비용의 무관계성, ▲지리적 장해의 극복, 통신 품질의 균일성·내재해성, ▲고주파대의 전파 사용으로 인한 광대역·초고속 전송, ▲동시에 여러 지점으로 같은 정보를 보낼 수 있는 동보(Broadcasting) 통신과 여러 지점 간에 회선을 설정 가능한 다원 접속, ▲지구국을 이동시키면 어디에서나 자유롭고 빠르게 회선을 설정할 수 있는 이동통신 기지국으로서의 기능 등의 특징이 있다.
- 위성 마이크로파 : 지구국(무선국), 통신 위성(중계국), 채널(전송로)로 구성되는 위성 통신에 사용되는 주파수 대역은 3 ~ 30GHz의 극초단파(SHF)이다. 전송된 전파는 위성 안테나를 통해 모든 지상에서 수신할 수 있지만, 이 때문에 보안 예방이 중요하다. 또한 전파의 수신 지연 시간(약 0.25초의 전파 왕복 시간)이 길고, 눈·비 등의 기상 조건으로 인한 감쇠와 지상의 무선 통신 시스템과의 간섭 현상 등을 겪을 수 있다.

② 위성 인터넷

- 위성 인터넷은 저궤도 위성을 이용해 지역 조건에 얽매이지 않고 지구의 거의 모든 구역에 걸친 광범위한 지역에 인터넷 연결을 구현하는 기술로서, 기지국 구축이 힘든 해양·극지방·산간·오지 등에서도 인터넷을 연결할 수 있게 한다.
- 위성 인터넷 기술 표준화(3GPP) : '3rd Generation Partnership Project'라는 국제 표준화 단체에서 제시한 비지상 네트워크(NTN, Non-Terrestrial Network)는 지상 200 ~ 1,000km의 저궤도 상공에 있는 수많은 인공위성들을 기지국으로 활용해 지구 전 지역에 걸쳐 50Mbps 이상의 속도를 구현하는 것을 목표로 한다.
- 스타링크(스페이스X) : 미국의 민간 우주업체 스페이스X에서는 2020년 2월 스타링크 위성 60개를 발사해 저궤도에 통신 위성 300개를 안착시켰으며, 향후 12,000개 이상의 인공위성을 띄워 위성 인터넷을 구현할 계획이다.

① 코드분할 다중 접속(2세대 이동통신)

- CDMA(Code Division Multiple Access)는 1960년대부터 군사적인 무선 통신에 제한적으로 적용되던 방식으로, 다수의 사용자마다 데이터에 서로 다른 코드를 삽입하고, 동일한 주파수를 사용해 동시에 통신하면서도 상호 간섭이 없기 때문에 효율적이라고 할 수 있다.
- CDMA는 대역 확산(Spread Spectrum) 기술을 적용해 전체 대역 내에서 각각의 데이터를 측정 부호로 분할해 송신하고, 수신자 측에서도 전체 대역 내의 많은 데이터를 송신할 때 사용된 것과 부호가 동일한 데이터만 골라내 원래 신호를 재생한다. 비유컨대, 한국인들과 미국인들이 동일한 장소에서 있고, 모국어가 같은 사람들끼리 대화할 때 서로 다른 언어의 간섭을 받지 않는 것과 같은 이치이다.
- 복수의 사용자가 동일한 주파수 대역을 공유하는 CDMA는 사용자를 구별하기 위해 사용자 통신 채널 고유의 의사 잡음 부호(PN Code)를 사용한다. 송신자 측에서는 클록 주파수가 데이터 주파수 대역폭의 수십 배 이상인 PN 부호를 데이터에 곱해 주파수 대역을 확산한다. 또한 수신자 측에서는 송신할 때와 같은 PN 부호를 곱하면 대역폭이 원래의 폭으로 복귀해 복조된다.
- CDMA는 아날로그 AMPS(Advanced Mobile Phone Service)보다 약 10 ~ 20배의 용량 증대가 가능하며, 주파수 계획이 간단하고, 아날로그 시스템의 한계의 하나인 장애물에 의해 2개 이상의 경로를 통해 도달하는 경우 합성 신호의 강도가 변하는 다중 경로 페이딩(Multipath Fading) 현상을 해소할 수 있다. 또한 통신 품질이 양호하고, 통신자의 채널에 고유하게 부여된 코드만을 인식하므로 보안성이 높다.

② IMT-2000(3세대 이동통신)

- IMT는 'International Mobile Telecommunication'의 약자로, 2000년대에 선보이는 2GHz(2,000MHz) 대역의 주파수(실제로는 1,885 ~ 2,200MHz)를 사용한다는 의미로 IMT-2000이라고 부른다. 국가 내의 일정한 지역에서는 기지국을 활용하며, 국가 사이 또는 오지 등의 원격지에서는 위성을 활용한다. 흔히 3세대 통신 서비스라는 의미로 3G라고도 부른다. 참고로 아날로그 셀룰러를 1세대, 디지털 셀룰러를 2세대, 개인 휴대통신(PCS)을 2.5세대로 구분한다. 한때는 IMT-2000을 플림스(FPLMTS; Future Public Land Mobile Telecommunication System)라고 부르기도 했다.
- 이동성 : 개인 이동성, 단말 이동성, 서비스 이동성을 구현함으로써 하나의 단말기로서 언제, 어디서나 원하는 서비스를 제공한다.
- 광역화 : 멀티미디어 서비스의 광역화를 구현함으로써 최대 2Mbps의 속도(고속 이동 시에는 384bps)는 기존의 문자, 음성 외에도 인터넷, 영상 등의 멀티미디어 서비스를 가능하게 한다.
- 통신망의 통합 : 유선망, 무선망, 위성망 등 기존의 모든 통신망들을 통합함으로써 통일된 형식의 고품질 서비스를 제공한다.

③ IMT-Advanced(4세대 이동통신)

- IMT-Advanced는 데이터 전송 속도가 시속 60km 이상으로 이동할 때는 100Mbps, 정지 상태일 때 1Gbps를 보장해야 한다. LTE(Long Term Evolution)-Advanced와 휴대 인터넷인 와이브로(WiBro) 에볼루션을 포괄한다. 휴대폰으로 초고선명(UHD) 동영상과 3차원(3D) 콘텐츠를 언제 어디서나 이용할 수 있게 한다.
- 유선 전화망, 무선 전화망, 위성 통신망, 무선 랜망, 디지털 방송망 등 여러 형태의 망을 서로 유기적으로 연동하게 함으로써 사용자의 위치에 상관없이 1개의 단말기로 문자·소리·동영상 등의 데이터 송수신과 인터넷 접속을 동시에 할 수 있다.
- LTE-Advanced : 기존의 3세대 이동통신 방식을 개선하고 향상한 이동통신 시스템이다. 전송 속도 증가, 지연 감소, 서비스 향상을 위해 2004년 11월부터 연구하기 시작했으며, 속도는 최대 600Mbps(40MHz 대역폭 기준)이고 유효 데이터 전송 기준으로는 440Mbps에 달한다.
- WiBro-Evolution : 삼성전자와 한국전자통신연구원(ETRI)가 2008년 10월 개발한 통신 기술로, 3세대인 와이브로에 다중출력(MIMO) 기술, 스마트 안테나, 에러 정정 기술(LDPC) 등을 접목했다. 전송 속도가 이전의 와이브로보다 4배 이상 높아져 다운로드할 때는 149Mbps, 업로드할 때는 43Mbps에 달한다. 또한 이전의 와이브로가 시속 120km 이하의 속도로 움직일 때 송수신이 가능했다면, 와이브로 에볼루션은 시속 350km까지 가능하다.

④ IMT-2020(5세대 이동통신)

- '5G'라고 부르는 5세대 이동통신의 공식 명칭은 'IMT-2020'으로 국제전기통신연합(ITU)에서 정한 5세대 통신규약을 말하며, 흔히 부르는 '2G, 3G, 4G, 5G'는 이동통신 시장에서 마케팅 용어로 세대로 구분한 것이다. 이전의 2G, 3G, 4G 등이 휴대전화를 연결하는 통신망에 불과했다면, 5G는 휴대전화는 물론 거의 모든 전자기기를 연결할 수 있는 기술이다.
- 5G는 초고속·초저지연·초연결 등의 특징을 토대로 증강현실(AR), 가상현실(VR), 사물인터넷(IoT), 자율주행 기술 등을 구현할 수 있다. 예컨대 IMT-2020의 초저지연은 전송지연 시간이 매우 짧다(= 전달 속도가 빠르다)는 것으로 데이터가 사용자 단말기와 기지국, 서버 등을 오가는 데 걸리는 시간을 뜻한다. 자율주행차의 경우를 가정하면 데이터를 주고받는 시간이 짧으므로 자동차 제어속도가 빨라져 안전성이 강화된다.
- IMT-2020 상용화 : 한국은 세계 최초로 5G 상용화를 본격적으로 개시했다. 2019년 4월 3일 SK텔레콤, KT, LG유플러스 등 이동통신 3사는 5G 가입자와 첫 계약을 맺었다. 앞서 한국은 2018년 2월 평창 동계올림픽에서 5G 시범 서비스를 선보였다.
- IMT-2020 핵심 기술의 성능 요구 사항 8가지
  - 최고 전송 속도 : 최대 20Gbps
  - 사용자 체감 전송 속도 : 최소 100Mbps
  - 주파수 효율 : IMT-Advanced(4G) 대비 3배
  - 네트워크 에너지 효율 : IMT-Advanced(4G) 대비 100배
  - 이동 속도 : 500km/h
  - 전송 지연 시간 : 1ms(밀리초)
  - 1km^{2}당 단말 연결 밀도 : 100만 개
  - 1m^{2}당 트래픽 용량 : 10Mbps/m^2

02 정보통신망

THEME 083 정보 전송 매체

정보 전송 매체

전송 매체는 물리적인 장치에 의해 송신자가 전송하면 케이블이나 공기에 의한 매체를 통해 수신자
물리장치로 전달하게 한다.

유선 전송 매체

① **꼬임쌍선 케이블**(Twisted Pair Cable)

- 일반 전선에 인접한 다른 쌍과의 전기적 간섭 현상을 줄이기 위해 두 가닥의 절연 구리선이 감겨
  있다.
- 전송 거리, 대역폭, 데이터 전송률에 있어 많은 제약점을 가지며, 다른 전기적 신호의 간섭이나
  잡음에 매우 민감하다(전화 시스템의 근간).
- 비차폐(Unshielded)와 차폐(Shielded)의 형태를 갖는데, 비차폐선 케이블이 일반적인 형태이다.
- 주파수 범위는 100Hz ~ 5MHz로 근거리이다.

② **동축 케이블**(Coaxial Cable)

- 내부의 단일 전선과 이를 감싸고 있는 원통형의 외부 도체로 구성되며, 보다 폭넓은 주파수 범위
  를 허용한다.
- 우수한 주파수 특성으로 높은 주파수 대역과 높은 전송률을 가지며, 외부 간섭과 누화에 강하다.
- 데이터 전송 속도와 물리적 강도가 크며, 광대역 특성을 가진다.

- 아날로그 / 디지털 신호 전송, 장거리 전화, TV 방송, 근거리 통신망(LAN)에 사용된다.
- 수십MHz 전류의 장거리 전송이 가능하며, 12MHz로 2,700의 통신로를 가진 동축 케이블이 실용화되고 있다.

③ 광섬유 케이블(Optical Fiber Cable)

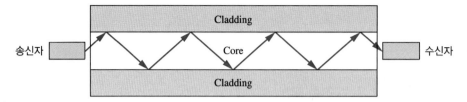

- 코어(Core), 클래딩(Cladding), 자킷(Jacket)의 3개 동심 부분으로 구성된다.
- 매우 가늘고 구부러지기 쉬운 성질을 가지며, 빛의 펄스 형태로 데이터를 전송한다.
- 부호화된 광 신호를 내부 반사에 의해 전송하므로 전송 손실이 매우 낮다.
- 전기적인 잡음에 영향을 받지 않으므로 기존의 전력선과 설치가 가능하다.
- 가장 높은 전송 대역폭으로 장거리 전송과 다양한 서비스가 가능하다(보안성 좋음).
- 넓은 리피터의 설치 간격으로 가입자 회선 및 근거리 통신망(LAN) 등에 이용된다.

④ 공중 교환 전화망(PSTN; Public Switched Telephone Network)

- 세계의 공중 회선 교환 전화망들이 얽혀있는 것으로 세계의 공공 IP 기반 패킷 교환망인 인터넷과 방식이 매우 유사한 형태이다.
- 원래 고정 전화의 아날로그 전화망이었던 PSTN은 대부분 디지털이 되었으며 현재 고정 전화뿐 아니라 휴대전화까지 포함한다.
- ITU-T가 만든 기술 표준으로 번지 매김(Addressing)을 위해 E.163/E.164 주소를 사용한다.
- PSTN망은 BCN망과 IP-Phone, PoE 장비 등과 결합하여 VoIP, IP Telephony 형태의 ALL-IP 기반으로 진화했다.
- 모뎀(Modulator / Demodulator)을 통해 컴퓨터에서 나가는 디지털 신호를 아날로그로, 전화회선을 통해 들어오는 신호를 다시 디지털로 변환하여 통신할 수 있다.

무선 전송 매체

① 물리적 도체를 사용하지 않고 전자기신호를 전송한다.

② 전송 자체 파장으로 분리하면 라디오파, 적외선파, 마이크로파로 나눌 수 있다.

③ 전파 유형으로 분류하면 지표면 전파, 공중 전파, 가시선(Line-of-Sight) 전파로 나눌 수 있다.

종류	특징
지상 마이크로파 (Terrestrial Microwave)	• 일반적인 안테나 간 거리를 확장하고, 그 사이의 장애물을 넘기 위해 고지대에 위치한다. • 장거리 전송을 위해 마이크로파 중계 탑을 여러 개 사용한다(TV나 위성 통신에 사용). • 가시거리 내의 전송으로 마이크로파의 손실은 거리의 제곱에 비례한다. • 1 ~ 300GHz의 주파수 대역을 사용하는 전자기파이다. • 직진성의 성질로 높은 빌딩이나 기상조건의 영향을 많이 받을 수 있다. • 유선 전송 매체에 비해 적은 수의 증폭기나 리피터를 사용한다. • 감쇠현상과 잡음이 생길 수 있다. • 단방향 전파이고, 가시선 전파이다. • 뿔 안테나(Horn Antenna)를 주로 사용한다.
위성 마이크로파 (Satellite Microwave)	• 통신 위성은 어떤 주파수 대역을 수신(Up - link)하여 이를 증폭하거나 반복하여 다른 주파수로 송신(Down - link)하는 역할을 한다. • 위성 통신은 거리와 관계없이 일정하기 때문에 비용이 절감된다. • 장거리 통신 방식으로 전파 지연이 발생한다. • TV 방송 중계, 장거리 전화, 위성위치 확인(GPS) 등에 사용한다. • 단방향 전파이고, 가시선 전파이다. • 포물선 접시 안테나(Parabolic Dish Antenna)를 사용한다.
무선 주파 (Radio Frequency)	• 불특정 다수를 대상으로 하는 텔레텍스트 등에 적합하다. • 안테나가 필요 없을 뿐만 아니라 정해진 지점에 설치할 필요가 없다. • 3KHz ~ 1GHz보다 낮은 주파수 대역을 사용하고 다방향성 전파이다. • 전자기파에 의한 간섭이 쉽다. • AM / FM 라디오 방송, VHF / UHF TV 방송, 아마추어 무선 통신(HAM) 등에 사용된다. • 같은 주파수를 사용하여 전송하는 안테나에 방해받는다.
적외선파 (Infrared Wave)	• 300GHz ~ 500GHz 정도의 주파수를 갖는다. • 단거리 통신에 사용한다. • 벽을 통과하지 못한다. • 다른 시스템에 방해를 주지 않는다. • 외부에서 사용이 불가한 파이다. • 가시선 전파를 사용한다. • 대역폭이 매우 넓다.

통신 회선 분류

구분		특징
회선망 형태	포인트 투 포인트 (Point-to-Point) 회선	• 중앙 컴퓨터와 여러 개의 터미널이 독립 회선을 이용하여 일대일로 연결하는 방식이다. • 터미널이 하나의 회선으로 컴퓨터에 연결되기 때문에 비경제적이다. • 한 개의 터미널은 통신 제어 장치에 있는 하나의 접속 포트와 두 개의 모뎀을 필요로 한다.
	멀티 포인트 (Multi-Point) 회선	• 다중 연결로 하나의 회선에 여러 개의 터미널이 연결된 방식이다. • 전송 속도가 느려질 수 있으며, 고장이 발생할 경우 보수가 어렵다. • 데이터 통신은 컨트롤러의 제어에 따라 이루어지며, 분기 회선을 이용할 경우 폴링 / 셀렉션을 통해 데이터를 연결한다.
	멀티 드롭 (Multi-Drop) 회선	• 컴퓨터에 연결된 한 개의 회선에 여러 개의 터미널을 연결하는 방식이다. • 데이터를 전송할 때 한 터미널에만 전송할 수 있고, 데이터를 수신할 때는 여러 터미널에 수신할 수 있다. • 단말기의 수를 결정하는 요인으로는 선로의 속도, 단말기의 교통량, 하드웨어와 소프트웨어의 처리 능력 등이 있다.
통신망 형태	단향 통신 (Simplex)	• 한 방향으로만 정보 전송이 가능한 방식이다. • TV나 Radio 등에서 사용된다. 송신 데이터 수신 [터미널(Terminal)] ──────▶ [터미널(Terminal)]
	반이중 통신 (Half Duplex)	• 양방향의 정보 전송이 가능하나 동시에는 불가능한 방식이다. • 송신과 수신이 교대로 이루어진다. • 휴대용 무선 통신기(무전기) 등에서 사용된다. 송신 데이터 수신 [터미널(Terminal)] ◀────── [터미널(Terminal)] 수신 데이터 송신
	전이중 통신 (Full Duplex)	• 양방향으로 동시에 정보 전송이 가능한 방식이다. • 반이중 통신에 비해 전송 효율은 좋으나 회선 비용이 많이 소요된다. • 전송량이 많고, 통신 회선의 용량이 클 때 사용된다. 송신 데이터 수신 [터미널(Terminal)] ◀─────▶ [터미널(Terminal)] 수신 송신

회선 제어 절차

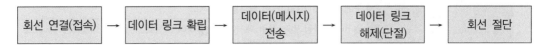

회선 연결(접속) → 데이터 링크 확립 → 데이터(메시지) 전송 → 데이터 링크 해제(단절) → 회선 절단

① 회선 연결(접속)
- 두 지점 사이에서 하나의 전기적 경로를 확보하는 단계로 교환 회선 접속 시 필요하다.
- 다이얼 또는 수신측 주소를 전송하여 데이터 전송이 가능하도록 통신 회선을 접속한다.

② 데이터 링크 확립
- 접속된 통신 회선에서 송신측과 수신측 간의 데이터 전송을 위한 논리적 경로를 구성하는 단계이다.
- 상대방의 준비 상태 여부 확인, 송수신 확인, 입출력 기기 지정 등의 제어를 한다.

③ 데이터 전송(메시지 전달)
- 확립된 데이터 링크를 이용하여 데이터를 수신측에 전송하는 단계이다.
- 데이터의 중복과 손실을 막기 위해 오류 제어와 순서 제어를 수행하면서 전송한다.

④ 데이터 링크 해제(단절)
- 데이터 전송이 끝나면 수신측의 확인에 의하여 데이터 링크를 단절하고, 초기 상태로 복귀하는 단계이다.
- 데이터 전송이 완료되면 해당 내용을 수신측에 통보한다.

⑤ 회선 절단
- 통신 회선과 단말기 사이의 물리적 접속을 절단하는 단계이다.
- 전용 회선의 경우 회선 접속 단계와 같이 생략이 가능하다.

회선 제어 방식

① 회선 경쟁(Contention) 방식
- 데이터 전송을 하는 모든 단말 장치가 대등한 입장에서 통신규약에 의해 송신 요구를 먼저 한쪽이 송신권을 갖는 방식이다.
- Point-to-Point 회선에 사용되며, 회선에 접근하기 위해 서로 경쟁한다.
- 송신측이 전송할 메시지가 있을 경우 사용 가능한 회선이 있을 때까지 기다려야 한다.

② 폴링 시스템(Polling System) 방식
- 주국으로 데이터를 보내기 위한 시스템으로 보조국이 보낼 데이터를 가지고 있는지를 문의하는 방식이다.

- 송신 데이터가 있으면 송신을 하고 송신 데이터가 없으면 부정 응답을 보낸다.

Roll-Call Polling	미리 정해진 순서대로 폴링 메시지를 전달하는 방식으로 일정한 순서에 따라 각 보조국에게 전송할 데이터의 유무를 문의한다.
Hub-Go-Ahead Polling	원거리에 가장 먼저 폴링 메시지를 전달하여 차례로 Host에게 이동하는 방식으로 Roll-Call Polling의 단점을 보완한다.

③ 셀렉션 시스템(Selection System) 방식
- 보조국에게 데이터를 전송할 경우 데이터의 수신 준비 여부를 묻는 방식이다.
- 보조국이 데이터를 받을 준비가 되어 있으면 긍정 응답 신호(ACK)로 응답하고, 그렇지 않으면 부정 응답 신호(NAK)를 전송한다.
- 중앙 컴퓨터가 주변의 터미널로 데이터를 전송할 경우 수신측 터미널 상태를 확인한다.

THEME 085 통신(전송) 속도 및 신호

통신(전송) 속도

① 주파수 대역폭의 크기는 통신 속도와 비례하므로 주파수 대역폭이 증가하면 통신 속도는 빨라진다.
② 충격성 잡음, 감쇠 현상, 지연 왜곡 등은 통신 속도를 감소시키므로 잡음 세력을 작게 해야 통신 속도가 증가한다.

신호 속도 / 변조 속도

① 신호 속도는 초당 전송할 수 있는 데이터의 비트 수(데이터의 전송 속도)로 단위는 BPS(Bit Per Second)이다.
② 변조 속도는 1초 동안에 송출되는 단위 펄스의 수(초당 0과 1의 상태 변환 발생 횟수)로 단위는 Baud(보오)이고 통신 장비에 따라 다르다.
③ 데이터 신호 속도(bps)={변조 속도(Baud)}×(단위 신호당 비트 수)

전송 속도

① 1초 동안에 보낼 수 있는 문자·워드·블록 수로 시간을 나타내는 단위를 이용한다.
② 회선의 실제 용량을 나타내는 데 적합하며, 전송량과 비례 관계이다.

베어러 속도

베이스밴드(Baseband) 전송 방식에서 데이터 신호 외에 동기 신호, 상대 신호 등을 포함한 전송 속도로 단위는 bps를 이용한다.

BPS와 Baud와의 관계

① 1비트(One Bit=2위상), 모노 비트가 한 신호일 때 : (bps)=(baud)
② 2비트(Di Bit=4위상), 디 비트가 한 신호일 때 : (bps)=(baud)×2
③ 3비트(Tri Bit=8위상), 트리 비트가 한 신호일 때 : (bps)=(baud)×3
④ 4비트(Quard Bit), 쿼드 비트가 한 신호일 때 : (bps)=(baud)×4

통신 용량

$$C=B\log_2(1+S/N) \ bit/sec$$
(C : 통신 용량, B : 대역폭, S : 신호 전력, N : 잡음 전력)

① 정보를 전송할 때 오류 없이 전송 채널을 통해 전송할 수 있는 최대 속도를 의미한다.
② 단위 시간 동안 전송 회선이 최대로 전송할 수 있는 데이터의 양이다.
③ 통신 회선의 전송 용량을 증가시키려면 주파수 대역폭(B)을 증가, 신호 전력(S)을 높임, 잡음 전력(N)을 줄임, 신호 대 잡음 비율을 줄임 등을 수행해야 한다.

채널 용량

① 어떤 채널의 정보 전송 능력을 의미한다.
② 채널을 통해 보낼 수 있는 데이터의 양은 채널의 대역폭(Bandwidth)에 비례한다.

Naquist의 채널 용량	전송로가 멀티 레벨 전송을 하거나 변조 전송을 할 때 단위 시간당 전송 비트의 수로 잡음 요소를 고려하지 않는 상태에서 나타낸다.
Shanon의 채널 용량	전송 채널이 1초 동안에 전송할 수 있는 비트 수로 잡음 요소를 고려하는 경우에 나타낸다.

아날로그 신호

진폭(Amplitude)	아날로그 형태의 신호에서 가장 큰 값과 가장 작은 값의 차이(신호의 크기)로 단위는 볼트(Volt)를 사용한다.
위상(Phase)	아날로그 형태의 신호에서 두 개의 신호 간 시작 시간의 차이로 단위는 도(°)를 사용한다.
대역폭(Band Width)	최고 주파수와 최저 주파수 사이의 간격으로 단위는 헤르츠(Hz)를 사용한다.
주파수(Frequency)	아날로그 형태의 신호에서 1초 동안 반복을 나타내는 신호의 횟수로 단위는 헤르츠(Hz)를 사용한다.

THEME 086 · 아날로그 변조

아날로그 → 아날로그

① 진폭 변조(AM) : 변조 파형에 따라 진폭을 변조하는 방식이다.
② 주파수 변조(FM) : 변조 파형에 따라 주파수를 변조하는 방식이다.
③ 위상 변조(PM) : 변조 파형에 따라 위상을 변조하는 방식이다.

아날로그 → 디지털 : 펄스 코드 변조(PCM; Pulse Code Modulation)

① 아날로그 신호를 표본화한 후 진폭이 같은 크기의 디지털 신호로 변환하는 방식이다.
② 광섬유 선로에 많이 사용하며, 시분할 다중화(TDM) 방식에 적용된다.
③ 누화, 잡음, 진폭 등의 변동에 강하고, 점유 주파수 대역폭이 크다.
④ PAM에서 펄스 진폭의 크기를 PCM으로 변환하기 위해서는 부호화(Encoder)가 필요하고, PCM을 PAM 부호로 되돌리기 위해서는 복호화(Decoder)가 필요하다.

펄스 진폭 변조(PAM)	펄스 폭과 주기를 일정하게 하고, 진폭을 신호파에 따라 변화한다.
펄스 폭 변조(PWM)	주파수는 변하지 않고, On / Off의 비율을 변화한다.
펄스 위치 변조(PPM)	신호파의 진폭에 따라서 펄스의 위치를 변화한다.

PCM 변환 순서

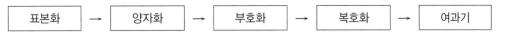

표본화 → 양자화 → 부호화 → 복호화 → 여과기

① **표본화(Sampling)** : 음성 정보를 일정 간격의 샘플로 나누어 각 샘플마다 진폭 값을 부여한다.

② **양자화(Quantization)** : 샘플링에 의해 얻은 진폭 값을 평준화하고, 이를 수량화한다.

③ **부호화(Coding)** : 양자화된 값을 디지털 신호로 변환한다.

④ **복호화(Decoding)** : 전송된 디지털 신호를 원래의 펄스 신호로 복원한다.

⑤ **여과기(Filtering)** : 복호화에서 표본화한 펄스를 원래의 아날로그 신호로 변환한다.

코덱(Codec)

아날로그 데이터를 디지털 통신 회선에 적합한 디지털 신호로 변환하거나 그 반대의 과정을 수행한다. PCM(펄스 코드 변조) 방식을 이용해 데이터를 변환한다.

THEME 087 　디지털 변조

모뎀(변복조기, MODEM)

① 전화 회선을 통신 회선으로 사용할 때 디지털 신호를 아날로그 신호로 변조하고, 아날로그 신호를 디지털 신호로 복조하는 장치이다.

② 변조기(MOdulator)와 복조기(DEModulator)의 합성어로 신호 변환 장치라고도 한다.

③ 송신 요구(RTS; Request To Send)는 모뎀을 이용하여 단말 기간 통신 시 사용하는 신호로 '송신할 데이터가 있다.'라는 의미이다.

군 대역 (Group Band) 모뎀	• 음성 대역이 다중화 된 넓은 대역폭을 사용하는 고속 모뎀이다. • 여러 개(음성 회선 12회선, 대역폭 48Khz)의 저속 데이터 흐름을 동시에 전송할 수 있다.
멀티 포트 (Multi-Port) 모뎀	• 고속의 동기식 모뎀과 시분할 다중화기(TDM)가 하나로 구성된 모뎀이다. • 여러 개의 포트에 속도를 달리하여(2,400bps로 나누어 이용) 운영할 수 있다. • 구조가 간단하여 값이 저렴하고, 동기식 데이터에서만 적용된다.
멀티 포인트 (Multi-Point) 모뎀	• 멀티 포인트 시스템에서 발생하는 전송 지연을 줄이기 위해 사용하는 고속 모뎀이다. • 응답 시간과 터미널의 이용 빈도 등에 대해 검토 후 시스템을 구성한다.
널(NULL) 모뎀	• 모뎀을 이용하지 않고 정보를 교환할 수 있도록 두 대의 컴퓨터를 서로 연결하는 모뎀이다. • 터미널과 컴퓨터 사이에 RS-232C를 이용하여 직접 접속한다.

디지털 → 아날로그

① 진폭 편이 변조(ASK; Amplitude Shift Keying)
- 데이터 신호의 파형에 따라 반송파의 진폭을 변화하는 방식으로 서로 다른 반송파의 진폭에 0과 1을 표현한다.
- 구조가 간단하여 취급이 용이하지만 변화에 민감하고 비효율적이다.
- 음성 회선의 신호 변화나 잡음에 약하기 때문에 1,200bps까지만 사용한다.

② 주파수 편이 변조(FSK; Frequency Shift Keying)
- 서로 다른 주파수의 정현파에 0과 1을 표현하는 방식으로 특정 숫자가 고주파수, 저주파수로 정해진 것이 아니라 상황에 따라 각기 다른 주파수를 대응한다.
- 레벨(Level) 변동과 에러에 강한 반면, 회로도는 간단하다.
- 저속 통신의 다이얼 모뎀과 1,200bps 이하의 비동기식 변복조기에 이용된다.

③ 위상 편이 변조(PSK; Phase Shift Keying)
- 반송파로 사용하는 정현파의 위상에 정보를 전송하고, 정보에 따라 위상을 변환시키는 방식이다.
- 한 번의 변조로 여러 비트의 전송이 가능하고, 잡음에 강하여 효율적이다.
- 2,400bps 이상의 중고속 동기식 변복조기에 이용된다.

④ 진폭 위상 편이 변조(QAM)
- 반송파의 진폭 및 위상의 상호 변환에 대응하는 방식으로 ASK와 PSK를 혼합하여 사용한다.
- 제한된 전송 대역 내에서 고속 데이터 전송이 가능하므로 속도가 가장 빠르다.
- 4위상과 2진폭으로 3비트(Tribit)씩 전송하거나 8위상과 2진폭으로 4비트(Quadbit)씩 전송한다.

디지털 → 디지털

① 베이스밴드 전송
- 베이스밴드 전송은 컴퓨터나 단말장치 등에서 처리된 디지털 데이터를 변조 없이 직류 펄스 그대로 전송한다.
- 신호만 전송 되어 품질이 좋다.
- 직류를 사용하여 감쇠 등의 문제가 있어 전송에 적합하지 않다.
- 컴퓨터와 주변장치 간의 통신이나 LAN 등 가까운 거리에서 사용한다.

RZ (Return to Zero)	단류	입력 데이터가 1이면 하나의 데이터 폭을 두 개로 나누어 $\frac{1}{2}$ 시간은 양으로, 나머지 $\frac{1}{2}$ 시간은 0으로 되돌아온다.
	복류	하나의 데이터 폭을 두 개로 나누어 0은 음을, 1은 양의 전압으로 표현하고, 나머지 $\frac{1}{2}$ 시간은 0으로 되돌아온다.
NRZ (Non Return to Zero)	단류	입력 데이터가 1이면 양의 전압을 주고, 0이면 전압을 주지 않는다. 회로의 구성이 간단하고, 단거리 구간에 이용된다.
	복류	0은 음의 전압, 1은 양의 전압으로 표현된다. 저속도 전송의 표준 방식으로 사용된다.

바이폴라(Bipolar)	• 0은 신호 변화 없이 0 전압을 유지하고, 1일 때는 양과 음의 상태를 교대로 표현한다. • 교호 반전 부호(AMI)라고도 한다. • 고속 디지털 망에서 사용된다.
맨체스터(Manchester)	• 입력 데이터가 1이면 하나의 데이터 폭을 두 개로 나누어 $\frac{1}{2}$ 시간 동안에는 양의 전압으로, 나머지 $\frac{1}{2}$ 시간은 음의 전압으로 표현하고, 입력 데이터가 0이면 $\frac{1}{2}$ 시간 동안에는 음의 전압, 나머지 $\frac{1}{2}$ 시간 동안에는 양의 전압으로 표현한다(반대로 표현하는 것도 가능).

② DSU(Digital Service Unit)

- 단말 장치와 디지털 데이터 망 사이에 접속하여 디지털 신호를 변조하지 않고, 디지털 전송로를 이용하여 고속의 데이터 전송에 사용되는 회선 종단 장치이다.
- DTE에서 출력되는 디지털 신호를 디지털 회선망에 적합한 신호 형식으로 변환한다.
- 전송 선로의 양쪽 끝에 설치되어 디지털 신호를 전송로에 전송할 수 있도록 한다.
- 직렬 단극형(Unipolar) 신호를 변형된 양극형(Bipolar) 신호로 바꾸어 준다.
- 회로의 구성이 간단하고, 직류 전송을 하기 때문에 모뎀에 비해 경제적이다.

프로토콜과 네트워크

통신 프로토콜

프로토콜(Protocol)

① 컴퓨터를 이용한 정보 통신 시스템에서 정확한 데이터를 주고받기 위하여 컴퓨터 사이에 정해진 일련의 약속이나 규약을 의미한다.
② 통신개체가 어느 OSI 계층에 있는지, 효율적 정보전송을 위한 기법, 보안약속을 포함한다.
③ 구문, 의미, 타이밍으로 구성되어 있다.

프로토콜의 기능

① 단편화(Fragmentation) : 전송 블록을 같은 크기의 작은 블록으로 나누어 전송한다.
② 재합성(Assembly) : 수신측에서 전송된 데이터를 재구성하여 원래의 메시지로 복원한다.
③ 캡슐화(Encapsulation) : 데이터에 제어 정보(주소, 오류 검출 코드, 프로토콜 제어)를 추가한다.
④ 연결 제어(Connection Control) : 비연결 데이터의 전송, 가상 통신로의 개설, 유지, 종결 등이 있다.
⑤ 흐름 제어(Flow Control) : 데이터의 양과 통신 속도 등을 제한한다.
⑥ 오류 제어(Error Control) : 오류나 착오 등을 검출하고 정정한다.
⑦ 순서 제어(Sequencing Control) : 송신측이 보내는 데이터의 단위 순서대로 수신측에 전달한다.
⑧ 주소 결정(Addressing) : 주소를 기재하여 데이터를 정확하게 전달한다.
⑨ 동기화(Synchronization) : 통신 개체 간의 상태(시작, 종류, 검사 등)를 일치시킨다.
⑩ 다중화(Multiplexing) : 여러 개의 회선을 하나의 통신로로 변환시켜 사용한다.
⑪ 전송 서비스(Transmission Service) : 사용하기 편리하도록 별도의 서비스를 제공한다.
⑫ 경로 선택(Routing) : 송·수신 간 중간 서브넷을 거쳐 최적의 경로를 선택한다.
⑬ 세분화와 재합성 : 긴 메시지 블록을 전송에 용이하도록 세분화하여 전송하고, 수신측에서는 세분화한 데이터 블록을 원래의 메시지로 재합성한다.

라우팅 프로토콜의 종류

IGP(Interior Gateway Protocol), RIP(Routing Information Protocol), EGP(Exterior Gateway Protocol), BGP(Border Gateway Protocol), OSPF(Open Shortest Path First)

기본 프로토콜의 종류

ARP(Address Resolution Protocol), RARP(Reverse ARP), ICMP(Internet Control Message Protocol), DDCM(Digital Data Communication Message)

통신 전송 제어 문자

① STX(Start of TeXt) : 본문의 개시 및 정보 메시지 헤더의 종료를 표시하거나 실제 전송할 데이터 집합의 시작이다.

② ENQ(ENQuiry) : 송신받을 준비가 되었는지를 확인한다(상대방의 응답 요구).

③ ACK(ACKnowledge) : 수신 정보 메시지에 대한 긍정 응답 신호이다.

④ NAK(Negative AcKnowledge) : 수신 정보 메시지에 대한 부정 응답 신호로, 수신측에서 송신측으로 부정 응답을 보내는 문자이다.

⑤ SOH(Start Of Heading) : 헤딩의 시작과 정보 메시지 헤더의 첫 문자로 사용한다.

⑥ ETX(End of TeXt) : 본문(텍스트)을 종료한다.

⑦ EOT(End Of Transmission) : 한 개 또는 그 이상의 전송 종료를 표시하거나 데이터 링크를 초기화한다.

⑧ DLE(Data Link Escape) : 연속된 글자의 의미를 변환하거나 데이터 전송 제어 기능을 제공하며, 데이터의 투과성(Data Transparent)을 위해 삽입한다(제어 문자 앞에서 이들 문자와 조합하여 의미를 변환).

⑨ SYN(SYNchronous idle) : 데이터 단말 장치 간 동기를 취하거나 동기를 유지한다.

⑩ ETB(End of Transmission Block) : 전송 블록의 종료를 표시한다.

HDLC 프로토콜

Flag	Address	Control	Data	FCS	Flag
시작(플래그)	주소	정보 프레임	실제 데이터	프레임 검사	끝(플래그)

① 플래그(Flag) : 프레임의 시작과 끝을 구분하여 동기화에 사용하고, 각 통화로의 혼선을 방지한다 (항상 01111110의 고정 비트 형식을 취함).

② 주소(Address) : 송수신국을 구분하고, 전송할 목적지의 주소를 표시한다.

③ 정보 프레임(Control)

프레임(Frame)	데이터의 시작과 끝을 구분하며, 각 통화로의 혼선을 방지한다.
감독(Supervisor) 프레임	흐름 제어, 에러 제어를 위해 사용한다.
정보(Information) 프레임	사용자 데이터를 전달하는 역할을 한다.
비번호(Unnumber) 프레임	링크의 동작 모드를 설정 / 관리한다.

④ 실제 데이터(Data) : 실제의 정보 데이터가 있다.

⑤ 프레임 검사(FCS) : 프레임 내용에 대한 오류 검출을 위해 사용한다.

HDLC의 전송 모드

① 표준(정상) 응답 모드(NRM; Normal Response Mode) : 보조국은 전송하기 전에 주국으로부터 허가를 받아야 송신이 가능하다.

② 비동기 응답 모드(ARM; Asynchronous Response Mode) : 보조국은 주국으로부터 허가 없이도 송신이 가능하며, 데이터 전송을 위한 절차가 필요 없다.

③ 비동기 균형 모드(ABM; Asynchronous Balanced Mode) : 혼합국끼리는 허가를 받지 않아도 언제나 송신이 가능하도록 설정한다.

OSI 참조 모델

OSI 참조 모델

서로 다른 시스템 간의 원활한 통신을 위해 ISO(국제 표준화 기구)에서 제안한 통신 규약(Protocol)으로 7단계의 계층으로 되어 있다.

계층	세부적 계층	대표적 프로토콜
상위 계층	7단계 – 응용 계층	HTTP, FTP, TELNET, SMTP, SNMP, POP, DHCP, DNS 등
	6단계 – 표현 계층	
	5단계 – 세션 계층	TCP, UDP 등
	4단계 – 전송 계층	
하위 계층	3단계 – 네트워크 계층	ARP, RARP IGMP, ICMP, IP, X.25 등
	2단계 – 데이터 링크 계층	HDLC, BSC, PPP 등
	1단계 – 물리 계층	RS-232C, X.21 등

① 1단계 : 물리 계층(Physical Layer)
- 장치와 전송 매체 간 인터페이스의 특성 규정, 전송 매체의 유형 규정, 전송로의 연결·유지·해제를 담당하는 계층이다.
- 통신 회선, 채널 등과 같이 시스템 간에 정보 교환을 위한 전기적인 통신 매체로 회선 연결을 확립·유지·단절하기 위한 기계적, 전기적, 기능적, 절차적 특성을 정의한다.

② 2단계 : 데이터 링크 계층(Data Link Layer)
- 두 시스템의 전송 링크에서 데이터 단위를 물리적 링크를 통하여 안전성 있게 전송하는 계층이다.
- 전송로에서 정보 전송을 담당하며 에러 제어, 전송 제어, 흐름 제어 등의 기능을 수행한다.
- 인접된 호스트(Host) 간에 데이터 전송을 수행하고, 링크의 에러 검출, 공유, 동기화 등을 제공한다(프레임을 동기화).

③ 3단계 : 네트워크 계층(Network Layer)
- 송신측 노드로부터 여러 네트워크 경로를 거쳐 수신측 노드까지 안전하게 전송하는 계층이다.
- 통신 시스템 간의 최단 경로 배정, 트래픽 제어, 패킷 정보 전송, 라우팅(Routing) 기능을 제공한다.

④ 4단계 : 전송 계층(Transport Layer)
- 통신 종단 사용자(End-to-End) 간에 투명하고, 균일한 전송 서비스를 제공하는 계층이다.
- 전송 데이터의 다중화, 중복 데이터의 검출, 누락 데이터의 재전송 등의 기능을 담당한다.
- 상위 계층과 하위 계층의 인터페이스 역할을 하며, 시스템 간의 에러 제어와 흐름 제어 등의 종단 간 신뢰성을 제어한다.
- 서비스 단계는 전송 연결 설정 → 전송 연결 해제 → 데이터 전송 → 다중화와 분리(분할) 순서이다.

⑤ 5단계 : 세션 계층(Session Layer)
- 응용 프로그램의 대화 구성과 동기를 취하며, 데이터 교환 관리를 위한 수단을 제공하는 계층이다.
- 응용 프로그램의 연결 설정, 유지 및 해제, 송신권 제어, 동기점 표시 기능을 담당한다.
- 전송하려는 정보의 일정 부분에 체크 점(Check Point)을 둔다.
⑥ 6단계 : 표현 계층(Presentation Layer)
- 데이터 구문(Syntax) 내에서 인식이 가능한 표준 형식(코드 변환, 구문 검색 등)으로 재구성하는 계층이다.
- 응용 계층에서 받은 데이터를 세션 계층이 다룰 수 있는 형태로 부호화하고, 세션 계층에서 받은 데이터를 응용 계층이 이해할 수 있는 형태로 변경한다.
- 서비스 기능으로는 접속 설정 기능, 문맥 관리 기능, 정보 전송 기능, 대화 제어 기능 등이 있다.
⑦ 7단계 : 응용 계층(Application Layer)
- 사용자가 OSI 환경을 이용할 수 있도록 파일 처리 서비스나 파일 전송 서비스를 관리한다.
- 네트워크 환경에서 사용자 인터페이스를 제공한다.

THEME 090   데이터 교환 방식

회선 교환(Circuit Switching) 방식

① 전송 데이터의 에러 제어나 흐름 제어는 사용자가 수행하며, 데이터 전송률은 동일한 전송 속도로 운영된다.
② 메시지가 전송되기 전에 발생지에서 목적지까지 물리적 통신 회선이 연결되어야 한다.
③ 데이터 전송량이 많지 않은 경우 경제적이지만 코드 변환이 불가능하다.
④ 고정 대역폭으로 전체 경로가 확보되어야 하며, 확립과 단절 절차가 필요하다.
⑤ 많은 양의 데이터 전송과 길이가 긴 연속 데이터 전송에 유리하다.
⑥ 트랜잭션이 불가능하므로 축적 교환(메시지, 패킷) 방식에 적합하다.
⑦ 물리적 연결은 다른 회선을 공유하지 못하므로 송수신 간 회선의 이용 효율이 저하된다.
⑧ 접속 시 오랜 시간이 소요되며, 전파 지연이 가장 짧다.
⑨ 제어 신호(Control Signal)에는 감시(Supervisory) 제어 신호, 주소(Address) 제어 신호, 통신망 관리(Communication Management) 제어 신호 등이 있다.

메시지 교환(Message Switching) 방식

① 회선 교환 방식의 대역폭 점유를 해결하며, 네트워크에서 속도나 코드 변환이 가능하다.

② 전송 데이터의 길이가 다양할 뿐만 아니라 데이터의 양이 많아 전송 지연 시간이 매우 길다.

③ 메시지마다 전송 경로가 달라 수신 주소를 붙여 전송하지만 송수신측이 사용 가능한 상태에서는 불필요하다.

④ 방송이나 다목적지 전송과 이용자의 상황에 따라 우선순위 전송이 가능하다.

⑤ 네트워크의 음성 연결을 사용할 수 없으며, 응답 시간이 느리다.

⑥ 하나의 채널을 여러 메시지가 공유할 수 있어 선로의 효율이 높다.

⑦ 수신측이 없어도 지연 후 전송이 가능하고, 실시간 처리에 적합하지 않다.

패킷 교환(Packet Switching) 방식

① 회선 교환 방식과 메시지 교환 방식의 장점을 결합한 것으로 모든 사용자 간의 빠른 응답 시간을 제공한다.

② 패킷에 대한 우선순위를 부여할 수 있으며, 방송 형태의 전송이 가능하다.

③ 통신망은 제어 정보를 사용하여 패킷이 수신처에 정확하게 전달되도록 한다.

④ 다수 사용자 간의 비대칭적 데이터 전송을 원활하게 하고, 채널과 포트의 통계적 다중화 기능을 제공한다(Store-and-Forward 방식).

⑤ 통신에 과부하가 발생하면 전송 지연이 발생하지만 패킷의 송신은 가능하다.

⑥ 패킷을 적절한 경로를 통해 오류 없이 목적지까지 전달하기 위한 기능으로 흐름 제어, 에러 제어, 트래픽 제어, 경로 배정 등이 있다.

⑦ 전송량 제어와 속도 변환이 용이하고 융통성이 있으며, 회선 이용률이 높다.

⑧ 전송에 실패한 패킷에 대해서 재전송 요구가 가능하다.

⑨ 대량의 데이터 전송에 부적합하고, 패킷별 오버헤드가 발생한다.

THEME 091　토폴로지(Topology)

버스형(Bus Topology)

① 다중 네트워크 중 가장 간단한 형태로 모든 네트워크 노드가 같은 선으로 연결되어 있다.

② 각 노드는 고유한 노드를 나타내는 할당 주소를 표시한다.

③ 일반적으로 설치가 용이(확장성)하여 LAN의 대부분이 버스형 구조를 갖는다.

④ 오류의 발생 위치를 찾기 힘들며(신뢰성), 버스 회선이 고장 나면 전체 통신이 두절된다.

계층형(Tree Topology)

① 분산 형태의 구조를 가지며, 데이지 체인(Daisy Chain)으로 연결된 여러 개의 선형 버스들로 구성된다.

② 하나의 선형 버스로 연결된 허브는 두 개 이상의 버스로 분리한다.

③ 단방향 데이터 전송에 적합하며, 통신망의 신뢰도가 높다.

④ 통신 선로가 가장 짧아 제어 및 관리, 확장이 용이하며, 분산 처리 시스템이 가능하다.

⑤ 중앙에서 병목 현상이 발생할 수 있으며, 특정 노드에 단말기가 집중되면 통신 속도가 저하된다.

성형(Star Topology)

① 모든 스테이션이 중앙 스위치에 연결된 형태로 두 스테이션은 회선 교환에 의해 통신을 한다.

② 온라인 시스템의 전형적인 형태로 중앙의 서버 또는 허브가 각 노드들을 연결한다.

③ 각 노드는 별도의 전선으로 중앙 시스템에 일대일로 연결된다.

④ 중앙 집중식 형태로 중앙 컴퓨터 고장 시 전체 시스템에 문제가 발생한다.

⑤ 네트워크의 확장이 용이하며, 회선 교환 방식에 적합하다.

⑥ 노드의 추가 및 증설이 간단하고, 문제가 발생한 통신에서 고장 발견이 용이하다.

링형(Ring Topology)

① 고리 모양의 네트워크 형태로 노드에서 노드로 신호를 보내어 작동한다.

② 각 노드에서 분산 제어와 양방향 전송이 가능하다.

③ 컴퓨터나 단말기가 인접될 때 경제적이며, 노드의 수를 늘려도 신호의 손실이 적다.

④ 두 노드 사이의 채널이 고장 나면 전체 네트워크가 손상될 수 있으므로 통신망의 재구성이 어렵다(보안이 어려움).

⑤ 고장 단말에 대한 우회 기능과 통신 회선의 이중화가 필요하다.

망형(Mesh Topology)

① 모든 단말기와 단말기들을 직통 회선으로 연결한 통신망으로 노드의 연결성이 높다.

② 공중 통신 네트워크에서 주로 사용되며, 많은 양의 통신을 필요로 하는 경우 유리하다.

③ 장애 발생 시 다른 경로를 통하여 데이터 전송이 가능하므로 신뢰성이 높다.

④ 백본(Backbone)망 구성에 이용하며, 분산 처리 시스템과 광역 통신망(WAN)에 적합하다.

⑤ 통신 회선의 총 경로가 가장 길게 소요된다.

⑥ 통신 회선의 링크 수는 $n = N(N-1) \div 2$개이다(n : 회선 수, N : 노드 수).

THEME 092 네트워크의 형태

근거리 통신망(LAN)

① 건물, 기업, 학교 등 비교적 가까운 거리에 있는 컴퓨터들끼리 연결하는 통신망이다.

② 수백 개의 서로 다른 유형의 컴퓨터를 포함하며 유선 케이블, 적외선 링크, 소형 무선 송수신기 등을 이용하여 통신한다.

③ 컴퓨터와 이동 단말기 등을 무선으로 연결하는 통신용 송수신기로 블루투스(Bluetooth)가 사용된다 (무선 LAN에는 효율성, 확장성, 이동성 등을 제공).

④ 전송 거리가 짧아 고속 전송이 가능하며, 전송 오류가 적다.

⑤ 다양한 통신 기기의 연결이 용이하며, 네트워크에 포함된 자원을 공유한다.

⑥ 음성, 이미지, 동영상과 같은 정보의 통합 처리와 파일 공유가 가능하다.

⑦ 고성능 시스템으로 구성할 수 있어 경제성이 높고, 패킷 지연이 최소화된다.

⑧ 망의 구성 형태에 따라 성형, 버스형, 링형, 계층형 등으로 분류한다.

도시권 정보 통신망(MAN)

① 대도시 근교에서 도시와 도시를 연결한 통신망이다.

② LAN과 WAN의 중간 형태로 도시 전체를 대상으로 구축한다.

③ 전용 회선을 분할하는 교환 기능이 가능하며 음성, 영상, 화상 등의 정보를 통합한다.

④ 저렴한 비용으로 고속 통신을 할 수 있으며, 전송 매체는 광섬유를 사용한다.

광대역 통신망(WAN)

① 국가와 국가 또는 전 세계의 컴퓨터가 하나로 연결된 광범위한 통신망이다.

② 복잡한 네트워크의 효과적인 관리와 원거리 데이터 전송이 가능하다.

③ 넓은 지역을 연결하므로 에러 발생률이 비교적 높다.

④ 통신 사업자가 제공하는 전용선, 패킷 교환망, ISDN 등의 통신 회선 서비스를 사용한 광역 네트워크로 전문성과 안전성이 높다.

부가 가치 통신망(VAN)

① 통신 사업자로부터 대용량 회선을 임대하여 통신망을 구축하고, 인터넷에서 구할 수 없는 새로운 정보나 서비스를 제공하는 통신망이다.

② 회선의 재판매를 목적으로 하는 회선 대여업이다.

③ 전화 교환, 패킷 교환, 회선 교환, 전용 회선의 각 서비스 망을 구축한다.

전송 기능	기본적인 통신 기능으로 단순히 전송만 한다(물리적 회선).
교환 기능	패킷 교환 방식과 회선 교환 방식이 있다(주로 패킷 교환 방식을 이용).
통신 처리 기능	축적 기능은 전자 사서함, 데이터 교환, 동보 통신 기능 등을 담당하고, 변환 기능은 속도 변환, 코드 변환, 미디어 변환, 프로토콜 변환 등을 담당한다.
정보 처리 기능	재고 관리, 인사 관리, 급여 관리 등의 정보 처리 서비스와 데이터베이스 구축, 정보 검색 서비스 등의 서비스로 구분한다(VAN에서만 제공).

종합 정보 통신망(ISDN)

① 문자, 음성, 이미지, 동영상, 전화, 팩시밀리 등을 하나로 통합한 디지털 통신망이다.

② 전화 교환망에 디지털 기능을 추가하여 새로운 통신 서비스를 제공한다.

③ 회선 모드와 패킷 모드의 전송 방식을 통합적인 디지털망으로 확장한다.

④ 음성(비음성) 서비스를 포함한 광범위한 서비스를 제공하며, 채널은 B, D, E 등이 있다.

⑤ 하나의 회선을 통하여 단말 장치와 통신망이 연결된 여러 서비스를 제공하므로 회선 교환과 패킷 교환의 동시 사용이 가능하다.

⑥ 음성 신호와 컴퓨터 단말기에서 사용되는 신호, 텔레비전의 영상 신호 등을 하나의 통신망으로 연결한다(64Kbps의 디지털 접속 기능을 제공).

광대역 종합 정보 통신망(B-ISDN)

① 동영상 및 고속 데이터 전송이 가능한 광통신 기술을 기반으로 광범위한 서비스를 제공하는 디지털 공중 통신망이다.
② 패킷 교환 방식과 회선 교환 방식을 통합한 비동기식 전송 방식(ATM)을 사용하며, 데이터 전송 단위는 53바이트 셀을 이용한다.

공중 전화 교환망(PSTN)

① 교환기를 통해 가입자들 사이의 전화를 연결, 음성 데이터 교환 서비스를 제공하는 통신망이다.
② 일반 가정에서의 전화 회선으로 각종 데이터 통신 서비스를 제공한다.
③ 서비스 종류는 데이터 통신(모뎀 이용), 팩시밀리, 비디오텍스, 텔레텍스트 등이 있다.

비대칭 디지털 가입자 회선(ADSL)

① 전화 회선을 통해 높은 대역폭의 디지털 정보를 전송하는 기술이다.
② 최근 고속 인터넷 통신을 위한 기술로 데이터 통신과 일반 전화를 동시에 이용할 수 있다.
③ 전화국과 각 가정이 1 : 1로 연결되어 있어 고속 데이터 통신이 가능하다.
④ 전화국에서 사용자까지의 하향 신호는 고속 통신이고, 사용자에서 전화국까지의 상향 신호는 저속 통신이다.
⑤ 음성 통신은 낮은 주파수 대역을 이용하고, 데이터 통신은 높은 주파수 대역을 이용하기 때문에 혼선이 없고, 통신 속도도 떨어지지 않는다.
⑥ 쌍방향 서비스로 이루어지는 원격 진료나 원격 교육 서비스에서는 효율이 떨어진다.

초고속 디지털 가입자 회선(VDSL)

① 전송 거리가 짧은 구간에서 고속의 데이터를 비대칭으로 전송하는 초고속 디지털 전송 기술이다.
② 양방향 서비스 속도가 비슷하며, 고화질의 영상 회의를 제공한다.

비동기 전송 모드(ATM)

① ISDN(B-ISDN)의 전송 모드로 음성과 영상이 같은 멀티미디어 데이터를 전송하는 방식이다.
② 전송 효율이 좋아 디지털 통신망 중 속도가 가장 빠르다.
③ 패킷 라우팅(Packet Routing)을 기반으로 셀 릴레이(Cell Relay) 방식을 사용한다.

04 인터넷과 보안

THEME 093 인터넷(Internet)

인터넷(Internet)

① 1969년 미 국방성에서 군사 목적으로 구축된 ARPANet에서 시작되었다.

② 전 세계의 수많은 컴퓨터와 네트워크들이 연결된 통신망으로 UNIX를 기초로 한다.

③ 다양한 자원의 분산과 공유가 가능하며, 모든 호스트는 32Bit의 고유한 IP 주소를 갖는다.

④ TCP / IP 프로토콜을 기반으로 클라이언트 / 서버 형태의 시스템으로 작동한다.

인터넷 접속 방식

① **전용선 방식** : 인터넷 서비스 업체(ISP)에서 회선을 할당받아 컴퓨터에 연결하는 방식으로 속도에 따라 ISDN(64Kbps), T1(1.544Mbps), E1(2.048Mbps), T2(6Mbps), T3(45Mbps) 등으로 구분한다.

② **ISDN 방식** : 일반 전화선을 사용하며, 하나의 회선으로 두 개의 서비스가 가능한 방식으로 128Kbps{(64Kbps)×2}의 빠른 속도를 제공한다.

③ **SLIP 방식** : 전화선 등을 이용하여 직렬 통신을 하는 인터넷 프로토콜 방식으로 압축과 에러 감지 기능이 없으며, IP를 자동 할당한다(속도 9,600bps 이하).

④ **PPP 방식** : TCP / IP에서 오류 검출과 데이터 압축을 추가한 다중 프로토콜 방식으로 압축과 에러 감지 기능이 있으며, IP를 수동 할당한다(속도 9,600bps 이상).

인터넷 주소 체계

① 인터넷에 연결된 컴퓨터를 식별하기 위한 주소로 호스트 컴퓨터, 기관 종류, 국가 등으로 구성한다.
② 숫자로 구성된 IP 주소와 문자로 구성된 도메인 이름(Domain Name)으로 나뉜다.
③ 네트워크에 연결된 호스트는 Network ID가 동일하고, Host ID는 네트워크를 고유의 것으로 식별한다.
④ 인터넷 주소는 각 국의 NIC(Network Information Center)에서 관리하되, 미국과 NIC가 없는 국가는 InterNIC에서, 우리나라는 KRNIC에서 관리한다.

IPv4

① 현재 사용하는 IP 주소로 32비트를 8비트씩 4개의 점(.)으로 나누어 표시한다.
　예 179.145.1.22
② 5개의 클래스로 구성되며, 현재 할당된 주소는 대부분이 C Class이다.

클래스	설명
A Class	국가나 대형 통신망에서 사용(최대 16,777,214개의 호스트를 사용)
B Class	중·대규모의 통신망에서 사용(최대 65,534개의 호스트를 사용)
C Class	소규모의 통신망에서 사용(최대 254개의 호스트를 사용)
D Class	멀티캐스트용으로 사용
E Class	실험용으로 사용

IPv6

① IPv4의 주소 공간을 4배 확장한 것으로 128비트를 16비트씩 8개로 나누어 표시하며, IP는 쌍점(:)으로 구분한다.
② 현재 IP 주소의 부족 현상을 해소하기 위한 차세대 IP 주소 체계이다.
③ IPv4와의 호환성이 뛰어나며, IPv4와 비교했을 때 자료의 전송 속도가 빠르다.
④ 인증성, 기밀성, 데이터 무결성의 지원으로 보안 문제를 해결할 수 있다.
⑤ 실시간 흐름 제어로 향상된 멀티미디어 기능을 제공한다.

IPv4 → IPv6 전환 전략의 종류

① 듀얼 스택(Dual Stack) : 하나의 시스템에서 IPv4와 IPv6를 동시에 처리하는 기술이다.
② 터널링(Tunneling) : 2개의 IPv6 사이에 IPv4망이 존재하는 경우 IPv6를 IPv4 속에 캡슐화하여 사용하는 기술이다.
③ 변환(Translation) : IPv6망을 IPv4로 변환하거나 그 반대로 변환하는 기술이다.

도메인 이름(Domain Name)

www.wizplanet.co.kr
→ 호스트 이름, 기관 이름, 기관 종류, 국가 도메인

① 숫자로 구성된 IP 주소를 이해하기 쉽도록 문자로 표기하며, 영문은 대소문자를 구별하지 않는다.
② 영문자나 숫자로 시작하며 쉼표(,), 밑줄(_) 등의 특수 문자와 공백은 사용할 수 없다.
③ 주소 체제는 점(.)으로 구분하며, 오른쪽으로 갈수록 상위 도메인이다.
④ 호스트 이름, 기관 이름, 기관 종류, 국가 도메인으로 구성된다.
⑤ 국가별 도메인

국가명	도메인	국가명	도메인	국가명	도메인
한국	kr	영국	uk	프랑스	fr
중국	cn	호주	au	캐나다	ca
일본	jp	독일	de	러시아	ru

⑥ 기관(소속) 도메인

국제 도메인	기관(소속)	국내 도메인
com	일반 기업체, 회사	co
edu	교육 기관, 학교	ac
gov	정부, 공공 기관	go
int	국제 단체	
net	네트워크 관련 기관	ne
org	비영리 단체	or
	연구 기관	re
	개인	pe

DNS(Domain Name System)

① 문자로 입력된 도메인 이름을 컴퓨터가 인식하는 IP 주소로 변경하는 시스템이다.
② IP 주소와 호스트 이름 간의 변환을 제공하는 분산 데이터베이스이다.
③ URL의 도메인 이름과 호스트 이름을 DNS Server에 등록한다.

서브넷 마스크(Subnet Mask)

① IP 주소 중 서브넷을 결정하기 위해 사용하는 32비트의 번지 마스크로 TCP / IP 프로토콜을 설치하면 기본적으로 설정된다(IP 주소를 네트워크 주소와 호스트 주소로 구분).
② IP 주소의 공간 낭비 문제를 해결하기 위해 네트워크 번호를 사용하여 여러 연결망을 구축하며, 호스트 이름으로부터 IP 주소지에 대한 네트워크 이름을 규정한다.
③ IPv4의 서브넷 마스크는 IP 주소와 같이 32비트의 2진수로 구성되어 있다.
④ IP 주소와 달리 클래스에 대한 개념이 없고, 앞에서부터 순차적으로 1씩 증가한다.
⑤ 서브넷 마스크에서는 0이 표시되다가 중간 비트에 1이 나타나는 경우는 없다.

> **예** 올바른 표현 - 11111111.11111100.00000000.00000000
> 잘못된 표현 - 11111000.11111111.11111111.11110000

클래스	각 클래스별 기본 서브넷 마스크
Class A	255.0.0.0
Class B	255.255.0.0.
Class C	255.255.255.0

⑥ 서브넷 마스크를 255.255.255.224로 설정한 경우 서브넷 주소 할당을 위해서 맨 끝 3자리를 이진수로 표현한다. 즉, 224를 2진수로 표현하면 $11100000_{(2)}$ 이며, 2진수 앞쪽에 1부분이 3자리이고, 뒤쪽에 0부분이 5자리인데, 앞쪽 3자리가 서브넷 수를, 뒤쪽 5자리가 호스트 수와 관련된다(서브넷 수 : $2^3 = 8$개, 호스트 수 : $2^5 = 32$개). 서브넷은 총 8개이므로 #1부터 #8까지 서브넷 주소를 책정하고, 각 서브넷 당 호스트 수는 32개로 배치한다.
⑦ 서브넷 마스크와 대응하는 공인 IP의 호스트 ID 부분을 전부 0으로 만들면 해당 서브넷의 네트워크 주소가 되고, 각 서브넷 주소 범위 중 마지막 주소가 브로드캐스트 주소가 된다.

브로드캐스트(Broadcast) 주소

① 데이터 전송 시 특정 노드가 아닌 전체 네트워크에 보내는 것으로 해당 주소에 데이터를 보내면 전체 네트워크에 브로드캐스트를 할 수 있다.

② 해당 주소를 이용하면 전체 LAN에 연결되어 있는 노드에게 데이터를 보낼 수 있다.

③ 브로드캐스트는 메시지가 한 호스트에서 가상의 다른 모든 호스트로 전송하는 것이다.

④ 호스트 비트가 모두 1인 주소로 192.168.1.0이라는 네트워크 주소에서는 192.168.1.255가 브로드캐스트 주소이다.

⑤ 255.255.0.0, 255.255.255.0처럼 서브넷 끝이 0으로 끝나는 경우는 호스트 비트가 모두 1인 브로드캐스트가 된다.

> **예** 11000000.10101000.00000001.00000000 = 192.168.1.0
> 11111111.11111111.11111111.00000000 = 255.255.255.0

⑥ 서브넷 끝이 255.255.255.128처럼 0으로 끝나지 않는 경우는 다음과 같은 조건에서 IP 주소와 서브넷 마스크를 2진화하여 2진 배열로 표시한다.

> [조건]
> • IP 주소 : 192.168.2.2 / 서브넷 마스크 : 255.255.255.128
> • 네트워크 주소 : 192.168.2.0 / 브로드캐스트 주소 : 192.168.2.127
> ↓
> • 11000000.10101000.00000010.00000010 = 192.168.2.2
> • 11111111.11111111.11111111.10000000 = 255.255.255.128

⑦ 네트워크 주소 영역은 서브넷의 25비트에 해당하므로 브로드캐스트 주소 영역을 계산하기 위해서는 호스트 비트를 모두 1로 만든다.

⑧ 서브넷 마스크가 0으로 끝나는 경우가 아니면 호스트 주소에 네트워크 주소를 더한다.

인터넷 프로토콜

① TCP / IP

- 가장 기본적인 프로토콜로 네트워크에서 연결된 시스템 간의 데이터를 전송한다.
- 컴퓨터 기종에 관계없이 인터넷 환경에서의 정보 교환이 가능하다.
- OSI 계층 구조에서 총 4개의 계층(링크 계층, 인터넷 계층, 전송 계층, 응용 계층)으로 이루어진다 (네트워크 환경에 따라 여러 개의 프로토콜을 허용).

프로토콜	설명
TCP	• 메시지나 파일을 작은 패킷으로 나누어 전송하거나 수신된 패킷을 원래의 메시지로 재조립한다. • 신뢰성과 보안성이 우수하며, 연결형 프로토콜 방식을 사용한다. • 접속형(Connection-Oriented) 서비스, 전이중(Full-Duplex) 전송 서비스 등을 제공한다. • OSI 7계층 중 전송 계층(Transport Layer)에 해당한다.
IP	• 각 패킷의 주소 부분을 처리하여 패킷이 목적지에 정확하게 도달할 수 있도록 한다. • 인터넷의 중심이며, 비연결형 프로토콜 방식을 사용한다. • 경로 설정(Routing) 서비스 등을 제공한다. • OSI 7계층 중 네트워크 계층(Network Layer)에 해당한다.

② HTTP

- WWW를 이용할 때 서버와 클라이언트 간의 정보 교환 프로토콜이다.
- 웹 서버와 클라이언트가 상호 통신을 하기 위해 사용한다.

③ ARP

- IP 주소를 물리적 네트워크 주소로 대응시키기 위해 사용하는 프로토콜이다.
- 컴퓨터의 IP 주소만 알고 MAC 주소를 모르는 경우 IP 주소로부터 MAC 주소를 찾는다.

④ RARP

- 네트워크상에서 물리적인 네트워크 주소(MAC; Media Access Control)를 IP 주소로 대응시키기 위해 사용하는 프로토콜이다.
- 호스트가 IP 주소를 모르는 경우 이를 서버로부터 요청하기 위해 사용한다.

⑤ NNTP

- 뉴스 그룹에 있는 글을 관리하기 위해 사용되는 프로토콜이다.
- 유즈넷 서비스에서 기사 내용을 전달한다.

⑥ DHCP

- 네트워크상에서 IP 주소를 관리하거나 할당할 수 있는 프로토콜이다.
- 주소를 자동으로 설정하는 방식을 사용한다.

⑦ UDP

- 네트워크에서 컴퓨터 간 메시지 교환 시 제한된 서비스만을 제공하는 프로토콜이다.
- TCP의 대안으로 IP를 사용하여 데이터를 전송한다.

⑧ ICMP
- 호스트 서버와 게이트웨이 사이에서 메시지를 제어하거나 에러를 알려주는 프로토콜이다.
- 네트워크 계층을 관리하거나 제어하는 등 다양한 기능을 제공한다.

⑨ SNMP
- 가장 광범위하게 사용되고 있는 네트워크 관리 시스템 프로토콜이다.
- 네트워크 장치 및 동작을 감시한다.

인터넷 서버

서버	특징
DNS Server	• 도메인 주소를 IP 주소로 변환시켜 주는 서버이다. • 도메인 이름과 이에 대응하는 IP 주소의 데이터베이스를 원하는 컴퓨터에 제공한다.
PROXY Server	• 방화벽(Firewall) 내부에 있는 클라이언트가 외부 접근을 요청했을 때 클라이언트 대신 다른 인터넷상의 서버에 직접 접속하는 서버이다(보안, 중개, 캐시 기능을 가짐). • 웹 브라우저에서 프락시(PROXY)를 지정하면 웹 클라이언트에서 요청되는 URL이 해당 서버에 연결되는 것이 아니라 프락시 서버에 연결된다. • 프락시 요청을 받은 서버는 URL의 해당 서버와 접속하여 요청을 보내고, 클라이언트 대신 응답을 받아 이를 클라이언트에 넘겨주는 역할을 한다.
DHCP Server	• 동적 IP 주소를 할당하는 서버로 IP 주소의 풀(Pool)과 클라이언트 설정을 관리한다. • DHCP를 사용하면 네트워크에 연결되어 있는 컴퓨터가 시동될 때 DHCP 서버로부터 IP 주소와 구성 매개 변수를 동적으로 할당받아 자동으로 TCP / IP 설정이 이루어진다.
WEB Server	• 클라이언트 / 서버 모델과 웹의 HTTP를 사용하여 웹 페이지가 들어 있는 파일을 사용자에게 제공하는 서버이다. • 인터넷의 월드 와이드 웹(WWW) 서비스 제공에 필요한 컴퓨터 시스템이다.

인터넷 서비스

URL (Uniform Resource Locator)	• 자원의 위치를 나타내는 표준 주소 체계로 정보에 대한 접근 방법, 위치, 파일명 등을 표시한다. • 접근 프로토콜: // IP 주소 또는 호스트 도메인 이름[:포트 번호] / 파일 위치(경로) / 파일 이름 순서로 나타낸다.
전자 우편 (E-mail)	• 인터넷에서 다양한 데이터(문서, 그림, 동영상 등)를 편지로 주고받을 수 있는 서비스로 사용자 ID 다음에 '@' 기호를 붙이고, 메일 서버의 호스트 주소를 입력한다(△△△@hanmail.net). • 전자우편에 사용되는 프로토콜로는 SMTP, POP3, IMAP, MIME가 있다.
전자상거래 (E-Commerce)	• 컴퓨터에서 거래를 할 수 있도록 전자 금융, 전자 문서 교환, 전자 우편 등의 서비스를 제공하며 유형에 따라 B2B(기업과 기업), B2C(기업과 소비자), C2C(소비자와 소비자) 등으로 나눈다. • 신용 카드로 거래를 할 경우 SET(Secure Electronic Transaction) 프로토콜이 필요하며, 개인 정보의 유출 위험성 있어 신뢰도 문제가 발생한다.
WWW (World Wide Web)	• 하이퍼텍스트를 기반으로 멀티미디어 데이터(문자, 화상, 동영상 등)를 제공하는 서비스이다.

고퍼 (Gopher)	• 인터넷 정보에 대하여 메뉴 형식으로 정보 검색을 하는 서비스이다.
아키 (Archie)	• 전 세계 인터넷상에서 익명의 FTP 사이트 정보를 검색하는 서비스이다.
파일 전송 (FTP: File Transfer Protocol)	• 인터넷을 통하여 파일을 송수신할 수 있는 서비스이다.
원격 접속 (Telnet)	• 멀리 떨어져 있는 컴퓨터에 접속하여 마치 자신의 컴퓨터처럼 사용할 수 있도록 하는 서비스이다.
유즈넷 (Usenet)	• 분야별로 공통의 관심사나 다양한 뉴스를 주제별로 나누어 토론 형식으로 정보를 주고받을 수 있는 전자 게시판 서비스이다.
메일링 리스트 (Mailing List)	• 일정 그룹에 속한 모든 사람들에게 관심 있는 주제의 전자 우편을 보내는 서비스이다.
웨이즈 (WAIS)	• 키워드를 사용하여 방대한 데이터베이스로부터 데이터를 검색하는 서비스이다.
IRC (Internet Relay Chat)	• 인터넷에서 사용자들이 서로 채팅을 할 수 있는 서비스이다.
PING (Packet InterNet Groper)	• 원격지 컴퓨터가 인터넷에 연결되어 제대로 작동하고 있는지를 확인하는 서비스이다.

웹 브라우저(Web Browser)

① 하이퍼미디어 형태의 웹(WWW) 정보와 서비스를 사용할 수 있다.
② GUI 환경과 그래픽을 기반으로 문자, 음성, 동영상 등의 멀티미디어 정보를 검색할 수 있다.
③ 웹 페이지의 저장 및 인쇄, 자주 방문하는 사이트의 기억 및 관리, 전자 우편 및 HTML 문서 편집, 멀티미디어, 보안 등의 기능을 제공한다.
④ 익스플로러(Explorer), 넷스케이프(Netscape), 파이어 폭스(Fire Fox), 크롬(Chrome), 오페라(Opera), 모자이크(Mosaic), 핫자바(Hot Java) 등이 있다.

인트라넷(Intranet)

기업 내 네트워크를 인터넷의 정보망에 연결하여 낮은 비용으로 회사 업무 네트워크를 구축하는 시스템이다.

엑스트라넷(Extranet)

인트라넷의 범위를 확대해서 기업 대 기업을 대상으로 정보를 공유한다.

포털 사이트(Portal Site)

인터넷에 처음 접속할 때 방문하는 웹 페이지로 전자 우편, 홈 페이지, 채팅, 게시판, 쇼핑 등의 서비스를 제공한다.

미러 사이트(Mirror Site)

다수의 이용자들이 동시에 접속할 경우 액세스 분산화와 네트워크 부하를 방지할 목적으로 같은 내용을 복사하고 저장한다.

풀(Pull)

브라우저가 웹 서버로부터 요청하여 받은 웹 페이지를 화면에 보여주는 방식이다.

푸시(Push)

요청하지 않은 정보를 웹 서버가 보내주며, 사용자는 이런 기술을 지원받기 위해서 별도의 플러그인 소프트웨어가 필요하다.

쿠키(Cookie)

웹 사이트의 방문 기록을 남겨 사용자와 웹 사이트를 매개해 준다.

캐싱(Caching)

자주 이용하는 사이트를 하드디스크에 저장하고, 해당 자료에 접근하면 미리 저장한 하드디스크의 자료를 빠르게 보여준다.

미러링(Mirroring)

인터넷상의 사이트와 동일한 자료를 만들어 가까운 위치에서 전송받는다.

RSS(Really Simple Syndication)

뉴스나 블로그 등과 같이 콘텐츠가 자주 업데이트되는 사이트들의 정보를 자동적으로 사용자들에게 알려 주기 위한 웹 서비스 기술이다.

VoIP(Voice over Internet Protocol)

네트워크상에서 음성 데이터를 IP 데이터 패킷으로 변환하여 음성 통화를 가능하게 하는 기술로 음성, 문자, 비디오, 파일 전송 등의 다양한 기능을 지원한다(인터넷 환경에서 장거리 음성, 팩스 등 고품질의 PSTN을 제공).

가상 사설망(VPN)

인터넷과 같은 공중망(Public Network)을 마치 전용선으로 사설망(Private Network)을 구축한 것처럼 사용할 수 있는 방식이다.

IPSec(Internet Protocol Security)

인터넷 프로토콜에서 보안성을 제공해 주는 표준화된 기술로 데이터 송신자의 인증을 허용하는 인증 헤더(AH)와 송신자의 인증 및 데이터 암호화를 지원하는 ESP(Encapsulating Security Payload)의 보안 서비스를 제공한다.

인터네트워킹과 네트워크 보안

인터네트워킹

① 하나 이상의 네트워크를 상호연결하는 것으로 TCP / IP를 기본 프로토콜로 갖는다.

② 일반적으로 근거리 통신망(LAN)과 광대역 통신망(WAN)을 연결하는 것이다.

③ 인터네트워킹 장비로는 리피터, 브리지, 라우터, 게이트웨이가 있다.

리피터(Repeater)	• LAN의 전송 매체에서 흐르는 신호를 증폭, 중계하는 장치로 네트워크 간 데이터 신호를 전송한다. • OSI 7계층 참조 모델의 물리 계층(Physical Layer)에서 동작한다. • 네트워크 반경과 전송 거리를 연장하거나 배선의 자유도를 높이기 위해 사용한다.
브리지(Bridge)	• 두 개 이상의 LAN과 LAN을 네트워크로 연결할 때 사용하는 장치로 로컬 네트워크 연결에 유용하다(디지털 회선의 중간에 위치). • OSI 7계층 참조 모델의 데이터 링크 계층(Data Link Layer)에서 동작한다. • 모든 신호의 통신량을 조정하며, 패킷을 적절히 중계하고 필터링한다. • 네트워크에 연결된 단말들의 통신 프로토콜을 바꾸지 않고도 네트워크를 확장한다.
라우터(Router)	• LAN을 연결하여 정보를 주고받을 때 가장 효율적인 경로를 선택하여 패킷을 전송하는 장치이다(수신된 패킷에 의해 네트워크 노드를 결정). • OSI 7계층 참조 모델의 네트워크 계층(Network Layer)에서 동작한다.
게이트웨이(Gateway)	• 서로 다른 형태의 네트워크를 상호 접속하는 장치로 필요한 경우 형식, 주소, 프로토콜의 변환을 수행한다(LAN과 외부 네트워크를 연결). • OSI 7계층 참조 모델의 상위 계층(전송, 세션, 표현, 응용)에서 동작한다. • 프로토콜이 다른 네트워크 사이를 결합하는 것으로 TCP / IP 구조에서는 라우터와 게이트웨이를 동일하게 간주한다.

네트워크 보안

① 통신 네트워크에 관해 부당한 액세스, 또는 의도된 고장이나 조작에 의한 개입이나 파괴로부터 네트워크를 보호하기 위한 수단을 말한다.

② 패킷 도난으로 네트워크 자체의 도청이 가능하기 때문에 이를 이용하여 암호를 누출당하거나 시스템을 파괴당한다(암호나 전자 서명 등을 이용).

③ 네트워크와 프로토콜의 취약성에 의해 발생하며, 안전한 정보의 무결성을 보장한다.

④ 분산 시스템의 확산과 사용자 증가로 허가된 접근만 관리하는 정보의 비밀성을 유지한다.

⑤ NCSC(미국 국립 컴퓨터 보안센터)에서 규정한 보안 등급은 보안 정책, 접근 방식, 인증 정도에 따라 D1(낮음) → C1 → C2 → B1 → B2 → B3 → A1(높음)으로 구분한다.

⑥ KISC(한국 정보보호센터)는 정보화촉진기본법에 따라 K1(최저) ~ K7(최고) 등급까지 구분하며, K4 등급 이상의 보안 수준을 권장한다.

보안의 요구사항	특징
기밀성 (Confidentiality)	• 제3자에게 정보가 유출되는 것을 방지하기 위하여 비밀성을 유지하며, 보안이 필요한 시스템에 아무나 접근할 수 없도록 한다. • 기밀성은 대칭키를 사용하는 방식과 공개키를 사용하는 방식으로 암호화를 할 수 있다.
무결성 (Integrity)	• 데이터를 정확한 상태로 보존하는 것으로 정보를 변조하려는 시도로부터 보호한다. • 시스템 내의 정보는 인가받은 사용자만 수정할 수 있으며, 정보 전달 도중 데이터가 훼손되지 않도록 보호한다.
인증성 (Authentication)	• 정보를 보내는 사람의 신원을 확인하는 것으로 사용자 접근 권한 및 작업 수행을 조사한다. • 네트워크 보안 유지 수단의 하나로 네트워크에 접속하는 사용자 ID 등을 검사하여 거짓 인증으로부터 시스템과 정보를 보호한다.
가용성 (Availability)	• 사용 권한이 부여된 사용자라면 언제든지 시스템을 사용할 수 있으며, 정보의 파괴나 지체로부터 시스템을 보호한다.
접근 제어 (Access Control)	• 정보를 인가된 사용자에게만 접근하도록 제어하는 것으로 사용자의 상세한 정보를 제어한다. • 시스템의 자원 이용에 대한 불법적인 접근을 방지하며, 크래커의 침입으로부터 보호한다. • 데이터 보호나 비밀 유지 등으로 컴퓨터의 접근 통로를 최소화한다.
부인 방지 (Non-repudiation)	• 송신자의 송신 여부와 수신자의 수신 여부를 확인하는 것으로 전자상거래의 신뢰성과 안전성을 확보한다. • 정보 제공자 또는 수신자가 상대방의 정보 내용에 대해 부인하는 것을 방지한다.

전자 우편 보안

① PEM : 인터넷에서 이용되고 있는 정보 암호화 기술로 특정키가 있어야만 내용을 확인하며, 전자 우편에 암호 방식을 선정하여 송신한다(비밀키 / 공개키 암호화 방식을 사용).

② PGP : 인터넷에서 사용되는 기술로 PEM의 일부 기능만 수행하므로 보안성은 낮지만 사용하기에는 용이하며, 키 인증 권한을 집중시키지 않아 구현이 쉽다(공개키 암호화 방식을 사용).

웹 보안

① SSL : 웹 브라우저와 서버를 위한 보안 방법으로 비대칭형 암호 시스템을 사용한다.

② SET : 신용 카드나 금융 거래 안전을 위한 보안 접근 방법으로 RSA 암호화에 기초를 둔다.

③ SEA : 전자 서명, 암호 등을 통해 보안을 구현하며, SSL과 S-HTTP의 단점을 보완한다.

④ S-HTTP : 웹에서 안전하게 파일 교환을 할 수 있는 HTTP의 확장판이다.

전자 서명(Digital Signature)

① 자료나 메시지를 전송한 사람이 추후에 부인할 수 없도록 진짜 신원을 증명하기 위한 서명이다.

② 특정인을 확인하기 위하여 공개키 암호화 방식(RSA)을 사용한다.

③ 송수신자 신분을 암호화된 데이터로 메시지에 덧붙여 보내기도 하며, 전자상거래를 활용할 수 있다.

방화벽(Firewall)

① 외부로부터 허가되지 않은 사용자 접근을 제안하고, 중앙집중적인 보안 기능을 제공한다.

② 내부 네트워크에서 인터넷으로 나가는 패킷은 그대로 통과시키고, 인터넷에서 내부 네트워크로 들어오는 패킷은 내용을 체크하여 인증된 패킷만 통과시킨다.

③ 네트워크 내부에 있는 호스트를 외부로부터 보호하거나 외부의 정보 유출을 막기 위해 사용한다.

④ 외부의 침입 시도가 있을 때 네트워크 관리자에게 통보하는 기능이 있다.

침입 방지 시스템(IPS)

① 공격자가 특정 공격을 시도하기 전에 공격을 미리 차단하는 시스템이다.

② 침입 탐지 시스템의 동일한 동작과 기능을 지원하기 위해 Sniping과 Shunning을 사용한다.

③ Sniping 기술은 의심스러운 공격을 강제 종료시키고, Shunning 기술은 IP 주소를 막는 ACL (Access Control List)을 생성한다.

④ 방화벽을 재설정 하거나 다양한 로그(로그 서버와 소프트웨어)를 지원한다.

침입 탐지 시스템(IDS)

① 인가된 사용자 혹은 외부 침입자에 대해 컴퓨터 시스템의 허가받지 않은 사용이나 악용 같은 침입을 알아내기 위한 시스템이다.

② 네트워크 장비나 방화벽 시스템에서 모든 포트의 동작을 감시하고, 침입이 의심되는 패턴을 찾는다.

③ 각종 해킹 기법을 자체적으로 내장하여 실시간으로 감지 및 제어할 수 있도록 한다.

④ 사용자 시스템의 네트워크 또는 동작을 모니터링하거나 보안 정책 정보를 체크한다.

⑤ 우회 공격 기법의 탐지 취약점인 통합 로그를 관리하고 분석함으로서 예방할 수 있다.

⑥ 탐지 공격에 대한 자동 대응 및 근원적 차단의 한계성은 방화벽과 침입 탐지 시스템의 상호 연동을 통해 보완할 수 있다.

Network IDS	네트워크를 모니터링하는 시스템으로 암호화 세션에 대한 탐지가 어렵다.
Host IDS	호스트 기반의 감사 기록이나 수신 패킷 등을 검사하는 시스템으로 공격자의 프로세스를 강제 종료하는 기능을 지원한다.

네트워크 보안의 위험 요소

스니핑 (Sniffing)	• 네트워크 주변의 모든 패킷을 엿보면서 계정과 암호를 알아내는 행위이다. • 1회용 암호를 사용하거나 지정된 암호를 자주 변경한다. • 패킷 내용을 중간에서 도청하므로 암호화 프로토콜을 이용하여 통신한다.
패킷 스니핑 (Packet Sniffing)	• 인터넷 정보를 송수신할 때 패킷을 엿보는 프로그램을 이용하여 패킷을 가로채는 행위이다.
스푸핑 (Spoofing)	• 신뢰성 있는 사람이 네트워크를 통해 데이터를 보낸 것처럼 허가받지 않은 사용자가 데이터를 변조하여 접속하는 행위이다. • 가상 사설망(VPN)을 이용할 경우 IP Spoofing을 예방할 수 있다. • Blind Spoofing 방식과 Non-Blind Spoofing 방식이 있다.
피싱 (Phishing)	• 불특정 다수에게 메일을 발송해 위장된 홈페이지로 접속하도록 한 후, 인터넷 이용자들의 금융 정보 등을 빼내는 신종 사기 수법이다. • 금융기관이나 공공기관 등의 웹 사이트에서 보내온 메일로 위장하여 개인의 인증번호나 신용카드 번호, 계좌번호 등을 빼내 이를 불법적으로 이용한다.
트랩 도어 (Trap Door)	• 응용 프로그램이나 운영체제 개발 시 프로그램 오류를 쉽게 발견하기 위해 코드 중간에 중단 부분을 만들어 놓는 행위이다. • 최종 단계에서 삭제할 트랩 도어를 남겨두고, 해당 경로를 통해 악의적인 목적을 달성한다.
백 도어 (Back Door)	• 시스템에 무단 접근하기 위해 사용되는 일종의 비상구로 컴퓨터의 보안 예방책에 침입하는 행위이다.
트로이 목마 (Trojan Horse)	• 자기 복제 기능은 없지만 정상적인 프로그램으로 위장하고 있다가 프로그램이 실행되면 시스템에 손상을 주는 악의적인 루틴이다. • 대표적인 범죄 행위로는 논리 폭탄(Logic Bomb)이 있으며, 특정 환경이나 배포자의 의도에 따라 정보 유출, 자료 파괴 같은 피해를 입을 수 있다. • 원격 조정, 시스템 파일 파괴, 패스워드 및 키보드 입력 가로채기 등의 기능이 있다.
서비스 거부 공격 (DoS)	• 네트워크나 호스트에 많은 양의 트래픽을 증가시켜 통신을 방해하는 공격 방식으로 시스템이 다운되거나 시스템 자원을 사용할 수 없게 한다. • 로컬 호스트의 프로세서를 과도하게 사용함으로서 서비스에 장애를 준다. • 네트워크는 VLAN과 서브넷 등으로 나누어 구성하며, 네트워크의 트래픽을 관리한다.
분산 서비스 거부 공격 (DDoS)	• 많은 호스트에 패킷을 범람시킬 수 있는 공격용 프로그램을 분산 설치하여 표적 시스템의 성능을 저하시키거나 마비시키는 공격 방법이다. • 송신측의 IP를 속일 수 있으며, 피해 시스템의 경우 운영이 불가능하다. • 운영체제나 응용 프로그램의 주기적인 패치와 함께 기본적인 보안 관리 일정을 준비한다. • 라우터의 필터링 기능과 협정 접속률(CAR) 기능을 이용하여 차단한다.

THEME 097   암호화(Encryption)

암호화(Encryption)

① 데이터 전송 시 송신자가 지정한 수신자 외에는 해당 내용을 알 수 없도록 데이터를 암호화하여 안전하게 전송하는 보안 기술이다.

② 데이터를 암호화할 때 사용하는 키(암호키, 공개키)는 공개하고, 복호화할 때의 키(해독키, 비밀키)는 비공개한다.

대칭키 암호화

① 송신자는 데이터를 암호화하기 위해 암호화 알고리즘 키를 사용하고, 수신자는 데이터를 복호화하기 위해 복호화 알고리즘 키를 사용한다.

② 대칭키 알고리즘은 암호화하는 시간이 적게 소요되기 때문에 효율적이다.

③ 공개키보다 키 길이가 작기 때문에 긴 메시지를 암호화 및 복호화하는 데 주로 사용된다.

개인키 / 비밀키(Private / Secret Key) 암호화

① 대칭형 암호 방식으로 송수신자의 비밀키가 일치하는 것을 이용하여 암호를 해독한다.

② 암호 작성과 해독 기법에서 암호화 및 복호화를 위해 비밀 메시지를 교환하는 키이다.

③ 복호화 키의 비밀성을 유지하는 것이 핵심이며, 키를 잃어버리거나 도난당하면 암호화 시스템은 위협을 받는다.

④ 암호화 알고리즘은 DES(Data Encryption Standard)이다.

공개키 / 이중키(Public Key) 암호화

① 비대칭형 암호 방식으로 송신자가 암호화할 때의 사용키와 수신자의 복호화키가 서로 다르다.

② 정상적인 암호문 증명을 위해 지정된 인증기관(CA)에서 제공하는 키이다.

③ 구조가 복잡하여 시간이 많이 소요되고, 개체 사이의 연관 관계가 검증되어야 한다.

④ 공개키에서 생성된 개인키와 결합되어 메시지, 전자 서명의 암호화 및 복호화에 효과적으로 사용된다 (부인 방지 기능을 제공).

⑤ 공개키로 암호화한 것은 비밀키로, 비밀키로 암호화한 것은 공개키로 복호화한다.

⑥ 암호화 알고리즘은 RSA(Rivest, Shamir, Adleman)이다.

암호화 알고리즘

① DES(대칭키)
- 암호키와 복호키의 값이 서로 동일하며, 암호문 작성과 해독 과정에서 개인키를 사용한다.
- 여러 사람과 정보 교환 시 다수의 키를 유지하며, 사용자 증가에 따른 키의 수가 많다.
- 알고리즘이 간단하여 암호화 속도가 빠르고, 파일의 크기가 작아 경제적이다.

② RSA(공개키)
- 암호키와 복호키 값이 서로 다르며, 알고리즘이 복잡해 실행 속도가 느리다.
- 128비트 이상의 키를 사용하므로 비인가된 사용자가 암호를 풀기 어렵다.
- 적은 수의 키만으로 보안 유지가 가능하며, 데이터 통신 시 암호키를 전송할 필요가 없다.
- 메시지 부인 방지 기능이 있다.

해킹 기법

DOS (도스)	• 무의미한 서비스 요청 등의 반복을 통해 특정 시스템의 가용자원을 소모시켜, 서비스 가용성을 저하시키는 해킹 기법이다. • 지능형 / 학습형 보안장비를 도입하고 백신을 통한 보안관리, 인라인 구성의 IPS 구축으로 비정상 패킷 증가에 대한 차단을 강화하는 것으로 대응한다.
DDO (디도스)	• 서비스에 대한 정당한 접근을 방해하거나 차단하고자 네트워크에 분산되어 있는 많은 에이전트를 이용하여 공격대상 서버에 동시에 과도한 서비스 요청을 발생시키는 공격 기법으로 방어가 어렵다. • 비정상 IP 차단, 공격 IP 차단, Syn Proxy 사용, 서버 설정 변경, 웹 서버 증설, 불필요한 서비스 차단 DNS 서버 다중화 등으로 방어한다.
DRDOS (디알도스)	• 인터넷 TCP 서버들이 Syn / Ack 패킷을 Victim TCP 서버로 전송하여 리소스를 소진시키는 공격 기법이다. • 공격자가 공격 대상 시스템의 IP로 많은 시스템에 연결 요청을 보내고, 그에 대한 응답 패킷이 공격 대상 시스템으로 집중되어 대상 시스템이 서비스를 못하게 하는 공격 방법이다. • 포트번호 필터링, 반사서버의 무차별 이용 방지, 공격 플랫폼 책임(미가공소캣 API 기출을 플랫폼에서 삭제)으로 방어한다.
ARP 스푸핑	• 로컬에서 통신하고 있는 서버와 클라이언트의 IP 주소에 대한 2계층 MAC 주소를 공격자의 MAC 주소로 속여 클라이언트와 서버 간 통신 패킷을 중간에서 가로채는 공격이다. • 공격자는 이 패킷을 읽고, 확인한 후 정상적인 목적지로 향하도록 다시 돌려보내 연결이 끊어지지 않도록 유지하고 ARP Cache 테이블의 정보를 위조한다. • 정적 ARP 테이블을 이용하거나 DHCP Snooping 설정, 운영체제 레벨 탐지 등으로 대응한다.
IP 스푸핑	• TCP 기반의 네트워크 인증 메커니즘의 취약성을 이용하여 IP 주소 등을 변조하여 권한 및 주요정보를 획득하고, 서비스를 방해하기 위한 해킹 기법이다. • 인증, 세션 스니핑 등 취약점을 이용하는 공격 기법이다. • 세션정보를 추측 불가하게 만들고, HOST 인증을 강화하고, 연결 대상의 실제 유무를 파악하는 것으로 대응한다.
하이재킹 (Hijacking)	• 다른 사람의 세션 상태를 훔치거나 도용하여 액세스하는 해킹 기법이다. • 보안통신, ARP 스푸링(MAC 주소 고정), 트래픽 감시로 방어한다.

리플레이 공격 (Replay attack)	• 프로토콜상에서 유효 메시지를 골라 복사한 후 나중에 재전송함으로써 정당한 사용자로 가장하는 공격 기법이다. • 사용자가 과거 세션에서 서버와 통신했던 메시지를 공격자가 저장했다가 이후의 세션에서 이 메시지를 재전송하여 서버로부터 인증받게되는 공격 기법이다. • 패킷을 확인하여 오래된 메시지를 걸러내는 방법, 시퀀스번호를 확인하여 복제된 메시지를 걸러내는 방법, 세션의 만기를 최소화하고 사용자 브라우저를 종료하면 바로 세션 파기, 사용자의 IP 정보와 비교해서 일치하지 않으면 세션 파기, 토큰을 통한 세션 암호화, 2단계 인증 수행 등으로 방어한다.
크로스사이트 인젝션 (XSS)	• 사용자 요청에 의해 검증되지 않은 외부 입력이 포함된 동적 웹 페이지가 생성, 전송되는 경우, 사용자가 해당 동적 웹페이지 열람 시 웹페이지에 포함된 악성 스크립트가 실행되는 공격 기법이다. • 사용자 정보(계좌번호, 계정, 패스워드) 탈취를 통한 피싱, 사용자 세션 도용, 악성 코드 유포, 브라우저를 무한 반복 공격한다. • 외부로부터 입력된 문자열을 사용하여 경로 페이지를 생성할 경우, 사전에 위험 문자열을 제거한 후 사용한다.
CSRF 인젝션	• 로그인 한 피해자의 브라우저가 취약한 웹 애플리케이션에 요청을 보내도록 하여 피해자 대신 선택된 작동을 수행(일종의 DRDoS)한다. • 세션쿠키, SSL 인증서 등 자동으로 입력된 신뢰정보를 기반으로 사용자의 신뢰정보 내에서 사용자의 요청을 변조하여 해당 사용자의 권한으로 악의적 공격을 수행한다. • 게시판 스크립트 사용제한, '〈' 문자 입력 방지 및 제거, 게시판에 대한 주기적인 스캐닝, 각각의 HTTP 요청 URL이나 Body 내에 예측할 수 없는 토큰을 포함하는 것으로 방어한다.
SQL 인젝션	• 공격자가 입력한 데이터에 대한 유효성을 점검하지 않아 DB 쿼리 로직이 변경되어 공격자의 의도대로 중요 정보 유출 또는 DB 변경을 가하는 공격 기법이다. • 외부에서 입력받은 데이터를 SQL 명령의 일부나 전체로 사용하는 프로그램이 부적절한 SQL 명령을 수정할 수 있도록 특수문자 등을 제거하지 못한 경우 발생한다. • 외부 입력이나 외부 변수로부터 받은 값이 직접 SQL 함수의 인자로 전달되거나, 문자열 복사를 통해 전달되는 것은 위험하므로 질의문을 사용하여 방어한다.
블라인드 SQL 인젝션	• 악의적인 문자열 삽입 대신 쿼리 결과로 나오는 참, 거짓에 따라 서버의 반응만으로 DB의 정보를 취득하는 공격 기법이다. • 쿼리를 삽입하였을 때, 쿼리의 참과 거짓에 대한 반응을 구분할 수 있을 때에 사용되는 기술이다. • 입력된 변수에 대하여 구문 체크를 하도록 해, Coding 레벨에서 삽입된 SQL 구문을 차단, 파라미터 체크, DBA 관점에서 유저별 불필요한 권한 부여하지 않기, 웹 애플리케이션 사용자별로 필요한 권한을 체크해 최소 권한만 제공하는 정책, Static SQL 사용 지향 등으로 방어한다.
APT	• 다양한 IT 기술과 방식들을 이용해 조직적으로 경제적이거나 정치적인 목적을 위해 다양한 보안 위협들을 생산해 지속적으로 특정 대상에 가하는 일련의 공격 행위이다. • 특정 기업이나 조직 네트워크에 침투해 활동 거점을 마련한 뒤 정보를 외부로 빼돌리는 형태의 공격들을 총칭하는 말이다. • 명확한 타깃 목표를 정하고, 우회 공격(메일, 문자 등), 지능화, 지속적인 공격이 그 특징이다. • 고도의 기술력을 기반으로 행해지는 공격으로 단말과 단말 단위로 전방위적인 보안체계를 수립해야 한다. • 망분리와 요소기술을 기반으로 한 시스템 아키텍처를 제시해야 한다. • 침해사고 대응센터와 보안 대응센터를 운영하면서 예방과 대응활동을 균형 있게 추진해야 한다.

OWASP	• 소프트웨어의 보안을 개선하고자 만들어진 커뮤니티이다. • 국제 웹 보안 표준기구, 정보노출, 인젝션 결함, 악성파일, 보안 취약점 등을 연구한다. • 매년 OWASP Top10을 발표한다.
네트워크 포렌식	• 각종 네트워크 장비(방화벽, IDS, Router, Switch 등) 및 시스템 등의 In / Outbound 네트워크 트래픽으로부터 정보의 수집, 융합, 식별, 조사, 분석, 보고 등의 활동을 통해 법적 증거물로써 법원에 제출할 수 있도록 하는 일련의 절차 및 방법이다. • 네트워크 보안의 확장으로 해킹이나 보안 취약점 공격 등의 문제 발생 시 원인을 파악하고 공격자를 기소할 수 있는 충분한 증거를 확보하기 위한 활동이다.
모바일 포렌식	• 모바일 장치를 대상으로 하여, 범죄나 수사에서 디지털 증거를 수집, 식별, 추출, 보존, 문서화하여 법정에 제출하는 일련의 절차 및 방법이다. • PDA, 휴대폰, 내비게이션 등 저장장치가 컴퓨터의 저장장치와 다른 포맷을 갖고 있어 이에 대한 포렌식 분석을 말한다.
스마트폰 포렌식	• 디지털 포렌식의 일종으로 휴대폰, PDA, 내비게이션 시스템 등 모바일 기기를 대상으로 하여 디지털 증거를 수집, 식별, 추출, 보존, 문서화하는 과학적이고 논리적인 절차와 방법이다. • 기본 애플리케이션 포렌식 데이터, 사용자설치 애플리케이션 포렌식 데이터로 분리하여 데이터를 수집한다.
정보기술 모니터링	• 사용자의 컴퓨터에 설치된 특수한 소프트웨어를 이용하여 어떤 사람이나 조직에 관한 정보를 수집하고, 행동을 추적하는 기술이다.
평판 기반 탐지 보안	• 충분히 많은 사용자들의 평판정보를 통해 처음 보거나 잘 알려지지 않은 파일 및 애플리케이션 등의 신뢰도를 확인하고 디바이스를 감염시키도록 설계된 악성 코드(멀웨어)를 탐지하는 보안 기술이다.

THEME 098 　사물인터넷(IoT)과 보안

사물인터넷(Internet of Things)의 개요

① 사물인터넷(IoT)은 사물에 센서와 프로세서, 통신 장치를 장착하여 정보를 수집하고 제어·관리할 수 있도록 인터넷으로 연결되어 있는 시스템을 뜻한다. 즉, 인터넷에 연결된 기계들이 인간의 개입을 최소화한 상태에서 스스로 정보를 주고받아 처리한다.

② 사물인터넷을 구현하는 기술 요소로는 기계가 각종 센서를 통해 주변의 환경으로부터 정보를 받아들이는 센싱 기술, 사물을 인터넷과 연결하는 유무선 통신 기술, 서비스 분야에 적절하게 정보를 가공·처리·융합하는 서비스 인터페이스 기술 등이 필요하다. 또한 해킹이나 정보 유출을 막는 보안 기술도 반드시 필요하다.

③ 사물인터넷의 최종적 목표는 생활 주변의 모든 사물을 인터넷에 연결함으로써 사물의 특성을 보다 지능화하며, 인간의 개입을 최소로 줄여 자동화하고, 다양한 사물 간의 연결을 통해 정보를 공유·융합함으로써 서비스의 질을 극대화하는 것에 있다. 이처럼 사물인터넷은 생활 주변의 가정용 전자기기, 자동차, 유통·물류, 건강관리 등 상상 가능한 거의 모든 분야에서 활용할 수 있어 미래 발전성이 매우 높다.

④ 사물인터넷에서 '사물'의 범위
- 웨어러블 디바이스, 모바일 장치, 가전제품 등 다양한 임베디드 시스템 등 상호 간 통신을 위해 IP주소 등의 고유의 식별자를 가진 것
- 유무선 네트워크에서의 단말 장치뿐만 아니라 사람, 자동차, 교량, 전자장비, 문화재, 자연환경을 구성하는 물리적 사물

⑤ 사물인터넷의 구성
- 디바이스 : 데이터를 수집하는 각종 센서, 센서를 제어하는 액추에이터 및 통신 모듈 등
- 네트워크 : 근거리·장거리 무선 통신 또는 유선 통신 기술 등
- 플랫폼 : 인공지능, 빅데이터 등의 지능형 정보 기술로 구현된 서비스 프레임 워크 등
- 사물인터넷 서비스 : 스마트 홈, 헬스 케어, 환경 감시 및 원격 관리 등

사물인터넷의 보안 위협

① 유형별 주요 IoT 보안 위협(한국인터넷진흥원)

유형	주요 제품	주요 보안 위협	보안 위협의 원인
멀티 미디어	스마트 TV, 스마트 냉장고	• PC 환경에서의 모든 악용 행위 • 카메라·마이크 내장 시 사생활 침해	• 인증 메커니즘 부재 • 강도가 약한 비밀번호 • 펌 업데이트 취약점 • 물리적 보안 취약점
생활가전	청소기, 인공지능 로봇	• 알려진 운영체제 취약점 및 인터넷 기반 해킹 위협 • 로봇 청소기에 내장된 카메라에 의한 사생활 침해	• 인증 메커니즘 부재 • 펌 업데이트 취약점 • 물리적 보안 취약점
네트워크	홈캠, 네트워크 카메라	• 무선신호 교란, 정보유출, 데이터 위조·변조, 서비스 거부 • 사진 및 동영상의 외부 유출로 사생활 침해	• 접근 통제 부재 • 전송 데이터 보호 부재 • 물리적 보안 취약점
제어	디지털 도어락, 가스밸브	• 제어 기능 탈취로 도어락 임의 개폐	• 인증 메커니즘 부재 • 강도가 약한 비밀번호 • 접근 통제 부재 • 물리적 보안 취약점
	모바일 앱(웹)	• 앱(웹) 소스코드 노출로 IoT 기능 탈취	• 인증정보 평문 저장 • 전송 데이터 보호 부재
센서	온도·습도 센서	• 잘못된 또는 위조·변조된 온도·습도 정보 전송	• 전송 데이터 보호 부재 • 데이터 무결성 부재 • 물리적 보안 취약점

② IoT 공통 보안 7대 원칙(구 미래창조과학부)
- 보안 원칙 1 : 정보 보호와 프라이버시 강화를 고려한 IoT 제품·서비스 설계 → "Security by Design" 및 "Privacy by Design" 기본 원칙 준수
- 보안 원칙 2 : 안전한 소프트웨어 및 하드웨어 개발 기술 적용 및 검증 → 시큐어 코딩, 소프트웨어, 애플리케이션 보안성 검증 및 시큐어 하드웨어 장치 활용
- 보안 원칙 3 : 안전한 초기 보안 설정 방안 제공 → "Secure by Default" 기본 원칙 준수

- 보안 원칙 4 : 보안 프로토콜 준수 및 안전한 파라미터 설정 → 통신 및 플랫폼에서 검증된 보안 프로토콜 사용(암호·인증·인가 기술)
- 보안 원칙 5 : IoT 제품·서비스의 취약점 보안패치 및 업데이트 지속 이행 → 소프트웨어와 하드웨어의 보안 취약점에 대해 모니터링하고 업데이트 지속 수행
- 보안 원칙 6 : 안전한 운영·관리를 위한 정보 보호 및 프라이버시 관리 체계 마련 → 사용자 정보 취득 – 사용 – 폐기의 전 주기 정보의 보호 및 프라이버시 관리
- 보안 원칙 7 : IoT 침해사고 대응 체계 및 책임 추적성 확보 방안 마련 → 보안사고에 대비한 침입 탐지와 사고 시 분석 및 책임 추적성 확보

③ 디바이스 관련 보안 요구 사항(CIA)
- 기밀성(Confidentiality) : 디바이스들이 송수신하는 데이터에 대한 불법적인 스니핑(Sniffing)과 도청, 유출, 탈취 등을 예방할 수 있도록 암호화해서 송수신·저장·관리해야 한다.
- 무결성(Integrity) : 데이터의 위조·변조를 막기 위해 디바이스는 데이터 무결성 검증 기능을 제공해야 한다.
- 가용성(Availability) : 디바이스는 악성코드 감염과 소프트웨어 오류로 인해 오동작을 할 경우에도 해당 모듈 분리·제거, 접근 권한 제한 등을 통해 소프트웨어의 안전성을 보장해야 한다.

PART 4 적중예상문제

정답 및 해설 p.023

01 다음 중 통신을 구성하는 요소로 옳지 않은 것은?

① 정보를 보내는 장소(Source)

② 전송 매체(통신 회선)

③ 정보를 수신하는 장소(Destination)

④ 정보를 저장하는 장소(Storage)

02 다음 중 데이터 전송계에 해당하지 않는 것은?

① 데이터 단말 장치   ② 통신 제어 프로그램

③ 데이터 회선 종단 장치   ④ 전송 제어장치

03 다음 중 통신 제어장치(CCU)의 기능에 대한 설명으로 옳지 않은 것은?

① 데이터 축적, 검색, 통신 시스템의 관리

② 통신의 시작과 종료 제어, 송신권 제어, 교환, 분기

③ 동기 제어, 오류 제어, 흐름 제어, 응답 제어

④ 제어 정보의 식별, 기밀 보호, 관리 기능

04 다음 중 아날로그 전송에 대한 설명으로 옳지 않은 것은?

① 전압, 전류 등의 연속적인 물리량을 처리한다.

② 모뎀을 이용하여 디지털 신호를 아날로그 신호로 변환할 수 있다.

③ 일정 거리에서 신호가 감쇠되면 증폭기(Amplifier)를 이용하여 신호 세기를 증폭시킨다.

④ 장거리 전송 시에는 리피터(Repeater)를 사용한다.

05   다음 중 디지털 전송의 특징으로 옳은 것은?

① 신호에 포함된 잡음도 증폭기에서 같이 증폭되므로 왜곡 현상이 심하다.

② 아날로그 전송보다 훨씬 적은 대역폭을 필요로 한다.

③ 아날로그 전송과 비교하여 유지 비용이 훨씬 더 요구된다.

④ 아날로그나 디지털 정보의 암호화를 구현할 수 있다.

06   다음 중 흐름 제어에서 한 번에 여러 개의 프레임을 나누어 전송할 경우 효율적인 기법은?

① 정지 및 대기   ② 슬라이딩 윈도우

③ 다중 전송   ④ 적응성 ARQ

07   다음 중 데이터 전송 방식에서 동기식 전송 방식에 대한 설명으로 옳지 않은 것은?

① 동기 문자들 삽입하여 데이터 송신 전 동기화하고, 유휴 시간에 동기화한다.

② 제어가 가능한 특정 문자를 삽입하여 문자열로 동기화한다.

③ 시작과 끝 부분에 플래그(Flag) 신호를 삽입하여 동기화한다.

④ 제어 신호 비트에 의한 동기 방식으로 비트열로 동기화한다.

08   다음 중 동기식 전송(Synchronous Transmission)에 대한 설명으로 옳지 않은 것은?

① 정해진 숫자만큼의 문자열을 묶어 일시에 전송한다.

② 작은 비트블록 앞뒤에 Start Bit와 Stop Bit를 삽입하여 비트블록을 동기화한다.

③ 2,400bps 이상 속도의 전송과 원거리 전송에 이용된다.

④ 블록과 블록 사이에 유휴시간(Idle Time)이 없어 전송효율이 높다.

09   다음 중 원천 부호화(Source Coding) 방식에 속하지 않는 것은?

① DPCM   ② DM

③ LPC   ④ FDM

10 다음 중 다중화 기능에 대한 설명으로 옳지 않은 것은?

① 음성과 영상 데이터를 안전하고, 신속하게 서비스할 수 있도록 한다.

② 시스템 사이의 전송 선로에서 자동 우회 기능을 수행하므로 전송 효율이 높다.

③ 전송 데이터를 현재 상태로 분리시켜 보다 많은 수의 통신 채널로 전송한다.

④ 멀티 드롭(Multi-Drop) 기능을 수행한다.

11 다음 중 여러 개의 통신 채널이 존재하는 FDM(주파수 분할 다중화 방식)의 특징으로 옳지 않은 것은?

① 전송에 있어 시간의 지연 없이 실시간 전송을 한다.

② 채널간의 상호 간섭을 막기 위해 완충 지역으로 보호 대역이 필요하다.

③ 주파수 분할은 모뎀의 역할을 겸하므로 별도의 모뎀을 필요로 하지 않는다.

④ 동기 전송에서 이용된다.

12 다음 중 누화(Crosstalk) 및 상호 변조 잡음(Intermodulation Noise)과 관계있는 멀티플렉싱은?

① TDM

② FDM

③ DM

④ STDM

13 다중화 방식 중 실제로 전송할 데이터가 있는 단말 장치에만 타임 슬롯을 할당함으로써 전송 효율을 높이는 특징을 가진 것은?

① 동기식 STDM

② FDM

③ 비동기식 TDM

④ MODEM

14 다음 중 TDM의 특징으로 적절한 것을 〈보기〉에서 모두 고르면?

> **보기**
>
> ⊙ 다중화기와 단말 기기의 속도 차로 인하여 버퍼(Buffer)가 필요하다.
> ⓒ 멀티 포인트 방식에서 주로 이용되며, 구조가 간단하고 가격이 저렴하다.
> ⓒ 포인트 투 포인트 방식에서 주로 이용되며, 고속의 디지털 전송이 가능하다.
> ⓔ 저속도(1,200BPS 이하)의 아날로그 전송에 적합하다.

① ⊙

② ⊙, ⓒ, ⓒ

③ ⊙, ⓒ

④ ⓒ, ⓒ, ⓔ

15 다음 중 STDM에 대한 설명으로 옳지 않은 것은?

① 고정된 타임 슬롯을 모든 이용자에게 규칙적으로 할당한다.

② 주소 제어 회로, 흐름 제어, 오류 제어 등의 기능이 필요하다.

③ 데이터 전송률이 디지털 신호의 데이터 전송을 능가할 때 사용한다.

④ 전송 회선의 대역폭을 일정 시간 단위로 나누어 각 채널에 할당한다.

16 다음 중 주파수 분할 다중화(FDM) 방식에서 Guard Band가 필요한 이유로 가장 적절한 것은?

① 주파수 대역폭을 넓히기 위함이다.

② 신호의 세기를 크게 하기 위함이다.

③ 채널들 간의 상호 간섭을 막기 위함이다.

④ 많은 채널을 좁은 주파수 대역에 쓰기 위함이다.

17 다음 중 베이스밴드 전송(Baseband Transmission)에 대한 설명으로 옳지 않은 것은?

① 전송하는 데이터 양이 많아 회로가 복잡하다.

② 변조되기 전의 디지털 펄스 형태로 전송한다.

③ 잡음의 영향을 받기 쉽고, 정보 손실이 크지만 전송 품질은 우수하다.

④ 정보를 0과 1로 표시하고, 이를 바탕으로 직류의 전기 신호를 전송한다.

18 다음 중 주로 하드와이어 전송 매체에서 발생되며, 전송 매체를 통한 신호 전달이 주파수에 따라 그 속도를 달리 함으로써 유발되는 신호 손상을 무엇이라 하는가?

① 감쇠 현상   ② 잡음

③ 지연 왜곡   ④ 누화 잡음

19 다음 중 잡음에 대한 설명으로 옳지 않은 것은?

① 위상 지터 잡음(Phase Jitter Noise) : 전송 시스템의 반송파에 잡음이 들어오면 전송 신호의 위상이 일그러지면서 생기는 잡음이다.

② 위상 히트 잡음(Phase Hit Noise) : 통신 회선에서 잡음, 누화, 중계기 등으로 신호 위상이 불연속으로 변하면서 생기는 잡음이다.

③ 백색 잡음(White Noise) : 도체 내부의 열 운동에 의해 발생되는 잡음이다.

④ 충격성 잡음(Impulse Noise) : 여러 전화 회선에서 한 전화 회선의 통화 전류가 다른 전화 회선으로 새 나가면서 생기는 잡음이다.

20 Go-Back-N ARQ에서 7번째 프레임까지 전송하였는데 수신측에서 6번째 프레임에 오류가 있다고 재전송을 요청해왔다. 재전송되는 프레임의 개수는?

① 1개　　　　　　　　　　　　② 2개
③ 3개　　　　　　　　　　　　④ 4개

21 ARQ(Automatic Repeat reQuest) 기법 중 오류가 검출된 해당 블록만을 재전송하는 방식으로 재전송 블록 수가 적은 반면, 수신측에서 큰 버퍼와 복잡한 논리 회로를 요구하는 기법은?

① Selective Repeat ARQ　　　　② Stop and Wait ARQ
③ Go-Back-N ARQ　　　　　　④ Adaptive ARQ

22 다음 중 전진 에러 수정(FEC; Forward Error Correction) 방식에서 에러를 수정하기 위해 사용하는 방식으로 옳은 것은?

① 해밍 코드(Hamming Code)의 사용

② 압축(Compression)방식 사용

③ 패리티 비트(Parity Bit)의 사용

④ Huffman Coding 방식 사용

23 다음 중 통신 경로에서 오류 발생 시 수신측은 오류의 발생을 송신측에 통보하고, 송신측은 오류가 발생한 프레임을 재전송하는 오류 제어 방식은?

① 순방향 오류 수정(FEC)　　　② 역방향 오류 수정(BEC)
③ 에코 점검　　　　　　　　　④ 자동 반복 요청(ARQ)

24 다음 중 정지 대기(Stop-and-Wait) ARQ에 대한 설명으로 옳지 않은 것은?

① 송신측에서 하나의 블록을 전송하면 수신측에서 에러 발생을 점검한 후 에러 발생 유무 신호를 보내올 때까지 기다린다.

② 한 개의 프레임을 전송하고 수신측으로부터 ACK 및 NAK 신호를 수신할 때까지 정보 전송을 중지하고 기다린다.

③ 수신측의 에러 점검 후 제어 신호를 보내올 때까지 오버헤드(Overhead)의 부담이 크다.

④ 송신측은 여러 개의 블록을 연속적으로 전송한 후 블록 번호를 신호로 전달한다.

25 다음 중 위성 마이크로파(Satellite Microwave)에 대한 특징으로 옳지 않은 것은?

① 통신 위성은 어떤 주파수 대역을 수신(Uplink)하여 이를 증폭하거나 반복하여 다른 주파수로 송신(Downlink)한다.

② 위성 통신은 거리에 관계없이 일정하기 때문에 비용이 절감된다.

③ 장거리 통신 방식으로 TV 분배, 장거리 전화, 사설 기업 망 등에 사용된다.

④ 장거리 전송을 위해 마이크로파 중계 탑을 여러 개 사용한다.

26 다음 중 전이중(Full-Duplex) 통신 방식의 특징으로 옳은 것은?

① 한 방향만 정보의 전송이 가능한 전송 방식이다.

② 휴대용 무전기의 통신 방식이다.

③ 전송량이 많고 통신 회선의 용량이 클 때 사용된다.

④ 라디오 방송이 이에 해당한다.

27 다음 중 데이터 전달을 위한 회선 제어 절차의 단계를 순서대로 나열한 것은?

① 데이터 링크 확립 → 회선 접속 → 데이터 전송 → 데이터 링크 해제 → 회선 절단

② 회선 접속 → 데이터 링크 확립 → 데이터 전송 → 데이터 링크 해제 → 회선 절단

③ 데이터 링크 확립 → 회선 접속 → 데이터 전송 → 회선 절단 → 데이터 링크 해제

④ 데이터 전송 → 회선 절단 → 회선 접속 → 데이터 링크 확립 → 데이터 링크 해제

28 다음 중 접속된 통신 회선상에서 송신측과 수신측 간의 확실한 데이터 전송을 수행하기 위해 논리적 경로를 구성하는 단계는?

① 회선 연결

② 데이터 링크 확립

③ 데이터 전송

④ 회선 절단

29 다음 중 회선 경쟁(Contention) 방식에 대한 설명으로 옳지 않은 것은?

① 회선에 접근하기 위해 서로 경쟁하는 방식이다.

② 송신측이 전송할 메시지가 있을 경우 사용 가능한 회선이 있을 때까지 기다려야 한다.

③ ALOHA 방식이 대표적인 예이다.

④ 트래픽이 많은 멀티 포인트 회선 네트워크에서 효율적인 방식이다.

30 다음 중 송신 요구를 먼저 한쪽이 송신권을 갖는 방식으로 옳은 것은?

① Contention 방식

② Polling 방식

③ Selection 방식

④ Routing 방식

31 다음 중 여러 개의 단말 장치에 대한 순차적 송신 요구의 유무를 문의하는 방식으로 옳은 것은?

① 회선 경쟁

② 폴링 시스템

③ 셀렉션 시스템

④ 베어러 시스템

32 다음 중 데이터 통신망에서 사용되는 일반적인 전송 속도 단위로서 1초간 운반할 수 있는 데이터의 비트 수를 무엇이라 하는가?

① bps

② baud

③ byte

④ throughput

33 다음 중 데이터 통신 속도에서 보(baud)에 대한 설명으로 옳지 않은 것은?

① 통신 속도의 단위

② 단위 시간당 변조율

③ 1초당 보내지는 코드의 개수

④ 단점 주파수의 $\frac{1}{4}$ 배

34 다음 중 보(baud)의 속도가 2,400보일 때, 디비트(Dibit)를 사용하면 전송 속도는 얼마인가?

① 2,400bps

② 4,800bps

③ 7,200bps

④ 9,600bps

35 다음 중 통신 속도가 1,200보(baud)일 때 한 개의 신호 단위를 전송하는 데 필요한 시간은?

① 1,200sec

② 1,200msec

③ 1/1,200msec

④ 1/1,200sec

36 다음 중 DSU(Digital Service Unit)의 특징에 대한 설명으로 옳지 않은 것은?

① 여러 개의 저속 데이터 흐름을 동시에 전송할 수 있다.

② DTE에서 출력되는 디지털 신호를 디지털 회선망에 적합한 신호 형식으로 변환한다.

③ 전송 선로의 양쪽 끝에 설치되어 디지털 신호를 전송로에 전송할 수 있다.

④ 직렬 단극형(Unipolar) 신호를 변형된 양극형(Bipolar) 신호로 바꾸어 준다.

37 다음 중 반송파로 사용하는 정현파의 위상에 정보를 전송하고, 정보에 따라 위상을 변환시키는 방식은?

① 진폭 편이 변조

② 주파수 편이 변조

③ 위상 편이 변조

④ 진폭 위상 편이 변조

38 다음 중 프로토콜의 기본 구성 요소로 옳지 않은 것은?

① 인터페이스   ② 구문

③ 의미   ④ 타이밍

39 다음의 라우팅 프로토콜 중 여러 자율 시스템(Autonomous System) 간에 라우팅 정보를 교환하는 라우팅 프로토콜은?

① BGP(Border Gateway Protocol)

② RIP(Routing Information Protocol)

③ OSPF(Open Shortest Path First)

④ IGP(Interior Gateway Protocol)

40 다음 중 HDLC 데이터 전송 모드의 동작 모드로 옳지 않은 것은?

① 정규 응답 모드(Normal Response Mode)

② 동기 응답 모드(Synchronous Response Mode)

③ 비동기 응답 모드(Asynchronous Response Mode)

④ 비동기 평형 모드(Asynchronous Balanced Mode)

41 다음 중 UDP 특성으로 옳은 것은?

① 데이터 전송 후, ACK를 받는다.

② 송신 중에 링크를 유지 관리하므로 신뢰성이 높다.

③ 흐름 제어나 순서 제어가 없어 전송 속도가 빠르다.

④ 제어를 위한 오버헤드가 크다.

42 다음 중 HDLC(High-level Data Link Control)의 링크 구성 방식에 따른 세 가지 동작 모드에 해당하지 않은 것은?

① PAM   ② NRM

③ ARM   ④ ABM

43 다음 중 최초의 라디오 패킷(Radio Packet) 통신방식을 적용한 컴퓨터 네트워크 시스템으로 옳은 것은?

① DECNET
② ALOHA
③ SNA
④ KMA

44 다음 중 실제 전송할 데이터를 갖고 있는 터미널에게만 시간슬롯(Time Slot)을 할당하는 다중화 방식은?

① 통계적 시분할 다중화
② 주파수 분할 다중화
③ 디벨로프 다중화
④ 광파장 분할 다중화

45 다음 중 데이터 링크 제어 문자에서 수신측에서 송신측으로 부정 응답으로 보내는 문자는?

① NAK
② ACK
③ STX
④ SOH

46 다음 OSI 모델의 7계층 구조 중 4계층에서부터 7계층까지를 순서대로 바르게 나열한 것은?

① Session – Transport – Presentation – Application
② Presentation – Session – Transport – Application
③ Presentation – Transport – Session – Application
④ Transport – Session – Presentation – Application

47 다음 중 네트워크 계층에 해당하는 프로토콜로 옳은 것은?

① RS–232C, X.21
② HDLC, BSC, PPP
③ ARP, RARP IGMP, ICMP
④ TCP, UDP

48 다음 중 물리 계층(Physical Layer)에 대한 설명으로 옳지 않은 것은?

① 장치와 전송 매체 간 인터페이스의 특성과 전송 매체의 유형을 규정한다.
② 전송로의 연결, 유지, 해제를 담당한다.
③ 시스템 간 정보 교환을 위한 물리적인 통신 매체로 광케이블 등의 특성을 관리한다.
④ 회선 연결을 확립, 유지, 단절하기 위한 기계적, 전기적, 기능적, 절차적 특성을 정의한다.

49 다음 OSI 7계층 중 보안을 위한 데이터 암호화와 해독화를 수행하고, 효율적인 전송을 위해 압축과 전개를 이용하는 계층은?

① 데이터 링크 계층　　　　　　　② 응용 계층
③ 물리 계층　　　　　　　　　　　④ 표현 계층

50 다음 중 회선 교환 방식에 대한 설명으로 옳지 않은 것은?

① 데이터 전송 전에 먼저 통신망을 통한 연결이 필요하다.
② 일정한 데이터 전송률을 제공하므로 두 가입자가 동일한 전송 속도로 운영된다.
③ 전송된 데이터에 있어서의 에러 제어나 흐름 제어는 사용자에 의해 수행되어야 한다.
④ 송수신자 간의 실시간 데이터 전송에 적합하지 않다.

51 다음 중 패킷 교환 방식을 사용하는 목적으로 옳지 않은 것은?

① 채널과 포트의 통계적 다중화 기능을 제공하기 위해서이다.
② 다수의 사용자 간에 비대칭적 데이터 전송을 원활하게 하기 위해서이다.
③ 자원의 독점을 위해서이다.
④ 모든 사용자 간에 빠른 응답 시간을 제공하기 위해서이다.

52 다음 중 버스형 토폴로지(Bus Topology)에 대한 설명으로 옳지 않은 것은?

① 가장 간단한 형태로 모든 네트워크 노드가 같은 선으로 연결되어 있다.
② 각 노드는 고유한 노드를 나타내는 할당 주소를 표시한다.
③ 설치가 용이하여 LAN의 대부분이 버스형 구조를 갖는다.
④ 양방향 통신이 가능하지만 신뢰성과 확장성이 어렵다.

53 다음 중 통신 선로가 가장 짧아 제어 및 관리, 확장이 용이하며, 분산 처리 시스템이 가능한 형태는?

① 버스형　　　　　　　　　　　　② 계층형
③ 성형　　　　　　　　　　　　　④ 망형

54 다음 중 〈보기〉에서 설명하는 토폴로지(Topology) 형태로 옳은 것은?

> **보기**
> • 중앙 컴퓨터 고장 시 전체 시스템에 문제가 발생한다.
> • 네트워크의 확장이 용이하며, 회선 교환 방식에 적합하다.

① Tree Topology   ② Mesh Topology
③ Star Topology   ④ Bus Topology

55 다음 중 LAN(Local Area Network)의 특징으로 옳지 않은 것은?

① 오류 발생율이 낮다.
② 통신 거리에 제한이 없다.
③ 경로 선택이 필요하지 않다.
④ 망에 포함된 자원을 공유한다.

56 다음 중 종합 정보통신망(ISDN)에 대한 설명으로 옳지 않은 것은?

① 음성 및 비음성 서비스를 포함한 광범위한 서비스를 제공한다.
② 기본 통신 계층, 네트워크 계층, 통신 처리 계층, 정보 처리 계층으로 분류된다.
③ 64Kbps의 디지털 기본 접속 기능을 제공한다.
④ OSI 참조 모델에 정의된 계층화된 프로토콜 구조가 적용된다.

57 다음 중 최근 고속 인터넷 통신을 위해 각광 받는 기술로 양쪽 방향의 전송 속도가 서로 다른 특징을 가지고, 데이터 통신과 일반 전화를 동시에 이용하는 통신 기술은?

① ADSL   ② ISDN
③ CATV   ④ Frame Relay

58 TCP / IP 네트워크를 구성하기 위해 1개의 C 클래스 주소를 할당받았다. C 클래스 주소를 이용하여 네트워크상의 호스트들에게 실제로 할당할 수 있는 최대 IP 주소의 개수로 옳은 것은?

① 253개   ② 254개
③ 255개   ④ 256개

59 다음 중 인터넷에서 사용하는 표준 프로토콜인 TCP/IP에 대한 설명으로 옳지 않은 것은?

① TCP/IP를 이용하면 컴퓨터 기종에 관계없이 인터넷 환경에서의 정보 교환이 가능하다.

② TCP는 전송 데이터의 흐름을 제어하고 데이터의 에러 유무를 검사한다.

③ IP는 패킷 주소를 해석하고 목격지로 전송하는 역할을 한다.

④ OSI 계층 구조에서는 총 5개의 계층으로 이루어진다.

60 다음 중 TCP 프로토콜에 대한 설명으로 옳지 않은 것은?

① 메시지나 파일을 작은 패킷으로 나누어 전송하거나 수신된 패킷을 원래의 메시지로 재조립한다.

② 신뢰성과 보안성이 우수하며, 연결형 프로토콜 방식을 사용한다.

③ 접속형(Connection-Oriented) 서비스, 전이중(Full-Duplex) 서비스 등을 제공한다.

④ OSI 7계층 중 네트워크 계층(Network Layer)에 해당한다.

61 다음 중 IP(Internet Protocol) 데이터그램 구조에 포함되지 않는 것은?

① Version
② Reserved Len
③ Protocol
④ Identification

62 다음 중 패킷교환 방식에 대한 설명으로 옳지 않은 것은?

① 패킷길이가 제한된다.

② 전송 데이터가 많은 통신환경에 적합하다.

③ 노드나 회선의 오류 발생 시 다른 경로를 선택할 수 없어 전송이 중단된다.

④ 저장-전달 방식을 사용한다.

63 다음 중 웹 사이트의 방문 기록을 남겨 사용자와 웹 사이트를 연결시켜 주는 인터넷 서비스는?

① 풀(Pull)
② 푸시(Push)
③ 쿠키(Cookie)
④ 캐싱(Caching)

64 다음 중 적절한 전송 경로로 데이터를 전달하는 인터넷 워킹(Internet Working) 장비는?

① 리피터(Repeater)

② 브리지(Bridge)

③ 라우터(Router)

④ 허브(Hub)

65 다음 중 X.25프로토콜의 3계층에 해당하지 않는 것은?

① 물리 계층

② 네트워크 계층

③ 데이터 링크 계층

④ 레코드 계층

66 다음 중 인터넷상에서 보안을 위협하는 유형에 대한 설명으로 옳지 않은 것은?

① 스파이웨어(Spyware) : 사용자 동의 없이 사용자 정보를 수집하는 프로그램이다.

② 분산 서비스 거부 공격(DDoS) : 데이터 패킷을 범람시켜 시스템의 성능을 저하시킨다.

③ 스푸핑(Spoofing) : 신뢰성 있는 사람이 데이터를 보낸 것처럼 데이터를 위변조하여 접속을 시도한다.

④ 스니핑(Sniffing) : 악성 코드인 것처럼 가장하여 행동하는 프로그램이다.

67 다음 중 자기 복제 기능은 없지만 정상적인 프로그램으로 위장하고 있다가 프로그램이 실행되면 시스템에 손상을 주는 악의적인 루틴은 무엇인가?

① 트로이 목마(Trojan Horse)

② 트랩 도어(Trap Door)

③ 피싱(Phishing)

④ 침입 방지 시스템(IPS)

68 다음 중 인가된 사용자 혹은 외부의 침입자에 의해 컴퓨터 시스템의 허가되지 않은 사용이나 오용 또는 악용과 같은 침입을 알아내기 위한 시스템을 무엇이라고 하는가?

① 침입 탐지 시스템(Intrusion Detection System)
② 전자 인증 시스템(Electronic Authentication System)
③ 암호화 시스템(Encryption System)
④ 방화벽 시스템(Firewall System)

69 다음의 〈보기〉가 설명하는 보안 위협의 요소로 옳은 것은?

> **보기**
> • 여러 대의 컴퓨터를 일제히 동작하게 하여 특정 사이트를 공격하는 해킹 방식이다.
> • 서비스 거부 공격이라는 해킹 수법의 하나로 한 명 또는 그 이상의 사용자가 시스템의 리소스를 독점하거나 파괴함으로써 시스템이 더는 정상적인 서비스를 할 수 없도록 만드는 공격 방법이다.

① DDoS   ② Syn Flooding
③ Sniffing   ④ Spoofing

70 다음 중 IP(Internet Protocol)에 대한 설명으로 옳지 않은 것은?

① 신뢰성이 부족한 비연결형 서비스를 제공하기 때문에 상위 프로토콜에서 이러한 단점을 보완해야 한다.
② IP 프로토콜은 직접 전송과 간접 전송으로 나누어지며, 직접 전송은 패킷의 최종 목적지와 같은 물리적인 네트워크에 연결된 라우터에 도달할 때까지를 말한다.
③ 송신자가 여러 개인 데이터그램을 보내면서 순서가 뒤바뀌어 도달할 수 있다.
④ 각 데이터그램이 독립적으로 처리되고 목적지까지 다른 경로를 통해 전송될 수 있다.

71 다음 중 IPv4 주소 구조에서 실험적인 주소로 공용으로는 사용되지 않는 클래스는?

① A클래스   ② B클래스
③ C클래스   ④ E클래스

72 다음 중 IEEE 802.3의 표준안 내용으로 옳은 것은?

① CSMA / CD LAN

② 무선 LAN

③ 토큰 링 LAN

④ 토큰 버스 LAN

73 다음 중 블루투스(Bluetooth)의 프로토콜 스택에서 물리 계층을 규정하는 것은?

① RF

② L2CAP

③ HID

④ RFCOMM

74 다음 중 IPv6의 주소체계에 해당하지 않는 것은?

① Broadcast

② Unicast

③ Anycast

④ Multicast

75 다음 중 서비스 거부 공격(DoS)에 대한 설명으로 옳지 않은 것은?

① 라우터의 필터링 기능과 협정 접속률(CAR) 기능을 이용하여 차단한다.

② 접속 트래픽과 DoS 공격 패킷을 구분해야 하는데 이를 위해 모니터링 툴과 침입 방지 시스템을 적절히 이용한다.

③ 다량의 패킷을 목적지 서버로 전송하거나 서비스 대기 중인 포트에 특정 메시지를 대량으로 전송하여 서비스를 불가능하게 한다.

④ 로컬 호스트의 프로세서를 과도하게 사용함으로써 서비스에 장애를 준다.

76 다음 중 시스템의 보안 취약점을 활용한 공격 방법에 대한 설명으로 옳지 않은 것은?

① Sniffing 공격은 네트워크상에서 자신이 아닌 다른 상대방의 패킷을 엿보는 공격이다.

② Exploit 공격은 공격자가 패킷을 전송할 때 출발지와 목적지의 IP 주소를 같게 하여 공격 대상 시스템에 전송하는 공격이다.

③ SQL Injection 공격은 웹 서비스가 예외적인 문자열을 적절히 필터링하지 못하도록 SQL문을 변경하거나 조작하는 공격이다.

④ XSS(Cross Site Scripting) 공격은 공격자에 의해 작성된 악의적인 스크립트가 게시물을 열람하는 다른 사용자에게 전달되어 실행되는 취약점을 이용한 공격이다.

77 다음 중 암호화(Encryption)에 대한 설명으로 옳지 않은 것은?

① 자기 자신만이 쓸 수 있는 비밀키는 암호화와 복호화 모두에 쓰인다.

② 전자 서명은 비대칭형 암호 방식에 기반을 두고 있다.

③ 비밀키는 지정된 인정 기관에 의해 제공받는다.

④ 대칭형 암호 방식에 DES가 있다.

78 다음 중 양자화 비트수가 6비트일 때, 양자화 계단 수로 옳은 것은?

① 6단계   ② 16단계

③ 32단계   ④ 64단계

79 다음 중 암호화 기법인 RSA의 특징으로 옳지 않은 것은?

① 암호키와 복호키 값이 서로 다르다.

② 키의 크기가 작고 알고리즘이 간단하여 경제적이다.

③ 적은 수의 키만으로 보안 유지가 가능하다.

④ 데이터 통신 시 암호키를 전송할 필요가 없고, 메시지 부인 방지 기능이 있다.

80 다음 중 공개키를 이용한 암호화 기법에서 암호키와 해독키에 대한 설명으로 옳은 것은?

① 암호키와 해독키를 모두 공개한다.

② 암호키와 해독키를 모두 비공개한다.

③ 암호키는 비공개하고, 해독키는 공개한다.

④ 암호키는 공개하고, 해독키는 비공개한다.

많이 보고 많이 겪고 많이 공부하는 것은 배움의 세 기둥이다.

- 벤자민 디즈라엘리 -

통통한 IT · 디지털 상식

PART **5**

자료의 구조

01 선형 구조

THEME 099 스택(Stack), 큐(Queue), 데크(Deque), 배열(Array)

스택(Stack)

① 삽입과 삭제가 한쪽 끝에서 이루어지는 데이터 구조로, 프로그램에서 서브 프로그램을 호출한 후 되돌아갈 주소를 보관할 때 사용한다.

② 한쪽 방향(Top)에서만 입출력되는 구조로 함수 호출이나 부 프로그램 호출 시 복귀 주소(Return Address)를 저장할 수 있다.

③ 처음 입력시킨 자료는 맨 마지막에 출력되고, 맨 마지막에 입력시킨 자료는 맨 처음에 출력되는 LIFO(Last Input First Output) 구조이다.

④ 마지막으로 삽입(Push)된 데이터가 가장 먼저 출력(Pop)되며, 순서 리스트와 같은 자료 구조로 포인터는 한 개이다.

⑤ 스택의 응용분야 : 함수(서브루틴) 호출 시 복귀 번지 저장, 0 주소 지정 방식, 순환 프로그램, 수식 계산, 산술 표기법, 인터럽트 분기 시 복귀 주소 저장, 되부름(순환 호출의 제어), 컴파일러 등

스택의 구조

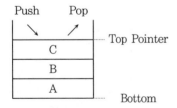

- Top Pointer : 자료의 삽입과 삭제가 이루어지는 스택공간의 위치
- Push : 스택에서 자료의 삽입
- Pop : 스택에서 자료의 삭제

스택의 삽입	• 삽입 : Push Down • 삽입 형태 : Top=Top+1 (Top은 1씩 증가) • 과잉 현상(Overflow) : Top>=N (단, N은 스택이 저장할 수 있는 데이터의 최대 개수) • 삽입 순서 : A → B → C
스택의 삭제	• 삭제 : Pop Up • 삭제 형태 : Top=Top-1 (Top은 1씩 감소) • 부족 현상(Underflow) : Top<=0 • 삭제 순서 : C → B → A

스택의 삽입 알고리즘

Top=Top+1
If(Top>M) Then
        Stack_overflow
Else
        Stack(Top) → data

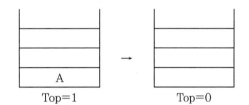

Top=2, M=3 → Top=3, M=3

스택의 삭제 알고리즘

If(Top=0) Then
        Stack_underflow
Else
        data ← Stack(Top)
        Top=Top−1

Top=1 → Top=0

큐(Queue)

① 한쪽 방향에서는 입력만 하고, 다른 한쪽 방향에서는 출력만 하는 구조이다.

② 먼저 입력된 자료가 먼저 출력되고, 나중에 입력된 자료는 나중에 출력되는 FIFO(First Input First Output) 구조이다.

③ 노드의 삽입 작업은 선형 리스트의 한쪽 끝에서 수행되고, 제거 작업은 다른 쪽 끝에서 수행된다.

④ 원형 큐의 경우 비어있는 원소 데이터의 삽입이 가능해서 오버플로가 발생할 수 있다.

⑤ 삽입 포인터(Rear, Tail)와 삭제(Front, Head) 포인터를 수행한다.

⑥ 순서 리스트의 뒤(Rear)에서 노드가 삽입되며, 앞(Front)에서 노드가 제거된다.

← 출력	Front(A)	B	Rear(C)	← 삽입

⑦ 큐의 응용분야 : 운영체제 작업 스케줄링(Scheduling), 버퍼(Buffer), 스풀(Spool), 모의 실험, 일괄 처리 등

데크(Deque)

① 서로 다른 방향에서 입출력이 가능하며, 양쪽 끝에서 삽입 연산과 삭제 연산이 모두 가능한 큐의 변형이다(Double Ended Queue의 약자).

② 가장 일반적인 구조로 포인터가 2개(Left, Right)이고, 스택과 큐를 복합한 형태이다.

← 출력 → 입력	A	B	C	← 입력 → 출력

③ **입력 제한 데크** : 입력이 한쪽 끝에서만 수행되는 스크롤(Scroll) 형태이다.

④ **출력 제한 데크** : 출력이 한쪽 끝에서만 수행되는 셸프(Shelf) 형태이다.

배열(Array)

① 가장 간단한 구조로 각 요소는 동일 데이터 타입의 인덱스 값을 같이 표현한다.

② 동일 자료의 집합으로 첨자(Subscript)를 이용하여 각 원소를 구분하고, 첨자의 수에 따라 1차원과 2차원으로 구분된다.

③ 배열을 이루는 각 자료를 배열 요소라 하고, 배열된 순서대로 위치를 지정한다.

④ 같은 크기의 기억 장소를 연속적 공간에 놓고 원하는 데이터를 기록하거나 액세스한다.

⑤ 기록 밀도가 1이지만 삽입과 삭제가 어렵고, 메모리에 종속적인 것이 단점이다.

⑥ 선형 리스트(Linear List), 순서 리스트(Ordered List), 순차 리스트(Sequential List)라고도 한다.

배열의 구분

① 1차원 배열 구분
- 첨자를 1개만 가지는 구조(= 벡터 구조)이다.
- a[n] : 크기가 n인 1차원 배열이다.
- a(하한값 L : 상한값 H)일 경우, 배열 요소의 수 : $H-L+1$

  예 n=5, H=4, L=0인 경우

Array[0]	Array[1]	Array[2]	Array[3]	Array[4]
a[0]	a[1]	a[2]	a[3]	a[4]

② 2차원 배열 구분
- 논리적인 행과 열을 나타내는 2개의 첨차로 배열의 각 요소를 구분한다.
- n행의 m열인 배열의 선언 형식 : a[n][m] 또는 a(0:n,0:m)

	0열	1열	2열
0행	a[0][0]	a[0][n]	a[0][m]
1행	a[n][0]	a[n][n]	a[n][m]

THEME 100   연결 리스트(Linked List)

연결 리스트(Linked List)

① 자료를 구성할 때 포인터 자료를 포함해서 하나의 자료를 구성하는 형태로 포인터를 이용하여 현재 자료와 관련이 있는 자료를 연결한다(포인터를 위한 추가 공간이 필요).

② 자료와 함께 다음 데이터의 위치를 알려주는 포인터로, 실제 자료들을 연결한 형태이다.

연결 리스트(Linked List) 장점 및 단점

장점	단점
• 노드의 삽입과 삭제가 용이하며, 메모리 단편화를 방지할 수 있다(Garbage Collection). • 연속적 기억 공간이 없어도 저장이 가능하며, 희소 행렬을 표현하는 데 이용한다.	• 포인터로 연결되기 때문에 액세스 속도가 느리며, 링크 포인터만큼 기억 공간을 소모한다. • 연결 리스트 중에 중간 노드 연결이 끊어지면 그 다음 노드를 찾기가 힘들다.

단일 연결 리스트(Single Linked List)

① 노드에 1개의 링크를 갖고 있으며 단방향으로 진행되는 리스트를 말한다.

② 노드의 끝에 포인터를 사용하고 다음 노드의 주소를 가리킨다.

③ 가장 마지막 노드의 포인터는 NULL을 가리킨다.

④ 후속 노드로 이동은 용이하나 선행 노드로의 이동은 처음부터 다시 검색해야 하는 단점이 있다.

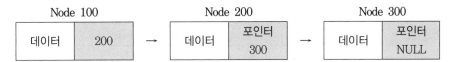

단일 환형 연결 리스트(Single Circular Linked List)

① 단일 연결 노드와 같이 노드에 1개의 링크를 갖고 있다.

② 가장 마지막 노드의 링크 필드가 리스트의 처음 노드를 가리키도록 하는 연결 리스트이다.

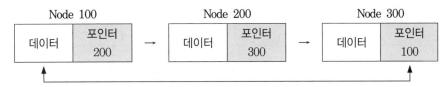

이중 연결 리스트(Double Linked List)

① 리스트 구조상 한 노드에서 후속 노드 및 선행 노드를 모두 가리키는 포인터를 갖는다.

② 후속 노드 및 선행 노드로의 이동이 빈번할 경우에 사용된다.

③ 단일 연결 노드와 같이 가장 마지막 노드의 포인터는 NULL을 가리킨다.

Node 100				Node 200				Node 300		
NULL	데이터	포인터 200	⇌	포인터 100	데이터	포인터 300	⇌	포인터 200	데이터	NULL

THEME 101 선형 리스트(Linear List)

선형 리스트의 개요

① 선형 리스트는 배열(Array)과 같이 연속되는 기억장소에 저장되는 리스트로, 가장 간단한 자료 구조이다. 즉, 어떤 순서에 의해 나열된 데이터가 여러 개인 구조로서, 각 자료가 연속되는 기억장소에 순서적으로 저장되어 있는 리스트를 뜻한다.

[선형 리스트의 논리 구조 예시(무지개)]

색인 번호	[0]	[1]	[2]	[3]	[4]	[5]	[6]
원소	빨강	주황	노랑	초록	파랑	남색	보라

② 데이터 삭제 : 원소를 삭제한 후에 삭제된 빈 자리를 채운다. 이때 삭제된 자리 이후의 원소들은 한 자리씩 앞으로 이동된다.

• 원소를 삭제하기 전

색인 번호	[0]	[1]	[2]	[3]	[4]	[5]	[6]
원소	A	B	C	D	E	F	G

• 원소를 삭제함

색인 번호	[0]	[1]	[2]	[3]	[4]	[5]	[6]
원소	A	B		D	E	F	G

C 삭제

• 원소를 삭제한 후

색인 번호	[0]	[1]	[2]	[3]	[4]	[5]	[6]
원소	A	B	D	E	F	G	

자리 이동　자리 이동　자리 이동　자리 이동

③ **데이터 삽입** : 원소를 삽입할 빈 자리를 만든 후에 그곳에 원소를 삽입한다. 이때 삽입될 자리 이후의 원소들은 한 자리씩 뒤로 이동된다.

• 원소를 삽입하기 전

색인 번호	[0]	[1]	[2]	[3]	[4]	[5]	[6]
원소	A	B	D	E	F	G	

• 원소를 이동한 후

색인 번호	[0]	[1]	[2]	[3]	[4]	[5]	[6]
원소	A	B		D	E	F	G

자리 이동   자리 이동   자리 이동   자리 이동

• 원소를 삽입함

색인 번호	[0]	[1]	[2]	[3]	[4]	[5]	[6]
원소	A	B	C	D	E	F	G

↑
C 삽입

선형 리스트의 특징

① 구조가 간단하므로 구현하기가 쉬우며, 접근 속도가 빠르다.

② 기억장소를 연속적으로 배정하므로 기억장소 이용 효율은 밀도가 1로 매우 양호하다.

③ 크기가 고정적이며, 중간에 삭제나 삽입할 경우에는 자료를 이동해야 하기 때문에 작업이 번거롭다.

④ 자료의 개수가 n개라고 가정할 경우에 삭제할 때 평균 이동 횟수는 $\dfrac{n-1}{2}$이고, 삽입할 때 평균 이동 횟수는 $\dfrac{n+1}{2}$이다.

02 비선형 구조

THEME 102 트리(Tree)

트리(Tree)

① 1 : N 또는 1 : 1 대응 구조로 노드(Node, 정점)와 선분(Branch)으로 되어 있고, 정점 사이에 사이 클이 형성되지 않으며, 자료 사이의 관계성이 계층 형식으로 나타나는 구조이다.

② 노드 사이의 연결 관계가 계급적인 구조로 뻗어나간 정점들이 다른 정점들과 연결되지 않는다 (1 : N 또는 1 : 1 대응 구조라 함).

트리 관련 용어

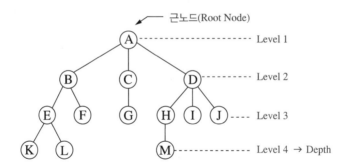

노드(Node, 정점)	A, B, C, … , L, M 등 트리의 기본 구성 요소인 각 점을 말한다.
근노드(Root Node)	가장 상위에 위치한 노드로 A를 말한다.
레벨(Level)	근노드를 기준으로 특정 노드까지의 경로 길이를 말한다. 제시된 그림에서 B의 레벨은 2이고, L의 레벨은 4이다.
깊이(Depth, Height)	트리의 최대 레벨을 말하며, 제시된 그림에서 트리의 깊이는 4이다.
부모 노드(Parent Node)	어떤 노드에 연결된 이전 레벨의 노드를 말한다. 트리에서 E, F의 부모 노드는 B이다.
자식 노드(Son Node)	어떤 노드에 연결된 다음 레벨의 노드들을 말한다. 트리에서 D의 자식 노드는 H, I, J이다.
형제 노드(Brother Node)	동일한 부모를 갖는 노드들을 말한다. 트리에서 H의 형제 노드는 I, J이다.
차수(Degree)	특정 노드에 연결된 자식 노드의 수를 말한다. 특정 노드에서 뻗어 나온 가지(Branch, 선분)의 수로 D의 차수는 3, E의 차수는 2이다.

단말 노드 (Terminal Node)	트리의 맨 끝단에 위치한 노드, 자식이 하나도 없는 노드, 차수(Degree)가 0인 노드를 말한다. 잎 노드(Leaf Node)라고도 한다. 트리에서는 K, L, F, G, M, I, J가 단말 노드이다.
비단말 노드 (Non-Terminal Node)	자식이 하나라도 있는 노드로 차수(Degree)가 0이 아닌 노드를 말한다(=간노드). 트리에서는 A, B, C, D, E, H가 비단말 노드이다.
포리스트(Forest)	트리에서 근노드를 제거할 경우 발생되는 서브 트리의 집합을 말한다. 루트를 제거하면 B, C, D가 해당된다.

이진 트리(Binary Tree)

① 모든 노드의 차수가 2 이하인 트리로 공집합을 포함한다.
② 자노드의 순서를 왼쪽에서 오른쪽으로 구분한다.
③ 레벨 n에서의 최대 노드 수는 2^{n-1}개이고, 깊이가 k인 트리의 전체 노드 수는 최대 2^{k-1}개이다.
④ 차수가 2인 노드 수와 단말 노드 수와의 관계는 $N_0 = N_Z + 1$이다(단, N_0 : 단말 노드 수, N_Z :
  차수가 2인 노드 수).

정이진 트리(Full Binary Tree)

① 깊이가 k일 경우 n번째 레벨의 노드 수는 항상 2^{n-1}개이다.
② 트리의 전체 노드 수가 2^{k-1}개인 트리이다(포화 이진 트리).

전이진 트리(Complete Binary Tree)

① 완전 이진 트리로 정이진 트리보다 노드 수가 적다.
② 깊이가 n일 때 $n-1$레벨까지 정이진 트리로 된 트리이다.

스레디드 이진 트리(Threaded Binary Tree)

① 이진 트리에서 발생하는 널(NULL) 링크를 트리 운행에 필요한 다른 노드의 포인터로 사용하며,
  스택은 사용하지 않는다.
② 프로그램이 간단하고, 처리 속도가 빠르며, 스레드를 위한 추가 공간이 필요하다.
③ 왼쪽 널 링크는 전 노드의 위치를, 오른쪽 널 링크는 다음 노드의 위치를 지정한다.

스레드 이진 트리(Thread Binary Tree)

① 구조상 자식 노드를 가리키는 포인터와 스레드 포인터가 구별되지 않아 태그(Tag)로 구분한다.
② Perlis, Thornton에 의해 널 링크를 이용하는 방법이 고안되고, 스택의 도움 없이 트리를 순회할
수 있게 되었다.

힙 트리(Heap Tree)

① 특수 형태의 전이진 트리로 부모 노드가 자식 노드보다 작으면 최소 힙이 되고, 크면 최대 힙이
된다.

최대 힙(Heap)	각 노드(정점)의 키 값에서 자식이 있다면 그 자식 노드의 키 값보다 작지 않아야 한다.
최소 힙(Heap)	각 노드(정점)의 키 값에서 자식이 있다면 그 자식 노드의 키 값보다 크지 않아야 한다.

② 최대 힙의 루트 노드는 최댓값, 최소 힙의 루트 노드는 최솟값이 된다.

트리 운행법

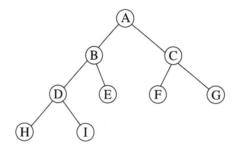

전위 순회, 중위 순회, 후위 순회의 기준은 근노드(Root Node)의 위치이다. 순서에서 근노드가 앞쪽이면
전위, 중간이면 중위, 뒤쪽이면 후위가 된다. 좌측과 우측의 순서는 전위든 중위든 후위든 상관없이
항상 좌측이 먼저이고 우측이 나중이다.

① **전위 순회(Preorder Traversal)** : 근 → 좌측 → 우측(Root → Left → Right) 순서로 운행하는
방법으로, 먼저 근노드를 운행하고 좌측 서브 트리를 운행한 후 우측 서브 트리를 운행한다. 따라서
순서대로 나열하면 A, B, D, H, I, E, C, F, G가 된다.
② **중위 순회(Inorder Traversal)** : 좌측 → 근 → 우측(Left → Root → Right) 순서로 운행하는
방법으로, 먼저 좌측 서브 트리를 운행한 후 근노드를 운행하고, 우측 서브 트리를 운행한다. 따라
서 순서대로 나열하면 H, D, I, B, E, A, F, C, G가 된다.
③ **후위 순회(Postorder Traversal)** : 좌측 → 우측 → 근(Left → Right → Root) 순서로 운행하는
방법으로 먼저 좌측 서브 트리를 운행한 후 우측 서브 트리를 운행하고, 마지막으로 근노드를 운행
한다. 따라서 순서대로 나열하면 H, I, D, E, B, F, G, C, A가 된다.

수식의 표기법

① 전위식(Prefix) : 연산자($+$, $-$, $*$, $/$)가 맨 앞에 놓인다(연산자 − 피연산자 − 피연산자).
   예 $+AB$

② 중위식(Infix) : 연산자가 피연산자 중간에 놓인다(피연산자 − 연산자 − 피연산자). **예** $A+B$

③ 후위식(Postfix) : 연산자가 맨 뒤에 놓인다(피연산자 − 피연산자 − 연산자). **예** $AB+$

중위식(Infix)의 전위식(Prefix)으로 변환

① 중위식에 대하여 연산 우선순위에 따라 괄호로 묶는다.

② 모든 연산자들을 그와 대응하는 왼쪽 괄호 위치로 옮긴다.

③ 괄호를 제거한다.

> **예** $(B-C)*D+E$를 전위식(Prefix)으로 표현하시오.
> - 중위식을 전위식으로 변환하려면 순번에 따라 (대상, 연산자, 대상)을 (연산자, 대상, 대상)으로 바꾸어 표현한다.
> - 순번을 매기면서 괄호로 묶은 후 연산자를 왼쪽으로 보낸다.
> $\{(B-C)*D\}+E=\{(-BC)*D\}+E=\{*(-BC)D\}+E=+\{*(-BC)D\}E$
> - 괄호를 제거하면 $+*-BCDE$가 된다.

중위식(Infix)의 후위식(Postfix)으로 변환

① 중위식에 대하여 연산 우선순위에 따라 괄호로 묶는다.

② 모든 연산자들을 그와 대응하는 오른쪽 괄호 위치로 옮긴다.

③ 괄호를 제거한다.

> **예** $(B-C)*D+E$를 후위식(Postfix)으로 표현하시오.
> - 중위식을 후위식으로 변환하려면 순번에 따라 (대상, 연산자, 대상)을 (대상, 대상, 연산자)로 바꾸어 표현한다.
> - 순번을 매기면서 괄호로 묶은 후 연산자를 오른쪽으로 보낸다.
> $\{(B-C)*D\}+E=\{(BC-)*D\}+E=\{(BC-)D*\}+E=\{(BC-)D*\}E+$
> - 괄호를 제거하면 $BC-D*E+$가 된다.

전위식(Prefix)의 중위식(Infix)으로 변환

① 전위식을 중위식으로 변환하려면 (연산자, 대상, 대상)을 (대상, 연산자, 대상)으로 바꾸어 표현한다.
② (연산자, 대상, 대상)와 같이 나열된 부분부터 시작하여 차례로 괄호로 묶으면서 연산자를 가운데로 옮긴다.

> **예** 다음 전위식(Prefix)을 중위식(Infix)으로 표현하시오.
>
> $$++a*bc-f/de$$
>
> • 전위식을 중위식으로 변환하려면 (연산자, 대상, 대상)을 (대상, 연산자, 대상)으로 바꾸어 표현한다.
> • (연산자, 대상, 대상)와 같이 나열된 부분부터 시작하여 차례로 괄호로 묶으면서 연산자를 가운데로 옮긴다.
> $$++a*bc-f/de=++a(*bc)-f(/de)=+\{+a(b*c)\}\{-f(d/e)\}=+\{a+(b*c)\}\{f-(d/e)\}$$
> $$=\{a+(b*c)\}+\{f-(d/e)\}=(a+b*c)+(f-d/e)$$

후위식(Postfix)의 중위식(Infix)으로 변환

① 후위식을 중위식으로 변환하려면 (대상, 대상, 연산자)를 (대상, 연산자, 대상)로 바꾸어 표현한다.
② (대상, 대상, 연산자)와 같이 나열된 부분부터 시작하여 차례로 괄호로 묶으면서 연산자를 가운데로 옮긴다.

> **예** 다음 후위식(Postfix)을 중위식(Infix)으로 표현하시오.
>
> $$BC-D*E+$$
>
> • 후위식을 중위식으로 변환하려면 (대상, 대상, 연산자)를 (대상, 연산자, 대상)으로 바꾸어 표현한다.
> • (대상, 대상, 연산자)와 같이 나열된 부분부터 시작하여 차례로 괄호로 묶으면서 연산자를 가운데로 옮긴다.
> $$BC-D*E+=\{(BC-)D*\}E+=\{(B-C)D*\}E+=\{(B-C)*D\}E+=\{(B-C)*D\}+E$$

전위식(Prefix)과 후위식(Postfix) 간의 변환

① 전위식 → 후위식 : 전위식을 먼저 중위식으로 변환한 후 후위식으로 재차 변환한다.

② 후위식 → 전위식 : 후위식을 먼저 중위식으로 변환한 후 전위식으로 재차 변환한다.

> **예** 다음 후위식(Postfix)을 전위식(Prefix)으로 표현하시오.
>
> $$ab-c/de*+$$
>
> - 후위식을 먼저 중위식으로 변환한다.
> $ab-c/de*+=(ab-)c/(de*)+=(a-b)c/(d*e)+=\{(a-b)c/\}(d*e)+=\{(a-b)/c\}(d*e)+=\{(a-b)/c\}+(d*e)$
> - 중위식을 전위식으로 변환한다.
> $\{(a-b)/c\}+(d*e)=\{(-ab)/c\}+(*de)=\{/(-ab)c\}+(*de)=+\{/(-ab)c\}(*de)=+/-abc*de$

THEME 103   그래프(Graph)

그래프(Graph)

① N : M 대응 구조로 일반적으로 정점과 선분으로 되어 있으면서 사이클이 형성되는 경우를 트리와 구별하여 그래프라 한다.

② G는 정점들의 집합이라 불리는 유한 집합 V와 간선들의 집합 E, 간선 E에서 정점 V의 쌍인 사상(Mapping)으로 구성된다. 여기에서 그래프의 두 집합 정점과 간선은 유한하다고 가정하며, G=(V, E)로 표기한다.

③ 모든 정점들에서 간선의 연결 상태를 행렬로 표현하는데 간선이 존재할 경우는 1, 간선이 존재하지 않을 경우는 0으로 표현한다.

④ 데이터 사이의 임의 관계가 비선형적으로 나타나는 구조로 최단 거리 탐색, 연구 계획 분석, 공정 계획 분석, 전자 회로 분석, 통계학 등에서 많이 사용한다.

그래프 용어

정점(Vertex)	표현하고자 하는 대상 자료의 집합
간선(Edge)	정점 사이의 관계
차수(Degree)	임의의 정점에 연결되는 간선의 개수
진입 차수(In-Degree)	특정 정점으로 들어오는 간선의 개수
진출 차수(Out-Degree)	특정 정점에서 나가는 간선의 개수
경로(Path)	임의의 정점과 정점을 연결하는 간선
경로의 길이(Path Length)	경로 중에 있는 간선의 개수
사이클(Cycle)	경로의 길이가 2 이상인 경로에서 시작 정점과 끝 정점이 같은 경로
인접(Adjacent)	두 정점 사이에 간선이 존재하는 것
부속(Incident)	두 정점이 인접일 때 그 사이의 간선

비방향 그래프

정점들의 쌍에 순서가 없는 그래프로 간선 수는 $n(n-1) \div 2$개이다.

인접 행렬	정점 사이에 간선이 존재하면 1, 그렇지 않으면 0으로 표현한다.
인접 리스트	헤드 노드 하나를 구축하고 간선이 있는 노드들을 연결 리스트(Linked List)로 연결하여 표현한다.

방향 그래프

간선 사이에 방향이 표시되어 있는 그래프로 간선 수는 $n(n-1)$개이다.

인접 행렬	다른 정점으로 진출 간선이 존재하면 1, 진출 간선이 존재하지 않으면 0으로 표현한다.
인접 리스트	헤드 노드 하나를 구축하고 연결 방향을 가지는 노드들을 연결 리스트로 표현한다.

완전 그래프

① 모든 정점에 대해 각각의 간선을 갖는 그래프이다.
② 자신을 제외한 간선이 모두 연결되어 있어야 한다.

강한 연결 그래프

① 방향 그래프에서 정점 사이에 간선이 양쪽 방향으로 존재하는 그래프이다.
② 연결 리스트가 모두 있어야 하며, 1개라도 없다면 약한 연결 그래프가 된다.

레이블 그래프

① 간선에 수치적 레이블을 표시한 그래프이다.
② 인접 행렬 : 간선이 존재하는 정점 간의 레이블을 표현하고, 존재하지 않는 부분은 0으로 표현한다.

그래프의 순회

① 너비 우선 탐색(BFS; Breadth First Search)
  - 시작 정점 V에서 시작하여 V를 방문한 것으로 표시 후 V에 인접한 모든 정점(같은 레벨 수준)들을 다음에 방문한다(큐를 사용).
  - 그 후 정점들에 인접되어 있으면서 방문하지 않은 정점들을 계속 방문한다.
  - 각 정점을 방문할 때마다 정점은 큐에 저장되며, 한 인접 리스트가 끝나면 큐에서 한 정점을 꺼내 그 정점의 인접 리스트에 있는 정점들을 같은 방법으로 계속 조사해 나간다.
② 깊이 우선 탐색(DFS; Depth First Search)
  - 시작 정점 V를 기점으로 하여 V에 인접하면서 방문하지 않은 정점 W를 선택하고, W를 시작점으로 하여 깊이 우선 탐색을 다시 시작한다(스택을 사용).
  - 방문한 어떤 정점으로부터 방문되지 않은 정점에 도달할 수 없을 때 탐색이 종료된다.
  - 시작 정점(Root)에서 출발하여 Backtracking하기 전까지 각 가지(Branch)에서 가능한 멀리(먼 레벨 깊이까지) 탐색한다.

그래프의 신장 트리(Spanning Tree)

① 임의로 연결된 그래프가 있을 때 그래프의 모든 정점을 통과하는 트리이다.
② 사이클이 형성되지 않아야 하며, 최소 비용의 신장 트리는 가중치가 있는 그래프에서 간선들의 가중치 합이 최소인 경우이다.
③ DFS로 만들어진 깊이 우선 신장 트리와 BFS로 만들어진 너비 우선 신장 트리로 구분할 수 있다.

최소 비용 신장 트리 (Minimum Spanning Tree) – Kruskal 알고리즘	• 간선 비용이 가장 적은 순서대로 연결하는 방식이다. • 간선 비용이 적은 순서대로 나열한 후, 사이클이 형성되지 않도록 유의하며 적은 순서에 맞추어 연결한다.
최소 비용 신장 트리 (Minimum Spanning Tree) – Prim 알고리즘	• 간선의 연결이 하나의 트리에서 추가되어가는 방식이다. 즉, 현재 구성된 트리에서 연결할 수 있는 간선 중에서 비용이 가장 적은 것을 연결하는 방식이다. • 트리 형태가 점차 확장되어 가는 형태이며, Kruskal 알고리즘과 마찬가지로 사이클이 형성되지 않아야 한다.

03 정렬

THEME 104   자료의 정렬(Sort)

정렬(Sort)

레코드나 데이터에 담긴 키 값에 따라 순서대로 나열하거나, 정렬되지 않은 항목 또는 레코드의 리스트를 오름차순(Ascending)이나 내림차순(Descending)의 순서대로 나열하는 것을 말한다.

정렬 알고리즘 선택 시 고려 사항

① 초기 데이터의 배열 상태
② 키 값들의 분포 상태
③ 소요 공간 및 작업 시간
④ 데이터의 양
⑤ 사용 컴퓨터 시스템의 특성

내부 정렬 기법

① 데이터의 양이 적을 때 주기억장치에 정렬할 데이터를 모두 갖고 와서 정렬하는 방법이다.
② 속도는 빠르나, 정렬할 데이터의 양이 많은 경우에는 부적합하다.

삽입(Insertion)법	삽입 정렬(Insertion Sort), 셀 정렬(Shell Sort)
교환(Swap)법	선택 정렬(Selection Sort), 버블 정렬(Bubble Sort), 퀵 정렬(Quick Sort)
선택(Selection)법	힙 정렬(Heap Sort)
분배(Distribution)법	기수 정렬(Radix Sort, =버킷 정렬)
병합(Merge)법	2진 병합 정렬(2 - Way Merge Sort)

외부 정렬 기법

① 대용량의 데이터를 보조기억장치에서 몇 개의 서브 파일로 나누어 각각 내부 정렬을 한 후에, 주기억장치에서 각 서브 파일을 병합하면서 정렬하는 방법이다.

② 속도는 느리지만, 정렬하고자 하는 양이 많을 경우 효과적이다.

③ 균형 병합 정렬(Balanced Merge Sort), 다단계 병합 정렬(Polyphase Sort), 계단식 병합 정렬(Cascade Sort), 교대식 병합 정렬(Oscillating Sort)이 있다.

THEME 105   내부 정렬

삽입 정렬(Insertion Sort)

① 기준이 되는 키 값의 앞쪽 자료들의 값과 비교하여 자신의 위치를 찾아 삽입하여 정렬하는 방법이다.

② 대상 자료 일부가 정렬 되어있을 때 유리하다.

③ 총 비교 횟수(n은 전체 노드 수) : $\dfrac{n(n-1)}{4} = \dfrac{1}{4}n^2 - \dfrac{1}{4}n$

④ 정렬 순서
- 첫 번째와 두 번째 값을 비교하고 순서가 반대라면 이를 교체한다.
- 다음 세 번째 값이 두 번째 값보다 작은 경우 올바른 위치에 삽입하여 정렬을 수행한다.
- 네 번째 이후의 요소 또한 이미 정렬된 세 번째까지의 데이터와 비교 후 적절한 위치에 삽입하는 것을 반복적으로 수행하여 정렬한다.

> **예** 초기 데이터가 (15, 11, 1, 3 ,8)일 때, 오름차순에 의한 삽입 정렬

초기 데이터	15	11	1	3	8
1st loop	11	15	1	3	8
2nd loop	1	11	15	3	8
3rd loop	1	3	11	15	8
4th loop	1	3	8	11	15

셸 정렬(Shell Sort)

① 매개변수를 설정하고 데이터를 모아서 매개변수 간격만큼 파일을 만든 다음, 그 매개변수의 간격을 감소하면서 정렬하는 방법이다.

② 주어진 데이터를 매개변수의 값으로 적절한 것을 선택하고, 이를 점차 감소시키면서 셸 정렬을 수행하고 매개변수가 1이 될 때 종료한다.

선택 정렬(Selection Sort)

① 기준 위치의 데이터와 비교 대상 데이터의 크기 값을 비교하여 크기 위치가 맞지 않으면 자리를 교환하는 방법이다.
② 데이터의 최솟값을 찾아 첫 번째 위치에 놓고 다음 최솟값을 찾아 두 번째 위치에 놓는 과정을 반복한다.
③ 총 비교 횟수(n은 전체 노드 수) : $\dfrac{n(n-1)}{2} = \dfrac{1}{2}n^2 - \dfrac{1}{2}n$

예 초기 데이터가 (8, 9, 3, 11, 16, 1)일 때, 오름차순에 의한 선택 정렬

초기 데이터	8	9	3	11	16	1
1st loop	1	9	8	11	16	3
2nd loop	1	3	9	11	16	8
3rd loop	1	3	8	11	16	9
4th loop	1	3	8	9	16	11
5th loop	1	3	8	9	11	16

• 각 loop에서 색깔 표시 되어 있는 칸이 기준 위치이다.
• 기준 위치와 그 이후의 모든 데이터를 비교하여 뒤의 데이터가 더 크면 기준 위치에 있는 데이터와 위치를 교환한다.

버블 정렬(Bubble Sort)

① 인접한 데이터와 비교하여 위치가 맞지 않을 경우 서로 자리를 교환하는 방법이다.
② 최대 수행 단계는 전체 데이터 개수보다 하나 적은 횟수만큼 단계 수행을 한다.
③ 단계 수행 중 자리 교환이 더 이상 발생하지 않으면 정렬을 완료시킬 수 있다.
④ 총 비교 횟수(n은 전체 노드 수) : $\dfrac{n(n-1)}{2} = \dfrac{1}{2}n^2 - \dfrac{1}{2}n$

예 초기 데이터가 (5, 8, 4, 2, 6, 9, 3)일 때, 오름차순에 의한 버블 정렬

초기 데이터	5	8	4	2	6	9	3
1st loop	5	4	2	6	8	3	9
2nd loop	4	2	5	6	3	8	9
3rd loop	2	4	3	5	6	8	9
4th loop	2	4	3	5	6	8	9
5th loop	2	3	4	5	6	8	9
6th loop	2	3	4	5	6	8	9

• 각 loop에서 색깔 표시되어 있는 칸이 인접한 데이터끼리 비교하여 위치가 맞지 않을 경우 자리를 서로 교환하게 된다.
• 단계가 진행되면서 점차 비교 대상 데이터의 수는 줄어든다.

퀵 정렬(Quick Sort)

① 데이터의 많은 자료 이동을 없애고 하나의 파일을 부분적으로 나누어가면서 정렬하는 방법이다.

② 첫 번째 데이터를 중심으로 중간 값을 설정하고 대상 자료 중 그 중간 값을 적당한 곳에 위치시켜서 대상 자료를 부분적으로 나누어가는 방식이다.

③ 총 비교 횟수(n은 전체 노드 수) : $\frac{1}{2}n\log_2 n$

힙 정렬(Heap Sort)

① 전이진 트리를 이용한 정렬 방식, 이진 트리를 힙 정렬로 변환하는 방법이다.

② 전이진 트리 형태로 노드의 배치가 상위에서 하위로 내려가면서 좌측에서 우측으로 순서적으로 배치하여 트리를 구성한다.

③ 부모 노드가 아들 노드보다 큰 값(최대 힙)이거나, 작은 값(최소 힙)이 되도록 구성한다.

④ 첫 번째 구성된 초기 힙 상태의 트리에서 뿌리 노드를 맨 마지막으로 이동시켜 대상 개수를 하나씩 줄여가는 정렬 방식이다.

> **예** 초기 데이터가 (1, 3, 4, 2, 5, 6)일 때, 전이진 트리에 의한 힙 정렬
>
>
>
>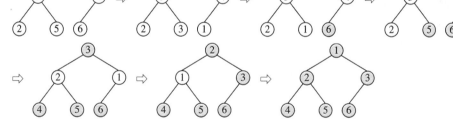
>
> • 전이진 트리를 구성한다.
> • 형제 노드끼리 비교하여 큰 값과 부모 노드를 비교하여 부모 노드의 값이 작으면 교환한다.
> • 교환된 노드들을 다시 검토하여 위의 과정을 반복한다.

기수 정렬(Radix Sort, 버킷 정렬)

① 정렬할 데이터의 기수 값에 따라 같은 수 또는 같은 문자끼리 그 순서에 맞는 분배하였다가 버킷의 순서대로 데이터를 꺼내어 정렬하는 방법이다.

② 여분의 기억 공간을 많이 필요로 한다.

2진 병합 정렬(2 – Way Merge Sort)

① 주어진 입력 파일을 크기가 2인 서브 파일로 모두 나누어서 각 서브 파일들을 정렬하는 방법이다.

② 두 개의 키들을 한 쌍으로 하여 각 쌍에 대하여 순서를 정한다. 다음으로 순서에 따라 정렬된 각 쌍의 키들을 병합하여 하나의 정렬된 서브 리스트로 만든다. 이 과정을 최종적으로 하나의 정렬된 파일이 될 때까지 반복한다.

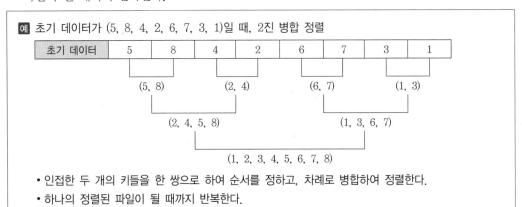

예 초기 데이터가 (5, 8, 4, 2, 6, 7, 3, 1)일 때, 2진 병합 정렬

- 인접한 두 개의 키들을 한 쌍으로 하여 순서를 정하고, 차례로 병합하여 정렬한다.
- 하나의 정렬된 파일이 될 때까지 반복한다.

THEME 106 외부 정렬(External Sort)

외부 정렬의 개요

① 외부 정렬은 데이터의 크기가 주기억장치의 용량보다 클 경우에 디스크 등의 외부 보조기억장치에 데이터의 대부분을 저장한 상태에서 행해지는 정렬로, 병합 정렬(Merge Sort, 합병 정렬)이 대표적이다. 이때 주기억장치의 용량만큼씩 보조기억장치의 데이터를 나누어 주기억장치로 읽어들이며 정렬한 다음 보조기억장치에 다시 저장하는 과정을 반복한다.

② 입력 크기가 방대해서 읽고 쓰는 시간이 오래 걸리는 보조기억장치에 입력을 저장할 수밖에 없는 상태에서 수행되는 외부 정렬은 입력을 분할해 주기억장치에서 수용할 수 있을 만큼의 데이터에 대해서만 내부 정렬을 수행한 다음, 그 결과를 보조기억장치에 다시 저장하는 방식으로 이루어진다.

③ 예컨대, 100GB 크기의 데이터를 1GB씩 분할해 주기억장치로 읽어들인 다음 내부 정렬 알고리즘을 통해 정렬한 후에 다른 보조기억장치에 저장한다. 그러면 100개로 정렬된 블록으로 나뉘어 보조기억장치에 저장되는 것이다. 이후에 반복적인 병합(Merge)을 통해 정렬된 블록들을 하나의 정렬된 100GB 크기의 블록으로 만든다. 이렇게 병합을 거듭해 수행하면 블록의 크기는 증가하지만 블록의 수는 줄어들게 되어 결국 블록은 1개만 남게 된다.

④ 보조기억장치와 주기억장치 사이의 데이터 이동 횟수를 가능한 한 줄여야 한다는 제약이 따른다. 즉, 보조기억장치의 접근 시간이 주기억장치의 접근 시간보다 길기 때문에 외부 정렬 알고리즘은 보조기억장치에서의 읽고 쓰기를 최소화하는 것이 매우 중요하다.

병합 정렬(Merge Sort)

[병합 정렬의 개념]

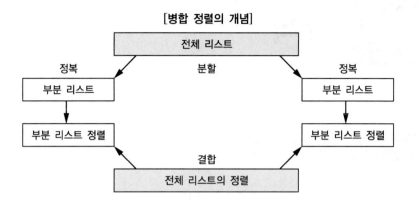

① 병합 정렬은 주어진 리스트를 균등한 크기의 부분 리스트 2개로 나눈(분할) 후 각각의 부분 리스트를 정렬한(정복) 다음, 이렇게 정렬된 부분 리스트들을 합함으로써(결합) 전체의 리스트를 정렬하는 방식이다.

② 병합 정렬의 과정

- 분할(Divide) : 입력 크기가 n인 리스트를 $n \div 2$개의 원소를 가진 2개의 부분 리스트로 균등하게 분할한다.
- 정복(Conquer) : 각각의 부분 리스트를 정렬한다. 이때 부분 리스트의 크기가 충분히 작아질 때까지 분할·정복 방법을 계속 적용(재귀호출 이용)한다.
- 결합(Combine) : 정렬된 부분 리스트들을 합함으로써 하나의 정렬된 리스트를 만든다.

[병합 정렬의 예시(오름차순)]

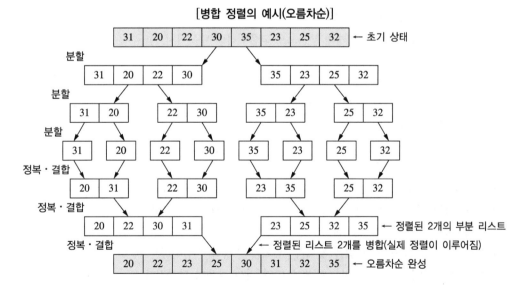

CHAPTER 04 검색

THEME 107 검색 기법의 종류

순차 검색(Linear Search, Sequential Search)

① 대상 데이터를 순서대로 하나씩 비교하면서 원하는 데이터를 찾는 검색 방식이다.

② 대상 자료의 범위를 모르거나 자료가 정렬되어 있지 않아도 검색이 가능하다.

③ 상대적으로 검색 속도가 느리다.

④ 총 비교 횟수 : $\dfrac{n+1}{2}$

제어 검색(Controlled Search)

① 이진 검색(Binary Search)
- 정렬되어 배열된 레코드를 2개의 부분으로 되풀이하여 나누어서, 한 부분은 버리고 남은 부분을 검색하는 방법이다.
- 자료가 반드시 정렬되어 있어야 한다.
- 검색 대상 자료의 하위 위치 : Low
- 검색 대상 자료의 상위 위치 : High
- 검색 대상 자료의 중간 위치 : $(\text{Mid}) = \dfrac{(\text{Low}) - (\text{High})}{2}$
- 2개로 나눈 부분의 데이터가 찾는 값보다 크면, (High)＝(Mid)－1 위치로 조정한다.
- 2개로 나눈 부분의 데이터가 찾는 값보다 작으면, (High)＝(Mid)＋1 위치로 조정한다.

② 보간 검색(Interpolation Search)
- 찾고자 하는 레코드 키가 있을 것 같은 위치를 추정하여 검색하는 방법이다.
- 여러 가지 방법이 있으며, 찾는 방법에 따라 검색 효율이 달라진다.
- 키 값의 분포가 일정할 경우에 주로 사용한다.

블록 검색(Block Search)

기본 구성 방법	• 블록과 블록 사이에는 정렬이 되어 있어야 한다. • 노드의 개수가 n개 일 때 가장 이상적인 블록의 수 : $\sqrt{n}$ 개
인덱스 테이블 구성 방법	• 각 블록에서 가장 큰 값이 인덱스 위치로 지정된다. • 전체 레코드를 일정한 수의 레코드를 가지는 여러 개의 블록 단위로 나누어 저장하고, 찾기를 원하는 특정 레코드가 속한 블록을 결정한다. 다음으로 찾는 레코드의 인덱스 값과 비교하고, 해당 블록 내의 키 값을 차례로 비교하여 원하는 레코드를 찾아내는 방법이다.

이진 트리 검색(Binary Tree Search, 이진 검색 트리)

① 데이터의 값에 따라 자리가 정해져, 자료의 탐색·삽입·삭제가 효율적이다.

② 데이터가 입력되는 순서에 따라 첫 번째 데이터가 뿌리 노드가 된다.

③ 다음 데이터는 뿌리 노드와 비교하여 값이 작으면 좌측으로 연결하고, 값이 크면 우측으로 연결하여 이진 검색 트리로 구성한다.

④ 정렬이 완료된 데이터를 이진 검색 트리로 구성할 경우 사향 이진 트리가 되어 비교 횟수가 선형 검색과 동일해진다.

THEME 108　해싱(Hashing)과 해싱 함수

해싱(Hashing)의 정의

① 다른 레코드의 참조 없이 특정 키 변환에 의하여 원하는 레코드에 직접 접근할 수 있도록 구성하는 것을 의미한다.

② 해시 테이블(Hash Table)이라는 기억 공간을 할당하고, 해싱 함수(Hashing Function)를 이용하여 레코드 키에 대한 해시 테이블의 홈 주소(Home Address)를 계산한 후 주어진 레코드를 해당 기억 장소에 저장하거나 검색 작업을 수행한다.

③ 해싱 방법에는 버킷(Bucket) 해싱과 확장성(Extensible) 해싱이 있다.

해싱(Hashing)의 특징

① 기억 장소의 낭비가 심하기 때문에 많은 기억 공간을 요구한다.

② 삽입, 삭제 작업의 빈도가 높을 때 유리하며, DAM의 파일 구성에 사용된다.

③ 검색 방법 중에서 속도가 가장 빠르다.

④ 충돌 현상이 발생하면 오버플로(Overflow)의 해결 부담이 과중된다.

⑤ 계산에 의해 산출하므로 주소 산출에 시간이 오래 걸린다.

직접 접근 방식(DAM; Direct Access Method)

① 해싱 방법에 의해서 만들어지는 파일을 직접 파일(Direct File)이라고 한다.

② 레코드를 식별하기 위한 키 값과 레코드 주소 사이의 관계를 예측한다.

③ 접근 속도는 빠르지만 많은 기억 공간을 요구한다.

④ 데이터의 입출력이 자주 발생하는 곳에 응용하는 것이 좋다.

⑤ 해싱 함수를 이용하여 레코드의 저장 위치를 결정한다.

해싱 관련 용어

용어	설명
해시 테이블 (Hash Table)	레코드를 1개 이상 보관할 수 있는 홈 버킷들로 구성한 기억 공간으로 보조기억장치나 주기억장치에 구성할 수 있다.
버킷(Bucket)	하나의 주소를 갖는 파일의 한 구역으로 버킷의 크기는 같은 주소에 포함될 수 있는 레코드 수를 의미한다.
슬롯(Slot)	한 개의 레코드를 저장할 수 있는 공간으로 n개의 슬롯이 모여 하나의 버킷을 형성한다.
충돌(Collision)	레코드를 삽입할 때 2개의 상이한 레코드가 같은 버킷으로 해싱되는 것으로 해싱 함수에 의해서 계산된 홈 주소가 같은 경우이다.
동의어(Synonyms)	같은 홈 주소(동거자)를 갖는 레코드의 집합이다.
오버플로(Overflow)	홈 주소의 버킷에 더 이상의 레코드를 보관할 수 없는 상태이다.
홈 주소(Home Address)	해싱 함수에 의해서 계산되어 나온 주소의 값이다.
클러스터링(Clustering)	바로 다음 주소에 이미 데이터가 있을 경우 충돌이 발생하는 현상이다.

해싱 함수(Hashing Function)

① 키 값을 이용해서 레코드를 저장할 주소를 산출해 내는 수학식이다.

② 계산이 빠르고 쉬워야 하며, 같은 주소를 산출하는 경우는 최소이어야 한다.

제산법 (Division Method)	• 레코드의 키 값을 임의의 소수(배열의 크기)로 나누어 그 나머지 값을 해시 값으로 사용하는 방법이다. • $h(k) = k \bmod q$(mod − 나머지)로 표현한다.
기수 변환법 (Radix Conversion Method)	• 레코드의 키 값을 임의의 다른 기수 값으로 변환하여 그 값을 홈 주소로 이용하는 방법이다.
무작위법(Random Method)	• 난수 생성 프로그램을 이용하여 각 키의 홈 주소를 얻는 방법이다.
중간 제곱법 (Mid − Square Method)	• 값을 제곱하여 결괏값 중 중간 자릿수를 선택하여 그 값을 홈 주소로 이용하는 방법이다.
숫자 분석법(Digit Analysis Method, 계수 분석법)	• 주어진 모든 키 값들에서 그 키를 구성하는 자릿수들의 분포를 조사하여 비교적 고른 분포를 보이는 자릿수들을 필요한 만큼 선택하는 방법이다.
중첩법 (Folding Method, 접지법)	• 주어진 키를 여러 부분으로 나누고, 각 부분의 값을 더하거나 배타적 논리합(XOR) 연산을 통하여 나온 결과로 주소를 취하는 방법이다.

오버플로(Overflow) 처리 방식

① **개방 주소(Open Addressing) 방식** : 충돌이 일어난 자리에서 그 다음 버킷을 차례로 검색하여 처음 나오는 빈 버킷에 데이터를 넣는 방식이다(= 선형 방식).

② **재해싱(Rehashing) 방식** : 여러 개의 해싱 함수를 준비한 후 충돌이 발생하면 새로운 해싱 함수를 이용하여 새로운 홈 주소를 구하는 방식이다.

③ **폐쇄 주소(Close Addressing) 방식** : 해시 테이블에서 서로 다른 키 값의 데이터가 해시 함수에 의해 같은 버킷에 배치되어 충돌이 발생할 경우 포인터를 이용하여 같은 해시 함수 값을 갖는 레코드를 연결 리스트로 연결하는 방식이다(연결 처리법, 오버플로 공간 처리법 등).

적중예상문제

정답 및 해설 p.034

01 다음 〈보기〉는 스택을 이용한 0-주소 명령어 프로그램이다. 이 프로그램이 수행하는 계산으로 옳은 것은?

> **보기**
>
> PUSH C
> PUSH A
> PUSH B
> ADD
> MUL
> POP Z

① Z=C+A*B

② Z=(A+B)*C

③ Z=B+C*A

④ Z=(C+B)*A

02 효율적인 프로그램을 작성할 때 우선적으로 고려해야 할 사항은 저장 공간의 효율성과 실행 시간의 신속성이다. 이때, 자료 구조에 대한 설명으로 옳지 않은 것은?

① 자료 구조는 자료의 표현과 그것과 관련된 연산이다.

② 자료 구조는 일련의 자료들을 조직하고 구조화하는 것이다.

③ 어떠한 자료 구조에서도 필요한 모든 연산들을 처리하는 것이 가능하다.

④ 처리할 문제가 주어지면 평소에 주로 사용하던 자료 구조를 먼저 적용하는 것이 좋다.

03 다음 중 스택의 응용 분야로 옳지 않은 것은?

① 운영체제의 작업 스케줄링

② 함수 호출의 순서 제어

③ 인터럽트의 처리

④ 수식의 계산

04 다음 중 비선형 구조와 선형 구조가 옳게 짝지어진 것은?

> ⊙ 스택(Stack)　　　　　　　　ⓛ 큐(Queue)
> ⓒ 트리(Tree)　　　　　　　　　ⓔ 연결 리스트(Linked List)
> ⓜ 그래프(Graph)

	비선형 구조	선형 구조
①	⊙, ⓛ, ⓜ	ⓒ, ⓔ
②	ⓒ, ⓜ	⊙, ⓛ, ⓔ
③	⊙, ⓛ, ⓒ	ⓔ, ⓜ
④	ⓒ	⊙, ⓛ, ⓔ, ⓜ

05 다음의 스택 알고리즘에서 T가 스택 포인터이고, M이 스택의 길이일 때, 서브루틴 AA가 처리해야 하는 것은?

> $$T \leftarrow T+1$$
> if T > m then goto AA else $X(T) \leftarrow Y$

① 오버플로 처리　　　　　　　　② 언더플로 처리

③ 입력 처리　　　　　　　　　　④ 출력 처리

06 다음 중 순서가 A, B, C, D로 정해진 입력 자료를 스택에 입력하였다가 출력한 결과로 옳지 않은 것은?

① B, A, D, C　　　　　　　　　② D, A, B, C

③ B, C, D, A　　　　　　　　　④ C, B, A, D

07 다음 중 〈보기〉의 설명이 나타내는 것은?

> **보기**
> • 삽입과 삭제가 리스트의 양쪽 끝에서 발생할 수 있는 형태이다.
> • 입력이 한쪽에서만 발생하고 출력은 양쪽에서 일어날 수 있는 입력 제한과 입력은 양쪽에서 일어나고 출력은 한쪽에서만 이루어지는 출력 제한이 있다.

① 스택　　　　　　　　　　　　② 큐

③ 다중 스택　　　　　　　　　　④ 데크

08 다음 중 데크(Deque)에 대한 설명으로 옳지 않은 것은?

① 삽입과 삭제가 양쪽 끝에서 일어난다.

② 스택과 큐를 복합한 형태이다.

③ 사용하는 포인터는 1개다.

④ 입력 제한 데크를 Scroll이라고 한다.

09 다음 중 배열(Array)에 대한 설명으로 옳지 않은 것은?

① 가장 간단한 구조로 각 요소들은 동일 데이터 타입의 인덱스 값을 표현한다.

② 동일 자료의 집합으로 첨자(Subscript)를 이용하여 각 원소를 구분한다.

③ 삽입과 삭제가 용이하고, 기록 밀도가 1에 해당한다.

④ 같은 크기의 기억 장소를 연속적 공간에 놓고 원하는 데이터를 기록하거나 액세스한다.

10 다음 중 선형 리스트의 특징으로 옳지 않은 것은?

① 가장 간단한 데이터 구조 중 하나이다.

② 배열과 같이 연속되는 기억 장소에 저장되는 리스트를 말한다.

③ 기억 장소 효율을 나타내는 메모리 밀도가 1이다.

④ 데이터 항목을 추가하거나 삭제하는 것이 용이하다.

11 다음 중 임의의 자료에서 최솟값 또는 최댓값을 구할 경우 가장 적합한 자료 구조는?

① 이진 탐색 트리   ② 스택(Stack)

③ 힙(Heap)   ④ 해시(Hash)

12 다음은 이진 트리의 순회(Traversal) 경로를 나타낸 그림이다. 이와 같은 이진 트리 순회 방식은 무엇인가?(단, 노드의 숫자는 순회 순서를 의미한다)

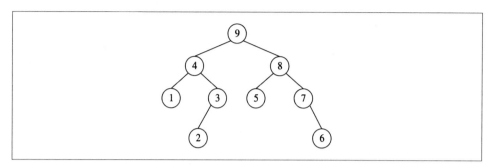

① 병렬 순회(Parallel Traversal)

② 전위 순회(Pre-order Traversal)

③ 중위 순회(In-order Traversal)

④ 후위 순회(Post-order Traversal)

13 다음 중 연결 리스트(Linked List)에 대한 설명으로 옳지 않은 것은?

① 노드의 삽입이나 삭제가 쉽다.

② 노드들이 포인터로 연결되어 검색이 빠르다.

③ 연결을 해주는 포인터(Pointer)를 위한 추가 공간이 필요하다.

④ 연결 리스트 중에는 중간 노드 연결이 끊어지면 그 다음 노드를 찾기 힘들다.

14 다음 중 후위(Postfix) 형식으로 표기된 다음 수식을 스택(Stack)으로 처리하는 경우 스택의 탑 (TOP) 원소의 값을 바르게 나열한 것은?[단, 연산자(Operator)는 한 자리의 숫자로 구성되는 두 개의 피연산자(Operand)를 필요로 하는 이진(Binary) 연산자이다]

$$4 \quad 5 \quad + \quad 2 \quad 3 \quad * \quad -$$

① 4, 5, 2, 3, 6, -1, 3

② 4, 5, 9, 2, 3, 6, -3

③ 4, 5, 9, 2, 18, 3, 16

④ 4, 5, 9, 2, 3, 6, 3

15 다음과 같은 트리(Tree) 구조에서 용어의 설명이 옳은 것은?

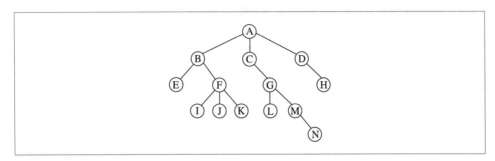

① Node는 10개이다.
② Node의 차수는 4이다.
③ 레벨(Level)은 5이다.
④ Root Node는 N이다.

16 다음 중 포인터를 사용하여 리스트를 나타냈을 때 옳지 않은 것은?

① 새로운 노드의 삽입이 쉽다.
② 기억 공간이 많이 소요된다.
③ 한 리스트를 여러 개의 리스트로 분리하기 쉽다.
④ 노드를 리스트에서 삭제하기 어렵다.

17 다음의 그림에서 트리의 차수(Degree)를 구하면?

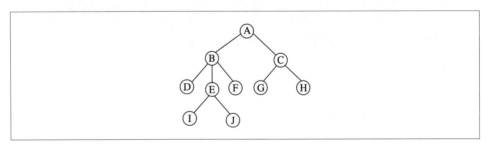

① 2
② 3
③ 4
④ 5

18 다음 트리(Tree)에서 Degree와 Leaf의 수는?

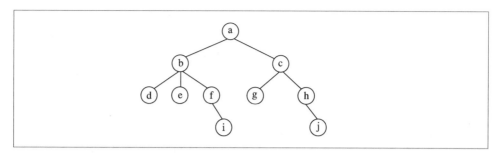

① Degree : 2, Leaf : 4
② Degree : 3, Leaf : 5
③ Degree : 4, Leaf : 2
④ Degree : 4, Leaf : 10

19 다음의 트리 구조에 대하여 Preorder 순서로 처리한 결과가 옳은 것은?

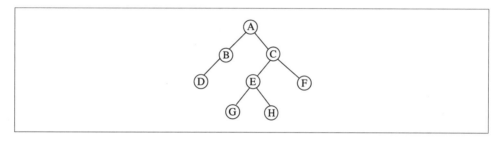

① A − B − D − C − E − G − H − F
② D − B − G − H − E − F − C − A
③ A − B − C − D − E − F − G − H
④ A − B − D − G − E − H − C − F

20 다음 그림의 이진 트리를 Preorder로 운행하고자 한다. 트리의 각 노드를 방문한 순서로 적절한 것은?

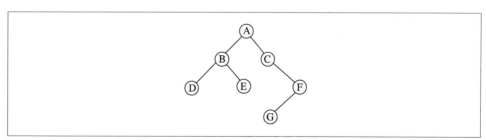

① A − B − D − E − C − F − G
② D − B − E − A − C − G − F
③ D − E − B − G − F − C − A
④ A − B − C − D − E − F − G

21 다음 트리에 대한 Inorder 운행 결과는?

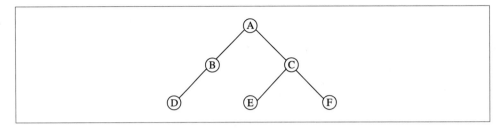

① A – B – D – C – E – F
② D – B – A – E – C – F
③ D – B – E – C – F – A
④ A – B – C – D – E – F

22 다음과 같은 이진 트리를 후위 순서로 순회할 때 네 번째로 방문하는 노드는?

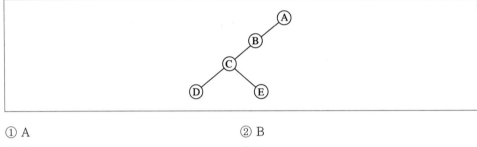

① A
② B
③ C
④ D

23 다음 중 기억 공간의 낭비 원인이 되는 널 링크 부분을 트리 순회 시 이용되도록 구성한 트리는 무엇인가?

① 신장 트리(Spanning Tree)
② 스레드 이진 트리(Thread Binary Tree)
③ 완전 이진 트리(Complete Binary Tree)
④ 경사 트리(Skewed Tree)

24 다음 중 버킷(Bucket)과 가장 관련이 깊은 것은?

① SAM
② ISAM
③ B–Tree
④ Hashing

25 다음 중 너비 우선 탐색(BFS)에 대한 설명으로 옳지 않은 것은?

① 시작 정점 V에서 시작하여 V를 방문한 것으로 표시 후 V에 인접한 모든 정점들을 다음에 방문한다.

② 정점들에 인접되어 있으면서 방문하지 않은 정점들을 계속 방문한다.

③ 각 정점을 방문할 때마다 정점은 큐에 저장된다.

④ 방문한 어떤 정점으로부터 방문되지 않은 정점에 도달할 수 없을 때 탐색이 종료된다.

26 다음 중 산술문의 중위 표기(Infix)에서 후위 표기(Postfix)로 옳게 변환된 것은?

$$A/B * * C+D * E-A * C$$

① ABC * * /DE+ * AC− *
② ABC * * /DE * +AC * −
③ * * /ABC * +DE * −AC
④ * * /ABC+ * DE− * AC

27 다음과 같이 주어진 후위 표기(Postfix)의 수식을 중위 표기(Infix)로 나타낸 것은?

$$ABC− / DEF+ * +$$

① A / (B−C)+F * E+D
② A / (B−C)+D * (E+F)
③ A / (B−C)+D+E * F
④ A / (B−C) * D+E+F

28 다음과 같은 중위식(Infix)을 후위식(Postfix)으로 바르게 표현한 것은?

$$A / B * (C+D)+E$$

① + * / AB+CDE
② CD+AB / * E+
③ AB / (CD+) * / E+
④ AB / CD+ * E+

29 다음의 Infix로 표현된 수식을 Postfix 표기로 옳게 변환한 것은?

A=(B−C) * D+E

① ABC−D * E+=
② =+ ABC−D * E
③ ABCDE + − = *
④ ABC−D * +E=

30 다음 중 내부 정렬(Internal Sort)을 수행하는 것으로 옳지 않은 것은?

① 삽입 정렬(Insertion Sort)
② 기수 정렬(Radix Sort)
③ 선택 정렬(Selection Sort)
④ 균형 병합 정렬(Balanced Merge Sort)

31 다음 자료에 대하여 선택(Selection) 정렬을 이용하여 오름차순으로 정렬할 때, 2회전 후의 결과로 옳은 것은?

8, 3, 4, 9, 7

① 3, 4, 7, 8, 9
② 3, 4, 7, 9, 8
③ 3, 8, 4, 9, 7
④ 3, 4, 8, 9, 7

32 다음 중 이진 검색 알고리즘의 특징으로 옳지 않은 것은?

① 피보나치 수열에 따라 가감산을 이용하여 다음에 비교할 대상을 선정한다.
② 탐색 효율이 좋고 탐색 기간이 적게 소요된다.
③ 검색할 데이터가 정렬되어 있어야 한다.
④ 비교 횟수를 거듭할 때마다 검색 대상이 되는 데이터의 수가 절반으로 줄어든다.

33 다음 중 정렬의 수행 시간 복잡도가 다른 하나는?(단, 평균 시간 복잡도를 기준으로 한다)

① 선택 정렬
② 힙 정렬
③ 버블 정렬
④ 삽입 정렬

34 다음의 〈보기〉가 설명하고 있는 정렬 방법으로 옳은 것은?

> **보기**
> • 주어진 입력 파일을 크기가 2인 서브 파일로 모두 나누어서 각 서브 파일들을 정렬하는 방법이다.
> • 두 개의 키들을 한 쌍으로 하여 각 쌍에 대하여 순서를 정하고 나서 순서대로 정렬된 각 쌍의 키들을 병합하여 하나의 정렬된 서브 리스트로 만들고, 최종적으로 하나의 정렬된 파일이 될 때까지 반복한다.

① 이진 병합 정렬
② 셀 정렬
③ 기수 정렬
④ 버블 정렬

35 다음 중 이진 트리 검색(Binary Tree Search)의 특징으로 옳지 않은 것은?

① 데이터의 값에 따라 자리가 정해져, 자료의 탐색·삽입·삭제가 효율적이다.
② 데이터가 입력되는 순서에 따라 첫 번째 데이터가 근노드가 된다.
③ 데이터는 근노드와 비교하여 값이 작으면 우측으로 연결하고, 값이 크면 좌측으로 연결하여 이진 검색 트리로 구성한다.
④ 정렬이 완료된 데이터를 이진 검색 트리로 구성할 경우 사향 이진 트리가 되어 비교 횟수가 선형 검색과 동일해 진다.

36 다음 중 Linear Search의 평균 검색 횟수는?

① $(n-1)$회
② $\dfrac{n+1}{2}$ 회
③ n회
④ $\dfrac{n}{2}$ 회

37 다음 중 순차 검색(Sequential Search)에 대한 설명으로 옳지 않은 것은?

① 대상 데이터를 순서대로 하나씩 비교하면서 원하는 데이터를 찾는 검색 방식이다.
② 자료가 정렬되어 있지 않아도 검색이 가능하지만, 대상 자료의 범위를 모르면 검색이 불가능하다.
③ 상대적으로 검색 속도가 느리다.
④ 총 비교 횟수는 $(n+1) \div 2$이다.

38 다음 중 속도는 가장 빠르지만 충돌 현상 시 오버플로 해결의 부담이 과중 되며, 많은 기억 공간을 요구하는 탐색 방법은?

① 해싱
② 블록 탐색
③ 순차 탐색
④ 이진 탐색

39 다음 파일 중 해시(Hash) 함수가 필요한 것은?

① ISAM 파일
② VSAM 파일
③ DAM 파일
④ 링 파일

40 다음 중 해싱함수에서 주어진 키를 여러 부분으로 나누고, 각 부분의 값을 더하거나 배타적 논리합 (XOR; eXclusive OR) 연산을 통하여 나온 결과로 주소를 취하는 방법은?

① 중간 제곱 방법(Mid-square Method)
② 제산 방법(Division Method)
③ 폴딩 방법(Folding Method)
④ 기수 변환법(Radix Conversion Method)

통통한 IT · 디지털 상식

PART

6

소프트웨어 공학

CHAPTER 01 소프트웨어 공학과 프로젝트

THEME 109 소프트웨어(Software)

소프트웨어(Software)

하드웨어를 동작시켜 사용자가 작업을 편리하게 수행하도록 하는 프로그램과 자료 구조 등을 총칭하며, 프로그램 자체뿐만 아니라 프로그램의 개발, 운용 및 유지 보수에 관련된 모든 문서와 정보를 포함한다.

소프트웨어의 위기(Software Crisis)

① 컴퓨터 소프트웨어의 개발 속도가 하드웨어의 개발 속도를 따라가지 못함에 따라 발생하는 현상이다.

② 소프트웨어의 생산성과 다양한 사용자의 요구사항을 모두 수용할 수 없다.

③ 비용 상승과 납기 지연, 품질 저하로 인한 소프트웨어의 부족 현상으로 점점 악화되고 있다.

원인과 현상	해결 방안
• 소프트웨어의 관리 효율과 특성에 대한 이해가 부족하다. • 소프트웨어의 개발 도구는 많지만 개발된 도구의 품질을 평가할 수 있는 기준이 부족하다. • 개발 기간의 지연과 성능 및 신뢰성이 부족하다. • 개발 비용이 증가하고, 유지 보수의 어려움으로 인한 비용이 발생한다.	• 소프트웨어 공학 차원에서 소프트웨어 개발의 품질과 생산성을 높인다. • 새로운 기술에 대한 적극적인 투자와 소프트웨어의 첨단 기법을 도입한다.

소프트웨어 공학

① 가장 경제적으로 신뢰도 높은 소프트웨어를 만들기 위한 방법, 도구, 절차의 체계이다.

② 논리성, 개발생산성, 유연성, 타당성, 견고성, 생산성, 상품성, 적시성 등의 성질을 포함한다.

③ 소프트웨어의 비용 증가, 품질 향상, 생산성 제고, 특정인에 의존한 시스템 개발 등의 이유로 사용된다.

④ 신뢰도 높은 소프트웨어의 생산성과 작업의 만족도를 증대시킨다.

소프트웨어 공학의 기본 원칙

① 소프트웨어(프로그래밍)의 기술을 계속적으로 유지한다.
② 소프트웨어가 최상의 품질을 갖출 수 있도록 지속적인 검증을 실시한다.
③ 소프트웨어의 관련 사항을 문서화하여 결과에 대한 명확성을 유지한다.
④ 소프트웨어의 개발 비용을 최소화하고, 합리적으로 개발한다.

좋은 소프트웨어(Well Software)의 조건

① 사용자의 요구를 정확히 반영하고, 사용자 인터페이스를 제공해야 한다.
② 잠재적인 오류가 적고, 지속적인 유지 보수가 용이해야 한다.
③ 문서화가 가능하고, 적절한 비용과 효율적 사용이 편리해야 한다.

소프트웨어 개발

① 소프트웨어는 정의 단계 → 개발 단계 → 유지 보수 단계로 나눌 수 있다.
② 소프트웨어 개발 시 위험 요소로는 인력 부족, 예산 부족, 요구 변경 등이 있다.
③ 소프트웨어 개발을 위한 프로그래밍 언어의 선정 기준에는 실행 환경, 프로그램 언어의 응용, 알고리즘의 난이도, 자료 구조의 난이도, 대상 업무의 성격, 개발 담당자의 경험과 지식, 과거의 개발 실적 등이 있다.

소프트웨어의 생명주기(Software Life Cycle)

소프트웨어의 개발에서 사용에 이르기까지 일련의 시간적인 경과를 말한다.

타당성 검토 단계	개발 계획 단계	요구사항 분석 단계	설계 단계
개발할 소프트웨어가 법적, 경제적, 기술적으로 실현 가능성이 있는지를 조사	소프트웨어 개발에 사용될 자원과 비용을 측정하는 단계	사용자가 요구한 문제를 보다 상세하고, 정확히 분석하는 단계	소프트웨어의 구조, 알고리즘 등을 작성하는 단계로 에러가 가장 많이 발생하는 단계

구현 단계	테스트 단계	운영 단계	유지 보수 단계
설계 단계에서 작성된 문서를 기초로 코딩하고, 번역하는 단계	구현된 소프트웨어에 내재되어 있는 오류를 찾아주는 단계	프로세스 구현, 운영 시험, 사용자 지원, 시스템을 운영하는 단계	여러 환경에 따라 소프트웨어를 적응 및 유지시키는 단계로, 시간과 비용이 가장 많이 투입되는 단계

소프트웨어 생명주기(Software Life Cycle) 모형

폭포수 모형(Waterfall Model)

① 특징
- 보헴(Boehm)에 의해 개발되었으며 선형 순차 모형이다(전통적이고, 고전적인 모형).
- 각 단계는 이전 단계로 갈 수 없으며, 두 개 이상의 병행 수행이 되지 않는다.
- 제품의 일부인 매뉴얼을 작성해야 하며, 각 단계가 끝난 후 결과물이 명확히 나와야 한다.

② 폭포수 모형의 개발 단계
- 1단계 – 계획(Planning) : 시스템의 성능과 특징을 파악하고, 소프트웨어의 실현 타당성을 조사하는 단계로 비용과 시간을 예측한다.
- 2단계 – 요구 분석(Analysis) : 소프트웨어에 요구되는 계획, 기능, 성능, 인터페이스 등 정보 영역을 이해하는 단계로 시스템의 분석을 요구한다.
- 3단계 – 설계(Design) : 자료 구조, 소프트웨어 구조 등 절차적 기술에 대한 기본 설계와 상세 설계를 하는 단계이다.
- 4단계 – 구현(Implementation) : 모듈의 정당성을 위해 단위 검사와 디버깅을 수행하는 단계로 상세 설계를 통하여 각각의 모듈을 코딩(Coding)한다.
- 5단계 – 검사(Test) : 통합(Integration) 검사, 시스템(System) 검사, 인수(Acceptance) 검사를 수행한다.
- 6단계 – 유지 보수(Maintenance) : 프로젝트를 이해하고, 소프트웨어가 가져야 될 기능을 기술하는 단계로 가장 오랜 시간과 대부분의 비용을 차지한다(현재 상태를 파악하고, 문제를 정의한 후 문제 해결과 목표를 도출).

③ 문제점
- 개발된 소프트웨어의 순차적 흐름을 따르지 않는 경우가 발생한다.
- 발견되지 않은 상위 단계의 오류는 하위 단계에 심각한 영향을 준다.
- 개발 과정 중 발생하는 새로운 요구사항이나 경험을 설계에 반영하기 어렵다.
- 고객의 요구가 소프트웨어 개발 단계의 후반에서 확인될 수 있다.

프로토타입 모형(Prototype Model)

① 특징
- 폭포수 모형의 요구사항 변경에 따른 어려움을 보완한 모형으로 사용자의 요구사항을 충실히 반영한다.
- 시스템 모형을 만드는 과정으로 소프트웨어의 일부분을 구현하여 중추 코드를 구성한다.
- 실제 상황 전에 가상의 시뮬레이션을 통하여 최종 결과물에 대한 예측을 할 수 있다.
- 구현 단계에서 구현 골격이 되며, 발주자나 개발자에게 공동의 참조 모델을 제공한다.
- 프로젝트의 관리가 용이하고, 노력과 비용을 절감한다.

- 접근 방법에서 불확실성의 결정 요인으로는 지원이 필요한 일로부터의 요구 영역, 사용자와 분석자의 지식과 경험 수준, 커뮤니케이션 문제가 일어날 가능성 등이 있다.

② 프로토타입 모형의 개발 단계

- 1단계 – 개발 단계 : 요구 수집(Collection) → 프로토타이핑(원형) → 설계(Design) → 구현(Implementation) → 검사(Test) → 유지 보수(Maintenance)
- 2단계 – 프로토타이밍(원형) 개발에 필요한 작업 단계 : 요구 수집 → 빠른 설계 → 프로토타입 구축 → 고객 평가 → 프로토타입 조정 → 구현

③ 문제점

- 생명주기의 개발 측면과 관리 측면에 대한 연결이 일정하지 않으며, 자동화를 할 수 없다.
- 생명주기의 각 단계에서 여러 시스템을 동시에 개발하면 많은 오버헤드가 발생한다.
- 단기간에 제작해야 하므로 비효율적인 언어나 알고리즘을 사용할 수 있다.

나선형 모형(Spiral Model, 점진적 모형)

① 특징

- 폭포수(Waterfall) 모형과 프로토타입(Prototype) 모형의 장점만을 적용한 가장 바람직한 모형이다(위험 분석 기능을 추가).
- 보헴(Boehm)이 제안한 것으로 사용자의 요구사항에 있는 위험 요소들을 해결한다.
- 단계별로 개발이 진행되면서 발생하는 위험에 개발자와 사용자가 적절히 대응할 수 있다.
- 점증적 개발 과정과 반복적인 작업을 수행함으로써 정밀성이 높다.
- 비용이 많이 들거나 시간이 많이 소요되는 대규모 프로젝트 또는 대형 시스템 구축 시 유리하다(유지 보수 과정이 필요 없음).

② 나선형 모형의 개발 단계

- 1단계 – 계획(Planning) 및 정의(Definition) : 목표, 기능 선택, 제약 조건 등을 설정하는 단계이다.
- 2단계 – 위험 분석(Risk Analysis) : 위험 요소를 분석하고, 관리 기술을 이용하여 완성도를 높이는 단계이다.
- 3단계 – 개발(Engineering) : 다음 단계의 프로토타입을 개발하는 단계이다.
- 4단계 – 사용자 평가(Customer Evaluation) : 개발된 프로토타입을 사용자가 평가하는 단계이다.

③ 문제점

- 위험성 평가에 크게 의존하기 때문에 이를 발견하지 않으면 문제가 발생한다.
- 비교적 최신 기법이므로 폭포수 모형이나 프로토타입 모형보다 널리 사용되지는 않고 있다.

반복적 개발(Iteration) 모형

① 특징
- 사용자의 요구사항 일부분 혹은 제품의 일부분을 반복적으로 개발하여 최종 시스템으로 완성하는 모델로 중 / 대규모 시스템 구축에 적합하다.
- 폭포수와 프로토타입 모형을 결합한 형태로 재사용, 객체 지향, RAD 모형의 기반 역할을 한다.
- 증분개발 모형과 진화개발 모형이 있다.

② 목차 및 내용
- 반복평가서 개요 : 대상 반복계획서의 목적, 주요 사항을 기록한다.
- 일정 및 산출물 확인 : 대상 반복계획서에 기재된 일정 준수 여부 및 산출물 버전, 리뷰 결과를 명세한다.
- 대상 유즈케이스 : 해당 반복의 대상 유즈케이스별 완료 / 미완료 여부를 도표 등으로 표현한다.
- 평가기준 대비 결과 리뷰 : 반복계획서에 기술된 반복의 평가 기준에 대한 결과를 기술한다.
- 특이사항 : 반복수행 중 발생한 리스크, 요구사항 변경, 및 기타 사항에 대한 내역과 조치 결과를 기술한다.
- 결과 피드백 사항 : 해당 반복을 수행했을 때 미흡한 점을 다음 반복에서 보완할 수 있는 대책, 잘한 점은 계속 유지할 수 있는 방안을 제시한다.

③ 장점 및 단점

구분	내용
장점	• 사용자가 새로운 결과물을 이용하는 데 거부감이 적다. • 지속적으로 반복하여 프로세스가 진행되므로 프로세스 진화 및 성숙에 따라 유지 보수 단계에서의 비용절감 효과가 있다. • 위험에 대해 예측 가능하여 계획된 관리가 가능하다. • 반복적인 개발주기로 혼란을 적게 하면서 요구사항의 변경을 수용할 수 있다. • 문서가 아닌 실행 가능한 프로토타입 버전에 바탕을 두고 있다. • 전체 프로세스에 걸쳐 사용자를 참여시킨다.
단점	• 반복적인 설계 단계의 결과 내용을 이전 설계 단계의 내용과 조율이 필요하다. • 더욱 세심한 요구관리가 필요하다. 그렇지 않으면 범위가 크게 확대될 수 있다. • 구축, 수정의 프로세스를 진행하여 프로세스 관리가 어렵다.

증분개발 모델과 진화개발 모델 비교

항목	증분개발 모델(Incremental Development Model)	진화개발 모델(Evolutionary Development Model)
정의	• 폭포수 모델에 반복적 수행 개념을 결합	• 핵심 요구사항을 개발한 후 발전시켜 나가는 방법
특징	• 병렬적인 개발이 가능 • 요구사항이 명확할 경우 적합	• 요구사항이 개발 초기에 불분명한 경우 사용 • 전체 진화과정에 대한 릴리즈 계획 필요
장점	• 새로운 시스템에 대한 충격 완화 • 후반 통합의 충격 완화	• 시스템의 완성도를 점진적으로 향상 • 불완전한 요구사항에 대응
단점	• 다수의 빌드 관리 부담 • 변경되는 요구사항에 효과적인 대응이 어려움	• 프로젝트 비용 및 일정 증가 • 다수의 버전 존재하여 릴리즈 버전관리 부담

구축 절차

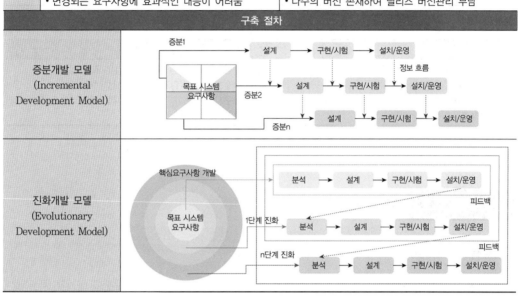

| 증분개발 모델
(Incremental
Development Model) | |
| 진화개발 모델
(Evolutionary
Development Model) | |

RAD(Rapid Application Development) 모형

짧은 개발 주기 동안 소프트웨어를 개발하기 위한 선형 순차적 프로세스 모델로 사용자의 요구사항 일부분, 제품 일부분을 반복적으로 개발하여 최종제품을 만든다.

① 특징

• 도구활용(CASE 도구, 재사용 Library 등) 및 컴포넌트 기반의 접근방법을 통해 빠른 개발이 가능하다.
• 시스템의 적절한 모듈화가 전제되어 있다.
• 사용자의 적극적 참여가 있고 프로토타이핑을 사용한다.
• 60 ~ 90일 정도의 짧은 기간이 소요된다.
• 고성능이 요구되고 부분적으로 시스템 성능이 조율되어야 하는 경우 적절하지 않다.

② RAD 모형의 개발 절차

단계	수행 내용
분석(JRP)	• Joint Requirement Planning, 비즈니스 / 데이터 / 프로세스 모델링 • 사용자와 함께 업무모델 작성 및 검토 반복을 통한 분석 작업 수행 • 워크샵 형태의 구조화된 회의(업무공간에서 떨어진 곳에서 집중력 있게 설계)
설계(JAD)	• 사용자 참여 공동 설계(Joint Application Design), 프로토타입 개발 / 수정 / 보완 반복을 통한 시스템 설계 • CASE 활용이 필수적인 단계
구축 / 운영	• CASE, RDB, 4GL 등 관련기술을 이용하여 시스템 구축 및 운영 • 운영에 필요한 지침서를 작성하고 현업부서로 이전

③ 장점 및 단점

장점	단점
• 검증된 컴포넌트가 존재하고, 시간적 제약사항 존재 시 접근 가능한 방법 • 요구사항의 완전한 이해와 명확한 프로젝트 설정 시 신속 개발 및 기능 구현 가능	• 책임감 있는 구성원이 없을 경우 위험 • 적절한 모듈화(컴포넌트) 가능성 전제 • 요구사항 변화가 심하고, 기술적 위험이 크고, 고성능이 요구되는 시스템은 부적합

THEME 111　프로젝트 관리

프로젝트(Project)

① 주어진 목적을 달성하기 위해 해당 기간 내에 프로그램의 계획을 세우고, 최소의 대가로 사용자를 만족시킬 수 있는 시스템을 개발하는 작업 과정이다.
② 프로젝트 계획은 범위, 자원, 비용, 성능, 일정을 통해서 위험성을 최소화하는 작업이다.

프로젝트(Project) 관리

① 개발 계획의 수립, 분석, 설계, 구현 등의 작업과 생산 제품에 대한 관리를 수행한다.
② 가장 대표적인 위험 요소는 사용자의 요구사항 변경이다.
③ 프로젝트의 관리 대상에는 비용 관리(최소 비용), 일정 관리, 품질 관리 등이 있다.

프로젝트(Project) 관리의 단계

① 1단계 – 프로젝트 계획 수립 : 범위, 자원, 비용 측정을 통하여 위험성(Risk)을 최소화한다.
② 2단계 – 프로젝트 시동 : 프로젝트의 작업 환경, 인적 교육 등을 통하여 계획을 수행한다.
③ 3단계 – 프로젝트 감시 : 프로젝트의 실행 기간 동안 프로젝트에 대한 상황표를 작성한다.
④ 4단계 – 프로젝트 종료 : 프로젝트의 사용 후 성과와 평가를 검토한다.

효과적인 프로젝트 관리를 위한 3요소(3P)

사람(People), 문제(Problem), 프로세스(Process)

프로젝트 계획 수립

① 프로젝트 계획 수립 시 가장 먼저 프로젝트의 규모를 파악하여 시간(기간), 노력, 필요 인력 등을 조사해야 한다.
② 소프트웨어 범위(Software Scope)의 결정 요소는 기능성(Function), 성능성(Performance), 신뢰성(Reliability)이다.
③ 프로젝트 계획 수립

문제 정의 → 타당성 분석 → 일정 계획 수립 → 개발 비용 산정 → 조직 구성의 계획 수립 → 위험 분석 → 계획서 작성
④ 프로젝트 일정 계획

프로젝트의 규모 산정 → 단계별 작업 분리 → 작업의 상호 의존도를 CPM Network로 표시 → 일정 계획을 차트로 표시

프로젝트 개발 조직

① 민주주의적 팀
- 각 구성원이 의사 결정에 참여하므로 복잡한 프로젝트에 적합하다.
- 의사 결정을 민주주의식으로 하며, 팀의 목표는 여론에 따라 결정된다.
- 각 구성원끼리 서로의 일을 검토하며, 작업 결과에 대해서는 동일한 책임을 진다.
② 중앙집중형 팀
- 팀장이 팀원들에게 작업을 지시하는 형식이다.
- 한 사람에 의해 통제할 수 있는 비교적 소규모 프로젝트에 적합하다.
- 신속한 의사 결정과 기술 판단으로 문제를 해결할 수 있다.

책임 프로그래머 (Chief Programmer)	분석 및 설계, 기술적 판단, 작업 지시 및 배분을 담당하며, 소프트웨어 개발팀을 중앙집중형으로 관리한다.
보조 프로그래머 (Backup Programmer)	기술적 문제에 대한 요구와 자문을 담당하며, 프로그램 리스트, 설계 문서, 검사 계획 등을 관리한다.
프로그래머 (Programmer)	원시 코드 작성, 검사, 디버깅, 문서 작성 등을 관리한다.
프로그램 사서 (Program Librarian)	프로그램 리스트, 테스트 계획, 설계 문서 등을 관리한다.

③ 계층적 팀
- 민주주의적 팀과 중앙집중형 팀의 중간에 해당한다.
- 의사 전달에 필요한 경로는 상호 교신할 필요가 있는 팀원들에게만 허용한다.
- 고급 프로그래머가 관리하며, 구성원의 수는 약 5 ~ 7명으로 구성된다.

프로젝트 일정 수립

① CPM(Critical Path Method) / PERT(Program Evaluation and Review Technique)
- 단시간에 계획을 완성하고, 프로젝트의 작업 일정을 네트워크로 표시한다.
- 프로젝트의 지연을 방지하고, 계획대로 진행하기 위한 일정 계획 방법이다.
- 대단위 계획의 조직적인 추진을 위해 자원의 제약을 두고 최소한의 비용을 사용한다.

CPM	• 작업 수행의 시간과 관계를 파악하는 임계 경로 방식으로 다른 일정 계획안을 시뮬레이션 할 수 있다. • 프로젝트 작업 사이의 관계를 나타내며, 최장 경로를 파악할 수 있다. • CPM 네트워크를 효과적으로 사용하기 위해서는 필요한 시간을 정확히 예측해야 한다. • 병행 작업이 가능하도록 계획할 수 있으며, 이를 위한 자원 할당도 가능하다. • 원형 노드는 작업을 표시하고, 간선(화살표)은 작업 사이의 전후 의존 관계를 나타낸다. • 박스 노드는 중간 점검을 의미하는 이정표로 노드 위에서 예상 완료 시간을 표시한다.
PERT	• 프로젝트를 평가하는 검토 기술로 예측치를 이용하여 불확실성을 고려한다. • 프로젝트의 작업 일정을 네트워크로 기술하여 프로젝트의 지연을 방지한다. • 짧은 시간에 프로젝트의 완성을 목표로 한다.

② 간트 차트(Gantt Chart)
- 타임 라인(Time Line) 차트라고도 하며, 프로젝트의 일정표를 표시한다.
- 프로젝트 일정, 작업 일정, 이정표, 작업 기간 등을 표시한다.
- 단계별 시작과 종료를 파악할 수 있도록 막대로 표시하며, 수평 막대는 각 태스크의 기간을 나타낸다.

③ 업무 분류 구조(WBS; Work Breakdown Structure)
- 프로젝트의 단계별 작업을 세분화한 계층적 구조를 의미한다.
- 작은 작업 단위 일정을 통하여 전체 프로젝트의 일정을 계획할 수 있다.

프로젝트 비용 산정 모형

프로젝트 비용 결정 요소

① 프로젝트 요소 : 제품의 복잡도, 시스템의 크기와 처리 능력, 요구되는 신뢰도
② 자원 요소 : 인적 자원, 하드웨어 자원, 소프트웨어 자원
③ 생산성 요소 : 개발자의 능력, 개발 기간
④ 일반 요소 : 프로그래머의 능력, 가용 시간, 기술 수준

비용 측정 방법

① 하향식(Top-Down)
- 총 비용을 전체 시스템에서 측정한 후 단계별로 세분화한다.
- 인력 비용은 작업한 프로젝트의 전체 비용을 확인한 후 결정한다.

종류	설명
전문가 감정법 (Expert Judgement)	• 비용 산정과 편견 배제를 위해 2명 이상의 전문가에게 요청한다. • 전문가의 의견이 지배적인 것이 단점이다.
델파이 산정법 (Delphi Assessment)	• 전문가의 중재자를 두어 전문가 감정법의 단점을 보완한다. • 여러 전문가의 의견 일치로 비용을 측정한다.

② 상향식(Bottom-Up)
- 비용을 단계별로 측정하여 마지막에 총 비용을 산출한다.
- 단계별 요소의 비용 산정에 따라 시스템 전체 차원의 비용을 결정할 수 있다.

종류	설명
원시 코드 라인 수 기법 (LOC; Lines Of Code)	• PERT(Project Evaluation and Review Technique)의 예측치를 이용한다.
개발 단계별 인-월 기법 (PM; Person Month)	• 각 기능에서 생명 주기 단계별로 필요한 노력(PM)을 인원수로 산정한다. • PERT의 예측치를 적용할 수 있으며, LOC 기법보다 정확하다.
수학적 산정 기법	• 소프트웨어의 개발비를 자동화로 산정한다. • Boehm의 COCOMO 모형, Putnam의 생명주기 모형, Albrecht의 기능 점수 모형 등이 있다.

LOC(원시 코드 라인 수) 기법

① (노력)={개발 기간(월)}×{투입 인원(명)}

② (개발 비용)={개발 기간(월)}×{투입 인원(명)}×{단위 비용(1인당 월 평균 인건비)}

③ (개발 기간)=(예측된 LOC)÷{(투입 인원)×(1인당 월평균 생간 LOC)}

④ (생산성)=(개발된 LOC)÷{(투입 인원)×(개발 기간)}

COCOMO 모형

① 원시 프로그램의 규모(LOC)에 의한 비용 산정 기법이다.

② 비용 견적의 강도와 유연성이 높아 소프트웨어 개발비 견적을 측정할 때 많이 사용한다.

③ 산정 결과는 프로젝트를 완성하는 데 필요한 Man-Month로 나타낸다.

④ COCOMO 모형의 유형(모드)

조직형 (Organic Mode)	원시 코드에서 5만 라인 이하(50 KDSI 이하)의 소프트웨어를 개발하며 일괄 자료 처리, 과학 기술 계산, 비즈니스 자료 처리용 등에 사용된다.
반분리형 (Semi-Detached Mode)	5만~30만 라인 이하(50~300 KDSI 이하)의 소프트웨어를 개발하며 트랜잭션 처리 시스템, 운영체제, 데이터베이스 관리 시스템, 컴파일러, 인터프리터, 개발 지원 도구 등에 사용된다(조직형과 내장형의 중간형).
내장형 (Embedded Mode)	300 KDSI 이상(최대형 규모)의 소프트웨어를 개발하며 시스템 소프트웨어, 신호기 제어 시스템, 대형 시스템 등에 사용된다.

⑤ COCOMO 모형의 종류

- 기본형(Basic) : 원시 코드 라인 수(LOC)에 나타난 프로그램의 크기로 소프트웨어 개발 노력과 비용을 측정하는 모형으로 소프트웨어의 크기와 개발 모드에 따라 산출이 결정된다.

$$개발\ 노력(PM)=a×(KLOC)^b\ (단,\ a와\ b는\ 계수)$$

- 중간형(Intermediate) : 기본형에 노력 조정 인수(EAF)를 포함하여 비용을 측정하는 모형으로 제품의 특성, 컴퓨터의 특성, 개발 요원의 특성, 프로젝트 특성에 따라 비용을 산정한다.

$$개발\ 노력(PM)=a(KLOC)^b×EAF(Effort\ Adjustment\ Factor)$$

- 발전형(Detailed) : 개발 단계의 마지막 부분에서 적용이 가능한 모형으로 중간 모형과 동일한 방식으로 구하며, 개발 공정별로 보다 자세하고 정확하게 노력을 산출하여 비용을 산정한다(중간형을 보완).

기능 점수 모형

① Albrecht가 제시한 모형으로 기능 점수(FP; Function Point)를 이용하여 소프트웨어의 생산성을 측정한다(비즈니스의 자료 처리 분야에 이용).
② 시스템 개발에 필요한 기간과 투입 인력을 예측하는 데 적용시켜 응용 소프트웨어의 규모를 측정한다.
③ 소프트웨어 개발에 따른 복잡도, 난이도, 규모 등을 기능 점수로 표현한다.

생애주기 예측 모형

① Putnam이 제시한 모형으로 프로젝트 개발 전에 특정 분포를 가정하는 동적 모형이다.
② 프로젝트의 노력은 남은 개발 기간의 4제곱에 반비례하며, 시간에 따른 함수로 표현된다.

소프트웨어 설계 객체 지향

THEME 113 요구사항의 구조적 분석 기법

요구사항 분석(Requirement Analysis)의 개념

① 사용자의 문제나 요구사항을 분석하여 수행 주체를 설정하는 것이다.

② 시스템의 환경을 고려하여 소프트웨어에 대한 정의를 기술한다.

③ 개발에 사용하는 처리 방법과 기능들에 대하여 정의한다.

④ 정보의 흐름, 정보의 내용, 정보의 구조를 각각의 계층 형태로 분할한다.

요구사항 분석의 문제점

① 사용자와 개발자 사이에 의사소통이 원활하지 못하다.

② 사용자의 요구 분석에 대한 인식이 부족하므로 요구사항이 변경될 수 있다.

③ 개발하고자 하는 시스템 자체가 복잡하다.

요구사항 분석의 문제점의 해결

① 요구사항 분석 시 사용자를 최대한 참여시켜 요구를 수용하고, 업무 조직을 관리한다.

② 요구사항을 구체화하여 논리적 일치성, 요구의 타당성, 문제의 실현성 등을 고려한다.

③ 사용자 면접, 현재 사용 중인 각종 문서 검토, 설문 조사를 통한 의견 수렴 등의 방법을 이용한다.

④ 요구 분석은 사용자의 참여가 필요하므로 분석 시 특별한 기술이 적용되지 않도록 한다.

자료 흐름도(DFD; Data Flow Diagram)

① 유어든(Yourdon)이 제안한 설계 방법으로 시스템의 구성 요소와 연관 관계를 표현한다.
② 처리 공정과 이들 간의 자료 흐름을 그래프 형태로 도식화하여 표현한 것이다.
③ 시간이 경과함에 따라 발생하는 데이터 흐름을 나타내며, 구조적 분석 기법에 이용된다.
④ DFD 작성 시 정확한 이름을 사용하고, 자료 보존 법칙을 준수한다.
⑤ 설계 절차는 정보 흐름의 유형 설정 → 흐름의 경계 표시 → 프로그램 구조로 사상 → 제어 계층을 분해 → 경험적 방법으로 구체화하는 과정을 따른다.

자료 흐름도의 작성 원칙

기호	표기법	의미
○	처리 공정 (Process)	자료를 변환시키는 과정을 의미한다.
─────	자료 저장소 (Data Store)	두 줄의 이중선으로 표시하며, 다음 처리로 자료가 직접 이동되지 않고, 다음에 사용될 목적으로 보관한다.
────→	자료 흐름 (Data Flow)	화살표로 표시하며, 자료가 이동되는 경로이다.
▭	단말 (Terminator)	외부 입출력으로 분석 대상에서 제외되는 부분이다.

① 자료는 처리를 거쳐 변환될 때마다 새로운 명칭을 부여해야 한다.
② 상위 단계의 처리와 하위 단계의 자료 흐름은 서로 일치되어야 한다.
③ 자료 흐름도의 최하위 처리(Process)는 소단위 명세서를 갖는다.
④ 각 단계에서 작성되는 원은 6~7개가 적당하고, 변환(처리) 과정이 버블로 표현된다.
⑤ 자료 흐름은 자료의 도착 순서대로 처리되며, 자료 저장소에 있는 자료는 삭제되지 않는다.

자료 사전(DD; Data Dictionary)

① 자료 흐름도, 프로세스 명세서 등에서 사용되는 자료 목록에 대한 기본 사항이다.
② 수학적 표기법을 사용하며, 자료의 모호성과 중복성을 제거한다.
③ 자료 흐름도에 있는 자료를 정의한 것으로 데이터의 데이터를 메타(Meta) 데이터라고 한다.
④ 자료 흐름도나 미니 명세서에서 사용한 정보는 사용하지 않는다.
⑤ 자료 이름으로 정의를 쉽게 찾을 수 있도록 하며, 자료 이름을 중복시키지 않는다.

기호	의미	기호	의미
=	자료 정의	[|]	자료 다중 선택
+	자료 연결	**	자료 주석
{ }	자료 반복	@	자료 키 항목
( )	자료 옵션, 생략	:, |	자료 나열

미니 명세서(Mini-Spec; Mini Specification)

① 최소 단위의 처리에서 입력 데이터의 흐름이 출력 데이터의 흐름으로 변환되는 것으로 소단위 명세서라고도 한다.
② DFD에서 한 공정의 기능이 두 가지 이상이거나 더 세분화함으로써 소단위 명세서를 이해하기 쉬워진다면 더욱 세분화될 수도 있다.
③ 작성 도구에는 구조적 언어, 의사 결정 트리, 의사 결정표, 표, 그래프, 서술 문장 등이 있다.

시스템 명세서의 유지 보수

① 명세서의 유지 보수란 명세서를 항상 최신의 상태로 만드는 것이다.
② 소프트웨어는 계속 보완되기 때문에 명세서도 보완되지 않으면 일관성을 유지하기 어렵다.
③ 최신의 명세서는 필요한 경우 즉시 사용자에게 배포해야 한다.

개체 관계도(ERD; Entity-Relationship Diagram)

① 피터 첸(P. Chen)이 제안한 방법으로 데이터 구조와 관계를 그림으로 표현한다.
② 시스템의 저장 자료와 구조 간 관계를 추상화한 모델로 엔티티 세트에 따라 1:1 관계 또는 N:M 관계가 될 수 있다.

ERD의 작성 순서

① 주요키를 포함하여 엔티티의 속성을 검색한다.
② 기본적 엔티티와 주요키, 그리고 엔티티 사이의 관계를 정의한다.
③ 1:M 관계를 단순화하기 위해 속성 엔티티를 추가하며, 연관 관계를 M:N으로 표현한다.
④ 각 엔티티를 정규화하고, 누락된 엔티티의 점검과 클래스 구조가 필요한지를 결정한다.

소프트웨어 설계와 모듈화

소프트웨어의 설계

요구사항 분석 단계에서 산출된 명세서의 기능을 실현하기 위한 알고리즘과 자료 구조를 문서화하는 단계이다.

기본 설계 (Preliminary Design)	예비 설계, 개요 설계, 개략 설계라고도 하며, 구조와 자료에 대한 설계를 수행하는 것으로 제품의 프로세스 구조와 기능적 특징을 처리한다.
상세 설계 (Detail Design)	개요(개략) 설계의 내용을 더욱 상세히 기술하는 것으로 알고리즘의 설계를 수행한다.

소프트웨어의 자료 설계

① 연산이 모든 자료 구조에 대하여 구별되어야 한다.

② 자료 사전이 필요하며, 자료 구조에 관련된 라이브러리가 개발되어야 한다.

계층적 자료 구조	스칼라 항목과 순차적 벡터가 혼합한 형태이다.
연결 리스트	물리적으로 인접하지 않는 항목 처리가 가능하며, 포인터를 소유한다.
순차적 벡터	배열(Array)을 의미한다.
스칼라 항목	식별자에 주소를 매길 수 있는 단위로 가장 간단하다.

구조적 프로그래밍 설계

① 다익스트라(Dijkstra)가 제시한 설계 방법론으로 GOTO가 없는 프로그램이다.

② 신뢰성 증가로 프로그램에 대한 이해가 용이하며, 복잡성을 최소화한다.

순차(Sequence)	일련의 처리를 순서대로 실행하는 구조이다.
선택(Selection)	두 가지의 작업 중에서 하나를 선택하는 구조이다.
반복(Iteration)	해당 작업을 반복하는 구조이다.

HIPO(Hierarchy plus Input Process Output)

① 도식적인 프로그램 기능 구조에 대해 계층적으로 표시하며, 분석 및 설계 도구로 사용된다.

② 시스템을 구조적 도구로 프로그래머에게 제공하며, 시각적으로 쉽게 표현한다.

③ 기본 시스템 모델은 입력, 처리, 출력이고, 전체 시스템 모델은 구조도, 개요 도표 집합, 상세 도표 집합으로 구성된다.

④ 하향식(Top-Down)으로 개발 과정에서 문서화와 목적에 맞는 자료를 확인할 수 있다.

⑤ 기능과 자료의 의존 관계를 동시에 표현할 수 있지만 자료 구조 및 자료 간 관계는 표시할 수 없다 (조건, 선택, 반복 구조 등을 표시할 수 없음).

가시적 도표 (Visual Table of Contents)	전체적인 기능을 보여주는 계층(Tree) 구조로 전체 흐름의 도식 목차라고도 한다.
총체적 다이어그램 (Overview Diagram)	주요 기능을 담당하는 부분의 입력, 출력, 처리를 기술하며, 프로그램을 구성하는 기능이 있다.
세부적 다이어그램 (Detail Diagram)	총체적 도표에 표시된 기능의 기본 요소들을 자세히 기술하며, 하위 수준의 여러 기능을 표시하는 데 사용한다.

N-S(Nassi-Schneiderman) 차트

① 구조적 프로그램을 표현하기 위한 방법으로 논리 기술에 중점을 둔 도형식 그래픽 설계이다.

② 제어 이동(분기)이 불가능하며, 그림으로 표현하기 어렵다.

③ 원시 코드의 변환이 용이하며 중첩, 회귀 구조에 사용된다.

④ 조건이 복합되어 있는 곳의 처리를 시각적으로 식별하는 데 적합하다.

⑤ 그림 형태의 표현과 논리적 표현을 중심으로 한다.

⑥ 연속 및 순차(Sequence), 선택 및 다중 선택(If ~ Then ~ Else, Select Case), 반복(Do ~ While, Repeat ~ Until, For ~ Next) 등의 제어 논리 구조로 표현한다.

모듈화(Modularity)

① 모듈은 동일한 기능을 가진 명령어들의 집합으로 프로그램의 복잡도를 감소시킨다.

② 작업의 효율성을 위하여 프로그램을 독립된 기능 단위로 묶는 작업이다.

③ 모듈 수에 따라 모듈 접속을 위한 기술적 방법이 증가되므로 소프트웨어 개발 비용이 최소가 되도록 한다(소프트웨어의 유지 보수와 재사용성이 증가).

바람직한 모듈화 설계 방안

① 결합도(Coupling)를 낮추고, 응집도(Cohesion)를 높이면 좋은 소프트웨어로 평가받는다.

② 결합도는 자료 결합도로 하고, 응집도는 기능적 응집도로 하는 것이 가장 바람직하다.

③ 제어도(Fan-Out)를 최소화하고, 깊이가 증가할수록 공유도(Fan-In)를 최대화한다.

공유도(Fan-In)	주어진 한 모듈을 제어하는 상위 모듈 수로 얼마나 많은 모듈이 주어진 모듈을 호출하는가를 나타낸다.
제어도(Fan-Out)	주어진 한 모듈을 제어하는 하위 모듈 수로 특정 모듈에 의하여 호출되는 모듈의 수를 나타낸다.

④ 경제성, 융통성, 확장성을 가지고 복잡도와 중복성을 피하며, 모듈 기능을 예측 가능하도록 정의한다.

모듈화의 응집도(Cohesion)

① 모듈 내의 구성 요소들이 공통의 목적을 달성하기 위하여 서로 얼마나 관련이 있는지의 기능적 연관 정도를 나타내는 것이다.

② 모듈이 독립적으로 잘 정의되어 있는 정도를 의미하며, 다른 모듈과의 상호 작용이 작다.

③ 단일 모듈 내부에서 요소(명령어, 호출문 등) 사이의 기능적 연관성을 나타낸다.

④ 응집도가 높을수록 바람직하다.

강함 ↑	기능적(Functional) 응집도	모듈 내부가 하나의 단일 기능으로 연관되어 수행된다.
	순차적(Sequential) 응집도	모듈의 구성 요소가 하나의 활동에서 나온 출력 자료를 다음 활동의 입력 자료로 사용하여 재사용이 어렵다.
	교환적(Communicational) 응집도	동일한 입력과 출력을 사용하는 작은 작업들이 모인 모듈에서 확인한다.
	절차적(Procedural) 응집도	모듈 내의 명령 기능이 절차에 맞게 처리되는 것으로 기능 사이에 자료의 전달과 변환이 일어나지 않는다.
	시간적(Temporal) 응집도	특정 시기에 사용되는 몇 개의 기능을 모아 하나의 모듈로 작성하는 것으로 초기화 모듈이 해당된다.
	논리적(Logical) 응집도	유사한 성격을 갖거나 특정 형태로 분류되는 처리 요소들로 하나의 모듈이 형성되는 경우이다.
약함 ↓	우연적(Coincidental) 응집도	관련이 없는 모듈 내의 각 요소로만 구성된다.

모듈화의 결합도(Coupling)

① 한 모듈과 다른 모듈 간의 상호 의존도 또는 두 모듈 사이의 연관 관계를 의미한다.

② 시스템을 설계할 때 필요한 설계 지침으로 모듈 분리가 자유롭다.

③ 낮은 결합도를 유지해야 좋은데 이를 위해 불필요한 관련성을 제거하고, 인터페이스의 수를 줄인다.

강함 ↑	자료(Data) 결합도	파라미터나 인수로 다른 모듈에게 데이터를 넘겨주고, 호출한 모듈은 데이터 처리 결과를 다시 돌려주는 것이다. 단일 파일과 동종 테이블을 매개 변수로 한다.
	구조(Stamp) 결합도	두 모듈이 동일한 자료 구조를 조회하는 경우로 공통의 데이터를 필요로 하는 모듈 사이에서만 공유한다. 이는 자료 구조의 변화와 그것을 조회하는 모든 필드의 모듈까지도 영향을 준다.
	제어(Control) 결합도	서로 다른 모듈 간에 교환하는 매개 변수를 제어 정보로 활용하며, 다른 모듈의 수행 횟수와 수행 순서를 지시한다.
	외부(External) 결합도	어떤 모듈에서 외부로 선언한 변수를 다른 모듈에서 참조하는 것으로 I/O 장치, 통신 프로토콜을 이용한다.
	공통(Common) 결합도	공유되는 공통의 데이터 영역을 여러 모듈이 사용하는 것으로 전역 자료 영역을 공유할 때 생긴다.
약함 ↓	내용(Content) 결합도	한 모듈이 다른 모듈의 내부 기능과 내부 자료를 조회하는 경우로 특정 모듈이 국부적(Local)인 자료 값을 수정한다.

객체 지향(Object-Oriented)

① 객체(Object)라는 중심 개념을 도입하여 프로그램을 개발하는 것으로 클래스(Class)에 대한 개념을 처음 소개하였으며, 소프트웨어 위기(Software Crisis)를 극복하기 위해 등장하였다.
② 실세계(Real World)를 모델링하며, 대화식 프로그램에 적합하다.
③ 상향식 접근 방법으로 요구 단계 분석 이후의 작업이 손쉽게 이루어진다.
④ 객체 지향 기술은 S/W 재사용에 관련되며, 캡슐화가 되어 있는 객체들 간에도 정보 교환이 가능하다(추상화, 캡슐화, 다형성, 모듈화 등).

구성 요소	특징
객체(Object)	필요한 자료 구조와 이에 수행되는 함수를 가진 하나의 소프트웨어 모듈로 객체 간 상호 작용은 메시지를 통해 이루어진다.
속성(Attribute)	객체 내에서 데이터의 현재 상태를 의미하는 것으로 오브젝트 상태를 알 수 있으며 성질(State), 행위(Behavior), 식별(Identity) 등이 해당된다.
메소드(Method)	시작은 오브젝트로부터 메시지를 받을 때 객체가 메시지를 받아 실행할 구체적인 연산을 정의하며, 전통적 시스템 함수 또는 프로시저에 해당하는 객체의 연산 기능이다(하나의 객체는 하나 이상의 메소드를 정의할 수 있음).
클래스(Class)	하나 이상의 유사한 객체들을 묶어 공통된 특성을 표현한 데이터의 추상화로 객체들이 갖는 속성과 적용 연산을 정의하는 툴(Tool)에 해당한다(객체 타입으로 공통된 성질의 객체들을 하나로 묶어 줌).
메시지(Message)	연산을 위한 객체(Object) 간의 정보 교환 수단으로 메시지 전달은 오브젝트(Object)에서 오브젝트로 이루어진다.
메타 클래스(Meta Class)	클래스 계층 트리의 최상단에 위치하고 있는 클래스이다.
인스턴스(Instance)	클래스 객체의 모임으로 인스턴스화는 클래스에 새로운 객체를 생성하는 것이다.

객체 지향 기법의 기본 원칙

① 추상화(Abstraction)
  • 시스템에서 가장 중요한 부분을 정확하고, 간단하게 표현하는 것으로 다른 객체와 구분되는 속성이다(하위 객체의 공통된 특성을 묘사).
  • 데이터(Data) 타입과 추상(Abstract) 데이터 타입으로 연산의 매개 변수를 지정한 자료 구조의 수학적 모델이다.

종류	설명
개체(Entity) 추상화	객체가 문제 영역이나 해답 영역의 모델을 표시한다.
행위(Action) 추상화	객체가 같은 종류의 기능을 수행하는 오퍼레이션 집합을 표시한다.
가상 머신(Virtual Machine) 추상화	상위 연산이나 하위 연산에 사용되는 제어 연산을 그룹화하는 객체를 표시한다.
동시적(Coincidental) 추상화	서로 연관이 없는 오퍼레이션들의 집합을 표시한다.

② 캡슐화(Encapsulation)
- 객체를 이용하여 서로 관련 있는 데이터와 연산(함수)을 하나의 단위로 묶는 기법으로 프로그램의 컴포넌트를 재사용할 수 있다.
- 객체 지향 개념에서 연관 데이터와 함수를 묶어 외부와의 경계를 만들고, 필요한 인터페이스만을 밖으로 드러내는 과정이다(유지 보수가 용이).
- 정보 은폐(Information Hiding)와 가장 밀접한 관계가 있다.
- 다른 클래스에서 캡슐화된 기능을 사용하며, 결합도는 낮아지고 응집도는 높아진다.

③ 정보 은폐(Information Hiding)
- 최우선의 목적은 고려되지 않은 영향(Side Effect)을 최소화하는 것이다.
- 객체는 다른 객체로부터 자신의 자료를 숨기고, 자신의 연산만을 통하여 접근을 허용한다.

④ 상속성(Inheritance)
- 상위 클래스의 메소드(연산)와 속성을 하위 클래스가 물려받는 것으로 클래스를 체계화할 수 있어 기존 클래스로부터 확장이 용이하다.
- 클래스와 오브젝트를 재사용할 수 있는 능력을 얻을 수 있다.

단일(Single) 상속	하나의 클래스는 상위 클래스를 하나만 가지는데, 이때 상속은 하나의 상위 클래스로부터 이루어진다.
다중(Multiple) 상속	하나의 클래스가 둘 이상의 상위 클래스로부터 자료 구조와 함수를 상속받는다.

⑤ 다형성(Polymorphism)
- 메시지가 객체에 따라 다른 방법으로 응답할 수 있는 것으로 하나의 메시지가 여러 개의 함수나 메소드를 지칭한다.
- 상이한 일을 수행하기 위하여 동일한 메시지 형태를 이용하는 능력이다.
- 상속을 통해 이루어지며, 부모의 속성과 메소드만 물려받는 것이 아니라 오버라이딩(Overriding)을 통해 확장까지 가능하다.

THEME 116　객체 지향 분석 설계 종류

객체 지향 분석의 개발 방법

객체 지향 분석 (OOA; Object Oriented Analysis)	• 모델링의 구성 요소인 클래스, 객체, 속성, 연산 등을 이용하여 문제를 모형화시키는 것이다. • 모형화 표기법 관계에서 객체의 분류, 속성의 상속, 메시지의 통신 등을 결합한다. • 객체를 클래스로부터 인스턴스화하거나 클래스를 식별하는 것이 주요 목적이다.
객체 지향 설계 (OOD; Object Oriented Design)	• 객체의 속성과 자료 구조를 표현하며, 개발 속도의 향상으로 대규모 프로젝트에 적합하다. • 시스템을 구성하는 개체, 속성, 연산을 통해 유지 보수가 용이하고, 재사용이 가능하다. • 시스템 설계는 성능 및 전략을 확정하고, 객체 설계는 자료 구조와 알고리즘을 상세화한다. • 객체는 순차적으로 또는 동시적으로 구현될 수 있다. • 서브 클래스와 메시지 특성을 세분화하여 세부 사항을 정제화한다.

객체 지향 프로그래밍 (OOP: Object Oriented Programming)	• 설계 모형을 특정 프로그램으로 번역하고, 객체 클래스 간에 상호 작용할 수 있다. • 객체 모델의 주요 요소에는 추상화, 캡슐화, 모듈화, 계층 등이 있다. • 객체 지향 프로그래밍 언어에는 Smalltalk, C++ 등이 있다. • 설계 시 자료 사이에 가해지는 프로세스를 묶어 정의하고, 관계를 규명한다.

코드(Coad)와 요든(Yourdon)의 객체 지향 분석

① 객체와 클래스 사이의 관계를 상속과 집단화의 관계로 표현한다.

② E-R 다이어그램으로 객체를 모형화하며, 소규모 시스템 개발에 적합하다.

③ 모델링 표기법과 분석 모형이 간단하며, 하향식 방법으로 설계에 접근한다.

④ 객체에 대한 속성 및 관계 정의와 시스템의 수행 역할을 분석한다.

럼바우(Rumbaugh)의 객체 지향 분석

① OMT(Object Modeling Technical)의 3가지(객체 → 동적 → 기능) 모형을 개발한다.

② 코드에 대한 연결성이 높기 때문에 중규모 프로젝트에 적합하다.

③ 분석 설계, 시스템 설계, 객체-수준 설계 등 객체 모형화 시 그래픽 표기법을 사용한다.

④ 문제 정의, 모형 제작, 실세계의 특성을 나타내며, 분석 단계를 상세하게 표현한다.

모델링	설명
객체(Object) 모델링	객체와 클래스 식별, 클래스 속성, 연산 표현, 객체 간의 관계 정의 등을 처리하며, 객체 다이어그램을 작성한다.
동적(Dynamic) 모델링	객체들의 제어 흐름, 상호 반응 연산 순서를 표시하며 상태도, 시나리오, 메시지 추적 다이어그램 등이 해당된다.
기능(Functional) 모델링	입출력을 결정한 후 자료 흐름도를 작성하고, 기능 내용을 기술하며, 입출력 데이터 정의, 기능 정의 등이 해당된다.

부치(Booch)의 객체 지향 분석

① 모든 설계가 이루어질 때까지 문제 정의, 비공식 전략 개발, 전략 공식화를 적용한다.

② 프로그램의 구성 요소는 명세 부분과 외부로부터 감추어진 사각 부분으로 표시한다.

③ 클래스와 객체를 구현한다.

야콥슨(Jacobson)의 객체 지향 분석

① 유스케이스(Usecase) 모형을 사용하여 시스템 사용자에 대한 전체 책임을 파악한다.

② 유스케이스(Usecase) 모형을 검토한 후 객체 분석 모형을 작성한다.

객체 지향 모델링 언어(UML; Unified Modeling Language)

객체 관련 표준화 기구인 OMG에서 만든 통합 모델링 언어로 요구분석, 시스템 설계, 시스템 구현 등의 시스템 개발 과정에서 개발자 간의 의사소통을 원활하게 이루어지게 하기 위하여 표준화한 모델링 언어이다.

① 유스케이스 다이어그램(Usecase Diagram)

유스케이스(Usecase)는 컴퓨터 시스템과 사용자가 상호작용하는 경우로 사용자 관점의 시스템 기능을 나타내기 위해 사용자의 요구를 추출하고 분석한다. 유스케이스 다이어그램은 행위자(Actor)와 관계(Relationship)로 표현하며 시스템을 Usecase 단위로 분할하고, 기능적인 요구사항들을 기술한다.

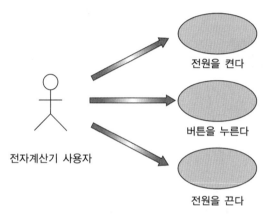

② 순서 다이어그램(Sequence Diagram)

객체 사이에 주고받는 메시지 순서를 표현하며, 시스템 동작을 정형화하고 객체들의 메시지 교환을 시각화하여 나타낸다.

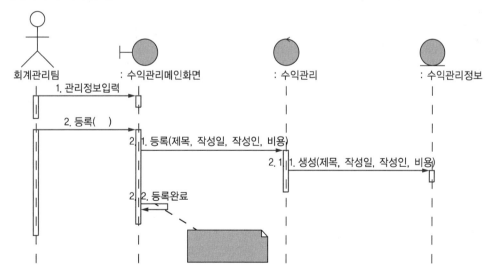

③ 클래스 다이어그램(Class Diagram)

시스템의 구조를 나타낼 때 사용하며, 클래스 간의 상속 관계, 연관 관계, 의존 관계 등을 표현한다.

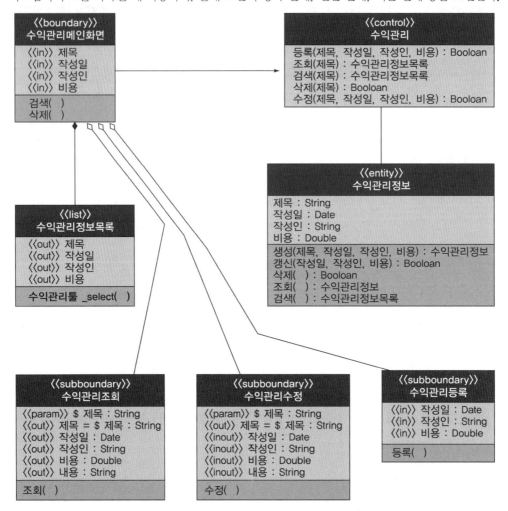

④ 상태 다이어그램(State Diagram)

객체의 상태 변화를 표현하며, 객체의 상태와 사건에 따라 순차적으로 발생한다(상태, 전이, 활동, 사건으로 구성).

⑤ 액티비티 다이어그램(Activity Diagram)

시스템을 오퍼레이션의 집합이 수행되는 상태로 표현하며 객체 간 행위, 조건, 분기 등의 상태를 표현한다.

프로그램 공통 코딩 규칙(행정안전부, 2010)

명칭에 관한 규칙

① 명칭의 길이는 31자 이내로 한다. 명칭의 길이는 컴파일러에 따라서 제한하는 경우가 있으며, 명칭의 길이가 필요 이상으로 길어질 경우 오타 발생 확률 증가 및 가독성이 저하된다.

② 동일한 변수명과 메서드(함수)명을 사용하지 않는다. 동일한 이름을 가진 변수명과 메서드(함수)명은 가독성이 저하된다. 개발자가 변수에 접근 시에 메서드(함수)를 호출할 수 있기 때문에 혼란을 일으킬 수 있다.

③ 명칭은 "_" 이외의 특수 문자를 사용하지 않는다. 다른 프로그래밍 언어와 명칭에 대한 호환을 위해서 특수문자는 "_"만 허용한다.

소스 형식에 관한 규칙

① 하나의 소스 파일은 2,000줄 이내로 작성한다. 하나의 파일에 너무 많은 코드를 작성할 경우 프로그램의 문맥 파악이 어렵고, 파일 관리 및 유지·보수 측면에서도 효율성이 저하된다.

② 한 줄의 길이는 80자 이내의 문자로 한다. 한 줄에 많은 코드를 작성할 경우 가독성이 저하된다.

③ 메서드나 함수의 내용은 70줄 이내로 작성한다. 한 화면에 전체 내용이 보이지 않아 메서드(혹은 함수)의 앞부분과 뒷부분의 문맥을 파악하기 어려워 가독성이 저하된다.

④ 중괄호는 시작 문장의 마지막 열에 삽입, 닫는 중괄호는 새로운 시작 열에 삽입한다(if문, else ~ if문, else문, for문, while문, do ~ while문, switch문, try ~ catch문). 중괄호를 별도의 줄에 삽입하는 것은 코드 길이가 더 길어져서 아래위로 스크롤 해가며 읽어야 하므로 가독성이 저하된다.

⑤ 하나의 문장이 여러 줄로 작성될 경우 아래와 같은 규칙에 의해 행을 나눈다.
  • 80자 초과 시에는 쉼표 다음 문자부터 새로운 행을 시작한다.
  • 이전 행과 동일한 수준의 표현식과 열을 맞춘다. 하나의 문장을 여러 줄로 작성하는 경우 명확하게 구분하지 않으면 소스코드의 가독성이 저하된다.

⑥ 동일 수준의 문장은 같은 위치에서 시작하고 끝난다. 문장의 시작·끝을 명확하게 구분하기 위해서는 시작·끝의 위치를 맞추어야 한다. 같은 수준의 문장에 동일한 들여쓰기를 적용하지 않을 경우 가독성이 저하된다.

PART 6

소프트웨어 공학

주석에 관한 규칙

① 프로그램은 최초 작성자, 최초 작성일, 최종 변경일, 목적, 개정 이력 및 저작권을 기술하는 주석으로 시작해야 한다. 각 파일의 목적을 정확히 파악할 수 있도록 주석 처리하여 소스코드의 가독성과 유지·보수성을 높인다.
- 최초 작성자 : 프로그램을 최초 작성한 개발자명
- 최초 작성일 : 프로그램을 최초 작성한 일자
- 최종 변경일 : 프로그램을 최종 변경한 일자
- 목적 : 프로그램을 작성한 목적
- 개정 이력 : 프로그램을 변경한 변경자, 변경 일자 및 변경 내용
- 저작권 : 프로그램을 최초 작성한 개발회사

② 메서드나 함수 주석은 목적, 매개변수, 반환값 및 변경 이력을 기술하는 주석으로 시작한다. 메서드나 함수 정의 앞부분에 다음의 정보를 기술하면 유지·보수성과 가독성이 향상된다.
- 목적 : 메서드나 함수를 작성한 목적
- 매개변수 : 메서드나 함수의 인자로 사용되는 변수 설명
- 반환값 : 메서드나 함수의 결괏값 설명
- 변경 이력 : 메서드나 함수를 변경한 변경자, 변경 일자 및 변경 내용

변수 선언에 관한 규칙

① 같은 용도의 변수는 같은 선언에 둔다. 하나의 문장에 구분자를 통해 서로 다른 용도의 변수를 선언하면 각 변수에 대한 의미를 정확하게 전달하기 어렵다.

② 불필요한 변수를 선언하지 않는다. 불필요한 변수 선언으로 개발자로 하여금 코드에 대한 이해를 저하시켜 유지·보수가 어렵다.

③ 배열을 선언하는 경우 반드시 요소 수를 명시적으로 선언하거나 초기화에 의해 묵시적으로 결정되도록 한다. 요소 수가 결정되지 않은 배열은 배열 범위에 대해 예측할 수 없으므로 배열 범위를 벗어나는 참조를 통한 보안 문제를 유발할 수 있다.

④ 지역 변수는 선언과 동시에 초기화한다. 지역 변수는 선언과 동시에 초기화하여 초기화되지 않은 변수의 사용을 사전에 방지해야 한다.

※ C인 경우 지역 변수 초기화가 필수이지만, Java인 경우는 컴파일러가 이를 탐지하기 때문에 해당 사항이 없다.

상수에 관한 규칙

① 8진수로 표현된 상수를 사용하지 않는다. 8진수는 가독성이 매우 떨어지므로 10진수나 16진수 표기법을 사용한다.

② 숫자 리터럴을 직접적으로 소스코드 안에 삽입하지 않는다. 반복문의 카운터로 사용될 수 있는 (-1, 0, 1)을 제외한 숫자는 가독성을 저하시킨다. 소스코드에 직접 기술한 숫자 리터럴은 그 의미를 파악하기 어렵다.

수식에 관한 규칙

① 단항 연산자는 피연산자와 붙여 쓴다. 단항 연산자는 피연산자가 무엇인지 명확하게 알 수 있도록 붙여 쓰지 않을 경우 가독성이 저하된다.

② .(dot) 연산자를 제외한 모든 이항 연산자 전후는 공백으로 구분한다. 이항 연산자 전후에 공백을 삽입하는 것은 연산자와 피연산자의 구분을 명확하게 할 수 있으며, 소스코드의 가독성을 높일 수 있다.

③ 조건부 연산자에서 "?" 연산자 앞에 이항 연산식이 나타날 경우 괄호로 구분한다. 조건부 연산자는 3개의 피연산자를 갖기 때문에 복잡한 구조를 갖는다. 또한 첫 번째 피연산자가 이항 연산식이 될 경우 혼란을 가중시킬 수 있다.

④ 증감 연산자는 수식에서 다른 연산자와 결합하여 사용하지 않는다. 증감 연산자가 다른 연산자와 결합하여 사용되면 직관적으로 이해할 수 없게 되어 가독성이 저하된다.

⑤ .(dot), ->(포인터) 연산자를 제외한 모든 이항 연산자 전후는 공백으로 구분한다. 이항 연산자와 피연산자 전후에 공백을 두는 것은 구분을 명확하게 하지 않을 경우 가독성이 저하된다(단, Java는 포인터 연산자가 없음).

⑥ 3개 이상의 연산자를 사용하는 경우 괄호로 연산의 우선순위를 표현한다. 연산자의 우선순위와 결합 법칙에 적합한 수식도 3개 이상의 연산자를 사용하는 경우 가독성이 저하된다.

⑦ 비트 연산자는 부호 있는 자료에 사용하지 않는다. 비트 연산자는 부호의 의미를 포함하지 않으므로 부호 있는 연산자에 시프트 연산을 하게 되면 부호 비트와 숫자 값을 가지는 비트가 그 의미를 잃게 된다.

문장에 관한 규칙

① switch-case문장에서 case문에 break문이 없는 경우 주석을 작성한다. switch-case문장에서 case문에 break문이 없는 경우 다음 case문으로 제어의 흐름이 넘어간다. 주석이 없는 경우 프로그램 이해도가 떨어져 가독성이 저하된다.

② switch-case문에서는 반드시 default문을 작성하고 마지막 항목에 위치한다. default문을 작성하지 않으면 모든 case문을 만족하지 않을 경우에 대한 처리가 누락이 되어 프로그램 오류 발생 가능성이 높다.

③ goto문을 사용하지 않는다. goto문은 프로그램 제어의 흐름을 복잡하게 하여 가독성이 저하되며, 제어의 흐름이 예측할 수 없는 방향으로 진행되어 오류 발생 가능성이 높다(Java에서는 goto문 대용으로 break문 사용).

④ for문을 제어하는 수식에 실숫값을 사용하지 않는다. 실숫값은 표현 한계로 인하여 부정확한 값을 가지는 경우가 대부분이므로 의도하지 않은 동작을 유발할 수 있다.

⑤ for문을 제어하는 수치 변수는 루프 내에서 변화되지 않아야 한다. 루프 내에서 루프 제어 변수가 변화할 경우 반복 횟수를 예측할 수 없어 프로그램 이해도가 떨어지고, 잘못 계산된 루프 제한 변수는 무한루프를 발생시킨다.

⑥ 반복문 내부에서 반복중단을 위한 break문은 가능한 1번만 사용하도록 한다. break문이 산재되어 있는 경우 프로그램의 동작을 예측하기 어렵다.

⑦ if ~ else if문은 반드시 else문으로 끝나도록 한다. else문으로 종료하지 않는 경우 처리가 누락되는 경우가 발생하여 오류를 발생시킬 수 있다.

개발 방법론

THEME 118 개발방법론

구조적 방법론

① 개념
- 정형화된 분석 절차에 따라 사용자 요구사항을 문서화하는 체계적인 분석 방법론이다.
- 소프트웨어 모듈화의 활성화를 시작으로 기능적인 분할을 시도하여 탑다운 프로그래밍을 수행하는 개발방법론이다.
- 정형화된 분석 절차에 따라 요구사항을 파악하고 도형 중심의 다이어그램을 이용하여 문서화한다.

② 구성 요소

구성 요소	설명	Tool 및 산출물
구조적 분석	• 분할과 정복(Divide & Conquer) • 정형화(Normalization) • 구조적 조직화 • 하향식 기능분해(Top-Down)	• 자료 흐름도(DFD; Data Flow Diagram) • 개체 관계도(ERD; Entity Relationship Diagram) • 상태전이도(STD; State Transition Diagram) • 소단위 명세서(Multi-Spec) • 자료사전(DD; Data Dictionary)
구조적 설계	• 데이터 흐름 중심 • 모듈의 응집도와 결합도 • 재활용성	• Structure Chart, N-S Chart • 프로그램 명세서(절차 명세서) • Application 구조도 : 시스템을 서브시스템, 모듈, Program 으로 구조화 • Multi Level DFD • Database Table 기술서
프로그래밍	연속(Sequence), 조건(If-then-Else), 반복(Repetition) 3개의 논리구조로 프로그래밍	

③ 장점 및 단점

장점	단점
• 컨트롤 가능한 모듈화로 구성된다. • 구조적 분석 / 설계 / 프로그래밍을 통한 정형화 / 체계화 가 가능하다.	• 기업 전반에 거시적 관점이 부족하다. • 단위 프로젝트 위주의 접근을 한다. • 데이터 모델링 방법이 미흡하다. • 명확한 방법론적인 지침이 미흡하다. • 프로그램 로직 중심의 개발이다.

정보공학(Information Engineering) 방법론

① 개념
- 기업 전체, 또는 기업의 주요 부분을 계획, 분석, 설계 및 구축에 정형화된 기법들을 상호 연관성 있게 통합, 적용하는 데이터 중심 방법론이다.
- 비즈니스 시스템 즉, 정보시스템 개발을 공학적으로 접근하기 위해 체계화시킨 개발방법론이다.

② 정보공학 방법론의 단계
- 1단계 – 정보전략계획(ISP) : 경영전략, 관련조직, 업무자료 거시적 분석, 현행시스템을 평가한다.
- 2단계 – 업무영역 분석(BAA) : 데이터 모델링(ERD), 프로세스 모델링(DFD)을 한다.
- 3단계 – 업무시스템 설계(BSD) : 업무절차 정의, 프레젠테이션설계, 분산설계를 한다.
- 4단계 – 시스템 구축(SC) : 응용프로그램을 작성한다.

③ 장점 및 단점

장점	단점
• 경쟁우위 확보의 전략적 기회 식별 및 방안을 제공한다. • 일관성 있고 통일된 정보시스템의 구축이 가능하다. • 시스템의 장기적인 진화와 발전을 허용한다. • 데이터 중심으로 업무절차 및 환경변화에 유연하다.	• 정보공학의 효과를 위해 많은 시간이 필요하다. • 특정 사업영역으로부터 독립된 시스템 개발에는 부적합하다. • 생명 주기에 따라 이전 단계가 완성되어야 다음 단계로 진행 가능하다. • 잘못된 작업에 거스르기 어려운 경직된 구조이다. • 값비싼 Tool 도입과 까다로운 사용법을 숙지해야 한다.

객체 지향(Object-Oriented) 방법론

① 개념
- SW의 요구사항 분석, 설계, 구축, 시험의 전 단계가 객체 지향 개념에 입각하여 일관된 모델을 가지고 소프트웨어를 개발하는 개발 방법론이다.
- 실무적인 관점에서 하나의 체계로 정의한 체계이다.
- 객체는 자료와 관련 함수의 결합으로 이루어지고, 프로그램은 객체들의 집합으로 이루어진다.

② 개발 방법론의 종류

종류	설명	특징
OOSE	• 유스케이스에 의한 접근방법으로 유스케이스를 모든 모델의 근간으로 활용	• 분석, 설계, 구현단계로 구성 • 기능적 요구사항 중심의 시스템
OMT	• 객체 지향 분석 / 시스템 설계 / 오브젝트 설계 / 구현의 4단계로 구성 • 객체 모델링 : 시스템의 정적 구조 표현 • 동적 모델링 : 객체 제어흐름 / 상호반응 표현 • 기능 모델링 : 데이터 값 변화 과정 표현	• 복잡한 대형 프로젝트에 유용 • 기업 업무의 모델링 편리 및 사용자와 의사소통이 편리
Booch	• OOD로 Design 부분만 존재 • 설계 문서화를 강조하여 다이어그램 중심으로 개발하는 방법론	• 분석과 설계가 분리되지 않음 • 분석하는 데 이용된 객체 모델을 설계 시 적용

③ 특징

실세계 반영	• 이해하기 쉽고, 유지 보수성이 향상된다. • 아키텍처 기반으로 소프트웨어 구축이 용이하다. • 문제영역에 대한 현실적 소프트웨어 분석과 설계가 가능하다.
하나의 패러다임	• 객체 지향은 한 분야의 기술에만 적용되는 방식이 아닌 소프트웨어의 전 분야에 적용되는 하나의 패러다임이다. • 분야에 따라 각기 다른 방식과 체계로 접근하는 불편함을 제거한다.
재사용성	• 상속과 캡슐화를 통해 기존 프로그램의 재사용 가능성을 극대화시킨 체계이다. • 정보은닉과 상속이라는 객체 지향만의 특징으로 재사용을 지원한다. • 기존 코드의 재사용을 통해 생산성 향상과 품질안정을 얻는다.
높은 안정성	• 소프트웨어 개발 중에 요구사항이 변경될 경우 기존 프로그램을 많이 변경하지 않아도 되므로 안정성이 높다. • 객체의 단위가 본질적으로 다른 객체에 대한 결합도가 낮은 독립성이 강한 단위이기 때문에 해당되는 몇몇 객체만을 선택하여 수정하면 다른 객체들은 영향을 받지 않는다.

컴포넌트 기반 개발 방법론(CBD; Component Based Development)

① 개념
- 이미 개발된 소프트웨어 컴포넌트를 조립, 시스템을 개발하여 객체 지향의 단점인 소프트웨어 재사용성을 극대화한 개발 방법론이다.
- 재사용 가능한 컴포넌트의 개발 또는 상용 컴포넌트들을 조합하여 애플리케이션의 개발생산성과 품질을 높이고, 시스템 유지 보수비용을 최소화하는 혁신적 방법이다.
- 컴포넌트(Component) : 특정 기능 수행을 위해 독립적으로 개발된 부품으로 잘 정의된 인터페이스를 가지며, 다른 부품과 조립되어 응용시스템 구축에 사용되는 소프트웨어 단위이다.

② 특징

구분	설명
생산성	• 부품 조립을 통한 시간 단축 • 애플리케이션 개발 시간 단축 • 개발자의 생산성 향상, 품질이 검증된 컴포넌트 사용
고품질	• 지속적인 품질 관리로 검증된 컴포넌트의 사용 • 품질을 고려한 컴포넌트 설계 및 구현
재사용과 대체성	• 실행 기반의 재사용 • 모델과 프레임워크 기반의 재사용
변경 용이성	• 요구사항의 변화와 수용에 안정적이고 신속한 변경 가능 • 업무 변경에 따른 위험 최소
기술 집약성	• 기술 숙련에 대한 집중 • 아키텍처, 프레임워크, 분산 객체 기술 등
관리용이성	• 독립적인 컴포넌트 단위의 관리로 복잡성 최소 • 제작주기에 대한 예측 가능 • 제품 외주화 및 구매에 대한 선택 기회 부여

③ CBD 방법론 프로세스 요소

컴포넌트 개발 (CD: Componet Development)	컴포넌트 기반 개발 (CBD: Componet Based Development)
• 소프트웨어 개발에 필요한 부품을 만드는 과정이다. • 재사용 목적상 해당 도메인에 대한 분석이 핵심이다.	• 컴포넌트들을 조립하여 새로운 응용 소프트웨어 제품을 개발한다. • 반복적 개발 프로세스를 적용하여 혁신적으로 생산성을 향상한다.

애자일(Agile) 방법론

① 개념
- 절차보다는 사람이 중심이 되어 변화에 유연하고 신속하게 적응하면서 효율적으로 시스템을 개발할 수 있는 방법론이다.
- 개발 후반부라도 요구사항의 변화를 적극 반영, 구동하는 소프트웨어를 고객에게 자주 전달하여 고객의 요구사항을 신속하게 적용한다.
- 개발자에게 적합한 개발환경 구성, 개발자가 책임을 완수할 것을 요구하여 동기를 부여한다.
- 프로젝트 관리자에서 촉진자로 변경하고, 프로젝트 계획 수립 및 통제의 책임을 팀원에게 이양한다.
- 한 작업실에 5 ~ 8명의 작업자로 구성하고 핵심 사용자가 상주하여 개발자와 사용자 간의 중계역할과 신속한 피드백이 가능하다.

② 애자일 방법론의 종류

종류	특징
XP	• 의사소통 개선, 즉각적인 피드백에 의해 단순하게 코딩하여 SW 품질을 높이기 위한 방법론 • 반복형 모델의 개발 주기를 극단적으로 짧게(1 ~ 3주 반복)함으로써 프로그램 구현, 시험 활동을 전체 소프트웨어 개발기간에 걸쳐 조금씩 자주 실시하는 방법
SCRUM	• 짧은 개발기간으로 분리하여 반복적으로 수행 관리적인 측면을 강조(3가지 미팅 : 스프린트계획, 일일스크럼, 스프린트 리뷰) • 3가지 구성원(Product Owner, Scrum Master, Scrum Team) • 3가지 산출물(제품백로그, 스프린트백로그, 소멸차트) • 프로젝트 조직과 계획에 초점을 둠
RUP	• SW 개발공정으로 개발 조직 내 작업과 책임을 할당하기 위한 규칙 제시 • 4단계(Inception, Elaboration, Cunstruction, Transition) • 6개 Core Disciplines(Business Modeling, Requirements, Analysis & Design, Iplementation, Test, Deployment) • 3개 Support Disciplines(Project Management, Configuration & Change Management, Enviroment) • Visual 모델링 도구 지원
Crystal	• 프로젝트 상황에 따라 알맞은 방법론을 적용할 수 있도록 다양한 방법론 제시 • 프로젝트 중요도와 크기에 따른 메소드 선택 방법 제시
ASD	• Adaptive Software Development • 폭포수 사이클을 일련의 추측, 협동, 학습단계로 대체 • 추측 : 적응적 주기 계획 세움 • 협동 : 공동의 사고와 협업을 통해 시너지효과 극대화 • 학습 : 프로젝트 수행결과를 검토하면서 배울점 강조, 향후 계획에 반영

DSDM	• Dynamic Systems Development Method • 통제된 프로젝트환경에서 점증적 프로토타이핑을 통해 빠듯한 시간제약조건 내에서 시스템을 개발 및 유지 보수하는 프레임워크 제공 • 2 ~ 6주 Iteration 반복
FDD	• Feature Driven Development • 반복, 점진적인 소프트웨어 개발 방법론 • 산업계에서 알려진 Best practice들을 응집력 있게 방법론에 적용 • 5단계 프로세스(전체모델 개발, 특성리스트 생성, 계획, 설계, 구축) • 2주 Iteration
린	• LEAN Software Development • 개발조직 전반에 걸친 법칙과 실천과정을 다룸 • 필요한 시점에 필요한 만큼만 생산, 재고 비용 최소화 • 칸반(Kanban)이라는 작업지시서를 이용하여 Pull 방식의 생산시스템 구축 • 생산방식으로서의 LEAN을 SW개발에 적용

CHAPTER

04 소프트웨어 검사와 품질, 재공학

THEME 119 소프트웨어 검사(Test)

소프트웨어 검사(Test)

① 요구사항 분석, 설계, 구현 결과를 최종 점검하는 단계이다.
② 문제점을 찾는데 목적을 두고, 해당 문제점을 어떻게 수정해야 하는지도 제시한다.

화이트 박스(White Box) 검사

① 소프트웨어 테스트에 사용되는 방식으로 모듈의 논리적 구조를 체계적으로 점검하며, 프로그램 구조에 의거하여 검사한다.
② 원시 프로그램을 하나씩 검사하는 방법으로 모듈 안의 작동 상태를 자세히 관찰할 수 있다.
③ 검사 대상의 가능 경로는 어느 정도 통과하는지의 적용 범위성을 측정 기준으로 한다.
④ 검증 기준(Coverage)을 바탕으로 원시 코드의 모든 문장을 한 번 이상 수행한다.
⑤ 프로그램의 제어 구조에 따라 선택, 반복 등을 수행함으로써 논리적 경로를 제어한다.
⑥ Nassi-Shneiderman 도표를 사용하여 검정 기준을 작성할 수 있다.
⑦ 화이트 박스 검사의 오류에는 세부적 오류, 논리 구조상의 오류, 반복문 오류, 수행 경로 오류 등이 있다.

화이트 박스 검사의 종류

검사 방법에는 기초 경로(Basic Path) 검사, 조건 기준(Condition Coverage) 검사, 구조(Structure) 검사, 루프(Roof) 검사, 논리 위주(Logic Driven) 검사, 데이터 흐름(Data Flow) 검사 등이 있다.

기초 경로 검사	• 원시 코드로 흐름 도표와 복잡도를 구하고, 검사 대상을 결정한 후 검사를 수행한다.
루프(반복문) 검사	• 루프를 벗어나는 값 대입 → 루프를 한 번 수행하는 값 대입 → 루프를 두 번 수행하는 값 대입의 과정을 통해 검사를 수행한다. • 검사 형태에는 단순 루프, 중첩 루프, 접합 루프가 있다.

블랙 박스(Black Box) 검사

① 소프트웨어 인터페이스에서 실시되는 검사로 설계된 모든 기능이 정상적으로 수행되는지 확인한다.
② 기초적 모델 관점과 데이터 또는 입출력 위주의 검사 방법이다.
③ 소프트웨어의 기능이 의도대로 작동하고 있는지, 입력은 적절하게 받아들였는지, 출력은 정확하게 생성되는지를 보여주는 데 사용된다.
④ 블랙 박스 검사의 오류에는 성능 오류, 부정확한 기능 오류, 인터페이스 오류, 자료 구조상의 오류, 초기화 오류, 종료 오류 등이 있다.

블랙 박스 검사의 종류

검사 방법에는 균등(동치) 분할(Equivalence Partitioning) 검사, 경계 값(Boundary Value Analysis) 검사, 오류 예측(Error Guessing) 검사, 원인-결과 그래프(Cause-Effect Graph) 검사, 비교(Comparison) 검사 등이 있다.

균등(동등) 분할 검사	정상 자료와 오류 자료를 동일하게 입력하여 검사한다.
경계(한계) 값 검사	경계(한계)가 되는 값을 집중적으로 입력하여 검사한다.
오류 예측 검사	오류가 수행될 값을 입력하여 검사한다.
원인-결과 그래프 검사	테스트 케이스를 작성하고, 검사 경우를 입력하여 검사한다(원인과 결과를 결정하여 그래프를 작성).

소프트웨어 검사 단계

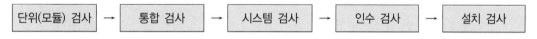

단위(모듈) 검사 → 통합 검사 → 시스템 검사 → 인수 검사 → 설치 검사

① 단위 검사(모듈 검사)
- 소프트웨어의 최소 구성 단위가 되는 모듈을 개별적으로 화이트 박스 검사한다.
- 인터페이스 검사(모듈 간 매개 변수 검사), 수행 경로 검사(기초 경로 검사와 루프 검사), 경계 값 검사(한계 값 검사), 자료 구조 검사(데이터와 변수 검사)가 있다.
② 통합 검사(설계 검사)
- 단위 검사를 한 후 모듈을 결합하면서 오류를 찾는 검사로 가장 많은 오류를 발견한다.
- 시스템이 본래의 기능을 수행하는지, 모듈 사이의 인터페이스가 제대로 작동하는지를 검사한다.
- 소프트웨어의 설계와 구축에 초점을 두며, 하향식 통합과 상향식 통합으로 분류된다.

종류	설명
하향식 (Top-Down)	• 독립된 구조이므로 일시적으로 필요한 조건만 사용한다. • 임시로 제공되는 시험용 모듈인 가짜 모듈(Stub)을 이용한다.
상향식 (Bottom-Up)	• 통합 시 클러스터를 실행할 수 있는 시험 가동기(Test Driver)가 필요하다. • 중요 모듈을 먼저 검사하며, 단위 모듈을 실행한다. • 낮은 수준의 모듈을 클러스터로 결합 → 드라이버의 제어 프로그램을 작성 → 클러스터 검사 → 드라이버를 제거하고, 클러스터를 상위로 결합한다.

③ 시스템 검사(보안, 호환성 검사)
- 개발된 소프트웨어가 해당 시스템에서 정확하게 작동하는지를 검사한다.
- 소프트웨어와 다른 시스템 요소를 검사하고, 전체 시스템의 실행 능력을 확인한다.
- 외부(Outside) 검사, 내부(Inside) 검사 성능(Capacity) 검사로 나눌 수 있다.

④ 인수 검사(승인, 검증, 사용자 참여 검사)
- 개발된 소프트웨어를 완성 제품으로 보고, 사용자들이 제공하는 데이터를 가지고 검사한다.
- 인수 검사의 문제점을 극복하기 위한 방법으로 알파 검사와 베타 검사가 있다.

종류	특징
알파(Alpha) 검사	• 시스템을 사용할 환경에서 사용자가 직접 데이터를 가지고 검사한다. • 소프트웨어 시스템을 사용자로부터 주문 받아 개발하는 경우 많이 사용한다. • 개발자의 장소에서 사용자가 시험을 하고, 개발자는 뒤에서 결과를 지켜본다.
베타(Beta) 검사	• 최종 사용자가 여러 사용자 앞에서 실제 업무를 가지고 직접 시험한다. • 사용자가 해당 소프트웨어를 사용하여 개발자가 발견하지 못한 결함을 찾는다.

⑤ 설치 검사
- 하드웨어가 변경될 경우 목표 시스템에서 수행 능력을 검사한다.
- 개발된 소프트웨어를 사용자 컴퓨터에 설치하여 사용할 경우 오류를 찾는다.

THEME 120　소프트웨어 복잡도와 유지 보수

McCabe의 복잡도

① 복잡도는 흐름(Flow) 그래프의 영역 수 또는 프로그램 구조의 직선 경로 수와 일치한다.
② 영역 수는 경계 영역과 그래프 외부의 비경계 지역 수를 계산한다.
③ 영역은 그래프의 평면에서 둘러 쌓여진 부분으로 묘사될 수 있다.
④ 복잡도 V(G)는 영역의 수를 결정하고 계산한다.

순환적 복잡도	복잡도 1	$V(G)=$화살표 수$(A)-$노드 수$(N)+2$
	복잡도 2	$V(G)=$서술 노드$(P)+1$

⑤ 흐름 그래프가 있으면 모듈 크기의 실제 상한선은 존재한다.
⑥ 상세 설계가 완료된 다음 사용할 수 있으며, 그래프를 이용하여 순환적 복잡도를 측정한다.

McCabe 복잡도에 따른 소프트웨어 평가 기준

복잡도 지수	내용
5 이하인 경우	매우 간단한 프로그램이다.
5 ~ 10인 경우	매우 구조적이며, 안정된 프로그램이다.
20 ~ 50인 경우	문제가 매우 복잡하거나 구조가 필요 이상으로 복잡한 프로그램이다.
50 이상인 경우	비구조적이며, 불안정한 프로그램이다.

유지 보수(Maintenance)

① 소프트웨어를 개발한 후 최적의 상태를 유지하기 위해서 수행하는 작업이다.
② 소프트웨어의 생명 주기에서 가장 많은 시간과 비용을 차지하는 단계이다.
③ 유지 보수를 쉽게 하려면 시험 용이성, 이해성, 수정 용이성, 이식성 등이 고려되어야 한다.
④ 소프트웨어의 변경을 제어 관리하는 것을 형상 관리(Configuration Management)라고 한다.
⑤ 유지 보수 과정은 유지 보수 요구 → 시스템의 이해 → 수정 및 시험 순서를 반복한다.

유지 보수(Maintenance)의 종류

수리 유지 보수 (Corrective Maintenance)	수정 보수 / 교정 정비 / 하자 보수로 소프트웨어를 사용하면서 발견된 오류를 찾아 수정한다.
완전화 유지 보수 (Perfective Maintenance)	기능 보수 / 기능 개선 / 완전 정비로 가장 큰 비중(업무량 및 비용)을 차지(비율 중 약 50%를 차지)하며 수행 중인 기능 수정, 새로운 기능 추가, 전반적인 기능을 개선한다.
적응 유지 보수 (Adaptive Maintenance)	조정 정비 / 환경 적응으로 S/W 수명 기간 중 발생하는 환경 변화를 기존의 S/W 산물에 반영한다.
예방 유지 보수 (Preventive Maintenance)	예방 보수 / 예방 정비 / 예방 조치로 고장이 발생하기 전에 고장의 원인을 점검하고, 앞으로의 유지 보수성이나 신뢰성을 향상시켜 품질을 개선한다.

유지 보수의 비용 측정

방법	설명
Belady–Lehman 방법	$M = P + K^{(c-d)}$ ($\therefore$ 복잡도가 증가하면 유지 보수 비용도 증가) • M : 유지 보수를 위한 노력(인원 / 월) • P : 생산적 활동에 드는 비용 • K : 통계 값에서 구한 상수 • c : 복잡도 • d : 소프트웨어에 대한 지식의 정도

COCOMO 방법	$$M = ACT \times DE \times EAF$$
	• M : 유지 보수 노력 • ACT(Annual Change Traffic) : 유지 보수의 연평균 비율 • DE(Development) : 개발 노력(인원수 / 월) • EAF(Effort Adjustment Factor) : 노력 조정 수치

THEME 121 소프트웨어 품질 보증과 신뢰도

소프트웨어 품질 보증(QA; Quality Assurance)

① 특정 소프트웨어의 기술적인 요구사항과 일치를 확인하는 데 필요한 체계적이고 계획적인 활동이다.

② 소프트웨어 개발 초기에 소프트웨어의 특성과 요구사항을 철저히 파악하여 품질 목표를 설정하고, 개발 단계에서는 정형 기술 검토를 통하여 품질 목표의 충족 여부를 점검하며, 개발 후에는 디버깅과 시험 과정을 거친다.

소프트웨어 품질 표준(목표)

정확성 (Correctness)	사용자의 요구사항을 만족시키는 정도이다.
시험 역량 (Testability)	의도된 기능을 수행하도록 보장하기 위해 프로그램을 시험할 수 있는 정도이다.
사용 용이성 (Usability)	사용자가 쉽게 익히고, 사용할 수 있는 정도로 소프트웨어는 적절한 사용자 인터페이스와 문서를 가져야 한다.
이식성 (Portability)	다양한 하드웨어 환경에서도 운용이 가능하도록 쉽게 수정될 수 있는 정도이다.
효율성 (Efficiency)	최소의 시간과 기억 용량으로 요구 기능을 수행하는 정도로 소프트웨어가 자원을 쓸데없이 낭비하지 않아야 한다.
유지 보수성 (Maintainability)	발견된 오류를 쉽게 수정할 수 있는 정도로 기능 변경의 필요성을 만족시키기 위하여 소프트웨어의 진화가 가능해야 한다.
유연성 (Flexibility)	소프트웨어를 얼마만큼 쉽게 수정할 수 있는가의 정도로 새로운 기능 추가나 다른 환경에 적응하기 위해 수정이 용이해야 한다.
신뢰성 (Reliability)	요구된 기능을 수행할 수 있는 정도로 정확하고 일관된 결과를 위하여 요구 기능을 오류 없이 수행한다.
재사용성 (Reusability)	S/W 부품에 적용되는 품질로 전체나 일부가 다른 목적으로 사용할 수 있는 정도로 과학 계산용 라이브러리와 같이 이미 만들어진 프로그램을 사용한다.
상호 운용성 (Interoperability)	다른 소프트웨어와 정보를 교환할 수 있는 정도이다.
무결성 (Integrity)	허용되지 않은 사용이나 자료의 변경을 제어하는 정도이다.

소프트웨어 품질 보증 방법

워크 쓰루 (Walk-Through)	• 소프트웨어에 대한 재검토 회의 방식으로 비용을 절약한다. • 소프트웨어 생명주기의 각 단계마다 산출된 명세서를 가지고 다음 단계로 넘어가기 전에 오류를 찾는다. • 발견된 오류는 문서화하고, 검토를 위한 자료는 사전에 배포한다. • 오류 검출에 초점을 두고 해결책은 나중으로 미룬다.
심사 (Inspection)	• 소프트웨어 생명주기의 각 단계에서 산출된 결과물을 여러 사람이 검토한다. • 팀 관리 조정자가 과정에서 얻은 출력을 일반 설정과 비교하여 오류가 제거되도록 한다.
정형 기술 검토 (FTR; Formal Technical Reviews)	• 소프트웨어 공학의 실무자에 의해 수행된다. • 기능과 로직의 오류 발견, 사용자 요구사항의 확인, 프로젝트 관리의 편리성 등이 주목적이다. • 소프트웨어 분석, 설계, 구현을 위한 다양한 접근을 관찰할 수 있도록 한다. • 정형 기술 검토의 지침 사항 : 의제와 그 범위 유지, 참가자 수 제한, 체크 리스트 작성 및 자원과 시간 일정 할당, 개발자가 아닌 제품 검토에 집중, 논쟁과 반박 제한, 검토 결과 재검토

신뢰도

① 시스템이 주어진 환경에서 정확한 결과를 얻기 위해 주어진 시간 동안 오류 없이 작동할 확률이다.

② 소프트웨어의 신뢰도는 개발 시점의 자료를 이용하여 측정과 예측이 가능하다.

③ 소프트웨어의 간단한 신뢰도 측정은 MTBF로 가능하다.

④ (신뢰도의 측정)=(MTBF)÷{(MTBF)+(MTTR)}

종류	설명
MTBF (Mean Time Between Failure)	 • (평균 고장 간격)=(MTTF)+(MTTR) • 고장과 고장 사이의 평균 시간 • (MTBF)=(작업한 시간의 총합)÷(작업한 횟수)
MTTR (Mean Time To Repair)	• 평균 수리 시간 • 고장 시점에서 수리가 될 때까지의 평균 시간 • (MTTR)=(수리한 시간의 총합)÷(고장난 횟수)
MTTF (Mean Time To Failure)	• 평균 가동 시간 • 임의의 시점에서 고장이 발생한 평균 시간

가용성(이용 가능성)

① 프로그램이 요구사항에 따라 운영되는 확률이다.

② (가용성의 측정)=(MTTF)÷{(MTTF)+(MTTR)}×100%

소프트웨어 공학의 3R

① 소프트웨어 재사용(Reuse)
- 소프트웨어의 생산성을 향상시키기 위한 작업으로 해당 소프트웨어를 반복 사용한다.
- 소프트웨어 요소 중에서 클래스, 객체 등은 소프트웨어 재사용성을 향상시킨다.
- 기능 및 품질을 인정받은 소프트웨어의 전체나 일부분을 재사용하여 새로운 소프트웨어의 질을 높인다(개발 시간과 비용을 감소시킴).
- 모듈은 크기가 작을수록 재사용율이 높으며, 재사용 시 Source Code를 많이 사용한다.
- 재사용 컴포넌트(Component)에서 모듈이 많아지면 체계적으로 분류하기가 어렵다.
- 합성 중심(Composition-Based)과 생성 중심(Generation-Based) 방법으로 분류한다.
- 프로젝트의 실패 위험을 줄이고, 소프트웨어의 품질과 신뢰도를 향상시킬 수 있다.

② 소프트웨어 재공학(Re-Engineering)
- 기존 소프트웨어를 파기하지 않고 변경된 사용자의 요구사항이나 수정된 환경으로 기존 소프트웨어를 보완하여 재구축하는 것이다.
- 소프트웨어의 위기를 극복하기 위해 유지 보수의 생산성으로 해결한다.
- 데이터와 기능들의 개조 및 개선을 통하여 유지 보수의 용이성을 향상시킨다.
- 유지 보수에 대한 장기적인 전략적 고려와 많은 비용, 시간, 자원을 요구한다.
- 유지 보수성, 생산성, 품질 향상을 목적으로 하며, 형식 변경과 재설계 과정을 포함한다.
- 주요 활동으로는 분석, 개조, 재구성, 역공학, 이식 등이 있다.

③ 소프트웨어 역공학(Reverse Engineering)
- 현재 프로그램으로부터 데이터, 아키텍처, 절차에 관한 분석 및 설계 정보를 추출하는 과정이다.
- 소프트웨어를 분석하여 소프트웨어 개발 과정과 데이터 처리 과정을 설명하는 분석 및 설계 정보를 재발견하거나 다시 만드는 작업이다.
- 원시 코드를 분석하여 기존 시스템의 문서화를 다시 작성하거나 자료 사전, E-R 다이어그램 등의 설계 정보를 재생시킨다.
- 기존 코드나 데이터로부터 설계 사양서나 요구 분석서를 복구시킨다.

CASE(Computer Aided Software Engineering) 도구

① 소프트웨어 개발 과정 일부 또는 전체를 자동화하기 위한 도구이다.
② 소프트웨어 생명주기의 모든 과정을 자동화할 수 있도록 지원하는 자동화 도구이다.
③ 소프트웨어 개발 작업을 자동화하는 것으로 소프트웨어 도구와 방법론의 결합이다.
④ 개발 도구와 개발 발명품이 결합된 것으로 차세대 CASE 도구는 통합화, 지능화로 정의될 수 있다.
⑤ 소프트웨어의 개발 비용을 절약하고, 개발 과정의 속도를 향상시킨다.

⑥ 소프트웨어 부품의 재사용과 시각적인 프로그래밍이 가능하다.

⑦ 소프트웨어의 개발 기간을 단축하며, 프로그램의 유지 보수를 간단하게 수행할 수 있다.

⑧ 자동화 기법을 통하여 소프트웨어의 품질 향상과 프로젝트 관리가 용이하다.

CASE 도구의 분류

상위(Upper) CASE	소프트웨어 생명주기 전반부인 계획 수립, 요구분석, 기본설계 단계를 지원하고 이를 다이어그램으로 표현한다.
중위(Middle) CASE	소프트웨어 생명주기 중반부인 상세 설계 작업을 지원하며 화면·출력 등의 작성을 지원한다.
하위(Lower) CASE	소프트웨어 생명주기 후반부인 시험, 유지 보수 작업을 지원하며 소스코드와 시스템 명세서를 획득한다.
통합(Integrate) CASE	세 가지를 통합한 것으로 소프트웨어 생명주기 전 과정을 지원하고 국내에서는 Rational ROSE, COOL 등을 사용한다.

CASE 도구 시스템의 구성

다이어그램(Diagram) 작성 도구	소프트웨어 명세서 정의, 설계결과를 표현한다.
설계 분석기	설계 명세서의 정확성, 일치성, 모호성에 대한 검사를 담당한다.
코드 생성기	명세서로부터 프로그래밍 언어로 된 모듈의 코드를 생성한다.
CASE 저장소(Repository)	CASE 도구의 중심, 소프트웨어 생명주기 동안 정보를 저장한다.
프로젝트 관리 지원도구	프로젝트 관리를 위한 도구를 지원한다.
재공학 도구	기존시스템의 설계 명세서 작성을 지원한다.
프로토타이핑 도구	초기 사용자의 인터페이스 작성을 지원한다.

CASE 저장소

① 데이터, 프로세스, 다이어그램, 규칙 등에 관한 정보가 저장된다.

② 도구, 생명주기, 사용자, 응용 소프트웨어 사이의 통신과 소프트웨어 시스템의 정보를 공유한다.

③ 소프트웨어 시스템의 구성 요소와 시스템 정보가 정보 저장소에 의해 관리되므로 유지 보수가 용이하다.

④ 소프트웨어 시스템의 표준화, 소프트웨어 시스템 정보의 공유, 소프트웨어 재사용성 등의 기본이된다.

CHAPTER

05 디자인 패턴과 형상관리

| THEME 123 | 디자인 패턴(Design Pattern) |

디자인 패턴(Design Pattern)

① 소프트웨어 설계에 있어 공통된 문제들에 대한 표준적인 해결책으로 프로그램 개발에서 자주 나타 나는 문제들을 해결하기 위한 방법이다.
② 올바른 설계를 빨리 만들 수 있도록 도와주는 가이드 역할을 한다.
③ 소프트웨어 설계 및 구현에 있어서 확장성, 재사용성, 유지 보수성이 좋게 설계한다.
④ 전문가들의 설계 노하우를 다른 개발자가 이해하고 적용할 수 있는 형태로 제공한다.

디자인 패턴의 구성 요소

구분	내용
패턴 이름 (Pattern Name)	• 한두 단어로 설계문제와 해법을 서술 • 설계의 의도를 표현 • 설계에 대한 생각을 쉽게 하고, 개발자들 간의 의사소통을 원활하게 함
문제 (Problem)	• 언제 패턴을 사용하는가를 서술 • 해결할 문제와 그 배경을 설명 • '어떤 알고리즘을 객체로 만들까' 같은 문제 설명
해법 (Solution)	• 설계를 구성하는 요소들과 그 요소들 간의 관계, 책임, 협력관계를 서술 • 구체적이지 않은 추상적인 설명
결과 (Consequence)	• 디자인 패턴을 적용해서 얻는 결과와 장단점을 서술 • 시스템의 유연성, 확장성, 이식성에 영향을 줌 • 나중에 패턴들을 이해하거나 평가하는 데 도움

디자인 패턴의 원칙

원칙	내용
캡슐화	바뀌는 부분은 캡슐화
위임	상속보다는 위임을 활용
인터페이스	구현이 아닌 인터페이스에 맞춰서 프로그래밍
느슨한 결합 (Loosely Coupling)	서로 상호작용을 하는 객체 사이에서는 가능하면 느슨하게 결합하는 디자인 사용
개방 & 폐쇄	클래스 확장에 대해서는 OPEN, 변경에 대해서는 CLOSE
의존관계	추상화된 클래스에 의존하고 구현, 클래스 의존은 배제

THEME 124　형상관리(SCM)

형상관리(SCM; Software Configuration Management)의 개념

① 소프트웨어 생명주기의 산출물을 체계적으로 관리하여 소프트웨어의 가시성, 추적성, 무결성을 부여하여 품질보증을 하고자 하는 관리 방법이다.

② 소프트웨어를 이루는 부품의 변경 통제 시점(Baseline)을 정하고 변경을 철저히 관리, 통제하는 활동이다.

구성 요소	내용
기준선(Baseline)	• 각 형상 항목의 기술적 통제시점, 모든 변화를 통제하는 시점의 기준이다.
형상항목 (Configuration Item)	• 소프트웨어 생명주기 중 공식적으로 정의되어 기술되는 기본 대상이다.
형상물 (Configuration Product)	• 소프트웨어 개발 생명주기 중 공식적으로 구현되는 형체가 있는 실현된 형상관리의 대상이다. • 기술문서, 하드웨어 제품, 소프트웨어 제품이 있다.
형상정보 (Configuration Information)	• 형상항목과 형상물을 나타낸다.

형상관리의 필요성

문제 원인	내용
가시성의 부재	소프트웨어는 무형의 산물이므로 가시성이 없다.
통제의 불편	눈에 보이지 않는 소프트웨어 개발 통제가 현실적으로 어렵다.
추적 결핍	소프트웨어 개발 과정에 대한 추적의 어려움.
감시의 부족	가시성 결핍 및 추적의 어려움으로 프로젝트 관리를 지속적으로 하기 어렵다.
상시 변경	무절제한 사용자의 요구사항으로 변경통제가 어렵다.

형상관리의 효과

개발 측면	• 소프트웨어 변경에 따른 부작용 최소화, 관리가 용이하다. • 소프트웨어 품질보증 기법이다. • 소프트웨어의 적절한 변경에 대한 관리가 가능하다. • 유지보수성을 향상시킨다.
관리 측면(운영 측면)	• 프로젝트의 체계적이고 효율적인 관리의 기준을 제공한다. • 프로젝트의 원활한 통제가 가능하다. • 프로젝트의 가시성 확보와 추적성을 보장한다. • 품질 보증의 기준선을 제시한다.

적중예상문제

정답 및 해설 p.041

01 다음 중 소프트웨어 위기를 가져온 원인으로 옳지 않은 것은?

① 소프트웨어 규모 증대와 복잡도에 따른 개발 비용 증가

② 프로젝트 관리기술의 부재

③ 소프트웨어 개발기술에 대한 훈련 부족

④ 소프트웨어 수요의 감소

02 다음 중 소프트웨어 공학의 기본 원칙으로 볼 수 없는 것은?

① 현대적인 프로그래밍 기술 적용

② 지속적인 검증 시행

③ 결과에 대한 명확한 기록 유지

④ 최소한의 인력 투입

03 다음 중 소프트웨어 개발 속도가 하드웨어의 개발 속도를 따라가지 못해 사용자들의 요구 사항을 감당할 수 없는 문제가 발생함을 의미하는 것은?

① 소프트웨어의 위기(Crisis)

② 소프트웨어의 오류(Error)

③ 소프트웨어의 버그(Bug)

④ 소프트웨어의 유지 보수(Maintenance)

04 다음 중 소프트웨어의 위기 현상으로 옳지 않은 것은?

① 개발 인력의 급증

② 유지보수의 어려움

③ 개발 기간의 지연 및 개발 비용의 증가

④ 신기술에 대한 교육과 훈련의 부족

05 다음 중 폭포수 모형(Waterfall Model)에 대한 설명으로 옳지 않은 것은?

① 단계적 정의가 분명하고, 전체 공조의 이해가 용이하다.

② 요구 분석 단계에서 프로토타입을 사용하는 것이 특징이다.

③ 제품의 일부가 될 매뉴얼을 작성해야 한다.

④ 각 단계가 끝난 후 결과물이 명확히 나와야 한다.

06 소프트웨어 생명주기 모형 중 Bohem이 제시한 고전적 생명주기 모형으로서 선형 순차적 모델이라고도 하며, 타당성 검토, 계획, 요구사항 분석, 설계, 구현, 테스트, 유지보수의 단계를 통해 소프트웨어를 개발하는 모형은?

① 폭포수 모형   ② 프로토타입 모형

③ 나선형 모형   ④ RAD 모형

07 다음 중 소프트웨어 생명주기 모형에서 프로토타입 모형의 장점으로 옳지 않은 것은?

① 단기간 제작 목적으로 인하여 비효율적인 언어나 알고리즘을 사용할 수 있다.

② 개발과정에서 사용자의 요구를 충분히 반영한다.

③ 최종결과물이 만들어지기 전에 의뢰자가 최종결과물의 일부 혹은 모형을 볼 수 있다.

④ 의뢰자나 개발자 모두에게 공동의 참조 모델을 제공한다.

08 다음 중 소프트웨어 생명주기 모형에서 Spiral Model에 대한 설명으로 옳지 않은 것은?

① 대규모 시스템에 적합하다.

② 개발 순서는 계획 및 정의, 위험 분석, 공학적 개발, 고객 평가 순서로 진행된다.

③ 소프트웨어를 개발하면서 발생할 수 있는 위험을 관리하고 최소화하는 것을 목적으로 한다.

④ 개발 과정의 앞 단계가 완료되어야만 다음 단계로 넘어갈 수 있는 선형 순차적 모형이다.

09 다음 중 소프트웨어 재공학의 주요 활동에서 역공학에 해당하는 것은?

① 소프트웨어 동작 이해 및 재공학 대상 선정

② 소프트웨어 기능 변경 없이 소프트웨어 형태를 목적에 맞게 수정

③ 원시코드로부터 설계정보 추출 및 절차 설계표현, 프로그램과 데이터 구조 정보 추출

④ 기존 소프트웨어 시스템을 새로운 기술 또는 하드웨어 환경이 이식

10 다음 중 프로토타입 모형 개발 방법이 가장 적절하게 적용될 수 있는 경우는?

① 테스트 작업이 중요하지 않을 경우

② 고객이 빠른 시간 내에 개발의 완료를 요구할 경우

③ 구축하고자 하는 시스템의 요구 사항이 불명확한 경우

④ 고객이 개발 과정에는 참여하지 않고자 하는 경우

11 다음 중 소프트웨어 개발을 위한 프로그래밍 언어의 선정 기준으로 옳지 않은 것은?

① 개발 담당자의 경험과 지식
② 대상 업무의 성격
③ 과거의 개발 실적
④ 4세대 언어의 사용 여부

12 다음 중 나선형 모형(Spiral Model)의 특징으로 옳지 않은 것은?

① 비용이 많이 들거나 시간이 많이 소요되는 대규모 프로젝트에 유리하다.

② 보헴(Boehm)이 제안한 것으로 사용자의 요구 사항에 있는 위험 요소들을 해결한다.

③ 단계별 개발이 진행되면서 발생하는 위험에 개발자와 사용자가 적절히 대응할 수 있다.

④ 계층적 개발 과정과 한 번의 작업을 수행함으로써 정밀성이 높다.

13 다음 소프트웨어 수명 주기 모형 중 나선형(Spiral) 모형의 단계와 순서가 바르게 나열된 것은?

① Planning – Requirement Analysis – Development – Maintenance

② Planning – Risk Analysis – Engineering – Customer Evaluation

③ Requirement Analysis – Planning – Design – Maintenance

④ Requirement Analysis – Risk Analysis – Development – Maintenance

14 다음 중 프로젝트 관리의 대상으로 옳지 않은 것은?

① 비용 관리
② 일정 관리
③ 고객 관리
④ 품질 관리

15 다음 중 소프트웨어 프로젝트 관리에 대한 설명으로 가장 옳은 것은?

① 주어진 기간 내에 최소의 비용으로 사용자를 만족시키는 시스템을 개발

② 주어진 기간은 연장하되 최소의 비용으로 시스템을 개발

③ 소요 인력은 최소한으로 하되 정책 결정은 신속하게 처리

④ 개발에 따른 산출물 관리

16 다음 중 민주주의적 팀 구성에 대한 설명으로 옳지 않은 것은?

① 각 구성원이 의사 결정에 참여하므로 복잡한 프로젝트에 적합하다.

② 의사 결정을 민주주의식으로 하며, 팀의 목표는 여론에 따라 결정된다.

③ 각 구성원들끼리는 불편을 감소하기 위해 각자 일을 검토하며, 작업 결과에 대해서도 각자 책임을 진다.

④ 구성원간의 의사 교류를 활성화시키므로 팀원의 참여도와 만족도를 증대시킨다.

17 다음 중 CPM(Critical Path Method)에 대한 설명으로 옳지 않은 것은?

① 노드에서 작업을 표시하고, 간선은 작업 사이의 전후 의존 관계를 나타낸다.

② 프로젝트의 완성에 필요한 작업을 나열하고, 작업에 필요한 소요 기간을 예측하는 데 사용한다.

③ 박스 노드는 프로젝트의 중간 점검을 뜻하는 이정표로 노드 위에 예상 완료 시간을 표시한다.

④ 한 이정표에서 다른 이정표에 도달하기 전의 작업은 모두 완료되지 않아도 다음 작업을 진행할 수 있다.

18 프로젝트의 지연을 방지하고, 계획대로 진행하기 위한 일정 계획의 방법으로 대단위 계획의 조직적인 추진을 위해 자원의 제약하에 비용을 적게 사용하면서 초 단시간 내 계획 완성을 위한 프로젝트 일정 방법은?

① PRO / SIM(PROtyping and SIMulation)

② SLIM

③ COCOMO(COnstructive COst MOdel)

④ PERT / CPM(Program Evaluation and ReView Technique / Critical Path Method)

19 다음 중 PERT(Program Evaluation and Review Technique)에 대한 설명으로 옳지 않은 것은?

① 프로젝트를 평가하는 검토 기술로 예측치를 이용하여 불확실성을 고려한다.

② 프로젝트의 작업 일정을 네트워크로 기술하여 프로젝트의 지연을 방지한다.

③ 짧은 시간에 프로젝트의 완성을 목표로 한다.

④ 프로젝트 작업 사이의 관계를 나타내며, 최장 경로를 파악할 수 있다.

20 다음 중 간트 차트에 대한 설명으로 옳지 않은 것은?

① 자원 배치와 인원 계획에 유용하게 사용할 수 있다.

② 각 작업들의 시작점과 종료점을 파악할 수 있다.

③ 프로젝트의 진도 관리를 수행할 수 있다.

④ 화살표를 이용하여 작업 경로를 파악할 수 있다.

21 다음 중 S/W Project 일정이 지연된다고 해서 Project 말기에 새로운 인원을 추가 투입하면 Project가 더욱 지연된다는 내용과 관련되는 법칙은?

① Putnam의 법칙

② Mayer의 법칙

③ Brooks의 법칙

④ Boehm의 법칙

22 다음 중 소프트웨어의 품질 목표 중에서 옳고 일관된 결과를 얻기 위하여 요구된 기능을 수행할 수 있는 정도를 나타내는 것은?

① 유지보수성(Maintainability)

② 신뢰성(Reliability)

③ 효율성(Efficiency)

④ 무결성(Integrity)

23 다음 중 소프트웨어 프로젝트 관리의 주요 구성 요소인 3P에 해당하지 않는 것은?

① People

② Problem

③ Process

④ Power

24 다음 중 소프트웨어 비용 산정 기법 중 개발 유형으로 Organic, Semi-detach, Embedded로 구분 되는 것은?

① PUTNAM   ② COCOMO

③ FP   ④ SLIM

25 다음 중 S/W 각 기능의 원시 코드 라인 수의 비관치, 낙관치, 기대치를 측정하여 예측치를 구하고 이를 이용하여 비용을 산정하는 기법은?

① Effort Per Task 기법   ② 전문가 감정 기법

③ 델파이 기법   ④ LOC 기법

26 다음 중 프로젝트 일정 계획과 관련이 가장 적은 것은?

① CPM   ② WBS

③ PERT   ④ KLOC

27 다음 중 소프트웨어의 비용 측정 방법에서 하향식(Top – Down)에 대한 설명으로 옳지 않은 것은?

① 총 비용을 전체 시스템에서 측정한 후 단계별로 세분화한다.

② 인력 비용은 작업한 프로젝트의 전체 비용을 확인한 후 결정한다.

③ 개발 단계에서 여러 가지의 기술적 요인을 빠뜨리기 쉽다.

④ 업무 분업 구조(WBS; Work Breakdown Structure)로 비용을 측정한다.

28 LOC 기법에 의하여 예측된 총 라인 수가 25,000라인일 경우 개발에 투입될 프로그래머의 수가 5명이고, 프로그래머들의 평균 생산성이 월당 500라인일 때 개발에 소요되는 시간은?

① 8개월   ② 9개월

③ 10개월   ④ 11개월

29 두 명의 개발자가 5개월에 걸쳐 10,000라인의 코드를 개발하였을 때 월별 생산성 측정을 위한 계산 방식으로 옳은 것은?

① $10,000 \div 2$

② $10,000 \div 5$

③ $10,000 \div (5 \times 2)$

④ $(2 \times 10,000) \div 5$

30 자료 사전에서 "( )"의 의미로 옳은 것은?

① 정의

② 생략

③ 선택

④ 반복

31 다음 중 자료 사전(Data Dictionary)에 사용되는 기호의 의미를 바르게 나타낸 것으로 짝지어진 것은?

① { } : 자료의 생략 가능, ( ) : 자료의 선택

② ( ) : 자료의 설명, ＊＊ : 자료의 선택

③ ＝ : 자료의 설명, ＊＊ : 자료의 정의

④ ＋ : 자료의 연결, ( ) : 자료의 생략 가능

32 다음 중 자료흐름도(DFD)의 구성 요소가 아닌 것은?

① 처리(Process)

② 자료흐름(Data Flow)

③ 단말(Terminator)

④ 기수(Cardinality)

33 다음 중 기본 DFD의 특성으로 옳지 않은 것은?

① 시스템 내의 모든 자료 흐름은 4가지의 기본 기호로 표시된다.

② 각각의 변환(처리) 대하여 개별적인 상세화가 가능하다.

③ 변환(처리) 과정이 버블로 표현된다.

④ 배경도는 단 하나의 원으로 구성되어 Level 1을 의미한다.

34 다음 중 자료 흐름도의 구성 요소와 표시 기호의 연결이 옳지 않은 것은?

① 종착지(Terminator) : 사각형
② 자료 흐름(Data Flow) : 화살표
③ 처리 공정(Process) : 원
④ 자료 저장소(Data Store) : 밑줄

35 다음 중 데이터 모델링에 있어서 ERD(Entity Relationship Diagram)가 표현하고자 하는 것은?

① 데이터 흐름
② 데이터 구조
③ 데이터 구조들과 그들 간의 관계
④ 데이터 사전을 표현

36 다음 중 소프트웨어 프로젝트 측정에서 신뢰할만한 비용과 노력측정을 달성하기 위한 선택사항으로 옳지 않은 것은?

① 상대적으로 복잡한 분해기술을 이용한다.
② 프로젝트의 정확한 측정을 위해 충분한 시간을 갖고 측정한다.
③ 하나 이상의 자동화 측정도구들을 이용한다.
④ 소프트웨어 비용과 노력에 대한 실험적 모델을 형성한다.

37 다음 중 설계 품질 평가를 위한 좋은 설계의 기준으로 옳지 않은 것은?

① 설계는 모듈적이어야 한다.
② 설계는 자료와 프로시저에 대한 분명하고, 분리된 표현을 포함해야 한다.
③ 소프트웨어 요소들 간의 효과적 제어를 위해 설계에서 계층적 조직이 제시되어야 한다.
④ 설계는 서브루틴이나 프로시저가 전체적이고, 통합적이 될 수 있도록 유도되어야 한다.

38 다음 중 HIPO(Hierarchy Input Process Output)에 대한 설명으로 옳지 않은 것은?

① 상향식 소프트웨어 개발을 위한 문서화 도구이다.

② 구조도, 개요 도표 집합, 상세 도표 집합으로 구성된다.

③ 기능과 자료의 의존 관계를 동시에 표현할 수 있다.

④ 보기 쉽고 이해하기 쉽다.

39 다음 중 N-S(Nassi-Schneiderman) Chart에 대한 설명으로 옳지 않은 것은?

① 논리의 기술에 중점을 둔 도형식 표현 방법이다.

② 연속, 선택 및 다중 선택, 반복 등의 제어 논리 구조로 표현한다.

③ 주로 화살표를 사용하여 논리적인 제어 구조로 흐름을 표현한다.

④ 조건이 복합되어 있는 곳의 처리를 시각적으로 명확히 식별하는 데 적합하다.

40 다음 중 데이터 설계에 있어서 응집도(Cohesion)의 의미로 가장 옳은 것은?

① 데이터 구조들이 시스템 전반에 얼마나 연관 관계를 가지고 있는가 하는 정도

② 모듈이 개발 단계별로 얼마나 잘 정의되어 있는가 하는 정도

③ 모듈이 독립적인 기능으로 잘 정의되어 있는 정도

④ 모듈들 간의 상호연관성의 정도

41 다음 중 프로그램 구조에서 Fan-In은 무엇을 의미하는가?

① 얼마나 많은 모듈이 주어진 모듈을 호출하는가를 나타낸다.
② 주어진 모듈이 호출하는 모듈의 개수를 나타낸다.
③ 같은 등극(Level)의 모듈 수를 나타낸다.
④ 최상위 모듈에서 주어진 모듈까지의 깊이를 나타낸다.

42 다음 중 모듈 설계를 위한 응집도(Cohesion)와 결합도(Coupling)의 관계로 옳은 것은?

① 응집도는 약하고, 결합도는 강해야 한다.
② 응집도는 강하고, 결합도는 약해야 한다.
③ 응집도 약하고, 결합도도 약해야 한다.
④ 응집도도 강하고, 결합도도 강해야 한다.

43 다음 중 한 모듈이 다른 모듈의 내부 기능 및 그 내부 자료를 조회하는 경우의 결합도에 해당하는 것은?

① 자료 결합(Data Coupling)
② 스탬프 결합(Stamp Coupling)
③ 공용 결합(Common Coupling)
④ 내용 결합(Content Coupling)

44 다음은 객체 지향 소프트웨어 개발 및 UML Diagram에 대한 설명이다. 밑줄 친 빈칸 ㉠ ~ ㉢에 들어갈 내용을 바르게 짝지은 것은?

> • ___㉠___ 은/는 외부에서 인식할 수 있는 특성이 담긴 소프트웨어의 골격이 되는 기본 구조로, 시스템 전체에 대한 큰 밑그림이다. 소프트웨어 품질 요구 사항은 ___㉠___ 을/를 결정하는 데 주요한 요소로 작용한다.
> • ___㉡___ 은/는 두 개 이상의 클래스에서 동일한 메시지에 대해 객체가 다르게 반응하는 것이다.
> • ___㉢___ 은/는 객체 간의 메시지 통신을 분석하기 위한 것으로 시스템의 동작을 정형화하고 객체들의 메시지 교환을 시각화한다.

	㉠	㉡	㉢
①	소프트웨어 아키텍처	다형성	시퀀스 모델
②	유스케이스	다형성	시퀀스 모델
③	클래스 다이어그램	캡슐화	상태 모델
④	디자인 패턴	캡슐화	상태 모델

45 다음 중 객체 지향 개념 중 하나 이상의 유사한 객체들을 묶어 공통된 특성을 표현한 데이터 추상화를 의미하는 것은?

① 메소드(Method)
② 클래스(Class)
③ 상속성(Inheritance)
④ 메시지(Message)

46 다음 중 객체 지향 설계에 있어서 정보 은폐(Information Hiding)의 가장 근본적인 목적은?

① 코드를 개선하기 위하여
② 프로그램의 길이를 짧게 하기 위하여
③ 고려되지 않은 영향을 최소화하기 위하여
④ 인터페이스를 최소화하기 위하여

47 다음 중 럼바우(Rumbaugh)의 객체 지향 분석 절차를 바르게 나열한 것은?

① 객체 모델링 → 동적 모델링 → 기능 모델링
② 객체 모델링 → 기능 모델링 → 동적 모델링
③ 기능 모델링 → 동적 모델링 → 객체 모델링
④ 기능 모델링 → 객체 모델링 → 동적 모델링

48 다음 객체 지향 기법에서 상속(Inheritance)의 결과로서 얻을 수 있는 가장 중요한 이점은?

① 모듈 라이브러리의 재이용
② 객체 지향 DB를 사용할 수 있는 능력
③ 클래스와 오브젝트를 재사용할 수 있는 능력
④ 프로젝트들을 보다 효과적으로 관리할 수 있는 능력

49 다음 중 화이트 박스 시험(White Box Testing)에 대한 설명으로 옳지 않은 것은?

① 프로그램의 제어 구조에 따라 선택, 반복 등의 부분들을 수행함으로써 논리적 경로를 제어한다.
② 모듈 안의 작동을 직접 관찰할 수 있다.
③ 소프트웨어 산물을 기능별로 적절한 정보 영역을 정하여 적합한 입력에 대한 출력의 정확성을 점검한다.
④ 원시 코드의 모든 문장을 한 번 이상 수행함으로써 수행된다.

50 다음 중 블랙 박스 테스트를 이용하여 발견할 수 있는 오류의 경우로 옳지 않은 것은?

① 비정상적인 자료를 입력해도 오류 처리를 수행하지 않는 경우

② 정상적인 자료를 입력해도 요구된 기능이 제대로 수행되지 않는 경우

③ 반복 조건을 만족하는데도 루프 내의 문장이 수행되지 않는 경우

④ 경곗값을 입력할 경우 요구된 출력 결과가 나오지 않는 경우

51 소프트웨어 시험의 목적은 오류를 찾아내는데 있다. 이의 종류로는 단위 시험, 통합 시험, 검증 시험, 시스템 시험이 있는데, 이중에서 소프트웨어가 요구 사항에 맞는지를 추적하는 데 중점을 두고 있는 시험 방법은?

① 단위 시험   ② 통합 시험

③ 검증 시험   ④ 시스템 시험

52 다음 중 검증 시험에 있어서 알파 테스트의 의미로 옳은 것은?

① 사용자의 장소에서 개발자가 직접 시험을 한다.

② 사용자의 장소에서 개발자와 사용자가 실데이터를 가지고 공동으로 시험한다.

③ 개발자의 장소에서 개발자가 시험을 하고, 사용자는 지켜본다.

④ 개발자의 장소에서 사용자가 시험을 하고, 개발자는 뒤에서 결과를 지켜본다.

53 다음 중 McCabe에 의해 제안된 소프트웨어의 복잡성 측정에 대한 설명으로 옳지 않은 것은?

① 영역은 그래프의 평면에서 둘러싸여진 부분으로 묘사될 수 있다.

② 영역의 수는 경계된 영역들과 그래프 외부의 비경계 지역의 수를 계산한다.

③ 모듈 크기의 실제 상한선은 존재하지 않는다.

④ V(G)는 영역의 수를 결정함으로써 계산된다.

54 다음 중 소프트웨어 유지 보수에 대한 설명으로 옳지 않은 것은?

① 소프트웨어 유지 보수 비용은 개발 비용보다 일반적으로 적다.

② 소프트웨어 유지 보수를 용이하게 하려면 시험 용이성, 이해성, 수정 용이성, 이식성이 고려되어야 한다.

③ 소프트웨어 유지 보수의 과정은 유지 보수 요구, 현 시스템에 대한 이해, 수정 및 시험을 반복하여 일어난다.

④ 소프트웨어 유지 보수는 기능 개선, 하자 보수, 환경 적응, 예방 조치를 목적으로 소프트웨어의 수명을 연장시키는 작업이다.

55 다음 중 소프트웨어 유지 보수의 유형으로 옳지 않은 것은?

① 수정 보수(Corrective Maintenance)

② 기능 보수(Functional Maintenance)

③ 완전화 보수(Perfective Maintenance)

④ 예방 보수(Preventive Maintenance)

56 다음 중 소프트웨어의 품질 목표 중 허용되지 않는 사용이나 자료의 변경을 제어하는 정도를 나타낸 것은?

① 무결성(Integrity)   ② 신뢰성(Reliability)
③ 사용 용이성(Usability)   ④ 유연성(Flexibility)

57 다음 중 워크 쓰루(Walk-Through)의 특징으로 옳지 않은 것은?

① 발견된 오류는 문서화한다.

② 오류 검출에 초점을 두고 해결책은 나중으로 미룬다.

③ 검토를 위한 자료를 사전에 배포하여 검토하도록 한다.

④ 정해진 기간과 비용으로 프로젝트를 완성시키기 위한 대책을 수립한다.

58 다음 중 정형 기술 검토(FTR)에 대한 설명으로 옳지 않은 것은?

① 소프트웨어 공학의 실무자에 의해 수행되는 소프트웨어 품질 보증 활동이다.

② 기능과 로직의 오류 발견, 사용자 요구 사항의 확인, 프로젝트 관리의 편리성 등이 주목적이다.

③ 소프트웨어 분석, 설계, 구현을 위한 다양한 접근을 관찰할 수 있도록 한다.

④ 소프트웨어 생명 주기의 각 단계에서 산출된 결과물을 여러 사람이 검토한다.

59 다음 중 소프트웨어의 신뢰성에 대한 설명으로 옳지 않은 것은?

① 시스템이 주어진 환경에서 정확한 결과를 얻기 위해 주어진 시간 동안 오류 없이 작동할 확률이다.

② 개발 시점의 자료를 이용하여 측정과 예측이 가능하다.

③ 간단한 신뢰도 측정은 MTBF로 가능하다.

④ 프로그램이 요구 사항에 따라 운영되는 확률이다.

60 다음 중 현재 프로그램으로부터 데이터, 아키텍처 그리고 절차에 관한 분석 및 설계 정보를 추출하는 과정은?

① 재공학(Re - Engineering)

② 역공학(Reverse Engineering)

③ 순공학(Forward Engineering)

④ 재사용(Reuse)

통통한 IT · 디지털 상식

PART

7

프로그래밍 언어

프로그래밍 언어의 개요

THEME 125   프로그래밍 언어

저급 언어

저급 언어는 컴퓨터 개발 초기에 사용되었던 프로그래밍 언어로 주로 시스템 프로그래밍에 사용되었다.

기계어 (Machine Language)	• 컴퓨터의 전기적 회로에 의해 직접적으로 해석되어 실행되는 언어로 초창기 프로그램은 기계어에 의해 작성되고 처리되었다. • 컴퓨터를 효율적으로 활용하는 면에서는 유리하지만 언어 자체가 복잡하고 어렵기 때문에 프로그래밍 시간이 오래 걸린다. • 컴퓨터가 이해할 수 있는 기본적인 언어로 0과 1의 2진수로 작성한다.
어셈블리어 (Assembly Language)	• 기계어의 명령들을 알기 쉬운 연상 기호로 표시하여 사용하는 언어로 기호는 기계어와 사용할 컴퓨터의 내부적 구성과 관련이 있다. • 기계어와 마찬가지로 컴퓨터의 특성에 따라 다르고, 기계의 특성과 관련되어 설계되었다. • 모든 기계와 일대일로 대응되도록 만들어진 언어로 프로그램 수행 시간이 빠르고, 주기억장치를 효율적으로 이용한다. • 다른 기종의 어셈블리어와 일치하지 않으므로 언어의 호환성이 부족하다. • 고급 언어로 작성하는 경우보다 작성하는 방법과 읽고, 쓰고, 관리하는 면에서 어렵다.

절차 지향 언어

① 초기 고급 언어는 절차 지향 언어로 프로그래머가 명령을 순서에 맞게 코드화하거나 순차적으로 명령을 실행하여 문제를 해결한다.

② 포트란(FORTRAN), 코볼(COBOL), 파스칼(PASCAL), C, 베이직(BASIC) 등이 있다.

종류	설명
FORTRAN	복잡한 수식 계산을 위해 개발된 과학 기술용 언어이다(가장 먼저 개발).
COBOL	사무 처리의 응용을 위해 개발된 프로그래밍 언어이다.
PASCAL	다양한 제어 구조와 데이터 형식을 가지는 실무용(교육용) 언어이다.
C	시스템 프로그램을 작성하는 데 유용한 다목적 언어이다.
BASIC	언어가 간단하고 구현이 용이하여 대화형 프로그램 작성에 적합한 언어이다.
LISP	인공 지능 분야에서 발생하는 문제점을 해결하기 위한 언어이다.
ALGOL	과학 계산용으로 사용되는 논리 연산용 언어이다.

객체 지향 언어

① 절차 지향 언어와 비교했을 때, 객체·클래스·추상화·상속·다형성이라는 개념을 기본으로 한다.
② 객체 지향 언어 프로그램은 데이터와 기능을 포함하는 객체들을 필요한 역할별로 이어가면서 프로그램을 완성하는 것이다.
③ 대표적인 객체 지향 언어에는 Smalltalk, C++, Java, C# 등이 있다.

비절차 언어

① 비절차 언어를 제4세대 언어(4GL; 4th Generation Language)라고 한다.
② 실행할 것에 초점이 맞추어진 것으로 많은 컴퓨터 프로그램의 지원과 처리 시간이 필요하다.
③ 기존의 데이터베이스에서 데이터를 액세스할 수 있도록 하며, 사용자가 질의어를 사용하여 데이터베이스에서 정보를 검색할 수 있다.
④ 데이터베이스에서 보고서와 그래픽을 만들고 데이터를 처리하는 원시 코드를 실제로 만드는 기능을 제공한다.
⑤ 대표적인 언어로는 SQL(Structured Query Language), QBE(Query By Example)가 있다.

함수(논리) 언어

① 제5세대 언어(5GL)로 인공 지능의 구현이나 전문가 시스템을 만드는 데 사용된다.
② 함수 기반 언어인 LISP는 인공 지능 분야 연구에서 폭넓게 사용되고 있다.
③ 논리 기반 언어인 Prolog는 자연적이고, 논리적인 구성으로 되어 있어 각종 응용 프로그램을 작성할 수 있는 강력한 기능을 제공한다.

비주얼 프로그래밍 언어(Visual Programming Language)

① 기호 아이콘으로 문자 기반 명령을 교체시키고, 기호 아이콘들은 각각의 객체나 공통적인 프로그래밍 함수를 표현한다.
② 대화 아이콘은 프로그램이 생성되는 동안 주어진 시간에 사용자에게 선택을 제공하고, 응답을 요구한다.
③ 표시 아이콘은 화면에 표시하게 되는데, 이 경우 프로그래머가 표시될 이미지와 함께 표시의 지속 시간과 제시 방법을 지정한다.
④ 대표적인 언어로는 비주얼 베이직, 델파이, 파워빌더, 비주얼 C++ 등이 있다.

프로그래밍 순서

① 업무 분석 : 프로그램의 작성 업무에 대한 타당성을 분석한다.

② 입출력 설계 및 흐름도 작성 : 데이터의 입출력 방법과 업무 처리의 순서를 작성한다.

③ 코딩 : 프로그램 언어를 순서대로 작성한다.

④ 번역 및 오류 수정 : 프로그래밍 작성 과정 중에 생기는 오류를 수정한다.

⑤ 테스트 : 작성한 프로그래밍을 컴파일하여 검토한다.

⑥ 실행 : 데이터를 실행하여 원하는 결과가 출력되는지 확인한다.

⑦ 문서화 : 명확성을 유지하기 위해 프로그램 개발 등을 정리한다.

언어 번역 프로그램

어셈블러(Assembler)	어셈블리어로 작성된 프로그램을 기계어로 번역하는 프로그램이다.
컴파일러(Compiler)	고급 언어로 작성된 원시 프로그램을 기계어나 어셈블리어로 된 목적 프로그램(코드)으로 바꾸는 프로그램이다.
인터프리터(Interpreter)	고급 언어에서 원시 프로그램을 한 문장씩 읽고 기계어로 번역하는 프로그램으로, 실행 속도가 느리다.
프리프로세서(Preprocessor)	고급 언어를 다른 고급 언어로 번역하는 프로그램이다.

THEME 126 　최근 많이 쓰이는 언어

파이썬(Python)

파이썬(Python)은 1990년 암스테르담의 귀도 반 로섬(Guido Van Rossum)이 개발한 인터프리터 언어로 구글에서 만들어진 소프트웨어의 50% 이상이 파이썬으로 만들어져 있다고 알려져 있다.

파이썬 언어의 활용 분야

시스템 유틸리티 제작	• 시스템 명령어들을 이용할 수 있는 각종 도구를 갖추고 있으므로 시스템 유틸리티를 만들 수 있다. C 언어처럼 라이브러리를 통해 다른 여러 기능들을 종합할 수 있는 언어이다.
GUI 프로그래밍	• 파이썬으로 GUI 프로그램을 만드는 것은 다른 언어를 이용해 만드는 것보다 훨씬 쉽다. 소스 코드는 매우 간단하다.
C / C++와의 결합	• C나 C++로 만든 프로그램을 파이썬에서 사용할 수 있으며, 파이썬으로 만든 프로그램 역시 C나 C++에서 사용할 수 있다.

수치 연산 프로그래밍	• 파이썬에는 NumPy이라는 수치 연산 모듈이 제공된다. 이 모듈은 C 언어로 작성되어 있어 수치 연산을 빠르게 할 수 있다.
데이터베이스 프로그래밍	• 오라클(Oracle), 사이베이스(Sybase), 인포믹스(Infomix), 마이에스큐엘(MySQL), 포스트그레스큐엘(PostgreSQL) 등의 DBMS에 접근할 수 있는 도구들을 제공한다. • 피클(Pickle)이라는 모듈은 파이썬에서 사용되는 자료들을 변형 없이 그대로 파일에 저장하고 불러오는 일들을 맡아 한다.
웹 프로그래밍	• 파이썬은 웹 프로그램을 만들기에 매우 적합한 도구이며 실제로, 파이썬으로 제작된 웹사이트는 셀 수 없을 정도로 많다. • 쉽게 Django(장고)를 활용하여 웹 프로그래밍이 가능하다.
데이터 분석, 사물 인터넷	• 파이썬으로 만들어진 판다스(Pandas)라는 모듈을 이용하여 데이터 분석을 더 쉽고 효과적으로 할 수 있다.

파이썬 활용이 어려운 분야

① 시스템과 밀접한 프로그래밍 언어
- 엄청난 횟수의 반복과 연산을 필요로 하는 프로그램 또는 데이터 압축 알고리즘 개발 프로그램 등을 만드는 것은 어렵다.
- 실시간 처리를 위한 대량의 서비스 지원 프로그램은 활용하기 어렵다.

② 모바일 프로그래밍 : 앱(App) 개발 등의 모바일 프로그램은 파이썬을 활용할 수 없다.

자바스크립트(Javascript)

넷스케이프사가 만든 일종의 스크립트 언어로 프로그램을 개발하기 쉽고 활용이 용이한 대신 보안에 취약한 언어이다.

자바스크립트의 활용

① 프로그래밍 동적 기능을 지원하는 데 활용할 수 있다.

② 인공지능 언어로 활용할 수 있다.

③ 서버 사이드 처리에 활용할 수 있다. 서버에 접근하여 실제 처리에 활용할 수 있다.

④ 웹 애플리케이션 개발을 위한 프레임워크 등을 만들 수 있다.

⑤ 라이브러리로 제작되어 다른 언어와 쉽게 융합하여 활용할 수 있다.

자바스크립트 종류

종류	특징
Jquery	• 자바스크립트 라이브러리이다. • 자바스크립트 문법을 간단하게 하여 사용의 편의성을 제공한다.
앵귤러JS	• 웹 애플리케이션 프레임워크로, 개발과 테스트 환경을 단순화시킨 기술이다. • 구글에서 개발한 기술이다. • 제이쿼리나 자바스크립트 UI 컴포넌트를 쉽게 재사용할 수 있게 한다. • 양방향 데이터 바인딩을 통해 불필요한 코드를 제거해 향후 유지 보수를 쉽게 할 수 있다.
D3.JS	• Data Drivened Document(데이터 기반 문서)의 약자로, 자바스크립트 라이브러리다. • 데이터와 이미지를 함께 묶어 표현해줘 데이터 시각화를 웹페이지에서 표현할 때 많이 사용된다.
노드JS	• 자바스크립트 엔진 'V8' 위에서 동작하는 이벤트 처리 I/O 프레임워크다. • 서버 환경에서 자바스크립트로 애플리케이션을 작성할 수 있게 한다. • 비동기 프로그래밍이 가능하여 결괏값을 기다리지 않고 보다 다양한 요청을 처리할 수 있다.
리액트JS	• 사용자 인터페이스를 만들기 위한 자바스크립트 라이브러리다. • 메타가 만든 기술로, 2013년에 공개됐다. • 커스텀 태그, 가상 DOM, 단방향 데이터 바인딩 기능을 제공해 주목을 받고 있다.

웹 저작 언어

THEME 127　웹 저작 언어의 종류

HTML(Hyper Text Markup Language)

① HTML은 국제 표준 SGML에서 하이퍼텍스트를 강조하여 만들어진 웹 저작 언어이다.

② HTML 문서는 텍스트 파일일 뿐 특별한 과정을 거쳐 다른 포맷으로 변환되지 않는다.

③ 문서의 어느 부분을 클릭하면 다른 문서나 그림 파일로 이동할 수 있게 하는 하이퍼텍스트(Hyper Text)에 의해 이루어진다.

④ HTML 문서와 일반 문서를 구분할 수 있는 것은 파일 확장자이다.

⑤ HTML 문서는 일반적인 문서에 특수한 동작을 하는 명령어 태그(Tag)를 사용한다.

⑥ 각각의 태그는 대소문자를 구분하지 않고, 동일한 결과를 출력한다.

⑦ HTML에서 한 칸 이상의 공백은 같은 결과를 출력한다.

HTML 4.01의 개념 및 특징

① HTML 4는 네 번째 버전으로 1999년 표준안이 발표되었다.

② 별도의 컴파일러가 필요하지 않으며, 웹 브라우저에서 해석이 가능하다.

③ 하이퍼텍스트 문서를 작성하는 언어로 문서의 표현 형식을 지정한다.

④ 태그(Tag)라는 코드로 구성되어 있으며, 확장명은 htm 또는 html이다.

⑤ 이식성이 높고 사용이 용이하나, 고정 태그로 복잡한 문서 작성이 어렵다.

HTML 4의 기본구조

```
〈html〉
   〈head〉
                        문서에 대한 정보 입력 공간

   〈/head〉
   〈body〉

                        화면에 나타낼 내용 입력 공간

   〈/body〉
〈/html〉
```

HTML 5의 개념 및 특징

① HTML의 완전한 5번째 버전으로 월드 와이드 웹(World Wide Web)의 핵심 마크업 언어이다.

② HTML 5는 HTML 4.01, XHTML 1.0, DOM 레벨 2 HTML에 대한 차기 표준 제안이다.

③ 비디오, 오디오 등 다양한 부가기능과 최신 멀티미디어 콘텐츠를 액티브X 없이 브라우저에서 쉽게 볼 수 있게 하는 것을 목적으로 한다.

HTML 5의 기본구조

```
〈! DOCTTYPE html〉
〈html〉
   〈head〉
                        〈title〉 기본 페이지 〈/title〉

   〈/head〉
   〈body〉

                        본문 내용

   〈/body〉
〈/html〉
```

HTML 4와 HTML 5의 차이점

엘리먼트(요소) 추가	• 구조적인 요소
	  - 구역을 나누는 블록 요소인 div 요소를 대신한다.
	  - header, nav, article, section, aside, footer
	• 멀티미디어 요소
	  - 플러그인 없이 멀티미디어를 재생할 수 있게 한다.
	  - audio, video, canvas, command, datalist, details, embed, figure, figcaption

엘리먼트(요소) 의미 변경	• em : 상대적인 포인트 크기를 나타낸다. 배수로 표현한다. • hr : 수평 줄 태그
문서 선언 간소화	• 문서 선언이 〈!DOCTYPE html〉으로 간소화되었다.
제거된 엘리먼트(요소)	• 다른 태그로 대체 가능한 태그들 : acronym, applet, dir, isindex • 디자인적인 기능 이상의 의미가 없어 삭제 (CSS로 대체 가능한 태그) : basefont, big, center, font, strike, tt
태그 사용	• 웹 접근성 향상을 위해 사용을 지양하는 태그 : frame, frameset, noframes

SGML(Standard Generalized Markup Language)

① SGML은 문서의 마크업 언어나 태그 셋을 정의하는 문서 표준이다.

② 문서 언어의 각 요소와 속성을 자신만의 태그(Tag)로 정의할 수 있는 메타 언어(언어를 만드는 언어)이다.

③ 문서의 논리 구조, 의미 구조를 간단한 마크로 기술한다.

④ 유연성이 좋고 독립적인 시스템 운용이 가능하나 기능이 복잡하다.

⑤ 멀티미디어 문서의 저장과 독립적인 문서를 처리하여 전자 출판에 주로 이용된다.

XML(eXtensible Markup Language)

① XML은 인터넷상에서 문서나 데이터를 교환하거나 배포할 때 표준이 될 수 있는 중요한 마크업 언어이다.

② 구조화된 문서 제작용 언어로 HTML 태그의 사용자 정의가 가능하다.

③ 태그(Tag)와 속성을 사용자가 정의할 수 있으며, 문서 내용과 이를 표현하는 방식이 독립적이다.

④ HTML의 단점을 보완하고, 다양한 형식의 문서로 쉽게 변환이 가능하다.

⑤ DTD(Document Type Definition)가 고정되어 있지 않으므로 논리적 구조를 표현할 수 있는 유연성을 가진다.

⑥ 데이터베이스 등의 구조화된 데이터를 지원하며 홈페이지 구축, 검색 기능을 향상시킨다.

Ajax(Asynchronous javascript and xlm)

① 여러 기술을 모아 놓은 형태로 대화식 웹 개발에 사용된다.

② HTML과 동적 화면 출력 시 사용하며, 페이지 이동 없이 고속으로 화면 전환이 가능하다.

③ 대화식 웹 애플리케이션을 개발하기 위해 사용되며, 서버 처리를 기다리지 않고 비동기 요청이 가능하다.

④ Prototype, JQuery, Google Web Toolkit은 대표적인 Ajax 프레임워크이다.

VRML(Virtual Reality Modeling Language)

① VRML은 3차원 가상 공간을 표현하기 위한 언어로 웹에서 3차원 입체 이미지를 묘사한다.
② HTML을 기반으로 만들어졌으며 가상 쇼핑몰, 3차원 채팅 등에 이용된다.
③ 각종 운영체제에 독립적이며, 플러그 인(Plug-In)을 이용한다.

UML(Unified Modeling Language)

① UML은 요구 분석, 시스템 설계 및 구현 등의 시스템 개발과정에서 개발자 간의 의사소통을 원활하게 하기 위하여 표준화한 통합 모델링 언어이다.
② 시스템 개발자가 구축하고자 하는 소프트웨어를 코딩하기에 앞서 표준화되고, 이해하기 쉬운 방법으로 소프트웨어를 설계한다.

성격	내용
가시화 언어	개념 모델 작성 시 오류가 적고, 의사소통을 쉽게 하는 그래픽 언어이다.
문서화 언어	시스템에 대한 평가, 통제, 의사소통의 문서화(요구사항, 아키텍처 설계, 소스코드, 프로젝트 계획, Test 등)가 가능하다.
구현 언어	다양한 프로그래밍 언어와 연결 왕복 공학 기능, 실행 시스템의 예측이 가능하다.
명세화 언어	정확한 모델 제시, 완전한 모델 작성, 분석, 설계의 결정을 표현한다.

THEME 128 　동적 페이지 작성 언어의 종류

자바(Java)

① 웹상에서 멀티미디어 데이터를 유용하게 처리할 수 있는 객체 지향 언어이다.
② 분산형 컴퓨팅 및 통신 환경에 알맞은 응용 프로그램을 개발하는 데 적합하다.
③ 실시간 정보를 통해 애니메이션을 구현하며, 자체 통신 기능을 갖는다.
④ 하나의 자바 프로그램이 여러 작업을 할 수 있으며, 멀티쓰레드를 제공한다.
⑤ 다른 컴퓨터와의 호환성과 이식성이 뛰어나며, 가상 바이트 코드(Byte Code)를 사용한다.
⑥ C++ 언어를 기반으로 플랫폼에 독립적(Independence)이고, 보안에 강하다.
⑦ 인터넷 분산 환경에 적합하며 상속성(Inheritance), 캡슐화(Encapsulation), 오버로딩(Overloading), 다형성(Polymorphism) 등을 제공한다.

자바스크립트(Javascript)

① HTML에 삽입되어 HTML을 확장하는 기능으로, HTML을 강력하고 편리하게 꾸밀 수 있다.
② 컴파일된 언어에 비해 처리 시간이 오래 걸리지만 짧은 프로그램들에는 유용하다.
③ 웹 문서에 소스 코드를 삽입하여 사용자 웹 브라우저에서 실행한다.
④ 클래스는 없으며, 변수 선언도 불필요하다.

자바 애플릿(Java Applet)

① 컴파일된 .class 파일을 연결하여 웹 브라우저에서 실행한다.
② 클래스는 있으며, 변수 선언도 필요하다.
③ HTML 외에 별도로 존재한다.

CGI(Common Gateway Interface)

① HTTP 서버에서 외부 프로그램을 수행하기 위한 인터페이스로 사용자가 방명록, 카운터, 게시판 등을 HTML 문서와 연동하기 위해 사용한다.
② 프로그램에 사용되는 언어에는 C, C++, Java, Perl, ASP 등이 있다.

ASP(Active Server Page)

① CGI의 단점을 보완하기 위해 개발된 웹 문서의 작성 기술이다.
② 서버 측 스크립트가 HTML 페이지를 만들어 모든 브라우저에서 사용할 수 있다.
③ Windows 계열에서만 수행한다.

JSP(Java Server Pages)

① 자바를 이용한 서버 측 스크립트로 다양한 운영체제에서 사용이 가능하다.
② 데이터베이스와 연결이 쉽고, HTML 문서 내에서 〈% … %〉와 같은 형태로 작성된다.

① 객체 내부의 데이터 구조에서 데이터형뿐만 아니라 사용 함수까지 함께 정의한 것을 클래스(Class)라고 한다.

② 객체가 수행할 수 있는 특정한 작업을 메소드(Method)라고 한다.

③ 객체는 속성과 메소드의 상속뿐만 아니라 재사용이 가능하다.

THEME 129 홈페이지 제작

홈페이지 제작 과정

기획 → 기본 구성 → 세부 구성 → 홈 페이지 작성 → 유지 보수 및 업그레이드

HTML 문서의 기본 구조

① 〈title〉: 문서 제목, 〈body〉: 문서 내용, 〈br〉: 줄 바꿈, 〈font〉: 글꼴 설정, 〈img〉: 이미지 삽입, 〈table〉: 표 작성, 〈form〉: 양식 정의, 〈a〉: 다른 문서 연결(링크) 등의 기본 태그를 사용한다.

> 〈HTML〉 ← HTML 문서의 시작을 알린다.
> 〈head〉 ← 머리말의 시작을 알린다.
>   머리말
> 〈/head〉 ← 머리말의 종료를 알린다.
> 〈body〉 ← 본문 내용의 시작을 알린다.
>   본문 내용
> 〈/body〉 ← 본문 내용의 끝을 알린다.
> 〈/HTML〉 ← HTML 문서의 종료를 알린다.

② 본문에서 주로 제목을 표시할 때 사용하는 <hn>은 제일 큰 글자인 h1~h6까지 있다.

③ 여러 줄의 문장을 입력할 때 줄을 바꾸려면
을 사용한다.

④ <pre> 태그는 문서에 입력된 모습 그대로 웹 브라우저 화면에 표시된다.

⑤ 수평선을 그을 때 사용되는 <hr>은 Size, Width, Align 등과 함께 선의 굵기, 길이, 정렬 상태 등을 설정할 수 있다.

```
〈HTML〉
〈head〉
〈title〉문서 제목 〈/title〉
〈/head〉
〈body〉
    ↑
   이 곳이 본문의 내용을 꾸미는 곳이다.
    ↓
〈/body〉
〈/HTML〉
```

03 C 언어의 문법적 활용

THEME 130 C 언어의 기본

C 언어의 특징

① 절차적 방식을 지원하며, 코드가 간결하다.
② 하드웨어 관련 프로그램을 작성하며 이식성, 효율성, 범용성이 좋다.
③ 함수를 사용한 구조적 프로그램 작성과 모듈화 단위로 개발하기 쉽다.
④ 운영체제 프로그램이나 컴파일러 등을 개발할 수 있는 강력한 언어이다.

C 프로그래밍 작성 단계

① 요구사항을 정의한 요구 명세서 작성 : 작업 내용에 대한 문제점을 파악하고, 해결책에 대한 정확한 요구사항 명세서를 작성한다.
② 문제 분석 : 입력 형태, 입력 매체, 출력 형태, 출력 매체, 제약 조건, 수식(공식), 기법, 도구 등을 준비한다.
③ 설계 : 문제를 해결할 알고리즘으로 설계 후 논리적으로 나열한다.
④ 구현 : 알고리즘을 C 프로그램 언어로 구현한다.
⑤ 시험 및 검증 : 사용자가 요구하는 사항에 만족하는지를 확인한다.
⑥ 문서화 : 프로그램을 유지·보수하기 쉽게 문서화한다.

C 언어와 C++의 비교

구분	C 언어	C++
구성	함수로 구성	클래스로 구성
프로그래밍 지향	구조적 프로그래밍	객체 지향 프로그래밍
프로그램 방식	Top-Down 방식	Bottom-Up 방식
프로그램 기본 단위	프로그램을 기능 단위로 세분	프로그램을 오브젝트 단위로 세분
규모	중형 프로그램	대형 프로그램

C 언어 원칙

① 프로그램을 실행한다는 의미로 반드시 main( ) 함수로부터 시작된다.

② main( ) 함수는 아래쪽으로 '{'로 시작하여 '}'로 종료된다(블록 단위로 묶음).

③ 하나의 문장이 끝날 때마다 반드시 세미콜론(;)을 입력한다(2개 이상의 문장이 한 줄에 기술될 수도 있음).

④ 주석은 프로그램 실행과는 상관없이 프로그램을 설명하거나 참고 사항을 나타낸다.

⑤ 주석(설명문)은 '/ * '와 ' * /'의 사이에 놓이며, 컴파일러는 이를 번역하지 않는다.

⑥ 대문자와 소문자를 구별하며, 선행 처리기는 항상 '#' 기호로 시작한다.

⑦ 문자열(String)은 두 개 이상의 단일 문자가 모인 집합으로 큰 따옴표(" ") 안에 표시한다.

C 언어 프로그램의 기본 구조

```
#include 〈헤더 파일〉 #으로 시작하는 전처리기    ← 표준 함수
사용할 함수의 함수 원형;                          ← 사용할 함수 정보
int main( )                                      ← 프로그램 시작
{
    선언문;
    함수 본체;
    return 0;
}
```

- #include 〈헤더 파일〉 : 표준 명령의 함수 원형이 선언되어 있는 헤더 파일을 첨부한다.
- 함수 원형 : 사용자가 만든 함수는 main( ) 함수 앞에 원형을 선언한다.
- 주프로그램 시작 : 모든 프로그램은 main( ) 함수부터 실행하며, 최소한 1개 이상은 있어야 한다.
- 중괄호({ }) : main( ) 함수는 "{로 시작하여 "}로 종료된다.
- 함수 구현 : 사용자가 만든 함수는 반드시 그 기능을 할 수 있도록 코드를 작성한다.

① 상수
- 정수 / 실수 : 수학적인 표기 방법과 동일하다.
- 문자 : 작은 따옴표(' ')에 넣는다.
- 문자열 : 큰 따옴표(" ")에 넣는다.

② 변수
- 데이터를 저장하는 메모리 공간으로 데이터에 적합한 데이터 타입을 선언한 후 사용한다.
- 선언문으로 변수를 준비한 후 대입문(=) 또는 함수에서 변수를 사용한다.
- 변수의 포인터(주소)는 변수명 앞에 주소 연산자(&)를 붙인다.

③ 실수형
- 소수점 이하를 표현할 수 있는 수로 크기와 정밀도에 따라 세 가지가 있으며, 모두 부호를 표현할 수 있다(Float 타입은 크기가 4Byte, Double 타입은 크기가 8Byte, Decimal 타입은 크기가 16Byte).
- Float와 Double은 실수를 표현하는 국제 표준 포맷(IEEE 754) 규격을 따르므로 C 언어, Java 등의 언어와 크기, 범위, 정밀도가 같으며 내부적인 구조도 동일하다.
- Float 타입은 소수점 이하 7자리까지 유효하고, Double 타입은 소수점 이하 15자리까지 유효하다(Decimal 타입은 소수점 28자리까지 유효하므로 매우 정확한 값을 표현).
- 실수 상수는 별다른 지정이 없으면 Double 타입으로 취급된다.

④ 정수형
- 소수점 이하가 없는 정수를 기억하는 타입이다.
- 가장 흔히 사용되는 타입으로 크기와 부호의 유무에 따라 8가지 종류가 있다.

크기	부호 있음	부호 없음
1	sbyte(−128 ~ 127)	byte(0 ~ 255)
2	short(−32768 ~ 32767)	ushort(0 ~ 65535)
4	int(−231 ~ 231−1)	uint(0 ~ 232−1)
8	long(−263 ~ 263−1)	ulong(0 ~ 264−1)

- 정수 형태의 상수는 아라비아 숫자로 0, 12, 42 등으로 표현하되 별다른 표기가 없으면 int 타입으로 한다.

예약어와 변수

① #define
- 상수 값을 정의내리는 구성 요소이다.
- 프로그램에서 사용할 문자열을 치환할 때 사용한다.
- "#define VALUE1 1"이라는 것은 숫자 1을 VALUE1로 정의한다는 뜻이다.

② #include
다른 파일에 선언되어 있는 함수나 데이터형을 현재 프로그램에 포함시킬 때 사용한다.

③ printf( ) 문
- 표준 출력으로 데이터를 출력시킬 때 정해진 제어 형식으로 처리한다.
- 문자열만 출력하며, 문자열 외에 다른 데이터를 출력할 경우는 데이터를 문자열로 변환하기 위한 포맷 지정자(%로 시작)를 사용한다.

%c	(Character) 문자	%o	(Octal) 8진 정수
%d	(Decimal Integer) 10진 정수	%s	(String) 문자열
%e	지수형	%u	(Unsigned Integer) 부호 없는 10진 정수
%f	(Floating-point Number) 소수점 표기형	%x	(Hexadecimal) 16진 정수

- printf( ) 문에서 %와 변환 문자 사이에 들어가는 기호는 다음과 같다.

기호	내용
-	변환된 매개 변수를 왼쪽 끝에 맞춘다.
최소 간격 지정 숫자	변환된 숫자가 출력될 때 최소 간격을 지정한다.
.	필드 폭과 소수점 이하 자릿수를 분할한다.
숫자	문자열이나 숫자가 인쇄될 자릿수를 지정한다.

④ scanf( ) 문
- 키보드에서 다양한 형식의 데이터를 입력할 때 사용한다.
- 저장할 변수의 주소를 사용하며, 변수명 앞에 & 기호를 붙여 사용한다.
- 정수를 입력하려면 포맷 지정자 %d를 사용한다.

⑤ 문자열 상수와 타입

구분	설명	예시
변수(Variable)	변수명을 그대로 작성한다.	int x;
문자(Character)	문자처럼 작은 따옴표로 묶는다.	char ch='A';
문자열(String)	문자열처럼 끝 따옴표로 묶는다.	char str[ ]="Love";

⑥ 확장열 코드
역 슬러시(\) 바로 뒤에 하나의 문자가 붙는 것을 말한다.

\n	줄 바꿈(New Line)	\r	현재 사용하고 있는 줄(Line)의 맨 처음으로 커서를 이동(개행)
\t	가로 탭(Tab)	\b	앞의 한 문자 삭제(Backspace)
\v	세로 탭(수직 탭)	\\	백 슬러시(Back Slash)

⑦ 연산자
- 대입 연산자는 =로 표시하고, = 기호 왼쪽의 항목에 값을 대입한다.
- 형식은 변수명 = 데이터 값 또는 연산식;

명칭	연산자	설명
산술 연산자	+, -, *, /, %	산술 연산과 계산에 사용
관계 연산자	<, <=, ==, >, >=	크기를 비교
논리 연산자	!, &&, ‖	논리 부정, 논리곱, 논리합
비트 연산자	&, ‖	비트 처리
증가와 감소 연산자	++, --	1만큼 증가, 1만큼 감소
대입 연산자	=	연산 결과를 대입

if문 문법

① 제어문은 기본적으로 한 개의 문장만 처리한다.
② 두 개 이상의 문장을 실행하려면 문장을 중괄호({}) 속에 넣어 한 블록으로 묶어준다.

if문	if (조건) 문장1;	
if-else문	if (조건) 문장1;	else 문장2;
if-else if문	if (조건1) 문장1; else if (조건 n) 문장 n;	else if (조건2) 문장2; else default 문장;

if문 활용 예제

① 단순 if문 예제와 설명

```
#include 〈stdio.h〉 // 라이브러리 삽입
int main( ) //int(반환값 정수)인 main함수 선언
{
  char a='b';
  char b='a';
    if(a>b) {
        printf("%c가 보다 크다  %c₩n", a, b);
        }
    printf("%c값, %c값 여기는 if 결과 상관 없이 출력 ₩n", a, b);

  return 0; //정수 0 반환
}
```

⇩

```
b가 보다 크다 a
b값, a값 여기는 if 결과 상관 없이 출력

_____
Process exited after 0.01925 seconds with return value 0
계속하려면 아무 키나 누르십시오. . .
```

② if ~ else문 예제

```
#include <stdio.h>
int main()
{
        int n;
        /* scanf("%d", &n); */
        scanf_s("%d", &n);
        if (n % 2) //입력 받은 n값이 2로 나눈 나머지가 0이 아니면 참 (홀수)
                printf("%d is an odd number.\n", n);
        else //나머지가 0이면 거짓 (짝수)
                printf("%d is an even number.\n", n);
        return 0;
}
```

⇩

```
34
34 is an even number.

------------------------------
Process exited after 5.412 seconds with return value 0
계속하려면 아무 키나 누르십시오. . .
```

```
8653
8653 is an odd number.

------------------------------
Process exited after 8.111 seconds with return value 0
계속하려면 아무 키나 누르십시오. . .
```

③ 다중 if문 예제

```c
#include <stdio.h>
int main()
{
        int nYear;
        int nLeap;
    /* scanf("%d", &nYear); */
        scanf_s("%d", &nYear); //연도를 입력받음
        if (nYear % 4 == 0) //4로 나눈 나머지가 0이면, 나누어 떨어짐
        {
                nLeap = 1; // nLeep에 1저장
                if (nYear % 100 == 0) //100으로 나눈 나머지가 0, 나누어 떨어짐
                {
                        nLeap = 0; // nLeep에 0을 저장
                        if (nYear % 400 == 0) // 400으로 나누어 떨어지면
                                nLeap = 1; // nLeep에 1저장
                }
        }
        else  // 4로 나누어 떨어지지 않으면
                nLeap = 0; // nLeep에 0 담기

        if (nLeap == 1) // nLeep이 1이면 윤년
                printf("%d년은 윤년(Leap year)입니다.\n", nYear);
        else //그렇지 않으면 평년
                printf("%d년은 평년(Common year)입니다.\n", nYear);
        /*
           4로 나누어 떨어지고 100으로 나누어 떨어지는데 400으로 나누어 떨어지면
           윤년이다.
        */
        return 0;
}
```

⇩

```
2000
2000년은 윤년〈Leap year〉입니다.

_____
Process exited after 4.431 seconds with return value 0
계속하려면 아무 키나 누르십시오. . .
```

```
2200
2200년은 평년〈Common year〉입니다.

_____
Process exited after 3.24 seconds with return value 0
계속하려면 아무 키나 누르십시오. . .
```

switch문 문법

문자나 정수 타입의 데이터를 검사하여 여러 개인 경우 중에서 해당하는 경우를 실행한다.

```
switch(식) {
    case 레이블1:문장1;
        ....
        [break;]
        default: 문장 n+1;
    }
```

switch문 활용 예제

```c
#include <stdio.h>
int main()
{
        int n;
        printf("양의 정수 n을 입력하세요: ");
        /* scanf("%d", &n); */
        scanf("%d", &n);
        switch (n % 2)
        {
        case 0:
                printf("%d is an even number.\n", n);
                break;
        case 1:
                printf("%d is an odd number.\n", n);
                break;
        }
        return 0;
}
```

⇩

양의 정수 n을 입력하세요: 2279
2279 is an odd number.

Process exited after 8.273 seconds with return value 0
계속하려면 아무 키나 누르십시오. . .

for문 문법

① 루프의 반복 횟수를 알고 있을 경우나 간단한 초기값 설정이 요구될 경우에 편리한 반복문이다.

② 반복 횟수가 명확한 경우에 사용한다.

③ 반복 처리문이 하나인 경우는 중괄호를 생략할 수 있다.

```
for(초기값; 조건; 변환값)
   {
      반복 처리문;
   }
```

for문 활용 예제(구구단 프로그램)

```c
#include 〈stdio.h〉
int main( )
{
      int i, j;
      for (i = 1; i 〈 10; i++)
      {   printf("%d단 출력\n",i);
             for (j = 1; j 〈 10; j++)
             {
                    printf("%2d x %2d = %2d \n", i, j, i * j);

             }
             printf("\n");
      }
      return 0;
}
```

⇩

```
2 × 7 = 14
2 × 8 = 16
2 × 9 = 18
```

```
3단 출력
3 × 1 = 3
3 × 2 = 6
3 × 3 = 9
3 × 4 = 12
3 × 5 = 15
3 × 6 = 18
3 × 7 = 21
3 × 8 = 24
3 × 9 = 27

4단 출력
4 × 1 = 4
4 × 2 = 8
4 × 3 = 12
4 × 4 = 16
4 × 5 = 20
4 × 6 = 24
4 × 7 = 28
4 × 8 = 32
4 × 9 = 36

5단 출력
5 × 1 = 5
5 × 2 = 10
5 × 3 = 15
```

while문 문법

① 반복 횟수가 불명확할 때 사용한다.

② 조건식의 값을 변경시킬 수 있는 증감식이 중괄호 내부에 존재해야 한다.

③ 조건식이 성립되는 동안 { } 속의 문장들을 반복한다.

```
초기식;
  while(조건식)
  {
    반복 처리문;
    증감식;
  }
```

while문 활용 예제(1씩 커지는 누적 값 구하기)

```
#include <stdio.h>
int main()
{
        //i는 1로 sum은 0으로 초기화 n은 입력받기 위한 정수 선언
        int i = 1, sum = 0, n;
        printf("양의 정수 n을 입력하세요: ");
        /* scanf("%d", &n); */
        scanf_s("%d", &n); //정수 1개 받기
        while (i <= n) { //입력값이 1(i)보다 크거나 같으면 참
                sum += i;    //while이 참인 동안 sum에 i값 더하기
                i++;         //i값 증가
        } //i값이 입력 값보다 커지면 블록 빠져나옴

        printf("1에서 %d까지 정수의 합은 %d\n", n, sum);
        return 0;
}
```

⇩

```
양의 정수 n을 입력하세요: 15
1에서 15까지 정수의 합은 120
_____
Process exited after 3.658 seconds with return value 0
계속하려면 아무 키나 누르십시오. . .
```

```
양의 정수 n을 입력하세요: 1
1에서 1까지 정수의 합은 1
_____
Process exited after 5.051 seconds with return value 0
계속하려면 아무 키나 누르십시오. . .
```

① 반복 횟수가 불명확할 때 사용한다.

② 최소 한 번 이상 반복 처리문을 실행하며, 실행 후 조건식을 검사한다.

③ do / while문의 끝을 의미하는 세미콜론(;)을 붙여야 한다.

```
초기식;
    do
    {
        반복 처리문;
        증감식;
    } while(조건식);
```

do / while문 활용 예제(데이터와 연산자를 입력받고 계산하기)

```c
#include <stdio.h>
#include <conio.h> /* _getch() */
int main()
{
    char op, quit;
    int operand1, operand2, result;
    do //무조건 한 번은 실행
    {
        printf("\n정수 2개와 연산자(+, -, *, /, %%)를 입력하세요.\n");
        printf("operand1 operator operand2: ");
/*scanf("%d %c %d", &operand1, &op, &operand2);*/
        scanf_s("%d %c %d", &operand1, &op, 1, &operand2);
        switch (op)
        {
        case '+':
            result = operand1 + operand2;
            break;
        case '-':
            result = operand1 - operand2;
            break;
        case '*':
            result = operand1 * operand2;
            break;
        case '/':
            result = operand1 / operand2;
            break;
```

```
        case '%':
                result = operand1 % operand2;
                break;
        default:
                printf("\n잘못된 연산자를 입력하였습니다!!!\n");
        }
        if (op == '+' || op == '-' || op == '*' || op == '/' || op == '%')
        {
                printf("%d %c %d = %d\n", operand1, op, operand2, result);
        }
        printf("\n프로그램을 종료하시겠습니까?");
        quit = _getch(); /*  getch() */
    } while (quit != 'y' && quit != 'Y'); //거짓인 순간 반복문 종료
    return 0;
}
```

⇩

```
정수 2개와 연산자〈+, -, *, /, %〉를 입력하세요.
operand1 operator operand2: 555 * 440
555 * 44 = 24420

프로그램을 종료하시겠습니까?
정수 2개와 연산자〈+, -, *, /, %〉를 입력하세요.
operand1 operator operand2: 2133 % 88
2133 % 88 = 21

프로그램을 종료하시겠습니까?
------------------------------
Process exited after 34.8 seconds with return value 0
계속하려면 아무 키나 누르십시오. . .
```

함수 문법

① 함수는 머리와 몸체로 구성되는데 머리는 리턴 타입, 함수명, 매개 변수로 구분하고, 몸체는 처리 동작에 관련된 코드들로 중괄호({ }) 속에 넣어 하나의 블록을 만든다.

② 함수는 리턴 타입에 따라 void형과 void형이 아닌 함수로 나눈다.

```
리턴 타입 함수명(매개 변수, …)
    {
       몸체;
       [return 식;]
    }
```

③ 함수 정의 부분에서 필요한 데이터를 함수 내부에서 입력받는 경우 매개 변수는 필요 없으므로 이런 경우는 함수명( )으로 표시한다(소괄호에 빈칸 또는 void를 넣음).

함수 선언과 함수 원형

① 함수 원형은 함수에 대한 정보를 알려주기 위해 다음 형식과 같이 선언한다.

```
함수 선언 : 리턴값의 타입 함수명(매개 변수, …);
```

② 컴파일러는 함수 원형을 참조하여 함수를 정확하게 사용하였는지를 확인한다.

③ 컴파일러에서 제공하는 표준 라이브러리 함수는 함수 원형과 기호 상수, 각종 정보가 헤더 파일에 선언되어 있다. 이런 경우 코드 첫 줄에 #include문을 사용한다.

```
#include 〈헤더 파일〉
```

함수 호출

① 함수는 결괏값이 필요한 것과 결괏값이 필요 없는 방법으로 호출한다.

② void 함수는 함수명(인자);으로 호출한다.

③ 결과값을 필요로 하는 함수(void가 아닌 함수)는 수식으로 인식하므로 대입 연산자나 수식 또는 함수에 함수명(인자)으로 호출한다.

함수 활용 예제

① 간단한 함수 생성과 호출

```
#include <stdio.h>

int Add(int a, int b) /* Add라는 함수 정의, 반환 값 정수 */
{
    //a, b는 함수의 인수(파라메터) 호출 시 전달되는 값
        return a + b; //함수 내부 작업
}

int main()
 {
        int sum;

        sum = Add(1, 2); //인수 1, 2를 넣고 함수 호출, 결과를 sum에 저장
        printf("Add(%d, %d) = %d\n", 1, 2, sum); //sum을 출력

        sum = Add(10, 20);//인수 10, 20을 넣고 함수 호출, 합이 sum에 저장
        printf("Add(%d, %d) = %d\n", 10, 20, sum);
        return 0;
 }
```

⇩

```
Add(1, 2) = 3
Add(10, 20) = 30

_____
Process exited after 0.4042 seconds with return value 0
계속하려면 아무 키나 누르십시오. . .
```

② 함수 원형, 함수 호출 예제

```
#include <stdio.h>
/* int  Add(int, int); */
int Add(int a, int b); /* 함수 원형, 내용 정의 없음 */

int main( )
{
        int sum;

        sum = Add(1, 2);
        printf("Add(%d, %d) = %d\n", 1, 2, sum);

        sum = Add(10, 20);
        printf("Add(%d, %d) = %d\n", 10, 20, sum);
        return 0;
}

int Add(int a, int b) /* 함수 정의 */
{
        return a + b;
}
```

⇩

```
Add(1, 2) = 3
Add(10, 20) = 30

_____
Process exited after 0.3673 seconds with return value 0
계속하려면 아무 키나 누르십시오. . .
```

C 언어의 활용(배열, 포인터)

배열(Array)

① 배열은 동일한 종류의 데이터 타입을 갖는 데이터들을 순차적으로 메모리에 저장하는 구조로 배열명[첨자]으로 표시한다.

② 배열의 시작은 배열[0]에서 시작하고, 첨자는 양의 정수를 담고 있는 변수가 대신할 수 있다.

③ 일반 변수는 변수명으로 표기하며, 배열 선언 시 데이터를 저장할 수 있는 메모리 영역을 할당한다.

1차원 배열

① 데이터 타입 배열명[첨자];의 형식으로 선언한다.

② 일렬로 첨자 개수만큼 메모리 영역이 확보되므로 데이터를 첨자 개수만큼 저장한다.

③ 첨자는 배열 요소의 개수를 표시하며, 선언 후 배열명[첨자]에서 첨자는 배열의 {(첨자)+1}번째 요소를 표시한다.

예 str[0]이면 str의 1번째 요소이다.

	0번 방	1번 방	2번 방	3번 방	4번 방
x	1	3	5	7	9

int x [5] = {1, 3, 5, 7, 9};에서 int는 데이터 타입(정수형), x는 배열 이름(배열명), [5]는 첨자(배열 크기), {1, 3, 5, 7, 9}는 배열 요소의 초기 값이다.

2차원 배열

① 배열 요소 자체가 하나의 배열이므로 대괄호 두 개를 사용하여 선언한다.

타입 배열명[행 크기][열 크기];

② 첫 번째 첨자는 배열 요소의 행 개수이고, 두 번째 첨자는 배열 요소의 열 수이다.

③ 초기화 할 때는 초기 값을 중괄호({ }) 속에 넣는다.

타입 배열명[행 크기][열 크기] = {초기 값1, 초기 값2, ...};
타입 배열명[행 크기][열 크기] = {{초기 값, ...}, {초기 값, ...}};

④ int x[2][3]={{1, 3, 5}, {2, 4, 6}}는 2차원 2행 3열의 배열을 선언하고, 해당 배열에 초기 값을 저장하는 예제이다.

배열 활용 예제

① 1차원 배열 활용

```c
#include <stdio.h>

{    //1차원 배열 선언
    int x [5] =  {1, 3, 5, 7, 9};
    int i; //첨자 선언
    for(i=0; i<5; i++){ //배열을 순차적으로 순회
     printf("%d \t",x[i]*20); //배열 내의 값에 20을 곱하여 출력
     }
    return 0;
}
```

⇩

```
20      60      100     140     180
_____
Process exited after 0.0278 seconds with return value 0
계속하려면 아무 키나 누르십시오. . .
```

② 2차원 배열 활용

```c
#include <stdio.h>

int main()
{    //2행 3열 배열 선언
    int x[2][3]={{1, 3, 5}, {2, 4, 6}};
    int i, j; //첨자 선언
    for(i=0; i<2; i++){ //행을 움직이는 for
        printf("%d행 : ",i+1); //행에 대한 설명 찍기
        for(j=0; j<3; j++){ //열을 움직이는 배열
                printf("%d \t", x[i][j]); //행에서 해당 열 출력
                }
                printf("\n");//행 출력이 모두 끝나면 줄바꿈
        }

    return 0;
}
```

⇩

```
1행 : 1      3      5
2행 : 2      4      6

――――――――――――――――――――――――――――――――
Process exited after 0.06452 seconds with return value 0
계속하려면 아무 키나 누르십시오. . .
```

포인터

① 포인터는 가리키는 변수의 시작 주소를 기호화(&변수)한 것이다.

② 메모리의 특정 위치인 주소를 값으로 갖는 변수이다(＝포인터 변수).

③ 포인터 변수는 변수명 앞에 간접 연산자(*)를 붙인다.

> 데이터 타입 *포인터 변수;

포인터의 배열

① 배열에서 사용하는 배열명은 포인터 상수이므로 메모리 주소이다.

② 포인터 변수는 메모리이므로 값을 변경하여 다른 대상을 간접으로 처리한다.

③ 배열의 첫 번째 원소가 가장 적은 주소값 메모리에 저장되고, 마지막 원소가 가장 큰 주소값을 갖는 메모리 영역에 저장된다.

포인터의 연산

① 포인터에 n값을 더하면 배열의 데이터 타입에 따라 포인터가 배열의 현재 위치부터 n만큼 이동한 곳을 가리킨다.

② 포인터를 감소하면 현재 위치에서 앞으로 이동한다.

③ 단항 증가 연산자(++)와 단항 감소 연산자(--)는 다음과 같이 사용한다.
  • 단항 증가 : 포인터 변수명++ 또는 ++포인터 변수명
  • 단항 감소 : 포인터 변수명-- 또는 --포인터 변수명

포인터 활용 예제

```c
#include <stdio.h>
void funcA(int *pA);
int main()
{
        int a = 10; //변수 a에 값 저장
        funcA(&a); //함수 호출 시 변수 a의 주소 전달
        //변수 a 출력
        printf("After return from funcA, a = %d in main\n", a);

        return 0;
}
void funcA(int *pA) /* int *pA = &a; a의 주소를 받음*/
{
        *pA = 20; //pA가 가리키는 주소에 20 넣기, a를 찾아가서 저장
}
```

⇩

```
After return from funcA, a = 20 in main

- - - - - - - - - - - - - - - - - - - - - - - - - -
Process exited after 0.02266 seconds with return value 0
계속하려면 아무 키나 누르십시오. . .
```

CHAPTER 04 Java 언어의 문법적 활용

THEME 135 Java 언어 기본

Java의 개념

① 자바는 자바가상머신(JVM; Java Virtual Machine) 위에서 돌아가기 때문에 운영체제에 독립적으로 실행이 가능하여 이식성이 높은 언어이다.

② 객체 지향 언어이다. 어떤 목적을 해결하기 위해 속성과 기능으로 추상화하여 클래스를 만들고 객체화하여 프로그래밍하는 언어이다.

③ 자바 언어는 함수적 스타일 코딩 방식을 취한다.

④ 메모리의 자동 관리기능이 있다. 가비지 컬렉터에 의해 사용하지 않는 객체의 공간은 자동 반납하는 형태를 취하고 있다.

⑤ 다양한 애플리케이션을 개발할 수 있는 환경을 제공한다.

객체 지향 언어로서의 Java 특징

추상화	개별적이고 복잡한 개념, 모듈, 자료 등에서 서로 다른 핵심적인 특성과 관계 기능으로 추출하여 일반화시키는 과정이다.
캡슐화	개체에 대해 일반적인 속성을 추출하고 일반적인 기능을 추출하여 프로그램에 사용하기 위한 추상화 객체를 만든다고 했을 경우 속성과 기능을 묶어 놓는 것을 의미한다.
정보은닉	캡슐화의 적용범위에서 가장 좁은 범위가 프라이빗(Private)이다. 이를 통해서 파생되는 개념이 정보은닉이다.
상속	기존의 클래스를 수정하지 않고 새로운 클래스 또는 객체를 만드는 데 기존의 클래스의 속성과 기능을 모두 받아서 자신의 속성과 기능으로 사용할 수 있는 기법을 의미한다.
다형성	하나의 모습을 하고 다양한 역할을 할 수 있는 개념이다. 대표적으로 '+'는 모습은 하나이지만 이것이 컴퓨터상에서 쓰일 때 사칙연산의 덧셈의 역할을 하기도 하고, 문자열 연산에서 문자열과 문자열을 연결하는 연결자 역할을 하기도 하며 논리연산에서 'OR' 연산의 역할로 쓰이기도 한다.

프로그램 개발 원칙

① 프로그래밍 하고자 하는 문제에 대해 개발 방향을 설계한다. 각 처리 담당에 대한 추상화 과정을 거쳐 클래스를 만든다.

② 문제를 해결하기 위해 만들어진 클래스들은 인스턴스화하여 각 객체로 만들어지고 객체 간의 메시지 통신을 통해 상호 연결되어 문제를 해결한다.

클래스 개발 원칙

① class 키워드를 이용해서 클래스를 선언한다. 캡슐화 범위는 public, default protected, private는 생략할 수 있고, 생략하면 default로 여겨진다.

② 클래스는 속성(멤버 변수)과 기능(메소드)으로 이루어지고 클래스 전체에서 사용하는 변수, 즉 전역 변수처럼 사용되는 변수를 멤버 변수라고 한다.

③ 하나의 문장이 끝날 때마다 반드시 세미콜론(;)을 입력한다(2개 이상의 문장이 한 줄에 기술될 수도 있음).

④ 주석은 프로그램 실행과는 상관없이 프로그램을 설명하거나 참고 사항을 나타낸다.

⑤ 주석(설명문)은 /*와 */의 사이에 놓이거나 한 줄 주석을 할 때는 '//'를 사용하며, 컴파일러는 이를 번역하지 않는다.

⑥ 대문자와 소문자를 구별하며, 외부 패키지에 포함된 클래스는 import로 추가한다.

⑦ 문자열(String)은 두 개 이상의 단일 문자가 모인 집합으로 따옴표(" ") 안에 표시한다.

⑧ 하나의 클래스에서 콘솔로 입출력을 통해 연결하고 싶으면 public static void main(String[ ] args) 메소드를 사용한다.

⑨ 객체 지향 프로그래밍이므로 객체로 사용되기 위한 클래스를 생성해서 해당되는 기능을 사용해야 하는데 'new' 키워드를 통해 생성자를 호출하여 생성한다.

⑩ 자바프로그램은 클래스를 인스턴스화하여 객체로 만들어야 해당 객체의 속성과 기능을 사용할 수 있다. 즉, A a = new A( );처럼 해당 클래스를 객체로 만들어야 한다. a라는 이름의 A객체가 만들어진다.

① CLASS(클래스)의 형식

> [package p;] // 패키지 정의(서로 관련 있는 클래스들을 모아 놓는 폴더 개념
>
> [public] class 클래스이름{ //전체 사용(public) 클래스 정의 키워드 class, 클래스 이름
> // 멤버 변수 정의
> int a, b;
> // 멤버 메소스 정의
> [public] 반환 값 메소드 이름([인자 값]){
>   [return 반환 값과 같은 타입]
>   }
> }

② 멤버 메소드와 멤버 변수

- 클래스 내에 사용되는 전역 변수로 멤버 변수가 있고, 외부에서 접근을 못하게 private 선언하는 경우가 많다.
- 클래스가 인스턴스화되어 객체가 되면 멤버 변수는 객체에서 사용되는 데이터를 저장하는 데 사용한다.
- 멤버 메소드는 클래스 내에서 사용되는 기능을 정의한 것이다.
- 멤버 메소드는 일반적으로 클래스에서 외부와 연결하는 통로로 많이 사용되므로 접근제한자를 public으로 하는 경우가 많다.
- 접근제한자란 현재 클래스 내부가 아닌 외부 클래스에서 접근할 수 있는 권한을 정의한다. 클래스, 멤버 변수, 멤버 메소드에 정의하여 사용할 수 있다.

public	전체 공개, 모든 곳에서 접근이 가능하다.
protected	상속관계에 있는 경우 접근이 가능하다.
default(아무것도 없는 경우)	같은 폴더(package)에 저장된 경우 접근이 가능하다.
private	클래스 내부에서만 사용이 가능하므로, 외부의 모든 접근을 막고 있어 정보은닉이 가능하다.

③ 추상클래스

일반클래스와 추상 메소드를 포함하고 있는 클래스로써 인스턴스화가 금지되는 클래스이고, 상속을 위해 사용되는 클래스이다. 추상클래스는 하위클래스 간의 다형성에 활용될 수 있다.

일반 메소드 역할	상속되는 하위클래스에서 이미 정의된 기능을 사용할 수 있게 해주는 메소드로 하위클래스에서 모두 사용할 수 있게 해주는 메소드이다.
추상클래스 역할	하위클래스에서 반드시 오버라이딩(재정의)을 통해서 그 기능을 정의하고 메소드의 이름을 통해서 다형성을 가능하게 한다.

④ 인터페이스

추상 메소드와 상수로만 이루어진 특수클래스로 정의어는 interface로 사용한다. 서로 다른 객체 간의 연결을 위해 사용하는 특수클래스이므로 그 이름이 인터페이스이다.

상수	상수란 수정이 없는 정해진 값을 의미하고 인터페이스에서 선언되는 상수는 정적으로 선언되어 단일로 선언되고 접근에 제한이 없다.
메소드 선언	인터페이스의 모든 메소드는 추상 메소드로 선언되나 abstract가 생략되어 있다. 하위클래스에서 상속한다(Extends) 하지 않고 구현한다(Implements)하고 모든 메소드를 구현하는 클래스에서 정의해야 한다.

⑤ 상속

| ```
class A {
    int va;
    void methodA(){
      }
  }
``` | ```
class B extends A {
    int vb;
    void methodB(){
      }
  }
``` |

- 상속을 하는 목적은 기존에 만들어진 클래스에 대해 독립적이면서 해당 클래스가 갖고 있는 속성과 기능을 모두 사용하고자 하는 것이다.
- 기존에 만들어진 클래스의 모든 기능과 속성을 그대로 사용하게 하기 위해 'extends'라는 키워드를 통해서 정의할 수 있다.
- 위에 선언된 'class B'는 'class A'를 상속받고 있어서 클래스 B를 생성하여 사용할 때 클래스 A의 속성인 va와 methodA를 사용할 수 있다.

⑥ 다형성

- 상속관계(Extends) 또는 구현관계(Implements)에 있거나 같은 클래스 내부에서 단일 이름에 서로 다른 기능을 정의하여 상황에 따라 하나의 메소드 이름 호출로 여러 기능을 수행할 수 있도록 하는 기능이다.
- 오버로딩과 오버라이딩 기능이 있는데 오버로딩은 반복 호출의 개념, 오버라이딩은 재정의의 개념으로 사용한다.

예약어

① 자바 언어에서 사용하기 위해 이미 정의되어 있는 단어를 예약어라고 한다.
② class, public, protected, private, String, int 등 다양한 예약어가 존재한다. 예약어는 클래스 이름과 메소드 이름, 변수 이름으로 사용할 수 없다.

데이터 타입

① 기본형 타입

타입	설명	예제
boolean	논리형 변수, 참(True)과 거짓(False)을 저장하는 타입 1byte를 차지한다.	boolean a = true;
byte	정수를 저장하는 타입, 1byte의 공간을 차지한다.	byte b = 200;
short	정수를 저장하는 타입, 2byte의 공간을 차지한다.	shoart balance = −1000;
int	정수를 저장하는 타입으로 4byte의 공간을 차지하고 기본적으로 자바 프로그래밍에서 정수 타입은 int로 여겨진다.	int balance = 67703; int age = 90;
long	정수를 저장하는 타입으로 8byte의 공간을 차지한다.	long a = 234567890L; long b = −3456789L;
char	문자를 저장하는 타입으로 2byte를 저장할 수 있는 타입이다. 일반적으로 char 타입도 int 안에 포함된다.	char c = 'A'; char 한글 = '가';
float	실수를 저장하는 타입으로 부동소수점을 사용하는 타입이다. 4byte의 저장 공간을 갖는다.	float f = 2.456789f; float var = −456.789457f;
double	실수를 저장하는 타입으로 부동소수점을 사용하는 타입이다. 8byte의 저장 공간을 갖는다. 자바프로그래밍에서 실수는 double이 기본이다.	double d = 3.567895678; double var = 4567.34567890;

② 문자열(String)

실제로는 레퍼런스 변수 타입이라 할 수 있으나 일반적으로 처음에 자바 프로그래밍을 하는 사람들은 문자열 타입으로 이해한다. string str = "안녕하세요! 자바 프로그래밍입니다.";와 같이 저장할 수 있다.

변수

아직 알려지지 않거나 일정 부분만 알려진 양 혹은 정보에 대한 상징으로, 우리가 메모리에 일정한 크기의 값을 저장할 때 사용하는 기억공간이다. 첫 문자는 항상 소문자로 표현하고, 하나 이상의 단어가 합쳐질 때는 두 번째부터 오는 단어의 첫 문자들만 대문자로 표현한다.

상수

① 연산에 사용되는 실질적인 데이터 혹은 값
② 변수를 초기화하거나 변수에 특정 값을 대입할 때 사용된다.
③ 한번 정의된 값은 프로그램 실행 중에는 변함없이 일정 값을 유지한다.
④ 모든 문자는 대문자로 만든다.

if문

```
if(조건1) 조건1이 참일 때 처리
    else if(조건2) 조건1은 거짓, 조건2는 참일 때 처리
        else 조건1도 거짓, 조건2도 거짓일 때 처리
```

if문 활용 예제

① 단순 if문 예제

```
package ex1.ch4;
class If Ex1 {
 public static void main(String[ ] args) {
        int su1 = 51;
        String str = "50 미만";
        if(su1 >= 50)
            str = "50 이상";
          System.out.println(str+"입니다.");
      }
  }
```

⇩

50 이상입니다.

② if ~ else문 예제

```
package ex1.ch4;
class If Ex2 {
     public static void main(String[ ] args) {
            int su1 = 51;
            String str;
             if(su1 >= 50) // su1이 50보다 크거나 같으면
                str = "50 이상";
             else // 그렇지 않으면 즉 작다면
                str = "50 미만";
            System.out.println(str+"입니다.");
        }
    }
```

⇩

50 이상입니다.

③ 다중 if문 예제

```
package ex1.ch4;
class If Ex3 {
        public static void main(String[ ] args) {
                int su1 = 10;
                String res;
                        //다중 if문 연습
                if(su1 >= 41) //   41 이상
                res = "고급";
                else if(su1 >= 11) //40~11
                res = "중급";
                else if(su1 >= 0) // 10~0
                res = "초급";
                else                // 0보다 작은 경우
                res = "음수";
                System.out.println(res+"입니다.");
                }
}
```

⇩

초급입니다.

switch문

```
switch(값0)
 { case 값1: 처리1; break;  // 값0 == 값1일 때, break가 없으면 바로 아래로 계속 흐름
   case 값2: 처리2; break; // 값0 == 값2일 때
   · · · · · ·
   default : 나머지;  //
 }
```

switch문 활용 예제

```
package ex1.ch4;

class Switch Ex1 {

 public static void main(String[ ] args) {
 int month = Integer.parseInt(args[0]);
 String res;
 switch(month)
   {
      case 1:
      case 3:
      case 5:
      case 7:
      case 8:
      case 10:
      case 12:
      res = "31"; break;
      case 4:
      case 6:
      case 9:
      case 11:
      res = "30"; break;
      case 2:
      res = "29"; break;
      default :
      res = "몰라";
   }
  System.out.println(month+"월은 "+res+"일까지입니다.");
  }
 }
```

입력 값 : 3

⇩

3월은 31일까지입니다.

Java 언어의 활용(반복문)

for문

① 단일 for문

```
for(초기 값1; 조건1; 증가 값1){
    // 참인 동안 반복 실행
}
```

② 다중 for문

```
for(초기 값1; 조건1; 증가 값1){
    // 조건 1이 참인 동안 반복 실행
    for(초기 값2; 조건2; 증가 값2){
        //조건 1이 참이고 조건 2가 참인 동안 반복 실행
    }
}
```

for문 활용 예제

① 단일 for문

```
1    package ex1.ch4;
2
3    class ForEx1 {
4        public static void    main(String[ ] args) {
5        for(int i = 1 ; i <= 5 ; i++){
6        System.out.println(i+"번째 수행");
7        }
8    }
9    }
```

⇩

1번째 수행
2번째 수행
3번째 수행
4번째 수행
5번째 수행

② 다중 for문

```
1     package ex1.ch4;
2
3     class MultiForEx1 {
4         public static void main(String[ ] args) {
5             char ch = 65;
6             for(int i = 0 ; i < 3 ; i++){
7                 for(int j = 0 ; j < 5 ; j++)
8                                     System.out.print(ch++ +"  ");
9                 System.out.println( );
10            }
11        }
12    }
```

⇩

```
A  B  C  D  E
F  G  H  I  J
K  L  M  N  O
```

while문

```
while(조건) {
   //조건이 참인 동안 실행
}
// 조건이 거짓이면 벗어난다.
```

```
1      package ex1.ch4;
2
3      class WhileEx1 {
4      public static void main(String[ ] args) {
5          int sum, su;
6           sum = su = 0;
7          while(su <= 100){
8                sum += su; //sum = sum+su;
9                su++;  //su=su+1;
10            }
11         System.out.println("1~100까지의 합 : "+sum);
12     }
```

⇩

1~100까지의 합 : 5050

do / while문 문법

```
do {
 //처음 한 번 실행 후 조건이 참인 동안 실행
} while(조건)
//조건이 거짓이면 벗어난다.
```

```
1      package ex1.ch4;
2
3      class DoWhileEx1 {
4          public static void main(String[ ] args) {
5
6                  int su = 5;
7                  String str = "Java DoublePlus";
8
9                  do{
10                      System.out.println(str);
11                 }while(su-- > 10); //(주의) semicolon생략 시 오류!!
12         }
13     }
```

⇩

1~100까지의 합 : 5050

THEME 139   Java 언어의 활용(배열)

배열

자바의 배열과 C의 배열은 조금 다르게 정의된다. 자바에서 배열은 객체를 생성하여 해당 공간을 가리키는 형태이다.

① 1차원 배열 메모리 모습

② 2차원 배열 메모리 모습

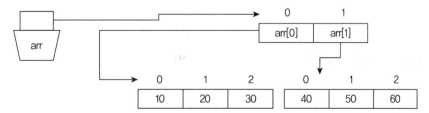

적중예상문제

정답 및 해설 p.049

01 다음 중 가장 먼저 개발된 프로그래밍 언어는?

① FORTRAN
② BASIC
③ C
④ Java

02 다음 중 목적 프로그램을 주기억장치에 적재하여 실행 가능하도록 해주는 로더의 기능을 설명한 것으로 옳지 않은 것은?

① 주기억장치 안에 빈 공간을 할당한다.
② 소스 프로그램을 기계어로 번역하여 목적 프로그램을 생성한다.
③ 종속적인 모든 주소를 할당된 주기억장치 주소와 일치하도록 조정한다.
④ 기계 명령어와 자료를 기억 장소에 물리적으로 배치한다.

03 다음 중 언어 번역 프로그램(Language Translator)에 해당하지 않는 것은?

① 로더
② 어셈블러
③ 인터프리터
④ 컴파일러

04 다음 언어 번역 프로그램 중 인터프리터를 사용하는 것은?

① Assembly 언어
② COBOL 언어
③ BASIC 언어
④ PASCAL 언어

05 다음 언어 번역 프로그램 중 인터프리터(Interpreter)에 대한 설명으로 옳지 않은 것은?

① 고급 언어에서 사용

② 목적 코드(Object Code)를 생성

③ 원시 프로그램을 한 문장씩 읽어 번역하고 바로 실행

④ 느린 실행 속도

06 다음 중 언어 번역기에 의해 생성된 목적 프로그램을 실행 가능한 형태로 주기억장치에 올려주는 프로그램은?

① 링커(Linker)

② 인터프리터(Interpreter)

③ 로더(Loader)

④ 코프로세서(Coprocessor)

07 다음 중 인터넷 문서를 작성할 때 사용되는 언어 중에서 HTML에 대한 설명으로 옳은 것은?

① 인터넷용 하이퍼텍스트 문서 제작에 사용된다.

② 구조화된 문서를 제작하기 위한 언어로 태그의 사용자 정의가 가능하다.

③ 서버 측에서 동적으로 처리되는 페이지를 만들기 위한 언어이다.

④ 웹상에서 3차원 가상 공간을 표현하기 위한 언어이다.

08 다음 중 HTML(Hyper Text Markup Language)에 대한 설명으로 옳지 않은 것은?

① 하이퍼텍스트 문서를 작성하는 언어로 문서의 표현 형식을 지정한다.

② 별도의 컴파일러가 필요하며, 웹 브라우저에서는 부분적으로 해석이 가능하다.

③ 태그(Tag)라는 코드로 구성되어 있으며, 확장명은 htm 또는 html이다.

④ 이식성이 높고 사용이 용이하나 고정 태그로 복잡한 문서 작성이 어렵다.

09 다음 중 SGML(Standard Generalized Markup Language)에 대한 설명으로 옳지 않은 것은?

① 문서의 마크업 언어나 태그 셋을 정의하는 문서 표준이다.

② 문서 언어의 각 요소와 속성을 자신만의 태그(Tag)로 정의할 수 있는 메타 언어이다.

③ 문서의 논리 구조, 의미 구조를 간단한 마크로 기술한다.

④ 유연성이 좋고 구조적인 시스템 운용이 가능하며, 기능이 간단하다.

10 다음 중 XML(eXtensible Markup Language)에 대한 설명으로 옳지 않은 것은?

① 태그(Tag)와 속성을 사용자가 정의할 수 있으며, 문서의 내용과 이를 표현하는 방식이 독립적이다.

② HTML과는 달리 DTD(Document Type Definition)가 고정되어 있지 않으므로 논리적 구조를 표현할 수 있는 유연성을 가진다.

③ XML은 HTML에 사용자가 새로운 태그(Tag)를 정의할 수 있는 기능이 추가되었다.

④ 확장성 생성 언어라는 뜻으로 기존의 HTML의 단점을 보완하여 비구조화 문서를 기술하기 위한 국제 표준 규격이다.

11 다음 중 3차원 가상 공간을 표현하고, 조작할 수 있게 하는 웹 저작 언어는?

① VRML
② SGML
③ PHP
④ C++

12 다음 중 VRML에 대한 설명으로 옳지 않은 것은?

① Virtual Reality Modeling Language의 약자이다.

② SGML을 기반으로 만들어졌으며 온라인 쇼핑몰, 단체 채팅 등에 이용된다.

③ 각종 운영체제에 독립적이며, 플러그 인(Plug-In)을 이용한다.

④ 웹에서 3차원 입체 이미지를 묘사한다.

13 다음은 어떤 언어에 대한 설명인가?

- 객체 지향 언어로 플랫폼에 관계없이 독립적으로 동작한다.
- 바이트 코드(Byte Code)를 생성한다.

① Ada
② Java
③ C++
④ Lisp

14 다음 중 Java의 특징으로 옳지 않은 것은?

① 보안에 강하며 이식성이 높다.

② 객체 지향적이다.

③ 플랫폼에 종속적이다.

④ 분산 환경에 적합하다.

15 다음 중 인터넷 프로그래밍 언어인 자바(Java)에 대한 설명으로 옳지 않은 것은?

① 3차원 가상 공간과 입체 이미지들을 묘사하기 위한 언어이다.

② 자체 통신 기능을 가지며, 다양한 응용 프로그램을 만들 수 있다.

③ 실시간 정보를 통해 애니메이션을 구현한다.

④ 분산 네트워크상에서의 프로그램 작성이 용이하다.

16 다음 중 Java 언어에 대한 설명으로 옳지 않은 것은?

① 객체 지향 언어로 추상화, 상속화, 다형성과 같은 특징을 가진다.

② 인터프리터를 이용한 프로그래밍 언어로 특히 인공 지능 분야에서 널리 사용되고 있다.

③ 네트워크 환경에서 분산 작업이 가능하도록 설계되었다.

④ 특정 컴퓨터 구조와 무관한 가상 바이트 머신 코드를 사용하므로 플랫폼이 독립적이다.

17 다음 중 컴퓨터에서 사용하는 Java 언어가 플랫폼 독립적인 프로그래밍 언어로 불리는 이유로 옳은 것은?

① 객체 지향 언어이기 때문이다.

② 멀티 스레드를 지원하기 때문이다.

③ 가상 바이트 머신 코드를 사용하기 때문이다.

④ 가비지 컬렉션을 하기 때문이다.

18 다음 중 〈보기〉와 같은 특성을 갖는 웹 프로그래밍 언어로 옳은 것은?

> **보기**
> • 래스가 존재하지 않으며, 변수 선언도 필요 없다.
> • 소스 코드가 HTML 문서에 포함되어 있다.
> • 사용자의 웹 브라우저에서 직접 번역되고 실행된다.

① CGI

② XML

③ ASP

④ Javascript

19 다음 중 자바 애플릿(Java Applet)에 대한 설명으로 옳지 않은 것은?

① 컴파일된 .class 파일을 연결하여 웹 브라우저에서 실행한다.

② 클래스는 있으며, 변수 선언도 필요하다.

③ HTML 외에 별도로 존재한다.

④ 웹 문서에 소스 코드를 삽입하여 사용자 웹 브라우저에서 실행한다.

20 다음 중 프로그래밍 언어들에 대한 설명으로 옳지 않은 것은?

① ASP는 Active Server Page라고 하며 서버 측 스크립트 언어로 마이크로소프트사에서 제공한 웹 언어이다.

② PHP는 서버 측 스크립트 언어로서 Linux, Unix, Windows 운영체제에서 사용 가능하다.

③ JSP 스크립트는 JSP 페이지에서 자바를 삽입할 수 있으며, JSP 페이지에 실질적인 영향을 주는 프로그래밍을 할 수 있다.

④ XML 문서들은 SGML 문서 형식을 따르고 있으며, SGML은 XML의 부분 집합이라고도 할 수 있기 때문에 응용판 또는 축약된 형식의 XML이라고 볼 수 있다.

21 다음 중 CGI(Common Gateway Interface)에 대한 설명으로 옳지 않은 것은?

① HTTP 서버에서 외부 프로그램을 수행하기 위한 인터페이스이다.

② 프로그램에 사용되는 언어에는 C, C++, Java, Perl, ASP 등이 있다.

③ 사용자가 방명록, 카운터, 게시판 등을 HTML 문서와 연동하기 위해 사용한다.

④ 서버 측 스크립트가 HTML 페이지를 만들어 모든 브라우저에서 사용할 수 있다.

22 다음 프로그래밍 언어 중 유닉스(UNIX) 기반에서 웹 사이트를 구축하는 경우에 적절하지 않은 것은?

① HTML   ② PERL

③ PHP   ④ ASP

23 다음 중 자바를 이용한 서버 측 스크립트이며, 다양한 운영체제에서 사용 가능한 웹 프로그래밍 언어는?

① ASP   ② JSP

③ PHP   ④ DHTML

24 다음 중 웹 프로그래밍 언어에 대한 설명으로 옳지 않은 것은?

① ASP : 클라이언트 측에서 동적으로 수행되는 페이지를 만드는 언어이다.

② JSP : 자바를 기반으로 하고, 서버 측에서 동적으로 수행하는 페이지를 만드는 언어이다.

③ PHP : Linux, Unix, Windows 등의 다양한 운영체제에서 사용 가능하다.

④ XML : 기존 HTML 단점을 보완하여 문서의 구조적인 특성들을 고려하고, 문서들을 상호 교환할 수 있도록 설계된 프로그래밍 언어이다.

25 다음 중 프로그래밍 언어에 대한 설명으로 옳지 않은 것은?

① 고급 언어는 인간이 이해하기 쉬운 문자로 구성된 인간 중심의 언어이다.

② 어셈블리어는 기계어와 대응되는 기호나 문자로 작성하는 언어이다.

③ 기계어는 2진수로 표현된 컴퓨터가 이해할 수 있는 저급 언어이다.

④ C++ 언어는 C 언어를 기반으로 하는 구조적인 개념을 도입한 절차 지향 언어이다.

26 다음 중 객체 지향 프로그래밍의 특성으로 옳지 않은 것은?

① 소프트웨어 재사용성으로 프로그램 개발 시간이 단축할 수 있다.

② 상속성, 은폐성, 다형성, 캡슐화 등의 특징을 가진다.

③ 순차적 프로그램 개발에 적합한 기법이다.

④ Smalltalk, C++, Java 언어 등에서 객체 지향이 개념을 잘 표현하고 있다.

27 다음 중 객체 지향 프로그래밍 언어로만 짝지어진 것은?

① C++, C#, Java

② C, COBOL, BASIC

③ FORTRAN, C++, XML

④ Java, C, XML

28 다음 중 컴퓨터 언어와 관련하여 객체 지향 언어(Object Oriented Language)에 대한 설명으로 옳지 않은 것은?

① 객체 내부의 데이터 구조에 데이터의 형(Type) 뿐만 아니라 사용되는 함수까지 함께 정의한 것을 클래스(Class)라고 한다.

② 객체는 속성과 메소드의 상속 뿐만 아니라 재사용이 가능하다.

③ 객체는 GOTO 문을 사용하여 순서, 선택, 반복의 3가지 물리적 구조에 의해서 프로그래밍된다.

④ 객체가 수행할 수 있는 특정한 작업을 메소드(Method)라고 한다.

29 다음 중 HTML에서 사용할 수 있는 Tag에 대한 설명으로 옳지 않은 것은?

① 〈br〉 : 줄을 바꾼다.

② 〈font〉 : 글자의 크기, 모양, 색상을 설정한다.

③ 〈form〉 : 그림의 모양을 설정한다.

④ 〈table〉 : 표를 생성한다.

30 웹 애플리케이션을 개발하기 위한 스크립트 언어 중 성격이 다른 것은?

① PHP ② JSP

③ ASP ④ Javascript

31 다음 중 컴파일러에 대한 설명으로 옳지 않은 것은?

① CPU의 종류에 따라 같은 C 컴파일러라 하더라도 다른 기계어를 만들어 낸다.

② C 프로그램은 반드시 컴파일러가 있어야 실행될 수 있다.

③ 프로그램 개발 단계에는 인터프리터보다 컴파일러가 유리하다.

④ 자연어에 대한 컴파일러는 아직 존재하지 않는다.

32 컴파일러(Compiler)와 인터프리터(Interpreter) 언어의 차이점에 대한 설명으로 옳지 않은 것은?

① 인터프리터 언어가 컴파일러 언어보다 일반적으로 실행 속도가 빠르다.

② 인터프리터 언어는 대화식 처리가 가능하나 컴파일러 언어는 일반적으로 불가능하다.

③ 컴파일러 언어는 목적 프로그램이 있는 반면, 인터프리터 언어는 일반적으로 없다.

④ 인터프리터는 번역 과정을 따로 거치지 않고, 각 명령문에 대한 디코딩(Decoding)을 거쳐 직접 처리한다.

33 다음의 항목을 프로그램의 처리 순서에 맞게 나열한 것은?

> a. 원시 프로그램
> c. 실행 가능한 프로그램
> e. 목적 프로그램
>
> b. 로더
> d. 컴파일러

① a - d - e - c - b

② a - b - c - d - e

③ b - a - d - e - c

④ d - a - e - b - c

34 다음 중 C 프로그램의 기본 사항으로 옳지 않은 것은?

① 프로그램을 실행한다는 의미로 반드시 main( ) 함수로부터 시작된다.

② main( ) 함수는 아래쪽으로 "["로 시작하여 "]"로 종료된다.

③ 하나의 문장이 끝날 때마다 반드시 세미콜론(;)을 입력한다.

④ 주석(설명문)은 /*와 */의 사이에 놓이며, 컴파일러는 이를 번역하지 않는다.

35 다음 중 C 프로그램에서 사용할 문자열을 치환할 때 사용하는 것은?

① #define

② #include

③ #main

④ #inside

36 다음 중 프로그래밍 과정에서 문자열만을 출력하는 것은?

① return( )문

② printf( )문

③ main( )문

④ scanf( )문

37 다음 중 반복문에 해당하지 않는 것은?

① for문   ② while문
③ switch문   ④ do / while문

38 다음 중 Javascript 언어에 대한 설명으로 옳지 않은 것은?

① 변수의 형(Type)이 실행 시에 동적으로 바뀔 수 있다.
② 별도의 컴파일 과정을 필요로 하지 않는 인터프리터형 언어이다.
③ 클라이언트(웹 브라우저)에서 해석되어 실행되므로 서버의 부담을 줄일 수 있다.
④ 클래스와 상속의 개념을 갖는다.

39 다음 중 함수의 형식에 대한 설명으로 옳지 않은 것은?

① 함수의 머리 부분은 리턴 타입, 함수명, 매개 변수로 구분한다.
② 처리 동작에 관련된 코드는 중괄호({}) 속에 넣어 하나의 블록을 만든다.
③ 리턴 타입에 따라 void형과 void형이 아닌 함수로 나눈다.
④ 함수 정의 부분에서 필요한 데이터를 함수 내부에서 입력받는 경우 매개 변수가 필요하다.

40 다음 중 배열 형식에 대한 설명으로 옳지 않은 것은?

① 배열명[첨자]로 표시한다.
② 배열의 첨자는 반드시 알파벳 a부터 시작한다.
③ 배열 선언 시 데이터를 저장할 수 있는 메모리 영역을 할당한다.
④ 일반 변수는 변수명으로 표기한다.

디지털상식

4차 산업혁명

2010년대부터 물리적 세계, 디지털 및 생물학적 세계가 융합되어 모든 학문·경제·산업 등에 전반적으로 충격을 주게 된 새로운 기술 영역의 등장을 뜻한다. 세계경제포럼(WEF) 회장인 클라우스 슈밥이 2016년 WEF에서 제시한 개념이다. 슈밥은 인공지능, 로봇공학, 사물인터넷, 3D프린팅, 자율주행 자동차, 양자 컴퓨팅, 클라우드 컴퓨팅, 빅데이터 등의 영역에서 이루어지는 혁명적 기술 혁신을 4차 산업혁명의 특징으로 보았다. 4차 산업혁명은 초연결성·초지능, 더 빠른 속도, 더 많은 데이터 처리 능력, 더 넓은 파급 범위 등의 특성을 지니는 '초연결지능 혁명'이다. 그러나 인공지능 로봇의 작업 대체로 인한 인간의 일자리 감소, 인간과 인공지능의 공존, 개인정보·사생활 보호, 유전자 조작에 따른 생명윤리 등 여러 과제가 사회적 문제로 떠오르고 있다.

AI 동맹

메타와 IBM을 비롯해 50개 이상 인공지능(AI) 관련 기업과 기관이 결성한 연합체로 2023년 12월 5일 출범했다. 오픈소스 AI모델에 대한 협업, AI연구를 위한 자본 기여 등을 목표로 한다. 이들은 AI의 미래가 근본적으로 개방형 과학적 아이디어 교환과 개방형 혁신을 기반으로 구축될 것이라는 점을 분명히 하고 있으며, 이는 곧 AI의 선두주자로 꼽히는 챗GPT 개발사 오픈AI와 구글에 공동대응하기 위한 전략으로 분석되고 있다.

AI 소라

챗GPT를 개발한 미국 오픈AI가 2024년 2월 15일 공개한 영상제작 AI시스템이다. 기존의 이미지를 활용하거나 텍스트로 간단히 명령어를 입력하면 최대 1분 길이의 고화질 영상을 제작해주고, 기존의 동영상을 확장하거나 누락된 프레임을 채울 수도 있다. '소라(Sora)'는 일본어로 '하늘'이라는 뜻으로 오픈AI는 해당 명칭이 '무한한 잠재력을 의미한다.'고 밝혔다. 다만 샘 올트먼 오픈AI 최고경영자는 초반에는 엑스를 통해 '제한된 수의 창작자만 사용할 수 있도록 허용된다.'고 밝혔으며, 오픈AI는 해당 시스템을 자사 제품에 통합하기 전에 전문팀에 안전성 여부를 평가할 계획인 것으로 알려졌다.

AI얼라이언스(AI Alliance)

2023년 12월 인공지능(AI)분야의 개방성 향상과 업계 간 협력 촉진을 위해 출범한 국제단체다. 누구나 AI기술을 활용할 수 있는 개방형 AI 생태계를 구축하고 보안을 강화하여 신뢰할 수 있는 AI기술을 만드는 것을 목표로 한다. 메타, 인텔, IBM 등 기업 및 산업계와 예일대, 코넬대 등 학계 및 연구기관, 미국 항공우주국(NASA)을 비롯한 정부기관 등 100여 개의 기업·기관이 협력하고 있다.

AI워싱(AI Washing)

AI에 '불쾌한 사실을 눈가림하다'라는 뜻의 'White washing'이 합성된 단어로 실제로는 인공지능과 무관하거나 관련성이 적지만 AI 소프트웨어를 사용한 제품이나 서비스인 것처럼 홍보하는 행위를 말한다. 기존 기술이나 AI 솔루션이 불완전함에도 완벽하게 작동한다고 홍보하거나 단순히 챗봇만 추가했음에도 불구하고 AI로 구동된다고 하는 경우가 있다. AI 기술의 폭발적 성장에 따라 마케팅 효과를 높이거나 자금을 원활하게 조달하기 위해 AI워싱을 자행하는 기업들이 늘고 있다.

■ AI 콘택트센터(AICC)
인공지능(AI)을 통해 콜봇이나 챗봇이 고객의 질문에 답변하는 지능형 고객센터를 말한다. 음성인식, 문장 분석, 대화엔진 등의 각종 AI 기술이 동시 적용되어 인간과 유사한 목소리로 일상적인 언어를 구사해 고객의 질문에 적절하게 대응하며, 실시간으로 상담내용을 파악해 상담사에게 관련 정보를 찾아주는 기능도 한다. 주로 단순하고 반복적인 고객상담 업무에 도입해 업무효율성을 높이기 위한 목적으로 활용되고 있으며, 고객센터 운영비용 삭감을 위해 많은 기업들이 도입하는 추세다.

■ CBDC(Central Bank Digital Currency, 중앙은행 디지털 화폐)
상업은행이 아닌 중앙은행에서 발행하는 전자적 형태의 화폐이다. 중앙은행이 직접 발행하는 화폐인 만큼 일반 화폐와 동일한 가치를 지닌다. 화폐 제작·발행 비용을 절감할 수 있고 거래 내역을 블록(Block)에 기록하여 탈세나 자금세탁도 방지할 수 있다. 국가 공인자산이므로 안정성이 높으며 투명한 거래가 가능하다. 2020년 바하마에서 세계 최초의 CBDC인 샌드 달러(Sand Dollar)를 발행했으며 현재 한국을 포함한 많은 국가에서 CBDC의 사용을 연구 중이다.

■ eMMC(embedded Multi Media Card)
'내장형 멀티미디어 카드'라는 의미로, 데이터를 고속 처리하기 위해 모바일 기기에 내장하는 메모리 반도체이다. 가장 많이 쓰이는 저장장치 중 하나이다.

■ HDR 10+(High Dynamic Range 10+)
밝은 부분은 더욱 밝게 표현하고 어두운 부분은 더욱 어둡게 보정하는 기술인 HDR에서 진보한 HDR 10+는 장면별 밝기에 따라 서로 다른 톤을 적용하여 명암비를 더욱 극대화하는 기술이다.

■ IT거버넌스
(Information Technology Governance)
정보 기술(IT) 자원과 정보, 조직을 기업의 경영 전략 및 목표와 연계해 경쟁 우위를 확보할 수 있도록 하는 의사 결정 및 책임에 대한 틀이다.

■ NFT(Non-Fungible Token)
블록체인의 토큰을 다른 토큰으로 대체하는 것이 불가능한 암호 화폐이다. 즉, 블록체인 기술로 저장된 일종의 '디지털 등기권리증'이다. 블록체인 기술을 기반으로 위조·복제가 불가능한 암호를 증명서처럼 붙여 저작물을 NFT로 만드는 과정을 민팅(Minting)이라고 부른다. NFT의 특징으로는 위조, 복제가 불가능하다는 점이 있는데 각각의 NFT마다 고유한 인식 값이 부여되어 있으며, 최초의 발행자와 소유권 이전 등 모든 거래 내역이 투명하게 공개되고, 블록체인으로 발행되기 때문에 원천적으로 위조 또는 복제가 불가능하다. 이처럼 디지털 자산에 복제가 불가능한 정보 값을 저장해 고유한 가치를 부여한 것이 바로 NFT이다. 또한 대체·교환도 불가능하다는 특징도 있다. 비트코인 등 기존의 암호화폐는 각기 동일한 가치를 지니기 때문에 일대일 교환이 가능한 반면에, 각각의 NFT는 저마다 고유한 인식 값을 부여받음으로써 서로 대체할 수 없는 가치와 특성이 있기 때문에 상호 교환할 수 없다.

▌P2P 대출(Peer-to-Peer Lending)

인터넷을 통해 개인투자자와 대출신청자를 연결해주는 서비스이다. 대부업체와 달리, P2P 대출은 돈을 가진 사람이 직접 자신이 돈을 빌려줄 사람을 선택하고 그 사람에게 얼마를 빌려줄 것인지 금액을 정할 수 있다.

▌PBV(Purpose Built Vehicle)

'목적 기반 모빌리티'라는 뜻으로, 2020년 세계 최대 소비자 가전·IT(정보기술) 전시회인 미국 CES(Consumer Electronics Show)에서 발표됐다. 차량이 단순한 이동수단 역할을 넘어서 승객이 필요한 서비스를 누릴 수 있는 공간으로 확장된 것이다. 개인화 설계 기반의 친환경 이동수단으로, 식당, 카페, 호텔 등 여가 공간부터 병원, 약국 등 사회 필수 시설까지 다양한 공간으로 연출되어 고객이 맞춤형 서비스를 누릴 수 있도록 해준다.

▌RFID(Radio Frequency IDentification, 무선 주파수 인식 시스템)

반도체 칩에 내장된 태그(Tag), 라벨(Label), 카드(Card) 등의 저장 데이터를 무선주파수(RF; Radio Frequency)를 이용하여 비접촉으로 읽어내는 시스템이다.

▌SOAR(Security Orchestration, Automation and Response)

가트너가 2017년에 발표한 용어로 보안 오케스트레이션 및 자동화(SOA; Security Orchestration and Automation), 보안 사고 대응 플랫폼(SIRP; Security Incident Response Platforms), 위협 인텔리전스 플랫폼(TIP; Threat Intelligence Platforms)의 세 기능을 통합한 개념이다. 보안 사고 대응 플랫폼은 보안 이벤트별 업무 프로세스를 정의하고, 보안 오케스트레이션 및 자동화는 다양한 IT보안 시스템을 통합하고 자동화하여 업무 프로세스 실행의 효율성을 높일 수 있다. 마지막으로 위협 인텔리전스 플랫폼은 보안 위협을 판단해 분석가의 판단을 보조할 수 있다.

▌간편 결제 서비스(Simple Payment Service)

온·오프라인 상거래에서 스마트폰, 스마트워치 등 기기에 저장된 생체 정보, 신용 카드 정보 등을 이용한 생체 인식 결제, 근거리 무선 통신 방식, QR코드 방식, 마그네틱 안전 전송(MST) 방식, 일회용 가상 카드번호를 활용하는 앱 카드 결제 방식 등을 사용하여 빠르고 간편하게 결제하는 전자 결제 서비스이다.

▌개방형 블록체인(Public Blockchain)

블록체인 시스템 사용자라면 누구나 접근하여 사용할 수 있는 블록체인 시스템이다. 이와 대비되는 개념으로 제한된 사람만이 사용할 수 있는 전용 블록체인(Private Blockchain)이 있다.

▌고 프로그래밍 언어 (Go Programming Language)

멀티코어 지원, 프로그램 생산성 향상을 목적으로 구글에서 개발한 범용 프로그래밍 언어이다. 정적 타입 언어(Static Type Language)로 설계하여 실행시간 효율성을 높이고, 시스템 및 메모리 최적화, 프로세스 병행 처리 등을 제공하여 효율성이 좋고, 초보자도 배우기 쉽도록 프로그래밍 문법을 단순하게 한 것이 특징이다.

고효율 이미지 파일 포맷
(HEIF; High Efficiency Image File Format)
MPEG가 개발한 개개의 이미지들과 이미지 시퀀스를 한 파일에 저장할 수 있는 파일 포맷이다. 기존 이미지 파일 형식보다 이미지 파일 용량을 2배가량 줄이면서도 동일 수준 이상의 품질을 제공한다.

넷제로(Net Zero)
온실가스 배출량과 흡수량이 동일하여 온실가스의 순(Net, 純) 배출량이 영(Zero)이 되는 상태를 말한다. 넷제로는 이산화탄소를 포함한 6대 온실가스의 순 배출량을 영(Zero)으로 만드는 것을 의미한다. 이산화탄소의 순 배출을 0으로 만드는 탄소중립을 포함하는 개념으로 탄소중립보다 달성하기 어렵다. 제3회 당사국총회(COP; Conference of the Parties)에서는 이산화탄소(CO_2), 메테인(CH_4), 아산화질소(N_2O), 수소불화탄소(HFCs), 과불화탄소(PFCs), 육플루오린화황(SF_6)을 6대 온실가스로 지정했다. 배출량 기준으로는 이산화탄소가 가장 많고 그 다음 순서로는 메테인 그리고 그 외 가스이다. 온실가스의 효과를 완전히 줄이기 위해서는 6대 온실가스의 순 배출을 모두 제로로 만들어야 한다.

뇌–컴퓨터 인터페이스(BCI; Brain–Computer Interface)
뇌파 등 인간의 뇌 기능과 관련된 정보를 추출·해석하고 이를 활용해 컴퓨터, 휠체어, 로봇팔 등 외부 기기를 제어하거나 외부 신호를 이용하여 신경세포를 자극하는 기술이다.

뉴럴 네트워크(Neural Network)
인간의 뇌신경 회로를 모방한 정보처리 네트워크이다. 제어 대상과 관련된 복수의 요인을 설정하고, 복수의 요인의 결합과 그 경중을 판단하는 일종의 통계학적 학습 알고리즘으로, 뉴로라고도 한다. 병렬적 처리와 분석이 이루어진다는 점에서 생물학적 신경망과 유사하다.

뉴로모픽 반도체(Neuromorphic Chip)
인간의 뇌 구조를 모방해 만든 반도체로 딥러닝과 같은 인공지능 기능을 구현할 수 있으며, 자율주행차, 드론, 음성인식 등 4차 산업혁명 분야에서 폭넓게 활용할 수 있는 차세대 기술로 주목받고 있다.

누리온(Nurion)
2018년 6월 국가슈퍼컴퓨팅센터에 설치된 국가슈퍼컴퓨터 5호기로, 2018년 11월부터 공식 서비스를 시작했다. 누리온은 연산 능력이 세계 상위 500위 안에 드는 고성능 컴퓨터로 가격 및 전력 대비 성능이 뛰어나다. 슈퍼컴퓨터는 연구개발 정확도를 높이고 시간과 비용을 대폭 줄여 주는 첨단 연구 장비로 산업 전 분야에서 활용도가 커지고 있다.

다크 데이터(Dark Data)
정보를 수집한 후, 저장만 하고 분석에 활용하고 있지 않은 다량의 데이터로, 처리되지 않은 채 미래에 사용할 가능성이 있다는 이유로 방치되고 있었다. 하지만 최근 빅데이터와 인공지능이 발달하면서 방대한 양의 자료가 필요해졌고, 이에 유의미한 정보를 추출하고 분석할 수 있게 되면서 다양한 분야에서 활용될 전망이다.

다크 패턴(Dark Patterns)
사람들을 속이기 위해 디자인된 인터페이스를 의미하는 말로 인터넷 사이트나 애플리케이션에서 사용자들을 은밀히 유도해 물건을 구매하거나 서비스에 가입하게 하는 사용자 인터페이스(UI)를 뜻한다.

데이터 3법

개인정보 보호법·정보통신망법·신용정보법 세 가지 법의 개정안을 일컫는 말이다. 개인정보보호에 대한 법이 소관 부처별로 상이하게 분산되어 있어 발생하는 중복 규제를 없애고자 국회에서 데이터 3법 개정안을 발의했고 2020년 8월 5일부터 시행되었다. 이 법으로 개인과 기업이 정보를 활용할 수 있는 폭이 커졌다.

데이터 레이블링(Data Labeling)

인공지능을 만드는 데 필요한 데이터를 입력하는 작업이다. 높은 작업 수준을 요구하지는 않으며, 각 영상에서 객체를 구분하고, 객체의 위치와 크기 등을 기록해야 한다. 인공지능이 쉽게 사물을 알아볼 수 있도록 영상 속의 사물에 일일이 명칭을 달아주는 작업이다.

도심형 항공 모빌리티(UAM)

지상 교통 정체 해법 중 하나로 개인 필요에 따라 언제 어디서나 비행할 수 있는 수요 대응형 공중 모빌리티이다.

디지털 네이티브(Digital Natives)

어린 시절부터 디지털 환경에서 성장한 세대로, 디지털 생활 환경의 급속한 변화에 따라 디지털 기기를 자유자재로 사용하는 새로운 세대를 말한다.

디지털 노마드(Digital Nomad)

디지털에 '유목민'을 뜻하는 'Nomad'를 합성한 단어로, 인터넷과 IT 기기를 이용해 시간과 장소에 구애받지 않고 자유롭게 이동하며 업무를 보는 사람들을 일컫는다.

디지털 뉴딜(Digital New Deal)

2020년 7월 14일에 확정한 정부의 한국판 뉴딜 정책 중 하나이다. 핵심내용은 현재 세계 최고 수준인 전자정부 인프라나 서비스 등의 ICT를 기반으로 디지털 초격차를 확대하는 것이다. 디지털 뉴딜의 내용으로는 DNA(Data, Network, AI) 생태계 강화, 교육인프라 디지털 전환, 비대면 사업 육성, SOC 디지털화가 있다.

디지털 대사(Digital Ambassador)

정보기술(IT) 기업과의 외교 교섭을 전담하는 대사로, 최초로 시작한 덴마크에 이어 프랑스, 불가리아에서도 디지털 대사를 임명하는 등 세계 각국의 관심이 높아지고 있다.

디지털라이제이션(Digitalization)

단순히 데이터를 기록하는 것을 넘어서 디지털 데이터를 활용하여 업무단축과 업무흐름 최적화를 달성해 생산성을 높이는 업무적 과정을 의미한다. 즉, 디지털화된 데이터를 저장·활용하는 것뿐만 아니라 발전된 정보통신기술(ICT)을 통해 각종 데이터와 정보에 쉽게 접근하고 활용함으로써 효율적인 업무환경을 만드는 것을 말한다.

디지털 발자국(Digital Footprint)

소비자가 여러 홈페이지에 로그인을 하거나 결제 정보를 입력하는 등 인터넷을 사용하면서 웹상에 남겨 놓은 구매 패턴, 속성, 결제 방법, 구매 이력, 소셜 네트워킹 서비스(SNS), 이메일, 홈페이지 방문 기록, 검색어 등의 다양한 디지털 기록을 일컫는 말이다.

디지털세(Digital Tax)

구글, 아마존, 메타 등 다국적 정보기술 기업이 자국 내 디지털 매출에 대하여 법인세와는 별도로 부과하는 세금이다. 보통 과세는 영업장이 존재하는 국가에서 이루어진다. 하지만 인터넷 산업이 발달함에 따라 해당 국가에 사업장이 없어도 네트워크를 통해 매출이 발생하는 기업들에 대하여 조세를 부과해야 한다는 지적이 계속되어 디지털세 부과를 논의 중이다. 캐나다, 프랑스 등 주요 국가들은 OECD가 중개한 조약문 서명 시작 전에 자체 디지털세를 도입하고 있는 상황이다.

▌ 디지털 아카이브(Digital Archive)

시간이 지남에 따라 질이 떨어지거나 없어질 우려가 있는 정보들을 디지털화하여 항구적인 기록과 보존 및 이용을 가능하게 하는 시스템이다.

▌ 디지털 유산

SNS, 블로그 등에 남아 있는 사진, 일기, 댓글 등 개인이 온라인상에 남긴 디지털 흔적을 말한다. 온라인 활동량이 증가하면서 고인이 생전 온라인에 게시한 데이터에 대한 유가족의 상속 관련 쟁점이 제기됐으나, 국내에서는 살아 있는 개인에 한해 개인정보보호법이 적용되고 디지털 유산을 재산권과 구별되는 인격권으로 규정해 상속규정에 대한 정확한 법적 근거가 마련되어 있지 않다. 유가족의 상속권을 주장하는 이들은 데이터의 상속이 고인의 일기장이나 편지 등을 전달받는 것과 동일하다고 주장하고 있으며, 반대하는 이들은 사후 사생활 침해에 대한 우려를 표하며 잊힐 권리를 보장받아야 한다고 주장한다.

▌ 디지털 치료제(Digital Therapeutics)

약물은 아니지만 의약품과 같이 환자의 질병을 치료하고 건강을 향상시킬 수 있는 소프트웨어(SW)를 의미하며, 일반적으로 애플리케이션(앱), 게임, 가상현실(VR) 등이 디지털 치료제로 활용되고 있다.

▌ 디지털 트윈(Digital Twin)

현실세계의 기계나 장비, 사물 등을 컴퓨터 속의 가상공간에 실물과 똑같이 구현한 것을 말한다. 이를 통해 실제 제품을 만들기 전 모의시험을 진행하고, 이로 인해 발생할 수 있는 문제점을 파악하고 해결하기 위해 활용되고 있다.

▌ 디파이(De-Fi)

탈중앙화된 금융 시스템을 일컫는 말로, 정부나 기업 등 중앙기관의 통제 없이 인터넷 연결만 가능하면 블록체인 기술을 통해 다양한 금융 서비스를 제공하는 것을 의미한다. 탈중앙성과 검열저항성이라는 특징이 있고, 블록체인 기술을 활용하기 때문에 투명하다는 장점이 있다. 또한 접근성이 높은 편이고, 디파이의 디앱끼리 자유롭게 응용해서 개발 연동이 가능하다.

▌ 딥러닝(Deep Learning)

인공지능의 한 분야로, 여러 층의 인공신경망을 활용해 스스로 데이터를 찾아서 분석하여 학습하는 기술을 말한다. 방대한 양의 데이터를 분류, 분석해서 패턴을 발견하고 이를 기반으로 예측한다. 구글의 알파고가 대표적인 딥러닝 기반 인공지능 프로그램이다. 이외에도 자율주행 자동차, 이미지 판독 등 다양한 분야에 사용되고 있다.

▌ 딥페이크(Deepfake)

인공지능 기술을 활용해 특정 인물의 얼굴 등을 특정 영상에 CG처리처럼 합성한 영상편집물이다.

▌ 라이파이(Li-Fi; Light-Fidelity)

무선랜인 와이파이(초속 100Mb)의 100배, 무선통신 중 가장 빠르다는 LTE-A(초속 150Mb)보다 66배나 빠른 속도를 자랑하는 무선통신 기술이다.

▌ 랜섬웨어(Ransomware)

'몸값'을 의미하는 'Ransom'과 '소프트웨어(Software)'의 'Ware'의 합성어로, 시스템에 침투해 중요한 파일에 대한 접근을 차단하고 금품을 요구하는 악성 프로그램을 말한다. 컴퓨터 사용자의 문서를 볼모로 잡고 돈을 요구한다고 해서 '랜섬'이라는 수식어가 붙었다. 사용자의 컴퓨터가 랜섬웨어에 감염되면 컴퓨터에 저장된 문서나 그림 파일 등에 암호가 걸려 열 수 없게 된다. 그러면 해커가 컴퓨터 사용자에게 전자우편 등으로 접촉해 해독용 열쇠 프로그램을 전송해 준다며 금품을 요구한다.

▌ 러스트 프로그래밍 언어(Rust Programming Language)

안전성, 속도, 병행성에 초점을 맞추어 모질라(Mozilla) 리서치에서 개발한 범용 시스템 프로그래밍 언어이다. 시스템 프로그래밍 언어에 속하며, 쓰레기 수집 없이 안정적인 메모리 해제 기능을 지원한다. 또한 병렬 처리 프로그래밍 제공이 강점이며, 공개 소스이다.

▌ 레그테크(Regtech)

규제(Regulation)와 기술(Technology)의 합성어로 AI를 활용해 금융회사로 하여금 복잡한 금융규제를 쉽게 이해하고 지킬 수 있도록 하는 기술이다.

▌ 로보어드바이저(Roboadviser)

로봇(Robot)과 투자전문가(Advisor)의 합성어로, 인공지능으로 인간 프라이빗 뱅커(PB) 대신 모바일 기기나 PC를 통해 포트폴리오 관리를 수행하는 온라인 자산관리 서비스이다.

▌ 로보틱 처리 자동화 (RPA; Robotic Process Automation)

인공지능을 기반으로 기업의 재무, 회계, 제조, 구매, 고객 관리 등에서 데이터 수집, 입력, 비교 등과 같이 반복되는 단순 업무를 자동화하여 빠르고 정밀하게 자동 수행하는 기술이다.

▌ 마그네틱 안전 전송 (Magnetic Secure Transmission)

루프 안테나와 신용카드 정보가 내장된 스마트폰을 마그네틱 결제 단말기에 대면 신용카드 정보를 무선으로 전송시켜 결제되는 방식이다.

▌ 마이데이터(Mydata)

개인이 각종 기관과 기업에 산재하는 신용정보 등 개인정보를 직접 관리·통제하고 활용할 수 있는 서비스이다.

▌ 만리방화벽(GFW; Great Firewall of China)

만리방화벽(GFW)은 만리장성(Great Wall)과 컴퓨터 방화벽(Firewall)의 합성어로, 중국 정부의 인터넷 감시·검열 시스템을 의미한다. 중국 내에서 일부 외국 사이트에 접속할 수 없도록 하여 사회 안정을 이루는 것이 목적이다.

▌ 망 중립성(Network Neutrality)

통신망 제공사업자는 모든 콘텐츠를 동등하고 차별 없이 다뤄야 한다는 정책이다.

▌ 매크로 금지법

자동 반복 수행 프로그램인 매크로 프로그램을 사용하여 실시간 급상승 검색어, 댓글 등의 정보통신 서비스를 조작하지 못하도록 규정하는 법률이며, 중복규제와 법안 불명확성 등의 문제로 아직 법안이 통과하지 못했다.

■ 머신 러닝(Machine Learning, 기계학습)

인공지능의 한 분야로, 쉽게 말해 컴퓨터로 하여금 인간처럼 스스로 학습하도록 만드는 기술이다. 경험적 데이터를 기반으로 학습하며 예측을 수행하고 자체적으로 성능을 향상시키는 시스템과 이를 위한 알고리즘을 구축한다. 대표적인 사용 예로 추천 알고리즘, 음성 인식, 이메일 스팸 필터링 등이 있다.

머신러닝의 경우 데이터 전처리부터 특징 추출, 모델 학습 과정까지 인간의 개입이 필요한 반면 딥러닝의 경우 스스로 데이터를 학습하며 인간의 개입을 최소화한다.

■ 멀티모달 인터페이스(Multi-Modal Interface)

키보드나 마우스 등 전통적 텍스트 외에 음성, 시선, 표정 등 여러 입력방식을 융합해 인간과 컴퓨터가 의사소통하는 기술을 말한다. 정보기술(IT)이 발전함에 따라 초거대 인공지능(AI) 시대가 다가오면서 멀티모달 AI에 대한 연구·개발도 빠르게 진행되고 있다. 멀티모달 AI는 시각, 청각 등 다양한 감각기관을 상호작용해 사람처럼 사고하는 AI 기술로 2차원 평면 정보를 3차원 정보로 추론·해석할 수 있으며, 그밖의 다양한 형태의 정보를 인간처럼 동시에 학습하고 활용할 수 있다.

■ 메시 네트워크(Mesh Network)

차세대 이동통신, 홈네트워킹, 공공 안전 등 특수 목적을 위해 인터넷망을 이용하지 않고 다대다 디바이스 간 통신을 지원하는 네트워크 기술이다.

■ 메인넷(Mainnet)

기존에 사용하던 플랫폼에서 벗어나 독립적으로 만들어진 네트워크를 말한다. 블록체인 프로젝트를 실제 출시하고 운영하며, 암호화폐 거래소 운영, 개인지갑 거래 처리를 비롯해 관련 생태계를 구성하고 암호화폐 지갑을 생성하는 역할을 한다. 본래 실제 사용자들에게 배포하는 버전의 네트워크를 뜻하는 용어였으나, 최근 블록체인 사업을 적극적으로 추진하는 국내 게임사와 IT기업들이 늘어나면서 보안 및 서비스 고도화를 이유로 자체 개발한 메인넷을 출시하는 경우가 많아졌다. 회사마다 목표로 한 블록체인 서비스에 알맞는 플랫폼을 구현하기 위해 기존의 플랫폼에서 나와 독자적인 생태계를 구성하게 된 것이다.

■ 메일머지(Mail Merge)

동일한 내용의 메일을 동시에 여러 명의 다른 사람들에게 보내는 기능으로서, 수취인들의 이름과 주소 등의 정보를 받아 공용의 메시지와 결합해 하나의 메시지를 구성하는 작업을 뜻한다. 즉, 같은 내용의 편지를 다수의 사람들에게 전송하려고 할 경우에 워드프로세서를 이용해 동일한 내용의 메일을 한 번만 작성하고, 이름·주소 등 수취인에 대한 정보가 저장된 데이터베이스로부터 개인 정보를 받아들여 여러 장의 메일을 동시에 발송하는 것이다.

■ 메칼프의 법칙(Metcalfe's Law)

인터넷 통신망이 지니는 가치는 망에 가입한 사용자 수의 제곱에 비례한다는 법칙이다. 1970년대 네트워크 기술인 이더넷을 개발한 로버트 메칼프에 의해 처음 언급되었다. 예를 들어 사용자 수가 2명인 A통신망의 가치는 2의 제곱인 4인 반면, 사용자 수가 4명인 B통신망의 가치는 4의 제곱인 16인 것이다. 이는 통신망을 이용하는 개개인이 정보의 연결을 통해 향상된 능력을 발휘할 수 있게 되면서 네트워크의 효과가 증폭되기 때문이다.

■ 메타버스(Metaverse)

'더 높은, 초월한, 가공의'라는 뜻의 접두사 'Meta-'와 '경험 세계'를 뜻하는 'Universe' 의 조합어로, 온라인에서 아바타(자신의 역할을 대신하는 캐릭터)를 이용해 사회적·경제적·문화적 활동을 하는 등 가상세계와 현실세계의 경계가 허물어져 혼재하게 되는 것을 이르는 말이다. 메타버스는 기존의 '가상현실(Virtual Reality)'이라는 용어보다 진보된 개념으로 웹과 인터넷 등의 가상세계가 현실세계에 흡수된 형태의 3차원 가상세계를 의미하며, '확장가상세계'라고도 부른다. 미국의 SF 작가 닐 스티븐슨이 자신의 소설에서 메타버스라는 용어를 처음으로 사용했다. 게임, SNS, 교육, 의료 등의 서비스 부문에서 특정 설정 환경과 아바타를 보다 정교하게 구현해 메타버스 내의 아바타가 상호 교류하며 현실처럼 활동한다.

■ 무어의 법칙(Moore's Law)

반도체의 집적회로의 성능이 18개월마다 2배씩 증가한다는 법칙이다. 인텔 및 페어 차일드 반도체의 창업자인 고든 무어가 1965년에 설명한 것이다. 당시에는 일시적일 것이라 무시당하기도 했으나, 30년간 비교적 정확하게 그의 예측이 맞아 떨어지면서 오늘날 반도체 산업의 중요한 지침이 되고 있다. 이와 함께 언급되는 규칙으로 황의 법칙(반도체 메모리의 용량이 1년마다 2배씩 증가한다는 이론)이 있다.

■ 머클 트리(Merkle Tree)

블록체인(Blockchain)에서 블록 하나에 포함된 모든 거래 정보를 암호화 기법을 통해 요약하여 트리(Tree) 형태로 표현한 데이터 구조이다.

■ 밀리미터파(mmWave; millimeter Wave)

주파수 30~300기가헤르츠(GHz) 대역이고, 파장이 1~10밀리미터(mm)인 극고주파(EHF; Extremely High Frequency)를 파장으로 구분하여 부르는 명칭이다.

■ 바이오컴퓨터(Biocomputer)

생물의 세포에 들어 있는 단백질이나 효소를 사용한 바이오칩을 컴퓨터 내부 반도체 소자와 교체하여 조립한다. 인간의 뇌와 유사한 기능을 하도록 설계되어 최종적으로 인간의 두뇌 기능을 구현하기 위한 목적을 갖는다.

■ 뱅크사인(Bank Sign)

기존의 공인인증서 시스템 대체제로 블록체인 기술을 활용해 전자거래의 보안성과 편의성을 높인 은행권 인증 서비스다. 뱅크사인을 이용하면 하나의 인증서를 모든 은행에서 이용 가능하다.

■ 분산신원확인(DID; Decentralized IDentity)

개인의 기기에 신원 정보를 분산시켜 관리하는 전자신분증 시스템으로, 이를 활용하면 개인이 개인정보를 통제하는 권리를 갖게 된다. 기관이 개인정보를 보유해 발생하는 개인정보의 대량 유출을 막을 수 있다.

■ 분산원장기술 (DLT; Distributed Ledger Technology)

분산 네트워크 참여자가 거래 정보를 서로 공유하여 원장을 공동으로 분산·관리하는 기술이다. 거래 정보를 공동으로 분산·관리하기 때문에 위조를 방지할 수 있고 투명하게 관리할 수 있다.

▎브루트 포스 공격(Brute Force Attack)

우리말로 '무작위 대입 공격'이라 부르며, 주로 암호학에서 암호 키를 찾기 위해 모든 경우의 수를 무작위로 대입하여 암호를 푸는 공격 방법을 의미하지만 다양한 방면에서 활용되고 있다. 구글의 알파고와 이세돌 9단의 바둑 대국에서 '브루트 포스'가 훈수를 뒀다는 의문이 제기되면서 이슈로 떠올랐다.

▎블랙웰(Blackwell)

인공지능(AI) 반도체의 선두주자로 불리는 엔비디아가 2024년 3월 공개한 신형 AI 반도체다. 2022년 엔디비아가 출시한 호퍼(Hopper) 아키텍처의 후속기술로 흑인으로서 미국 국립과학원(NAS)의 첫 회원이었던 통계학자이자 수학자인 '데이비는 헤럴드 블랙웰'을 기리기 위해 붙인 이름으로 알려져 있다. 세계 최대 파운드리 업체인 대만 TSMC를 통해 제품을 공급받을 계획이며, 2024년 하반기에 출시될 예정이다. 2,080억 개의 트랜지스터가 집약된 역대 그래픽처리장치(GPU) 중 최대 크기인 블랙웰 B200은 800억 개의 트랜지스터로 이루어진 호퍼 기반의 기존 H100칩보다 연산속도가 2.5배 빠르고 전력 대 성능비는 25배 개선된 제품이다.

▎블록체인(Block Chain)

분산컴퓨팅 기반의 데이터를 저장하고 관리하는 기술이다. 블록은 데이터를 저장하는 단위로, 거래 데이터를 블록에 담아 거래 참여자들에게 전송 후 상호 간에 정보를 검증한 후 기존 거래 블록에 결합하여 체인 형태가 된다. 모든 참여자들이 거래 데이터를 공유하고 있고 대조가 가능하기 때문에 데이터를 위조하거나 변조할 수 없다. 블록체인은 각종 금융 및 자산 거래 뿐 아니라 투명한 이력 관리가 중요한 시스템, 신뢰성이 높은 거래 등 다양한 분야에 활용되고 있다.

▎비대면 실명 인증

사람과 사람이 직접 대면하지 않고 당사자인지를 확인하는 기술을 일컫는다. 비대면 실명 인증 방법은 크게 지식기반 인증, 소지기반 토큰 인증, 생체기반 인증, 특징기반 인증이 있다. 최근 금융권에서 주로 쓰이는 인증 방법이다.

▎비트 오류율(BER; Bit Error Rate)

1과 0으로 된 2진 데이터가 통신 회선이나 기억 장치에서 잘못된 데이터로 변한 확률로, 전 수신 재생 비트수 중 오류 비트의 비율이다.

▎비허가형 블록체인(Permissionless Blockchain)

허가 없이 사용하거나 운영에 참여할 수 있는 블록체인 시스템이다. 이와 대비되는 개념으로 허가가 있어야 사용이나 운영에 참여할 수 있는 허가형 블록체인(Permissioned Blockchain) 시스템이 있다.

▎빅데이터(Big Data)

다양하고 복잡한 대규모의 데이터 세트 자체는 물론, 이러한 데이터 세트로부터 정보를 추출한 결과를 분석해 더 큰 가치를 창출하는 기술을 뜻한다. 기존의 정형화된 정보뿐만 아니라 이미지·오디오·동영상 등 비정형 정보를 데이터로 활용한다. 저장 매체의 가격 하락, 데이터 관리 비용의 감소, 클라우드 컴퓨팅의 발전 등으로 인한 데이터 처리·분석 기술의 진보에 따라 빅데이터의 활용 범위와 환경이 꾸준히 개선되고 있다. 빅데이터의 특징으로 3V로 제시되는 것은 Volume(데이터의 크기), Velocity(데이터의 속도), Variety(데이터의 다양성) 등이다. 여기에 Value(가치) 또는 Veracity(정확성) 중 하나를 더해 4V로 보기도 하고, 둘 다 더해 5V로 보기도 한다. 또한 5V에 Variability(가변성)를 더해 6V로 보기도 한다.

▌빅테크(Big-tech)

인터넷을 기반으로 한 거대 IT 기업을 의미한다. 대표적인 기업으로는 구글, 아마존, 네이버, 카카오 등이 있는데, 기존 은행의 역할을 대체하는 움직임으로 금융 산업에 빠르게 진출했고, 최신 기술을 바탕으로 다양한 서비스를 제공하고 있다.

▌사이버 복원력

각 가관·기업 등이 사이버공격을 받았을 때 보관하고 있는 자산과 데이터, 시스템을 보호하고, 신속하게 대응해 시스템 기능을 복구할 수 있는 능력을 뜻한다. 디지털기술에 대한 사회적 의존도가 높아짐과 동시에 사이버공격 빈도가 증가하고 그 형태도 다양해지고 있어서 사이버 복원력의 중요성 역시 커지고 있다. 단순히 데이터를 보호하는 데 그치는 것이 아니라 유사시 신속한 복구와 예방에 중점을 두고 있다는 점에서 '사이버 보안'과 다르며, 사이버 복원력의 수준이 높을수록 공격으로 인한 업무 중단 시간과 그에 따른 재정적 손실을 줄이고 이용자들의 신뢰를 얻을 수 있다.

▌생성적 대립 신경망

(GAN; Generative Adversarial Network)
생성모델과 판별모델을 대립적 프로세스를 통해 발전시키는 과정으로 가까운 이미지, 동영상, 음성 등 실제 예제와 매우 비슷한 유사품을 생성하는 기계학습 방식의 하나이다.

▌서비스형 블록체인

(BaaS; Blockchain as a Service)
서비스형 블록체인은 개발 환경을 클라우드로 서비스하는 개념이다. 블록체인 네트워크에 노드를 추가하고 제거하는 일이 간단해져서 블록체인 개발 및 구축을 쉽고 빠르게 할 수 있다. 현재 마이크로소프트나 IBM, 아마존, 오라클 등에서 도입하여 활용하고 있으며, 우리나라의 경우 KT, 삼성SDS, LG CNS에서 자체적인 BaaS를 구축하고 있다.

▌세종 1호

한글과컴퓨터(한컴)의 우주사업 자회사인 한컴인스페이스가 개발한 한국 최초 지구관측용 민간위성이다. 크기 100×200×300mm, 무게 10.8kg의 나노급 초소형 저궤도 인공위성으로 지상으로부터 500km 궤도에서 하루 12~14회, 약 90분에 한 번씩 지구를 선회할 예정이다. 발사 후 약 한 달간 시험테스트 과정을 거쳐 5m 해상도의 관측 카메라를 통해 지구관측 영상 데이터를 확보하게 된다. 한컴그룹은 우주사업을 위해 2020년 9월 우주·드론 전문기업인 '인스페이스'를 인수했으며, 이후 미국 민간위성기업 스파이어 글로벌과 협력하여 인공위성 및 탑재체를 개발해왔다.

▌소프트웨어산업 진흥법

소프트웨어산업의 진흥에 필요한 사항을 정하여 산업 발전의 기반을 조성하고 소프트웨어산업의 경쟁력을 강화함으로써 국민생활의 향상과 국민경제의 건전한 발전에 이바지함을 목적으로 제정된 법률이다.

▌스니핑(Sniffing)

'Sniffing'은 '코를 킁킁거리기, 냄새 맡기'라는 뜻으로, 네트워크 통신망에서 오가는 패킷(Packet)을 가로채 사용자의 계정과 암호 등을 알아내는 해킹 수법이다. 즉, 스니핑은 네트워크 트래픽을 도청하는 행위로서, 사이버 보안의 기밀성을 침해하는 대표적인 해킹 수법이다. 그리고 이러한 스니핑을 하기 위해 쓰이는 각종 프로그램 등의 도구를 스니퍼라 부른다. 원래는 네트워크 상태를 체크하는 데 사용되었으나, 해커들은 원격에서 로그인하는 사용자들이 입력하는 개인정보를 중간에서 가로채는 수법으로 악용한다.

▌스위프트 프로그래밍 언어(Swift Programming Language)

애플이 2014년 iOS와 OS X 운영 체계의 개발용으로 내놓은 프로그래밍 언어이다. 2015년 오픈 소스(Open-Source)로 전환되어, 애플 운영 체제(iOS)뿐만 아니라, 리눅스(Linux)와 안드로이드(Android), 윈도우(Windows) 운영 체제에서도 스위프트를 이용할 수 있다.

▌스타라이너(Starliner)

미국의 항공기 전문업체 보잉사가 개발하고 있는 우주인 수송용 캡슐이다. 2019년 12월 첫 시험비행을 했으나 소프트웨어 오류로 목표궤도 안착에 실패했으며, 2021년 8월에는 우주선 밸브 문제로 발사계획이 취소됐다. 그러나 2022년 5월 19일 발사 후 20일(현지시간) 국제우주정거장(ISS)과의 도킹에 성공한 뒤 6일간의 시험비행을 마치고 지구로 무사히 귀환하면서 우주택시서비스 투입에 한발 다가서게 됐다. 무인시험으로 진행된 해당 비행에는 우주인을 대신해 82kg의 마네킹이 실렸으며, 미국 항공우주국(NASA)이 ISS로 보내는 화물과 우주인 보급품 227kg, 보잉 자체 화물 136kg도 함께 실린 것으로 알려졌다.

▌스트라이샌드 효과(Streisand Effect)

온라인상에서 특정 정보를 삭제하거나 숨기기 위한 시도가 사람들의 이목을 끌면서 오히려 정보가 더 확산하게 되는 현상을 말한다. 미국의 가수이자 배우인 바브라 스트라이샌드(Barbra Streisand)의 이름에서 유래한 용어다. 2003년 사진작가인 케네스 아델만이 당시 바브라가 소유한 저택의 모습이 들어간 사진을 촬영했고 사생활 침해를 우려한 바브라가 사진 삭제요구

와 함께 소송을 진행했는데, 이 소송으로 사람들의 관심이 집중되면서 바브라의 저택 사진이 확산하는 등 역효과가 났다. 기업에서는 대중의 호기심을 자극하기 위해 스트라이샌드 효과를 마케팅에 역이용하기도 한다.

▌스푸핑(Spoofing)

'눈속임'이라는 뜻의 'Spoof'에서 파생된 용어로 공격 또는 침입을 목적으로 하여 데이터를 위조하는 해킹 기술이다. 승인받은 사용자인 것처럼 위장해 시스템에 접근하거나 네트워크 상에서 허가된 주소로 위장해 접근 제어 목록(ACL; Access Control List)을 우회·회피하는 공격·침입 수법을 뜻한다. 스푸핑은 외부의 악의적 침입자가 네트워크에 침입해 임의로 웹 사이트를 구성해 일반 사용자들의 방문을 유도하고, 인터넷 프로토콜인 TCP / IP의 구조적 결함을 악용해 사용자의 시스템 권한을 획득한 뒤 정보를 탈취하는 해킹 수법이다. 네트워크에서 스푸핑의 대상은 IP 주소, DNS, ARP, 이메일, 웹 등 네트워크 통신과 관련된 모든 것이 될 수 있다. 이러한 스푸핑 공격은 네트워크 트래픽 흐름 바꾸기, 암호화된 세션 복호화하기, 시스템 권한 얻기 등 다양하게 나타날 수 있다.

▌시스템 반도체(System Semiconductor)

중앙처리장치(CPU)처럼 데이터를 해석·계산·처리하는 비메모리 반도체로 사람의 명령에 따라 기기 작동을 조절한다.

▌알레프(ALEPH)

미국 슈퍼컴퓨터 전문 업체 크레이가 만들고 기초과학연구원(IBS)에서 사용하는 슈퍼컴퓨터로, 한국과학기술정보연구원(KISTI)의 누리온, 기상청의 누리와 미리에 이어 국내 공공기관이 이용하는 세 번째 슈퍼컴퓨터다.

▌ 알키미스트 프로젝트(Alchemist Project)

성공 가능성은 낮으나 혁신적 기술개발에 도전할 수 있도록 산업통상자원부가 산업 연구개발(R&D) 과제를 선정해 지원하는 사업으로 난제를 해결할 수 있는 파급력이 큰 기술을 개발하는 것이 목표이다. 'Alchemist'의 뜻은 연금술사로, 이들은 철로 금을 만드는 데에는 실패했지만 그 과정에서 황산, 질산을 발견해 결과적으로 현대 화학의 기초를 닦은 바 있다. 이들의 도전과 노력에 착안하여 프로젝트의 이름을 지었다.

▌ 암호화폐공개(ICO; Initial Coin Offering)

암호화폐를 판매하여 자금을 조달하는 방법으로 목적에 따라 일반 대중을 대상으로 하거나 미리 협의한 특정 기업을 대상으로 암호화폐를 판매할 수 있다. 방식에 따라 스타트업 회사가 온라인에 공개하여 자금조달을 진행하는 퍼블릭 ICO 방식과 이미 상용화된 플랫폼 또는 서비스를 제공하는 기업이 자금 조달을 위해 진행하는 리버스 ICO 방식으로 구분할 수 있다.

▌ 암호화폐지갑(Cryptocurrency Wallet)

암호화폐를 보유하고 거래하기 위해 공개키와 개인키를 저장하는 지갑이다. 일반적으로 온라인에서 동작하는 지갑인 핫 월렛(Hot Wallet)과 오프라인에서 동작하는 지갑인 콜드 월렛(Cold Wallet)으로 나뉜다.

▌ 애그테크(Ag-tech)

농업(Agriculture)과 기술(Technology)의 합성어로 사람이 관여하는 것보다 획기적으로 생산성을 높일 수 있어 식량 부족 현상을 해결할 수 있는 방법으로 꼽힌다. 최소 생산 면적에서 최대 생산량을 얻는 것이 목적이다. 첨단기술을 농산물 생산에 적용하는 것을 뜻한다.

▌ 앱 카드(App Card)

신용카드를 온라인이나 모바일 앱에 등록해 바코드, 근접무선통신(NFC)으로 간편하게 결제할 수 있도록 한 카드이다.

▌ 양자암호통신

빛의 가장 작은 단위인 광자를 이용한 통신이다. 통신을 위해 정보를 보내는 쪽과 받는 쪽 끝단에 각각 양자암호키 분배기(QKD)를 설치하고 매번 다른 암호키를 이용해 0 또는 1을 결정한다. 신호 줄기의 끊김과 이어짐으로 디지털 신호를 구분해 데이터를 주고받는 현재 통신망은 암호키를 사용하여 유출될 위험성이 있지만 양자 암호키는 한 번만 열어볼 수 있기 때문에 중간에 누군가 가로채더라도 이를 바로 확인해 대처할 수 있어 해킹이 불가능하다.

▌ 어뷰징(Abusing)

오용·남용·폐혜라는 뜻으로 인터넷 포털 사이트에서 언론사가 의도적 검색을 통한 클릭 수를 조작하기 위해, 동일한 제목의 기사를 지속적으로 전송하거나 인기검색어를 올리는 행위이다.

▌ 언택트(Untact)

콘택트(Contact)에 부정어인 언(Un)을 붙인 말로, 사람과 사람끼리 직접 대면하지 않거나, 최소화하는 것을 의미한다. 처음에는 새로운 소비문화를 설명하는 말이었으나, 최근 코로나19 바이러스로 인해 다양한 분야에서 활용되고 있다.

▌ 에듀테크(Edutech)

교육(Education)과 기술(Technology)의 합성어로, 빅데이터, 인공지능(AI) 등 정보통신기술(ICT)을 활용한 차세대 교육이다.

■ 에지 컴퓨팅(Edge Computing)

다양한 단말 기기에서 발생하는 데이터를 클라우드와 같은 중앙 집중식 데이터센터로 보내지 않고 단말기 주변이나 단말기 자체에서 데이터를 처리하는 방식으로 데이터 흐름 가속화를 지원하는 컴퓨팅 방식이다.

■ 오픈 API
(Open Application Program Interface)

검색, 블로그 등의 데이터 플랫폼을 외부에 공개하여 외부 개발자나 사용자들이 다양한 서비스 및 애플리케이션을 개발하는 데에 사용할 수 있는 프로그램을 말한다. 구글은 구글맵의 API를 공개해 친구찾기·부동산 정보 등 300여 개의 신규서비스를 창출했다.

■ 오픈뱅킹(Open Banking)

OS나 웹브라우저에 관계없이 쓸 수 있는 인터넷 뱅킹 서비스이다. 조회나 이체 등 은행의 핵심 기능을 표준화하여 기업과 은행권이 공동으로 이용할 수 있는 실시간 금융서비스이다. 2019년 12월 18일 정식 운영되었으며 2021년 기준 18개의 은행에서 접근 가능하다.

■ 오픈 이노베이션(Open Innovation, 개방형 혁신)

기업들이 내부뿐만 아니라, 외부의 기술과 아이디어, 연구개발(R&D) 자원을 활용하여 새로운 제품이나 서비스를 만들어내 기술을 발전시킬 수 있다는 혁신 이론이다.

■ 와이선(Wi-SUN)

사물인터넷(IoT)의 서비스 범위가 확대되면서 블루투스나 와이파이 등 근거리 무선통신을 넘어선 저전력 장거리(LPWA; Low-Power Wide Area) IoT 기술이다.

■ 와이어링 하니스(Wiring Harness)

자동차 내부에 장착되는 전자장치 등의 부품에 전원을 공급하고 전기신호를 전달하는 배선뭉치로 '인체의 신경망'에 비유된다. 자동차 1대에는 약 1,500~2,000개의 전선이 필요한데, 이 전선을 종류나 역할 등에 따라 구분해 묶고 연결하여 정리해 놓은 것이다. 차체를 조립하기 전에 필요한 위치에 와이어링 하니스를 펼쳐놓고 배터리 등과 연결하는데, 차량별로 필요한 전선의 길이나 종류가 다르고 기계가 작업하기 어려워 대체로 수작업을 통해 자동차 모델에 따라 맞춤형으로 제작된다. 특히 전기차나 자율주행차 등은 더 많은 센서가 필요해 와이어링 하니스도 점점 더 복잡해지고 있다.

■ 와이파이6(무선랜ax)

기존의 최고속도 1Gbps인 기가 인터넷보다 10배 빠른 최고 속도 10Gbps를 내는 무선랜과 무선공유기이다.

■ 운전자 지원 시스템

운전 중 발생할 수 있는 상황을 차량이 스스로 인지하고 판단하여 기계 장치를 전자적으로 제어하는 시스템을 말한다. 대부분의 차량 사고는 운전자 실수로 발생하는데 이러한 운전자 실수를 줄이는 데 도움을 주는 장치가 운전자 지원 시스템이다. 대표적인 사례로는 보행자 탐지 및 회피, 자동 긴급 제동 시스템, 차선 이탈 경보 및 자동 복귀 시스템, 교통신호 인식 그리고 능동형 사각지대 감지 등이다. 운전자 지원 시스템은 1950년대 잠김 방지 브레이크 시스템 적용을 시작으로 운전 중 발생할 수 있는 상황에 실시간으로 대응할 수 있는 다양한 종류의 ADAS가 자동차에 탑재되어 운전자가 안전하게 운전할 수 있도록 보조한다. 라이다, 레이더 등의 컴퓨터 시각 기술을 사용하여 차량 내 영상 데이터 처리로 얻어진 정보를 복합적으로 활용한다.

▌웹 3.0

웹 이용자들의 데이터, 개인정보 등이 플랫폼에 종속되는 것이 아닌 개인이 소유하여 데이터에 대한 주권이 사용자에게 주어지는 형태의 웹을 말한다. 현재까지 웹은 가장 폭넓게 사용되고, 특정 플랫폼에 종속되지 않는 개방형 국제 표준 기술로 이용자 접점에서 활용되어 왔다. 그러나 이는 중앙 집중 방식으로 구축되어 특정 사업자의 시장 우월적 지위를 활용한 개인 데이터의 독점과 오남용, 보안 취약점 노출, 불공정 거래, 후발 사업자 진입 제한 등의 다양한 문제점이 있다. 특히 플랫폼 기업들의 시장 우월적 지위를 활용한 데이터 독점이 가속화되어 플랫폼 중심의 광고 및 서비스 수익을 플랫폼 사업자가 독점할 수 있는 수익 분배 구조를 가지고 있다. 웹 3.0은 블록체인 등 분산화 기술을 이용하여 서비스 참여자들이 수익을 공유하는 새로운 형태의 웹 동작 모델로 사용자들이 데이터, 개인정보 등의 플랫폼에 종속되지 않고 개인이 소유하고 보호하는 탈중앙화 웹 형태다. 이는 개인정보를 포함한 개인 이용자 데이터가 개인의 온라인 데이터 저장소나 클라우드 서비스 등에 저장되어 개인이 직접 소유하고 관리한다는 것을 의미한다.

▌이노드비(eNodeB; evolved Node B)

이동 통신 사실 표준화 기구인 3GPP에서 사용하는 공식 명칭으로 기존 3세대(3G) 이동 통신 기지국의 이름 'Node B'와 구별하여 LTE의 무선 접속망 E- UTRAN(Evolved UTRAN) 기지국을 'E-UTRAN Node B' 또는 'evolved Node B'라 한다. 모바일 해드셋(UE)과 직접 무선으로 통신하는 휴대전화망에 연결되는 하드웨어이며, 주로 줄임말 eNodeB(eNB)로 사용한다.

▌인공지능(Artificial Intelligence)

인간의 지능이 가지는 학습·추리·적응·논증 등의 기능을 갖춘 컴퓨터 시스템을 뜻한다. 인간의 지적 능력을 컴퓨터로 구현하는 과학기술로, 상황을 인지, 이성적·논리적으로 판단·행동하며, 감성적·창의적인 기능을 수행하는 능력을 포함한다. 인공지능은 인공신경망(ANN), 전문가 시스템, 자연어 처리, 음성 번역, 로봇공학(Robotics), 컴퓨터 비전(CV), 문제 해결, 학습과 지식 획득, 인지 과학 등에 응용되고 있다. 한편 미래학자이자 인공지능 연구가인 미국의 레이 커즈와일은 인공지능이 인류의 지능을 넘어서는 순간을 '특이점(Singularity)'이라고 규정했다.

▌인슈어테크(Insurtech)

보험(Insurance)과 기술(Technology)의 합성어로, 인공지능(AI), 빅데이터 등 정보기술(IT)을 상품 개발, 계약 체결, 고객 관리와 같은 보험업무 전반에 융합하는 것을 뜻한다.

▌인포데믹스(Infodemics)

정보(Information)와 전염병(Epidemics)의 합성어로, 추측이나 뜬소문이 덧붙여진 부정확한 정보가 IT 기기나 미디어를 통해 전염병처럼 확산되면서 개인의 사생활 침해는 물론 경제, 정치, 안보 등에 치명적인 영향을 미치는 것을 의미한다.

▌임베디드 멀티칩 패키지
(EMCP; Embedded Multi-Chip Package)

모바일 D램과 낸드플래시 메모리를 패키지로 묶어 제작한 단일 칩으로 반도체를 따로 쓰는 것보다 속도가 빠르다.

■ 전자여행허가제
(ESTA; Electronic System for Travel Authorization)

미국 국토안보부 산하 미국 관세국경보호청이 관리하는 사전 여행 허가 제도이다.

■ 전자증권제도

실물증권의 위·변조와 유통·보관 비용 발생 등의 비효율을 제거하기 위해 종이 실물이 아닌 전자등록으로 증권이 발행·유통되는 제도이다.

■ 정보기본권(Human Rights to Information)

정보와 관련해 국민이 보장받을 수 있는 기본적인 권리이다.

■ 정부사물인터넷망

정부, 공공기관, 지방자치단체의 사물인터넷(IoT) 서비스를 연계해 기관별 IoT 서비스 현황을 통합 관리하는 인프라이다.

■ 제로 트러스트(Zero Trust)

사이버 보안 전문가이자 포레스터 리서치 수석 연구권인 존 킨더버그가 2010년에 제시한 사이버 보안모델이다. '신뢰가 곧 보안 취약점'이라는 원칙을 내세워 내부에서 접속한 사용자에 대해서도 검증을 거치는 것을 기본으로 한다. 전체 시스템에서 안전한 영역이나 사용자는 전무하다는 것을 기본전제로 한 뒤 내부자 여부와 관계없이 인증절차와 신원확인 등을 거쳐 철저하게 검증하는 한편 접속권한을 부여한 뒤에도 최소한의 신뢰만 부여해 접근을 허용한다.

■ 좀비 사물인터넷(Zombie IoT)

공격자가 사물인터넷(IoT) 기기를 해킹해 좀비 PC처럼 만들어 전체 네트워크를 마비시키는 악성 IoT 바이러스이다.

■ 지그비(Zigbee)

지그재그로 움직여 정보를 전달하는 벌처럼 경제적으로 정보를 전송하는 근거리(10~100m) 무선통신 체계로서 저속(최대 0.25Mbps), 저전력, 저비용의 홈오토메이션 및 데이터 네트워크를 위한 표준 기술을 뜻한다. 전력 소모량이 적고 저렴해 홈네트워크 등 유비쿼터스 구축 솔루션으로 주목받고 있다.

■ 지능정보화 기본법

4차 산업혁명의 효율 대응을 위한 범정부 차원의 체계 정비 및 인프라 및 산업·사회 변화를 규율하기 위한 법이다.

■ 지능형 에이전트(Intelligent Agent)

사용자의 개입 없이 업무를 수행하는 인공물을 지능형 에이전트라고 한다. 지능형 에이전트는 센서를 이용하여 주변 환경을 탐지하여 자율적으로 가장 적절한 행동을 한다.

■ 지오펜싱(Geofencing)

지리적(Geographic)과 울타리(Fencing)의 합성어로, 위치정보 솔루션에 바탕을 두고 반경을 설정하여 특정 대상이 범위 안에 있느냐 없느냐를 분석하는 기술이다.

■ 징(Zing)

10cm 이내 근접 거리에서 3.5Gbps의 속도로 데이터 전송이 가능한 초고속 근접통신기술이다.

■ 차량·사물 셀룰러 통신(C-V2X, CellularV2X; Cellular Vehicle-to-Everything)

LTE, 5G와 같은 셀룰러 이동 통신망을 통해 차량이 다른 차량이나 교통 인프라, 보행자, 네트워크 등과 정보를 서로 주고받는 차량 통신 기술로 차량 안전 향상, 자율주행, 군집 주행 등에 활용된다.

■ 채팅+(채팅플러스)

SKT에서 개발한 문자 메시지를 잇는 차세대 메시지 서비스로 별도의 앱 설치 없이 문자메시지는 물론 그룹 채팅과 대용량 파일 전송을 할 수 있는 서비스이다.

■ 챗GPT(ChatGPT)

미국의 빅테크 기업인 오픈AI가 2022년 출시한 대화 전문 인공지능 기반의 챗봇 서비스이다. 메신저에 채팅을 하듯 질문을 입력하면 인공지능이 빅데이터를 분석하여 사람과 대화하듯 답해 주는 시스템이다. GPT(Generative Pre-trained Transformer)는 어떤 텍스트가 주어졌을 때 다음 텍스트가 무엇인지까지 예측하며 글을 만드는 대규모 인공지능 모델로, 2024년 7월 기준 챗GPT는 GPT-4 언어 기술을 사용하고 있다. 챗GPT는 매우 방대한 양의 데이터를 학습하기 때문에 다양한 분야에서 상세하게 답을 할 수 있다. 어려운 개념을 쉽게 요약하거나 시나리오나 리포트 같은 글을 쓸 수도 있으며 프로그래밍 코드까지 작성할 수 있다. 하지만 정보의 정확도가 떨어진다는 결점이 제기되고 있다.

■ 천리안 2호

한국항공우주연구원이 개발한 한국의 정지궤도위성으로 기상·우주기상탑재체가 실리는 2A, 해양·환경탑재체가 실리는 2B로 제작됐다. 천리안 2A호는 2018년 12월 5일 오전 5시 37분에, 천리안 2B호는 2020년 2월 18일 오후 7시 18분에 남아메리카 프랑스령 기아나의 기아나 우주센터에서 성공적으로 발사됐다.

■ 캄테크(Calm-tech)

'조용하다(Calm)'와 '기술(Technology)'의 합성어로, 센서와 컴퓨터, 네트워크 장비 등을 보이지 않게 탑재하여 평소에는 존재를 드러내지 않지만 필요할 때 사용자에게 유용한 서비스를 제공하는 기술을 말한다.

■ 캐롯손보

캐롯손해보험의 줄임말로, 국내 1호 디지털보험회사이다. 쓴 만큼 비용을 내는 보험 상품을 출시한 보험회사이다. 대표적인 보험 상품으로 '퍼마일 자동차보험'이 있는데 이 상품은 SK의 사물인터넷(IoT) 전용망 Cat.M1과 연계한 플랫폼을 구축해 실시간 센서데이터의 처리와 주행 거리별 보험료를 계산하도록 하는 등 SK텔레콤의 정보통신기술로 구현됐다.

■ 컴퓨터 시각(CV; Computer Vision)

사람이나 동물 시각 체계의 기능을 컴퓨터로 구현하는 것을 의미하는 단어이다. 로봇이나 자율 주행 자동차와 같은 지능형 에이전트(Intelligent Agent) 구현에 꼭 필요하며, 위성사진 분석이나 자동차 번호판 인식, 공장에서의 제품 검사 등과 같은 작업에 활용한다.

■ 코드커팅(Cord-Cutting)

'TV 선 자르기'라는 뜻으로, 케이블TV 가입을 해지하고 인터넷TV나 동영상 스트리밍 서비스 등으로 옮겨가는 것을 말한다. 이는 TV나 PC, 태블릿PC, 스마트폰 등 다양한 기기에서 하나의 콘텐츠를 끊김없이 이용할 수 있게 해주는 서비스인 N스크린과 기존 통신 및 방송사가 아닌 새로운 사업자가 인터넷으로 드라마나 영화 등 다양한 미디어 콘텐츠를 제공하는 서비스인 OTT(Over The Top)의 발달에 따른 것이다. TV 선을 자르지 않고 OTT 서비스에 추가로 가입하는 것을 '코드스태킹(Cord-Stacking)'이라고 한다.

▌코인베이스(Coinbase)

비트코인(bitcoin), 이더리움(ethereum), 라이트코인(litecoin) 등 주요 암호화폐를 거래할 수 있는 미국 최대 암호화폐 거래소이다.

▌콘텐츠 전송 네트워크(CDN; Content Delivery Network)

영화·게임 등 다양한 콘텐츠를 복잡한 네트워크 환경에서 사용자에게 안정적으로 전송해주는 통신망 체계이다. 이미지가 많은 쇼핑몰이나 포털, 게임, 검색 사이트에서 안정적인 이미지를 보여주기 위해 이용된다.

▌클라우드 기반 하드웨어 보안 모듈(Cloud HSM; Cloud-based Hardware Security Module)

클라우드 기반으로 암호화 키 생성, 저장, 처리 등을 제공하는 정보보안 서비스이다.

▌클라우드 컴퓨팅(Cloud Computing)

정보처리를 자신의 컴퓨터가 아닌 인터넷으로 연결된 다른 컴퓨터로 처리할 수 있는 기술을 말한다. 클라우드 컴퓨팅의 핵심 기술은 가상화와 분산처리로 어떠한 요소를 기반으로 하느냐에 따라 소프트웨어 서비스, 플랫폼 서비스, 인프라 서비스로 구분한다.

▌키홀(Key Hole)

'열쇠구멍으로 훔쳐보다.'라는 뜻으로 미국의 대표적인 정찰위성이다. 정확한 제원이나 성능에 대해 공식적으로 밝혀진 바는 없지만, 직경 2.4m의 반사망원경이 장착되어 있으며 최대 600km 고도에서 지상에 있는 15cm 크기의 물체를 식별할 수 있는 성능을 갖춘 것으로 알려져 있다. 특히 광학카메라와 적외선카메라를 모두 장착하고 있어서 야간이나 구름이 낀 흐린 날씨에도 지상감시가 가능하다. 평소에는 600km 고도를 유지하다가 목표물을 세밀하게 관찰할 필요가 있을 때는 고도를 200~300km까지 낮춘다.

▌킬 스위치(Kill Switch)

스마트폰 사용자를 위한 도난 및 개인 정보 유출 방지 기술로서, 스마트폰을 도난당하거나 분실한 경우 스마트폰을 원격으로 제어해 잠그거나 초기화(데이터 삭제)해서 다른 사람이 사용할 수 없게 하는 기술이다. 소유주가 스마트폰을 되찾으면 다시 정상화할 수 있다. 우리나라에서는 2014년 4월부터 킬 스위치 탑재가 의무화되었다.

▌타다금지법

타다 등의 차량 대여사업자의 운전자 알선 예외 규정을 엄격히 하고 플랫폼 운송사업자를 제도화하는 내용의 '여객자동차 운수사업법 개정안'을 일컫는다. 개정법은 11~15인승 차량을 빌릴 때 관광 목적으로 6시간 이상 사용하는 경우, 대여 및 반납장소가 공항 또는 항만인 경우에만 사업자의 운전자 알선을 허용했다.

▌테크래시(Techlash)

기술을 뜻하는 'Technology'와 정치사회적 반발을 의미하는 'Backlash'의 합성어로, 빅테크 기업들에 대한 반발을 뜻한다. 이 기업들의 시장 지배력이 과도하게 커지면서 시장을 유린하거나 사회에 부정적인 영향을 끼치고 있기에 정부나 여론의 반발심도 함께 커지고 있는 것이다. 테크래시의 주요 원인으로는 빅테크 기업들의 탈세, 콘텐츠에 대한 책임 회피, 시장 독점력 남용 등이 있다.

테크핀(Tech-Fin)

금융(Fin)과 기술(Tech)의 합성어인 핀테크(Fin-tech)를 앞뒤만 바꾼 용어로, 핀테크가 금융회사가 주도하는 기술에 의한 금융서비스를 이른다면 테크핀은 정보기술(IT) 업체가 주도하는 기술에 금융을 접목한 것이다.

텔레매틱스(Telematics)

텔레커뮤니케이션(Telecommunication)과 인포매틱스(Informatics)의 합성어로, 자동차와 무선통신을 결합한 새로운 개념의 차량 무선인터넷 서비스이다.

튜링 테스트(Turing Test)

기계가 인공지능을 갖추었는지를 판별하는 실험으로 1950년에 영국의 수학자인 앨런 튜링이 제안한 인공지능 판별법이다. 기계의 지능이 인간처럼 독자적인 사고를 하거나, 의식을 가졌는지 인간과의 대화를 통해 확인할 수 있는데, 아직 튜링 테스트를 통과한 인공지능이 드문 것으로 알려져 있다.

파밍(Pharming)

합법적으로 소유하고 있던 사용자의 도메인을 탈취하거나 도메인 네임 시스템(DNS) 또는 프락시 서버의 주소를 변조함으로써 사용자들로 하여금 진짜 사이트로 오인하여 접속하게 한 후, 개인정보를 입력하도록 유도하여 개인정보를 훔치는 컴퓨터 범죄 수법이다.

파운드리(Foundry)

사전적으로는 주조공장을 뜻하며, 외부에서 설계를 넘겨받아 제품을 생산하는 일 또는 그런 방식으로 생산하는 업체를 가리킨다. 흔히 반도체 설계 전담 업체에서 설계한 대로 제조·생산을 전담하는 업체, 즉 주문형 반도체 전문 생산기업을 지칭한다. 소품종 대량생산을 하는 메모리 반도체와 달리 다품종 소량생산이 특징이며, 다양한 반도체에 대한 수요가 급증함에 따라 파운드리 기업에 대한 관심 또한 커지고 있다. 세계적인 파운드리 기업으로는 대만의 TSMC를 꼽을 수 있다.

팹리스(Fabless)

반도체 생산을 파운드리에 맡기는 기업이다. 반도체 제조 공정 중 설계와 개발을 전문화한 회사로, 제조 설비를 뜻하는 패브리케이션(Fabrication)과 리스(Less)의 합성어이다.

페이드 피어링(Paid Peering)

특정 망에 진입할 때 동영상 서비스 등 한쪽이 일방적으로 트래픽을 낭비하는 불균형이 발생했고, 중계접속을 하면 속도나 품질이 저하되는 문제가 발생했다. 이에 따라 트래픽을 많이 발생시킨 일방이 망 이용 대가를 상대방에게 지불하는 방식인 페이드 피어링이 도입되었다.

폼팩터(Form Factor)

하드웨어 제품의 크기나 구성, 물리적 배열을 의미한다. 보통 크기, 슬롯 형태 등 컴퓨터 하드웨어의 규격을 지칭할 때 많이 사용되나, 최근에는 디지털 기기가 급증하면서 디지털 기기 전반에 걸쳐 많이 사용되고 있다.

프라이빗 블록체인(Private Blockchain)

미리 정해진 조직이나 개인들만 참여할 수 있는 형태로 참여자가 제한된 폐쇄형 블록체인을 뜻한다. 블록체인 소유자에게 허가를 받은 사람에 한해 읽고 쓰는 권한이 주어지며, 불특정 다수가 참여하는 퍼블릭 블록체인의 반대개념이다. 일반적으로 같은 목적 혹은 목표를 지닌 허가된 주체가 블록체인을 통해 장부를 관리하는 경우에 적합한 방식이다. 퍼블릭 블록체인에 비해 단시간에 많은 거래량을 처리할 수 있어 효율성이 높으며, 소수의 사람만 데이터 열람이 가능해 프라이버시가 보장된다. 그러나 소수에게만 권한이 부여되기 때문에 탈중앙화가 약하다는 단점이 있다.

▌프로그래매틱 바잉(Programmatic Buying)

컴퓨터 알고리즘 프로그램이 이용자의 검색 경로, 검색어 등을 분석해 이용자가 필요로 하는 광고를 자동적으로 띄워주는 방식이다.

▌프롭테크(Proptech)

부동산(Property)과 기술(Technology)의 합성어로, 인공지능(AI), 빅데이터, 블록체인 등 첨단 정보기술(IT)을 결합한 부동산 서비스이다. 부동산 중개, 3차원(3D) 공간설계, 부동산 크라우드펀딩, 사물인터넷(IoT) 기반의 건물 관리 등이 이에 해당한다.

▌플랫폼 기업

'Platform'은 많은 사람들이 이용하는 컴퓨터 프로그램이나 모바일 앱, 웹사이트 등을 통칭하는 의미로 사용된다. 구글, 애플, 메타, 아마존 등이 대표적인 플랫폼 기업으로 분류된다.

▌플로팅 홀로그램(Floating Hologram)

무대 천장에 설치된 프로젝터가 무대 바닥의 스크린에 영상을 비추고, 바닥 스크린에 반사된 영상이 무대 위에 45° 각도로 설치된 투명한 포일(Foil)에 맺혀 허공에 떠 있는 듯한 형상을 만들어 내는 기술이다.

▌플릿 오퍼레이터(Fleet Operator, 함대 사업자)

주로 이동 및 물류 서비스를 제공하는 다수 차량 또는 운송수단을 소유한 사업자이다. 그 예로 항공사, 렌터카 회사부터 ICT 발전으로 등장한 우버, 타다 등 차량공유 및 승차공유 플랫폼이 있다.

▌핀테크랩(Fintech Lab)

금융 기업이 만든 핀테크 지원센터이다. 자금과 정보가 부족한 핀테크 기업 대상으로 사업성 검토, 경영·법률 상담, 자금 조달 등을 지원하는 금융회사 전담 조직이다.

▌필터 버블(Filter Bubble)

인터넷 정보제공자가 이용자의 관심사에 맞춰진 정보를 제공해 이용자는 필터링된 정보만을 접하게 되는 현상이다. 다양한 정보를 접하기 어려워 인식의 왜곡이 발생할 수 있다.

▌하이퍼튜브(Hyper Tube)

공기저항이 거의 없는 아진공(0.001 ~ 0.01 기압) 튜브 내에서 자기력으로 차량을 추진·부상하여 시속 1,000km 이상으로 주행하는 교통시스템을 말한다. 항공기와 유사한 속도로 달리면서 열차처럼 도심 접근성을 충족시킬 수 있다는 점에서 차세대 운송시스템으로 주목받고 있다. 하이퍼튜브를 실현하기 위해서는 아진공 환경이 제공되고 주행통로가 되는 아진공 튜브, 자기력으로 차량을 추진·부상하는 궤도, 아진공으로부터의 객실의 기밀을 유지하며 주행하는 차량 등 3가지 구성요소가 확보돼야 한다. 현재 많은 국가에서 기술선점을 위한 노력이 계속되고 있으며 국내에서도 핵심기술 연구가 진행되고 있다.

▌하드카피(Hard Copy)

사전적으로는 프린터로 종이에 인쇄해 출력한 데이터를 뜻하며, 사람이 직접 읽을 수 있고 휴대할 수 있는 형식으로 된 데이터를 가리킨다. 즉, 컴퓨터의 출력을 눈으로 보고 읽는 형태로 기록한 것으로서, 컴퓨터에서 처리된 결과나 화면의 내용을 출력장치와 분리해서도 볼 수 있는 출력 형태를 말한다. 하드카피와 상대되는 소프트카피는 단말기의 화면으로 글자나 그래프 등과 같은 출력 결과를 표시하는 것으로서, 전원 공급 없이는 그 출력의 형태가 없어진다.

▌하이프 사이클(Hype Cycle)

기술의 성숙도를 시각적으로 나타낸 그래프이다. 미국의 정보 기술 연구회사인 가트너에 의해 개발되었으며 기술 촉발 → 부풀려진 기대의 정점 → 환멸 → 계몽 → 생산성 안정 단계로 구분할 수 있다. 가트너는 하이프 사이클의 최정상에 사물 인터넷이 있다고 평가하여 화제가 되었다.

▌한돌

2017년 12월 국내 기업 NHN이 개발한 바둑게임 인공지능(AI)이다. 매 수(手)를 두기 전 상대의 수를 예측해 가장 유리한 수를 두며, 자가 대국을 통해 생성한 기록을 이용해 끊임없이 자가러닝하는 특징이 있다.

▌핵티비즘(Hacktivism)

해킹(Hacking)과 행동주의(Activism)의 합성어로, 정치·사회적인 목적을 위해 정부나 기업·단체 등의 인터넷 웹 사이트를 해킹하여 정보를 탈취하거나 웹사이트를 무력화하는 행위이다.

▌핸즈프리(Hands-Free)

스마트폰을 꺼내거나 스마트워치를 근거리 무선통신(NFC) 리더에 갖다 댈 필요 없이 손을 해방시킨 상태에서 음성으로만 결제가 가능한 구글의 결제 서비스이다.

▌헤드업 디스플레이(HUD; Head-Up Display)

차량의 속도, 연료 잔량, 길 안내 정보 등을 운전자의 가시영역 내인 유리창에 그래픽으로 보여주는 디스플레이 장치다.

▌화이트 박스 암호(White-box Cryptography)

암호화 키에 대한 유추를 방지하기 위해 암호화 키 정보를 소프트웨어로 구현된 암호화 알고리즘에 섞는 방법으로 공격자가 알고리즘 내부 동작을 분석하더라도 암호화 키를 쉽게 유추할 수 없도록 하는 기술이다.

▌훙멍

하모니 OS라고도 불리는 훙멍은 2012년부터 화웨이에서 개발한 크로스 플랫폼 운영 체제로, 안드로이드를 대체하기 위해 개발되었다.

02 일반상식

▌3D 바이오프린팅

3D 프린팅 기술을 활용해 조직, 장기 등을 인쇄하여 이식하는 기술이다. 환자의 세포를 배양해서 이식하기 때문에 부작용과 2차 감염을 줄일 수 있다. 질병이나 사고로 손상된 피부를 치료하는 기술부터 의수·장기 등을 대체하기까지 활용 범위가 매우 넓다.

▌30-50 클럽

1인당 국민소득이 3만 달러 이상이고, 인구는 5,000만 명 이상의 조건을 만족하는 국가를 말한다. 현재 30-50 클럽에 가입된 국가는 미국, 일본, 독일, 프랑스, 영국, 이탈리아와 한국 총 7개국이다.

▌A세대

경제적으로 구매력이 있고 자기투자에 적극적인 만 45~64세의 중장년층을 일컫는 용어다. 'Ageless(나이 초월)'와 'Accomplished(성취한)', 'Alive(생동감 있는)' 등의 특징을 가진 세대로 각 단어의 앞자리를 따서 'A세대'라고 부른다. 이들은 모바일환경에도 친숙하고, 트렌드에도 민감하다. 최근 MZ세대와 함께 국내 유통시장을 주도하는 주요 소비세력으로 급부상하며 주목받고 있다. 연령대별 인구수가 가장 많고 보유자산 규모도 젊은 세대의 2~3배에 달하는 것으로 알려져 있다.

▌BBI보험

'Behavior-Based Insurance'의 약자로 인공지능(AI) 딥러닝 영상분석기술을 기반으로 운전자의 운전습관을 분석하여 보험료를 산출하는 3세대 자동차보험이다. 기존의 자동차보험이 운전자의 운전습관이나 향후 사고 가능성 등을 예측할 수 있는 데이터를 수집하지 못한다는 문제를 보완하기 위해 등장했다. 차량에 거치한 카메라나 레이더 등을 통해 안전거리 확보, 신호위반, 차선 급변경, 중앙선 침범 등을 감지하고 이를 기반으로 운전자의 운전습관을 분석한다. BBI보험은 이러한 운전습관 분석을 통해 점수가 높은 가입자는 보험료를 할인해주고, 점수가 낮은 가입자는 보험료를 할증하는 방식으로 보험료를 부과하고 있다.

▌CF100(Carbon Free 100%)

공식 명칭은 '24/7 Carbon-Free Energy'로 24시간 7일 내내 무탄소 전력을 사용한다는 의미다. 사용전력의 100%를 풍력, 태양광, 수력, 지열, 원자력발전 등의 무탄소 에너지원으로 공급받자는 국제캠페인이며, 전력의 탈탄소화가 목표다. RE100(Renewable Electricity 100)으로는 탄소중립 달성이 어렵다는 지적에 따라 구글과 UN에너지, 지속가능에너지기구 등이 발족했다. 전력부문에서 탄소를 완전히 제거한다는 점에서 전력 100%를 재생에너지로 충당하는 RE100과는 차이가 있다.

ESG채권

환경(Environment)·사회(Society)·지배구조(Governance) 등 기업의 비재무적 요소를 개선하기 위한 자금을 조달할 목적으로 발행되는 채권이다. 이를 통해 조달된 자금은 친환경 프로젝트, 사회문제 해결, 지배구조개선을 위해 사용되며 종류로는 그린본드, 소셜본드, 지속가능채권이 있다.

GE-맥킨지 매트릭스

단순히 시장성장률과 시장점유율에 따라 각 사업단위의 시장매력도와 사업 강점을 측정하는 BCG 매트릭스의 한계를 극복하기 위해 GE는 맥킨지의 자문을 받아 시장성장률과 시장점유율 이외의 여러 가지 변수들을 함께 고려한 GE 산업매력도-사업강점 매트릭스라는 전략도구를 개발했다. GE-맥킨지 매트릭스는 시장의 규모와 수익성, 진입 장벽, 기술 개발 등 여러 가지 요소를 살핀다. 즉, 시장점유율의 성장, 내부적 혁신 능력, 상대적 브랜드 파워, 품질 등 다양한 측면의 기업 역량을 고려한다. 요컨대, 자사와 시장을 보다 넓게 살펴본 후 개별 사업을 평가한다는 것이 GE-맥킨지 매트릭스의 핵심이다. BCG 매트릭스보다 여러 가지 요소들을 평가함으로써 타당성을 제고할 수 있다. 그러나 주관적 지표 선정 방법, 부족한 신뢰성, 지표에 내부 데이터를 많이 이용하는 등의 이유로 타사와의 비교가 어렵다는 한계가 있다. 또한 전략적 사업단위 간의 상호작용을 고려하지 않는다는 맹점이 있다.

J커브 효과

무역수지 개선을 위해 환율상승을 유도하는 경우 초기에는 오히려 무역수지가 악화되다가 상당 기간이 경과한 후 개선되는 현상으로, 무역수지가 변동되는 모습이 마치 알파벳 J와 유사하여 붙은 명칭이다.

RRP(Recovery and Resolution Plan)

RRP는 회생정리계획이라고도 하는데, 금융안정위원회(FSB)가 글로벌 금융위기의 심각성에 대비하도록 제안한 제도이다. 금융회사가 도산할 위기에 대비해 자체 정상화를 할 수 있는 방안을 사전에 만들도록 한 제도로 여러 선진국에서 시행 중이다.

OTT(Over the Top)

다양한 플랫폼을 통해 인터넷으로 콘텐츠를 제공하는 VOD 서비스를 말한다. 셋톱박스를 넘어(Over the Set'top'box) 핸드폰, 스마트패드 등 다양한 기기를 통해 사용자가 원할 때 언제든 영상을 시청할 수 있게끔 서비스를 제공한다는 의미가 있다.

R(Recession)의 공포

R의 공포는 경기침체에 대한 공포를 의미하는 말로 장단기금리 역전에서 시작된다. 장기간 돈을 빌리면 단기간보다 금리가 높은데 이 현상이 역전되면 R의 공포의 전조 증상으로 판단한다.

가스라이팅(Gaslighting)

타인의 심리나 상황을 조작해 그 사람이 스스로 의심하게 만듦으로써 자존감과 판단력을 잃게 해 타인에 대한 지배력을 강화하는 것이다. 즉, 조종자가 피조종자를 위한다는 명분으로 어떻게 생각하고 행동할지를 결정하고 이를 수용하도록 강제하는 것이다. 위력에 의한 성폭력이나 데이트 폭력 등을 대표적인 사례로 볼 수 있다.

갭(Gap)투자

시세차익을 목적으로 주택의 매매 가격과 전세 가격 간의 차액이 적은 집을 전세를 끼고 매입하는 투자 방식을 말한다. 매매 가격과 전세 가격의 차이(Gap)만큼의 돈을 갖고 주택을 매입한 후 전세 계약이 종료되면 전세 가격을 올리거나 주택 매매 가격이 오른 만큼의 차익을 얻을 수 있는 투자 형태이다. 이는 역으로 매매나 전세 수요가 줄어 매매 가격이나 전세 가격이 떨어지면 손해를 입을 수 있음을 의미한다. 주택 매매 가격이 떨어지면 전세 세입자가 집주인에게 전세보증금을 돌려받지 못하는 이른바 '깡통전세'가 속출할 위험이 있다.

▌ 경제자유구역

외국인투자 유치정책의 일환으로서 해외 투자 자본과 기술을 적극적으로 유치하기 위하여 외국인 투자기업에게 조세 감면, 경영 활동 지원, 각종 규제 완화, 행정 절차 지원 등의 혜택을 제공하는 특별 경제구역이다.

▌ 경험경제

고객의 성별, 나이 등 고객의 단순 정보 수준을 넘어 제품 및 서비스 구매 만족도·구매 의향 등까지 심층 조사하고 분석한 경험 데이터를 최대한 활용하는 기업 운영 방식이다. 고객의 경험 데이터를 활용한 제품과 서비스 개선의 극대화로 기업 성장을 이끈다.

▌ 고통지수

일정 기간 동안의 소비자물가상승률과 실업률을 합한 값으로 지수가 높으면 높을수록 한 나라의 국민들이 체감하는 고통이 크다는 것을 의미한다. 나라별로 실업률과 물가상승률을 계산하는 기준이 다르기 때문에 절대적인 비교 지수로 사용하기 어렵다.

▌ 골디락스 경제(Goldilocks Economy)

인플레이션을 우려할 만한 경기 과열이나 경기 침체로 인한 어려움을 걱정할 필요가 없는 최적 상태의 건실한 경제를 의미한다. 높은 성장을 이루고 있음에도 물가가 상승하지 않는 이상적인 경제 상황을 의미하는 말로 전래동화에서 유래하였다.

▌ 공황매도(恐慌賣渡)

특정 증권이나 증권 전반에 걸쳐 급격하게 매도가 일어나는 것을 뜻하는 용어로, 투매(投賣), 패닉 셀링(Panic Selling)이라고도 한다. 예상치 못한 어떤 악재로 인해 투자자들이 큰 손해를 볼지도 모른다는 공포감과 불안에 휩싸여 급하게 보유 증권을 매도하는 현상이다. 이는 다른 투자자들로 하여금 연속적인 매도를 촉발시켜 급격한 하락장을 만든다.

▌ 국제적 공중보건 비상사태(PHEIC)

가장 심각한 전염병의 경우에 한해서 세계보건기구(WHO)가 사용하는 규정으로, 긴급위원회 권고를 바탕으로 WHO 사무총장이 국제적 공중보건 비상사태를 선포할 수 있다. 2009년 멕시코에서 시작된 신종 인플루엔자 A가 확산될 때 가장 처음 선포되었다. 처벌 및 강제 규정이 없어 권고 수준의 효과에 그친다.

▌ 그래놀라즈(GRANOLAS)

해외투자전략가들이 주목하고 있는 유럽증시의 11개 종목을 말한다. 글락소스미스클라인(GSK), 로슈홀딩, ASML홀딩, 네슬레, 노바티스, 노보노디스크, 로레알, 루이뷔통모에헤네시, 아스트라제네카, 사노피가 있다. 최근 미국증시의 매그니피센트 7(Magnificient 7, M7)에 이어 주목받고 있다.

▌ 그랜플루언서(Grandfluencer)

유튜브나 인스타그램, 틱톡 등 SNS에서 영향력을 펼치고 있는 노인 인플루언서들을 가리키는 단어로, 조부모를 뜻하는 'Grandparents'와 대중에게 영향력을 행사하는 개인이라는 의미의 'Influencer'를 합친 말이다. '실버 크리에이터'라고도 한다. 이들은 오랜 연륜과 풍부한 경험을 바탕으로 다양한 콘텐츠를 생산하고 있다.

▌그레이 스타트업(Gray Startup)

인터넷과 모바일 기술의 빠른 발전 속도를 기반으로 탄생한 스타트업이나 벤처 중에서 절차적 정당성을 갖춰야 하는 특성 때문에 기존의 법이나 제도 체계로는 규정되지 않거나, 사각지대에서 사업이나 서비스를 영위하는 기업을 말한다.

▌그로스 해킹(Growth Hacking)

한정적인 예산으로 최대의 효과를 거둬야 하는 스타트업(신생 벤처기업)들이 성장의 속도에 초점을 맞춰 효율적인 성과를 거두기 위해 빅데이터에 기초한 소비자 행동을 과학적으로 분석해 창의적 아이디어를 도출하고 SNS와 같은 뉴미디어를 이용하는 온라인 마케팅 커뮤니케이션 전략을 뜻한다. 예를 들어 드롭박스(Dropbox)라는 기업은 신규 가입자의 대부분이 친구를 통해 자사의 서비스를 알게 되었다는 사실에 착안해 친구 추천으로 드롭박스를 이용할 경우에 추천인과 이용자 모두에게 무료로 저장공간을 추가해 주는 추천 프로그램을 통해 회원 가입률을 크게 늘렸다.

▌그리드플레이션(Greedflation)

'탐욕(Greed)'과 '물가상승(Inflation)'의 합성어로 대기업들이 탐욕으로 상품 및 서비스의 가격을 과도하게 올려 물가상승을 가중시키는 상황을 말한다. 2022년 들어 여러 악조건이 겹치면서 미국의 물가가 40여 년 만에 최악의 수준으로 치솟자 집권여당인 민주당 일각에서 대기업의 탐욕이 인플레이션에 큰 영향을 미쳤다고 지적하면서 거론됐다. 이들은 코로나19 팬데믹과 러시아의 우크라이나 침공으로 인한 공급난 등으로 식량과 에너지 가격이 상승하면서 급격한 인플레이션이 촉발되자 대기업들이 시장지배력을 내세워 원가 상승요인 이상으로 상품가격을 부풀려 이익을 취하고 있다고 비판했다.

▌그린 택소노미(Green Taxonomy)

환경 또는 녹색 산업을 뜻하는 '그린(Green)'과 분류학을 의미하는 '택소노미(Taxonomy)'의 합성어로, 특정 산업이 친환경 사업인지, 사용되는 에너지원이 친환경적인지 등을 공식적으로 분류하는 기준과 체계를 뜻한다. 2020년 6월 유럽연합(EU)이 처음 발표하여 2023년 시행이 확정되었으며, 기후변화 완화와 기후변화 적응, 수자원·해양생태계 보호, 순환경제로의 전환, 오염물질 방지 및 관리, 생물다양성 및 생태계 복원 등 6개의 환경목표를 설정하였다.

▌그린워싱(Greenwashing)

'친환경'을 의미하는 'Green'에 '불쾌한 사실을 눈가림하다.'라는 뜻의 'White washing'을 합성한 단어로, 기업이 실제로는 환경보호 효과가 없거나 심지어 환경에 악영향을 끼치는 제품을 생산하면서도 허위광고 등을 통해 친환경적인 이미지를 내세우는 행위를 가리킨다. 환경 보호에 대한 소비자의 관심이 커지고, 친환경적인 제품의 선호도도 높아짐에 따라 기업들의 그린워싱이 증가하고 있다. 미국의 기업 감시 단체인 콥워치(Corpwatch)는 매년 4월 22일 지구의 날에 그린워싱을 자행한 기업들을 선정해 그린워싱상을 수여하고 있다.

▌금융의 사막화

은행이나 증권사 등 금융기관의 유인점포가 농촌 등 비수도권에서 점점 사라지고 수도권에만 남게 되는 현상을 가리킨다. 이는 금융기관들이 인건비·임대료 절감을 위해 점포를 통폐합하고 PC나 스마트폰 앱을 통한 거래가 증가하면서 나타났다. 그러나 디지털기술에 취약한 고령층 등의 금융접근성이 약화하면서 보이스피싱 등 각종 금융사고에 쉽게 노출될 수 있고, 자금이 수도권으로만 집중돼 지역 간 격차와 소득불평등을 심화시키는 원인으로 작용할 위험이 있다.

▌기후 우울증

기후변화가 자신이나 지인들을 비롯해 국가와 인류의 위기를 가져올 것이라는 생각으로 인해 불안과 우울함, 스트레스 등을 느끼는 현상이다. 단순히 날씨 때문이 아니라 개인의 힘으로는 환경파괴와 기후위기를 막을 수 없을 것이라는 무력감이 전제된다는 것이 특징이다.

▌긱(Gig) 경제

필요에 따라 임시로 직원을 고용하여 일을 맡기는 고용 형태를 의미한다. 최근 스마트폰 사용이 대중화되면서 IT 플랫폼으로 노동력을 거래하게 되고, 이에 따라 회사에서는 상황에 맞게 대응할 수 있는 프리랜서를 고용하고, 회사에 얽매이고 싶지 않아하는 노동자들이 많아지면서 긱 경제는 더욱 활성화되고 있다.

▌김치코인

국내 기업이 발행한 가상화폐로 국내 가상자산 거래소에 상장되어 거래가 가능한 코인을 의미한다. 해외 가상자산 거래소에만 상장되어 있는 코인은 김치코인에 포함되지 않으며 업비트나 빗썸 같은 국내 거래서에서만 유통되는 것이 특징이다. 김치코인은 시가 총액이 작고 가격이 높지 않기 때문에 시세 변동성이 매우 크다. 또한 외부 세력에 의해 시세 조종이 일어날 수 있으며 불투명한 재무구조 등의 문제로 투자 위험도가 높은 편이다. 대표적으로 2021년 루나, 2022년 1월 테라의 대폭락사태로 많은 투자자들의 손실을 야기한 바 있다.

▌네거티브 스크리닝(Negative Screening)

위험을 관리하는 책임투자 전략의 일환으로, 일정한 ESG(환경·사회·지배구조)나 국제규범 등을 평가 기준으로 정하고, 이 기준에 부합하지 않는 기업 또는 산업군에 대한 주식·채권 투자를 하지 않는 전략을 뜻한다. 이와 상대적으로 포지티브(Positive) 스크리닝은 기준에 부합하는 기업·산업군에 대한 투자를 확대하는 전략을 뜻한다. 이때 '스크리닝'은 '걸러낸다'는 뜻이며, 네거티브 스크리닝이 평가 기준에 미달하는 대상에 대한 투자를 엄격히 배제하는 전략이라면, 포지티브 스크리닝은 평가 기준에 부합하는 대상에 투자하는 전략이다. 쉽게 말해 네거티브 스크리닝은 '불량 기업'에 대한 투자 배제 전략, 포지티브 스크리닝은 '우량 기업'에 대한 투자 확대 전략이다. 이러한 스크리닝 전략은 주로 대형·기관 투자자들이 사용한다.

▌네트워크 외부효과

특정 상품을 다른 사람들이 많이 사용할수록 상품의 가치가 증가하거나 그 상품을 사용할 때 느끼는 효용(만족도)이 더 커지는 현상이다.

▌노이즈 마케팅(Noise Marketing)

'Noise'는 '잡음, 소음'이라는 뜻으로, 구설수를 은유하는 말이다. 노이즈 마케팅은 자사의 재화·서비스를 의도적으로 구설수에 오르게 함으로써 소비자들의 이목을 유도해 판매율을 높이려는 마케팅 전략을 뜻한다. 즉, 재화·서비스의 품질과는 관계없이 판매 확대만을 목표로 삼아 일부러 논란을 일으켜 구설수에 휘말리게 함으로써 소비자들의 관심을 잡아끄는 것이다. 이때 고의로 일으킨 논란이 긍정적인 혹은 부정적인 영향을 끼치든 개의치 않으며, 관련 재화·서비스에 대한 소비자들의 이목을 집중시켜 판매율을 높이고자 한다. 그러나 장기적으로 반복될 경우에는 기업의 도덕성과 신뢰에 심각한 타격을 입을 수 있으며, 결국 부정적 이미지의 고착과 소비자들의 불만·불신·비난으로 판매율 급감이라는 역풍을 맞을 수 있다.

▌노란봉투법

기업이 노조의 파업으로 발생한 손실에 대해 무분별한 손해배상소송 제기와 가압류 집행을 제한하는 등의 내용을 담은 법안이다. '노동조합 및 노동관계조정법 개정안'이라고도 한다. '노란봉투법'이라는 명칭은 2014년 법원이 쌍용차 파업에 참여한 노동자들에게 47억원의 손해를 배상하라는 판결을 내리자 한 시민이 언론사에 4만 7,000원이 담긴 노란봉투를 보내온 데서 유래했다. 해당법안은 19·20·21대 국회에서 발의됐으나 모두 폐기됐고, 22대 국회에서는 야권이 재상정을 추진 중이다.

▌녹색기후기금(GCF)

개발도상국의 온실가스 감축과 기후변화 적응을 지원하기 위한 UN 산하의 국제기구로 환경 분야의 세계은행이라고 할 수 있다. 이사회는 24개국으로 구성되며, 선진국과 개발도상국이 동수로 참여하고 있다.

▌녹색피로(Green Fatigue)

소비자가 환경보호를 위한 친환경소비를 하는 등의 노력에도 불구하고 기후변화에 유의미한 결과를 체감하지 못하자 이에 따른 피로가 누적되어 활동의욕이 꺾이는 현상을 의미한다. 이러한 피로가 누적되면 소비자는 기후변화 문제해결의 책임을 소비자에게 떠넘기는 기업에 분노하게 되고, 그린워싱 등 기업의 친환경활동에 대해서도 불신할 수 있다. 업계에서는 이러한 현상이 결국 소비자와 기업 간 신뢰를 무너뜨리는 부작용을 초래할 수 있다며 경계하고 있으며, 실제 해외의 경우 친환경 관련 사업의 리스크가 증가하고 있는 것으로 나타났다.

▌늘봄학교

초등 방과후학교와 돌봄교실을 통합한 제도로 초등학교에서 평일 오전 7시부터 오후 8시까지 학생을 돌봐준다. 2024년 2월 윤석열 정부가 발표한 방안으로 2024년 1학기에 전국적으로 시범사업을 진행했으며 2학기부터 모든 초등학교 1학년을 대상으로 실시된다. 늘봄학교는 출근이 이른 맞벌이 부모를 위해 오전 7시부터 프로그램을 시작하며 정규 교육이 끝난 후에는 맞춤형 프로그램 2개를 시행하고, 퇴근이 늦은 부모를 위해 오후 8시까지 아이를 돌봐준다. 현재 1학년만을 대상으로 하고 있으니 학생들의 학교생활 적응을 위한 놀이활동 중심의 예체능, 심리·정서 프로그램 등을 무상 제공 중이다. 교육부는 2025년에는 2학년까지 늘봄학교 대상을 확대하고 2026년에는 모든 학년으로 대상을 늘린다는 방침이다.

▌디커플링(Decoupling)

한 국가의 경제가 인근 국가나 세계 경제와 비슷한 방향으로 움직이는 커플링이라는 현상과 반대되는 개념으로, 인접한 다른 국가나 보편적인 세계 경제의 흐름과는 달리 독자적인 흐름을 보이는 현상을 말한다.

▌다이렉트 인덱싱(Direct Indexing)

축적된 데이터나 인공지능(AI)을 활용하여 개개인의 투자목적 및 투자성향, 가치관 등을 반영하여 투자 포트폴리오를 설계하는 것을 말한다. 상장은 하지 않지만 나만의 ETF를 만들어

주는 셈이다. 다른 말로는 '비스포크 인덱싱 (Bespoke Indexing)'이라고도 하며 패시브 운용을 지향하고 있어 액티브 운용보다 거래비용이 저렴한 편이다. 맞춤형 포트폴리오를 바탕으로 운용하다 보니 불필요한 거래를 최소화해 꾸준하게 투자할 수 있다는 장점이 있다. 미국 월가에서는 이미 관련 기업들을 인수·합병하고 있으며, 이밖에 많은 글로벌 투자은행사와 자산운용사들이 다이렉트 인덱싱 서비스 기업을 인수해 인덱싱 시장에 뛰어들고 있다.

▌ 다크 넛지(Dark Nudge)

다크 넛지는 옆구리를 슬쩍 찌른다는 뜻의 넛지(Nudge)와 어두움을 의미하는 다크(Dark)가 결합된 단어로 팔꿈치로 툭 옆구리를 찌르듯 비합리적 구매를 유도하는 상술을 지칭한다. 처음에 광고한 것과 다르게 부가적인 비용을 요구하거나 소비자에게 특별한 고지 없이 자동으로 과금하는 상술 등이 다크 넛지의 하나다. 소비자 입장에선 상술에 속았지만 귀찮아서 불만을 제기하지 않아 불필요한 비용 지출을 경험하게 된다.

▌ 다크 이코노미(Dark Economy)

전 세계로 확산된 코로나19로 사회적 거리두기가 시행되면서, 수많은 오프라인 매장들이 불황을 겪었다. 그러나 한편으로는 전자상거래와 배달 인프라를 활용한 유통 방식이 급증하기 시작했는데, 이러한 상황을 반영하며 등장한 말이 '불 꺼진 상점(Dark Store)'이나 '불 꺼진 주방(Dark Kitchen)'과 같은 다크 이코노미이다. 겉으로 보기에는 매장이나 홀의 운영을 종료한 것 같으나, 실제로는 내부를 창고화해 소규모 물류거점으로 활용하는 방식이다. 최소한의 인력과 투자를 통해 매장 손님은 받지 않되 포장·배송시설로 활용하면서 전자상거래를 통해 사업을 유지한다. 또한 실제 해외에서는 매장 없이 창고만 있는 소매점, 주방 등이 새로운 사업으로 부상하고 있다. 국내에서도 익일 배송 서비스가 보편화되면서 소비자들의 온라인 주문이 일상화되었고, 이에 유통업계에서도 빠른 배송을 위한 물류센터가 더욱 필요해지면서 도심의 기존 매장을 창고나 물류센터로 활용하는 경우가 늘고 있다.

▌ 더블 딥(Double Dip)

2분기 연속 마이너스 성장을 기록하는 경기침체 후 일시적으로 경기가 회복기에 접어들다가 다시 침체되는 경제현상을 가리키는 용어다.

▌ 더블 헤이터(Double Hater)

선거에 출마한 두 명의 유력 후보 또는 정당을 모두 싫어하는 유권자를 가리키는 말로, 이들은 '어떤 후보가 더 싫은가'에 기준을 두고 판단한다. 특정 정당이나 인물에 대한 지지의사가 없더라도 후보자의 공약 등에 따라 투표하는 중도층과는 근본적인 개념 자체가 다르다. 투표결과가 발표되기 전까지 이들이 어떤 선택을 했을지 예측하기 어려워 선거의 변수로 작용하기도 하며, 특히 주요 후보나 정당에 대한 부정적 인식이 높을수록 이들이 승패를 좌우하는 경우가 많다.

▌ 덤벨경제(Dumbbell Economy)

운동 등 건강과 체력관리에 대한 관심이 증가하면서 건강 및 체력 관리를 위한 지출 등 헬스 관련 사업이 호황을 맞은 상황을 일컫는 용어이다. 삶의 질을 추구하는 풍조가 확산되고 건강관리에 대한 관심이 높아지면서 건강과 관련된 소비가 증가하는 것을 뜻한다.

데카콘 기업

데카콘(Decacorn)은 머리에 10개의 뿔이 달린 상상 속의 동물을 의미한다. 경제 분야에서 기업 가치가 100억 달러 이상이 된 신생벤처 기업을 지칭하는 용어로 사용된다.

도넛경제학(Doughnut Economics)

2011년 영국 경제학자 케이트 레이워스가 발표한 경제 모델로 안쪽 고리는 사회적 기초, 도넛의 바깥쪽 고리는 생태적인 한계로 정의해 인간과 환경을 함께 지켜내기 위해 넘지 말아야 할 선을 도넛 모양으로 표현한 것을 말한다.

도덕적 해이(Moral Hazard)

거래당사자인 양측이 비대칭적으로 정보를 가진 상태에서 정보를 가진 측이 가지지 못한 측의 이익에 반하는 행동을 취하는 경향이다. 주인-대리인 문제라고도 하며 대표적인 사례로 보험을 들 수 있다. 보험에 가입하는 가입자는 암묵적으로 사고 예방을 위해 최선을 다하겠다는 약속을 하게 되는데 가입 후에 보상을 해주기 때문에 예방을 위해 최선을 다하지 않는 태도를 들 수 있다.

돈맥경화

혈관에 지방이 들러붙어 동맥이 좁아져 피가 몸속에서 제대로 순환하지 않는 동맥경화에 비유하여 돈이 시중에 돌지 않는 상태 혹은 개인의 자금 사정이 원활하지 않은 상태를 말한다.

듀레이션(Duration)

현재가치를 기준으로 투자자금의 원금을 회수하는 데 걸리는 평균회수 기간을 의미한다. 채권에서 발생하는 현금 흐름의 가중평균만기로서 채권 가격의 이자율 변화에 대한 민감도를 측정하는 척도로 사용된다.

디깅소비(Digging Consumption)

'파다'라는 뜻의 '디깅(Digging)'과 '소비'를 합친 신조어로 청년층의 변화된 라이프스타일과 함께 나타난 새로운 소비패턴을 의미한다. 소비자가 선호하는 특정 품목이나 영역에 깊이 파고드는 행위가 소비로 이어짐에 따라 소비자들의 취향을 잘 반영한 제품들에서 나타나는 특별 수요현상을 설명할 때 주로 사용된다. 특히 가치가 있다고 생각하는 부분에는 비용지불을 망설이지 않는 MZ세대의 성향과 맞물려 청년층에서 두각을 드러내고 있다. 신발 수집을 취미로 하는 일부 마니아들이 한정판 운동화 추첨에 당첨되기 위해 줄서서 기다리는 등 시간과 재화를 아끼지 않는 현상을 들 수 있다.

디지털 이민

온라인동영상서비스(OTT)나 동영상 플랫폼들이 잇따라 가격을 인상하자 국내보다 요금이 저렴한 해외로 우회 가입하는 방식을 '이민'에 빗댄 신조어이다. 가상사설망(VPN)을 통해 국적을 바꾸고 OTT를 이용하는 것인데, 인도나 브라질 등이 대표적인 디지털 이민국으로 꼽힌다. 일부 이용자들이 이러한 방법으로 요금을 절감하기도 하지만, 유튜브의 경우 유료 서비스 가입약관에 거주국가에 대한 허위진술을 위해 거짓정보를 제시하지 않아야 한다는 내용이 명시돼 있어 이용이 정지될 수도 있다.

디지털 폐지줍기

보상형 모바일 어플리케이션(앱)을 통해 포인트를 모아 현금화하거나 기프티콘으로 교환하는 것을 일컫는 신조어다. 스마트폰을 이용한 재태크라는 뜻에서 '앱테크'라고도 한다. 길거리에 버려진 박스나 종이 등을 주워 고물상에 판 뒤 소액의 생활비를 버는 폐지줍기에서 비롯된 것으로 디지털환경에서 꾸준히 이벤트에 참여하여 지급된 포인트나 쿠폰을 챙겨 쏠쏠하게 생활비를 번다는 의미가 있다. 이러한 앱을 운영하는 기업들은 자사 플랫폼에 많은 사용자를 유입시키는 것을 목표로 하는데, 이렇게 모인 유의미한 정보들은 추후 사업계획 등에 기반 데이터로 활용할 수도 있다.

▌ 라스트핏 이코노미(Last Fit Economy)
온라인과 비대면 사업이 늘어나면서 상품의 가격과 품질, 브랜드 등 객관적 가치보다는 소비자가 배송을 받고 포장을 뜯는 마지막 접점까지 고려해야 한다는 의미를 담고 있는 말이다.

▌ 래퍼곡선
미국의 경제학자 래퍼(A. Laffer)가 제시한 조세수입과 세율 간의 관계를 나타낸 곡선을 말한다. 일반적인 조세이론에서는 세율이 높아지면 세수가 많아지지만 래퍼 곡선에서는 적정 세율을 넘어서는 세율에서는 오히려 세수가 줄어드는 현상이 나타난다는 것을 알 수 있다. 이 때문에 낙수효과의 근거가 된다.

▌ 레버리지(Leverage)
'Leverage(지렛대)'는 금융계에선 차입을 뜻하는데 실제 가격변동률보다 몇 배 많은 투자수익률이 발생하는 현상을 지렛대에 비유하여 표현한 것이다. 상대적으로 낮은 비용(금리)으로 자금을 끌어와 수익성이 높은 곳에 투자하면 조달비용을 갚고도 수익을 남길 수 있기 때문에 경기가 호황일 때 효과적인 투자법이다.

▌ 로렌츠곡선
미국의 통계학자인 로렌츠(M. Lorenz)가 소득의 불평등 정도를 측정하기 위해 제안한 것으로 인구 누적 비율과 소득의 누적 점유율 간의 대응 관계를 나타낸 곡선이다. 로렌츠곡선이 대각선에 가까울수록 소득 분배가 공평함을 의미하는데, 어느 정도 균등한지는 알 수 없다.

▌ 로코노미(Loconomy)
지역을 뜻하는 단어 'Local'과 경제를 뜻하는 단어 'Economy'를 합친 말이다. 도심의 거대 상권이 아닌 동네에서 소비생활이 이루어지는 현상을 의미한다. 코로나19의 확산으로 소비자들이 사람이 많은 도심보다 집과 가까운 골목 상권을 더 많이 이용하게 되면서 소매점이 주목을 받기 시작했다. 이로 인해 지역 고유의 희소성과 특색을 담은 상품이 하나의 트렌드로 소비자의 관심을 끄는가 하면, 이러한 현상이 온라인으로 확장되어 산지 직송 플랫폼이 활발해지는 결과로 이어졌다. 이에 따라 골목상권에 새로운 기회로 작용하며 지역경제에 긍정적인 효과를 미치고 있다는 평가를 받고 있다.

▌ 로하스족
2000년 미국의 내추럴마케팅연구소가 처음 발표한 개념으로 건강과 지속적인 성장을 추구하는 라이프스타일을 실천하려는 사람들을 말한다. 이들은 공동체 전체의 보다 더 나은 삶을 위해 친환경적이고 합리적인 소비생활을 지향한다.

▌ 롱테일 법칙(Long Tail Theory)
과거에는 유통비용과 진열공간의 한계 등으로 소수의 잘 팔리는 상품이 필요했다면 인터넷의 활성화 등으로 매장에 진열되지 못했던 제품들도 모두 공간을 갖게 될 길이 열리면서 상대적으로 판매량이 적은 상품의 총합이 전체의 매출에서 더 큰 비중을 차지하게 된다는 이론이다.

▌ 리디노미네이션(Redenomination)
한 나라에서 통용되는 통화의 실질 가치를 낮은 비율로 변경하는 것을 말한다. 대표적으로 1,000원을 1원으로 생각하는 방법으로 인플레이션과 경제규모의 확대 등으로 거래가격이 높아짐에 따라 숫자의 자릿수가 늘어나면서 계산상의 불편이 발생하는 문제점을 해결하기 위해 도입된다.

▌리마 증후군

1996년 12월 페루 리마에서 발생한 인질 사건에서 유래된 용어이다. 인질범이 포로나 인질들의 상태에 정신적으로 동화되어 강자로서 약자에게 동정심을 가지고 공격적인 태도를 거두는 현상이다. 인질이 인질범에게 정신적으로 동화되는 스톡홀름 증후군과 반대되는 개념이다.

▌리세션(Recession)

불경기까지는 아니지만 일시적으로 경기가 후퇴하는 현상을 뜻하며, 흔히 우리말로 '경기후퇴'라고 번역하기도 한다. 더블딥을 '경기의 침체'라고 한다면 리세션은 '경기의 둔화'라고 할 수 있다. 리세션이 거듭될 때마다 국민총생산과 개인 소득의 감소가 줄어들고 경기침체가 둔화되는 경향이 나타난다. 리세션은 '불황 → 회복 → 호황 → 후퇴'라는 경기의 순환 중에 후퇴의 초기 국면으로, 호황기에 이른 경기가 활기를 상실하고 하강 과정으로 돌아서는 전환 단계를 뜻한다. 즉, 경제활동의 전반적 수축 과정을 가리킨다. 흔히 실질GDP가 2분기 이상 연속해서 감소하는 경우를 리세션으로 해석한다. 넓은 의미에서는 하방 전환점으로부터의 경제 활동의 축소 과정이 불황에 비해 완만하고 골짜기가 얕은 현상, 또는 장기적인 번영시에서의 일시적 경기후퇴를 가리키는 경우도 있다. 특히 재고 조정에 의한 경기후퇴를 인벤토리 리세션이라고 한다.

▌리추얼 라이프(Ritual Life)

규칙적으로 행하는 의식·의례를 뜻하는 '리추얼(Ritual)'과 일상을 뜻하는 '라이프(Life)'의 합성어이다. 자기계발을 중시하는 MZ세대 사이에 자리 잡은 하나의 트렌드로, 취업난·

주택난 등에서 오는 무력감을 극복하고 심리적 만족감과 성취감을 얻으려는 욕구가 반영된 것으로 분석된다.

▌림보세대

어려운 경제상황으로 인해 고등교육을 받고도 경력을 쌓지 못한 채 가능성이 없는 일에 내몰리고 있는 청년들을 지칭하는 용어이다. 2008년 글로벌 금융위기 이후 전 세계적인 사회현상으로 대두된 개념으로 미국 뉴욕타임스가 2011년 9월 발행한 기사에서 사용하면서 널리 확산됐다. 당시 뉴욕타임스는 아르바이트로 겨우 삶을 꾸리는 림보세대를 두고 '경력이 중간에 끼어 옴짝달싹 못하고 장래성이 없는 직업과 무기력한 전망에 대처해야 하는 고등교육을 받은 젊은 성인'이라고 정의했다.

▌링겔만 효과

집단 속에 참여하는 개인의 수가 증가할수록 성과가 커질 것으로 예상하지만 오히려 성과에 대한 1인당 공헌도가 떨어지는 현상, 즉 혼자서 일할 때보다 집단 속에서 함께 일할 때 노력을 덜 기울이는 것을 가리킨다. 개인이 집단 내에서 차지하는 공헌도의 비율을 측정하기 위해 심리학자 링겔만이 줄다리기 실험을 했다. 일대일의 줄다리기 게임에서 개인이 최대로 발휘하는 힘을 100%로 놓으면 2명일 경우에는 93%, 3명일 경우에는 85%, 8명일 경우에는 49%로 감소했다. 참여하는 사람이 많아질수록 개인이 발휘하는 힘의 크기는 도리어 감소한 것이다. 시너지 효과의 반대 현상이자 사회적 태만인 링겔만효과는 조직 속에서 개인이 자신의 가치를 찾지 못할 때 여러 명 중 단지 한 명에 불과하다고 생각할 경우 발생하는 것으로 보인다.

▌마냐나경제

'마냐나'는 스페인어로 '내일'을 뜻하는 단어로 경제 전문가들이 미국의 경기회복 전망을 지나치게 낙관적으로 보는 것을 빗대어 표현한 용어이다.

▌마이크로 그리드(Micro Grid)

독립된 분산 전원을 중심으로 소규모 지역에서 전력을 자급자족할 수 있는 작은 단위의 스마트그리드 시스템이다. 태양광·풍력 등 신재생 에너지원과 에너지저장장치(ESS)가 융·복합된 차세대 전력 체계이고, 독립적으로 전력을 공급하고 저장해 안정적으로 수급이 가능하다.

▌마이크로바이옴(Microbiome)

인체에 서식, 공생하는 미생물 군집의 유전정보 전체를 가리키는 용어이다. 체내의 미생물들은 인체 내에서 대사물질과 상호작용해 인체의 섭식, 대사작용, 면역체계, 신경계, 정신건강, 약물 반응성 등 다양한 생리작용에 영향을 준다. 이를 이용해 몸의 체질을 개선하거나 질병을 치료할 수도 있다는 점에서 매우 각광받는 의료연구 대상이 되고 있다.

▌마일스톤 징크스(Milestone Jinx)

마일스톤은 이정표 혹은 획기적인 사실이나 사건이라는 뜻으로 주가지수가 특정 분기점 도달을 앞두고 큰 단위의 지수가 바뀌는 것에 대한 두려움으로 지수가 하락하는 현상을 말한다.

▌마타도어(Matador)

근거 없는 사실을 조작해 상대를 중상모략하면서 내부를 교란시키기 위한 흑색선전을 뜻하는 말이다. 정치권에서 주로 사용되는 용어로 투우에서 소를 유인해 정수리를 찔러 죽이는 투우사를 뜻하는 스페인어 '메타도르(Matador)'

에서 유래했다. 마타도어는 주로 사설정보지(지라시)를 통해 구색을 갖춘 뒤 SNS를 통해 유포되는 경우가 많은데, 경우에 따라 당락에 결정적 영향을 미칠 정도로 파급력이 크기 때문에 유권자들은 이에 대한 판단력을 갖출 필요가 있다.

▌매그니피센트 세븐(Magnificent 7, M7)

미국 증시를 이끌고 있는 대표적인 7종목을 가리키는 단어로, 엔비디아·애플·아마존·마이크로소프트·알파벳·테슬라·메타가 이에 해당한다. 미국의 유명 서부영화인 '황야의 7인'의 원제 'The Magnificent 7'에서 따왔다. 'Magnificent'는 '감명 깊은, 위대한' 등의 뜻을 갖고 있다.

▌메기효과

치열한 경쟁 환경이 오히려 개인과 조직 전체의 발전에 도움이 되는 것을 말한다. 정어리들이 천적인 메기를 보면 더 활발히 움직인다는 사실에서 유래한다. 정어리를 운반할 때 수족관에 천적인 메기를 넣으면 정어리가 잡아먹힐 것 같지만, 오히려 정어리가 생존을 위해 꾸준히 움직여 항구에 도착할 때까지 살아남는다는 것이다. 조직 내에 적절한 자극이 있어야 기업의 경쟁력을 높일 수 있다는 의미로 해석된다.

▌명령휴가제

은행 관련 금융사고가 잇달아 발생하면서 내부통제시스템 보완을 위해 강화된 제도다. 출납, 트레이딩, 파생상품 거래 등 금융사고가 발생할 가능성이 높은 업무를 수행하는 임직원에게 사측이 불시에 휴가를 명령하고, 그 기간에 해당 직원의 금융거래 내역 및 취급 서류, 업무용 전산기기 등을 조사해 부실이나 비리 등의 문제가 있는지 확인한다. 「금융회사의 지배구조에 대한 법률」 및 그 행정규칙인 「금융회사 지배구조 감독규정」을 근거로 하는데, 기존에는 형식적 절차였으나 최근 은행 직원의 횡령사건 등 은행 관련 금융사고가 잇달아 발생하면서 필요성이 대두됐다.

▌모디슈머(Modisumer)

제품을 자신의 취향대로 다시 수정하는 소비자라는 뜻이다. '수정하다'라는 뜻의 'Modify'와 '소비자'라는 뜻의 'Consumer'의 합성어다. 모디슈머는 라면 한 봉도 그냥 먹지 않고 자신이 좋아하는 재료를 추가하거나 새로운 조리법을 시도한다. 편의점에서 흔히 볼 수 있는 제품으로 새로운 음식을 만들어낸 '마크 정식'과 짜파게티와 너구리를 합친 '짜파구리', 커피를 수백번 저어 만드는 '달고나 라떼' 등이 모디슈머가 이끈 유행이다. 기업들도 모디슈머의 트렌드에 맞춰 기존 제품에 새로운 맛을 추가하거나 다른 기업의 제품과 컬래버레이션을 하는 등 다양한 시도를 하고 있다.

▌모라토리움(Moratorium)

전쟁이나 천재지변, 공황 등 경제계가 혼란하고 채무이행이 어려워지게 된 비상시에 채무자를 위해 국가 공권력에 의해서 일정기간 채무의 이행을 연기하거나 유예하는 일을 말한다.

▌몬티 홀 딜레마(Monty Hall Dilemma)

미국의 TV 게임 쇼 「Let's Make a Deal」에서 유래한 용어로 인간이 합리적이라는 전통 경제학의 가정을 꼬집는 사례이다. 3개의 문 중 하나를 골라 그 문 뒤에 있는 상품을 받는데, 하나의 문 뒤에는 고급 자동차가 있고 나머지 2개의 문 뒤에는 염소가 있다. 문 하나를 선택하면 진행자는 나머지 2개 중 염소가 있는 문을 열고, 이때 처음 고른 문을 계속 선택하거나 닫혀 있는 다른 문으로 바꿀 수 있다. 이런 상황에서 많은 사람은 자동차가 있는 곳의 확률은 2분의 1이라고 생각하기 때문에 처음에 한 자신의 선택을 바꾸지 않는다. 하지만 조건부확률을 계산하면, 선택을 바꾸는 것이 유리하다. 이처럼 '인간은 합리적이다'라는 전통경제학의 가정과 달리 사람들의 선택은 비합리적·변칙적인 경우가 많다.

▌뮌하우젠 증후군

18세기 모험소설『허풍선이 폰 뮌하우젠 남작의 모험』에서 유래된 말로 타인의 사랑과 관심, 동정심을 유발하기 위해 꾀병 등 거짓말을 일삼는 일종의 정신질환이다. 심한 경우에는 학대나 자해와 같은 극단적인 행동을 하기도 하며, 자신에게 유리한 상황이 되도록 조작하거나 꾸며내기도 한다.

▌밈 주식

온라인에서 입소문을 타 개인투자자들이 몰리는 주식을 가리키는 단어이다. 밈 주식의 시작은 미국 온라인 커뮤니티인 레딧(Reddit)에 개설된 주식 토론방에서 공매도에 반발하는 개인투자자들이 기관에 맞서 집중 매수하는 종목이 나타난 것이다. 종목과 관련된 흥미로운 사진이나 동영상을 공유했고, 이는 다른 사회관계망서비스(SNS) 등으로 확산되며 해당 종목에 대한 매수를 급증시켰다. 대표적인 밈 주식으로는 게임 유통업체 '게임스톱', 영화관 체인 'AMC', 주방용품 소매업체 '베드 배스 앤드 비욘드' 등이 꼽힌다. 밈 주식에서 '밈(Meme)'은 영국의 진화생물학자 리처드 도킨스(Richard Dawkins)가 1976년에 펴낸『이기적인 유전자』에서 등장한 단어로, 유전적 방법이 아닌 모방을 통해 습득되는 문화요소라는 뜻을 지니고 있다. 특히 대중문화계에서는 인터넷에서 유행하는 특정 문화요소를 모방 혹은 재가공한 콘텐츠를 의미하는 말로 사용되고 있다.

▌바이브세션(Vivecession)

감정이나 태도를 뜻하는 'Vive'와 경기침체를 뜻하는 'Recession'의 합성어로 실제 객관적인 경제상황과는 상관없이 경제에 대한 비관론이 널리 퍼지는 분위기, 즉 '심리적 불경기'를 가리킨다. 2022년 여름 인플레이션이 40년 만에 최고치를 기록하며 미국 소비자심리가 현저히 낮았던 당시 처음 등장했다. 일부 전문가들은 전쟁과 같은 정치적·사회적 혼란이 극심할수록 사람들은 경기불황이나 경제위기가 있다고 착각할 수 있다고 보고 있다.

▌바이플레이션(Biflation)

물가 상승을 의미하는 인플레이션과 하락을 의미하는 디플레이션이 동시에 일어나는 경제현상으로 믹스플레이션이라고도 한다. 최근에는 중국의 인플레이션과 미국의 디플레이션이 동시에 나타나는 경우를 말하기도 한다.

▌배당주 펀드

주식형 펀드의 일종으로, 배당수익률이 높을 것으로 예상되는 종목에 주로 투자하는 펀드이다. 주가가 올라 예상 배당수익률을 얻으면 주식을 팔아 시세 차익을 얻고, 주가가 오르지 않을 경우에는 배당 시점까지 주식을 보유해 예상배당금을 획득함으로써 주가 하락에 따른 자본 손실을 만회하는 펀드이다.

▌뱅커스 유산스(Banker's Usance)

기한부환어음발행조건 신용장에 의하여 수출상이 수입상 앞으로 발행한 기한부어음을 만기일 전에 은행이 할인 매입해 수출상에게 대금을 지급해주고, 수입상은 기한부어음 만기일까지 대금결제를 유예받는 것을 말한다.

▌베르트랑 모형(Bertrand Model)

경제학에서 과점 시장을 설명할 때 쓰이는 모형으로, 프랑스의 수학자 베르트랑(Bertrand, J.)에 의해 제시되었다. 동일한 제품을 생산하는 기업들이 경쟁자의 가격을 보고 자신의 가격을 결정한다는 이론이다.

▌베블런 효과(Veblen Effect)

값비싼 귀금속류나 고가의 가전제품, 고급 자동차 등의 가격이 오르는데도 수요가 증가하는 현상이다.

▌볼커룰(Volcker Rule)

2008년 미국의 경제위기의 원인을 제거하여 재발을 막기 위해 제정된 법으로 미국의 대형은행이 자기자본으로 위험한 투자를 하지 못하도록 제한하고 대형화에 따른 리스크 확대를 방지하려는 목적이 있다.

▌블랙먼데이(Black Monday)

1987년 10월 19일 월요일 미국 뉴욕에서 있었던 주가의 대폭락을 가리키는 말이다. 월요일 증시가 대폭락을 맞이할 경우에 사용한다.

▌비트코인 도미넌스

전 세계 가상자산시장에서 비트코인 시가총액이 차지하는 비율을 뜻한다. 비트코인 도미넌스는 비트코인 가격이 강세를 기록하며 전반적인 가상자산시장이 불(Bull) 장일 때, 시가총액이 큰 알트코인 가격이 오를 때, 비트코인보다 알트코인의 투자매력이 클 때 하락하는 경향을 보인다. 일반적으로 비트코인 도미넌스가 강하면 알트코인은 가격상승에 제약을 받게 된다. 최근 비트코인의 대체재 역할을 하는 알트코인에 투자하는 사람들이 늘어나면서 비트코인의 거래비율이 감소하기도 했다.

▌빅맥지수(Big Mac Index)

일물일가(一物一價) 원칙을 전제로 전 세계 120개국에서 판매되는 미국 맥도날드 햄버거 중 하나인 빅맥 가격을 달러로 환산하여 미국 내 가격과 비교해 매년 발표하는 지수이다. 빅맥지수와 견줄 수 있는 다른 지수로는 스타벅스 라테 지수, 아이패드 미니 지수 등이 있다.

▌빅블러(Big Blur)

사회 변화의 속도가 빨라지면서 기존 산업들의 경계가 모호해지는 현상을 의미한다. 스탠 데이비스가 자신의 저서에서 처음 사용한 것으로 블러(Blur)는 혁신적인 변화로 인해 기존에 존재하는 것들의 경계가 허물어지는 것을 의미한다. '핀테크'는 온라인과 오프라인 서비스를 융합하는 대표적인 빅블러 사례로 볼 수 있다.

▌빌딩증후군(SBS; Sick Building Syndrome)

빌딩에서 일하거나 거주하는 사람에게 집단으로 발생하는 신체적·정신적 증상을 일컫는 말로, 1984년 영국의 M.J.피니건 교수가 처음 사용하기 시작했다. 주된 증상은 두통, 눈이 가렵거나 따가움, 코 시큰거림, 잦은 기침, 무력감 등이 있다. 대체로 실외로 나오면 증상이 나아진다. 빌딩증후군은 실내공기 속의 오염물질에 노출되었을 때 나타난다. 건축자재나 사무용품 등에서 방출되는 라돈, 석면, 포름알데히드 등의 유해물질과 세균·곰팡이 등의 미생물이 대표적인 실내공기 오염물질이다. 빌딩증후군을 방지하려면 주기적인 환기가 필수이다.

▌사이드카(Side Car)

선물시장이 급변할 경우 현물시장에 대한 영향을 최소화함으로써 현물시장을 안정적으로 운용하기 위한 관리제도이다.

▌사이버 리스크(Cyber Risk)

정보통신기술의 발달에 따라 디지털화가 가속화되면서 사이버상에서 발생하는 예기치 못한 사고로 인해 기업이 부담하게 될 유·무형의 비용을 발생시키는 위험이다.

▌사이버 먼데이(Cyber Monday)

주요 업체들이 연휴를 마치고 일상으로 복귀한 고객들을 상대로 온라인상에서 할인 행사를 벌이는 날이다. 추수감사절 이후의 첫 월요일, 연휴 후 일상으로 돌아온 소비자들이 온라인 쇼핑을 즐기면서 온라인 쇼핑몰의 매출액이 급등한 데서 유래했다.

▌사전지정운용제

가입자가 직접 운용할 수 있는 퇴직연금이 별도의 운용지시 없이 방치되고 있을 경우 회사와 근로자가 사전에 정한 방법으로 퇴직연금이 운용되도록 하는 제도다. '디폴트옵션(Default Option)'이라고도 한다. 미국, 영국, 호주 등 영미권 국가에서 선제도입해 퇴직연금의 장기 운용성 및 개선에 기여하고 있다. 이에 한국도 자산운용활성화를 통해 퇴직연금자산의 고질적인 문제점으로 꼽히는 낮은 수익률을 높이기 위해서 도입을 결정했다. 디폴트옵션의 적격상품군으로 자동으로 자산을 배분하거나 주기적으로 투자대상을 조정하는 상품인 타깃데이트펀드(TDF), 밸런스펀드, 인프라(SOC)펀드 등이 포함될 것으로 예상됐다.

▌서비스형 뱅킹(Banking as a Service)

BaaS라고도 부르며, 은행 등의 금융사가 구축한 API(응용프로그램 인터페이스)를 비금융사 등의 제3자에게 개방해 혁신적인 금융상품을 개발·출시하는 형태의 금융 서비스를 뜻한다. 이때 비금융사는 금융사의 API를 이용하는 대가로 금융사에 수수료를 지불한다. 즉,

은행에서 제공하던 서비스를 하나의 솔루션처럼 만들어서 은행이 아닌 주체가 이용할 수 있게 하는 것을 뜻한다. 금융사는 신규 고객 데이터 확보와 수수료 등의 수익원 창출을 기대할 수 있으며, 비금융사는 규제를 피하면서도 금융 라이선스 획득을 위해 필요한 막대한 인프라 구축 비용을 들이지 않고 고객에게 금융 서비스를 제공함으로써 기업 가치를 높일 수 있다.

▌ 서비타이제이션(Servitization)

소비자 만족 및 핵심역량 강화를 통해 지속적인 경쟁력을 확보하기 위해 제품과 서비스를 융합시킨 새로운 형태의 비즈니스 유형이다. 정보통신기술(ICT)의 발전과 산업 간 융복합의 촉진이 제조업의 서비스화를 불러오면서 제조업의 혁신성장을 위한 필수요소로 등장했다. 서비타이제이션의 한 형태인 제품의 서비스화(Product Servitization)는 제품 또는 제품의 기능을 서비스화한 것으로 렌털 정수기 사업이 대표적이다. 반면 서비스의 제품화(Service Productization)는 서비스 강화를 위해 제품을 부가하거나 자동화해 서비스를 대량생산하는 제조업화를 추구하는 형태로 대표적인 사업모델로 키오스크가 있다.

▌ 서킷브레이커(CB; Circuit Breaker)

전기 회로에서 서킷 브레이커가 과열된 회로를 차단하는 것처럼 주식시장에서 주가가 급등하거나 급락하는 경우 주식매매를 일시적으로 정지하는 제도이다. 주식거래 중단제도라고도 한다.

▌ 세컨더리 보이콧(Secondary Boycott)

특정 개인, 기업, 국가 등과의 거래를 중단하는 것을 1차 보이콧이라고 하는데, 이를 넘어 제재국과 거래하는 제3국의 기업, 은행, 정부에 대해서도 거래를 중단하는 것을 세컨더리 보이콧이라고 한다.

▌ 셀피노믹스(Selfinomics)

'Self(자신)'와 'Economics(경제학)'의 조합어로, 유튜브처럼 온라인에서 활동하며 개인 콘텐츠를 만드는 인플루언서 또는 그들이 벌이는 독립적·자주적인 경제활동을 뜻한다. 또한 기업들도 유튜브, SNS 등에서 많은 구독자를 보유한 사람들을 통해 제품 광고나 판매가 이루어지는 경우가 늘고 있어 셀피노믹스 시장은 성장 추세를 이어갈 것으로 예상된다. 그러나 조회 수를 늘리기 위한 과열 경쟁, 부적절한 콘텐츠, 가짜뉴스 등의 확산 등 셀피노믹스의 부작용 또한 우려된다.

▌ 솅겐조약(Schengen Agreement)

유럽연합(EU) 회원국 간 무비자 통행을 규정한 국경 개방 조약이다. 솅겐조약 가입국은 같은 출입국 관리정책을 사용하기 때문에 국가 간에 제약 없이 이동할 수 있는 것은 물론, 세관 신고도 하지 않는다.

▌ 스트리밍 쇼퍼(Streaming Shopper)

기존의 텍스트보다 동영상 및 이미지를 소통의 도구로 선호하는 소비자를 말한다. 스트리밍 쇼퍼를 중심으로 'V-커머스(동영상 쇼핑 플랫폼)'가 크게 성장하고 있다.

▌ 승차 공유 서비스(Ridesharing Service)

목적지가 같은 사람끼리 한 대의 차량에 탑승하거나, 자신이 소유하고 있는 차량을 타인에게 요금을 받고 대여해주는 등 인터넷이나 모바일 응용 소프트웨어를 통해 차량과 운전자를 탑승자에게 연결해주는 서비스 및 기업이다.

▌ 실감세대

소비에 있어서 오감을 만족시키는 콘텐츠와 제품을 선호하는 밀레니얼 세대(1980년대 초반 ~ 2000년대 초반 출생)와 Z세대(1990년대 중반 ~ 2000년대 초반 출생)를 말한다.

■ 실버서퍼(Silver Surfer)

인터넷, 스마트폰 등 스마트기기를 능숙하게
조작하고 활용하는 고령층을 일컫는다.

■ 싱크로나이즈드 슬로우다운
(Synchronized Slowdown)

IMF에서 처음 사용한 용어로 동반 성장 둔화
를 의미한다. 우리나라뿐만 아니라 대내외적
인 불확실성과 글로벌시장의 시장금리 하락으
로 전 세계가 성장이 둔화되고 있는 상황을 나
타내는 말로 사용되었다.

■ 스낵 컬처(Snack Culture)

과자를 먹듯 5~10분의 짧은 시간 동안 문화
생활을 즐기는 새로운 문화 트렌드이다. 웹툰,
웹 소설과 웹 드라마 등이 대표적이다.

■ 스마트 팩토리(Smart Factory)

ICT 기술이 융합되어 제품을 생산하고 유통하
는 전 과정이 자동으로 이루어지는 공장을 의
미한다. 공장 내 모든 설비와 장치가 연결되어
실시간으로 모든 공정을 모니터링하고 분석할
수 있다.

■ 스몰 라이센스(Small License)

금융업의 인허가 단위를 세분화하여 핀테크 업
체가 금융업에 필요한 자격을 갖추지 못했더라
도 필요한 업무만 신속하게 인허가를 받을 수
있도록 허용하는 것을 말한다.

■ 스윙 스테이트(Swing State)

정치적 성향이 뚜렷하지 않아 그때그때 대통령
선거의 승자를 결정짓는 역할을 하는 미국의
주(州)들을 가리키는 용어이다. 대표적으로 플
로리다주, 오하이오주 등이 있으며, 한국에서
는 '경합주'라고도 부른다. 이와 반대로 성향이
뚜렷해 선거운동을 해도 투표 결과에 큰 영향

을 미치지 못하는 것으로 판단되는 주는 '세이
프 스테이트(Safe State, 안전주)'라고 한다.

■ 스캠코인(Scam Coin)

사기를 뜻하는 'Scam'과 동전을 뜻하는 'Coin'
의 합성어로 사실과 다른 내용으로 투자자를
속이기 위해 만들어진 가상화폐를 말한다. 투
자금 환급 등을 내세운 미신고 거래소나 유명
인과의 친분을 앞세워 투자자들의 신회를 높인
뒤 투자금만 챙겨 사라지는 방식이 대표적이
며, 실체가 없는 스캠코인을 발행해 상장한 뒤
허위공시 및 시세조종 등을 통해 자금을 편취
하기도 한다.

■ 스탠딩 레포 제도(Standing Repo Facility)

은행들의 기준 수요를 줄이기 위해 국채를 은
행의 지급준비금과 상시 교환할 수 있도록 하
자는 제도이다. 은행은 하루짜리 상설 대출 창
구를 만들어 필요시에 정해진 금리로 국채를
지준으로 교환하도록 하는데, 이때 금리는 시
장금리보다 약간 더 높게 설정해 매일은 사용
하지 않도록 유도한다.

■ 스텔스통장

인터넷으로 조회가 불가능하고 예금주가 직접
은행을 방문해야만 거래할 수 있는 통장으로
'전자금융거래 제한 계좌'라고도 한다. 개인의
비상금 통장으로 사용하거나 저축 수단으로 활
용하는 경우가 많다.

■ 스패머플라지(Spamouflage)

광고성 온라인 게시물을 뜻하는 '스팸(Spam)'
과 위장을 뜻하는 '커머플라지(Camouflage)'
의 합성어로 온라인상에 대량의 스팸 게시물을
퍼뜨려 가짜정보를 퍼뜨리는 것을 말한다. 서
방에서 중국정부의 온라인 여론조작 캠페인을
가리키는 용어로 주로 사용하고 있다. 실제로

중국과 러시아, 북한 등이 사이버공간에 조작된 정보를 흘려 다른 국가의 선거를 방해하려는 시도가 빈번해지고 있다는 조사결과가 나오기도 했다. 특히 '슈퍼선거의 해'로 불릴 만큼 여러 국가에서 선거가 치러지는 2024년 들어 이러한 스패머플라지 행위가 더 활발히 일어나고 있어 주의가 요구되고 있다.

스포츠테크(Sports Tech)

스포츠에 사물인터넷(IoT)과 인공지능, 빅데이터, 정밀센서 등의 첨단 기술을 접목한 것을 말한다. 경기 전략이 중요한 축구와 야구에서 이런 스포츠테크를 활용한 제품이나 기술을 활용하고 있으며 선수의 재활이나 신기록 갱신에도 많은 도움을 주고 있다.

시스템 트레이딩(System Trading)

자신의 자의적 판단이나 편견을 배제하고 일정한 매매규칙하에 매도나 매입을 판단하도록 컴퓨터 프로그램을 이용해 주식을 운용하는 매매 방법이다.

신 파일러(Thin Filer)

영어로 얇다는 뜻의 Thin, 서류라는 뜻의 File, '~하는 사람'이라는 의미를 가진 접미사 er이 합쳐져 만들어진 용어로, 서류가 얇은 사람을 말한다. 이는 신용을 평가할 수 없을 정도로 금융거래 정보가 거의 없는 사람을 지칭한다. 구체적으로는 최근 2년 동안 신용카드 사용 내역이 없고, 3년간 대출 실적이 없을 때를 가리킨다. 20대 사회초년생이나 60대 이상 고령층이 주로 이에 해당한다. 신용정보가 부족하다는 이유로 4~6등급의 낮은 신용등급으로 평가되어 대출 금리를 낮게 적용받기 어렵다.

실리콘칼라(Silicon Collar)

복잡한 수식계산도 빠르게 해결하는 컴퓨터 반도체의 실리콘처럼 창의적인 사고와 뛰어난 컴퓨터 실력으로 생산성을 향상시키는 고급 두뇌 노동자를 일컫는 말이다.

아프로퓨처리즘(Afrofuturism)

아프리카 디아스포라의 문화·역사와 선진 기술의 발전을 융합시킨 문화 양식으로, 아프리카(Afro-)와 미래주의(Futurism)의 합성어이다. 기존의 SF(Science Fiction)에서 백인 남성의 이야기가 중심이었던 것과 달리 흑인을 중심으로 한 새로운 미래관을 제시한다.

애드호크라시(Adhocracy)

다양한 전문기술을 가진 비교적 이질적인 전문가들이 프로젝트를 중심으로 집단을 구성해 문제를 해결하는 특별임시조직으로 전통적 관료제 구조와는 달리 융통적·적응적·혁신적 구조를 지녔다.

앤티티 리스트(Entity List)

미국 상무부에서 지정한 무역 블랙리스트로 미국 상무부 산하 산업안보국이 미국의 국가 안보에 위협이 된다고 판단한 개인, 기업, 연구기관, 민간단체 등을 등록해서 관리하고 있는 목록이다.

앰부시(Ambush) 마케팅

올림픽이나 월드컵 같은 특정 행사의 공식 후원 업체가 아니면서도 매복(Ambush)을 하듯이 몰래 후원 업체라는 인상을 주어 고객에게 판촉을 하는 마케팅 전략을 뜻한다. 공식 후원 업체가 아니면서도 광고 문구, 개별 선수 후원 등을 통해 행사와 관련이 있는 업체라는 인상을 주어 고객의 시선을 잡아끄는 것이다. 국제 올림픽위원회 등은 공식 후원사에게 올림픽 마크나 '올림픽, 국가대표 선수단' 등의 용어를 사용할 수 있는 독점권을 보장하는 한편 앰부시 마케팅을 금지한다.

▌ 양적완화
금리인하를 통한 경기부양 효과가 한계에 이르렀을 때, 중앙은행이 국채매입 등을 통해 시중에 돈을 직접 푸는 정책이다.

▌ 어닝서프라이즈(Earning Surprise)
어닝시즌에 발표된 기업의 영업 실적이 시장의 예상치보다 높아 주가가 큰 폭으로 상승하는 것을 말한다.

▌ 업사이클링(Up-cycling)
업사이클링은 단순히 쓸모없어진 것을 재사용하는 리사이클링(Recycling)의 상위 개념으로, 재활용품에 디자인 또는 활용도를 더해 전혀 다른 제품으로 생산하는 것을 말한다.

▌ 에이지퀘이크(Age-quake)
'연령(Age)'과 '지진(Earthquake)'의 합성어로 땅 표면이 흔들리고 갈라지는 지진처럼 빠르게 고령화사회가 진행됨에 따라 생기는 사회 문제를 가리키는 용어이다.

▌ 엔데믹 블루(Endemic Blue)
한정된 지역에서 주기적으로 발생하는 감염병 '엔데믹(Endemic)'과 '우울감(Blue)'을 합친 신조어다. 코로나19에 따른 우울감을 뜻하는 '코로나 블루'에 반대되는 개념으로 코로나19 확산 이후 개인적인 시간을 중시해왔던 사람들이 이전의 일상으로 점차 돌아가면서 오히려 우울감이나 불안을 느끼는 현상을 의미한다. 특히 외부와의 교류가 다시 늘어나고 원치 않는 모임에 참석해야 하는 경우가 늘어나자 비대면 생활에 익숙해진 사람들이 불편함을 호소하면서 대두되고 있다.

▌ 엔시티피케이션(Enshittification)
사용자에게 양질의 콘텐츠와 편익을 제공하던 플랫폼이 점차 더 많은 이익을 창출하는 것에 몰두하면서 플랫폼의 품질과 사용자 경험이 모두 저하되는 현상을 말한다. 배설물을 뜻하는 'Shit'를 써서 플랫폼의 변질을 꼬집은 용어로 '열화(劣化)'라고도 한다. 페이스북, 인스타그램 같은 플랫폼들이 본래 추구하던 콘텐츠보다 광고나 가짜뉴스 같은 스팸성 게시글이 넘쳐나면서 전체적으로 플랫폼의 질이 떨어지고, 이에 따라 사용자가 이탈하고 있는 현상을 설명하기 위해 제시된 개념이다.

▌ 엘기니즘(Elginism)
강대국이 약소국의 문화재를 불법 도굴하거나 약탈하는 행위를 뜻한다. 영국의 토머스 브루스 엘긴 백작이 19세기 초 오스만튀르크 주재 영국 대사를 지낼 때 아테네 파르테논 신전의 조각상을 떼어내 영국에 가져온 데서 유래된 말이다. 엘긴은 영국 대사로 재직 시 10년에 걸쳐 무려 253점의 조각들을 반출했고 후에 영국 정부에 팔았다. 그리스는 1835년부터 조각상들의 반환을 영국에 요청해왔지만 영국 정부는 이를 거부하고 있다.

▌ 역모기지론(Reverse Mortgage Loan)
주택을 보유하고 있지만 자체 수입이 어려운 고령자가 보유하고 있는 주택을 담보로 노후생활에 필요한 자금을 연금으로 받아 안정된 생활을 할 수 있도록 하는 제도이다. 역모기지론은 수령자가 사망할 때까지 지원하는 제도로 만기가 길고 현재는 주택금융공사에서 주도적으로 담당하고 있다.

■ **예대율(Loan-Deposit Ratio)**

은행의 예금잔액에 대한 대출금잔액의 비율 또는 대출금을 예수금으로 나눈 비율로 금융행정상 또는 은행경영상 중요시되는 비율이다.

■ **오버슈팅(Overshooting)**

경제에 어떤 충격이 가해졌을 때 상품이나 금융자산의 시장가격이 예상을 벗어나 일시적으로 폭등 또는 폭락하였다가 장기균형수준으로 수렴해가는 현상을 의미한다.

■ **온드미디어(Owned Media)**

SNS나 웹사이트, 블로그 등 기업이나 브랜드가 자체적으로 운영하는 디지털 미디어 채널을 말한다. 기업이 직접 채널을 운영하므로 자사 상품·서비스 중심의 콘텐츠 제작 및 외부광고비 절감이 가능하다. 또 일관된 브랜드 이미지를 제공하거나 소비자와의 소통이 수월하다는 점 등이 장점으로 꼽힌다. 일정 비용을 지불해야 하는 유로 미디어 채널인 '페이드(Paid) 미디어'와 별도의 비용 없이 형성된 소비자의 인식을 뜻하는 '언드(Earned)미디어'와 함께 '트리플 미디어'라고도 한다.

■ **욜테크**

욜로와 짠테크의 합성어로, 자신의 행복을 위해서는 효율적인 소비를 추구하고 불필요한 소비를 최대한 줄이는 소비성향을 의미한다.

■ **워커밸(Worker Customer Balance)**

기존의 소비자가 왕이라는 편견에서 벗어나 직원과 손님 간 평등함을 의미하는 용어이다. 고객의 갑질 문화가 사라지기 위해서는 근로자와 소비자가 상호존중하는 워커밸 인식의 확산이 필요하다.

■ **유니콘 기업**

유니콘(Unicorn)은 신화 속에서 등장하는 이마에 뿔이 하나 달린 말이다. 이런 전설 속의 동물인 유니콘처럼 기업 가치가 10억 달러 이상인 스타트업 기업을 지칭하는 말이다.

■ **이중과세(Double Taxation)**

동일한 과세기간에 동일한 과세대상에 대해 이중으로 과세하는 것을 말하며 그 성질에 따라 인적 이중과세와 물적 이중과세로 나눌 수 있다. 예를 들어, 동일소득에 대하여 국가가 소득세를, 지방단체가 주민세를 부과한다.

■ **인코텀즈(INCOTERMS)**

1936년부터 제정된 인코텀즈(International Commercial Terms)는 국내·국제거래 조건의 사용에 대한 국제상업회의소(ICC) 규칙으로서, 각 규칙마다 매도인과 매수인의 의무를 규정한다. 보통 10년 주기로 개정되며, 2022년 기준 가장 최신 버전은 인코텀즈 2020이다. 무역거래계약에 있어 화물거래의 일시 및 장소, 소유권의 이전, 위험의 이전, 운송계약, 운임지급, 보험계약, 통관절차, 관세지급 등 모든 비용에 대한 매도인과 매수인을 구분하는 국제적 규칙으로서, 무역거래조건 중 계약서 등에 의해 명확하게 규정되지 않은 사항에 대한 기본적인 해석을 제공하는 것을 목적으로 한다.

■ **인페션(Infession)**

'인플레이션(Inflation)'과 '경기침체(Recession)'의 합성어로 인플레이션이 먼저 나타난 뒤 경기침체가 일어난 상황을 가리키는 말이다. 미국 예일대 교수였던 유명 경제학자 로버트 트리핀이 처음 사용했다. 트리핀 교수는 1982년 벨기에 브뤼셀에서 열린 '서유럽 우선순위'를 주제로 한 기조연설에서 통상 경기침체와 인플레이션이 함께 나타나는 현상을 '스태그플레이션'이라고 하지만, 인플레이션이 발생한 이후에 경기침체가 수반된다고 지적하면서 인페션이 더 나은 표현이라고 밝혔다.

▌자본잠식(Impairment of Capital)

적자 누적으로 기업의 적자폭이 커져 잉여금이 바닥나고 자본 총계가 납입자본금보다 적은 상태를 말한다.

▌제로쿠폰본드(Zero Coupon Bond)

이자(쿠폰)를 붙이지 않고 발행가격을 이자율만큼 대폭 할인하여 발행하는 할인식 채권이다. 만기까지 이자를 지급할 필요가 없기 때문에 발행자인 기업의 입장에서 자금부담이 줄어들고, 할인발행이기 때문에 일반 채권보다 투자금액은 적고 운용효율은 높다.

▌조모증후군(JOMO Syndrome)

조모(JOMO)란 'Joy of Missing Out'의 약자로 '잊히는 즐거움'이라는 뜻이다. 사회로부터 고립되어 혼자만의 시간을 보내면서 느낄 수 있는 긍정적인 감정을 의미하는 용어로 다른 사람들이 즐기는 일에 참여하지 않는 행위를 통해 스트레스를 줄이고 혼자 보내는 시간을 소중히 여기는 사람들이 증가하는 현상을 설명할 수 있다. 이러한 행동양식을 실천하는 조모족은 스마트폰에서 소셜미디어(SNS) 앱을 삭제하고 온라인상에서 맺어지거나 지속되는 관계에 의미를 두지 않는다.

▌주택담보대출비율(LTV; Loan To Value Ratio)

주택을 담보로 돈을 빌릴 때 인정되는 자산가치의 비율로, 은행들이 주택을 담보로 대출을 해줄 때 적용하는 담보가치 대비 최대 대출가능 한도이다.

▌지방소멸대응기금

저출산·고령화로 인한 인구구조 악화, 수도권·대도시로의 인구 집중 등으로 인해 지방소멸에 대한 위기감이 고조됨에 따라 2021년 정부는 인구감소지역(89곳)을 지정하고 지역 주도의 지방소멸 대응 사업 추진을 위한 재정지원을 목적으로 지방소멸대응기금을 투입하고 있다. 이에 따라 2022년부터 2031년까지 매년 1조 원씩 총 10조 원을 투입한다(광역자치단체 25%, 기초자치단체 75%). 지원 대상은 서울특별시·세종특별자치시를 제외한 15곳의 광역자치단체와 기초자치단체 107곳(= 인구감소지역 89곳+관심지역 18곳)이다. 이때 광역자치단체는 인구감소지수, 재정·인구 여건 등을 고려해 배분하고, 기초자치단체는 지자체가 제출한 투자계획을 기금관리조합의 투자계획 평가단이 평가한 결과에 따라 차등 배분한다.

▌차일드 페널티(Child Penalty)

경제학에서 여성이 출산으로 인해 받는 고용상 불이익을 뜻하는 용어다. 여성이 출산 및 육아로 경력이 단절되는 것이 대표적 예다. 2011년 경제렵력개발기구가 발행한 보고서 '가족을 위한 더 나은 일'에서 언급된 이후 노동시장에서 널리 활용되고 있다. 한국개발연구원(KDI)에서 발간한 'KDI 포커스 : 여성의 경력단절 우려와 출산율 감소' 연구에 따르면 상대적으로 육아부담이 여성에게 치우친 한국의 현실이 출산율 하락원인의 40%가량을 차지한다는 분석이 나왔다.

▌챌린저 뱅크(Challenger Bank)

영국에서 등장한 소규모 신생 특화은행이다. 영국은 2013년 대형은행의 지배력을 축소하고 은행 간 경쟁을 활성화하기 위해 소규모 특화은행의 진입자본 규제를 완화해 중소규모 은행의 시장 진출을 촉진했다.

■ 체리피킹(Cherry Picking)

체리나무에서 잘 익은 체리만 따고, 나머지 체리는 건드리지 않는 것처럼 고객이 기업의 특정 서비스나 브랜드 혹은 제품만을 골라 구매하거나 가치에 비해 과도하게 하락한 기업의 주식이나 상품을 골라 투자할 때 사용된다.

■ 치매국가책임제

2017년 대선 기간 중 문재인 대통령이 내건 공약으로 치매 문제를 개별 가정 차원이 아닌 국가 돌봄 차원으로 해결하겠다는 것을 핵심으로 한 정책이다. 치매지원센터 확대, 치매안심병원 설립, 노인장기요양보험 본인부담 상한제 도입, 치매 의료비 90% 건강보험 적용, 요양보호사의 처우 개선, 치매 환자에게 전문 요양사를 파견하는 제도 도입 등의 내용을 담고 있다.

■ 칩4(Chip4)

2022년 3월 미국이 한국, 일본, 대만과 함께 안정적인 반도체 생산·공급망 형성을 목표로 제안한 반도체동맹으로 미국에서는 팹4(Fab4)라고 표기한다. '칩'은 반도체를, '4'는 총 동맹국의 수를 의미한다. 이는 미국이 추진하고 있는 프렌드쇼어링 전략에 따른 것으로 중국을 배제한 채 반도체 공급망을 구축하겠다는 의도로 풀이되고 있다. 미국은 반도체 제조공정 중 설계가 전문화된 인텔, 퀄컴, 엔비디아 등 대표적인 팹리스업체들이 있고, 대만과 한국은 각각 TSMC, 삼성전자가 팹리스업체가 설계한 반도체를 생산·공급하는 파운드리 분야에서 1, 2위를 다투고 있다. 일본 역시 반도체 소재시장에서 큰 비중을 차지한다.

■ 카니발라이제이션(Cannibalization)

기능·디자인 등이 탁월한 후속 제품이 새로 출시되면 해당 기업의 기존 제품의 판매량이나 수익, 시장점유율이 감소하는 현상을 가리킨다.

■ 칵테일 위기(Cocktail of Risk)

동시다발적으로 여러 악재가 동시에 일어나는 상황을 일컫는 경제 용어로, 다양한 술을 혼합해 마시는 칵테일의 특성에서 따왔다. 2016년 1월 신년 기자회견에서 조지 오스본 전 영국 재무장관이 글로벌 경제상황을 우려하면서 이 용어를 사용한 이후 널리 확산됐다.

■ 캡차(CAPTCHA)

흔히 '보안문자'라고도 부르는 캡차는 '컴퓨터와 인간을 구분하는 완전 자동화 퍼블릭 튜링 테스트', 즉 정보 이용자가 사람인지 컴퓨터 프로그램인지 구별하는 보안 기술이다. 악의적 프로그램인 봇(Bot)의 접속과 활동을 막도록 개발된 것으로, 컴퓨터는 인식할 수 없도록 인위적으로 찌그러진 문자를 보여주고 그대로 입력하게 하는 식이다.

■ 캡티브 마켓(Captive Market)

소비자가 특정 제품을 구매할 때, 선택할 수 있는 공급자의 수가 매우 적어 선택할 수 있는 소수의 공급자로부터 구입하거나 구입을 포기해야 하는 시장을 말한다. 우리나라에서는 주로 계열사 간 내부시장이라는 의미로 사용된다.

■ 커리어 노마드(Career Nomad)

'직업'이라는 뜻의 'Career'와 '유목민'이라는 뜻의 'Nomad'의 합성어로 하나의 조직이나 직무에만 매여 있지 않고 다양한 직장이나 직무를 찾아 일자리를 옮기는 사람들 가리킨다. '잡(Job)노마드'라고도 한다. 최근 불안정한 고용환경과 자기개발을 중시하는 사회적 분위기가 맞물리면서 과거 평생직장이나 평생직업을 선택하던 것에서 벗어나 다양한 경력활동을 추구한다는 특성이 있다. 이를 통해 개인의 발전기회를 높일 수 있으나 고용안정성과 전문성이 떨어진다는 단점도 있다.

▌커미티드 라인(Committed Line)

크레디트 라인과 유사한 개념으로, 커미티드 라인은 유사시를 대비해 금융기관 간에 일정 금액의 수수료를 부담하고 외화를 우선적으로 공급받을 수 있는 권리를 약정하는 것을 가리킨다. 커미티드 라인은 다른 금융사에 일정한 수수료를 지불하기 때문에 위기 시에 자금을 빌릴 수 있는 권한이 있다. 따라서 비상시에 외화 확보 수단으로 활용된다.

▌컨셔스 패션(Conscious Fashion)

소재선정부터 제조공정까지 친환경적이고 윤리적인 과정에서 생산된 의류 및 그런 의류를 소비하고자 하는 트렌드를 말한다. '의식 있는'이라는 뜻의 '컨셔스(conscious)'와 '패션(fashion)'의 합성어로 지난 10년간 '패스트 패션'이 유행하면서 자원낭비 및 환경문제가 대두된 데 따른 자성의 움직임에서 시작됐다. 대표적으로 버려진 의류나 폐기물을 재활용한 의류나 물을 사용하지 않는 염색법으로 염색한 의류, 합성섬유가 아닌 천연소재로 만든 의류, 중고 의류의 공유 및 재활용 등이 있다.

▌코뿔소 채권

전 세계 최초로 야생동물을 보호하기 위해 세계은행(WB)이 발행한 채권이다. 코뿔소 채권 발행을 통해 조달된 자금은 멸종위기에 처한 남아프리카공화국의 아도 코끼리 국립공원과 그레이트피시강 자연보호구역 내 검은코뿔소 개체수 증가를 지원하는 데 활용된다. 만기는 5년으로 5년 후 남아프리카공화국과 그레이트 피시강 자연보호구역의 검은코뿔소 개체 수가 증가하면 그 증가량에 따라 3.7~9.2%의 이자를 지급한다. 단, 개체 수 변동이 없는 경우에는 이자를 지급하지 않는다.

▌코즈의 정리(Coase Theorem)

분명하게 확립된 재산권과 충분히 낮은 협상비용을 전제할 경우, 정부 개입 없이도 이해관계 당사자 간의 협상에 의해 외부 효과(Externality) 문제를 효율적으로 해결할 수 있다는 이론이다.

▌코호트 격리(동일집단 격리)

감염자가 발생한 의료기관에서 환자와 의료진 모두를 동일 집단(코호트)으로 묶어 전원 격리해 감염병 확산 위험을 막는 조치를 가리킨다. 바이러스 잠복기가 지날 때까지 환자와 의료진은 해당 병원이나 병동 밖으로의 이동이 금지되고, 외부인 역시 출입이 금지된다.

▌콘플레이션(Cornflation)

'옥수수(Corn)'와 물가 상승을 의미하는 '인플레이션(Inflation)'의 합성어로 옥수수 가격이 최고치로 치솟는 현상을 말한다. 2022년 2월부터 시작된 러시아의 우크라이나 침공이 주요 원인으로 꼽히고 있으며, 2021년부터 계속된 미국 중부 지역의 가뭄 장기화와 코로나19로 인한 화물 운송가격의 급격한 상승이 또 다른 원인으로 거론되고 있다. 옥수수 가격 급등을 시작으로 옥수수를 사용하는 각종 가공식품 및 축산물, 유제품, 과자 등으로까지 그 여파가 미치면서 전 세계 밥상 물가상승에 대한 우려가 커지고 있다.

▌쿼드(Quad)

'4'를 뜻하는 쿼드는 미국, 인도, 호주, 일본 등의 4개국이 2007년에 시작한 4자 안보 대화(Quadrilateral Security Dialogue)를 가리킨다. 영문 첫 글자를 따서 'QSD'라고 표현하기도 한다. 이후 9년간 중단됐다가 2017년 다시 부활했는데, 특히 2020년 8월 31일 화상으로 열린 '미국·인도 전략적 파트너십 포럼'에서 스티븐 비건 미 국무장관이 쿼드를 나토(NATO)와 같은 다자 안보 동맹으로 공식기구화하겠다는 뜻을 밝히기도 했다. 여기에 한국, 베트남, 뉴질랜드 등 주변국 참여를 통한 기구 확대·강화 방침(쿼드 플러스)도 내비치면서 주목을 받은 바 있다. 한편, 쿼드 가운데 미국, 인도, 일본 3개국은 매년 말라바르 합동 해상훈련을 실시하고 있기도 하다. 이 훈련은 미국과 인도의 주도로 1992년부터 시작돼 주로 인도양이나 아라비아해 등에서 열리고 있는데, 일본은 2015년부터 참여하기 시작했다.

▌크런치 모드(Crunch Mode)

게임 등 소프트웨어 개발 업계에서 마감을 앞두고 수면, 영양 섭취, 위생, 사회활동 등을 포기하고 장시간 업무를 지속하는 것을 말한다.

▌크레디트 라인(Credit Line)

은행 등의 금융기관이 일정 기간을 정해 고객이나 환거래은행에게 공여할 수 있는 신용공여(Credit Facility)의 종류와 최고 한도를 뜻한다. 이러한 한도 안에서 사전에 약정한 조건에 따라 필요할 때마다 자금을 대출하고 갚을 수 있다. 이때 한도 수준은 공여 대상이 되는 고객·은행의 환거래 실적, 신용 상태, 보상예금, 기존 신용한도 등에 따라 결정된다. 운영기간(유효기간)이 보통 1년 이내의 단기이므로 무역 신용거래에서는 일시적인 대외자금의 부족 또는 국제수지의 역조를 보완하는 데 활용된다.

▌키코(KIKO)

녹인 녹아웃(Knock-In, Knock-Out)의 첫 글자를 따서 만든 말로 환율이 일정한 범위에서 변동할 경우에, 미리 정한 환율에 따른 금액을 받고 팔 수 있도록 한 파생 금융 상품을 말한다.

▌키오스크(Kiosk)

일반적으로 공공장소, 식당, 지하철, 관공서, 쇼핑몰 등 유동인구가 많고 개방된 장소에 설치되어 운영되며 상품 정보나 시설물 이용, 장소 및 관광 정보 등을 안내하고 정보 제공 및 검색을 가능하게 한다. 대부분 화면에 접촉하는 터치스크린을 채택하여 단계적으로 쉽게 검색할 수 있다. 이용자 편의를 제공한다는 장점 외에도 정보제공자 쪽에서 보면 직접 안내하는 사람을 두지 않아도 되기 때문에 인력절감 효과가 크다.

▌킹 달러(King Dollar)

미국 연방준비제도(Fed)의 가파른 정책금리 인상 발표와 글로벌 경기침체로 인한 달러가치의 급등을 가리키는 말로 사용된다. 이러한 현상은 전 세계적인 인플레이션 국면에서 연준이 금리인상을 지속적으로 단행하자 각국의 자금이 안전자산으로 여겨지는 달러로 몰려들고 있기 때문이다. 이에 대해 모건스탠리의 마이클 윌슨 전략가는 달러 강세로 인해 미국 기업이 해외에서 벌어들인 돈을 달러로 바꾸는 과정에서 손실을 보는 것이므로 미국 주식시장에 꼭 긍정적이진 않다고 말했다.

▌타깃 데이트 펀드(TDF; Target Date Fund)

근로자 은퇴 날짜에 맞춰 펀드매니저가 알아서 생애주기별 자산 배분 프로그램에 맞춰 자동으로 주식과 채권 비중을 조정해 주는 펀드이다. 은퇴가 한참 남은 청년기에는 성장주나 고수익채권 등 고수익을 추구하다가 은퇴시기가 가까워질수록 배당주나 국·공채 비중을 높여 안정적으로 운용하는 식이다.

▌테이퍼링(Tapering)

'Tapering'은 '끝이 가늘어지는, 점점 감소하는'이라는 뜻으로 경제 부문에서는 시장에 공급하는 자금의 규모, 즉 유동성의 양을 차츰 줄인다는 뜻으로 쓰인다. 테이퍼링은 경기 침체기에 경기 회복을 위해 실시했던 각종 완화 정책과 과잉 공급된 유동성을 경제에 큰 부작용이 생기지 않도록 서서히 거두어들이는 전략, 즉 단계적·점진적인 양적 긴축 전략을 뜻한다. 출구 전략의 일종인 테이퍼링은 중앙은행이 채권 매입 규모를 단계적으로 축소해 시중 유동성을 점진적으로 줄이는 정책이다. 정리하자면 양적완화(자산 매입) 정책의 규모를 점진적으로 축소하는 것이다.

▌ 톰 소여 효과(Tom Sawyer Effect)

마크 트웨인의 소설 『톰 소여의 모험』에서 비롯된 용어로 돈을 받기 위해 억지로 하는 노동보다는 일을 놀이처럼 재미있게 할 때 동기부여는 물론 큰 성과로 이어진다는 것을 의미한다.

▌ 틱톡금지법

정식명칭은 '외국의 적이 통제하는 앱으로부터 미국인을 보호하는 법안'으로 미국 하원이 안보 우려를 이유로 지난 3월 중국 숏폼 플랫폼인 '틱톡(TikTok)'을 미국 앱스토어에서 퇴출할 수 있도록 한 틱톡금지법을 통과시켰다. 중국계열 모회사 '바이트댄스'가 소유하고 있는 틱톡은 현재 미국에서만 1억 7,000만 명의 이용자를 보유한 인기 플랫폼이지만 이용자정보 유출 및 국가안보 위협 등과 관련해 지속적으로 문제가 제기되어 왔다. 2024년 4월 24일 바이든 대통령의 서명으로 법안이 발효됨에 따라 틱톡은 미국 사업권을 270일 내에 매각해야 하고 이를 이행하지 않으면 미국 내 서비스가 전면 금지된다.

▌ 파이어족

'경제적 자립, 조기 퇴직(Financial Independence, Retire Early)'의 첫 글자로 만든 용어로 조기 퇴직을 목표로 회사 생활을 하는 20대부터 소비를 극단적으로 줄이며 은퇴 자금을 마련하는 이들을 가리킨다.

▌ 팩터투자(Factor Investing)

요인을 의미하는 'Factor'와 투자를 의미하는 'Investing'의 합성어로, 시장에서 어떤 특정한 요인에 투자하는 전략을 말한다. 독립적인 특징을 지닌 각 요소의 균형 잡힌 포트폴리오를 구성하여 효율적으로 리스트를 관리하는 것이 핵심이며, 보다 안정적인 수익에 대한 소비자의 욕구를 배경으로 생긴 투자전략이다.

▌ 팬데믹(Pandemic)

세계보건기구인 WHO가 선포하는 전염병 경보단계 중 최고 위험 등급으로, 세계적으로 전염병이 대유행하는 상태를 말한다.

▌ 퍼스트 펭귄

불확실하고 위험한 상황에서 가장 먼저 용기내어 도전함으로써 다른 이들로 하여금 참여할수 있게 만드는 '선구자'를 의미한다. 남극의 펭귄들은 먹이를 구하기 위해서는 바다로 들어가야 하지만 바다표범 등 펭귄의 천적이 바다에 있기 때문에 뛰어드는 것을 두려워한다. 이때 펭귄 한 마리가 먼저 용감하게 바다로 뛰어들면 무리가 뒤따라 바로 뛰어든다는 데에서 유래된 말이다.

▌ 펀 세이빙(Fun Saving)

핀테크 업체들이 20~30대를 노려 가입 부담은 낮추고 게임 등 재미있는 방식으로 흥미를 유도해 저축을 할 수 있도록 돕는 금융상품을 말한다.

펨테크(Femtech)

펨테크는 여성(Female)과 기술(Technology)의 합성어로, 2013년 덴마크 출신 기업가인 아이다 틴에 의해 처음 등장하게 되었다. 초반에는 '여성을 위한 기술'이라는 의미로 여성과 건강에 관한 여성 특유의 문제를 해결하는 기술이나 서비스 등에 사용되었으나, 현재는 여성의 의식과 행동, 생활, 소비 등 다양한 방면을 아우르는 의미로 사용된다.

펭귄효과

한 마리가 물속으로 뛰어들면 다른 펭귄들도 따라 들어가는 펭귄처럼, 상품 구매를 망설이다가 남들이 구매하기 시작하면 덩달아 구매를 결심하는 현상이다.

편리미엄

편리함과 프리미엄의 합성어로, 소비자들이 가격이나 품질 등 가성비를 넘어 시간과 노력을 아낄 수 있는 상품이나 서비스를 선호해 편리함이 중요 소비 트렌드로 부상하고 있음을 나타내는 말이다.

포트폴리오투자

경영참가에는 관심 없이 위험을 줄이고 투자수익을 극대화하기 위해 소액의 주식, 채권 및 기타 다른 유가증권 등을 여러 종류에 분할해 투자하는 것이다.

풍선효과

풍선의 한쪽을 누르면 다른 쪽이 불거져 나오는 것처럼 정부 시책이 일시적인 미봉책을 내놓는 것을 빗댄 용어이다.

프레너미(Frenemy)

프레너미는 Friend(친구)와 Enemy(적, 장애물)가 더해진 말로, 친구처럼 보이지만 실제로는 친구인지 적인지 모호한 상대, 즉 장난으로 공격적인 행동을 하는 친구, 자신에게 유리할 때만 친근하게 대하는 사람 등을 두루 가리킨다. 국제·경제 부문에서는 1950년대 미국과 소련의 관계를 설명하며 처음으로 등장했는데, 한편으로는 협력하며 다른 한편으로는 경쟁하는 관계를 뜻한다. 서로 대립하면서도 상대에게 영향을 끼침으로써 성장을 촉진하는 관계를 의미하기도 한다. 즉, 이해관계가 얽혀 전략적으로 협력하는 동시에 경쟁하는 상대방 또는 그러한 관계를 가리킨다. 프레너미와 비슷한 신조어 '코피티션(Copetition)'은 Cooperation(협력)과 Competition(경쟁)의 조합어이다.

프렌드쇼어링(Friend-shoring)

코로나19와 러시아의 우크라이나 침공, 중국의 봉쇄정책 등이 촉발한 글로벌 공급망 위기로 세계경제가 출렁이자 미국이 동맹국 간 공급망을 구축하기 위해 전략적으로 움직이는 것을 말한다. 이를 통해 믿을 만한 동맹국끼리 뭉쳐 상품을 안정적으로 확보하겠다는 의도이지만, 중국과 러시아를 공급망에서 배제하려는 의도가 반영됐다는 분석도 있다. 미국은 유럽연합(EU), 호주 등과 협력을 강화하고 있으며 기업들도 자발적으로 프렌드쇼어링에 나서고 있다. 그러나 '세계의 공장'으로 불리는 중국의 값싼 인건비를 포기할 경우, 생산비용이 늘어나고 이것이 소비자 가격에 포함되므로 인플레이션을 촉발할 가능성도 높다.

프로젝트 카이퍼(Project Kuiper)

글로벌 전자상거래 기업인 아마존이 추진하고 있는 위성 인터넷 사업을 뜻하며, 천문학자인 제러드 카이퍼(Gerard Kuiper)에서 이름을 따왔다. 세계 어디서나 안정적으로 인터넷에 접속할 수 있는 서비스를 제공하는 것을 목표로 2029년까지 3,230여 개의 저궤도 인공위성을 발사할 계획이다. 2023년 10월 시험위성 2기를 발사해 지상과 교신을 성공리에 마쳤다.

▌프로아나족

지나치게 마른 몸매를 추구해 무작정 굶거나 먹고 토하기를 반복하는 등의 극단적인 다이어트를 하는 사람들을 말한다. 찬성을 의미하는 '프로(Pro)'와 거식증을 뜻하는 '애너렉시아(Anorexia)'의 합성어이다.

▌프로젝트 파이낸싱

'PF'라고 부르기도 한다. 건설이나 대형 사업과 같은 특정 프로젝트에서 사업성과 미래에 발생할 현금 흐름(Cash Flow)을 담보로 삼아 그 프로젝트의 수행 과정에 필요한 자금을 조달하는 금융 기법이다. 프로젝트 자체를 담보로 설정한 대규모 자금 조달 방식으로 볼 수 있다. 별도의 특수목적 회사(SPC)가 프로젝트 주체(Project Company)가 국제금융기관, 은행, 자본주 등의 투자자로부터 사업 자금을 모집하고, 사업이 끝나면 지분율에 따라 수익을 투자자들에게 배분한다. 프로젝트 파이낸싱의 특징으로는 토지·건물 등이 아니라 사업의 미래 수익성, 사업 주체의 신뢰도 등을 담보로 삼아 국제금융기관 등의 복수의 투자자들로부터 대규모로 자금을 모을 수 있다. 또한 모회사로부터 경제적·법적으로 완전히 독립된 별도의 특수목적 회사가 설립된다. 이 회사는 프로젝트 완료 후 해산한다.

▌플라이트셰임

'비행기(Flight)'와 '부끄러움(Shame)'이 합성된 단어로, 기후 변화의 심각성이 커지면서 온실가스의 주범인 비행기를 타는 데 부끄러움을 느끼자는 운동이다. 스웨덴어로는 '플뤼그스캄(Flygscam)'이라고 하며, 2017년 스웨덴의 가수 스테판 린드버그가 지구를 위해 항공 여행을 그만두겠다고 발표한 뒤 유럽 전역으로 확산되고 있다.

▌플라이휠 효과(Flywheel Effect)

저비용 구조를 주요 동력으로 한 경영전략으로 아마존의 창업자이자 최고경영자인 제프 베조스가 제시한 성장 원리이자 사업 모델로 알려져 있다. 처음에는 추진력이 필요하지만 한 번 가속도가 붙으면 알아서 돌아가는 플라이휠처럼 저비용 구조와 더 낮은 가격으로 트래픽·판매자·상품군을 늘리는 선순환을 만든다는 것이다.

▌플럼북(Plum Book)

4년마다 대선이 끝나는 시기에 맞춰 미국의 새 대통령이 임명할 수 있는 공직 리스트를 밝히는 인사지침서다. 정식명칭은 '미국정부 정책 및 지원 직책'으로 '플럼북'이라는 명칭은 표지가 자주색인 데서 기인했다. 플럼북은 1952년 당시 민주당의 장기집권 이후 20년 만에 공화당 출신 대통령으로 당선된 아이젠하워가 연방정부 직책 파악이 어려워 이를 해결하기 위해 전임 정권에 연방정부의 직위 리스트를 만들어 넘겨달라고 요청한 것에서 시작됐다. 이후 대선이 있는 12월에 미국 인사관리처의 지원을 받아 제작하고 있다.

▌피크시대(Decade of Peak)

BoA메릴린치가 2019년 경제 전망 보고서에서 2020년대는 정점의 시대라고 진단하면서 사용한 용어로 기존의 시스템이 붕괴하고 사회가 커다란 변곡점을 맞이하는 시대를 말한다.

▌핀셋규제

부동산 관련한 과열을 막기 위해 전방위적으로 규제를 하는 대신 어떤 특정 과열지구나 수요자들을 지정해서 규제하는 것이다.

▌하마스(Hamas)

팔레스타인의 대표적인 무장단체이자 수니파 이슬람주의 정당이다. 파타와 함께 팔레스타인 양대 정파를 구성하고 있으며 이스라엘에 대항하여 무장 투쟁을 주도하고 있다. 하마스는 '이슬람 저항 운동'을 뜻하는 아랍어의 약자로 헌신과 열정이란 뜻도 지니고 있다. 하마스를 테러단체로 규정하는 국가로는 미국, 캐나다, 유럽연합, 이스라엘이 있다. 우리나라는 하마스를 팔레스타인 무장정파로 규정했을 뿐 테러 단체로 지정하지는 않았다.

▌하얀 코끼리

겉보기에는 화려하지만 쓸모가 적은 것을 뜻한다. 올림픽 경기 개최를 위해 막대한 비용을 들여 인프라와 경기장을 건설했지만 경기 종료 후 쓸모가 없어진 시설들이 대표적이다. 고대 태국의 왕이 마음에 들지 않는 신하에게 하얀 코끼리를 선물한 데서 유래했다. 신하는 왕이 선물한 하얀 코끼리에게 일을 시킬 수 없고 죽게 할 수도 없었기에 막대한 사료비를 지출해야 했다.

▌하인리히의 법칙(Heinrich's Law)

큰 사고나 재해가 발생하기 전에는 반드시 그것과 관련한 경미한 사고나 징후들이 여럿 존재한다는 경험적 법칙이다. 1931년 미국의 보험회사에서 일하던 헐버트 하인리히가 발견했다. 그는 다양한 산업재해를 분석하면서 통계학적으로 유의미한 결과를 확인했다. 큰 규모의 사고 이전에는 반드시 수차례의 작은 사고가 수반되고, 이에 앞서 훨씬 더 많은 사고의 징후가 포착된다는 것이다.

▌한계소비성향

추가로 벌어들인 소득 중 저축되지 않고 소비되는 금액의 비율이다. 일반적으로 소득이 많은 사람이 소득이 적은 사람에 비해 한계소비성향이 낮게 나타나고 인플레이션 때는 한계소비성향이 높게 나타난다.

▌한국형 제시카법

재범 가능성이 높은 고위험 성범죄자가 출소하면 학교·보육시설 등으로부터 500m 이내 거주할 수 없도록 거주지를 제한하는 법을 말한다. 악성 성범죄자가 아동이 많은 학교나 지역 주변에 살지 못하게 하는 미국의 제시카법에서 착안된 법안이다. 조두순, 김근식, 박병화 등 고위험 성범죄자가 출소할 때마다 주거지를 둘러싸고 증폭되는 사회적 논란과 국민 불안을 해소하기 위해 2023년 10월 입법이 예고되었으나 거주 이전의 자유를 침해할 수 있다는 지적이 제기되면서 국회 법제사법위원회 문턱을 넘지 못하고 있다.

▌호킹지수

책 전체 페이지를 100으로 가정했을 때 독자가 처음부터 끝까지 읽은 비율을 계산한 것으로 책을 구입한 독자가 실제로 책의 내용을 끝까지 제대로 읽었는지를 따져보는 지수이다.

▌환헤지(Foreign Exchange Hedge)

해외통화를 이용하여 거래를 할 때 환율 변동으로 인하여 발생할 수 있는 환위험을 회피하기 위한 목적으로 환율을 미리 고정해 두는 거래방식이다.

▌황금거위상

2012년 미국과학진흥회(AAAS)와 미국 의회가 마련한 상이다. 이 상은 기초과학 연구의 불확실성에 의미를 부여하고자 마련된 상으로 당장의 성과를 내지는 못하지만 결과적으로는 인류에 큰 기여를 한 연구를 선정해 수여한다.

■ 휘슬 블로어(Whistle-blower)

기업 또는 정부기관 내에 근무하는 조직의 구성원이거나 구성원이었던 사람이 불법적인 행위나 부정거래 등을 알게 되어, 이를 시정하고자 내부책임자 및 감사부서에 보고한 내부고발자를 말한다. 최근에는 외부에 제보하는 행위자도 포함하기도 한다.

■ 히든챔피언(Hidden Champion)

독일 경영학자 헤르만 지몬이 소개한 용어로 대중에게는 잘 알려지지 않았으나 세계시장 경쟁력을 보유한 숨은 강소기업을 말한다. 히든챔피언 기업의 선정조건은 세계시장 점유율 1~3위 또는 소속 대륙에서 1위, 매출액은 40억 달러 이하 등이 있다.

정답 및 해설 p.054

01 다음 중 4차 산업혁명에 대한 설명으로 적절하지 않은 것을 〈보기〉에서 모두 고르면?

> **보기**
>
> ㉠ 4차 산업혁명은 IT 산업의 발달로 인해 등장하게 된 산업혁명을 말한다.
> ㉡ 이전의 산업혁명보다 일자리 창출의 폭이 증가할 것으로 기대되고 있다.
> ㉢ 4차 산업혁명을 통해 각 공장 기기가 중앙시스템의 명령·통제 아래 수동적으로 작동하는 공장 자동화가 실행되었다.
> ㉣ 4차 산업혁명은 정보의 파급력 및 전달 속도가 기존 산업혁명보다 더 넓은 범위에서 더 크고 빠르게 진행되고 있다.

① ㉡, ㉢   ② ㉢, ㉣
③ ㉠, ㉡, ㉢   ④ ㉠, ㉡, ㉣

02 다음 중 인공지능(AI)에 대한 설명으로 적절하지 않은 것은?

① AI가 발달해 인간의 지능을 뛰어넘는 기점을 '세렌디피티(Serendipity)'라고 한다.
② AI는 인공신경망(ANN), 자연어 처리(NLP), 컴퓨터 비전(CV), 로봇공학(Robotics), 패턴 인식 (PR) 등의 분야에 응용된다.
③ 2000년대 들어 컴퓨팅 파워의 성장, 우수 알고리즘의 등장, 스마트폰 보급 및 네트워크 발전에 따른 데이터 축적으로 AI가 급격히 진보했다.
④ AI 기술의 활용과 AI 기반의 제품·서비스 확산에 따라 사이버 침해, 보안 위험의 증가뿐만 아니라 딥페이크와 같은 새로운 형태의 역기능도 초래되고 있다.

03 미국의 오픈AI가 2024년 2월 발표한 인공지능 시스템으로, 텍스트 입력으로 명령을 하면 영상을 제작해주는 시스템의 이름은?

① AI 동맹
② AI 워싱
③ AI 소라
④ AI 얼라이언스

04 다음 중 디파이(De-Fi)에 대한 설명으로 적절하지 않은 것은?

① 디파이 서비스상 보안사고 발생 시에 그 책임자는 디파이 투자자가 된다.
② 디파이는 블록체인 기술을 통해 보안성을 제고하고 비용을 절감할 수 있다.
③ 디파이는 안정적인 서비스 제공을 위해 법정화폐에 연동되거나 스테이블코인을 거래 수단으로 이용한다.
④ 디파이 서비스는 기존의 금융 서비스보다 진입 장벽이 낮으며, 중개자가 없어 중개 관련 비용이 절약된다.

05 다음 중 이용자들을 속이기 위해 디자인된 인터페이스를 뜻하는 용어는?

① SOAR
② Merkle Tree
③ HEIF
④ 다크 패턴

06 다음 중 서비스형 뱅킹(BaaS)에 대한 설명으로 적절하지 않은 것을 〈보기〉에서 모두 고르면?

> **보기**
>
> ⊙ BaaS는 금융기관에서 제공하는 서비스를 하나의 솔루션처럼 만들어서 비금융기관이 이용할 수 있게 하는 것을 뜻한다.
> ⓒ BaaS는 금융기관이 보유하고 있는 고객 정보를 비금융기관과 공유하므로 강력한 보안성과 철저한 리스크 관리가 필요하다.
> ⓒ 비금융기관이 BaaS를 실시하려면 금융기관과 마찬가지로 금융 라이선스 획득을 위한 인프라 등 초기 구축 비용을 들여야 한다.
> ② BaaS를 통해 핀테크 등의 비금융기관은 금융기관의 고객 데이터를 읽을 수 있는 권한은 있으나, 고객 데이터에 대한 쓰기 권한은 없다.

① ㉠, ㉡

② ㉠, ㉣

③ ㉡, ㉢

④ ㉢, ㉣

07 다음 중 중앙은행 디지털화폐(CBDC)에 대한 설명으로 옳은 것과 옳지 않은 것을 적절하게 구분한 것은?

> **보기**
>
> ㉠ CBDC는 중앙은행에서 발행하는 전자적 형태의 법정화폐이다.
> ㉡ CBDC는 일반적인 다른 암호화폐보다 안정성·신뢰성이 높다.
> ㉢ CBDC는 화폐의 위조 우려가 없고, 현금 같은 화폐 발행에 드는 비용을 절감할 수 있다.
> ㉣ CBDC는 은행의 자금 조달(중개) 기능을 더욱 강화시켜 저신용자들에 대한 '대출 문턱'을 낮출 것으로 기대된다.
> ㉤ CBDC는 거래를 추적하기 어렵고 암시장을 억제하는 것 또한 어려워 자금세탁 등에 악용될 우려가 있다.

	옳은 것	옳지 않은 것
①	㉠, ㉡, ㉢	㉣, ㉤
②	㉡, ㉢, ㉣	㉠, ㉤
③	㉠, ㉣, ㉤	㉡, ㉢
④	㉠, ㉤	㉡, ㉢, ㉣

08 다음 중 크레디트 라인(Credit Line)에 대한 설명으로 적절하지 않은 것은?

① 크레디트 라인을 통해 약정한 조건에 따라 필요할 때마다 수시로 자금을 대출받고 갚을 수 있다.

② 자금을 공급하는 측은 자금 요구에 대한 거부권이 없으므로 비상시에 외화 확보를 보장하는 수단으로 유용하다.

③ 한도 수준은 공여 대상이 되는 상대방의 환거래 실적, 신용 상태, 보상예금, 기존 신용한도 등에 따라 결정된다.

④ 운영기간이 보통 1년 이내의 단기이므로 무역신용거래에서는 일시적인 대외자금의 부족, 국제수지의 역조를 보완하는 데 이용된다.

09 다음 중 전세를 끼고 주택을 구매하여 수익을 올리는 투자 방법으로 적절한 것은?

① 갭투자
② 대체투자
③ 그린필드투자
④ 바이아웃투자

10 ESG(환경 · 사회 · 지배구조) 경영에 대한 다음 기사의 빈칸에 공통으로 들어갈 용어로 적절한 것은?

> 국민연금공단이 탈(脫)석탄 투자 전략 수립을 연거푸 미루고 있다. 2022년 9월 열린 국민연금기금 운용위원회(이하 기금위)에서 논의될 것으로 예상되었던 탈석탄 투자 전략 도입이 안건에서 제외된 것이다. 이러한 국민연금공단의 더딘 탈석탄 행보에 대한 비판이 거세지고 있다. 국민연금공단은 2021년 5월 기금위에서 석탄 채굴 및 발전산업에 대한 투자를 제한하는 _____을 도입하고 신규 석탄발전소 건설 프로젝트에 대한 투자를 중단하기로 의결했었다. _____은 투자 포트폴리오에 ESG를 반영하는 기법 중 하나로, 부정적인 ESG 영향을 끼치는 산업에 속한 기업들의 채권을 포트폴리오에서 제외하는 것이다. 하지만 이후 1년 4개월이 지나도록 _____ 도입 논의는 '감감 무소식'이다. 엄격한 투자 제한 기준을 도입하면 석탄발전과 제조업 비율이 높은 국내 경제에 악영향을 끼칠 수 있다는 경영계의 우려 때문에 고민하고 있는 것으로 보인다. 그러나 해외 주요 연기금이 석탄 투자를 지양하는 추세인 만큼, 국민연금공단도 더 이상 _____ 도입을 미뤄서는 안 된다는 지적도 제기된다.

① ESG 그리니엄
② 네거티브 스크리닝
③ 포지티브 스크리닝
④ 규칙 기반 스크리닝

11 RE100으로는 탄소중립 달성이 어렵다는 지적에 따라 구글 등이 시작한 국제 캠페인을 가리키는 용어는?

① RRP

② GRANOLAS

③ 30-50 클럽

④ CF100

12 다음 중 기사의 빈칸에 공통으로 들어갈 용어로 적절한 것은?

> 최근 방한한 션 엘리스는 서울 강남구 코○○에서 열린 강연에서 "데이터에 정답이 있다."며 상황에 맞는 적절한 마케팅 패널 운영과 팀 간 협업을 역설했다. 그는 드○○를 비롯해 여러 스타트업을 시가총액 10억 달러 이상의 기업으로 성장시킨 인물로, _____(이)라는 용어를 제시한 인물로 잘 알려져 있다. _____은/는 고객의 반응에 따라 제품과 서비스를 수정해 제품과 시장의 적합성을 높이는 것을 가리킨다. 고객의 반응은 데이터로 나타나며, 데이터 분석과 실험을 활용한다. 사용자 획득, 활용, 유지, 유입을 효과적으로 관리해 비즈니스의 성장을 촉진하는 방법론이다. 다만 그는 제품 시장 적합성 검증(PMF)이 없는 상태에서 _____을/를 적용하면 오히려 비즈니스가 실패하도록 가속화할 수 있다고 지적한다.

① 그린워싱(Green Washing)

② 그로스 해킹(Growth Hacking)

③ 그랜플루언서(Grandfluencer)

④ 그레이 스타트업(Gray Startup)

13 다음 중 국내 기업이 발행한 가상화폐로 국내 가상자산 거래소에 상장되어 거래가 가능한 코인을 가리키는 용어는?

① 김치코인

② 스캠코인

③ 알트코인

④ 스테이블코인

14 다음 중 내용에서 설명하는 '이것'은?

> '이것'은 소비자가 친환경 활동을 하더라도 기후변화 문제 해서에 대한 긍정적인 효과를 느끼지 못하여 환경보호 활동 의욕이 크게 저하되는 것을 뜻한다. 기후변화 문제 해결 책임을 소비자에게 떠넘기는 기업에 분노한 소비자들은 다른 기업의 친환경 활동에 대해서도 불신하게 된다. ○○경영연구소에 따르면 해외에서는 소비자의 '이것' 증대로 기업에 대한 평판 저하, 수익이 감소 등의 현상이 확대되고 있다.

① 듀레이션(Duration)　　　　　② 다크 넛지(Dark Nudge)
③ 더블 헤이터(Double Hater)　　④ 녹색피로(Green Fatigue)

15 다음 중 빅데이터의 특징인 5V에 해당하지 않는 것은?

① Volume　　　　　② Velocity
③ Variety　　　　　④ Variability

16 클라우드 컴퓨팅의 특징에 대한 설명으로 적절하지 않은 것은?

① PC · 스마트폰 같은 정보통신 기기 등의 클라이언트가 언제 어디서든 정보를 이용할 수 있다는 개념이다.
② 모든 컴퓨팅 기기를 네트워크로 연결하여 컴퓨터의 계산능력을 극대화한 분산 컴퓨팅을 의미한다.
③ 클라우드 컴퓨팅 서비스 제공자는 수많은 서버를 한곳에 모아 데이터를 운영함으로써 규모의 경제를 통한 자원의 공유를 극대화한다.
④ 정보를 인터넷상의 서버에 저장하므로 정보를 손실 없이 안전하게 보관할 수 있고, 저장 공간의 제약도 거의 없으며, 언제 어디서나 열람 · 수정할 수 있다.

17 다음 중 내용에서 설명하는 '이것'은?

> '이것'은 파인(Pine)과 길모어(Gilmore)가 제시한 개념으로, 실재하는 재화와 서비스의 판매에 주목한 기존의 경제 질서와는 달리, 고객 개인에게 맞춤화된 특별한 경험을 제공하여 경제적 가치를 창출하는 데에 주목한다.

① 긱(Gig) 경제
② 덤벨(Dumbbell) 경제
③ 경험(Experience) 경제
④ 골디락스(Goldilocks) 경제

18 다음 중 기업 가치가 100억 달러(USD) 이상인 스타트업을 가리키는 용어는?

① 유니콘(Unicorn) 기업
② 데카콘(Decacorn) 기업
③ 기가콘(Gigacorn) 기업
④ 헥토콘(Hectocorn) 기업

19 다음 중 기사의 빈칸에 공통으로 들어갈 용어로 적절한 것은?

> 패션·금융·IT 등 시장에서 중년층이 주요 축으로 부상하고 있다. 만 45~64세 중년층 가운데 소득·학력이 높고 자신에게 적극적으로 투자하는 _____다. L·S·H 등 국내 백화점 3사의 VIP 고객 절반 정도가 50대 이상이다. _____는 새로운 문화·트렌드에 적극적으로 호응하고 보다 능동적으로 경험하려는 경향이 있다. _____는 구매력은 물론 브랜드 충성도가 높기 때문에 기업들은 _____를 끌어들이기에 열을 올리고 있다. 수년 전까지만 해도 10대와 Z세대에 집중하던 온라인 패션 플랫폼도 _____를 새로운 타깃으로 삼고 있다.

① A세대
② 림보세대
③ 실감세대
④ 디지털 네이티브

20 다음 중 기사의 빈칸에 공통으로 들어갈 용어로 적절한 것은?

> 2023년 10월 중국 시진핑 주석이 베이징에서 열린 일대일로 포럼 개막식에서 "중국은 일방적 제재와 경제적 억압, _____에 반대한다."고 말했다. 미국은 반도체, 배터리 등 첨단 산업의 핵심 공급망을 보호한다는 목표 아래 중국에 대해 _____ 전략을 펼쳐오고 있다. _____은/는 한 국가가 경제에 있어 이웃 국가나 세계적 흐름에 동조하지 않고 독자적으로 움직이는 현상을 의미한다. 크게는 국가 경제 전체에서, 작게는 금리나 주가 등 일부 요소에서 나타나기도 한다. 일반적으로 미국 주가가 오르면 한국 주가도 오르고, 미국 주가가 하락하면 한국 주가도 하락하곤 하는데, 이와 반대로 한국 주가가 미국 주가 영향에서 벗어나 독자적으로 움직이면 이를 _____(이)라고 한다.

① 마일스톤 징크스(Milestone Jinx) ② 리디노미네이션(Redenomination)

③ J커브(Curve) 효과 ④ 디커플링(Decoupling)

21 다음 중 빈칸에 들어갈 내용으로 적절한 것은?

> 메칼프(Metcalfes Law)의 법칙은 인터넷 통신망이 지니는 가치는 망에 가입한 사용자 수의 _____에 비례한다는 법칙이다. 1970년대 네트워크 기술인 이더넷을 개발한 로버트 메칼프에 의해 처음 언급되었다.

① 제곱 ② 3제곱

③ 3배 ④ 30배

22 다음 중 단순히 데이터를 기록하는 것을 넘어서 디지털 데이터를 활용하여 업무 단축과 업무 흐름 최적화를 달성해 생산성을 높이는 업무적 과정을 뜻하는 용어는?

① PBV ② 디지털라이제이션(Digitalization)

③ 레그테크(Regtech) ④ 메일머지(Mail Merge)

23 다음 중 미국 증시를 이끌고 있는 대표적인 7종목을 가리키는 용어는?

① 엔티티 리스트(Entity List)
② 매그니센트 7(Magnificent 7)
③ 온드 미디어(Owned Media)
④ 프로젝트 카이퍼(Project Kuiper)

24 다음 중 저비용 구조로 보다 저렴한 가격으로 트래픽·판매자·상품군을 늘리는 선순환을 만들려는 경영전략을 가리키는 것은?

① 플라이휠 효과
② 톰 소여 효과
③ 베블런 효과
④ 풍선 효과

25 다음 중 신용을 평가할 수 없을 정도로 금융거래 정보가 거의 없는 사람을 뜻하는 용어는?

① 파이어족(FIRE)
② 로하스족(LOHAS)
③ 신 파일러(Thin Filer)
④ 프로아나족(Pro-Ano)

26 다음 중 국제적 공중보건 비상사태(PHEIC)를 선포할 수 있는 주체는 누구인가?

① 국제연합(UN) 사무총장
② 유엔 인구활동기금(UNPFA) 사무총장
③ 유엔 환경계획(UNEP) 사무총장
④ 세계보건기구(WHO) 사무총장

27 다음 중 기사의 빈칸에 공통으로 들어갈 용어로 적절한 것은?

> 사회적 거리두기로 수많은 오프라인 매장들이 경제적 타격을 입었지만, 다른 한편에서는 배달앱이나 이커머스 등 새로운 유통 방식이 확산되기 시작했다. 매장 손님은 받지 않되 해당 매장을 포장·배송 시설로 활용하면서 전자상거래를 통해 사업을 유지하는 방식이다. 해외에서는 _____ 가 새로운 사업으로 부상하는 추세이다. 미국의 아웃도어 용품 업체인 A웃도어는 매장을 창고처럼 바꾸고 구매는 인터넷으로만 가능하게 했다. 우리나라에서도 S사, C사, M사 등 이커머스 업체를 필두로 유통업계의 판도가 급변했다. 소비자들의 온라인 주문이 일상화됐고 이에 유통업계에서도 빠른 배송을 위해 도심의 기존 매장을 창고·물류센터로 활용하는 경우가 늘고 있다. 아울러 거리두기가 해제되고 사람들이 오프라인에서도 활발히 활동하고 있지만 소비자들이 새로운 소비 환경에 적응한 만큼 _____ 비즈니스는 계속 이어질 것으로 보인다.

① 일코노미(1-conomy)
② 블랙(Black) 이코노미
③ 다크 이코노미(Dark Economy)
④ 라스트핏 이코노미(Last Fit Economy)

28 다음 중 내용에서 설명하는 '이것'으로 가장 적절한 것은?

> '이것'은 소외되는 것을 오히려 즐긴다는 의미이다. '이것'을 실천하려는 이들은 스마트폰에서 SNS 애플리케이션을 삭제하고 온라인 관계를 단절하며, 오프라인 세계에서 혼자서 직접 경험할 수 있는 것들에 더 큰 의미를 부여하면서 홀로 현재를 즐긴다. 흔히 SNS 한 달 끊기 챌린지나 디지털 디톡스를 하는 것도 '이것'의 일환이다.

① 조모(JOMO) 증후군
② 뮌하우젠 증후군
③ 빌딩 증후군(SBS)
④ 갈라파고스(Galapagos) 증후군

29 다음 중 지방소멸대응기금에 대한 설명으로 적절하지 않은 것은?

① 광역자치단체와 기초자치단체에 2022년부터 2023년까지 매년 대략 1조 원씩 모두 10조 원 정도의 지방소멸대응기금을 중앙정부가 지원한다.

② 위의 ①에서 서울특별시와 세종특별자치시는 지방소멸대응기금 지원 대상에서 제외된다.

③ 광역자치단체와 기초자치단체 모두 지자체가 제출한 투자계획을 기금관리조합의 투자계획 평가단이 평가한 결과에 따라 기금을 차등 배분된다.

④ 기금관리조합이 지방소멸대응기금을 관리·운용하되, 전문성 제고를 위해 한국지방재정공제회에 위탁해 지방소멸대응기금의 관리·운용에 대한 사무를 수행한다.

30 다음 중 이자를 붙이지 않고 발행가격을 이자율만큼 대폭 할인하여 발행하는 것은?

① 커버드 본드(Covered Bond)
② 코뿔소 채권(Rhino Bond)
③ 제로 쿠폰 본드(Zero Coupon Bond)
④ 타깃 데이트 펀드(TDF)

31 다음 기사의 빈칸에 공통으로 들어갈 용어로 가장 적절한 것은?

> 최근 달러/원 환율이 1,370~1,380원 안팎을 기록하며 달러화 강세가 이어지고 있다. 미국 경제·금리 정책 전환의 불확실성과 초엔저도 당분간 이어질 것으로 예상돼 고환율 기조는 당분간 이어질 것으로 보인다. 또한 2024년 11월 대선에서 트럼프 전 대통령이 당선되면 보호무역 정책 등으로 달러 강세를 유지해, 결국 달러/원 환율을 상승시킬 것이라는 전망도 있다. 중국 경제 부진에 따른 위안화 약세, 달러당 161엔 선까지 찍은 '슈퍼엔저' 현상도 _____에 영향을 미친다.
> _____ 현상은 유학생처럼 고국에서 송금한 원화를 달러로 바꿔 미국에서 살아야 하는 사람, 미국으로 여행을 온 관광객 등에게 재정적인 타격을 입힐 수 있다. 반면 한국을 방문하는 미주 한인 등 여행자들에게 _____는 반갑게 여겨진다. 미주 한인들이 한국에 여행을 갈 때 강(强)달러로 인해 더 부담 없이 소비를 할 수 있기 때문이다.

① 킹달러(King Dollar)
② 소프트 달러(Soft Dollar)
③ 린든 달러(Linden Dollar)
④ 셰이크 달러(Sheik Dollar)

32 코로나19 장기화 사태, 러시아-우크라이나 전쟁 발발 이후 경쟁국을 견제하기 위한 프렌드쇼어링을 가장 주도적으로 추진하고 있는 국가는?

① 중국
② 미국
③ 일본
④ 러시아

33 다음 중 자율주행 자동차를 구현하기 위해 필수적인 기술로 적절하지 않은 것은?

① BSD
② HDA
③ LDWS
④ 스마트 그리드

34 다음 중 도덕적 해이, 역선택 등에 대한 설명으로 적절하지 않은 것은?

① 보험회사에서는 실손보험계약에 공제조항을 적용해 손실의 일부를 계약자에게 부담시킴으로써 도덕적 해이를 예방할 수 있다.

② 역선택은 시장에서 거래를 할 때 주체 간 정보 비대칭으로 인해 부족한 정보를 가지고 있는 쪽이 불리한 선택을 하게 되어 경제적 비효율이 발생하는 상황을 말한다.

③ 건강한 사람은 생명보험에 가입하지 않고 건강하지 않은 사람들만 생명보험에 가입하는 현상은 역선택의 사례로 이해할 수 있다.

④ 도덕적 해이는 선택 또는 거래와 동시에 발생하지만, 역선택은 거래 이후에 발생한다는 점에서 차이가 있다.

35 다음 중 책 전체 페이지 가운데 독자가 읽은 비율을 계산한 지수는?

① 호킹지수 　　　　　　　　　② 뉴턴지수

③ 아인슈타인지수 　　　　　　④ 오펜하이머지수

36 다음 중 기사에서 설명하는 '이것'으로 가장 적절한 것은?

> 광주 월드컵경기장이 '애물단지' 신세를 벗어날 수 있을지 주목된다. 최근 열린 인기 가수 S씨의 공연은 월드컵경기장 활성화의 신호탄이다. 월드컵경기장은 최대 규모의 관객을 수용할 수 있는 곳이지만 그동안 안전 문제 때문에 장기간의 공사에 들어가면서 공연·행사는 개최할 수 없어 활용도를 마땅히 찾지 못했었다. 그러나 월드컵경기장이 전체적인 보수 작업을 최근에 완료하였고, 스포츠와 관광을 묶는 계획도 구상하고 있어 다양한 용도로 활용할 수 있게 되었다.
> 2002년 월드컵 4강 진출의 쾌거를 이룬 광주 월드컵경기장은 마땅한 활용처를 찾지 못한 채 혈세만 잡아먹어 '이것'으로 지적되었다. '이것'은 고대 태국에서 국왕이 마음에 들지 않는 신하에게 '이것'을 선물한 데서 유래한 용어이다. 국왕이 선물했기 때문에 병에 걸리거나 굶어 죽게 방치할 수 없어 신하는 막대한 비용과 인원을 들여 '이것'을 키울 수밖에 없다는 고사에서 유래됐다.

① 방 안의 코끼리 　　　　　　② 검은 백조

③ 검은 코끼리 　　　　　　　④ 하얀 코끼리

37 다음 중 무역에서 보편적으로 사용하는 거래 조건의 해석에 대한 국제적 통일 규칙인 인코텀즈 (INCOTERMS)에 대한 설명으로 적절하지 않은 것을 〈보기〉에서 모두 고르면?

> **보기**
>
> ㉠ 강행법규에 해당한다.
> ㉡ 국제상업회의소(ICC)에서 5년마다 개정한다.
> ㉢ 은행이나 운송인에 대하여는 다루지 않는다.
> ㉣ 국제거래뿐만 아니라 국내거래에서도 사용 가능하다.

① ㉡

② ㉠, ㉡

③ ㉡, ㉢

④ ㉢, ㉣

38 다음 중 마이데이터(My-data)의 특징에 대한 설명으로 적절하지 않은 것은?

① 마이데이터를 통해 개인이 정보주체로서 정보 권리를 행사하기 쉬워지고, 정보 유출 등의 사고 발생의 경우에 손해배상 소재가 명확해진다.

② 정보주체가 금융기관에 전송요구권을 행사하면 마이데이터 사업자가 여러 기관에 산재된 신용정 보를 한번에 확인하게 해주고, 신용관리·자산관리 컨설팅을 제공한다.

③ 마이데이터는 데이터 개방을 통해 핀테크사 등에 정보취득 기회를 제공하는 등 데이터 독점 문제 를 해소하고 금융산업 내 혁신을 촉진할 것으로 기대된다.

④ 마이데이터는 기존 금융 시스템과의 호환·연동 및 안정적인 운용을 위해 기존의 스크린 스크래 핑 방식을 적용한다.

39 다음 중 팔레스타인의 대표적인 무장단체이자 수니파 이슬람주의 정당의 이름은?

① 탈레반(Taliban)

② 알카에다(Al-Qaeda)

③ 이슬람구국전선(FIS)

④ 하마스(Hamas)

40 다음 중 정보통신에 대한 설명으로 적절하지 않은 것을 〈보기〉에서 모두 고르면?

> **보기**
>
> ⊙ 광통신은 신호가 변형될 우려가 없으며, 별도의 전환 과정도 필요하지 않다.
> ⓛ 머드(MUD)는 컴퓨터 통신상에서 사용자들이 함께 사용하는 게임, 프로그램을 뜻한다.
> ⓒ 컴퓨터에 주변장치를 연결하기 위한 접선 규격 중 하나인 'USB'의 'S'는 'Security'의 약자이다.
> ② 퀀텀점프는 양자 컴퓨터 시스템에서 사용되는 최소 정보 단위로서, 두 개의 상태를 가진 양자계 (System)을 뜻한다.

① ⊙, ②
② ⓛ, ⓒ
③ ⊙, ⓛ, ②
④ ⊙, ⓒ, ②

41 다음 중 헤르만 지몬이라는 경영학자가 제시한 용어로, 강력한 경쟁력을 보유한 숨은 강소기업을 뜻하는 말은?

① 히든 히어로(Hiden Hero)
② 히든 위너(Hiden Winner)
③ 히든 홀더(Hiden Holder)
④ 히든 챔피언(Hidden Champion)

42 국가 전반의 소프트웨어 역량을 강화하고 소프트웨어산업 발전의 기반을 조성하기 위해 제정된 「소프트웨어 진흥법」에 대한 설명 중 옳지 않은 것을 〈보기〉에서 모두 고르면?

> **보기**
>
> ⊙ 소프트웨어산업 진흥 정책의 효율성을 극대화하기 위해 기존의 지역별 소프트웨어산업 진흥기관을 국가 차원에서 통합해 과학기술정보통신부장관 직속으로 중앙진흥기관을 설치한다.
> ⓛ 지방자치단체는 해장 지역의 소프트웨어 창업 활성화를 위한 직접적인 출연·출자가 불가능하지만, 금융지원을 과학기술정보통신부장관에게 요청할 수 있다.
> ⓒ 계약상대자가 지식재산권을 행사하기 위해 소프트웨어 산출물의 반출을 국가기관에 요청하는 경우에 국가안보와 관련한 사항이 아니라면 국가기관은 원칙적으로 반출 요청을 허용해야 한다.
> ② 정부는 소프트웨어 분야 국가연구개발사업을 실시하는 경우 원시코드(Source Code)를 공개해 소프트웨어 개발·유지 및 관리 과정에 해당 소프트웨어 개발자 외의 자도 참여할 수 있게 해야 한다.

① ⊙, ⓛ
② ⓛ, ⓒ
③ ⓒ, ②
④ ⓛ, ⓒ, ②

43 다음 중 유사한 업종 또는 동종 업종의 기업 간에 독립성을 유지하면서 상호 경쟁을 배제한다는 개념으로 적절한 것은?

① 카르텔(Cartel)
② 트러스트(Trust)
③ 오픈숍(Open Shop)
④ 클로즈드숍(Closed Shop)

44 다음 중 2018년 6월 국가슈퍼컴퓨팅센터에 설치된 국가슈퍼컴퓨터 5호기인 '누리온'과 관련한 설명으로 적절하지 않은 것은?

① 누리온의 코어 개수는 57만 개 이상이며, 무게 또한 130톤 이상이다.
② 누리온은 이론상으로 1초에 25경 회 이상의 부동소수점 연산이 가능하다.
③ 누리온의 냉각 방식은 수랭식으로, 시스템 냉각에 1일 100만 리터의 물이 필요하다.
④ 1988년 첫 도입된 슈퍼컴퓨터 'Cray 2S'보다 이론상 1,280만 배의 속도를 기대할 수 있다.

45 다음 중 빈칸에 공통으로 들어갈 내용으로 가장 적절한 것은?

> 2019년 7월 일본 정부가 한국에 대한 반도체·디스플레이의 핵심 소재 수출을 규제하기 시작했고, 1개월 뒤 한국 정부는 _____경제를 펠리컨 경제로 바꾸겠다고 공언했다. _____ 경제는 한국 기업이 부품과 소재를 일본에서 수입해 제품을 생산해 수출하는 구조상 한국 수출이 많을수록 일본이 차지하는 이익이 늘어나는 구조를 가리킨다. 그러나 지금은 일본의 대한(對韓) 수출 규제는 한국이 국내에서 생산하거나 수입선을 다변화하는 등 대일(對日) 의존도를 낮추고 소재·부품·장비(소부장) 경쟁력을 강화하는 전화위복의 계기가 되었다는 평가가 지배적이다.

① 무중량
② 가마우지
③ 마냐나
④ 포틀래치

46 다음 중 유럽연합(EU)에서 2021년 7월 기후변화 대응을 위해 발표한 탄소국경세가 핵심인 계획으로 적절한 것은?

① RE100
② 핏 포 55
③ 그린 택소노미
④ 유러피언 그린딜

47 다음 중 온라인에서 인간과 컴퓨터 프로그램을 구별하는 보안 기술로 적절한 것은?

① 캡차(CAPTCHA)
② 카본 카피(Carbon Copy)
③ 하이퍼바이저(Hypervisor)
④ 해밍코드(Hamming Code)

48 다음 중 정보를 수집해 저장만 하고 분석에 활용하고 있지 않은 다량의 데이터를 뜻하는 것은?

① 메시 네트워크(Mesh Network)
② 디지털 트윈(Digital Twin)
③ 데이터 레이블링(Data Labeling)
④ 다크 데이터(Dark Data)

49 다음 중 R(Recession)의 공포에 대한 설명으로 적절하지 않은 것은?

① 장기금리와 단기금리의 역전 현상 여부를 R의 공포가 발생했다는 증거로 보기도 한다.
② 주식시장에서는 R의 공포가 전반적인 주가 상승을 견인하는 호재로 작용하는 경우가 많다.
③ R의 공포에 대응해 정부가 대단위의 자금을 투입하는 등 경기 부양책을 방만하게 운용하면 인플레이션 발생을 초래할 수도 있다.
④ 물가 상승 또는 금리의 인상으로 인한 R의 공포 때문에 가계의 소비가 감소하고, 이에 따라 기업의 경영 여건 악화와 고용 불안이 높아질 수 있다.

50 다음 중 미국이 제안한 반도체 동맹인 '칩(CHIP)4'에 해당하지 않는 국가는?

① 일본
② 한국
③ 인도
④ 대만

51 다음 중 MZ세대를 중심으로 자리 잡은 일상에 활력을 불어넣는 규칙적인 습관을 뜻하는 개념으로 적절한 것은?

① FIVVE
② 소셜 버블
③ 미라클 모닝
④ 리추얼 라이프

52 다음 중 2020년 7월 확정한 정부의 한국판 뉴딜 정책 중 하나로, 디지털 초격차를 확대하는 개념으로 적절한 것은?

① 디지털 뉴딜
② 디지털 유산
③ 뱅크사인(Bank Sign)
④ 이노드비(eNodeB)

53 다음 중 일과 가정의 조화를 위해 근무하는 시간과 장소를 탄력적으로 조정하여 일하는 근로자를 뜻하는 개념으로 적절한 것은?

① 골드칼라
② 블랙칼라
③ 퍼플칼라
④ 그레이칼라

54 다음 중 강한 경쟁자로 인해 조직 전체가 발전하는 것을 뜻하는 용어로 적절한 것은?

① 승수 효과
② 샤워 효과
③ 메기 효과
④ 메디치 효과

55 다음 중 큰 사고가 일어나기 전에 반드시 유사한 작은 사고와 사전징후가 나타난다는 경험적 법칙을 나타내는 개념으로 적절한 것은?

① 샐리의 법칙
② 이케아 효과
③ 하인리히의 법칙
④ 깨진 유리창 이론

56 다음 중 소비자가 여러 홈페이지에 로그인을 하거나 결제 정보를 입력하는 과정에서 남겨놓은 기록을 일컫는 용어는?

① 디지털 트랙(Digital Tracks)
② 디지털 스크랩(Digital Scraps)
③ 디지털 드로스(Digital Dross)
④ 디지털 발자국(Digital Footprint)

57 다음 중 멀티코어 지원을 목적으로 구글사(Google社)에서 개발한 범용 프로그래밍 언어는?

① 얼랭(Erlang) 프로그래밍 언어
② 고(Go) 프로그래밍 언어
③ 러스트((Rust) 프로그래밍 언어
④ 스위프트(Swift) 프로그래밍 언어

58 다음 중 미리 정해진 조직이나 개인들만 참여할 수 있는 형태로 참여자가 제한된 폐쇄형 블록체인을 뜻하는 용어는?

① 와인드업(Wind-up) 블록체인
② 클로즈드(Nonclosed) 블록체인
③ 프라이빗(Private) 블록체인
④ 임패서블(Impassable) 블록체인

59 다음 중 상황을 조작해 타인의 마음에 스스로에 대한 의심을 갖게 해 현실감과 판단력을 잃게 만드는 것을 뜻하는 용어로 적절한 것은?

① 원 라이팅
② 가스라이팅
③ 언더라이팅
④ 브레인 라이팅

60 다음 중 주로 이동 및 물류 서비스를 제공하는 다수 차량 또는 운송수단을 소유한 사업자를 가리키는 용어는?

① 스쿼드 오퍼레이터(Squad Operator)
② 플릿 오퍼레이터(Fleet Operator)
③ 트루프 오퍼레이터(Troop Operator)
④ 택시스 오퍼레이터(Taxis Operator)

61 다음 중 중앙은행이 금리를 인상해도 시장의 금리가 따라서 오르지 않는 현상을 뜻하는 말로 가장 적절한 것은?

① 왝더독
② 산타랠리
③ 낙타의 코
④ 그린스펀의 수수께끼

62 다음 중 특허가 만료된 바이오 의약품의 복제약을 지칭하는 용어로 적절한 것은?

① 바이오베터
② 바이오트론
③ 바이오시밀러
④ 바이오매스

63 다음 중 새로운 소비 세대에 대한 기사의 빈칸에 공통으로 들어가기에 가장 적절한 것은?

> '디지털 원주민'을 넘어 '인공지능 원주민(AI Native)'인 _____의 등장 이후 새로운 시장에 대한
> 연구는 양적·질적으로 급성장하고 있다. _____는 Z세대의 다음 세대이자 2010년 이후에 태어
> 난 세대이다. 또한 이들은 1980년대 초반～2000년대 초반 출생한 밀레니얼 세대의 자녀 세대이기
> 도 하다.
> 이전에는 겪어보지 못한 완전히 다른 세상을 사는 디지털·모바일 호모 사피엔스의 진정한 시작,
> _____가 새로운 트렌드를 써내려가기 시작했다. _____는 저출산의 흐름 속에 태어났고 아직
> 미성년자이기 때문에 시장에서 큰 관심을 끌지 못했지만, 이들은 부모, 친가·외가 조부모, 삼촌,
> 외삼촌, 이모, 고모라는 '10포켓'을 차고 있다. 특히 이들의 부모는 자녀에 대한 지출을 아끼지 않기
> 때문에 실제로는 교육 등 이들을 둘러싼 시장의 숨은 주역이다.

① 알파 세대   ② 림보 세대
③ 미어캣 세대   ④ 에코붐 세대

64 다음 중 비대면 온라인 문화에 대한 기사의 빈칸에 공통으로 들어가기에 가장 적절한 것은?

> 비대면(Untact) 문화가 보편화하면서 _____ 시대가 우리 앞으로 성큼 다가왔다. 유튜브 등 온
> 라인에서 개인들이 자신의 능력을 콘텐츠화해 수익을 창출하는 시대가 도래한 것이다. 여기에 필요
> 에 따라 일을 맡기거나 일감을 구하는 형태의 긱 이코노미(Gig Economy) 트렌드가 더해짐에 따라
> 최근에는 유튜브, SNS의 온라인 공간에서 활동하는 프리랜서가 급증했고, 이들이 마음껏 활약할
> 수 있는 O2O(Online to Online) 플랫폼도 인기를 끌고 있다. 인스타그램 또한 _____이/가 활
> 발히 이루어지는 플랫폼이다. 어느 정도의 팔로워를 보유한 인플루언서들은 제품 협찬이나 제품 공
> 동 구매 제의를 자주 받는다. 이는 인플루언서 마케팅을 주력으로 하는 신생기업이 증가하면서 생긴
> 새로운 형태의 경제활동이다.
> 그러나 콘텐츠의 수익화를 위해 가짜뉴스, 폭력적·선정적 콘텐츠 등 구독자 확보를 위한 과열 경쟁
> 을 우려하는 이들 또한 많아지고 있다. 이들은 "자극적인 제목으로 관심을 끌어놓고 막상 클릭해
> 보면 생각했던 것과 아주 다른 영상이 많다"며 "뒷광고 같은 것들도 _____(으)로 생겨난 부정적
> 인 현상일 것"이라고 지적한다.

① 셀프홀릭   ② 셀피노믹스
③ 폴리시 믹스   ④ 에르고노믹스

65 다음 중 암호 키를 찾기 위해 모든 경우의 수를 무작위로 대입하는 공격법을 뜻하는 용어는?

① 어뷰징(Abusing)

② 파밍(Pharming)

③ 브루트 포스(Brute Force) 공격

④ 튜링 테스트(Turing Test)

66 다음 중 미국의 반도체 기업 NVIDIA가 2024년 3월 공개한 인공지능 반도체로서, 2024년 하반기 출시 예정인 것은?

① 블랙웰(Blackwell)   ② eMMC

③ 뉴로모픽 반도체   ④ 시스템 반도체

67 다음 중 기계학습 방식의 일종으로, 생성 모델과 판별 모델을 대립적 프로세스를 통해 발전시키는 과정을 통해 실제에 매우 가까운 유사품을 생성하는 기술은?

① VAN   ② GAN

③ LORAN   ④ FORTRAN

68 다음 중 2022년 5월 발사된 우리나라 최초의 민간 관측위성은?

① 천리안 2호   ② 세종 1호

③ 키홀(Key Hole)   ④ 스타라이너(Starliner)

69 다음 중 환경 보호에 대한 기사의 빈칸에 공통으로 들어가기에 가장 적절한 것은?

> 정부(산업통상자원부)가 산업 판도를 바꿀 미래기술 개발을 지원하는 _____ 프로젝트가 눈에 띄는 성과를 내고 있다. 2024년 2월 현재 '노화역전' 등 3개 과제가 본연구에 신규로 진입했다. _____ 프로젝트는 최소 10년 후 산업의 판도를 바꿀 미래기술을 개념 연구(1년), 선행 연구(1년), 본연구(5년) 3단계 경쟁 방식으로 선정·추진하는 연구개발 사업이다.
> 산업통상자원부는 "최초로 도입한 중장기 도전·혁신형 연구개발 사업인 _____ 프로젝트가 착수 2년 만에 가시적인 성과를 보이고 있다. 매년 산업통상자원부 신규 예산의 10% 이상을 산업 난제 해결을 위한 과제에 투입하고, 10대 게임체인저 기술 확보(시즌 2)를 위한 1조 원 규모 예타를 추진해 세계 최고 수준의 도전적 연구개발 지원을 집중하겠다"고 밝혔다.

① 멘델레예프
② 알키미스트
③ 러더퍼드
④ 아르키메데스

70 다음 중 케이블TV 가입을 해지하고 인터넷TV나 동영상 스트리밍 서비스 등으로 옮겨가는 것을 뜻하는 용어는?

① 테크래시(Techlash)
② 지오펜싱(Geofencing)
③ 페이드 피어링(Paid Peering)
④ 코드커팅(Cord Cutting)

71 다음 중 주문형 반도체 전문 생산기업을 지칭하는 용어는 무엇인가?

① 파운드리(Foundry)
② 팹리스(Fabless)
③ 프롭테크(Proptech)
④ 프로그래매틱 바잉(Programmatic Buying)

72 다음 중 근거 없는 중상모략으로 상대를 공격하는 것을 뜻하는 용어로 적절한 것은?

① 도그마

② 마타도어

③ 텔레크라시

④ 포지티브섬 게임

73 다음 중 플랫폼 운송사업자를 제도화하는 내용의 법령인 '타다금지법'의 정식 명칭은?

① 「자동차관리법」 개정안

② 「화물자동차 운수사업법」 개정안

③ 「여객자동차 운수사업법」 개정안

④ 「교통약자의 이동편의 증진법」 개정안

74 다음 중 빈칸에 공통으로 들어갈 새로운 유형의 소비 행태를 뜻하는 용어로 적절한 것은?

2020년 봉준호 감독의 영화 「기생충」에서 '짜파구리'가 등장하면서 외국인들 사이에서 '짜파구리'를 비롯한 한국 음식 문화에 대한 관심이 크게 높아졌고, 그 영향으로 '짜파구리'는 한류의 새로운 아이콘으로 떠올라 실제 제품으로 정식 출시되기도 했다. 이처럼 최근 식품·주류업계에서 확산되고 있는 _____ 마케팅을 두고 전문가들은 1인 가구 및 편의점 증가에 힘입어 _____ 마케팅이 더욱 확산될 것으로 예상한다. 이는 1인 가족이 늘어나면서 '혼밥, 혼술' 현상이 늘어나 보편화 추세에 있고, 편의점 접근성 또한 크게 높아지면서 자신의 입맛에 맞춰 조합하는 사례가 늘었기 때문인 것으로 분석된다. 이에 대해 업계 관계자들은 "기업 입장에서도 _____ 조리법을 활용하면 제품 개발비를 절약할 수 있고, 소비자들의 관심도 끌 수 있어 _____ 마케팅은 이어질 것"으로 전망했다.

① 앰비슈머(Ambisumer)

② 트윈슈머(Twinsumer)

③ 모디슈머(Modisumer)

④ 큐레이슈머(Curasumer)

75 다음 중 노사관계에 대한 기사의 빈칸에 공통으로 들어가기에 가장 적절한 것은?

> 파업 노동자들에 대한 기업의 과도한 손해배상 청구를 제한하는 내용 등을 골자로 하는 소위 '_____'이 더불어민주당 주도로 2023년 2월 15일 국회 환경노동위원회 고용노동법안심사소위원회를 통과했다. '_____'이라 불리는 「노동조합 및 노동관계조정법」 제2조·제3조 개정안을 처리한 것인데, 이는 원안을 보강한 더불어민주당의 수정안이다. 그러나 국민의힘은 이에 크게 반발해 향후 상당한 진통이 예상된다. 법제사법위원회에서 60일 이상 계류될 경우 환경노동위원회에서 본회의에 직회부할 가능성도 있다. 개정안에는 법률상 '사용자'의 정의를 근로계약 체결의 당사자가 아니더라도 '근로조건을 실질적·구체적으로 결정할 수 있는 자'로 확대하는 내용이 담겼다. 쟁의행위의 범위와 관련해서는 '근로조건 결정' 부분을 '근로조건'으로 바꿨다. 이는 '기존 임금 등 단체협상과 관련한 이익 분쟁만 가능했던 쟁의행위의 범위를 권리 분쟁까지 확대'한 것으로 해석된다. 아울러 법원이 파업 노동자에게 손해배상 책임을 인정하는 경우 각 손해의 배상의무자별로 귀책사유와 기여도에 따라 개별적으로 책임 범위를 정하도록 하는 내용도 담겼으며, 신원보증인에 대한 배상 책임도 없었다.

① 파란봉투법　　　　　　　　　② 붉은봉투법
③ 노란봉투법　　　　　　　　　④ 검은봉투법

76 다음 기사에서 설명하는 '이것'으로 가장 적절한 것은?

> 전북이 '이것' 핵심 기술 선행 연구개발을 우선 추진해 새만금 내 '이것' 데스트베드 조성을 위한 불씨를 되살리는 데 박차를 가하고 있다. '이것'은 진공 상태에 가까운 터널 속으로 캡슐 차량을 이동시키는 첨단 기술로, 2022년 국토교통부 공모에서 '이것' 종합시험센터 부지로 새만금이 최종 결정됐다. 그러나 2023년 10월 1단계로 추진되는 '이것' 기술개발 사업이 기술·시장 불확실성에 따른 정부 주도의 대형 R&D 투자 시급성 부족 등을 이유로 예비타당성 검증을 통과하지 못했다. 전 세계적으로 친환경·초고속 이동수단에 대한 원천기술 개발이 필요하다는 공감대가 형성되었으나 핵심 기술에 대한 불명확성에 대한 의구심이 더 컸던 탓이다. 이에 전북은 국토교통부와 함께 '이것'의 핵심 기술인 '자기부상·추진'과 '아진공 튜브' 등에 대한 약 270억 원 규모의 연구개발을 우선해 기술 성숙도를 높이기로 나가기로 했다.

① 익스텐션(Extension) 튜브　　　② 트랙션(Traction) 튜브
③ 타이곤(Tygon) 튜브　　　　　　④ 하이퍼(Hyper) 튜브

77 다음 중 암호화 키 정보를 소프트웨어 알고리즘에 포함하여 공격자가 암호를 쉽게 유추할 수 없도록 하는 보안 기술을 가리키는 용어는?

① 옐로 박스 암호   ② 블랙 박스 암호
③ 레드 박스 암호   ④ 화이트 박스 암호

78 다음 중 '비트 오류율'을 가리키는 용어는?

① BCI   ② BER
③ CDN   ④ CV

79 다음 중 90일 이내 관광 등의 목적으로 미국을 방문할 때 비자 없이 입국할 수 있는 제도의 명칭은?

① ESTA   ② HUD
③ GFW   ④ ICO

80 다음 중 블록체인을 구현하는 핵심 기술 중 하나인 분산원장 기술을 일컫는 용어는?

① DID   ② EMCP
③ Cloud HSM   ④ DLT

81 다음 중 반도체가 아니라 원자를 기억소자로 활용하는 컴퓨터를 일컫는 용어는?

① 노이만형 컴퓨터   ② 양자 컴퓨터
③ 바이오 컴퓨터   ④ 하이브리드 컴퓨터

82 다음 중 내용에서 설명하는 '이것'은?

> '이것'은 중앙 클라우드 서버가 아니라 이용자의 단말기 근처 또는 단말기 자체에서 데이터를 직접 처리하는 기술을 말한다. 따라서 인터넷을 통한 데이터의 송수신을 줄일 수 있어 보안성을 강화할 수 있다. 또한 '이것'은 데이터가 발생한 현장 또는 가까운 거리에서 실시간으로 처리함으로써 데이터의 흐름 속도를 크게 높일 수 있다. '이것'은 자율주행 자동차, 가상현실 등 데이터를 실시간으로 신속하게 처리해야 하는 4차 산업혁명을 구현하는 데 필수적인 기술로 주목을 받고 있다.

① 모빌 컴퓨팅(Mobile Computing)　　② 그리드 컴퓨팅(Grid Computing)
③ 에지 컴퓨팅(Edge Computing)　　④ 유틸리티 컴퓨팅(Utility Computing)

83 다음 중 4차 산업혁명의 효율 대응을 위한 범정부 차원의 체계 정비 및 인프라 및 산업·사회 변화를 규율하는 「지능정보화 기본법」과 관련한 설명으로 옳은 것은?

① 「정보화촉진 기본법」 및 「국가정보화 기본법」이 전부개정되면서 「지능정보화 기본법」이 등장했다.
② 지능정보사회의 구현에 관하여 다른 법률의 규정과 「지능정보화 기본법」의 규정이 상이할 경우에는 「지능정보화 기본법」을 우선해 적용한다.
③ 지능정보사회 종합계획은 5년을 주기로 국무총리가 과학기술정보통신부장관의 동의를 얻은 후 대통령의 인가를 받아 최종 확정한다.
④ 지능정보화책임관 협의회는 과학기술정보통신부장관 등 중앙행정기관의 장으로만 구성되고, 지자체의 장은 구성원에 포함되지 않는다.

84 다음 중 보건에 대한 기사의 빈칸에 공통으로 들어가기에 가장 적절한 것은?

> 미국 식품의약국(FDA)이 2022년 11월에 세계 최초의 _____ 치료제를 승인했다. 스위스 F 제약사의 '○○○'(이)라는 재발성 클로스트리디움 디피실 예방 치료제를 승인한 것이다. 미국에서는 클로스트리디움 디피실 감염증으로 인한 장천공, 패혈증 때문에 매년 15,000명 ~ 30,000명이 사망한다고 한다. _____은/는 미생물 군집과 이들의 유전 정보와 함께 미생물을 구성하는 요소, 미생물이 만들어내는 대사물질, 그리고 더 나아가 주변 서식 환경 등을 모두 포괄하는 용어이다. 즉, 쉽게 말해 _____은/는 '인체 내의 미생물 생태계'라고 이해할 수 있다.
> 한편 _____와/과 관련해 과학기술정보통신부는 의약품, 소재, 제품 등 제조산업 혁신을 위해 _____을/를 이용한 유효 물질 발굴 및 식물을 활용한 유효 물질 대량생산 기술 개발을 지원하기로 하는 '디지털바이오 혁신 전략'을 최근 발표했다.

① 바이오버든(Bioburden)　　② 바이오해저드(Biohazard)
③ 마이크로소트(Micro-sort)　　④ 마이크로바이옴(Microbiome)

85 다음 중 10cm 이내 근접 거리에서 3.5Gbps의 속도로 데이터 전송이 가능한 초고속 근접통신(NFC) 기술을 가리키는 용어는?

① 폴링(Polling) ② 핑(Ping)
③ 빙(Bing) ④ 징(Zing)

86 다음 중 새로운 소비 문화에 대한 기사의 빈칸에 공통으로 들어가기에 가장 적절한 것은?

> 팬덤이 소비자 구매 행태에 끼치는 영향력이 급증함에 따라 관련 산업도 확장 일로에 있는 것으로 보인다. Z세대를 중심으로 한 _____이/가 사회의 각별한 주목을 끌고 있는 것이다. 대표적으로 거대한 규모의 팬덤을 갖춘 K-Pop 가수들을 보유한 대형 연예기획사를 중심으로 디지털 기술을 기반으로 한 새로운 형태의 팬덤 플랫폼을 확장해가고 있다. _____은/는 브로마이드 등의 각종 굿즈, 공연, 팬과 연예인을 이어주는 팬덤 플랫폼 등으로 영역을 넓히고 있는 것이다. 업계 관계자는 2020년 기준으로 _____ 규모가 대략 8조 원에 육박할 것이라고 추산했다. 팬덤 플랫폼 이용자 비중은 10 ~ 20대 여성이 가장 많으며, 국내보다는 국외 이용자가 더 많다.

① 파노플리 ② 패닉 세일
③ 팬더스트리 ④ 팬플레이션

87 다음 중 기사의 빈칸에 공통으로 들어가기에 가장 적절한 것은?

> 2024년 7월 미국 리서치 기업 가트너에서 발표한 _____에 소버린(Sovereign) AI가 신규 키워드로 등장했다. 'Sovereign'은 자주권이란 뜻이며, 소버린 AI는 자체적인 인프라·데이터를 토대로 자국의 문화·언어, 사회적 맥락, 가치관 등을 반영한 AI 서비스를 지칭한다. 이는 미국 중심의 빅테크들에 대한 가치관 종속을 우려하는 각국 정부와 기업들이 소버린 AI 관련 투자를 강화하고 있는 데서 주목을 끈다. 또한 _____은 기술 트렌드와 혁신에 대한 시장의 기대와 현실을 시각적으로 반영하는 그래픽 표현 방식으로서, 기술 혁신의 성숙 단계를 시각적으로 설명할 대 이용된다. 소버린 AI를 구축하려면 고성능 그래픽 처리장치를 갖춘 데이터센터와 함께 이러한 인프라를 지원하는 전력망, 데이터 수급, 실제 서비스에 적용하는 과정을 모두 갖춰야 한다. 현재 우리나라에서 적극적인 소버린 AI 사업을 펼치는 기업은 '녹색창'으로 유명한 N사이다.

① 하이프 사이클(Hype Cycle) ② 크릭 사이클(Cric Cycle)
③ 데밍 사이클(Deming Cycle) ④ 서멀 리사이클(Thermal Recycle)

88 다음 중 웹 3.0에 대한 설명으로 적절한 것을 모두 고르면?

> ㉠ 웹 3.0은 거대 정보기술 회사들이 통제하는 중앙집중화된 웹 2.0의 대안으로 평가된다.
> ㉡ 웹 3.0은 개인화, 지능화, 상황 인식 등의 특징으로 하는 '맞춤형 웹'이라 말할 수 있다.
> ㉢ 웹 3.0은 개방성·자발성·투명성, 데이터 주권, 완전한 탈중앙화 등을 추구하는 웹이다.
> ㉣ 웹 3.0의 대표적인 사례로는 블록체인과 분산화 기술을 기반으로 한 NFT(대체불가능토큰)가 있다.

① ㉠, ㉡
② ㉢, ㉣
③ ㉠, ㉡, ㉣
④ ㉠, ㉡, ㉢, ㉣

89 다음 중 빈칸에 공통으로 들어가기에 가장 적절한 것은?

> 탄소중립의 시대에 도로 교통 중심에서 궤도 교통 중심으로 옮겨가야 한다는 전 세계적 추세인 _____는 자동차를 보다 친환경적인 다른 교통 수단으로 전환해 환경적 부담을 줄이고 긍정적 효과들을 높이자는 것이다. 운송 부문의 온실가스 감축을 위해서도 철도 수송분담률을 늘리는 것은 전기자동차 보급률을 늘리는 것보다 중요하다. 자동차는 탄소배출의 주범으로 꼽히며, 그나마 환경 친화적이라는 전기자동차에 필요한 에너지를 충당하기 위해 재생 에너지 발전소를 짓더라도 산림이나 농지에 대한 대규모 손실을 피하기 어렵기 때문이다. 결국 자동차 이용을 획기적으로 줄여야 하며, 특히 원거리 이동에서 도로나 항공 대신 저탄소 이동수단인 철도를 중심에 두는 _____가 필요하다는 결론에 도달한다.

① 그린 시프트
② 모달 시프트
③ 다운 시프트
④ 패러다임 시프트

90 다음 중 GE-맥킨지 매트릭스에 대한 설명으로 옳지 않은 것은?

① 전략적 사업단위 간의 상호작용을 고려하지 않는다는 단점이 있다.
② 주관적 지표 선정 방법 등의 이유로 다른 회사와의 비교가 어렵다는 한계가 있다.
③ BCG(보스턴 컨설팅그룹) 매트릭스보다 평가 요소가 적어 타당성이 상대적으로 낮다.
④ 시장점유율의 성장, 내부적 혁신 능력, 상대적 브랜드 파워, 품질 등 다양한 측면의 기업 역량을 고려한다.

91 다음 중 미국의 신임 대통령이 4년마다 대선이 끝나는 시기에 맞춰 임명할 수 있는 공직 리스트를 밝히는 인사 지침서를 뜻하는 용어로 적절한 것은?

① 플럼북   ② 베이지북
③ 레드 테이프   ④ 화이트 리스트

92 다음 중 '고통지수'에 대한 설명으로 옳지 않은 것을 〈보기〉에서 모두 고르면?

> **보기**
>
> ⊙ 각국의 국민들이 느끼는 삶의 고통을 수치로 계량화할 수 있는 지표이다.
> ⓒ 고통지수는 소득증가율, 분배 상황 등이 거의 반영되지 않는다는 한계가 있다.
> ⓒ 고통지수는 국민이 체감하고 있는 경제 여건을 다른 국가와 비교해 이해하는 근거가 될 수 있다.
> ㉣ 소비자물가 상승률과 실업률을 토대로 측정하며, 이 지수가 낮을수록 국민의 겪는 경제적 고통이 크다고 볼 수 있다.

① ⊙, ⓒ   ② ⊙, ㉣
③ ⓒ, ⓒ   ④ ⓒ, ㉣

93 다음 중 기준을 충족하는 '우량 기업'에 대한 투자 확대 전략을 가리키는 용어는?

① 네거티브 스크리닝(Negative Screening)
② 포지티브 스크리닝(Positive Screening)
③ 옵티미스틱 스크리닝(Optimistic Screening)
④ 어퍼머티브 스크리닝(Affirmative Screening)

94 다음 중 BBI보험에서 보험료를 책정하는 기준으로 가장 중요한 요소는 무엇인가?

① 보험계약자의 운전 습관
② 보험계약자의 연령, 과거 병력 등 건강 관련 정보
③ 보험계약자가 소유한 차량의 가격 및 노후화 정도
④ 보험계약자의 소득 및 재산 현황 등 경제 관련 정보

95 다음 중 개발도상국의 온실가스 감축, 기후변화 적응 등과 가장 관계가 깊은 용어는?

① 스탠딩 레포 제도(Standing Repo Facility)

② 엘기니즘(Elginism)

③ 솅겐조약

④ GCF

96 다음 중 빈칸에 들어가기에 가장 적절한 것은?

> _____ 경제학은 다음 중 케이트 레이워스가 제시한 경제 모델로, 사회적 기초와 생태적인 한계 등으로 인간과 환경을 함께 지켜내기 위해 넘지 말아야 할 선을 표현한 것이다.

① 바퀴(Wheel)　　　　　　　　　② 풍선(Baloon)

③ 도넛(Doughnut)　　　　　　　　④ 뫼비우스(Möbius)

97 다음 중 탄소중립에 대한 설명으로 적절하지 않은 것을 모두 고르면?

> ㉠ 한국은 2030년까지 국가 온실가스 배출량을 2015년 대비 30% 감축하는 목표를 정했다.
> ㉡ 탄소중립을 실행하는 방안으로는 숲을 조성하기, 재생에너지 개발하기, 탄소배출권 구매하기 등이 있다.
> ㉢ 탄소중립의 감축 목표 대상이 되는 온실가스는 이산화탄소(CO_2)와 메테인(CH_4) 등의 2가지 기체뿐이다.
> ㉣ 직접 공기 포집(DAC)과 탄소 포집 및 저장(CCS) 기술은 탄소중립을 실현하는 가스 포집 기술이다.
> ㉤ 한국은 탄소중립 사회로의 이행을 효과적으로 추진하기 위해 환경부장관 소속으로 2050 탄소중립녹색성장위원회를 설치했으며, 이에 필요한 재원 마련을 위해 설치된 기후대응기금 또한 환경부장관이 관리한다.

① ㉠, ㉡, ㉢　　　　　　　　　② ㉠, ㉢, ㉤

③ ㉡, ㉢, ㉣　　　　　　　　　④ ㉢, ㉣, ㉤

98 다음 중 1996년 12월 페루에서 발생한 '일본 대사관 점거 사건'에서 유래한 말로, 인질범이 인질에게 정신적으로 동화되는 현상을 가리키는 것은?

① 롤리타 증후군 ② 오셀로 증후군
③ 리마 증후군 ④ 스톡홀름 증후군

99 미국 항공우주국(NASA)은 2024년까지 유인 우주선을 달에 보내려는 달 탐사 프로젝트를 추진 중이다. 이 프로젝트에는 로마 신화에 나오는 여신의 이름을 붙였는데, 다음 중 이 여신의 이름으로 적절한 것은?

① 유노(Juno) ② 디아나(Diana)
③ 케레스(Ceres) ④ 아테네(Athene)

100 다음 중 필수 영양성분을 함유하면서도 나트륨, 설탕 등의 특정 성분의 함량을 줄이거나 제거한 식품을 뜻하는 말로 적절한 것은?

① 로푸드(Low Food) ② 푸드뱅크(Food Bank)
③ 푸드 리퍼브(Food Refurb) ④ 프랑켄푸드(Franken-food)

101 다음 중 스푸핑(Spoofing)에 대한 설명으로 적절한 것을 모두 고르면?

> ㉠ 스푸핑은 승인받은 사용자로 위장해 시스템에 접근하거나 네트워크상에서 허가된 주소로 위장해 접근 제어 목록을 우회하는 해킹 수법이다.
> ㉡ IP 주소, DNS, 이메일 등 네트워크 통신과 관련한 모든 것은 스푸핑의 공격·침입 대상이 될 수 있다.
> ㉢ 신뢰관계에 있는 두 시스템 중 한쪽 시스템의 IP를 도용하는 IP 주소 스푸핑은 공격자를 추적하는 것이 비교적 쉽다.
> ㉣ 스푸핑을 방지하기 위해서는 신뢰할 수 있는 상대방을 구별할 수 있는 여러 가지 식별 수단을 혼용해야 한다.

① ㉠, ㉢ ② ㉡, ㉢
③ ㉠, ㉡, ㉣ ④ ㉡, ㉢, ㉣

102 다음 중 스니핑(Sniffing)에 대한 설명으로 적절한 것을 모두 고르면?

> ㉠ 스니핑은 네트워크 트래픽을 도청하는 행위로서, 데이터 통신 보안의 기밀성을 침해하는 해킹 수법이다.
> ㉡ 스니핑 공격은 필터링을 무시하고 모든 트래픽을 볼 수 있는 무차별 모드를 설정해 트래픽을 도청한다.
> ㉢ 스니핑이 본격적으로 IP를 가로채고 해킹하는 능동적 공격이라면, 스푸핑은 IP를 가로채기 위해 어느 부분이 취약한지 염탐하는 소극적 공격이다.
> ㉣ 패킷 정보를 암호화하면 스니핑으로 인한 위험성을 크게 경감시킬 수 있다.

① ㉠, ㉢
② ㉡, ㉣
③ ㉠, ㉡, ㉣
④ ㉡, ㉢, ㉣

103 다음 중 메타버스(Metaverse)에 대한 설명으로 적절한 것을 모두 고르면?

> ㉠ 메타버스는 웹상에서 아바타를 이용해 현실세계에서처럼 사회·경제적 활동을 하는 등 가상세계와 현실세계가 혼재된 세계이다.
> ㉡ 메타버스가 보다 발전하려면 가상융합(XR) 기술과 사물인터넷·5G·클라우드 등 4차 산업혁명 기술의 발전이 필요하다.
> ㉢ 향후 여러 메타버스들이 상호 연결됨으로써 다중가상세계 시대가 출현할 가능성이 예상되기도 한다.
> ㉣ 현실의 법령으로 통제할 수 없는 신종 범죄의 출현 가능성, 과몰입으로 인한 높은 중독성 등은 메타버스의 확산에 앞서 해결해야 할 문제점으로 꼽힌다.

① ㉠, ㉢
② ㉡, ㉢
③ ㉡, ㉡, ㉣
④ ㉠, ㉡, ㉢, ㉣

104 다음 중 빈칸에 공통으로 들어갈 내용으로 가장 적절한 것은?

> _____은/는 희소성을 갖는 디지털 자산을 대표하는 토큰으로, 블록체인 기술을 활용하며 기존의 가상자산과 달리 디지털 자산에 별도의 일련번호를 부여해 상호 교환이 불가능하다. 또한 분실과 위조의 위험 없이 디지털 지갑에 소장해 어디서든 활용할 수 있다. _____은/는 미술품 거래, 게임, 스포츠, 음원 등 다양한 산업 분야에서 활용되고 있다. 또한 블록체인 기술을 적용해 _____을/를 발행하는 과정을 민팅(Minting)이라고 부른다. 그러나 소유권·저작권 침해할 우려가 있으므로 민팅을 통해 사업을 확장하려는 기업은 관련 법률에 저촉되지 않도록 사전에 주요 이슈를 점검하는 선제적 대응이 필수적이다.

① NFT
② Fail Safe
③ Use Case
④ Data Mart

105 다음 중 테이퍼링(Tapering)에 대한 설명으로 적절하지 않은 것은?

① 중앙은행은 국채, MBS(주택저당채권) 등 자산의 매입량을 줄이는 테이퍼링으로써 유동성을 조절한다.

② 테이퍼링을 실시할 때는 일정 수준의 물가상승률과 고용목표 기준을 테이퍼링의 전제 조건으로 설정하는 것이 일반적이다.

③ 테이퍼링은 긴축 정책으로 인한 과도한 물가하락을 신속하게 해소하기 위해 가능한 한 빠르게 통화 유동성을 확대하는 전략이다.

④ 미국에서 테이퍼링을 실시하면 세계 각국에 공급되는 달러의 양이 감소할 수 있으며, 통화량의 감소로 인해 주식시장에서도 자금이 유출될 수 있다.

106 다음 중 빈칸에 공통으로 들어갈 내용으로 가장 적절한 것은?

_____은/는 경제를 전망할 때 막연히 낙관적으로 보는 현상을 뜻한다. 2003년 이라크 전쟁 후 미국 정부 당국자들이 경기 회복세를 지나치게 낙관하는 행태를 경제 전문가들이 비판하며 쓴 데서 유래했다. 낙관적 경제관은 경제 상황을 정확하게 파악하지 못하게 함으로써 적절하고 올바른 정책을 마련할 수 없게 만든다.

① 오버슈팅(Overshooting) ② 마냐나(Manana) 경제
③ 저압(Low Pressure) 경제 ④ 고압(High Pressure) 경제

107 다음 중 '인간은 합리적이다'라는 전통 경제학의 가정과 달리 사람들의 선택은 비합리적·변칙적인 경우가 많음을 뜻하는 것은?

① 용의자 딜레마 ② 고슴도치 딜레마
③ 몬티 홀(Monty Hall) 딜레마 ④ 트리핀(Triffin) 딜레마

108 다음 중 4자 안보 대화(Quad)에 참여하고 있는 나라로 옳지 않은 것은?

① 미국　　　　　　　　　　　　② 인도
③ 일본　　　　　　　　　　　　④ 러시아

109 다음은 한 경제현상에 대한 설명 및 사례이다. 다음 중 빈칸에 공통으로 들어갈 용어로 적절한 것은?

> 경기가 두 번 떨어진다는 뜻으로, 경기침체가 발생한 후 잠시 경기가 회복되다가 다시 경기침체로 접어드는 연속적인 침체 현상을 의미한다. _____은 2001년 미국 모건스탠리사의 이코노미스트였던 로치(S. Roach)가 미국 경제를 진단하면서 처음 사용한 용어로, 경기순환의 모습이 영문자 'W'를 닮았다 해서 'W자형 경기변동' 또는 'W자형 불황'이라고도 한다. 일반적으로 경기침체는 2분기 연속 마이너스 성장을 보이는 경우를 말하므로 _____은 경기침체가 발생하고 잠시 회복 기미가 관측되다 다시 2분기 연속 마이너스 성장에 빠지는 것으로, 1980년대 초 있었던 미국의 경기침체가 예로 자주 거론된다. 당시 미국 경제는 석유파동의 영향 등으로 1980년 1월부터 7월까지 침체에 빠졌으나 이후 1981년 1/4분기까지 빠르게 성장하였는데, 연방준비제도가 인플레이션을 제압하기 위하여 금리를 빠르게 올림에 따라 1981년 7월부터 1982년 11월까지 다시 불황에 빠지는 경기침체를 경험한 바 있다.

① 디레버레이징　　　　　　　　② 디커플링
③ 더블딥　　　　　　　　　　　④ 디플레이션

110 다음 중 불경기까지 이르지는 않지만 일시적으로 경기가 후퇴하는 현상을 뜻하는 용어로 적절한 것은?

① 리세션(Recession)　　　　　　② 인플레션(Inflession)
③ 더블딥(Double dip)　　　　　　④ 재고조정

111 다음 중 밑줄 친 프레너미(Frienemy)와 그 의미가 유사한 한자성어로 가장 적절한 것은?

> 미국의 의회가 정보기술(IT) 거대 기업들에 대한 반(反)독점 조사에 속도를 내는 가운데 중소기업들이 보복에 대한 두려움으로 이들 IT 거대 기업들에 불리한 증언을 기피할 수 있다고 미국 언론이 보도했다. 이러한 보도에 따르면 많은 중소 IT 기업과 애플리케이션 개발자들은 대형 IT 플랫폼과 전통적인 프레너미(Frienemy) 관계를 맺고 있다. 서비스를 둘러싸고 경쟁하는 동시에 소비자에게 접근하기 위해 대기업에 기대야 하는 것이다. 미국 언론은 "이러한 의존 때문에 일부 중소기업들은 G사 등의 IT 대기업에 대한 경쟁 제한 우려 등을 공개적으로 드러내기 어려울 것"이라고 꼬집었다. 미국의 한 온라인 출판사 CEO는 "G사는 디지털 미디어 분야에서 어떤 기업이든 죽이거나 살릴 수 있다"며 "G사 같은 IT 대기업들은 (출판물의) 배포와 사업화의 가장 큰 원천인데 그들을 거스르는 것에 이익이 있는가"라고 말했다.

① 소극침주(小隙沈舟)　　　　　② 진승오광(陳勝吳廣)
③ 오우천월(吳牛喘月)　　　　　④ 오월동주(吳越同舟)

112 다음 중 프로젝트 파이낸싱에 대한 설명으로 적절하지 않은 것은?

① 건물·토지 등이 아니라 사업의 장래성과 발생 가능한 현금 흐름을 담보로 삼는다.
② 프로젝트가 실패할 경우에도 모회사는 차입금 상환 부담이 없고, 투자 리스크를 분산할 수 있다.
③ 은행 등의 금융기관은 자금을 투자할 뿐이며, 사업성 검토나 입찰 준비 등에 참여하지 않는다.
④ 모회사로부터 독립된 특수목적 회사가 프로젝트의 주체가 되어 자금 조달과 수익 배분을 담당한다.

113 다음 중 내용에서 설명하는 현상을 뜻하는 용어는 무엇인가?

> 집단에 참여하는 구성원이 많을수록 개인이 발휘하는 힘과 역량의 크기는 예상과 반대로 감소하는 경우가 많다. 예컨대 줄다리기 경기에 참여하는 인원이 증가할수록 개인이 최대로 발휘하는 힘은 오히려 크게 감소하는 경향이 있다. 이는 일종의 사회적 태만 심리에 기안한 것으로 분석된다. 자신이 노력하지 않더라도 다른 사람이 노력할 것이라고 생각해 '무임승차'하려는 것이다.

① 마태 효과　　　　　　　　② 링겔만 효과
③ 앵커링 효과　　　　　　　④ 기니피그 효과

114 다음 중 와이어링 하니스에 대한 설명으로 옳지 않은 것을 모두 고르면?

> ㉠ 자동차 1대에 약 3,000 ~ 4,000개의 전선이 필요하다.
> ㉡ 자동차 내부에 장착되는 전자장치 등의 부품에 전원을 공급하고 전기신호를 전달하는 배선뭉치이다.
> ㉢ 차량별로 필요한 전선의 길이나 종류가 다르고 기계가 작업하기 어려워 대체로 수작업을 통해 자동차 모델에 따라 맞춤형으로 제작된다.
> ㉣ 전기차나 자율주행차 등은 더 많은 센서가 필요하지만 와이어링 하니스는 간단하게 적용할 수 있다.

① ㉠, ㉡   ② ㉡, ㉢
③ ㉢, ㉣   ④ ㉠, ㉣

115 다음 중 다이렉트 인덱싱에 대한 설명으로 적절하지 않은 것은?

① 축적된 데이터나 인공지능(AI)을 활용하여 개개인의 투자목적 및 투자성향, 가치관 등을 반영하여 투자 포트폴리오를 설계하는 것을 말한다.
② '비스포크 인덱싱(Bespoke Indexing)'이라고도 불린다.
③ 패시브 운용을 지향하고 있어 액티브 운용보다 거래비용이 비싼 편이다.
④ 맞춤형 포트폴리오를 바탕으로 운용하다 보니 불필요한 거래를 최소화해 꾸준하게 투자할 수 있다는 장점이 있다.

116 사이버 보안 전문가이자 포레스터 리서치 수석연구원인 존 킨더버그가 2010년에 제시한 사이버 보안모델은 무엇인가?

① 국제 트러스트   ② 제로 트러스트
③ 시빅 트러스트   ④ 내셔널 트러스트

117 다음 중 〈보기〉에서 설명한 것으로 옳은 것은?

> **보기**
>
> 인공지능(AI)을 통해 콜봇이나 챗봇이 고객의 질문에 답변하는 지능형 고객센터를 말한다. 음성인식, 문장 분석, 대화엔진 등의 각종 AI 기술이 동시 적용되어 인간과 유사한 목소리로 일상적인 언어를 구사해 고객의 질문에 적절하게 대응하며, 실시간으로 상담내용을 파악해 상담사에게 관련 정보를 찾아주는 기능도 한다.

① AI 콘택트센터   ② AI 네트워크
③ AI 데이터 라벨링   ④ AI 홀로그램

118 다음 중 기업이 탐욕으로 상품 및 서비스 가격을 과도하게 올려 물가상승을 초래하는 현상을 가리키는 용어는?

① E플레이션 ② 바이플레이션
③ 팬플레이션 ④ 그리드플레이션

119 다음 중 비트코인 도미넌스에 대한 설명으로 옳은 것은?

> ㉠ 비트코인 등장 이후 새로운 알트코인들이 연이어 등장하면서 상승하기 시작했다.
> ㉡ 비트코인은 정부나 중앙은행, 금융회사의 개입이 있으나 온라인상에서도 개인과 개인이 직접 돈을 주고받을 수 있도록 암호화된 가상자산이다.
> ㉢ 전 세계 가상자산에서 비트코인 시가총액이 차지하는 비율을 뜻한다.
> ㉣ 비트코인 가격이 강세를 기록하며 전반적으로 가상자산 시장이 불(Bull) 장일 때 하락하는 경향을 보인다.

① ㉠, ㉡ ② ㉡, ㉢
③ ㉢, ㉣ ④ ㉠, ㉡, ㉢

120 다음 중 기업자의 퇴직연금이 방치되고 있는 경우 사전에 협의한 방법으로 운용하는 제도를 가리키는 용어는?

① 이해충돌방지법 ② 규제자유특구
③ 사전지정운용제 ④ 예금자보호한도

121 다음 중 도심의 거대상권이 아닌 동네에서 소비생활이 이루어지는 현상을 이르는 용어는?

① 앱이코노미(App Economy) ② 뉴이코노미(New Economy)
③ 블랙이코노미(Black Economy) ④ 로코노미(Loconomy)

122 다음 중 내용에서 설명하는 '이것'으로 옳은 것은?

'이것'은 온라인 환경에 익숙한 청년 투자자들 사이에서 입소문을 타고 유행하면서 인기를 끄는 주식을 말한다. SNS(사회관계망서비스), 유튜브 등에서 활동하는 인플루언서들에 의해 소개되는 형태가 흔하다. 대부분 중소형주이기 때문에 '이것'은 주식 매수세, 콜옵션, 기타 외부 변수의 영향을 크게 받기 때문에 변동성 또한 높다. 그러나 기업 가치를 정확히 파악하지 않고 신중하지 못한 투자가 이루어질 수 있다는 비판도 있다.

① 트래킹(Tracking) 주식
② 글래머(Glamour) 주식
③ 상환(Redeemable) 주식
④ 밈(Meme) 주식

123 다음 중 소비자가 선호하는 것에 깊이 파고드는 행동이 관련 제품의 소비로 이어지는 현상을 지칭하는 용어는?

① 디깅소비
② 소비경기
③ 소비혁명
④ 기호소비

124 다음 중 컨셔스 패션에 대한 설명으로 옳지 않은 것은?

㉠ 친환경적이고 윤리적인 과정에서 생산된 의류 및 이를 소비하고자 하는 트렌드를 말한다.
㉡ '의식 있는'이라는 뜻의 컨셔스(Conscious)와 패션(Fashion)의 합성어이다.
㉢ 대표적으로 버려진 의류나 폐기물을 재활용한 의류나 물을 사용하지 않는 염색법으로 염색한 의류, 합성섬유를 재활용한다.
㉣ 컨셔스 패션은 패스트 패션이 유행하는 데 큰 역할을 했다.

① ㉠, ㉡
② ㉡, ㉢
③ ㉢, ㉣
④ ㉠, ㉣

125 다음 중 키보드나 마우스 등 음성, 시선, 표정 등 여러 입력방식을 융합해 인간과 컴퓨터가 의사소통하는 기술을 일컫는 용어는?

① 휴먼 인터페이스　　　　　　　　② 멀티모달 인터페이스
③ 유저 인터페이스　　　　　　　　④ 확장 인터페이스

126 다음 중 메인넷에 대한 설명으로 옳지 않은 것은?

① 기존 플랫폼에서 벗어나 독립적으로 만들어진 네트워크이다.
② 본래 실제 사용자들에게 배포하는 버전의 네트워크를 뜻하는 용어이다.
③ 프로젝트를 출시하고 운영하며, 암호화폐 거래소를 운영한다.
④ 블록체인 서비스에 알맞은 플랫폼을 구현하기 위해 기존의 플랫폼을 구성하고 있다.

127 다음 중 빈칸에 공통으로 들어갈 용어로 가장 적절한 것은?

> 웹 2.0 시대에는 참여, 공유, 개방이 특징으로 네티즌들이 적극 참여해서 정보를 만들고 공유하는 사회적인 연결성을 중시했다면 _____은/는 데이터의 의미를 중심으로 서비스되는 시대를 말한다. 개인화, 지능화, 상황인식 등이 _____의 대표 키워드로 인터넷에서의 엄청난 양의 정보 중에 현재 필요한 정보와 지식만을 추출해서 보여주는 맞춤형 웹의 시대이다.

① 웹 3.0　　　　　　　　　　　　② 웹 브라우저
③ 웹 OS　　　　　　　　　　　　④ 웹 PD

128 다음 중 은행 관련 금융사고가 연속적으로 발생하면서 내부 통제시스템 보완을 위해 강화된 제도로 적절한 것은?

① 유연근로시간제　　　　　　　　② 학습휴가제
③ 명령휴가제　　　　　　　　　　④ 보상휴가제

129 다음 중 코로나19로 인해 이전의 생활로 복귀하면서 우울감을 느끼는 현상을 나타내는 말로 적절한 것은?

① 엔데믹 블루   ② 블루온
③ 딥블루   ④ 블루라운드

130 다음 중 인플레이션이 먼저 나타난 뒤 경기침체가 일어난 상황을 가리키는 말로 적절한 것은?

① 칩4(Chip4)   ② 인페션(Infession)
③ 킹 달러(King Dollar)   ④ 스태그플레이션(Stagflation)

131 고객 동의 없이 요금변경을 해 불공정약관 논란이 일었던 N사는 글로벌 인터넷 영상 서비스 사업자이다. 다음 중 이러한 인터넷 영상 서비스를 뜻하는 약자로 적절한 것은?

① CDN   ② CP
③ CSP   ④ OTT

132 다음 중 '심리적 불경기'를 의미하는 것은?

① 바이백(Buy-back)   ② 바이플레이션(Biflation)
③ 바이어스 크레디트(Buyer's Credit)   ④ 바이브세션(Vivecession)

133 다음 중 4차 산업혁명의 핵심내용인 빅데이터에 대한 설명으로 적절하지 않은 것은?

① 과거에 비해 규모가 크고, 주기가 짧고, 수치뿐 아니라 문자와 영상 등의 데이터를 포함하는 대규모 데이터를 말한다.
② 빅데이터는 크게 데이터의 양, 속도, 형태의 다양성으로 요약된다.
③ 빅데이터 기술을 활용하면 과거에 비해 빠른 시간 안에 분석하는 것이 가능하다.
④ 기존에는 비정형 데이터를 분석했다면, 빅데이터 환경에서는 정형화된 데이터의 분석에 중점을 둔다.

134 데이터 3법은 개인정보 보호에 대한 법이 소관 부처별로 나누어져 있기 때문에 생기는 불필요한 중복 규제를 없애 4차 산업 혁명의 도래에 맞춰 개인과 기업이 정보를 활용할 수 있는 폭을 넓히자는 취지로 마련되었다. 다음 중 이 데이터 3법에 해당하는 것을 바르게 짝지은 것은?

① 개인정보 보호법, 정보통신망법, 신용정보법
② 개인정보 보호법, 신용정보법, 컴퓨터프로그램 보호법
③ 개인정보 보호법, 정보통신망법, 컴퓨터프로그램 보호법
④ 정보통신망법, 신용정보법, 컴퓨터프로그램 보호법

135 다음 중 서비스의 상품화 또는 기존 서비스와 신규 서비스의 결합 현상을 가리키는 것은?

① 서비타이제이션(Servitization)
② 볼커룰(Volcker Rule)
③ 스패머플라지(Spamouflage)
④ 베르트랑(Bertrand) 모형

136 다음 중 인공지능의 연구 분야 중 하나로, 인간의 학습 능력과 같은 기능을 컴퓨터에서 실현하고자 하는 기술 및 기법을 의미하는 것은?

① 브레인 러닝
② M 러닝
③ 머신 러닝
④ 플립 러닝

137 다음 중 기사의 빈칸에 공통으로 들어가기에 가장 적절한 것은?

> 2024년 11월 미국 대선 격전지로 꼽히는 _____ 7곳 중 5곳에서 도널드 트럼프가 조 바이든 대통령에 앞선다는 여론조사 결과가 나왔다. _____은/는 우리말로 '경합주(競合州)'라는 의미로, 정치적 성향이 분명하지 않아 공화당(트럼프)과 민주당(바이든)이 격전을 펼치고 있는 주(州)를 말한다. 7곳 중에서도 최대 격전지로 꼽히는 미시간, 위스콘신, 펜실베니아 3개 주에서 트럼프 후보와 바이든 후보는 오차범위 내에서 엎치락뒤치락했다. 이 3개 주의 표심이 대선 향방을 가를 가능성이 크다.

① 디아스포라(Diaspora)
② 스윙 스테이트(Swing State)
③ 워싱턴 컨센서스(Consensus)
④ 세이프 스테이트(Safe State)

138 다음 중 공장에 ICT 기술을 융합시켜 분리된 공정을 연결해 어디서든 시스템을 제어하고, 데이터를 활용해 생산성을 혁신적으로 높여주는 지능형 공장을 의미하는 용어는?

① 인터넷 원격공장　　　　　　　　② 공장 자동화

③ CIM　　　　　　　　　　　　　④ 스마트 팩토리

139 다음 중 인공지능이 인간지능을 넘어서는 기점을 의미하는 용어는?

① 세렌디피티(Serendipity)　　　　② 싱귤래리티(Singularity)

③ 어모털리티(Amortality)　　　　　④ 리니어리티(Linearity)

140 다음 중 다양한 전문기술을 갖춘 이질적인 전문가들로 구성된 임시 조직을 가리키는 말은?

① 마이크로 그리드(Micro Grid)

② 애드호크라시(Adhocracy)

③ 아프로퓨처리즘(Afrofuturism)

④ 싱크로나이즈드 슬로다운(Synchronized Slowdown)

141 다음 중 여성이 출산으로 인해 받는 고용상 불이익을 뜻하는 용어는?

① 차일드 페널티(Child Penalty)

② 차일드 디스밴티지(Child Disadvantage)

③ 피메일 어게인스트(Female Against)

④ 피메일 디스크리미네이션(Female Discrimination)

142 다음 중 이익 창출에만 지나치게 열을 올리면서 플랫폼의 품질이 오히려 악화되는 현상을 가리키는 용어는?

① 펨테크(Femtech)
② 커리어 노마드(Career Nomad)
③ 에이지퀘이크(Age-quake)
④ 엔시티피케이션(Enshittification)

143 다음 중 통신망 제공사업자는 모든 콘텐츠를 동등하고 차별 없이 다뤄야 한다는 원칙을 뜻하는 용어는?

① 제로 레이팅
② 망 중립성
③ MARC
④ 멀티 캐리어

144 다음 중 인터넷 경제의 3원칙 가운데 하나로, 마이크로칩의 밀도가 약 2년마다 2배로 늘어난다는 법칙은?

① 황의 법칙
② 가치사슬을 지배하는 법칙
③ 무어의 법칙
④ 메트칼프의 법칙

145 다음 중 인공지능 기술을 활용해 특정 인물의 얼굴 등을 특정 영상에 CG처럼 합성한 영상 편집물은?

① 딥페이크
② 딥마인드
③ 딥어뷰징
④ 딥러닝

146 다음 중 공공장소에서 무인 · 자동화를 통해 주변 정보 안내나 버스 시간 안내 등 일반 대중들이 쉽게 이용할 수 있는 무인 정보단말기 또는 이를 활용한 마케팅을 일컫는 용어는?

① RFID
② 비콘
③ NFC
④ 키오스크

147 다음 중 모든 컴퓨팅 기기를 하나의 초고속 네트워크로 연결하여, 컴퓨터의 계산능력을 극대화한 차세대 디지털 신경망 서비스는?

① 클라우드 컴퓨팅
② 유틸리티 컴퓨팅
③ 그리드 컴퓨팅
④ 네트워크 컴퓨팅

148 다음 중 일종의 악성코드로 시스템에 침투해 사용할 수 없도록 암호화하여 금전을 요구하는 악성 프로그램은?

① 랜섬웨어
② 다크 데이터
③ 셰어웨어
④ 키로거

149 다음 중 내용에서 설명하는 서비스로 가장 적절한 것은?

> 은행의 송금과 결제망을 표준화시키고 이를 개방하여 하나의 애플리케이션으로 모든 은행의 계좌 조회, 결제, 송금 등의 금융 활동을 제공하는 서비스를 말한다. 2019년 12월 18일에 정식으로 서비스를 시작했으며, 은행권의 오픈 API에 따라 데이터를 전송한다. 개인이 이용하던 은행의 모바일 앱에 타행 계좌를 등록하고 이용 동의를 하면 서비스를 이용할 수 있다. 편리성이 증대되었다는 장점이 있지만, 하루 이체한도가 기존 은행 애플리케이션에 비해 낮다는 단점이 있다.

① 섭테크
② 레그테크
③ 뱅크런
④ 오픈뱅킹

150 다음 중 창의적인 사고와 뛰어난 컴퓨터 실력으로 생산성을 개선하는 고급 두뇌 노동자를 지칭하는 용어는?

① 노칼라(No Collar)
② 핑크칼라(Pink Collar)
③ 그린칼라(Green Collar)
④ 실리콘칼라(Silicon Collar)

151 다음 중 로렌츠곡선에 대한 설명으로 옳은 것을 모두 고르면?

> ㉠ 세로축은 누적된 소득 인원을, 가로축은 누적된 소득 금액을 표시한다.
> ㉡ 로렌츠곡선이 대각선에 가까울수록 소득 분포가 불균등하다고 해석할 수 있다.
> ㉢ 소득 분포가 완전히 균등하면 곡선은 각도가 45°인 대각선, 즉 균등분포선과 일치한다.
> ㉣ 균등분포선과 로렌츠곡선의 사이의 면적, 즉 불평등면적의 크기는 불평등 정도의 지표가 된다.

① ㉠, ㉡   ② ㉡, ㉢
③ ㉢, ㉣   ④ ㉠, ㉣

152 다음 중 래퍼곡선에 대한 설명으로 옳은 것을 모두 고르면?

> ㉠ 조세 수입의 변화율은 적정 세율에 가까울수록 완만하다.
> ㉡ 래퍼 곡선에 따르면 세율의 인상은 과세 대상의 이탈을 초래할 수 있다.
> ㉢ 적정 세율 이하의 세율 구간에서는 세율을 인상할수록 조세 수입이 감소한다.
> ㉣ 래퍼 곡선에 따르면 모든 세율 구간에 대해 세율의 증가에 따라 조세 수입도 비례해 증가한다.

① ㉠, ㉡   ② ㉠, ㉢
③ ㉡, ㉣   ④ ㉢, ㉣

153 다음 중 북한 등 유엔의 제재를 받는 국가와 거래하는 제3국의 기업과 은행, 정부 등에도 제재를 가하는 강력한 제재 방식을 뜻하는 용어는?

① 마폴(MARPOL)   ② 로제타 플랜(Rosetta Plan)
③ 세컨더리 보이콧(Secondary Boycott)   ④ 캐치올(Catch-all) 규제

154 다음 중 내용에서 설명하는 기술로 가장 적절한 것은?

> 인간의 뇌 기능을 적극적으로 모방하려는 의도에 기초하고 있다. 제어 대상과 관련된 복수의 요인을 설정하고, 복수의 요인의 결합과 그 경중을 판단하는 일종의 통계학적 학습 알고리즘이다. 병렬적 처리와 분석이 이루어진다는 점에서 생물학적 신경망과 유사하다.

① 슈퍼 컴퓨터   ② 양자 컴퓨터
③ 뉴럴 네트워크   ④ 데이터 마이닝

155 다음 중 내용에서 공통적으로 설명하고 있는 것은?

> • 인공지능 AI의 학습 기술로, 구글의 알파고도 이 기술에 기반한 프로그램이다.
> • 컴퓨터가 여러 데이터를 이용하여 인공 신경망(ANN)을 구성한다.

① 커스컴
② 빅데이터
③ 딥 러닝
④ 유비쿼터스

156 다음 중 내용이 설명하고 있는 '이것'은?

> '이것'은 짧은 시간 동안 부담없이 간편하게 무언가를 즐기는 문화로서 방송, 음식, 패션 등의 분야에서 나타난다. 서비스 또는 제품의 소비에 소요되는 비용이 적어 항상 새로운 것을 열망하는 소비자들이 많은 것을 소비할 수 있게 하는 문화 경향을 의미한다.

① 핫미디어(Hot Media)
② 서브컬처(Subculture)
③ 카운터컬처(Counterculture)
④ 스낵컬처(Snack Culture)

157 다음 중 정보의 확산을 막으려다가 오히려 더 광범위하게 알려지게 되는 인터넷 현상을 일컫는 말은?

① 베블런 효과
② 스트라이샌드 효과
③ 헤일로 효과
④ 맥거핀 효과

158 다음 중 규제를 교묘히 회피하며 벌이는 마케팅 기법으로서, 마치 공식 스폰서인 것처럼 위장함으로써 성과를 올리는 마케팅을 뜻하는 용어는?

① 앰부시(Ambush) 마케팅
② 걸리시(Girlish) 마케팅
③ 게릴라(Guerilla) 마케팅
④ 디마케팅(Demarketing)

159 다음 중 시간의 경과에 따라 없어지거나 질이 떨어질 우려가 있는 정보들을 디지털화하여 보관하는 거대한 문서 저장고는?

① 디지털 부머
② 디지털 아카이브
③ 디지털 컨버전스
④ 디지털 디바이드

160 다음 중 금융기관끼리 거래하는 경우 유사시에 외화를 우선적으로 공급받을 수 있는 권리를 뜻하는 것은?

① 벌크 라인(Bulk Line)
② 세컨드 라인(Second Line)
③ 커미티드 라인(Committed Line)
④ 크레디트 라인(Credit Line)

161 다음 중 내용에서 설명하고 있는 '이것'은?

> '이것'은 기존 은행의 인터넷 뱅킹, 인터넷전문은행과 동일하게 디지털 기술을 활용한다. 또한 '이 것'은 개인 영업, 기업 영업, 주택담보대출 등 특정 서비스 분야별로 특화되어 있다. 아울러 '이것'은 지점, 인력 등에 소요되는 비용을 절감하고 단순한 상품과 저렴한 수수료를 추구한다.

① 네오뱅크(Neobank)
② 챌린저 뱅크(Challenger Bank)
③ 뱅크페이(Bankpay)
④ 스몰 라이선스(Small License)

162 다음 중 IT 분야에서 분실한 정보기기 내의 정보를 원격으로 삭제하거나 사용할 수 없도록 하는 기술을 뜻하는 용어는?

① 킬 스위치
② 핀펫
③ 어플라이언스
④ 키젠

163 다음 중 현금 서비스를 받지도 않고 신용카드로 물건을 사지도 않으면서 할인, 무료 서비스만 챙기 려는 소비자를 가리키는 용어는?

① 블루슈머(Bluesumer)
② 체리피커(Cherry Picker)
③ 체크슈머(Checksumer)
④ 페이크슈머(Fakesumer)

164 다음 중 빈칸에 들어갈 용어로 적절한 것은?

> 최근 _____ 기업들이 코로나19 이후, 역대 최고 실적을 경신할 수 있었던 이유는 '시장' 역할을 하는 유통 / 검색 / 소셜미디어 등의 플랫폼을 장악했기 때문이다. 많은 기업들이 채용을 동결하거나 줄이고 있는 가운데 _____ 기업에서는 데이터 전문가나 소프트웨어 엔지니어와 같은 고급인재들을 싹쓸이하고 있다. 이에 미국 정부는 이들을 규제하기 위해 칼을 빼들었다. 최근 구글의 모회사인 '알파벳'이 미국 정부로부터 고소를 당했고, 7월 29일에 열린 청문회에는 구글, 아마존, 애플, 페이스북의 CEO가 최초로 한 자리에 모여 독점적 지위 악용이라는 비판을 받았다.

① 핀테크   ② 빅테크
③ 빅블러   ④ 베조노믹스

165 다음 중 빅데이터의 공통적 특징인 3V에 해당하지 않는 것은?

① Volume   ② Velocity
③ Variety   ④ Visualization

166 다음 내용에서 설명하고 있는 '이것'은?

> '이것'은 분명하게 확립된 재산권과 충분히 낮은 협상 비용을 전제할 경우, 정부 개입 없이도 이해관계 당사자 간의 협상으로 외부 효과(Externality) 문제를 효율적으로 해결할 수 있다는 이론이다.

① 세이의 법칙(Say's Law)
② 코즈의 정리(Coase Theorem)
③ 슈바베의 법칙(Schwabe's Law)
④ 허니문 랠리(Honeymoon Rally)

167 다음 중 흔히 게임 개발사에서 상품 출시를 앞두고 수면 · 식사 · 위생, 기타 사회활동 등을 희생하며 장시간 업무를 이어가는 것을 가리키는 용어는?

① 빅 크런치(Big Crunch)
② 서머 모드(Summer Mode)
③ 크런치 모드(Crunch Mode)
④ 크레디트 크런치(Credit Crunch)

168 다음 중 기업, 학교, 공공기관, 정부 내의 부정과 비리를 세상에 고발하는 내부 고발자 또는 법적 용어로 공익신고자를 뜻하는 용어는?

① 휘슬 블로어(Whistle-blower)

② 매니페스토(Manifesto)

③ 프로파간다(Propaganda)

④ 디스인포메이션(Disinformation)

169 다음 중 내용에서 설명하고 있는 '이것'은?

> '이것'은 2012년 미국과학진흥회(AAAS)와 미국 의회가 마련한 상이다. 이 상은 기초과학 연구의 불확실성에 의미를 부여하고자 마련된 상으로 당장의 성과를 내지는 못하지만 결과적으로는 인류에 큰 기여를 한 연구를 선정해 수여한다.

① 울프상(Wolf Prize)

② 필즈상(Fields Medal)

③ 이그 노벨상(Ig Nobel Prize)

④ 황금거위상(GSA)

170 다음 중 기사의 빈칸에 들어갈 용어로 가장 적절한 것은?

> 연쇄 성범죄자 박○화의 거주지를 둘러싼 갈등 해결 방법은 사실 이미 마련된 바 있다. 2023년 10월 법무부는 「고위험 성폭력 범죄자의 거주지 제한 등에 관한 법률」 제정안 입법을 추진했다. 흔히 '한국형 _____법'이라 부르는 명칭은 2005년 미국 플로리다주에서 성범죄자에게 강간 살해된 피해자의 이름에서 유래했다. 미국에서 시행 중인 이 법률은 12세 미만 아동 대상 성범죄자에게 출소 후 평생 전자발찌 부착을 강제하고, 학교·공원 주변 600m 이내 거주를 금지한다. 미국의 '_____법'과 달리 '한국형 _____법'은 고위험 성범죄자들의 거주지를 학교·공원이 아니라 국가·지자체 등이 운영하는 시설로 한정한다. 미국에 비해 국토가 좁고 인구밀도는 높기 때문이다. 아울러 법무부는 재범 위험성을 떨어뜨리기 위해 약물치료 확대도 동시에 추진하기로 했었다. 그러나 '한국형 _____법'은 이미 죗값을 치르고 나온 자에 대한 이중 처벌이 될 수 있다는 지적도 있다. 또한 헌법이 보장하는 거주이전의 자유를 침해할 수 있다는 지적도 제기됐다. 결국 '한국형 _____법'은 국회 문턱을 넘지 못했다. 그러나 '한국형 _____법'의 도입 필요성을 강력히 주장하는 이들도 많기에 불씨는 사그라들지 않을 것으로 보인다.

① 사마리안아인(Samaritan)

② 제노비스(Genovese)

③ 제시카(Jessica)

④ 메건(Megan)

171 다음 중 환경보호 취지로 온실가스를 내뿜는 비행기를 타는 것에 부끄러움을 느끼자는 캠페인의 명칭은?

① 에어포트셰임(Airport Shame)　　　　② 어비에이션셰임(Aviation Shame)

③ 디파처셰임(Departure Shame)　　　　④ 플라이트셰임(Flight Shame)

172 다음 중 불확실한 상황에 가장 먼저 도전하는 선구자를 가리키는 용어와 관계가 깊은 동물은?

① 물범(Seal)　　　　　　　　　　　② 갈매기(Seagull)

③ 펭귄(Penguin)　　　　　　　　　④ 범고래(Grampus)

173 다음 중 미국 하원에서 2024년 3월 통과된 「외국의 적이 통제하는 앱으로부터 미국인을 보호하는 법안」의 별칭은?

① 알리(Ali) 금지법　　　　　　　　② 위챗(WeChat) 금지법

③ 틱톡(TikTok) 금지법　　　　　　④ 디디추싱(Didi Chuxing) 금지법

174 다음 중 소비자가 선택할 수 있는 공급자의 수가 매우 제한적인 과점 또는 독점 시장을 가리키는 용어는?

① 그레이 마켓(Grey Market)　　　　② 애프터 마켓(After Market)

③ 헝거 마켓(Hunger Market)　　　　④ 캡티브 마켓(Captive Market)

175 다음 중 은행이 대출을 제공하는 경우 대출조건으로 강제하는 예금을 일컫는 용어는?

① 유동성예금　　　　　　　　　　② 당좌예금

③ 별단예금　　　　　　　　　　　④ 구속성예금

176 다음 중 동시다발적으로 여러 악재가 동시에 일어나는 상황을 일컫는 말은?

① 칵테일 위기(Cocktail of Risk)
② 도덕적 위험(Moral Risk)
③ 소버린 리스크(Sovereign Risk)
④ 컨트리 리스크(Country Risk)

177 다음 중 정부에서 주택시장의 과열 또는 침체를 해소하려 할 때 DTI(총부채상환비율)와 함께 규제 수준을 조절하는 것으로, 주택의 가치에 따른 대출금의 비율을 가리키는 약어는?

① LDR
② LTV
③ ROE
④ KIKO

178 다음 중 독립적 각 요소의 균형 잡힌 포트폴리오를 구성해 효율적으로 리스트를 관리는 투자 전략을 가리키는 용어는?

① 모멘텀 투자(Momentum Investing)
② 포트폴리오투자(Portfolio Investing)
③ 팩터투자(Factor Investing)
④ 브라운필드 투자(Brown Field Investment)

179 세계보건기구(WHO)가 선포하는 감염병 경보단계에서 팬데믹(Pandemic)은 가장 높은 단계이다. 이때 'Pandemic'의 'Pan-'이 의미하는 바로 가장 적절한 것은?

① 질병
② 모두
③ 고통
④ 확산

180 다음 중 기업 등이 차입금 등 타인의 자본을 지렛대처럼 이용하여 자기 자본의 이익률을 높이는 것을 가리키는 말은?

① 뱅커스 유산스(Banker's Usance)

② 사이드카(Side Car)

③ 시스템 트레이딩(System Trading)

④ 레버리지(Leverage)

181 다음 중 내용에서 설명하는 '이것'으로 가장 적절한 것은?

> '이것'은/는 중앙은행이 시중에 돈을 푸는 정책으로, 정부의 국공채나 그밖에 다양한 금융자산의 매입을 통해 시장에 유동성을 공급하는 정책을 뜻한다(통화량 증가).

① 업사이클링(Up-cycling)

② 카니벌라이제이션(Cannibalization)

③ 어닝서프라이즈(Earning Surprise)

④ 양적완화(Quantitative Easing)

182 다음 중 기존의 텍스트보다 동영상 및 이미지를 소통의 도구로 선호하는 소비자를 가리키는 용어는?

① 실버 서퍼(Silver Surfer)

② 퍼스널 쇼퍼(Personal Shopper)

③ 미스터리 쇼퍼(Mystery Shopper)

④ 스트리밍 쇼퍼(Streaming Shoper)

183 다음 중 예금주가 직접 은행을 방문해 거래할 수 있는 통장으로, 2007년부터 등장한 것은?

① 스텔스(Stealth) 통장

② 히든(Hidden) 통장

③ 인비저블(Invisible) 통장

④ 버로우드(Borrowed) 통장

184 다음 중 센서와 컴퓨터, 네트워크 장비 등을 보이지 않게 장치하고 필요할 때 유용한 서비스를 제공하는 기술을 뜻하는 용어는?

① 캄테크(Calm-tech)   ② 애그테크(Ag-tech)

③ 욜테크(YOL-tech)   ④ 에듀테크(Edutech)

185 다음 중 코로나19와 관련된 거짓 소문으로 인해 등장한 용어로, 잘못된 정보나 괴담 등이 빠르게 확산하는 현상을 뜻하는 것은?

① 시노포비아   ② 팬데믹

③ 인포데믹   ④ 네카시즘

186 다음 내용에서 설명하는 '이것'에 들어가는 공통적인 요일은?

- 블랙 '이것' : 미국 뉴욕에서 있었던 주가의 대폭락을 가리키는 말
- 레드 '이것' : 주식 거래가 시작되면서 지난주의 주가를 배경으로 시황판의 불이 모두 빨갛게 켜지는 날
- 사이버 '이것' : 연휴를 마치고 일상으로 복귀한 고객들을 상대로 온라인상에서 할인 행사를 벌이는 날

---

① 화요일(Tuesday)   ② 금요일(Friday)

③ 월요일(Monday)   ④ 토요일(Saturday)

187 다음 중 내용에서 설명하는 '이것'으로 적절한 것은?

'이것' 지수는 일물일가(一物一價) 원칙을 전제로, 전 세계에서 판매되는 미국 맥도날드 매장의 '이것' 가격을 달러로 환산하여 미국 내 가격과 비교해 매년 발표하는 지수이다.

---

① 빅맥(Big Mac)   ② 콜라(Cola)

③ 머핀(Muffin)   ④ 라테(Latte)

188 다음 중 파레토 법칙과 반대로, 소득 분포에서 하위 80%에 속하는 다수가 상위 20%에 속하는 소수보다 뛰어난 가치를 만들어 낸다는 이론의 명칭은?

① 리테일(Retail) 법칙
② 롱테일(Long Tail) 법칙
③ 칵테일(Cocktail) 법칙
④ 숏테일(Short Tail) 법칙

189 다음 중 윤석열 정부가 2024년 1학기부터 시범사업으로 도입했으며, 기존의 초등 방과후학교와 돌봄교실을 통합한 제도를 가리키는 용어는?

① 늘봄학교
② 늘푸른학교
③ 늘밝은학교
④ 늘기쁜학교

190 감염병을 막기 위해 감염자가 발생한 의료 기관을 통째로 봉쇄하는 조치를 코호트(Cohort) 격리라 한다. 이때 'Cohort'가 의미하는 것은?

① 의료인
② 강제적
③ 동일 집단
④ 유전자

191 다음 내용에서 설명하는 것은?

> 가상화폐로 거래할 때 발생할 수 있는 해킹을 막는 기술로서, 공공 거래 장부라고도 불린다. 이 기술은 온라인 가상 화폐 비트코인에 적용되어 있으며, 모든 비트코인 사용자는 P2P 네트워크에 접속해 똑같은 거래장부 사본을 나누어 보대한다. 즉, 기존의 금융 회사가 거래 기록을 중앙 집중형 서버에 보관하는 것과 달리 모든 사용자가 거래장부를 함께 관리하는 것이다. 비트코인은 장부를 누구나 열람할 수 있게 하고, 여러 컴퓨터가 이 기록을 10분에 한 번씩 검증하게 하여 해킹을 방지하고 있다.

① 캄테크
② 블록체인
③ 제로 레이팅
④ 그로스 해킹

192 RPA는 업무 과정에 발생되는 데이터를 정형화하고 논리적으로 자동 수행하는 기술을 가리킨다. 이때 'R'이 의미하는 것은?

① Rapid(신속한)
② Replicable(반복 가능한)
③ Robotic(로봇식의)
④ Reproducible(재현·복사 가능한)

193 다음 중 사람이 직접 읽을 수 있고 휴대할 수 있는 형식으로 된 데이터를 가리키는 것은?

① 지그비(ZigBee)
② 파운드리(Foundry)
③ 메일머지(Mail Merge)
④ 하드카피(Hard Copy)

194 다음 중 내용에서 설명하는 '이것'은?

> '이것'택트 마케팅은 고객과 마주하지 않고 서비스와 상품 등을 판매하는 비대면 판매 방식을 가리킨다. 이 단어는 Contact(접촉)에 반대를 의미하는 접두사 '이것'이 붙어 '접촉하지 않는다'는 뜻에서 유래했다. '이것'택트 마케팅은 매장의 키오스크 주문 등 직원이나 다른 소비자와 접촉하지 않고 물건을 구매하는 소비 경향을 가리킨다.

① Un-
② In-
③ Dis-
④ Counter-

195 다음 중 세계적인 파운드리 제조 기업으로 적절하지 않은 것은?

① TSMC
② 삼성전자
③ SK하이닉스
④ UMC

196 다음 중 일부러 논란이나 구설수를 일으켜 소비자들의 관심을 끌려는 마케팅 전략으로 적절한 것은?

① 디마케팅
② 니치 마케팅
③ 노이즈 마케팅
④ 마이크로 마케팅

197 다음은 하이퍼튜브에 관한 설명이다. 다음 중 빈칸에 들어갈 수치로 옳은 것은?

공기저항이 거의 없는 아진공(0.001 ~ 0.01 기압) 튜브 내에서 자기력으로 차량을 추진·부상하여 시속 _____km 이상으로 주행하는 교통시스템을 말한다. 항공기와 유사한 속도로 달리면서 열차처럼 도심 접근성을 충족시킬 수 있다는 점에서 차세대 운송시스템으로 주목받고 있다. 하이퍼튜브를 실현하기 위해서는 아진공 환경이 제공되고 주행통로가 되는 아진공 튜브, 자기력으로 차량을 추진·부상하는 궤도, 아진공으로부터의 객실의 기밀을 유지하며 주행하는 차량 등 3가지 구성요소가 확보돼야 한다. 현재 많은 국가에서 기술선점을 위한 노력이 계속되고 있으며 국내에서도 핵심기술 연구가 진행되고 있다.

① 500
② 700
③ 1,000
④ 1,300

198 다음 중 글에서 설명하는 조치로 가장 적절한 것은?

> 선물 가격이 전일 종가 대비 5% 이상(코스닥 6%) 변동(등락)한 시세가 1분간 지속될 경우 주식시장의 프로그램 매매 호가가 5분간 효력이 정지되는 조치로, 선물 시장의 급등락이 현물 시장에 과도하게 파급되는 것을 막기 위한 장치이다. 이 제도는 1897년 미국 증시가 폭락한 블랙먼데이 이후 주가가 급격히 낮아지는 것을 방지하기 위해 각 국가의 증시에 도입되었으며, 한국은 1998년부터 시행되었다.

① 블랙스완(Black Swan)
② 공매도(Short Stock Selling)
③ 브래킷 크리프(Bracket Creep)
④ 서킷브레이커(Circuit Breaker)

199 다음 중 글로벌 경기침체와 더불어 미 연준의 금리 인상으로 달러의 가치가 급등하는 현상을 나타낸 용어로 옳은 것은?

① 킹 달러(King Dollar)
② 퀸 달러(Queen Dollar)
③ 파워 달러(Power Dollar)
④ 퍼스트 달러(First Dollar)

200 다음 중 내용에서 설명하는 것은?

> 동일한 내용의 메일을 동시에 여러 명의 다른 사람들에게 보내는 기능으로서, 수취인들의 이름과 주소 등의 정보를 받아 공용의 메시지와 결합해 하나의 메시지를 구성하는 작업을 뜻한다. 즉, 같은 내용의 편지를 다수의 사람들에게 전송하려고 할 경우에 워드프로세서를 이용해 동일한 내용의 메일을 한 번만 작성하고, 이름·주소 등 수취인에 대한 정보가 저장된 데이터베이스로부터 개인 정보를 받아들여 여러 장의 메일을 동시에 발송하는 것이다.

① 메일 게이트웨이(Mail Gateway)
② 메일 머지(Mail Merge)
③ 메일 바인딩(Mail Binding)
④ 메일 아카이브(Mail Achive)

똑똑한 IT · 디지털 상식

찾아
보기

INDEX

ㄱ

INDEX

INDEX

ㄹ

ㅁ

ㅂ

INDEX

INDEX

ㅈ

INDEX

INDEX

ㅎ

"오늘 당신의 노력은 아름다운 꽃의 물이 될 것입니다."

그러나, 이 꽃을 볼 때 사람들은 이 꽃의 아름다움과 향기만을 사랑하고 칭찬하였지, 이 꽃을 그렇게 아름답게 어여쁘게 만들어 주는 병속의 물은 조금도 생각지 않는 것이 보통입니다.

만일 이 꽃병 속에 들어 있는 물을 죄다 쏟아 버리고 빈 병에다 이 꽃을 꽂아 보십시오.

아무리 아름답고 어여쁜 꽃이기로서니 단 한 송이의 꽃을 피울 수 있으며, 단 한 번이라도 꽃 향기를 날릴 수 있겠습니까?

우리는 여기서 아무리 본바탕이 좋고 아름다운 꽃이라도 보이지 않는 물의 숨은 힘이 없으면 도저히 그 빛과 향기를 자랑할 수 없는 것을 알았습니다.

－방정환의 「우리 뒤에 숨은 힘」 중－

앞선 정보 제공! 도서 업데이트

언제, 왜 업데이트될까?

도서의 학습 효율을 높이기 위해 자료를 추가로 제공할 때!
공기업 · 대기업 필기시험에 변동사항 발생 시 정보 공유를 위해!
공기업 · 대기업 채용 및 시험 관련 중요 이슈가 생겼을 때!

01 시대에듀 도서
www.sdedu.co.kr/book
홈페이지 접속

02 상단 카테고리
「도서업데이트」
클릭

03 해당
기업명으로
검색

참고자료, 시험 개정사항 등 정보 제공으로 학습효율을 높여 드립니다.

시대에듀
금융권 필기시험
시리즈

알차다!
꼭 알아야 할 내용을
담고 있으니까

친절하다!
핵심내용을 쉽게
설명하고 있으니까

명쾌하다!
상세한 풀이로 완벽하게
익힐 수 있으니까

핵심을 뚫는다!
시험 유형과 흡사한
문제를 다루니까

"신뢰와 책임의 마음으로 수험생 여러분에게 다가갑니다."

"농협" 합격을 위한 시리즈

농협 계열사 취업의 문을 여는
Master Key!

※도서의 이미지 및 구성은 변동될 수 있습니다.

2025 최신판 금융권 채용대비

통통한

정답 및 해설

IT·디지털
상식

편저 | SDC(Sidae Data Center)

5G

IBK기업은행

KB국민은행

하나은행

신한은행

NH농협은행

KDB산업은행

Sh수협은행

새마을금고중앙회

한국예탁결제원

한국자산관리공사

한국주택금융공사

시대에듀

통통한 IT · 디지털 상식

정답 및 해설

끝까지 책임진다! 시대에듀!

QR코드를 통해 도서 출간 이후 발견된 오류나 개정법령, 변경된 시험 정보, 최신기출문제, 도서 업데이트 자료 등이 있는지 확인해 보세요! 시대에듀 합격 스마트 앱을 통해서도 알려 드리고 있으니 구글 플레이나 앱 스토어에서 다운받아 사용하세요. 또한, 파본 도서인 경우에는 구입하신 곳에서 교환해 드립니다.

01	02	03	04	05	06	07	08	09	10	11	12	13	14	15	16	17	18	19	20
④	③	②	①	④	②	③	②	①	③	④	①	①	④	④	③	③	①	①	②
21	22	23	24	25	26	27	28	29	30	31	32	33	34	35	36	37	38	39	40
④	①	④	③	④	②	③	②	④	③	①	②	④	④	③	③	②	②	④	①

01 정답 ④

중앙처리장치(CPU)는 주기억장치(레지스터), 제어장치, 연산(산술 / 논리)장치로 구성된다. 모뎀은 주변장치에 해당하며, 통신을 위해 사용한다.

02 정답 ③

펌웨어(Firmware)는 소프트웨어를 읽어 실행하거나 수정하는 것이 가능하며, 하드웨어의 성능 향상을 위해 업그레이드할 수 있다.

03 정답 ②

단위 시간에 처리할 수 있는 작업의 양을 표시하는 것은 처리 능력(Throughput)이다.

오답분석

① 접근 시간(Access Time) : 위치 설정 시간(Seek Time)＋회전 대기 시간(Latency Time)＋데이터 전송 시간(Data Transfer Time)
③ MIPS(Million Instruction Per Second) : 초당 실행 가능한 명령어의 개수를 백만 단위로 표시한다.
④ FLOPS(FLoating point Operation Per Second) : 초당 부동 소수점 연산의 명령 실행 횟수이다.

04 정답 ①

RISC는 CISC에 비해 적은 수의 명령어를 지원하며, 복잡한 연산을 수행하려면 제공하는 명령어들을 반복 수행해야 하므로 프로그램이 복잡해진다. 또한 속도가 빠른 그래픽 응용 분야에 적합하므로 워크스테이션에 주로 사용된다.

05 정답 ④

CISC는 필요한 명령어 셋을 갖춘 프로세서로 가장 효율적인 사용자의 방법으로 요구 능력을 제공한다. 가변 길이의 명령어 형식은 CISC의 특징이고, 단일 사이클의 명령어 실행은 RISC의 특징이다.

06 정답 ②

• 프로그램 카운터(PC) : CPU에서 다음에 실행될 명령어의 주소를 기억하는 레지스터이다.
• 제어장치 : 주기억장치에서 읽어 들인 명령어를 해독하여 해당 장치에 제어 신호를 보내고 정확하게 수행하도록 지시한다. 프로그램 카운터와 명령 레지스터를 이용하여 명령어의 처리 순서를 제어한다.
• 메모리 버퍼 레지스터(MBR) : 기억장치의 읽거나 저장할 데이터를 일시적으로 기억하는 레지스터이다.
• 연산장치 : 누산기, 가산기, 보수기, 시프터, 데이터 레지스터, 상태 레지스터, 인덱스 레지스터, 주소 레지스터로 구성된다.

07 정답 ③

누산기(ACC)에 대한 설명이다.

08 정답 ②

DDR4(Double Data Rate 4th)는 동작속도 등으로 규정한 D램 반도체의 규격으로 정확히는 DDR4 SDRAM이라고 한다.

오답분석
① SATA : PATA 인터페이스의 한계를 극복하고 하드디스크 및 ODD의 성능을 향상시키기 위한 새로운 표준 인터페이스에 대한 요구에 부응한 새로운 인터페이스이다.
③ EIDE : 데이터 전송을 위해 메인보드와 하드디스크(HDD), SSD를 연결하는 인터페이스로 SATA 방식보다 느려서 현재는 거의 사용하지 않는다.
④ SCSI : 컴퓨터와 주변장치들을 연결하는 인터페이스 규격으로 일종의 하드디스크 컨트롤러이다.

09 정답 ①

컴퓨터는 0과 1로 이루어져 있으므로 두 레지스터의 값을 뺐을 때, Zero가 된다면 같은 값임을 알 수 있다.

10 정답 ③

• 메모리 버퍼 레지스터(MBR) : 기억장치에 출입하는 데이터가 일시적으로 저장되는 레지스터이다.

오답분석
① 프로그램 카운터(PC)
② 명령 레지스터(IR)
④ 메모리 주소 레지스터(MAR)

11 정답 ④

베이스 레지스터 주소 지정
• 명령어 주소부에 있는 주소값 베이스 레지스터(Base Register)이다.
• 프로그램의 재배치가 용이하다.
• 다중 프로그래밍 기법에 많이 사용된다.

12 정답 ①

$F = (A+B) \cdot (A+C)$
$\quad = A \cdot A + AB + AC + BC \rightarrow [A \times A = A]$
$\quad = A + AB + AC + BC$
$\quad = A(1+B) + AC + BC \rightarrow [1+B = 1]$
$\quad = A + AC + BC$
$\quad = A(1+C) + BC \rightarrow [1+C = 1]$
$\quad = A + BC$

13 정답 ①

A와 B의 값이 같을 때는 0이 출력되지만, 다를 땐 1이 출력되므로 둘 중 하나는 거짓을 나타내는 논리식인 ①이 적절하다.

14 정답 ④

$A + A = A$이다.

15 정답 ④

$Y = (A+B)(\overline{A \cdot B}) = (A+B)(\overline{A} + \overline{B})$
$\quad = A\overline{A} + A\overline{B} + \overline{A}B + B\overline{B}$
$\quad = A\overline{B} + \overline{A}B$

16 정답 ③

$(A+B)(A+\overline{B})(\overline{A}+B)$
$= (AA + A\overline{B} + AB + B\overline{B}) \cdot (\overline{A} + B)$
$= (A + A\overline{B} + AB) \cdot (\overline{A} + B)$
$= A(1 + \overline{B} + B) \cdot (\overline{A} + B)$
$= A \cdot (\overline{A} + B)$
$= A\overline{A} + AB$
$= AB$

17 정답 ③

그림은 입력되는 값이 같으면 0, 다르면 1이 출력되는 XOR(Exclusive – OR) 게이트이다.

18 정답 ①

1 AND 1＝1이고, 1 AND 0＝0이다. 따라서 1 OR 0＝1이다.

19 정답 ①

반가산기는 두 개의 비트를 더해 합(S)과 자리 올림수(C)를 구하는 회로로, 하나의 AND 회로와 하나의 XOR 회로로 구성된다.

20 정답 ②

플립플롭은 1비트의 정보를 저장하는 논리회로이다.

21 정답 ④

JK 플립플롭은 RS 플립플롭(R=1, S=1일 때 부정)의 단점을 개선한 플립플롭으로 J=K=1일 때 반전된다.

22 정답 ①

2진수를 10진수로 변환하려면 해당 진수의 자릿값을 곱하여 계산한다.

$0.1101_{(2)} = 2^{-1} \times 1 + 2^{-2} \times 1 + 2^{-3} \times 0 + 2^{-4} \times 1 = 0.5 + 0.25 + 0 + 0.0625 = 0.8125$

23 정답 ④

8진수를 2진수로 변환할 때는 8진수의 각 자리를 2진수 3자리로 나타낸다.

100 111 100

$= 1 \times 4 + 0 \times 2 + 0 \times 1$ $1 \times 4 + 1 \times 2 + 1 \times 1$ $1 \times 4 + 0 \times 2 + 0 \times 1$

$= 4\ 7\ 4$

24 정답 ③

16진수를 10진수로 변환하려면 정수부와 소수부를 나누어 각 자릿수의 역지수승 만큼 각 진수를 곱한 후 값을 더한다.

$FF = 16^0 \times F + 16^1 \times F = 16^0 \times 15 + 16^1 \times 15 = 255$

25 정답 ④

2의 보수는 1의 보수 과정을 거친 숫자에 1을 더하는 기법이다. 따라서 1의 보수보다 표현할 수 있는 수의 개수가 하나 더 많다.

26 정답 ②

2의 보수는 1의 보수를 먼저 구한 다음 가장 오른쪽 자리에서 1을 더한다.

11001000의 1의 보수(0 → 1, 1 → 0)는 00110111이고, 여기에 1을 더하면 00110111+1=00111000이다.

27 정답 ③

대부분의 배열 프로세서는 독립적인 시스템으로서 작동할 수 없고, 호스트 컴퓨터로부터 대규모 계산 작업을 의뢰받아 고속으로 처리하고, 그 결과를 호스트 컴퓨터로 되돌려 보내는 계산 전용 컴퓨터로 사용한다.

오답분석

① 코프로세서 : CPU의 기능을 보충하기 위해 사용하는 컴퓨터 프로세서
② 다중 프로세서 : 하나의 주기억 장치에 공통으로 접근하는 두 개 이상의 처리 장치를 갖는 시스템

28 정답 ②

10진수를 2진수로 표현하는 방법 중 하나이며, 임의의 10진수에 3을 더하고 이것을 2진화한 것이다. 따라서 10진수 3을 3-초과 코드로 표현하면 3 3 6을 2진수로 표현한 것과 같고, 0110이 된다.

29 정답 ④

확장 이진화 10진 코드라고 불리는 EBCDIC 코드는 주로 범용 컴퓨터에서 정보 처리 부호로 사용된다. 8비트로 구성되며, $2^8 = 256$ 가지의 문자를 표현할 수 있다.

30 정답 ③

Gray 코드는 BCD 코드에 인접하는 비트를 XOR 연산하여 만든 코드로서 입출력 장치, D/A변환기, 주변 장치 등에서 숫자를 표현할 때 사용한다. 주로 범용 컴퓨터에서 정보 처리 부호로 사용되며, 확장 이진화 10진 코드라고 불리는 것은 EBCDIC 코드이다.

31 정답 ①

푸른색 레이저(405nm)를 사용해서 블루레이 디스크(Blu-ray Disc)이다.

32 정답 ②

마이크로 연산에서 한 개의 명령어는 여러 개의 마이크로 연산이 동작되어 실행되며, 연산은 레지스터에 저장된 데이터에 의해 이루어진다.

33 정답 ④

동기 고정식은 모든 마이크로 오퍼레이션 중에서 수행 시간이 가장 긴 동작 시간을 Micro Cycle Time으로 정하며, 모든 마이크로 오퍼레이션의 동작 시간이 비슷할 때 유리한 방식이다.

34 정답 ④

LDA(Load to AC) : AC ← M[AD]는 메모리 내용을 누산기(AC)에 저장하는 명령인 LDA(Load AC)를 실행한다.
• MAR ← MBR(AD) : MBR에 있는 명령어의 번지 부분을 MAR에 전송한다.
• MBR ← M(MAR), AC ← 0 : 메모리에서 MAR이 지정하는 위치의 값을 MBR에 전송하고, AC에 0을 전송하여 초기화한다.
• AC ← AC+MBR : 메모리에서 가져온 MBR과 AC를 더해 AC로 전송한다.

35 정답 ③

사이클 타임이 750ns이면 1클록이 발생하는 데 750×10^{-9}초가 걸린다.
$1 \div (750 \times 10^{-9}) \rightarrow 10^9 \div 750$
∴ 약 1.3×10개/초

36 정답 ③

실행 사이클(Execute Cycle)은 인출 단계에서 인출하여 해석한 명령을 실행하는 사이클로 플래그 레지스터의 상태 변화를 검사하여 인터럽트 단계로 변천할 것인지를 판단한다.

37 정답 ②

접근 시간(Access Time)은 정보를 기억장치에 기억시키거나 읽어내는 명령을 한 후부터 실제 정보를 기억 또는 읽기 시작할 때까지 소요되는 시간이다.

38 정답 ②

기억장치의 처리 속도(고속 → 저속)
ⓛ 레지스터 → ⓘ 캐시 메모리 → 연관 기억장치 → ⓒ 주기억장치(RAM → ROM → 자기 코어) → ⓔ 보조기억장치(HDD → DVD → CD-ROM → FDD)

39 정답 ④

캐시기억장치(Cache Memory)는 중앙처리장치(CPU)와 주기억장치의 속도 차이를 극복하기 위해 CPU와 주기억장치 사이에 설치한 메모리로 미리 데이터를 옮겨 놓고 버퍼(Buffer) 개념으로 사용하는 기억장치이다.

40 정답 ①

캐시메모리는 CPU와 주기억장치 사이의 속도 차이를 줄이기 위한 고속 메모리로 주기억장치보다 소용량으로 구성되며, 주로 SRAM을 사용한다.

01	02	03	04	05	06	07	08	09	10	11	12	13	14	15	16	17	18	19	20
③	①	④	④	②	④	④	④	②	②	③	④	①	③	③	④	①	④	③	②
21	22	23	24	25	26	27	28	29	30	31	32	33	34	35	36	37	38	39	40
④	①	④	④	④	①	④	①	③	②	③	④	①	③	①	②	②	②	③	①
41	42	43	44	45	46	47	48	49	50	51	52	53	54	55	56	57	58	59	60
③	③	④	①	④	④	④	①	②	①	①	③	④	②	③	②	②	①	③	④

01 정답 ③

복잡한 수학 계산을 처리하는 것은 응용 소프트웨어의 역할이다.

02 정답 ①

운영체제 발달 과정
• 제1세대(1950년대) : 버퍼링, 스풀링, 일괄 처리 시스템
• 제2세대(1960년대 초) : 다중 프로그래밍, 다중 처리, 시분할 시스템
• 제3세대(1960년대 중반 ~ 1970년대 중반) : 다중 모드 시스템
• 제4세대(1970년대 중반 ~ 현재) : 가상 머신, 분산 데이터 처리 시스템

03 정답 ④

운영체제의 기능에는 프로세스 관리, 메모리 관리, 기억장치 관리, 파일 관리, 입출력 관리, 리소스 관리 등이 있다.

04 정답 ④

두 개 이상의 목적 프로그램을 합쳐서 실행 가능한 프로그램으로 만드는 것은 링커(Linker)이다.

05 정답 ②

실시간 처리(Real Time Processing) 시스템이란 자료가 수신되는 즉시 처리하여 사용자 입력에 즉시 응답할 수 있는 시스템으로 좌석 예약, 은행 업무 등이 해당된다.

오답분석
①·③·④ 일괄 처리 시스템에 적합한 업무이다.

06 정답 ④

사용 가능도(Availability)는 컴퓨터 시스템 내의 한정된 자원을 여러 사용자가 요구할 때 어느 정도 신속하고 충분하게 지원해 줄 수 있는지의 정도를 말한다.

07 정답 ④

HRN 스케줄링 공식은 [(대기시간)+(서비스(실행)시간)]÷(서비스(실행)시간이며, 가장 높은 결과 값이 우선순위가 높다.
- A : $(5+20) \div 20 = 1.25$
- B : $(40+20) \div 20 = 3$
- C : $(15+45) \div 45 = 1.34$
- D : $(20+2) \div 2 = 11$

따라서 우선순위가 가장 높은 것은 D이다.

08 정답 ④

분산 처리 시스템은 여러 대의 컴퓨터에 작업을 나누어 처리하여 그 내용이나 결과가 통신망을 통해 상호 교환되도록 연결되어 있는 시스템으로 클라이언트 / 서버 시스템이라고 부르기도 한다. 이는 중앙집중형 시스템에 비해 소프트웨어 개발이 어렵고 보안 문제가 발생할 우려가 있다.

09 정답 ②

교착상태 발생의 필요충분조건
- 상호배제(Mutual Exclusion) : 한 번에 한 프로세스만 공유 자원을 사용한다.
- 점유와 대기(Hold and Wait) : 다른 자원이 추가로 할당되기를 기다리는 동안, 이미 확보한 자원을 계속 보유하고 있다.
- 비선점(Non-preemptive) : 다른 프로세스에 할당된 자원은 강제로 빼앗을 수 없다.
- 환형 대기(Circular Wait) : 공유 자원과 이를 사용하기 위해 대기하는 프로세스들이 원형으로 구성되어 있다.

10 정답 ②

Hold and Wait(점유와 대기)는 부분 할당, 다른 종류의 자원을 부가적으로 요구하면서, 이미 어떤 자원을 점유하고 있는 상태를 의미한다.

오답분석
① Mutual Exclusion(상호 배제) : 프로세서들이 자원을 배타적으로 점유하여 다른 프로세서들이 자원을 사용할 수 없다.
③ Non-Preemption(비선점) : 자원은 이를 점유하고 있는 프로세서로부터 도중에 해체되지 않는다.
④ Circular Wait(환형 대기) : 프로세스과 자원들이 원형을 이루며, 각 프로세스는 자신에게 할당된 자원을 가지면서 상대방 프로세스의 자원을 상호 요청한다.

11 정답 ③

프로그램의 수행 순서는 프로그램 속에 들어 있는 명령 코드에 따라 결정된다.

12 정답 ④

오답분석
① 링 연결 구조 : 인접하는 다른 두 사이트하고만 직접 연결된 구조로 특정 사이트가 고장 나면 통신이 불가능하고, 새로운 노드를 추가하려면 통신 회선을 절단해야 한다.
② 다중 접근 버스 연결 구조 : 시스템 내의 모든 사이트들이 공유 버스에 연결된 구조로 사이트의 추가와 삭제가 용이하지만 버스의 고장은 전체 시스템에 영향을 준다.
③ 계층 연결 구조 : 각 사이트가 트리 형태로 연결된 구조로 부모 사이트가 고장 나면 자식 사이트들은 통신이 불가능하다.

13 정답 ①

링형 연결(Ring Connection)은 근거리 네트워크(LAN) 구조로 가장 많이 사용되며, 노드와의 연결이 고장 나면 우회할 수 있고, 새로운 노드를 추가할 경우 통신 회선을 절단해야 한다. 또한, 각 노드가 공평한 서비스를 받으며, 전송 매체와 노드의 고장 발견이 쉽다.

14 정답 ③

완전 연결은 모든 사이트들 간에 서로 직접 연결되는 구조로 하나의 링크가 고장 나도 다른 링크를 이용할 수 있으므로 신뢰성이 높고, 링크가 다수이므로 기본비용이 많이 드는 반면 통신비용은 적게 든다.

15 정답 ③

준비(Ready) 상태는 프로세스가 중앙처리장치를 사용하다가 주어진 시간 내에 작업이 끝나지 않으면 타이머 인터럽트를 발생시켜 운영체제로 하여금 할당된 프로세서(CPU)를 회수하고 해당 프로세스는 다시 준비 상태로 전이된다.

16 정답 ④

A, D, E의 경우 작업이 모두 할당 가능하므로 외부단편화는 발생하지 않는다. B, C는 작업의 크기가 더 커서 작업이 할당되지 못하므로 분할의 크기가 외부단편화의 크기가 된다. 따라서 외부단편화의 크기는 50＋120＝170K이다.

17 정답 ①

• First-Fit : 할당 영역의 크기와 상관없이 요구량보다 큰 부분 중 맨 처음으로 만나는 부분 할당
• Best-Fit : 모든 할당 영역의 크기를 비교하여 작업 요량을 수용하며 남는 공간이 가장 작은 할당 영역에 적재

18 정답 ④

프로세스 제어 블록(PCB)
1. 프로세서 식별자 : 각 프로세스에 대한 고유 식별자(숫자, 색인, 항목)를 지정한다.
2. 프로세스 상태 : 생성, 준비, 실행, 대기, 중단 등의 상태를 표시한다.
3. 프로그램 카운터 : 프로세스 실행을 위한 다음 명령의 주소를 표시한다.
4. 레지스터 저장 영역 : 인터럽트 발생 시 프로그램 카운터와 함께 저장되어 재실행할 때 원상 복구한다.
5. 프로세서 스케줄링 정보 : 프로세스의 우선순위, 스케줄링 큐에 대한 포인터, 그 외의 다른 스케줄 매개변수를 가진다.
6. 계정 정보 : 프로세서 사용시간, 실제 사용시간, 사용 상한 시간, 계정 번호, 작업이나 프로세스 번호 등을 나타낸다.
7. 입출력 상태 정보 : 특별히 입출력 요구 프로세스에 할당된 입출력장치, 개방된 파일의 목록 등을 나타낸다.
8. 메모리 관리 정보 : 메모리 관리에 필요한 정보를 나타낸다.

19 정답 ③

사이트 수가 n개이면 링크 연결 수는 $n(n-1) \div 2$개이다.

20 정답 ②

인터럽트가 불가능한 상태로 만들어야 한다.

> **임계 구역(Critical Section)의 원칙**
> • 두 개 이상의 프로세스가 동시에 사용할 수 없다.
> • 순서를 지키며 신속하게 사용한다.
> • 하나의 프로세스가 독점하여 사용할 수 없고, 한 프로세스가 임계 구역에 대한 진입을 요청하면 일정 시간 내에 허락하여야 한다.
> • 사용 중에 중단되거나 무한 루프(반복)에 빠지지 않도록 주의해야 한다.
> • 인터럽트가 불가능한 상태로 만들어야 한다.

21 정답 ④

스레드는 ㉠, ㉡, ㉢, ㉣의 특징 외에도 자신만의 스택(Stack)과 레지스터(Register)로 독립된 제어 흐름을 유지하며, 각각의 스레드가 서로 다른 프로세서 환경에서 병렬로 작동하는 것이 가능하다.

22 정답 ①

교착 상태의 필수 발생 요건은 상호 배제(Mutual Exclusion), 점유와 대기(Hold and Wait), 비선점(Non- Preemption), 환형(순환) 대기(Circular Wait)이다.

23 정답 ④

순환(환형) 대기 부정은 자원을 선형 순서로 분류하여 고유 번호를 할당하고, 각 프로세스는 현재 점유한 자원의 고유 번호보다 앞뒤 어느 한 쪽 방향으로만 자원을 요구한다.

24 정답 ④

오답분석

① 상호 배제(Mutual Exclusion) : 한 프로세스가 사용 중이면 다른 프로세스가 기다리는 경우로 프로세스에게 필요한 자원의 배타적 통제권을 요구한다.
② 점유와 대기(Hold and Wait) : 프로세스들은 할당된 자원을 가진 상태에서 다른 자원을 기다린다.
③ 환형 대기(Circular Wait) : 각 프로세스는 순환적으로 다음 프로세스가 요구하는 자원을 가지고 있다.

25 정답 ④

비선점(Non-Preemptive) 방식
한 프로세스가 CPU를 할당받으면 다른 프로세스는 이전 프로세스가 CPU를 반환할 때까지 CPU를 점유하지 못하는 방식으로 일괄 처리 방식에 활용된다. 비선점 스케줄링 방식으로는 FIFO(FCFS), SJF, HRN, 우선순위, 기한부 등이 있다.

26 정답 ①

FIFO는 복수의 신호나 잡(Job)이 처리 대기로 있을 때 처리의 우선순위를 붙이지 않고, 먼저 도착한 순서대로 처리하는 방식이다. JOB1에 먼저 도착하여 13시간 동안 CPU를 사용하면 JOB1이 끝나므로 JOB1의 반환 시간은 13이다. JOB2는 3시간에 도착하여 JOB1의 13시간 후에 작업을 시작하여 35시간 동안 CPU를 사용하면 48시간 후 작업이 끝나므로 JOB2의 반환 시간은 $48-3=45$ 이다. JOB3는 8시간에 도착하여 48시간을 기다리고 2시간 동안 CPU를 사용하면 50시간 후 작업이 끝나므로 JOB3의 반환 시간은 $50-8=42$이다.

따라서 FIFO의 평균 반환 시간은 $(13+45+42) \div 3 ≒ 33$이다.

27 정답 ④

배치 전략에는 최초 적합(First-Fit), 최적 적합(Best-Fit), 최악 적합(Worst-Fit)이 있다.

28 정답 ①

9K의 프로그램이므로 최초 적합의 경우와 최적 적합의 경우 모두 9K인 영역 1에 할당되고, 최악 적합인 경우는 30K로 메모리가 가장 큰 영역 4에 할당된다.

29 정답 ③

최적 적합은 사용 가능한 공간들 중에서 가장 적합한 또는 작은 공간에 할당하므로 10K 이상의 공간을 가진 기억 장소 중 남은 공간이 가장 적은 곳을 찾으면 D에 할당된다.

30 정답 ②

실시간 처리 시스템은 컴퓨터에 의한 정보 처리방식으로 데이터가 발생한 시점에서 필요한 계산처리를 즉석에서 실행하여 그 결과를 데이터가 발생한 곳에 되돌려 보내는 방식이다.

31 정답 ③

타임 슬라이스가 4일 때, 작업 실행 순서는 다음과 같다.

A	B	C	A	C	A	A	A
4	8	12	16	17	21	25	26

A의 작업 완료 시간은 26초, B의 작업 완료 시간은 8초, C의 작업 완료 시간은 17초이므로, 평균 반환 시간은 $\dfrac{26+8+17}{3}=17$초 이다.

32 정답 ④

FIFO는 대기 행렬에서 복수의 신호 혹은 잡(Job)이 처리 대기로 있을 경우 처리의 우선순위를 붙이지 않고, 먼저 도착한 순서대로 처리하는 방식으로 1, 2, 3, 1, 2, 4, 1, 2, 5 참조 시 다음과 같은 순서로 처리된다.

1	1	1	1	1	4	4	4	5
	2	2	2	2	2	1	1	1
		3	3	3	3	3	2	2

이 중 네 번째 1, 다섯 번째 2는 페이지 프레임에 적재 시 이미 같은 번호가 있어 다른 프레임에 삽입되지 않는다. 이 둘 외에는 부재가 발생하여 프레임에 삽입되므로 총 9개 중 2개를 뺀 7페이지의 부재가 발생한다.

33 정답 ①

여덟 개의 페이지이지만 네 개의 페이지 프레임이 할당되어 있으므로 실제로 비어있는 페이지 프레임은 4개이다. 참조한 페이지 번호 순서는 다음과 같다.

1,	0,	2,	2,	2,	1,	7,	6,	7,	0,	1,	2
1	1	1	1	1	1	1	1	1	1	1	1
	0	0	0	0	0	0	6	6	6	6	2
		2	2	2	2	2	2	2	0	0	0
						7	7	7	7	7	7

O	O	O	×	×	×	O	O	×	O	×	O
1	2	3	4	5	6	7	8	9	10	11	12
							교체		교체		교체

참조할 페이지가 있는지를 먼저 확인하고, 없으면 페이지 삽입을 한다. 즉, 12번의 페이지 참조 중 7번의 페이지 부재가 발생하고, 5번의 페이지 적중이 되었으므로 적중률은 $\frac{5}{12}$, 부재율은 $\frac{7}{12}$ 이다.

34 정답 ③

프로그램을 일정한 크기로 나눈 단위는 페이지(Page)이다. 세그멘테이션(Segmentation)은 다양한 크기의 논리적인 단위로 나눈 후 주기억장치에 적재시켜 실행시키는 기법으로 프로그램을 배열이나 함수 등의 논리적 크기로 나눈 단위를 말한다. 각 세그먼트는 고유한 이름과 크기를 가지며, 주소 변환을 위해 세그먼트의 위치 정보를 가지는 세그먼트 맵 테이블(Segment Map Table)이 필요하다. 세그먼트가 주기억장치에 적재될 때 다른 세그먼트에게 할당된 영역을 침범할 수 없으며, 이를 위해 기억장치 보호키 (Storage Protection Key)가 필요하다.

35 정답 ①

스래싱(Thrashing)이란 다중 프로그래밍이나 가상 메모리에서 페이지 교환이 자주 일어나는 현상으로, 너무 잦은 페이지 교체 현상이 있어 특정 프로세스에서 계속적으로 페이지 부재가 발생한다. 또한, 프로그램 수행의 소요 시간보다 페이지 이동(교체)의 소요 시간이 더 큰 경우 발생하며, 프로세스간 메모리 경쟁으로 페이지 폴트가 발생하여 전체 시스템의 성능이 저하된다.

36 정답 ②

SSTF(Shortest Seek Time First)는 탐색 거리가 가장 짧은 트랙에 대한 요청을 먼저 처리하는 기법으로 현재 헤드 위치에서 가장 가까운 거리에 있는 트랙으로 헤드를 이동한다. 즉, 50에서 시작하여 0으로 이동하므로 50 → 40 → 70 → 80 → 100 → 120 → 130 → 150 → 180 → 200 → 0 순으로 이동한다. 여기에서 이동 거리는 10+30+10+20+20+10+20+30+20+200 =370이다.

37 정답 ②

SSTF(Shortest Seek Time First)는 탐색 거리가 가장 짧은 트랙에 대한 요청을 먼저 서비스하는 기법이다. 따라서 SSTF 이동 순서는 28 → 40 → 42 → 14 → 6 → 73 → 97 → 99 → 158이고, 총 이동 거리는 12+2+28+8+67+24+2+59=202이다.

38 정답 ②

SSTF 스케줄링은 방향에 관계없이 짧은 거리의 트랙으로 이동하는 기법이다. 즉, 현재 위치는 57이고, 제일 안쪽이 1번, 바깥쪽이 200번 트랙이므로 헤드의 이동 순서는 65 → 67 → 37 → 14 → 98 → 122 → 124 → 183이다.

39 정답 ③

LOOK은 SCAN 기법을 사용하되 진행 방향의 마지막 요청을 서비스한 후 그 방향의 끝으로 이동하는 것이 아니라 방향을 바꾸어 역방향으로 진행하는 기법이다.

오답분석

① SLTF(Shortest Latency Time First) : 섹터 큐잉(Sector Queuing)이라고 하며, 회전 시간의 최적화를 위해 구현된 기법으로 디스크 대기 큐에 있는 여러 요청을 섹터 위치에 따라 재정렬하고, 가장 가까운 섹터를 먼저 서비스한다.
② Eschenbach : 탐색 시간과 회전 지연 시간을 최적화하기 위한 최초의 기법으로 부하가 매우 큰 항공 예약 시스템을 위해 개발되었다.
④ SSTF(Shortest Seek Time First) : 탐색 거리가 가장 짧은 요청이 있을 시 큐의 제일 앞에 있지 않더라도 먼저 서비스를 받으며, 특정 요청들을 차별하는 경향이 있다.

40 정답 ①

스래싱은 다중 프로그래밍 시스템이나 가상기억장치를 사용하는 시스템에서 하나의 프로세스 수행 과정 중 자주 페이지의 부재가 발생하여 나타나는 현상으로, 전체 시스템의 성능이 저하됨을 의미한다.

41 정답 ③

직접 파일(Direct File)은 레코드 접근 시 레코드에 보관되어 있는 주소를 직접 접근하는 형태로 어떤 블록도 직접 접근할 수 있으며, 판독이나 기록 순서에 제약이 없다.

42 정답 ③

순차 파일(Sequential File)은 입력 데이터의 논리적 순서에 따라 연속적인 물리적 위치에 기록하는 파일 방식으로 주로 순차 접근이 가능한 자기 테이프에서 사용하지만 정보의 구현이 쉽기 때문에 어떤 매체라도 쉽게 사용할 수 있다.

43 정답 ④

색인 순차 파일(ISAM)은 순차 처리와 랜덤 처리가 모두 가능하도록 레코드들을 키 값 순서로 정렬시켜 기록하고, 레코드의 키 항목만을 모은 색인(Index)을 구성하여 편성한다.

44 정답 ①

색인 순차 파일은 데이터베이스의 순차 처리와 랜덤 처리가 모두 가능하도록 레코드들을 키 값 순서로 정렬(Sort)시켜 기록하고, 레코드의 키 항목만을 모은 색인을 구성하여 편성하는 방식이다. 오버플로(Overflow Area)는 기본 데이터의 영역이 가득 찬 상황에서 더 저장하고자 할 때 사용하는 영역이다. 색인 처리된 파일에서 기본 구역과 더불어 몇 개의 트랙을 비워 놓아 삽입되는 추가 레코드를 저장할 수 있도록 한 구역이다.

오답분석

② 마스터 인덱스(Master Index) : 색인된 순차 파일(Indexed Sequential File)에 있어 가장 레벨이 높은 색인이다.
③ 트랙 인덱스(Track Index) : 색인 순서 편성 데이터 세트에 있어서 가장 수준 낮은 색인으로, 프라임 영역의 각 실린더의 선두 트랙 영역에 존재하고, 기본 데이터 영역 내의 각 트랙을 색인한다.
④ 실린더 인덱스(Cylinder Index) : 인덱스 순차 접근 방식의 인덱스 구조의 한 계층을 의미한다. 각 실린더에 보관된 레코드들의 키 값 중 가장 큰 값과 그 실린더의 트랙 인덱스를 가리키는 포인터의 짝들로 구성된다.

45 정답 ④

색인 순차 파일은 기본 영역, 색인 영역, 오버플로 영역으로 구분된다.

46 정답 ④

오답분석

① 기본 데이터 영역 : 파일의 레코드가 들어 있는 영역으로 파일이 처음 만들어지거나 재구성될 때 모든 레코드들은 이 구역에 들어가며, 구역 내에 있는 레코드들은 기본키에 의해 순차적으로 배열된다.

② 트랙 인덱스 영역 : 각 실린더마다 하나씩 만들어지며, 각 트랙에 기록된 레코드 키의 값 중 최댓값과 주소 정보가 기록되는 영역이다.

③ 실린더 인덱스 영역 : 각 파일당 하나씩 만들어지며, 각 트랙 색인의 최댓값들로 구성된 영역이다.

47 정답 ③

직접 접근 방식(Direct Access File)은 파일을 구성하는 레코드를 임의의 물리적 저장 공간에 직접 기록하는 파일 방식으로 데이터 내의 키 필드를 해싱 사상 함수에 의해 물리적인 주소로 변환하여 데이터를 기록하거나 검색한다. 또한, 키에 일정 함수를 적용하여 상대의 레코드 주소를 얻고, 그 주소를 레코드에 저장한다.

48 정답 ①

약결합 시스템(Loosely-Coupled)은 각 프로세서가 자신만의 지역 메모리를 가지는 분산 기억장치 방식으로 각 시스템이 별도의 운영체제를 가지며, 둘 이상의 독립된 시스템을 통신 링크로 연결한다. 또한, 프로세스 간의 통신은 메시지나 원격 프로시저 호출을 통해 전달한다.

49 정답 ②

강결합 시스템(Tightly-Coupled)은 모든 프로세서가 기억장치를 공유하는 공유 기억장치 방식으로 하나의 운영체제가 모든 프로세서와 하드웨어를 제어한다.

50 정답 ①

파일 디스크립터는 파일 시스템이 관리하므로 사용자가 직접 참조할 수 없다.

51 정답 ①

오답분석

② 분리 수행 처리기 : Master / Slave 처리기의 비대칭성 구조를 보완한 방식으로 한 프로세서의 장애는 전체 시스템에 영향을 주지 못한다.

③ 대칭적 처리기 : 분리 수행 처리기의 구조 문제를 보완한 방식으로 여러 프로세서들이 하나의 운영체제를 공유한다.

④ 다중 처리기 : 여러 프로세서가 한 운영체제에서 하나의 공유 메모리를 사용하는 방식으로 여러 개의 처리기를 사용하므로 처리 속도가 빠르다.

52 정답 ③

프로세스 관리, 기억장치 관리, 입출력 관리 등의 기능을 수행하는 것은 커널(Kernel)이다. 유닉스에서 쉘은 사용자와 커널을 연결시켜주는 기능을 수행하는 특별한 프로그램이다.

53 정답 ④

소유자 aaa는 (rwx) 읽기, 쓰기, 실행이 가능하고, 그룹 bbb와 기타 사용자는 (r-x)읽기 실행만 가능하며, 파일 이름은 ccc이다.

54 정답 ②

유틸리티(Utility)에 대한 설명이다.

> **쉘(Shell)**
> 도스의 COMMAND.COM과 같은 역할을 수행하며, 사용자가 로그인(Login)할 때 가장 먼저 수행된다. 단말 장치로부터 받은 명령을 커널로 보내거나 해당 프로그램을 작동시킨다.

55 정답 ③

chmod는 파일의 소유자나 시스템 관리자가 파일 / 디렉터리의 접근 권한을 변경하는 명령어이다.

오답분석

① mv : 파일 이동 및 이름을 변경하는 명령어이다.
② ls : 표준출력으로 지정한 디렉터리나 파일의 정보를 출력하는 명령어이다.
④ fork : 기존의 존재하는 프로세스가 새로운 프로세스 생성하는 명령어이다.

56 정답 ②

DFS는 물리적으로 다른 곳에 데이터를 중복해서 저장하기 때문에 디스크에 장해가 발생해도 단일한 서버 환경에서보다 쉽게 복구할 수 있다는 장점이 있다.

57 정답 ②

할당 시간 초과 상태에 대한 설명이다. 디스패치(Dispatch)는 준비 상태에서 대기 중인 프로세스 중에서 우선순위가 가장 높은 한 개의 프로세스에 CPU가 할당됨으로써 준비 상태에서 실행 상태로 전환되는 과정을 뜻한다.

58 정답 ①

각 프로세스가 생성된 시점(준비 큐에 들어온 시점과 동일하다고 가정)부터 수행이 완료된 시간의 총합의 평균값, 즉 작업을 지시해서 작업이 끝날 때까지의 반환 시간이 최소화될수록 양호한 것이다.

59 정답 ③

동적 적재는 운영체제의 특별한 지원이 필요하지 않다. 그러나 동적 연결은 운영체제의 지원이 필요하다. 라이브러리 루틴이 메모리에 있는지 여부를 운영체제가 검사한다.

60 정답 ④

MFT는 NTFS가 관리하는 디스크에 있는 모든 파일과 일대일로 대응하며, MFT 영역의 크기는 가변적이다. 운영체제가 컴퓨터 안에 얼마나 많은 파일과 폴더가 생성될지 알 수 없기 때문에 MFT 영역의 크기를 고정시킬 수 없다. 이때 해당 MFT가 모두 사용되면 동적으로 클러스터를 추가로 할당해 MFT 영역의 크기가 증가하게 된다.

01	02	03	04	05	06	07	08	09	10	11	12	13	14	15	16	17	18	19	20
①	④	①	①	①	④	④	①	④	④	①	②	④	①	①	①	②	④	①	①
21	22	23	24	25	26	27	28	29	30	31	32	33	34	35	36	37	38	39	40
②	①	②	③	③	③	②	①	④	②	③	②	①	④	②	①	①	③	①	①

01 　정답　 ①

자료(Data)는 현실 세계에서 어떤 측정을 통해 얻은 단순한 값이나 현실 세계에 대한 관찰을 통해 얻은 사실로, 가공 처리되지 않은 데이터를 말한다. 정보(Information)는 이러한 자료를 가공처리하여 어떤 의사 결정에 필요한 지식을 추출하는 것을 말한다.

02 　정답　 ④

데이터베이스의 특성에는 실시간 접근성(Real – Time Accessibility), 내용에 의한 참조(Content Reference), 동시 공유(Concurrent Sharing), 계속적 변화(Continuous Evolution) 등이 있다.

03 　정답　 ①

오답분석
② 조작 기능 : 사용자의 요구에 따라 검색, 갱신, 삽입, 삭제 등의 인터페이스를 지원한다.
③ 제어 기능 : 데이터베이스의 내용을 항상 정확하고, 안전하게 유지한다.

04 　정답　 ①

물리적 설계는 논리적 설계 단계에서 생성된 논리적 구조를 실제로 구축할 컴퓨터 시스템의 저장 장치와 운영체제의 특성을 고려하여 처리 능력을 향상시킬 수 있도록 설계하는 과정이다.

오답분석
② 논리적 설계 : 개발에 사용할 DBMS에 적합한 논리적 데이터 모델을 이용하여 개념적 설계 단계에서 생성한 구조를 기반으로 설계하는 과정
③ 개념적 설계 : 요구 사항 분석 단계의 결과물을 개념적 데이터 모델을 통해 표현하는 과정
④ 요구 조건 분석 : 데이터베이스를 사용하여 실제 업무를 처리하는 사용자에게 필요한 다양한 요구 사항을 수집하고 이를 분석한 결과를 명세서로 작성하는 과정

05 　정답　 ①

스키마는 시간에 따라 불변하고 데이터베이스에 대한 구조를 설명한 데이터로 소프트웨어는 아니다.

06 정답 ④

개개 사용자나 응용 프로그래머가 접근하는 데이터베이스를 정의한 것은 외부 스키마에 대한 설명이다.

07 정답 ④

개념 스키마(Conceptual Schema)는 모든 응용 시스템과 사용자가 필요로 하는 데이터를 통합한 조직 전체의 데이터베이스로 하나만 존재한다. 또한, 개체 간의 관계와 제약 조건을 나타내고, 데이터베이스의 접근 권한, 보안 및 무결성 규칙에 관한 명세를 정의하거나 기관, 조직체의 범기관적 관점에서 데이터베이스를 정의한다.

08 정답 ①

개념 스키마(Conceptual Schema)는 데이터베이스의 전체적인 논리적 구조로서, 모든 응용 프로그램이나 사용자들이 필요로 하는 데이터를 통합한 조직 전체의 데이터베이스이다.

오답분석

② 외부 스키마(External Schema) : 사용자나 응용 프로그래머가 각 개인의 입장에서 필요로 하는 전체 데이터베이스의 한 논리적 부분
③ 내부 스키마(Internal Schema) : 물리적 저장장치의 입장에서 전체 데이터베이스가 저장되는 방법을 명세한 것

09 정답 ④

데이터 조작어(DML)에 대한 설명이다.

10 정답 ④

데이터 제어어(DCL)는 데이터를 보호하고 데이터를 관리하는 목적으로 사용되며, 데이터베이스를 공용하기 위한 데이터 제어를 정의하고 기술하는 언어이다.

11 정답 ①

오답분석

② 하나의 개체는 보통 여러 개의 속성을 갖는다.
③ 데이터베이스가 표현하는 유형과 무형의 정보 객체로 서로 연관된 n개의 속성들로 구성된다.
④ 단독으로 존재할 수 있으며, 정보로서의 역할을 수행한다.

12 정답 ②

개체-관계 모델은 피터 첸(Peter Chen)이 1976년에 제안한 것으로, 현실 세계를 개체(Entity)와 개체 간의 관계(Relationship)를 이용해 개념적 구조로 표현하는 방법이다. 현실 세계를 개체-관계 모델을 이용해 개념적으로 모델링하여 그림으로 표현한 것을 E-R 다이어그램이라 한다. E-R 다이어그램에서 사각형은 개체, 마름모는 관계, 타원은 속성을 의미한다.

13 정답 ④

• 개체(Entity) : 데이터베이스에 표현하려는 것으로 사람이 생각하는 개념이나 정보 단위 같은 현실 세계의 대상체를 가리킨다.
• 속성(Attribute) : 개체(Entity)를 구성하는 항목으로 데이터베이스를 구성하는 최초의 논리적 단위이다.

14 정답 ①

관계형 데이터 모델은 계층 모델과 망 모델의 복잡한 구조를 단순화시킨 모델로, 데이터와 데이터 간의 관계가 릴레이션이라는 테이블(Table) 집합으로 표현되는데 데이터 간의 관계를 기본키(Primary Key)와 이를 참조하는 외래키(Foreign Key)로 표현한다.

15 정답 ①

데이터베이스 설계 단계
㉠ 요구 조건 분석 : 데이터베이스 범위, 요구 조건 명세서, 데이터 활용에 대한 정보 수집과 변환을 하는 단계이다.
㉡ 개념적 설계 : 개념 스키마, 트랜잭션 모델링, E-R 모델 등을 수행하는 단계이다.
㉢ 논리적 설계 : 목표 DBMS에 맞는(종속적인) 스키마를 설계하는 단계이다.
㉣ 물리적 설계 : 목표 DBMS에 맞는 물리적 구조의 데이터로 변환하는 단계이다.
㉤ 구현 : 목표 DBMS의 DDL로 데이터베이스를 생성하는 단계이다.

16 정답 ①

요구 분석 단계에서 나온 결과를 DBMS에 독립적인 E-R 다이어그램으로 작성하는 것은 개념적 설계에 대한 설명이다.

17 정답 ②

릴레이션의 특징
• 릴레이션 스키마를 구성하는 속성의 순서와 릴레이션에 포함된 각 튜플의 순서는 의미가 없다.
• 속성의 명칭은 유일해야 하고, 속성에 해당하는 값은 중복될 수 있다.
• 튜플을 식별하기 위해서 기본키(PK)를 이용한다.
• 속성은 더 이상 세분화 할 수 없는 값을 저장하며, 모든 애트리뷰트(속성)는 원자 값이다.
• 한 릴레이션을 구성하는 애트리뷰트 사이에는 순서가 없다.

18 정답 ④

속성(Attribute)은 하나의 릴레이션에서 열(Column)의 이름을 의미하므로 속성(학번, 이름, 학과, 성별, 학년)의 개수는 5개이다.

19 정답 ①

후보키는 릴레이션의 튜플(Tuple)들을 구별할 수 있는 최소한의 속성 집합으로 모든 릴레이션은 최소한 하나의 후보키를 갖는다. 후보키의 조건으로는 유일성은 해당 열(속성)에는 중복 값이 없어야 한다(각 셀은 원자 값이어야 함). 또한, 최소성은 유일한 식별을 하기 위해 꼭 필요한 속성으로만 구성한다(단일키여야 함).

20 정답 ①

기본키로 선택된 속성은 중복되면 안 되고, 정의되지 않은 값(NULL)이 있어서도 안 된다. 그러므로 '성명'을 기본키로 하게 되면 동명이인이 존재하는 경우 동일 값이 존재할 수 없는 기본키의 전제 조건을 어기게 된다.

21 정답 ②

참조하는 릴레이션이 아니라 참조당하는 릴레이션에서 튜플이 삭제되는 경우, 제약조건에 위배될 수 있다.

> **참조 무결성**
> 2개의 릴레이션에서 기본키와 외래키가 관련된 무결성을 의미한다. 외래키 값은 NULL이거나, 참조 릴레이션에 있는 기본키
> 와 같아야 하는데, 기본키는 NULL 값을 허용하지 않는다. 참조 무결성은 DBMS에 의해 관리한다.

22 정답 ①

개체 무결성 제약조건 : 릴레이션에서 기본키를 구성하는 속성은 널(NULL) 값이나 중복 값을 가질 수 없다.

오답분석

② 참조 무결성 제약조건 : 외래키의 값은 NULL이거나 참조 릴레이션의 기본키의 값만 가질 수 있다.
③ 도메인 무결성 제약조건 : 특정 속성의 값이 그 속성이 정의된 도메인에 지정 값이어야 한다.

23 정답 ②

오답분석

① 개체 무결성 규칙 : 고유키(유일키) 개념과 관련된 개체 무결성은 모든 테이블이 기본키(Primary Key)이어야 하며, 기본키로
선택된 열은 고유하고, 빈값은 허용하지 않음을 규정한다.
③ 영역(범위) 무결성 규칙 : 정의된 범위에서 관계형 데이터베이스의 모든 열이 선언되도록 규정한다.
④ 트리거 규칙 : 데이터베이스가 미리 정해 놓은 조건을 만족하거나 어떤 동작이 자동적으로 수행되는 동작으로 트리거는 데이터
베이스에서 데이터의 유효성 조건과 무결성 조건을 기술하는 데 유용하다.

24 정답 ③

널(NULL)은 '없다'는 의미이나 0(Zero)을 의미하지는 않는다. 0은 0이라는 값을 의미하기 때문이다.

25 정답 ③

정규화는 테이블을 결합하는 것이 아니라 분해해 가면서 종속성을 제거하는 것이다.

26 정답 ③

오답분석

㉠ 데이터베이스를 설계할 때, 함수적 종속성을 이용해 잘못 설계된 관계형 스키마를 더 작은 속성으로 분리하는 것을 정규화라고
한다.

27 정답 ②

데이터베이스 정규화는 관계형 데이터베이스를 설계할 때, 중복을 최소화하도록 데이터를 구조화하는 작업이다. 정규화는 이상
값을 제거하기 위해 실시한다.

28　정답 ①

제1정규형(1NF)은 릴레이션에 속한 모든 속성의 도메인이 원자 값으로만 구성되어 있다.

오답분석

② 제2정규형(2NF) : 릴레이션이 제1정규형에 속하고, 기본키가 아닌 모든 속성이 기본키에 완전 함수 종속되면 제2정규형에 속한다.
③ 제3정규형(3NF) : 릴레이션이 제2정규형에 속하고, 기본키가 아닌 모든 속성이 기본키에 이행적 함수 종속이 되지 않으면 제3정규형에 속한다.
④ 보이스-코드 정규형(BCNF) : 릴레이션의 함수 종속 관계에서 모든 결정자가 후보키이면 보이스-코드 정규형에 속한다.

29　정답 ④

정규화는 데이터베이스의 물리적 설계 단계가 아닌 논리적 설계 단계에서 수행된다.

30　정답 ②

3정규화(3NF)는 1정규형, 2정규형을 만족하고, 이행 함수적 종속(A → B, B → C, A → C)을 제거한다.

31　정답 ③

제3정규형(3NF)은 어떤 릴레이션 R이 2NF이고, 키가 아닌 모든 속성들이 비이행적으로 기본키에 종속되어 있을 때 릴레이션은 제3정규형에 속한다(이행적 함수 종속이 제거).

32　정답 ②

데이터 정의어(DDL)로는 CREATE, ALTER, DROP 등이 있다.

33　정답 ①

DROP은 스키마, 도메인, 테이블, 뷰, 인덱스의 전체 제거 시 사용한다.

오답분석

② DELETE : 테이블 내의 레코드를 삭제한다.

34　정답 ④

SQL(Structured Query Language)은 관계대수 / 해석을 기초로 하는 고급 데이터 언어이고, DDL(Data Definition Language)은 데이터의 구조를 정의하기 위한 테이블을 생성하거나 삭제하는 명령어로, CREATE(테이블 생성), ALTER(테이블 수정), DROP(테이블 삭제), TRUNCATE(테이블에 있는 모든 데이터 삭제)가 이에 해당한다.

35 정답 ②

③ DIVISION : B릴레이션의 속성 b와 공통되는 A릴레이션의 속성 a를 추출
④ JOIN : 두 개의 릴레이션 A, B에서 공통된 속성을 연결

36 정답 ①

UPDATE는 기존에 존재하던 데이터를 수정하는 쿼리로, 다음과 같은 구조를 가진다.
UPDATE '테이블명' SET '속성값' WHERE '조건식'

37 정답 ①

SELECT * FROM 학생 WHERE 이름 LIKE '%경%' → '학생' table에서 '이름'에 '경'이 들어가 있는 것을 고르면 된다.
따라서 '이경서'와 '김경준'이 도출된다.

%용법
• %합격% : 합격이 포함되어 있는
• 합격% : 합격으로 시작되는
• %합격 : 합격으로 끝나는

38 정답 ③

NULL 값을 비교할때의 연산자는 IS NOT NULL을 사용한다.

39 정답 ①

• DDL : CREATE, ALTER, DROP, RENAME, TRUNCATE, COMMENT
• DML : SELECT, INSERT, UPDATE, DELETE, MERGE, CALL, EXPLAIN PLAN, LOCK TABLE
• DCL : GRANT, REVOKE, COMMIT, ROLLBACK

40 정답 ①

SELECT문에 DISTINCT를 입력하면 검색 결과가 중복되는 레코드는 한 번만 표시된다.

01	02	03	04	05	06	07	08	09	10	11	12	13	14	15	16	17	18	19	20
④	②	①	④	④	②	①	②	④	③	④	②	③	③	②	③	①	③	④	②
21	22	23	24	25	26	27	28	29	30	31	32	33	34	35	36	37	38	39	40
①	①	④	④	④	③	②	②	④	①	②	①	④	②	④	①	③	①	①	②
41	42	43	44	45	46	47	48	49	50	51	52	53	54	55	56	57	58	59	60
③	①	②	①	①	④	③	③	④	④	③	④	③	②	②	①	②	④	④
61	62	63	64	65	66	67	68	69	70	71	72	73	74	75	76	77	78	79	80
②	③	③	③	④	④	①	①	①	③	④	①	②	①	①	②	③	④	②	④

01 정답 ④

데이터 통신의 3요소는 정보원(Data Source, 송신지), 전송 매체(Medium), 정보 처리원(Destination, 수신지)이 있다.

02 정답 ②

• 데이터 전송계 : 데이터 단말 장치(DTE), 데이터 회선 종단 장치(DCE), 통신 회선(Communication Line), 통신 제어장치(CCU), 전송 제어장치(TCU)
• 데이터 처리계 : 중앙처리장치, 주변 장치, 통신 제어 프로그램

03 정답 ①

통신 제어장치(CCU)는 전송 회선과 컴퓨터의 전기적 결합으로 전송 문자를 조립, 분해하는 장치로 통신의 시작과 종료 제어, 송신권 제어, 동기 제어, 오류 제어, 흐름 제어, 응답 제어, 오류 복구, 제어 정보의 식별, 기밀 보호, 관리 기능 등을 담당한다.

04 정답 ④

디지털 전송에서 장거리 전송 시 데이터의 감쇠 및 왜곡 현상을 방지하기 위해서 리피터(Repeater)를 사용한다.

05 정답 ④

오답분석
① 중계기를 사용함으로써 신호의 왜곡과 잡음 등을 줄일 수 있다.
② 아날로그 전송보다 많은 대역폭을 필요로 한다.
③ 가격이 점차 저렴해지고 있다.

06 정답 ②

슬라이딩 윈도우(Sliding Window)는 수신측에서 응답 메시지가 없어도 약속된 윈도우의 크기만큼 전송할 수 있는 방식으로 송신측의 윈도우는 응답 신호를 수신하지 않은 상태에서 전송할 수 있는 데이터 개수의 범위를 의미한다.

07 정답 ①

비트열이 전송되지 않을 때 각 문자 사이에 유휴 시간(Idle Time)이 있는 것은 비동기식 전송 방식에 관한 내용이다.

08 정답 ②

비동기식 전송에 대한 설명이다.

비동기식 전송	
전송 단위	문자(구성 : Start Bit, 전송문자, 패리티 비트, Stop Bit)
휴지 시간	있음(불규칙)
전송 속도	1,200bps 이하, 저속, 단거리 전송에 사용
구조 / 가격	동기화가 단순함, 저비용
전송 효율	문자마다 시작과 정지를 알리기 위한 비트가 2 ~ 3비트씩 추가되므로 전송 효율이 떨어짐

동기식 전송	
전송 단위	프레임(미리 정해진 수만큼의 문자열을 한 블록(프레임)으로 만들어 일시에 전송)
휴지 시간	없음
전송 속도	2,400bps 이하, 고속, 원거리 전송에 사용
구조 / 가격	단말기는 버퍼(기억장치)가 필요, 고비용, 송 / 수신 동기를 유지하기 위해 클럭을 계속적으로 공급 또는 동기문자 전송
전송 효율	휴지 시간이 없으므로 전송효율이 높음
종류	비트 동기 방식, 블록 동기 방식(문자 동기 방식, 비트 동기 방식)

09 정답 ④

FDM은 입력 정보 파형이 주어진 주파수대역 내(음성의 경우 300 ~ 3,400Hz)에 있을 때, 이를 변조하여 조금씩 주파수를 추이시켜 서로 중복되지 않게 하여 하나의 전송로에서 다수의 통신을 동시에 행하는 다중화 방식이다.

10 정답 ③

다중화는 전송된 데이터를 원래 상태로 분리시켜 보다 적은 수의 통신 채널로 전송하므로 비용이 절감된다.

11 정답 ④

주파수 분할 다중화 방식은 저속의 데이터를 서로 다른 주파수에 변조하여 전송 선로를 보내는 방식으로 비동기 전송에 이용된다.

12 정답 ②

누화 및 상호 변조 잡음은 하나의 주파수 대역폭을 나누어 사용하는 채널들이 겹치면서 생기는 오류로 주파수 분할 다중화기(FDM)에 해당된다.

13 정답 ③

시분할 다중화기(TDM)는 여러 데이터를 일정한 시간으로 분할하여 전송하고, 하나의 회선을 복수 채널로 다중화하는 방식으로 한 전송로의 데이터 전송 시간을 일정한 시간 폭(Time Slot)으로 나누어 각 부 채널에 차례대로 분배한다.

14 정답 ③

오답분석
ⓒ · ⓔ 주파수 분할 다중화기(FDM)에 대한 특징이다.

15 정답 ②

비동기식 시분할 다중화(ATDM)에 대한 설명이다. 동기식 시분할 다중화(STDM)는 전송할 데이터가 없는 단말 장치에도 타임 슬롯을 고정적으로 할당하므로 링크의 총 용량이 낭비된다.

16 정답 ③

Guard Band는 대역폭을 나누어 사용하는 채널들 간의 상호 간섭을 방지하기 위해 필요하다.

17 정답 ①

광대역 전송(Broadband Transmission)에 관한 내용이다. 광대역 전송은 데이터 전송 등 여러 개의 변조 신호를 서로 다른 주파수 대역에서 동시에 보내는 방식으로 기저 대역 전송보다 보내는 데이터의 양이 많으므로 회로가 복잡하다.

18 정답 ③

지연 왜곡(Delay Distortion)은 일정한 신호 세력으로 여러 종류의 주파수를 동일 선로에 전송할 때 수신측에 도착하는 시간차로 인하여 신호 모양이 찌그러지는 현상으로 전송 매체를 통한 신호 전달이 주파수에 따라 속도를 달리함으로써 유발되는 신호 손상이다.

19 정답 ④

충격성 잡음(Impulse Noise)은 회로나 입출력 장비로부터 비연속적이고, 불규칙하게 일어나는 높은 진폭의 잡음으로 외부의 전자 기적 충격이나 기계적인 통신 시스템의 결함에 의해 발생한다. ④는 누화 잡음(Cross Talk Noise)에 대한 설명이다.

20 정답 ②

1 ~ 5번째 프레임은 정상적으로 전송된 것으로 판단되어 6, 7번째 프레임만 재전송된다.
따라서 재전송되는 프레임의 수는 2개이다.

21 정답 ①

Selective Repeat ARQ는 오류가 발생하여 손상 / 분실된 부분만 재전송하는 기법이다.

오답분석
② Stop and Wait ARQ는 수신측으로부터 응답이 오기를 대기하다가 ACK나 NAK에 따라 전송하는 방식이다.
③ Go-Back-N ARQ는 오류가 난 지점부터 전송한 지점까지 모두 재전송하는 방식이다.
④ Adaptive ARQ는 전송 효율을 최대로 높이기 위해 데이터 블록의 길이를 동적으로 변경하는 방식이다.

22 정답 ①

전진 에러 수정(FEC)
송신측에서 정보 비트에 오류 정정을 위한 제어 비트를 추가하여 전송하면 수신측에서 해당 비트를 사용하여 에러를 검출하고 수정하는 방식으로 해밍 코드(Hamming Code)와 상승 코드 등의 알고리즘이 해당된다.

23 정답 ④

자동 반복 요청(ARQ)은 가장 널리 사용되는 에러 제어 방식으로, 에러 검출 후 송신측에 에러가 발생한 데이터 블록을 다시 재전송해 주도록 요청함으로써 에러를 정정한다. 또한, 송신측에서 긍정 응답 신호가 도착하지 않으면 데이터를 수신측으로 재전송한다.

24 정답 ④

연속적(Continuous) ARQ 방식에 대한 설명이다. 연속적(Continuous) ARQ 방식은 정지 대기 ARQ의 오버헤드를 줄이기 위하여 연속적으로 데이터 블록을 전송한다.

25 정답 ④

지상 마이크로파(Terrestrial Microwave)에 대한 설명이다. 지상 마이크로파(Terrestrial Microwave)는 안테나 간의 거리를 확장하고, 그 사이의 장애물을 넘기 위해 고지대에 위치하는 매체로 동축 케이블보다 훨씬 작은 증폭기나 리피터가 필요하지만 가시거리 내의 전송으로 마이크로파의 손실은 거리의 제곱에 비례한다.

26 정답 ③

전이중 통신(Full Duplex)은 양방향으로 동시에 정보 전송이 가능한 방식으로 반이중 통신에 비해 전송 효율은 좋으나 회선 비용이 많이 소요된다. 또한, 전화기처럼 전송량이 많고, 통신 회선의 용량이 클 때 사용된다.

27 정답 ②

회선(전송) 제어 5단계 절차
• 회선 접속 : 송수신 간의 물리적 경로 확보
• 데이터 링크 확립 : 송수신 간의 논리적 경로 확보
• 데이터 전송 : 오류, 순서를 확인하면서 데이터 전송
• 데이터 링크 해제 : 설정된 논리 경로 절단
• 회선 절단 : 송수신 간의 물리적인 경로 절단

28 정답 ②

데이터 링크 확립은 접속된 통신 회선에서 송신측과 수신측 간의 데이터 전송을 위한 논리적 경로를 구성하는 단계로 회선이나 단말 장치가 상대방과 전송이 가능한지를 확인하며, 데이터 전송을 시작하기 전에 이루어지므로 모든 기능을 포함한다.

29 정답 ④

멀티 포인트 회선에서 회선 경쟁 제어를 하면 여러 회선이 한 분기점에서 분리되므로 트래픽이 많은 멀티 포인트 회선 네트워크에서는 비효율적이다.

30 정답 ①

회선 경쟁(Contention)은 데이터 전송을 하는 모든 단말 장치가 동등한 입장이며, 송신 요구를 먼저 한 쪽이 송신권을 갖는 방식으로 송신측이 전송할 메시지가 있을 경우 사용 가능한 회선이 있을 때까지 기다려야 한다.

31 정답 ②

폴링 시스템(Polling System)은 주국으로 데이터를 보내기 위한 시스템으로 '송신할 데이터가 있는가?'라는 문의를 하는 방식이다. 요구가 있으면 단말 장치에 송신을 시작하도록 하고, 없을 때는 다음 단말 장치에 대하여 문의한다.

32 정답 ①

bps(bit per second)는 매 초당 전송되는 비트의 수로 데이터의 전송 속도를 측정한다.

33 정답 ④

보(baud)는 초당 몇 개의 신호 변환, 즉 0과 1의 상태 변환이 발생했는지를 나타내는 변조 속도의 단위($B=1/T$, T : 최단 펄스의 길이)로 사용하는 통신 장비에 따라 다르다(초당 보내지는 코드의 개수, 초당 최단 펄스의 수, 단위 시간당 변조율).

34 정답 ②

(bps)=(baud)×(비트 수)이고, 디비트(Dibit)=2bit이다.
따라서 (bps)=2,400baud×2bit=4,800bps이다.

35 정답 ④

한 bit가 한 개의 신호 단위인 경우는 baud와 bps는 같게 되므로 1,200[baud]는 1,200[bps]가 된다. 그런데 1,200bps는 초당 1,200개의 신호를 전송하므로 한 개의 신호를 전송하기 위한 시간은 $T=1/B=1/1,200$[sec]가 된다.

36 정답 ①

군 대역(Group Band) 모뎀에 대한 설명으로 음성 대역이 다중화된 넓은 대역폭을 사용한다.

> **DSU(Digital Service Unit)**
> 단말 장치와 디지털 데이터 망 사이에 접속하여 디지털 신호를 변조하지 않고, 디지털 전송로를 이용하여 고속의 데이터 전송에 사용되는 회선 종단 장치로 회로의 구성이 간단하고, 직류 전송을 하기 때문에 모뎀에 비해 경제적이다.

37 정답 ③

위상 편이 변조(PSK)는 한 번의 변조로 여러 비트의 전송이 가능하고, 잡음에 강하여 효율적이다. 또한, 2,400bps 이상의 중고속 동기식 변복조기에 이용된다.

38 정답 ①

프로토콜의 기본 구성 요소는 구문(Syntax), 의미(Semantic), 타이밍(Timing, 순서)이 있다.

39 정답 ①

② 경유하는 라우터의 대수(Hop의 수량)에 따라 최단 경로를 동적으로 결정하는 프로토콜이다.
③ 라우터 간의 연결 속도를 중심으로 가중치를 두며, 대표적인 링크 상태의 프로토콜이다.
④ 하나의 자율 시스템 내에서 라우팅 정보를 교환하기 위한 프로토콜이다.

40 정답 ②

① 정규 응답 모드(NRM) : 보조국(Secondary Station)은 전송 전에 주국(Primary Station)으로부터 허가를 받아야 한다.
③ 비동기 응답 모드(ARM) : 보조국은 주국으로부터 명시적인 허가를 수신하지 않고도 전송이 허가되며, 데이터 전송을 위한 절차가 필요 없다.
④ 비동기 평형 모드(ABM) : 혼합형 스테이션을 사용하며, 주국으로부터 송신 허가를 받지 않은 상태에서 전송이 가능하다.

41 정답 ③

UDP(User Datagram Protocol)는 사용자 데이터그램 프로토콜이란 의미로 인터넷상에서 서로 정보를 주고받을 때 정보를 보낸다는 신호나 받는다는 신호 절차를 거치지 않고, 보내는 쪽에서 일방적으로 데이터를 전달하는 통신 프로토콜이다. 보내는 쪽에서는 받는 쪽이 데이터를 받았는지 받지 않았는지 확인할 수 없고, 확인할 필요도 없도록 만들어진 프로토콜을 말한다. 때문에 안정성면에서는 떨어지지만, 속도는 훨씬 빠르다.

42 정답 ①

② 정규 응답 모드(NRM) : 일차국으로부터 송신허가를 받을 때에만 프레임을 송신할 수 있는 이차국의 모드
③ 비동기 응답 모드(ARM) : 일차국으로부터 송신허가를 받지 않아도 프레임을 송신할 수 있는 이차국의 모드
④ 비동기 평형 모드(ABM) : 상대국으로부터 송신허가를 받지 않아도 프레임을 송신할 수 있는 복합국의 모드

43 정답 ②

ALOHA(Additive Links On line Hawaii Area)는 최초의 무선(라디오) 패킷 교환 시스템이다.

44 정답 ①

통계적 시분할 다중화는 전송할 데이터가 없는 경우에도 채널이 할당되는 동기식 시분할 다중화 방식의 문제점인 전송 효율의 감소를 방지하기 위해서 타임 슬롯을 동적으로 할당하여 전송할 데이터가 있는 터미널만 채널을 사용할 수 있도록 하는 방식

② 주파수 분할 다중화 : 전송 매체를 서로 다른 주파수 대역으로 구분되는 채널(Channel)로 분할하여 각각의 정보를 해당 주파수 대역의 전송파로 변환하여 전송하는 방식
④ 광파장 분할 다중화 : 다른 곳에서 온 여러 종류의 데이터를 하나의 광섬유에 함께 싣는 기술로서, 통신 용량과 속도를 향상시켜 주는 광전송 방식

45 　정답　①

② ACK(ACKnowledge) : 수신 정보 메시지에 대한 긍정 응답 신호이다.
③ STX(Start of TeXt) : 본문의 개시 및 정보 메시지 헤더의 종료를 표시하거나 실제 전송 데이터 집합의 시작이다.
④ SOH(Start Of Heading) : 헤딩의 시작과 정보 메시지 헤더의 첫 문자로 사용한다.

46 　정답　④

OSI 7계층
물리 계층(Physical Layer) → 데이터 링크 계층(Data Link Layer) → 네트워크 계층(Network Layer) → 트랜스포트 계층 (Transport Layer) → 세션 계층(Session Layer) → 표현 계층(Presentation Layer) → 응용 계층(Application Layer)

47 　정답　③

① RS-232C, X.21 : 물리 계층에 해당한다.
② HDLC, BSC, PPP : 데이터 링크 계층에 해당한다.
④ TCP, UDP : 전송 계층에 해당한다.

48 　정답　③

물리 계층은 통신 회선, 채널 등과 같이 시스템 간에 정보 교환을 위한 전기적인 통신 매체로 전화선이나 동축 케이블 등의 물리적 특성을 관리한다.

49 　정답　④

표현 계층(Presentation Layer)은 데이터 구문(Syntax) 내에서 인식이 가능한 표준 형식(코드 변환, 구문 검색 등)으로 재구성하는 계층으로 응용 계층에서 받은 데이터를 세션 계층이 다룰 수 있는 형태로 부호화하고, 세션 계층에서 받은 데이터를 응용 계층이 이해할 수 있는 형태로 변경한다.

50 　정답　④

회선 교환(Circuit Switching) 방식은 전송 데이터의 에러 제어나 흐름 제어는 사용자가 수행하며, 데이터 전송률은 동일한 전송 속도로 운영된다. 경로가 확보되면 지속적인 데이터 전송을 할 수 있어 지연 시간이 거의 없는 실시간 응용에 적합하다.

51 　정답　③

패킷 교환(Packet Switching) 방식은 회선 교환 방식과 메시지 교환 방식의 장점을 결합한 것으로 모든 사용자 간 빠른 응답 시간을 제공한다. 또한, 자원의 독점이 아닌 자원의 공유를 위해서 사용한다.

52 　정답　④

버스형은 단순한 구조 형태이지만 신뢰성이 높고 확장성이 편리하다. 그러나 단방향 통신이 가능하고, 오류의 발생 위치를 찾기 힘들며, 버스 회선이 고장 나면 전체 통신이 두절된다.

53 정답 ②

계층형(Tree Topology)은 분산 형태의 구조를 가지며, 데이지 체인(Daisy Chain)으로 연결된 여러 개의 선형 버스들로 구성된다 (단말기 제어기에 연결하고, 사설 교환기에 이용). 또한 하나의 선형 버스로 연결된 허브는 두 개 이상의 버스로 분리한다.

54 정답 ③

성형(Star Topology)은 모든 스테이션이 중앙 스위치에 연결된 형태로 두 스테이션은 회선 교환에 의해 통신을 한다. 또한, 각 노드는 별도의 전선으로 중앙 시스템에 일대일로 연결된다(중앙 집중식 형태).

55 정답 ②

근거리 통신망(LAN)은 건물, 기업, 학교 등 비교적 가까운 거리에 있는 컴퓨터들끼리 연결하는 통신망으로 전송 거리가 짧아 전송로 의 비용이 부담되지 않고, 수 km 범위 이내의 지역으로 한정되므로 거리에 제한이 있다.

56 정답 ②

종합 정보통신망(ISDN)은 디지털 전송에 의한 통신망으로 전화, 데이터, 화상, 팩시밀리 등 전기 통신 서비스를 통합적으로 제공하는 디지털 통신망으로 전화 교환망에 디지털 기능을 추가하여 새로운 통신 서비스를 제공한다.

57 정답 ①

비대칭 디지털 가입자 회선(ADSL)은 전화 회선을 통해 높은 대역폭의 디지털 정보를 전송하는 기술로 전화국과 각 가정이 1 : 1로 연결되어 있어 고속 데이터 통신이 가능하다. 또한, 전화국에서 사용자까지의 하향 신호는 고속 통신이고, 사용자에서 전화국까지의 상향 신호는 저속 통신이다.

58 정답 ②

C 클래스로 할당받은 IP 주소가 203.121.212.0 ~ 203.121.212.255일 때 하나의 네트워크 인에서 주소를 부여할 수 있는 개수는 256개이다. 0번과 255번은 시스템 어드레스라고 하여 실제 사용되지 않으므로 실제 할당할 수 있는 최대 IP 주소의 개수는 256 - 2 = 254개이다.

59 정답 ④

TCP / IP는 OSI 계층 구조에서 총 4개의 계층(링크 계층, 인터넷 계층, 전송 계층, 응용 계층)으로 이루어진다.

60 정답 ④

• TCP 프로토콜은 OSI 7계층 중 전송 계층(Transport Layer)에 해당한다.
• IP 프로토콜은 OSI 7계층 중 네트워크 계층(Network Layer)에 해당한다.

61 정답 ②

IP(Internet Protocol) 데이터그램 구조
버전, 헤더길이, 서비스유형(TOS), 전체길이, 식별(Identification), 플래그옵셋, 수명시간, 프로토콜, 헤더검사, 목적지주소, 발신지주소

62 정답 ③

패킷교환의 경우 독점선로인 서킷스위칭과 달리 회선 오류 발생 시 다른 경로로 전송이 가능하다.

63 정답 ③

오답분석

① 풀(Pull) : 브라우저가 웹 서버로부터 요청하여 받은 웹 페이지를 화면에 보여주는 방식이다.
② 푸시(Push) : 요청하지 않은 정보를 웹 서버가 보내주며, 사용자는 이런 기술을 지원 받기 위해서 별도의 플러그인 소프트웨어가 필요하다.
④ 캐싱(Caching) : 자주 사용하는 사이트를 하드 디스크에 저장하고, 해당 자료에 접근하면 미리 저장한 하드 디스크의 자료를 빠르게 보여준다.

64 정답 ③

라우터(Router)는 LAN을 연결하여 정보를 주고받을 때 가장 효율적인 경로를 선택하여 패킷을 전송하는 장치이다(수신된 패킷에 의해 네트워크 노드를 결정).

65 정답 ④

X.25
• 패킷 교환망을 통한 DCE와 DTE 간의 인터페이스를 제공하며 신뢰성과 효율성이 높고 전송 품질 우수하다.
• X.25의 계층 구조는 OSI와 비교하여 세 가지 계층으로 나눌 수 있다.

OSI	X.25
물리 계층	
데이터 링크 계층	프레임(or 데이터 링크) 계층
네트워크 계층	패킷 계층

66 정답 ④

스니핑(Sniffing)은 네트워크 주변의 모든 패킷을 엿보면서 계정(Account)과 암호(Password)를 알아내는 행위로 1회용 암호를 사용하거나 지정된 암호를 자주 변경한다.

67 정답 ①

오답분석

② 트랩 도어 : 응용 프로그램이나 운영체제 개발 시 프로그램 오류를 쉽게 발견하기 위해 코드 중간에 중단 부분을 만들어 놓는 행위이다.
③ 피싱 : 불특정 다수에게 메일을 발송해 위장된 홈페이지로 접속하도록 한 후 인터넷 이용자들의 금융 정보 등을 빼내는 신종 사기 수법이다.
④ 침입 방지 시스템 : 공격자가 특정 공격을 시도하기 전에 공격을 미리 차단하는 시스템이다.

68 정답 ①

침입 탐지 시스템(IDS)은 네트워크 장비나 방화벽 시스템에서 모든 포트의 동작을 감시하고, 침입이 의심되는 패턴을 찾는다. 또한, 각종 해킹 기법을 자체적으로 내장하여 실시간으로 감지 및 제어할 수 있도록 한다.

69 정답 ①

분산 서비스 거부 공격(DDoS)은 많은 호스트에 패킷을 범람시킬 수 있는 공격용 프로그램을 분산 설치하여 표적 시스템의 성능을 저하시키거나 마비시키는 공격 방법이다.

오답분석

② Syn Flooding : TCP 프로토콜의 신뢰성을 역으로 이용하는 공격 기법이다.

70 정답 ③

오답분석

① IP 프로토콜에서 라우터 간의 패킷을 중개할 때는 Best Effort라는 원칙에 따라 전송하는데, 이 방식은 전송 패킷이 수신 호스트에게 100% 도착하는 것을 보장하지 않는다.
② IP 프로토콜은 직접 전송과 간접 전송으로 나누어지며, 직접 전송에서 송신자는 목적지 IP 주소를 이용하여 목적지 물리 주소를 찾아서 데이터 링크를 보내어 패킷을 전달한다.
④ 최종 목적지와 같은 네트워크에 연결된 라우터에 도착할 때까지 여러 라우터를 거쳐서 전달한다.

71 정답 ④

IPv4와 클래스

네트워크 클래스는 A, B, C, D, E로 나누어져 있으며 클래스에 따라 네트워크의 크기가 다르다.
• Class A : 국가나 대형 통신망(0.0.0.0 ~ 127.255.255.255)
• Class B : 중대형 통신망(128.0.0.0 ~ 191.255.255.255)
• Class C : 소규모 통신망(192.0.0.0 ~ 223.255.255.255)
• Class D : 멀티캐스트용(224.0.0.0 ~ 239.255.255.255)
• Class E : 실험용(240.0.0.0 ~ 255.255.255.255)

72 정답 ①

IEEE 802.3은 IEEE 802 위원회 산하의 반송파 동시 공동 이용 / 충돌 탐지(CSMA / CD) 네트워크 소위원회에서 표준화한 CSMA / CD 방식의 매체 접근 제어 부분층(MACS) 및 물리 계층의 표준이다.

73 정답 ②

L2CAP는 블루투스 프로토콜 스택상에서 호스트 부분의 핵심 계층 기능으로, 소프트웨어적인 상위 계층과 하위 물리적인 계층과의 데이터 통신 연결을 지원한다.

74 정답 ①

IP 주소체계 통신 방식
• IPv4 : Unicast, Multicast, Broadcast
• IPv6 : Unicast, Multicast, Anycast

75 정답 ①

분산 서비스 거부 공격(DDoS)에 대한 설명이다. 서비스 거부 공격(DoS)은 네트워크나 호스트에 많은 양의 트래픽을 증가시켜 통신을 방해하는 공격 방식으로, 시스템이 다운되거나 시스템 자원을 사용할 수 없게 한다.

76 정답 ②

Exploit(취약점) 공격은 컴퓨터의 소프트웨어나 하드웨어 및 컴퓨터 관련 전자 제품의 버그, 보안 취약점 등 설계상 결함을 이용해 공격자의 의도된 동작을 수행하도록 만들어진 절차나 일련의 명령, 스크립트, 프로그램 또는 특정한 데이터 조각을 말하며, 이러한 것들을 사용한 공격 행위를 이르기도 한다.

오답분석

③ SQL Injection : 데이터베이스를 비정상적으로 조작하는 공격 방법이다.

④ XSS : 공격자가 웹 서버에 게시물을 통해 악성 스크립트를 업로드하고, 사용자는 해당 게시물을 클릭했을 때 악성 스크립트가 실행되는 기법이다.

77 정답 ③

비밀키는 암호 작성 및 해독 기법에서 암호화 및 복호화를 위해 비밀 메시지를 교환하는 당사자만이 알고 있는 키이다.

78 정답 ④

샘플링을 할 때 레벨을 어느 정도로 잘게 나누어 기록할지를 나타낸다. 예를 들면 16비트인 경우는 $2^{16} = 65,536$단계로 레벨을 기록할 수 있다. 따라서 양자화 비트수가 6비트일 때 양자화 계단 수는 $2^6 = 64$단계이다.

79 정답 ②

DES에 관한 설명이다. DES는 암호키와 복호키의 값이 서로 동일하며, 암호문 작성과 해독 과정에서 개인키를 사용한다. 또한 여러 사람과 정보 교환 시 다수의 키를 유지하며, 사용자 증가에 따른 키의 수가 많다. 그러나 알고리즘이 간단하여 암호화 속도가 빠르고, 파일의 크기가 작아 경제적이다.

80 정답 ④

데이터를 암호화할 때 사용하는 키(암호키, 공개키)는 공개하고, 복호화할 때 키(해독키, 비밀키)는 비공개한다.

01	02	03	04	05	06	07	08	09	10	11	12	13	14	15	16	17	18	19	20
②	④	①	②	①	②	④	③	③	④	③	④	②	④	③	④	②	②	①	①

21	22	23	24	25	26	27	28	29	30	31	32	33	34	35	36	37	38	39	40
②	②	②	④	④	②	②	④	①	④	④	①	②	①	③	②	②	①	③	③

01 정답 ②

LIFO 구조

		B		
	A	A	A+B	
C	C	C	C	(A+B) * C	
Z	Z	Z	Z	Z	Z
PUSH C	PUSH A	PUSH B	ADD	MUL	POP
			피연산자를 POP하여 더한 후 PUSH	피연산자를 POP하여 곱한 후 PUSH	

02 정답 ④

처리할 문제가 주어지면 평소에 사용하던 자료 구조를 사용하는 것이 아니라 주어진 문제에 가장 적합하고, 효율적인 자료 구조를 사용해야 한다.

03 정답 ①

스택(Stack)의 응용 분야에는 부프로그램 호출과 복귀, 함수 호출, 서브루틴 복귀 번지 저장, 인터럽트 처리, 산술식 표현, 되부름(Recursion, 순환 호출), 수식 계산 등이 있다. ①은 큐(Queue)의 응용 분야에 해당하는 내용이다.

04 정답 ②

- 비선형 구조 : ⓒ 트리(Tree), 이진 트리(Binary Tree), ⑩ 그래프(Graph)
- 선형 구조 : ⓔ 연접 리스트(Densed List), 연결 리스트(Linked List), ⓐ 스택(Stack), 배열(Array), ⓑ 큐(Queue), 데크(Deque)

05 정답 ①

스택 포인터 T를 증가시킨 결과가 스택의 길이인 m보다 크다는 것은 스택에 Overflow의 발생을 의미한다.

06 정답 ②

PUSH는 스택에 자료를 입력하고, POP은 스택에서 자료를 출력하는 명령이다. D를 출력한 후에 A를 출력해야 하는데 C와 B를 출력하지 않으면 A는 출력이 불가능하므로 ②의 구현은 불가능하다.

오답분석

① A, B를 넣고 B를 먼저 뺀 다음 A를 빼고, C와 D를 투입하여 D와 C 순으로 빼면 구현이 가능하다.
③ A와 B를 넣고 B를 뺀 다음 C를 넣었다 빼고 D를 넣었다 뺀 뒤 A를 마지막으로 빼면 구현이 가능하다.
④ A, B, C를 넣고 C, B, A 순으로 뺀 다음 마지막으로 D를 넣었다 빼면 구현이 가능하다.

07 정답 ④

입력 제한 데크는 입력이 한쪽 끝에서만 수행되는 형태로 스크롤(Scroll)이라고 하며, 출력 제한 데크는 출력이 한쪽 끝에서만 수행되는 형태로 셀프(Shelf)라 한다.

08 정답 ③

데크는 선형 구조 중 가장 일반적인 형태로 LEFT와 RIGHT의 2개의 포인터가 있다.

09 정답 ③

배열은 삽입과 삭제가 어렵고, 메모리에 종속적인 것이 단점이다. 또한, 배열을 이루는 각 자료를 배열 요소라 하고, 배열된 순서 대로 위치를 지정한다.

10 정답 ④

선형 리스트는 배열(Array) 구조로 액세스 속도가 빠르고, 메모리에 종속적이지만 데이터 항목의 삽입 및 삭제는 어렵다.

11 정답 ③

힙 트리(Heap Tree)는 완전 이진 트리에 있는 노드 중에서 키 값이 가장 큰 노드나 키 값이 가장 작은 노드를 찾기 위해서 만든 구조이다. 부모 노드가 자식 노드보다 작으면 최소 Heap이고, 크면 최대 Heap으로 구분된다.

12 정답 ④

후위 순회(Postorder Traversal)은 좌측 → 우측 → 뿌리(Left → Right → Root) 순으로 운행하는 방법이다. 먼저 좌측 서브 트리를 운행한 후 우측 서브 트리를 운행하고, 마지막으로 뿌리 노드를 운행한다. 제시된 트리의 경우 밑에서부터 위로 진행되고 Root의 방문 순서가 가장 느리므로 후위 순회이다.

13 정답 ②

연결 리스트는 자료를 구성할 때 포인터 자료를 포함해서 하나의 자료를 구성하는 형태로 포인터를 이용하여 현재 자료와 관련이 있는 자료를 연결한다(포인터를 위한 추가 공간이 필요). 이때, 포인터로 연결되기 때문에 액세스 속도가 느리며, 링크 포인터만큼 기억 공간을 소모한다.

14 정답 ④

계산 과정은 다음과 같다.

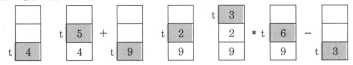

- 피연산자(Operand)인 4, 5가 스택(Stack)에 위치한다.
- 연산자 +를 만나면 5, 4를 스택에서 꺼내어 이를 연산하면 4+5=9이다.
- 연산 결과인 9를 다시 스택에 넣고, 2와 3을 스택에 차례대로 넣는다.
- 연산자 *를 만나면 위에 있는 3, 2를 꺼내어 이를 연산하면 2*3=6이다.
- 연산 결과인 6을 다시 스택에 넣는다.
- 연산자 −를 만나면 6, 9를 꺼내어 이를 연산하면 9−6=3이다.

따라서 스택의 탑(TOP) 원소 값을 구하라고 하였으므로 위의 색칠한 부분들을 각각 나열하면 4, 5, 9, 2, 3, 6, 3이다.

15 정답 ③

오답분석

① 노드(Node)는 트리를 구성하는 요소로 Node는 모두 14개이다.
② 차수는 주어진 포인터에서 퍼지는 노드 개수로 Node의 차수(Degree of Node)는 3이다.
④ 근노드(Root Node)는 제일 상위 레벨에 있는 노드로 Root Node는 A이다.

16 정답 ④

링크 리스트(포인터를 사용한 리스트)는 노드의 삽입과 삭제가 용이하며, 메모리의 단편화를 방지할 수 있다(Garbage Collection). 그러나 연결 리스트 중에 중간 노드 연결이 끊어지면 그 다음 노드를 찾기가 힘들다는 단점이 있다.

17 정답 ②

차수(Degree)는 트리 전체에서 노드의 차수(Degree)가 가장 큰 것을 말한다. A의 차수는 2, B의 차수는 3, C의 차수는 2, E의 차수는 2, G의 차수는 0이므로 차수가 가장 큰 것은 B의 차수인 3이다.

18 정답 ②

- 차수(Degree) : 노드의 차수가 가장 큰 b의 차수는 3이다.
- 터미널 노드(Leaf) : 노드의 차수가 0인 노드 또는 자식이 없는 노드는 d, e, i, g, j이므로 5이다.

19 　정답　①

전위 운행(Preorder Traversal)은 '근 → 좌측 → 우측(Root → Left → Right)' 순으로 운행하는 방법으로, 먼저 근노드를 운행하고 좌측 서브 트리를 운행한 후 우측 서브 트리를 운행한다. 즉, Root → Left → Right 순서에 따라 근노드, 좌측, 우측 순서로 운행하면 A – B – D – C – E – G – H – F가 된다.

20 　정답　①

• 1단계 : 근(A) – 좌측(B, D, E) – 우측(C, F, G)이므로 첫 번째는 A를 운행한다.
• 2단계 : 1단계의 B, D, E노드에서 근(B) – 좌측(D) – 우측(E)에 따라 운행하면 두 번째는 B, 세 번째는 D, 네 번째는 E를 운행한다.
• 3단계 : 1단계에서 우측으로 가면 C, F, G노드가 있는데 근(C) – 좌측(없음) – 우측(F, G)에 따라 운행하면 C를 운행한다.
• 4단계 : 3단계에서 우측으로 가면 F, G 노드가 있는데 근(F) – 좌측(G) – 우측(없음)에 따라 운행하면 근을 운행하므로 F이고, 마지막으로 좌측을 운행하면 G를 운행한다.

21 　정답　②

중위 운행(Inorder Traversal)은 '좌측 → 근 → 우측(Left → Root → Right)' 순으로 운행하는 방법으로, 먼저 좌측 서브 트리를 운행한 후 근노드를 운행하고, 우측 서브 트리를 운행한다. 즉, Left → Root → Right 순서에 따라 좌측, 근노드, 우측 순서로 운행하면 D – B – A – E – C – F가 된다.

22 　정답　②

후위 운행(Postorder Traversal)은 '좌측 → 우측 → 근(Left → Right → Root)' 순으로 운행하는 방법으로 먼저 좌측 서브 트리를 운행한 후 우측 서브 트리를 운행하고, 마지막으로 근노드를 운행한다. 즉, Left → Right → Root 순서에 따라 좌측, 우측, 근노드 순서로 운행하면 D → E → C → B → A가 되므로 네 번째로 방문하는 노드는 B이다.

23 　정답　②

스레드 이진(Thread Binary) 트리는 구조상 자노드를 가리키는 포인터와 스레드 포인터가 구별되지 않아 태그(Tag)로 구분하며, Perlis, Thornton에 의해 널 링크를 이용하는 방법이 고안되고, 스택의 도움 없이 트리를 순회할 수 있다.

24 　정답　④

버킷(Bucket)은 해싱(Hashing)에서 해싱 함수에 의해 계산되는 홈 주소(Home Address)에 의해 만들어지는 해시 테이블 내의 공간을 의미한다.

25 　정답　④

④는 깊이 우선 탐색(DFS)에 대한 설명으로 시작 정점 V를 기점으로 하여 V에 인접하면서 방문하지 않은 정점 W를 선택하고, W를 시작점으로 하여 깊이 우선 탐색을 다시 시작한다(스택을 사용).

26 정답 ②

A/B＊＊C+D＊ E−A＊C=[{(A/(B＊＊C))+(D＊E)}−(A＊C)]=[{(A/(BC＊＊))+(DE＊)}−(AC＊)]
=[{(ABC＊＊/)+(DE＊)}−(AC＊)]=[{(ABC＊＊/DE＊+)−(AC＊)}]
=ABC＊＊/DE＊+AC＊−

27 정답 ②

중위 표기법(Infix Notation)은 연산자가 피연산자 사이에 있는 표기법으로 연산자가 중간에 놓인다(오퍼랜드 − 연산자 − 오퍼랜드).
ABC− / DEF+ ＊ +=A / −BC+D ＊ +E F=A / (B−C)+D ＊ (E+F)

28 정답 ④

후위 표기법(Postfix Notation)은 피연산자 뒤에 연산자가 표기되는 방식으로 연산자가 맨 뒤에 놓인다(오퍼랜드 − 오퍼랜드 −
연산자).
A / B ＊ (C+D)+E
=AB / ＊ (CD)++E
=AB / CD+ ＊ E+

29 정답 ①

중위식을 후위식으로 변환하려면 순번에 따라 (대상, 연산자, 대상)을 (대상, 대상, 연산자)로 바꾸어 표현한다. 즉, 순번을 매기면서
괄호로 묶은 후 연산자를 오른쪽으로 보낸다.
A=[{(B−C) ＊ D}+E] → A=[{(BC−) ＊ D}+E] → A=[{(BC−)D ＊ }+E]
→ A=[{(BC−)D ＊ }E+] → A[{(BC−)D ＊ }E+]=
괄호를 제거하면 ABC−D ＊ E+=가 된다.

30 정답 ④

내부 정렬(Internal Sort)의 종류
• 삽입(Insertion)법 : 삽입 정렬(Insertion Sort), 셸 정렬(Shell Sort)
• 교환(Swap)법 : 선택 정렬(Selection Sort), 버블 정렬(Bubble Sort), 퀵 정렬(Quick Sort)
• 선택(Selection)법 : 힙 정렬(Heap Sort)
• 분배(Distribution)법 : 기수 정렬(Radix Sort, 버킷 정렬)
• 병합(Merge)법 : 2진 병합 정렬(2-Way Merge Sort)

31 정답 ④

오름차순 선택 정렬은 정렬되지 않은 데이터들에 대해 가장 작은 데이터를 찾아 가장 앞의 데이터와 교환해나가는 방식이다.
1회전
8, 3, 4, 9, 7 → 3, 8, 4, 9, 7
2회전
3, 8, 4, 9, 7 → 3, 4, 8, 9, 7

32 정답 ①

피보나치 검색(Fibonacci Search)에 대한 설명이다.

> **이진 검색(Binary Search)**
> 오름차순으로 정렬된 리스트에서 특정한 값의 위치를 찾는 알고리즘으로 처음 중간 값을 임의의 값으로 정하고, 그 값과 찾고자 하는 값의 대소비교를 하는 방식을 채택한다. 정렬된 리스트에만 사용할 수 있다는 단점이 있지만, 검색을 반복할 때마다 목표 값을 찾을 확률이 두 배가 되므로 속도가 빠르고 효율이 좋다는 장점이 있다.

33 정답 ②

정렬의 수행 시간 복잡도
- 선택, 버블, 삽입 정렬 : $O(n^2)$
- 병합 정렬 : $O(n\log_2 n)$
- 셸 정렬 : $O(n^{1.5})$
- 기수 정렬 : $O(k(n+q))$ (k=반복 횟수, q=스택이나 큐의 수)
- 퀵 정렬 : (평균)=$O(n\log_2 n)$, (최악)=$O(n^2)$
- 힙 정렬 : (평균)=$O(n\log_2 n)$, (최악)=$O(n\log_2 n)$

34 정답 ①

이진 병합 정렬(2 – Way Merge Sort)은 주어진 입력 파일을 크기가 2인 서브 파일로 모두 나누어서 각 서브 파일들을 정렬하는 방법으로 두 개의 키들을 한 쌍으로 하여 각 쌍에 대하여 순서를 정하고 나서 순서대로 정렬된 각 쌍의 키들을 병합하여 하나의 정렬된 서브 리스트로 만들어 최종적으로 하나의 정렬된 파일이 될 때까지 반복한다.

35 정답 ③

이진 트리 검색의 특징
- 데이터의 값에 따라 자리가 정해져, 자료의 탐색·삽입·삭제가 효율적이다.
- 데이터가 입력되는 순서에 따라 첫 번째 데이터가 근노드가 된다.
- 다음 데이터는 근노드와 비교하여 값이 작으면 좌측으로 연결하고, 값이 크면 우측으로 연결하여 이진 검색 트리로 구성한다.
- 정렬이 완료된 데이터를 이진 검색 트리로 구성할 경우 사향 이진 트리가 되어 비교 횟수가 선형 검색과 동일해 진다.

36 정답 ②

선형 검색(Linear Search)의 평균 검색 횟수는 $\dfrac{n+1}{2}$ 회(n은 레코드 수)이다.

37 정답 ②

순차 검색(Sequential Search)
- 대상 데이터를 순서대로 하나씩 비교하면서 원하는 데이터를 찾는 검색 방식이다.
- 대상 자료의 범위를 몰라도 검색이 가능하며, 자료가 정렬되어 있지 않아도 검색이 가능하다.
- 상대적으로 검색 속도가 느리다.
- 총 비교 횟수 : $(n+1) \div 2$
- 복잡도 : $O(n)$

38 정답 ①

해싱(Hashing)은 레코드의 참조 없이 어떤 키 변환에 의해 원하는 레코드에 직접 접근할 수 있도록 구성한 것이다. 키 변환 값이 같은 경우 오버플로가 발생하지만 찾는 레코드의 키 값을 주소 변환하여 해당 위치에서 검색하므로 조사 횟수가 적다.

39 정답 ③

직접 파일(DAM; Direct Access Method)은 레코드에서 임의의 키 필드를 정해서 해싱(Hashing) 함수에 의해 주소로 변환하고, 해당 위치에 레코드를 저장하는 방법으로 만들어진 파일이다.

40 정답 ③

• 폴딩 방법 : 숫자를 키로 사용할 때 자릿수를 기준으로 몇 부분으로 나눈 다음 각 부분을 겹쳐서 더해서 해시 주소를 얻는 방법

오답분석

④ 기수 변환법(Radix Conversion Method) : 연속한 키의 덩어리를 광범위하게 분산시켜 랜덤화해서 어드레스를 만드는 것을 목적으로 고안한 방법

소프트웨어 공학

01	02	03	04	05	06	07	08	09	10	11	12	13	14	15	16	17	18	19	20
④	④	①	①	②	①	①	④	③	③	④	④	②	③	①	③	④	④	④	④
21	22	23	24	25	26	27	28	29	30	31	32	33	34	35	36	37	38	39	40
③	②	④	②	④	④	④	③	③	②	④	④	④	④	③	①	④	①	③	③
41	42	43	44	45	46	47	48	49	50	51	52	53	54	55	56	57	58	59	60
①	②	④	①	②	③	①	③	③	③	③	④	③	①	②	①	④	④	④	②

01 정답 ④

21세기 현재 소프트웨어는 굉장히 많이 제공되어 사용하고 있기 때문에 수요가 감소했다고 보기가 어렵다.

02 정답 ④

소프트웨어의 기술적인 구축 방법과 자원, 도구들을 제공하고, 인력을 적절히 투입한다.

소프트웨어 공학의 기본 원칙
- 소프트웨어(프로그래밍)의 기술을 계속적으로 유지한다.
- 소프트웨어가 최상의 품질을 갖출 수 있도록 지속적인 검증을 실시한다.
- 소프트웨어의 관련 사항을 문서화하여 결과에 대한 명확성을 유지한다.
- 소프트웨어의 개발 비용을 최소화하고, 합리적으로 개발한다.
- 소프트웨어의 기술적인 구축 방법과 자원, 도구들을 제공하고, 인력을 적절히 투입한다.

03 정답 ①

소프트웨어 위기(Software Crisis)는 수요를 따르지 못하는 생산성이 심각한 문제인 소프트웨어 제품이 많은 것에 비해 요구된 소프트웨어를 개발할 방법론이나 개발 인력이 부족한 상태이다.

04 정답 ①

소프트웨어의 위기는 컴퓨터의 발달 과정에서 소프트웨어의 개발 속도가 하드웨어의 개발속도를 따라가지 못해 사용자들의 요구사항을 감당하지 못하는 문제가 발생하는 것을 의미한다. 이의 원인으로는 하드웨어 비용을 초과하는 개발 비용의 증가, 개발 기간의 지연, 인력 부족 및 인건비 상승, 성능 및 신뢰성 부족, 유지보수의 어려움에 따른 비용이 있다.

05 정답 ②

프로토타입을 사용하는 것은 요구 분석 중심의 프로토타이핑(Prototyping) 모형에 관한 설명이다.

06 정답 ①

폭포수 모형(Waterfall Model)은 개발 과정의 앞 단계가 끝나야 다음 단계로 넘어갈 수 있는 선형 순차적 모델이다. 타당성 검토 → 계획 → 요구사항 분석 → 설계 → 구현(코딩) → 시험(검사) → 유지보수의 순서로 진행되며, 개발 과정 중 새로운 요구를 반영하기 어려우므로 처음부터 요구사항을 명확하게 제시해야 한다.

오답분석

② 프로토타입 모형 : 폭포수 모형의 단점을 보완한 것으로 사용자의 기본적인 요구사항에 따른 모형 시스템을 신속히 개발하여 제공 후 사용자들의 의견을 바탕으로 시스템을 개선하고 보완해가는 프로세스 모형이다.

③ 나선형 모형 : 폭포수 모형과 프로토타입 모형의 장점에 위험 분석 기능을 추가한 모형으로 여러 차례의 개발 과정을 거쳐 프로토타입을 점진적으로 발전시켜 위험을 최소화하고, 완성도 높은 최종 소프트웨어를 개발하는 것을 목적으로 하는 모형이다.

07 정답 ①

프로토타입의 단점을 설명한 내용이다.

08 정답 ④

폭포수 모형(Waterfall Model)에 대한 설명이다.

09 정답 ③

오답분석

① 분석(Analysis) : 소프트웨어 동작 이해 및 재공학 대상 선정

② 재구성(Restructuring) : 소프트웨어 기능 변경 없이 소프트웨어 형태를 목적에 맞게 수정

④ 이식(Migration) : 기존 소프트웨어를 다른 운영체제 또는 하드웨어 환경에서 사용할 수 있도록 변환

10 정답 ③

프로토타입 모형을 가장 적절하게 적용할 수 있는 경우는 구축하고자 하는 소프트웨어에 대하여 사용자 요구 사항이 불분명한 경우에 효과적이다.

11 정답 ④

프로그래밍 언어의 선정 기준

• 개발 담당자의 경험과 지식
• 대상 업무의 성격
• 과거의 개발 실적
• 프로그램 언어의 응용 영역
• 알고리즘의 계산상 난이도
• 소프트웨어가 실행되는 환경
• 자료 구조의 난이도

12 정답 ④

나선형 모형은 폭포수(Waterfall) 모형과 프로토타입(Prototype) 모형의 장점만을 적용한 가장 바람직한 모형으로 점증적 개발 과정과 반복적인 작업을 수행함으로써 정밀성이 높다.

13   정답 ②

나선형(Spiral, 점증적) 모형의 단계는 계획 수립(Planning) → 위험 분석(Risk Analysis) → 개발(Engineering) → 고객 평가(Customer Evaluation)의 단계를 따른다.

14   정답 ③

프로젝트 관리의 대상으로는 비용 관리(최소의 비용), 일정 관리, 품질 관리가 있다.

15   정답 ①

소프트웨어 프로젝트 관리(Project Management)는 소프트웨어 생명 주기의 전 과정에 걸쳐 진행되며, 주어진 기간 내에 최소의 비용으로 사용자를 만족시키는 시스템을 개발하기 위한 활동이다.

16   정답 ③

민주주의적 팀 구성에서 각 구성원끼리 서로의 일을 검토하며, 작업 결과에 대해서는 동일한 책임을 진다.

17   정답 ④

CPM(Critical Path Method)은 주 공정(Critical Path)에 비중을 두기 때문에 주 공정을 나타내는 경로(굵은 화살표)의 흐름이 지연되면 다른 공정도 모두 지연되므로 주 공정이 완전히 해소될 때 진행한다.

18   정답 ④

CPM과 PERT의 공통점
- 단시간에 계획을 완성하고, 프로젝트의 작업 일정을 네트워크로 표시한다.
- 프로젝트의 지연을 방지하고, 계획대로 진행하기 위한 일정 계획 방법이다.
- 대단위 계획의 조직적인 추진을 위해 자원의 제약하에 적은 비용을 사용한다.

19   정답 ④

프로젝트 작업 사이의 관계를 나타내며, 최장 경로를 파악할 수 있는 것은 CPM(Critical Path Method)에 대한 설명이다.

20   정답 ④

화살표를 이용하여 작업의 경로를 나타내는 것은 PERT이다.

> **간트 차트**
> 간트 차트는 프로젝트 일정 관리를 위한 바 형태의 도구이다. 프로젝트의 주요 활동을 파악한 후, 각 활동의 일정을 시작하는 시점과 끝나는 시점을 연결한 막대 모양으로 표시하여 전체 일정을 한눈에 볼 수 있게 한다.

21   정답 ③

Brooks의 법칙(브룩스의 법칙)은 지연된 소프트웨어 프로젝트에 인원을 추가 투입하면 일정이 더 늦어짐을 의미하는 법칙이다. 인원을 추가할 경우 일정이 더 늦어지는 이유는 기존 인력이 충원 인력의 교육을 담당해야 하므로 개발 시간이 감소하고, 충원 인원은 적응기간이 필요해서 업무속도가 저하되기 때문이다. 또한, 업무의 상관도가 높은 경우 분업이 불가능하므로 업무의 속도가 더 느려진다.

22 정답 ②

① 유지보수성(Maintainability) : 변경 및 오류 사항의 교정에 대한 노력을 최소화하는 정도
③ 효율성(Efficiency) : 요구되는 기능을 수행하기 위해 필요한 자원의 소요 정도
④ 무결성(Integrity) : 허용되지 않은 사용이나 자료의 변경을 제어하는 정도

23 정답 ④

3P는 People(사람), Problem(문제), Process(과정)을 뜻한다.

24 정답 ②

COCOMO에 의한 비용 산정
• 개발 초기에 라인 수 산정이 어렵고 개발언어에 따라 비용 산정에 차이 발생
• LOC 기반으로, LOC를 예측한 후, 이에 따라 서로 다르게 측정되는 비용 산정 방정식에 대입

25 정답 ④

원시 코드 라인 수(LOC) 기법은 소프트웨어 각 기능의 원시 코드 라인 수의 비관치, 낙관치, 중간치를 측정하여 예측치를 구하고 이를 이용해 노력, 개발 비용, 개발 기간, 생산성 등의 비용을 산정하는 기법이다.
• 추정 LOC : {(낙관치)+4×(중간치)+(비관치)}÷6

26 정답 ④

KLOC(Kilo Line of Code)은 원시 코드 라인 수를 나타내는 단위로 프로젝트 비용 산정에 주로 이용한다.

27 정답 ④

상향식(Bottom – Up)에 대한 설명이다. 상향식(Bottom – Up) 측정 방법은 비용을 단계별로 측정하여 마지막에 총 비용을 산출하는 방법으로 단계별 요소의 비용 산정에 따라 시스템 전체 차원의 비용을 결정할 수 있다.

28 정답 ③

• (생산성)=(LOC)÷(인/월) → $500=25,000÷$(인/월)
  ∴ (인/월)=50
• (개발 기간)=(인/월)÷(투입 인원) → (개발 기간)=50÷5
  ∴ (개발 기간)=10개월

29 정답 ③

(월별 생산성)=(KLOC)÷(인/월) → (월별 생산성)=10,000÷(5×2)

30 정답 ②

"( )"는 자료의 생략을 의미한다.

31 정답 ④

{ } : 자료 반복, ＊＊ : 자료 주석, ＝ : 자료 정의

32 정답 ④

기수(Cardinality)는 데이터베이스에서 튜플의 개수를 의미한다.

33 정답 ④

배경도는 자료 흐름도를 그리는 것이 아니고, 문제의 추상적이고 대략적인 그림을 그리는 것이다.

34 정답 ④

자료 저장소(Data Store)는 두 줄의 이중선으로 표시하며, 다음 처리로 자료가 직접 이동되지 않고, 다음에 사용될 목적으로 보관한다.

35 정답 ③

ERD(Entity Relationship Diagram)는 개체 집합의 표현은 직사각형, 관계 집합은 마름모, 속성은 타원, 링크는 직선, 사상 원소 수는 레이블을 사용하여 데이터 구조와 그들 간의 관계를 표현한다.

36 정답 ①

소프트웨어 프로젝트 측정에서 신뢰할만한 비용과 노력측정을 달성하기 위한 선택사항
• 프로젝트에서 측정을 늦게까지 지연
• 상대적으로 간단한 분해기술을 이용
• 실험적 모델을 형성
• 하나 이상의 자동화 측정도구들 구입

37 정답 ④

설계는 논리적으로 특정한 기능과 부(서브루틴) 기능을 수행하는 요소들로 분할되어야 한다.

38 정답 ①

HIPO는 하향식(Top-Down)으로 개발 과정에서 문서화와 목적에 맞은 자료를 확인할 수 있다.

39 정답 ③

N-S(나씨-슈나이더만) 도표는 화살표를 사용하지 않고 박스(Box)로 논리 흐름을 표현한다.

40 정답 ③

응집도(Cohesion)는 모듈 내의 구성 요소들이 공통의 목적을 달성하기 위하여 서로 얼마나 관련이 있는지의 기능적 연관 정도를 나타내는 것으로, 모듈이 독립적으로 잘 정의되어 있는 정도를 의미하며, 다른 모듈과의 상호작용이 작다.

41 정답 ①

공유도(Fan – In)는 얼마나 많은 모듈이 주어진 모듈을 호출하는가의 척도로, 구조적 시스템 설계에서 한 모듈에 대해 모듈을 직접 호출하는 상위 모듈의 수를 의미한다.

42 정답 ②

올바른 모듈 설계는 결합도가 낮을수록 모듈 간의 독립성이 강조되고, 응집도는 높을수록 모듈 내 기능성이 강조되므로 설계 시 결합도는 약하고 응집도는 강해야 한다.

43 정답 ④

오답분석

① 두 모듈 간의 인터페이스가 자료 요소만으로 구성된 결합이다.
② 모듈 간의 인터페이스가 배열이나 레코드 등의 자료 구조가 전달된 경우의 결합이다.
③ 한 모듈은 기억 장소를 공유하며, 결합된 관계로 Call By Reference 형태로 결합된다.

44 정답 ①

오답분석

• 유스케이스 : 시스템을 블랙박스로 보고 행위자 입장에서 시스템을 어떻게 사용하는지 분석하는 것을 의미하고, 시스템의 기능을 정의하고 범위를 결정함으로써 시스템과 외부 환경 변수를 구분하고 상호 관계를 정립하는 것을 말한다.
• 클래스 다이어그램 : 클래스와 클래스 사이의 관계를 나타낸 다이어그램을 말한다.
• 캡슐화 : 알고리즘이나 자료 구조를 모듈 내부에 포함하여 자세한 내부 사항을 모듈 인터페이스 인에 숨기는 개념을 말한다.
• 상태 모델 : 외부에서 보이는 시스템이나 객체의 동작을 나타낸 다이어그램을 말한다.
• 디자인 패턴 : 자주 사용하는 설계 문제를 해결해주는 증명된 솔루션(템플릿)을 만들어 놓은 것을 말한다.

45 정답 ②

클래스(Class) : 공통된 특성과 연산을 갖는 객체의 집합(하나 이상)

오답분석

① 메소드(Method) : 객체가 수행하는 기능으로 객체가 갖는 데이터(속성, 상태)를 처리하는 알고리즘
③ 상속성(Inheritance) : 이미 정의된 상위 클래스의 모든 속성과 연산을 하위 클래스가 물려 받는 것
④ 메시지(Message) : 객체들 간 상호작용을 하는 데 사용되는 수단으로 객체에게 행위 지시를 하는 명령

46 정답 ③

정보 은폐란 캡슐화에서 다른 객체에게 숨길 것은 숨길 수 있고, 자신의 연산만을 통해 접근을 가능하게 하는 것을 허락하는 것이다. 때문에 다른 객체에 영향을 끼치는 것을 최소화할 수 있다.

47 정답 ①

럼바우의 객체 지향 분석 절차는 객체 모델링 → 동적 모델링 → 기능 모델링이다.

럼바우의 객체 지향 분석	
객체 모델링 (Object Modeling)	• 객체, 속성, 연산 등의 식별 및 객체 간의 관계를 정의 • 객체도(객체 다이어그램) 작성
동적 모델링 (Dynamic Modeling)	• 객체들의 제어 흐름, 상호 반응, 연산 순서를 나타냄 • 상태도 작성
기능 모델링 (Functional Modeling)	• 입·출력 결정 → 자료 흐름도 작성 → 기능의 내용 상세 기술 → 제약사항 결정 및 최소화

48 정답 ③

상속성(Inheritance)은 상위 클래스의 메소드(연산)와 속성을 하위 클래스가 물려받는 것으로 클래스를 체계화할 수 있어 기존 클래스로부터 확장이 용이하며, 클래스와 오브젝트를 재사용할 수 있는 능력을 얻을 수 있다.

49 정답 ③

소프트웨어 산물의 각 기능별로 적절한 정보 영역을 정하여 적합한 입력에 대한 출력의 정확성을 점검하는 것은 블랙 박스(Black Box) 검사에 대한 설명이다.

50 정답 ③

화이트 박스 테스트에 관한 내용이다. 화이트 박스 테스트는 프로그램 내부 구조의 타당성 여부를 시험하는 방식으로, 내부 구조를 해석해서 프로그램의 모든 처리 루틴에 대해 시험하는 기본 사항이다. 가끔 발생하는 조건도 고려해서 처리 루틴을 검증하기 위한 시험 데이터를 작성하여 시험을 실시할 필요가 있다.

51 정답 ③

검증 시험은 정당성(Validation) 검사로 개발된 소프트웨어가 요구 사항과 맞는지를 시험하는 것으로 소프트웨어 요구 사항의 일부로 설정된 요구 사항이 구축된 소프트웨어와 일치하는가를 확인한다.

52 정답 ④

알파 테스트(Alpha Test)는 사용자를 제한된 환경에서 프로그램을 수행하게 하고, 개발자는 사용자가 어떻게 수행하는가를 지켜보며 오류를 찾는 검사이다.

53 정답 ③

복잡도는 흐름(Flow) 그래프의 영역 수 또는 프로그램 구조의 직선 경로 수와 일치한다. 흐름 그래프가 있으면 모듈 크기(라인 수)의 실제 상한선은 존재한다.

54 정답 ①

소프트웨어 비용 중 유지 보수 비용은 전 과정의 약 60% 이상을 차지하므로 개발 비용보다 많다.

55 정답 ②

유지 보수(Maintenance)의 유형에는 수정 보수(Corrective Maintenance), 완전화 보수(Perfective Maintenance), 환경 보수(Adaptive Maintenance), 예방 보수(Preventive Maintenance)가 있다.

56 정답 ①

오답분석

② 신뢰성 : 정확하고 일관된 결과를 얻기 위해 요구된 기능을 수행하는 정도이다.
③ 사용 용이성 : 쉽게 배울 수 있고, 사용할 수 있는 정도이다.
④ 유연성 : 새로운 기능의 추가나 다른 환경에 적응하기 쉽게 수정될 수 있는 정도이다.

57 정답 ④

워크 쓰루(Walk-Through)는 소프트웨어에 대한 재검토 회의 방식으로 비용 절약의 품질 관리 활동을 한다. ④는 소프트웨어 계획 수립에 대한 설명이다.

58 정답 ④

심사(Inspection)에 대한 설명이다. 심사는 팀 관리 조정자가 과정에서 얻은 출력을 일반 설정과 비교하여 오류가 제거되도록 한다.

59 정답 ④

프로그램이 요구 사항에 따라 운영되는 확률은 가용성(이용 가능성)에 대한 설명이다.

60 정답 ②

소프트웨어 역공학(Reverse Engineering)은 현재 프로그램으로부터 데이터, 아키텍처, 절차에 관한 분석 및 설계 정보를 추출하는 과정으로 소프트웨어를 분석하여 소프트웨어 개발 과정과 데이터 처리 과정을 설명하는 분석 및 설계 정보를 재발견하거나 다시 만드는 작업이다.

프로그래밍 언어

01	02	03	04	05	06	07	08	09	10	11	12	13	14	15	16	17	18	19	20
①	②	①	③	②	③	①	②	④	④	①	②	②	③	①	②	③	④	④	④
21	22	23	24	25	26	27	28	29	30	31	32	33	34	35	36	37	38	39	40
④	④	②	①	④	③	①	③	③	④	③	①	①	②	①	②	③	④	④	②

01 　정답　①

FORTRAN은 복잡한 수식 계산을 위해 시작된 과학 기술용 컴퓨터 프로그램 언어이다.

02 　정답　②

• 로더(Loader) : 모듈이 실행되도록 기억 공간을 할당하고, 메모리에 적재시켜 주는 프로그램이다.
• 목적 프로그램 : 언어 번역기를 통해 소스 프로그램을 기계어로 번역한 프로그램이다.

03 　정답　①

로더는 모듈이 실행되도록 기억 공간을 할당하고, 메모리에 적재시켜 주는 프로그램이다.

04 　정답　③

인터프리터는 BASIC, LISP 등으로 작성된 원시 프로그램을 기계어로 번역하는 프로그램이다.

05 　정답　②

목적 코드를 생성하는 것은 컴파일러에 대한 설명이다.

06 　정답　③

오답분석

① 링커 : 목적 코드(Object Code)를 실행 가능한 모듈로 생성하는 프로그램이다.
② 인터프리터 : 대화식 언어를 한 줄씩 번역하여 기계어로 번역하는 프로그램이다.
④ 코프로세서 : 시스템의 계산 능력을 높이고, CPU를 보조하기 위한 목적으로 사용된다.

07 정답 ①

HTML은 하이퍼텍스트 문서를 작성하는 언어로 문서의 표현 형식을 지정하며, 이식성이 높고 사용이 용이하나 고정 태그로 복잡한 문서 작성이 어렵다.

08 정답 ②

HTML은 별도의 컴파일러가 필요하지 않으며, 웹 브라우저에서만 해석이 가능하다.

09 정답 ④

SGML은 유연성이 좋고 독립적인 시스템 운용이 가능하나 기능이 복잡하다.

10 정답 ④

XML은 구조화된 문서 제작용 언어로 HTML의 단점을 보완하고 웹에서 구조화된 다양한 문서들을 상호교환한다.

11 정답 ①

VRML(Virtual Reality Modeling Language)은 3차원 가상 공간을 표현하기 위한 언어로 웹에서 3차원 입체 이미지를 묘사한다.

12 정답 ②

VRML은 HTML을 기반으로 만들어졌으며 온라인 쇼핑몰, 3차원 채팅 등에 이용된다.

13 정답 ②

자바(Java)는 웹상에서 멀티미디어 데이터를 유용하게 처리할 수 있는 객체 지향(Object-oriented) 언어로 네트워크 환경에서 분산 작업이 가능하도록 설계되었다.

14 정답 ③

Java는 C++ 언어를 기반으로 플랫폼에 독립적(Independence)이고, 보안에 강하다.

15 정답 ①

3차원 가상 공간과 입체 이미지들을 묘사하기 위한 언어는 VRML(Virtual Reality Modeling Language)이다.

16 정답 ②

인공 지능 분야에 널리 사용되는 언어는 LISP이다.

17 정답 ③

Java 언어는 객체 지향 언어로 추상화, 상속화, 다형성과 같은 특징을 가지며, 특정 컴퓨터 구조와 무관한 가상 바이트 머신 코드를 사용하므로 플랫폼 독립적이다. 가상 바이트 머신 코드는 바이트 코드를 해석하여 실행하는 소프트웨어를 자바 가상 머신이라고 하며, 이러한 소프트웨어가 설치된 경우 운영체제와 상관없이 자바 프로그램의 실행이 가능하다.

18 정답 ④

자바스크립트(Javascript)는 HTML에 삽입되어 HTML을 확장하는 기능으로 HTML을 강력하고 편리하게 꾸밀 수 있다.

19 정답 ④

웹 문서에 소스 코드를 삽입하여 사용자 웹 브라우저에 실행하는 것은 자바스크립트(Javascript)에 대한 설명이다.

20 정답 ④

- XML : 웹에서 애플리케이션에 데이터 교환이 가능하도록 하는 표준 언어로 HTML과 SGML의 장점을 결합하여 만든 언어이다.
- SGML : 다양한 형태의 멀티미디어 문서들을 원활하게 교환할 수 있도록 제정한 국제 표준 언어이다.

21 정답 ④

서버 측 스크립트가 HTML 페이지를 만들어 모든 브라우저에 사용할 수 있는 것은 ASP(Active Server Page)에 대한 설명이다.

22 정답 ④

ASP(Active Server Page)는 Windows 계열에서만 수행한다.

23 정답 ②

JSP(Java Server Pages)는 다이나믹 HTML을 생성하기 위한 자바 언어이다.

24 정답 ①

ASP는 CGI의 단점을 보완하기 위해 개발된 웹 문서의 작성 기술로 서버 측 스크립트가 HTML 페이지를 만들어 모든 브라우저에서 사용할 수 있다.

25 정답 ④

C 언어는 절차 지향 언어이고, C++ 언어는 객체 지향 언어이다.

26 정답 ③

객체 지향 프로그래밍은 동작보다는 객체, 논리보다는 자료를 기준으로 구성하는 기법이다.

27 정답 ①

객체 지향 프로그래밍은 순차적 프로그램 개발에 적합한 기법으로 Smalltalk, C++, Java 언어 등에서 객체 지향의 개념을 표현한다.

28 정답 ③

객체(Object)는 데이터와 데이터를 처리하는 프로시저로 필요한 자료 구조와 이에 수행되는 함수들을 가진 하나의 소프트웨어 모듈이다. 순서, 선택, 반복의 3가지는 구조적 프로그래밍에서 사용하는 기본적인 제어 구조이다.

29 정답 ③

HTML에서의 〈form〉은 양식 방법을 정의하는 Tag이다.

30 정답 ④

자바스크립트(Javascript)는 HTML에 삽입되어 HTML을 확장하는 기능으로 클라이언트 측에 해당된다.

오답분석

①・②・③ JSP, ASP, PHP는 서버 측에 해당된다.

31 정답 ③

프로그램 개발 단계에서는 단계별 결과를 바로 확인해야 하는 프로그램 테스트 작업이 자주 수행되므로 컴파일러보다는 결과 확인에 시간이 적게 소요되는 인터프리터가 유리하다.

32 정답 ①

컴파일러는 원시 프로그램을 목적 프로그램으로 한꺼번에 번역하지만 인터프리터는 명령을 하나씩 번역하여 직접 실행히기 때문에 인터프리터의 실행 속도가 다소 느리다.

33 정답 ①

프로그램의 처리 순서는 원시(Source) 프로그램 → 컴파일러(Compiler) → 목적(Object) 프로그램 → 실행 가능한 프로그램 → 로더(Loader)의 순서이다.

34 정답 ②

main( ) 함수는 아래쪽으로 "{"로 시작하여 "}"로 종료된다(블록 단위로 묶음).

35 정답 ①

• #define : 상수 값을 정의내리는 구성 요소로 프로그램에서 사용할 문자열을 치환할 때 사용한다.

오답분석

② #include : 다른 파일에 선언되어 있는 함수나 데이터 형을 현재 프로그램에 포함시킬 때 사용한다.

36 정답 ②

printf( )문은 문자열만 출력하며, 문자열 외에 다른 데이터를 출력할 경우는 데이터를 문자열로 변환하기 위한 포맷 지정자(%로 시작)를 사용한다.

37 정답 ③

switch문은 문자나 정수 타입의 데이터를 검사하여 여러 개인 경우 중에서 해당하는 경우를 실행하는 것으로 제어문에 해당한다.

38 정답 ④

Javascript는 클래스를 지원하지 않는다.

39 정답 ④

함수 정의 부분에서 필요한 데이터를 함수 내부에서 입력받는 경우 매개 변수는 필요 없으므로 이런 경우는 함수명( )으로 표시한다.

40 정답 ②

배열의 첨자는 반드시 0부터 시작하며, 변수를 사용할 수 없다.

01	02	03	04	05	06	07	08	09	10	11	12	13	14	15	16	17	18	19	20
③	①	③	①	④	④	①	②	①	②	④	②	①	④	④	②	③	④	①	④
21	22	23	24	25	26	27	28	29	30	31	32	33	34	35	36	37	38	39	40
①	②	②	①	③	④	③	①	③	③	①	②	④	④	①	④	②	④	④	④
41	42	43	44	45	46	47	48	49	50	51	52	53	54	55	56	57	58	59	60
④	①	①	③	②	②	①	④	②	③	④	①	③	③	③	④	②	③	②	②
61	62	63	64	65	66	67	68	69	70	71	72	73	74	75	76	77	78	79	80
④	③	①	②	③	②	②	②	②	④	①	②	③	③	③	④	④	②	①	④
81	82	83	84	85	86	87	88	89	90	91	92	93	94	95	96	97	98	99	100
②	③	①	④	④	③	①	④	②	③	①	④	②	①	④	③	②	③	②	①
101	102	103	104	105	106	107	108	109	110	111	112	113	114	115	116	117	118	119	120
③	③	④	①	③	③	④	②	③	①	④	④	③	②	③	②	①	④	③	③
121	122	123	124	125	126	127	128	129	130	131	132	133	134	135	136	137	138	139	140
④	④	①	②	③	②	②	③	①	②	①	④	④	①	①	④	②	④	②	②
141	142	143	144	145	146	147	148	149	150	151	152	153	154	155	156	157	158	159	160
①	④	②	③	①	④	③	①	④	④	③	①	③	③	③	④	②	①	②	③
161	162	163	164	165	166	167	168	169	170	171	172	173	174	175	176	177	178	179	180
②	①	②	②	④	②	③	①	④	③	④	③	③	④	④	①	②	③	②	④
181	182	183	184	185	186	187	188	189	190	191	192	193	194	195	196	197	198	199	200
④	④	①	①	③	③	①	②	①	③	②	③	④	①	③	③	③	④	①	②

01 　정답　 ③

㉠ IT 산업의 발달로 등장하게 된 산업혁명은 3차 산업혁명에 해당하며, 4차 산업혁명은 인공지능(AI)·사물인터넷(IoT)·빅데이터 등의 최첨단 시스템이 모든 제품·서비스에 구축되어 사물을 지능화시킨 산업혁명에 해당한다.

㉡ 무인 공장의 등장 및 인공지능 로봇의 확산으로 인해 오히려 이전의 산업혁명보다 일자리 창출이 현저히 적어질 것으로 예상되고 있다.

㉢ 이전 산업혁명에서의 공장 자동화가 각 공장 기기들이 중앙시스템에 의해 제어를 받는 수동적 과정이었다면, 4차 산업혁명은 중앙시스템의 제어 없이 각 공장 기기가 작업 단계에 따라 능동적으로 대처하는 능동적 과정에 해당한다.

오답분석

㉣ 4차 산업혁명에서의 사회는 고도로 연결되고 지능화되었기 때문에 이전의 산업혁명보다 정보의 파급력 및 전달 속도가 더 넓은 범위에서 더 크고 빠르게 진행되고 있다.

02　정답　①

싱귤래리티(Singularity, 특이점)에 대한 설명이다. 미래학자이자 인공지능 연구가인 미국의 레이 커즈와일은 인공지능이 인류의 지능을 넘어서는 순간을 싱귤래리티라고 정의하였다. 세렌디피티(Serendipity)는 '뜻밖의 재미・발견'이라는 뜻으로, 과학 연구에서는 플레밍이 페니실린을 발견한 것처럼 순전히 우연으로부터 중대한 발견・발명이 이루어지는 것을 가리킨다.

03　정답　③

챗GPT를 개발한 미국 오픈AI가 2024년 2월 15일 공개한 영상제작 AI시스템안 AI 소라(Sora)는 기존의 이미지를 활용하거나 텍스트로 간단히 명령어를 입력하면 고화질 영상을 제작해준다. '소라'는 일본어로 '하늘'이라는 뜻하며, 오픈AI는 '무한한 잠재력을 의미한다'고 밝혔다.

오답분석

① AI 동맹 : 메타와 IBM을 비롯해 50개 이상 인공지능 관련 기업과 기관이 결성한 연합체로 2023년 12월 5일 출범했다.

② AI 워싱(Washing) : '워싱'은 눈가림하다는 비유로, 인공지능과 무관하거나 관련성이 적지만 AI 소프트웨어를 사용한 제품이나 서비스인 것처럼 홍보하는 행위를 말한다.

④ AI 얼라이언스(Alliance) : 인공지능(AI) 분야의 개방성 향상과 업계 간 협력 촉진을 위한 국제단체로 2023년 12월 출범했다. 누구나 AI 기술을 활용할 수 있는 개방형 AI 생태계를 구축하고 보안을 강화해 신뢰할 수 있는 AI기술을 만드는 것을 목표로 한다.

04　정답　①

탈중앙화된 금융(Decentralized Finance), 즉 디파이는 중앙기관이 통제하지 않고 블록체인 기술로 금융 서비스를 제공하는 것을 말한다. 정부・은행 등의 중앙기관의 개입・중재・통제를 배제하고 거래 당사자들끼리 직접 송금・예금・대출・결제・투자 등의 금융 거래를 하자는 것이 주요 골자이다. 디파이 서비스에서는 책임 주체가 없기 때문에 보안사고 등의 문제가 발생했을 때 문제에 대한 책임 소재 논란이 발생할 수 있다. 또한 아직은 법적 규제와 이용자 보호 장치가 미흡해 금융사고 발생 가능성이 있고 상품 안정성이 낮다.

오답분석

② 디파이는 거래의 신뢰를 담보하기 위해 높은 보안성, 비용 절감 효과, 넓은 활용 범위를 자랑하는 블록체인 기술을 기반으로 한다.

③ 디파이는 서비스를 안정적으로 제공하기 위해 기존의 법정화폐에 연동되거나, 비트코인 같은 가상자산을 담보로 발행된 스테이블코인을 거래 수단으로 주로 사용한다.

④ 디파이는 거래의 속도를 크게 높이고 거래 수수료 등 부대비용이 거의 들지 않기 때문에 비용을 절감할 수 있다. 또한 인터넷에 연결되기만 하면 누구나 언제 어디든 디파이에 접근할 수 있으며, 응용성・결합성이 우수해 새로운 금융 서비스를 빠르게 개발할 수 있다.

05　정답　④

다크 패턴(Dark Patterns)은 사람들을 속이기 위해 디자인된 인터페이스를 말한다. 인터넷 사이트나 애플리케이션에서 사용자들을 은밀히 유도해 물건을 구매하거나 서비스에 가입하게 하는 사용자 인터페이스(UI)를 뜻한다.

오답분석

① SOAR(Security Orchestration, Automation and Response) : 가트너가 2017년에 발표한 용어로 보안 오케스트레이션 및 자동화(SOA), 보안 사고 대응 플랫폼(SIRP), 위협 인텔리전스 플랫폼(TIP) 등의 기능을 통합한 개념이다.

② 머클 트리(Merkle Tree) : 블록체인에서 블록 하나에 포함된 모든 거래 정보를 암호화 기법을 통해 요약하여 트리(Tree) 형태로 표현한 데이터 구조이다.

③ 고효율 이미지 파일 포맷(High Efficiency Image File Format) : MPEG가 개발한 개개의 이미지들과 이미지 시퀀스를 한 파일에 저장할 수 있는 파일 포맷이다. 기존보다 이미지 파일 용량을 2배가량 줄이면서도 동일 수준 이상의 품질을 제공한다.

06 　정답　 ④

ⓒ BaaS를 통해 비금융기관은 규제를 피하면서도 금융 라이선스 획득에 필요한 인프라 구축 비용을 들이지 않고 고객에게 금융 서비스를 제공함으로써 기업 가치를 높일 수 있으며, 금융기관 또한 신규 고객 확보와 수수료 등의 수익원 창출을 기대할 수 있다.

ⓔ 오픈뱅킹과 BaaS는 금융기관이 비금융기관에게 API를 개방한다는 점에서 같다. 그러나 오픈뱅킹은 금융기관의 데이터를 다른 곳에 활용할 수 있도록 개방하는 읽기 전용에 한정되지만, BaaS는 데이터에 대한 읽기・쓰기 권한을 모두 제공한다는 점에서 차이가 있다. 또한 오픈뱅킹이 비금융기관이 자사의 상품에 금융기관의 데이터를 활용하는 것이라면, BaaS는 금융기관의 서비스를 자사의 상품과 통합하는 것으로 오픈뱅킹보다 더 적극적이라고 할 수 있다.

오답분석

ⓐ BaaS는 금융기관이 구축한 API(응용프로그램 인터페이스)를 비금융기관 등의 제3자에게 개방해 새로운 금융상품을 개발・출시하는 형태의 금융 서비스를 뜻한다. 이때 비금융기관은 금융회사의 API를 이용한 대가로 금융기관에 수수료를 지불한다.

ⓑ BaaS는 태생적으로 금융회사의 핵심 기술과 데이터를 외부 기업과 공유한다는 점에서 높은 수준의 보안과 철저한 리스크 관리가 필요하다.

07 　정답　 ①

ⓐ 옳음. 중앙은행이 발행하는 전자 형태의 법정화폐인 CBDC는 블록체인 기술, 분산원장 방식 등을 적용해 전자 형태로 저장된다.

ⓑ 옳음. 가상화폐가 지급 수단으로 자리 잡을 가능성이 커짐에 따라 등장한 CBDC는 국가가 발행하고 보증하기 때문에 일반적인 암호화폐보다 안정성・신뢰성이 높고 가격 변동이 거의 없어 현금처럼 쓸 수 있다.

ⓒ 옳음. CBDC는 블록체인으로 관리되므로 화폐 위조 위험이 없고, 현금 같은 실물을 발행할 필요가 없어 비용을 줄일 수 있다. 또한 화폐 유통과 거래 과정에서 소모되는 비용도 절감할 수 있다.

ⓔ 옳지 않음. 개인이 CBDC를 전자지갑에 직접 보관하기 때문에 요구불예금 등 은행권 수시입출금, 단기예금 계좌를 사용할 유인이 감소된다. 이로 인해 은행의 자금 조달(중개) 기능의 약화로 인한 각종 부작용이 발생할 수 있다. 예컨대, 자금 조달 기능이 약화되어 은행의 대출 여력이 감소하는 만큼 대출 금리가 높아지고 신용도가 높은 개인・기업만 대출을 받게 되는 상황이 심화되면 서민・자영업자・중소기업 등에 대한 '대출 문턱'이 높아질 가능성이 크다.

ⓓ 옳지 않음. CBDC는 전자 형태로 발행되기 때문에 화폐 거래 추적이 쉽고 익명성이 제한되므로 암시장 억제와 자금세탁 방지를 기대할 수 있다.

08 　정답　 ②

크레디트 라인은 금융기관이 일정 기간 동안 상대방에게 공여할 수 있는 신용공여의 종류와 최고 한도를 뜻한다. 크레디트 라인은 위기 때 상대방이 거부하면 자금을 차입할 수 없으므로 비상시에 필요한 만큼의 외화 확보를 보장하기 어렵다. 이와 달리 커미티드 라인(Committed Line)은 다른 금융사에 일정한 수수료를 지불하고 유사시 필요한 자금을 빌릴 수 있는 권한이 있으므로(공급 요청에 대한 거부권 없음) 비상시에 외화 확보 수단으로 활용될 수 있다.

09 　정답　 ①

갭투자는 주택의 매매 가격과 전세 가격의 차이(Gap)가 작을 때 전세를 끼고 주택을 매입해 수익을 내는 투자 방식이다. 매매 가격과 전세 가격 차이만큼의 돈으로 주택을 매입한 후, 전세 계약이 종료되면 전세금을 올리거나 매매 가격이 오른 만큼의 차익을 얻을 수 있다. 이는 역으로 매매나 전세 수요가 줄어 매매 가격이나 전세 가격이 떨어지면 문제를 겪을 수 있다. 주택 매매 가격이 떨어지면 전세 세입자가 집주인에게 전세보증금을 돌려받지 못하는 이른바 '깡통전세'가 속출할 위험이 있다.

오답분석

② 대체투자 : 제품을 생산하는 데 사용하던 낡은 기계나 설비 등을 새로운 것으로 바꾸어 생산성을 높이려는 투자(Replacement Investment)를 뜻한다. 또는 채권・주식 등의 전통적인 투자 상품 대신 부동산・인프라・사모펀드 등에 투자(Alternative Investment)하는 방식으로, 채권보다 수익률이 높고 주식에 비해서는 위험성이 낮다.

③ 그린필드(Green Field)투자 : 해외 자본이 투자 대상국의 토지를 직접 매입하여 공장이나 사업장을 짓는 방식의 투자로, 외국인 직접투자의 일종이다.

④ 바이아웃(Buy-out)투자 : 특정 기업에 지분을 투자한 후 경영을 지원해 기업 가치가 높아지면 지분을 다시 팔아 투자금을 회수하는 방법을 뜻한다.

10 정답 ②

네거티브 스크리닝은 일정한 ESG나 국제규범 등을 평가 기준으로 설정하고, 이 기준에 부합하지 않는 기업·산업군에 대한 주식·채권 투자를 배제하는 전략을 뜻한다.

오답분석

① ESG 그리니엄 : 'Green'과 'Premium'의 조합어인 'Greenium'은 녹색채권 차입 금리가 일반채권보다 낮은 현상으로, 일반채권 대비 ESG 채권이 받는 프리미엄을 뜻한다. 녹색채권에만 투자하는 조건으로 운용되는 펀드가 많아질수록 일반채권 대비 ESG 채권에 대한 수요 증가가 유발된다. 이러한 수요의 증가는 곧 ESG 관련 프로젝트들의 자본조달 비용(차입금리)을 낮추는 음(−)의 그리니엄을 의미한다. 그리니엄은 채권이 자본을 조달하는 프로젝트에 영향을 끼치므로 투자자들의 수익 확대를 기대할 수 있다.

③ 포지티브 스크리닝 : 네거티브 스크리닝과 상대적인 개념으로, 평가 기준에 부합하는 기업·산업군에 대한 투자를 확대하는 전략이다.

④ 규칙 기반 스크리닝 : ESG 활동이 국제규범 등의 평가 기준에 부합하지 않는 또는 ESG 활동이 전혀 없는 기업·국가를 투자 포트폴리오에서 제외하는 전략이다. 네거티브 스크리닝이 산업의 특성을 기준으로 한다면, 규칙 기반 스크리닝은 발행자의 구체적인 행동을 기준으로 한다.

11 정답 ④

CF100(Carbon Free 100%)은 RE100(Renewable Electricity 100)의 한계를 극복하기 위해 구글, UN에너지, 지속가능에너지기구 등이 벌이고 있는 캠페인이다. 공식 명칭은 '24/7 Carbon-Free Energy'로 24시간 7일 내내 무탄소 전력을 사용한다는 취지이다. 전력 부문에서 탄소를 완전히 제거한다는 점에서 전력 100%를 재생에너지로 충당하자는 RE100과 다르다.

오답분석

① RRP(Recovery and Resolution Plan) : 국제기구인 금융안정위원회(FSB)가 글로벌 금융위기의 심각성에 대비해 제안한 제도로, 회생정리계획이라고도 부른다. 금융회사가 도산 위기에 대비해 자체 정상화를 할 수 있는 방안을 사전에 만들게 한 제도이다.

② GRANOLAS : 해외 투자전략가들이 주목하고 있는 유럽 증시의 11개 종목의 머리글자를 조합한 용어이다.다. 글락소스미스클라인(GSK), 로슈홀딩, ASML홀딩, 네슬레, 노바티스, 노보노디스크, 로레알, 루이뷔통모에헤네시, 아스트라제네카, 사노피가 있다.

③ 30-50 클럽 : 미국, 일본, 독일, 프랑스, 영국, 이탈리아와 한국 등 1인당 국민소득이 30,000달러 이상이고, 인구는 5,000만 명 이상인 국가를 가리킨다.

12 정답 ②

그로스 해킹(Growth Hacking)은 한정적인 예산으로 최대의 효과를 거둬야 하는 신생 벤처기업들이 성장의 속도에 초점을 맞춰 효율적인 성과를 거두기 위해 빅데이터에 기초한 소비자 행동을 과학적으로 분석해 창의적 아이디어를 도출하고 SNS와 같은 뉴미디어를 이용하는 온라인 마케팅 커뮤니케이션 전략을 뜻한다.

오답분석

① 그린워싱(Green Washing) : 'Green'과 'White Washing(세탁)'의 조합성어로, 실제로는 환경에 해롭지만 마치 친환경적인 것처럼 광고하는 것을 말한다. 기업들이 자사의 상품을 환경 보호에 도움이 되는 것처럼 홍보하는 '위장환경주의'를 뜻하기도 한다. 기업이 상품을 생산하는 과정에서 일어나는 환경오염 문제는 축소시키고 재활용 등의 일부 과정만을 부각시켜 마치 친환경인 것처럼 포장하는 것이 이에 해당한다.

③ 그랜플루언서(Grandfluencer) : 유튜브 등 SNS에서 영향력을 끼치고 있는 노인 인플루언서들을 가리킨다. '실버 크리에이터'라고도 한다. 이들은 오랜 연륜과 풍부한 경험을 바탕으로 다양한 콘텐츠를 만들고 있다.

④ 그레이 스타트업(Gray Startup) : 인터넷과 모바일 기술의 빠른 기술 발전 속도를 기반으로 탄생한 스타트업이나 벤처 중에서 절차적 정당성을 갖춰야 하는 특성 때문에 기존의 법이나 제도 체계로는 규정되지 않거나, 사각지대에서 사업이나 서비스를 영위하는 기업을 가리킨다.

13 　정답 ①

김치코인은 국내 기업이 발행하여 국내 가상자산 거래소에서 거래가 가능한 가상화폐를 뜻한다. 따라서 해외 가상자산 거래소에만 상장되어 있는 코인은 김치코인에 포함되지 않는다. 김치코인은 시가총액이 작고 가격이 높지 않아 시세 변동성이 매우 크다. 또한 외부 세력에 의해 시세 조종이 일어날 수 있으며 불투명한 재무구조 등의 문제로 투자 위험도가 높은 편이다.

오답분석

② 스캠코인(Scam Coin) : 'Scam(사기)'과 'Coin'의 조합어로, 사실과 다른 내용으로 투자자를 속이기 위해 만들어진 가상화폐를 말한다. 투자금 환급 등을 내세운 미신고 거래소나 유명인과의 친분을 앞세워 투자자들의 신뢰를 높인 뒤 투자금만 챙겨 사라지는 방식이 대표적이다.

③ 알트코인(Altcoin) : 'Alternative(대체, 대안)'와 'Coin'의 조합어로, 비트코인을 제외한 다른 가상화폐들을 가리킨다. 비트코인 가치가 지나치게 올랐다는 생각 때문에 알트코인이 대체 투자처로 주목받는다.

④ 스테이블코인(Stable Coin) : 가격 변동성이 최소화되도록 설계한 암호화폐를 가리킨다. 미국 달러 등 법정 화폐와 1대 1로 가치가 고정되어 있으며, 보통 1코인이 1달러의 가치를 갖는다. 대표적인 스테이블 코인으로는 테더(Tether, USDT) 코인이 있다.

14 　정답 ④

녹색피로(Green Fatigue)는 소비자가 환경보호를 위한 친환경 소비를 하는 등의 노력에도 불구하고 기후변화에 유의미한 결과를 체감하지 못하자 이에 따른 피로가 누적되어 활동 의욕이 꺾이는 현상을 의미한다.

오답분석

① 듀레이션(Duration) : 현재가치를 기준으로 투자자금의 원금을 회수하는 데 걸리는 평균회수 기간을 의미한다. 채권에서 발생하는 현금 흐름의 가중평균만기로서 채권 가격의 이자율 변화에 대한 민감도를 측정하는 척도로 사용된다.

② 다크 넛지(Dark Nudge) : 'Nudge(옆구리를 슬쩍 찌르다)'와 'Dark'의 조합어로, 옆구리를 찌르듯 비합리적 구매를 유도하는 상술을 가리킨다. 상술에 속았지만 귀찮아서 불만을 제기하지 않아 불필요한 비용 지출을 경험하게 된다.

③ 더블 헤이터(Double Hater) : 선거에 출마한 2명의 유력 후보 또는 정당을 모두 싫어하는 유권자를 가리킨다. 투표 결과가 집계되기 전까지 이들이 어떤 선택을 했을지 예측하기 어려워 선거의 변수로 작용하기도 한다.

15 　정답 ④

빅데이터의 3V, 4V, 5V, 6V
- 3V : 일반적으로 빅데이터의 특징을 다음의 3V로 요약한다.
  - 크기(Volume) : 빅데이터의 물리적 크기는 폭발적으로 증가한다(초대용량).
  - 속도(Velocity) : 빅데이터는 실시간으로 생성되며 빠른 속도로 변화·유통된다.
  - 다양성(Variety) : 빅데이터는 정형, 반(半)정형, 비(非)정형 등 포맷·형식이 다양하다.
- 4V : 위의 3V에 '가치(Value)' 또는 '정확성(Veracity)'을 더해 4V로 요약하기도 한다.
  - 가치(Value) : 빅데이터는 새로운 가치를 창출한다.
  - 정확성(Veracity) : 빅데이터는 데이터의 원천과 형태의 다양하지만 신뢰성을 보장한다.
- 5V : 위의 3V에 '가치(Value)'와 '정확성(Veracity)'을 모두 더해 5V로 요약하기도 한다.
- 6V : 5V에 가변성(Variability)을 더해 6V로 요약하기도 한다.
  - 가변성(Variability) : 빅데이터는 맥락에 따라 의미가 달라진다.

16 　정답 ②

그리드 컴퓨팅(Grid Computing)에 대한 설명이다. 그리드 컴퓨팅은 PC나 서버 등의 모든 컴퓨팅 기기를 하나의 네트워크를 통해 연결함으로써 정보처리 능력을 슈퍼컴퓨터 혹은 그 이상 수준으로 극대화하려는 분산 컴퓨팅 모델로, 고속 네트워크로 연결된 다수의 컴퓨터 시스템이 사용자에게 통합된 가상의 컴퓨팅 서비스를 제공한다.

17 정답 ③

경험(Experience) 경제는 경험이 경제적 가치를 갖게 되는 경제를 뜻한다. 고객의 성별, 나이 등 고객의 단순 정보 수준을 넘어 제품 및 서비스 구매 만족도·구매 의향 등까지 심층 조사하고 분석한 경험 데이터를 최대한 활용하는 기업 운영 방식이다.

오답분석

① 긱(Gig) 경제 : 필요에 따라 임시로 직원을 고용하여 일을 맡기는 고용 형태를 의미한다.

② 덤벨(Dumbbell) 경제 : 운동 등 건강과 체력관리에 대한 관심이 증가하면서 건강 및 체력 관리를 위한 지출 등 헬스 관련 사업이 호황을 맞은 상황을 일컫는 용어이다.

④ 골디락스(Goldilocks) 경제 : 인플레이션을 우려할 만한 경기 과열이나 경기침체로 인한 어려움을 걱정할 필요가 없는 최적 상태의 건실한 경제를 의미한다.

18 정답 ④

'Hecto-'는 '100'을 뜻하는 접두사이며, 헥토콘(Hectocorn) 기업은 기업 가치가 100억 달러 이상인 신생 벤처기업을 지칭하는 말이다.

오답분석

① 유니콘(Unicorn) 기업 : 'Uni-'는 '하나'를 뜻하는 접두사이며, 유니콘(Unicorn) 기업은 기업 가치가 10억 달러 이상인 신생 벤처기업을 지칭하는 말이다.

② 데카콘(Decacorn) 기업 : 'Deca-'는 '10'을 뜻하는 접두사이며, 데카콘(Decacorn)은 머리에 10개의 뿔이 달린 상상 속의 동물을 의미한다. 데카콘 기업은 기업 가치가 100억 달러 이상인 신생 벤처기업을 지칭하는 말이다.

19 정답 ①

A세대는 'Ageless(나이 초월)'와 'Accomplished(성취한)', 'Alive(생동감 있는)' 등의 특징을 가진 세대로 각 단어의 첫 글자에서 유래한 말로, 경제적으로 구매력이 있고 자기 만족을 위한 투자에 적극적인 만 45 ~ 64세의 중장년층을 가리킨다.

오답분석

② 림보세대 : 고등교육을 받고도 어려운 경제 상황 때문에 경력을 쌓지 못한 채 가능성이 없는 일에 내몰리고 있는 청년들을 가리킨다. 2008년 글로벌 금융위기 이후 전 세계적인 사회현상으로 대두된 개념이다.

③ 실감세대 : 소비에 있어서 오감을 만족시키는 콘텐츠와 제품을 선호하는 밀레니얼 세대(1980년대 초반 ~ 2000년대 초반 출생)와 Z세대(1990년대 중반 ~ 2000년대 초반 출생)를 가리킨다.

④ 디지털 네이티브 : 유년기부터 디지털 환경에서 성장한 세대로, 디지털 생활 환경의 급속한 변화에 따라 디지털 기기를 자유자재로 사용하는 새로운 세대를 가리킨다.

20 정답 ④

한 국가의 경제가 인근 국가나 세계 경제와 비슷한 방향으로 움직이는 커플링(동조화) 현상과 상대되는 개념으로, 인접한 다른 국가나 보편적인 세계 경제의 흐름과는 달리 독자적인 흐름을 보이는 현상을 말한다. 흔히 '탈동조화', '관계 단절'이라고 표현하기도 한다.

오답분석

① 마일스톤 징크스(Milestone Jinx) : 마일스톤은 이정표, 획기적인 사실·사건을 뜻하며, 마일스톤 징크스는 주가지수가 특정 분기점 도달을 앞두고 큰 단위의 지수가 바뀌는 것에 대한 두려움으로 지수가 하락하는 현상을 말한다.

② 리디노미네이션(Redenomination) : 한 국가 안에서 통용되는 화폐의 실질 가치를 낮은 비율로 변경하는 것을 말한다. 인플레이션과 경제규모의 확대 등으로 거래가격이 높아짐에 따라 숫자의 자릿수가 늘어나면서 계산상의 불편과 그로 인한 문제점들을 해소하기 위해 도입된다.

③ J커브(J-Curve) 효과 : 무역수지 개선을 위해 환율 상승을 유도하는 경우 초기에는 오히려 무역수지가 악화되다가 상당 기간이 경과한 후 개선되는 현상으로, 무역수지가 변동되는 모습이 마치 알파벳 J와 유사하여 붙은 명칭이다.

21 정답 ①

메칼프의 법칙은 인터넷 통신망이 지니는 가치는 망에 가입한 사용자 수의 제곱에 비례한다는 법칙이다. 예를 들어 사용자 수가 2명인 A통신망의 가치는 2의 제곱인 4인 반면, 사용자 수가 4명인 B통신망의 가치는 4의 제곱인 16인 것이다. 이는 통신망을 이용하는 개개인이 정보의 연결을 통해 향상된 능력을 발휘할 수 있게 되면서 네트워크의 효과가 증폭되기 때문이다.

22 정답 ②

디지털라이제이션(Digitalization)은 디지털화된 데이터를 저장·활용하는 것뿐만 아니라 발전된 정보·통신 기술(ICT)을 통해 각종 데이터와 정보에 쉽게 접근하고 활용함으로써 효율적인 업무 환경을 만드는 것을 뜻한다.

오답분석

① PBV : 'Purpose Built Vehicle(목적 기반 모빌리티)'이라는 뜻으로, 열린 세계 최대 소비자 가전·IT 전시회인 미국 CES 2020에서 발표됐다. 차량이 단순한 이동수단 역할을 넘어서 승객이 필요한 서비스를 누릴 수 있는 공간으로 확장된 것이다.
③ 레그테크(Regtech) : 'Regulation(규제)'과 'Technology'의 조합어로, 인공지능을 활용해 금융회사로 하여금 복잡한 금융규제를 쉽게 이해하고 지킬 수 있도록 하는 기술이다.
④ 메일머지(Mail Merge) : 동일한 내용의 메일을 동시에 여러 명의 다른 사람들에게 보내는 기능으로서, 수취인들의 이름과 주소 등의 정보를 받아 공용의 메시지와 결합해 하나의 메시지를 구성하는 작업을 뜻한다.

23 정답 ②

매그니피센트 세븐(M7)은 미국 증시를 이끌고 있는 대표적인 7종목을 지칭하는데, 엔비디아·애플·아마존·마이크로소프트·알파벳·테슬라·메타(페이스북)가 이에 해당한다. 미국의 서부 영화인 '황야의 7인'의 원제 'The Magnificent 7'에서 따왔다.

오답분석

① 엔티티 리스트(Entity List) : 미국 상무부 산하 산업안보국에서 작성한 무역 블랙리스트로, 미국의 국가 안보에 위협이 된다고 판단한 개인, 기업, 연구기관, 민간단체 등을 등록해서 관리하고 있는 목록이다.
③ 온드미디어(Owned Media) : SNS, 웹사이트, 블로그 등 기업이나 브랜드가 자체적으로 운영하는 디지털 미디어 채널을 뜻한다. 기업이 직접 채널을 운영하기 때문에 자사 상품·서비스 중심의 콘텐츠 제작 및 외부 광고비 절감이 가능하다. 일정 비용을 지불해야 하는 유료 미디어 채널인 '페이드(Paid) 미디어'와 별도의 비용 없이 형성된 소비자의 인식을 뜻하는 '언드(Earned) 미디어'와 함께 '트리플 미디어'라고도 한다.
④ 프로젝트 카이퍼(Project Kuiper) : 미국의 전자상거래 기업인 아마존이 추진하고 있는 위성 인터넷 사업을 말한다. 세계 어디서나 안정적인 인터넷 접속 서비스 제공을 목표로 2029년까지 3,230여 개의 저궤도 인공위성을 발사할 계획이다.

24 정답 ①

플라이휠 효과(Flywheel Effect)는 저비용 구조를 주요 동력으로 한 경영전략으로, 아마존의 최고경영자인 제프 베조스가 제시한 성장 원리이자 사업 모델로 알려져 있다. 처음에는 추진력이 필요하지만 한 번 가속도가 붙으면 알아서 돌아가는 플라이휠처럼 저비용 구조와 더 낮은 가격으로 트래픽·판매자·상품군을 늘리는 선순환을 만든다는 것이다.

오답분석

② 톰 소여 효과 : 마크 트웨인의 소설 『톰 소여의 모험』에서 비롯된 용어로, 돈을 받기 위해 억지로 하는 노동보다는 일을 놀이처럼 재미있게 할 때 동기부여는 물론 큰 성과로 이어진다는 것을 의미한다.
③ 베블런 효과 : 값비싼 귀금속류나 고가의 가전제품, 고급 자동차 등의 가격이 오르는데도 수요가 증가하는 현상이다.
④ 풍선 효과 : 풍선의 한쪽을 누르면 다른 쪽이 불거져 나오는 것처럼 정부 시책이 일시적인 미봉책을 내놓는 것을 빗댄 용어이다.

25 　정답　③

신 파일러(Thin Filer)는 'Thin(얇다)+File(서류)+er(~하는 사람)', 즉 '서류가 얇은 사람'이라는 뜻이다. 이는 신용을 평가할 수 없을 정도로 금융거래 정보가 거의 없는 사람을 지칭한다. 구체적으로는 최근 2년 동안 신용카드 사용 내역이 없고, 3년간 대출 실적이 없을 때를 가리킨다. 20대 사회초년생 또는 60대 이상 고령층이 주로 이에 해당한다.

오답분석

① 파이어족(FIRE) : '경제적 자립, 조기 퇴직(Financial Independence, Retire Early)'의 머리글자로 만든 용어로, 조기 퇴직을 목표로 회사 생활을 하는 20대부터 소비를 극단적으로 줄이며 은퇴 자금을 마련하는 이들을 가리킨다.

② 로하스족(LOHAS) : 'Lifestyles Of Health And Sustainability'의 머리글자에서 유래한 용어로, 건강과 지속적인 성장을 추구하는 라이프스타일을 실천하려는 사람들을 말한다. 이들은 공동체 전체의 보다 더 나은 삶을 위해 친환경적이고 합리적인 소비생활을 지향한다.

④ 프로아나족(Pro-Ano) : 찬성을 의미하는 '프로(Pro)'와 거식증을 뜻하는 '애너렉시아(Anorexia)'의 조합어로, 지나치게 마른 몸매를 추구해 무작정 굶거나 먹고 토하기를 반복하는 등의 극단적인 다이어트를 하는 사람들을 말한다.

26 　정답　④

국제적 공중보건 비상사태(Public Health Emergency of International Concern)는 가장 심각한 전염병의 경우에 한해서 세계보건기구(WHO)가 사용하는 규정으로, 긴급위원회 권고를 바탕으로 WHO 사무총장이 국제적 공중보건 비상사태를 선포할 수 있다. ▲공중보건에 미치는 영향이 심각한 경우, ▲국가 간 전파 위험이 큰 경우, ▲사건이 이례적이거나 예상하지 못한 경우, ▲국제 무역이나 교통을 제한할 위험이 큰 경우 등 4개 요건 중 2개 이상이 해당할 때 선포될 수 있다. 다만 처벌 및 강제 규정이 없어 권고 수준의 효과에 그친다.

27 　정답　③

전 세계적인 코로나19 장기화 사태로 인해 시행된 사회적 거리두는 전자상거래와 배달 인프라를 활용한 유통 방식의 확산을 촉진하기도 했다. 이러한 상황을 반영하며 등장한 용어가 '불 꺼진 상점(Dark Store)'이나 '불 꺼진 주방(Dark Kitchen)'과 같은 다크 이코노미(Dark Economy)이다. 겉으로 보기에는 매장이나 홀의 운영을 종료한 것 같으나, 실제로는 내부를 창고화해 소규모 물류 거점으로 활용하는 방식이다. 최소한의 인력과 투자를 통해 매장 손님은 받지 않되 포장·배송시설로 활용하면서 전자상거래를 통해 사업을 유지한다. 또한 실제 해외에서는 매장 없이 창고만 있는 소매점, 주방 등이 신종 사업으로 부상하고 있다. 국내에서도 익일 배송 서비스가 보편화되면서 소비자들의 온라인 주문이 일상화되었다.

오답분석

① 일코노미(1-conomy) : '혼자'라는 뜻의 '1'과 'Economy'가 조합된 말로, 1인 가구 급증으로 나타난 경제 현상이다. 혼술(혼자 술 마시기), 혼밥(혼자 밥 먹기) 등 혼자서 즐기며 경제생활을 꾸려 나가는 문화가 확산되면서 등장한 용어이다.

② 블랙 이코노미(Black Economy) : 사채놀이, 마약 거래, 도박, 매춘 등의 법에 어긋나는 경제 활동과 합법적이지만 정부의 공식 통계에는 나타나지 아니하는 여러 가지 경제 활을 가리킨다. 세금 자료 추적을 피하기 위해 현금으로만 직접 거래하는 경우가 많기 때문에 '캐시(Cash) 이코노미'라고 부르기도 하며, 우리말로 '지하경제'라고도 표현한다.

④ 라스트핏 이코노미(Last Fit Economy) : 온라인과 비대면 사업이 늘어나면서 상품의 가격과 품질, 브랜드 등 객관적 가치보다는 소비자가 배송을 받고 포장을 뜯는 마지막 접점까지 고려해야 한다는 의미를 담고 있는 용어이다.

28 　정답　①

'JOMO'는 'Joy of Missing Out', 즉 '잊히는 즐거움'을 뜻한다. 사회로부터 고립되어 혼자만의 시간을 보내면서 느낄 수 있는 긍정적인 감정을 의미하는 용어로, 다른 사람들이 즐기는 일에 참여하지 않는 행위를 통해 스트레스를 줄이고 혼자 보내는 시간을 소중히 여기는 사람들이 증가하는 현상을 설명할 수 있다.

오답분석

② 뮌하우젠 증후군 : 18세기 독일 작가 루돌프 라스페가 엮은 모험 소설 『허풍선이 폰 뮌하우젠 남작의 모험』에서 유래된 말로, 타인의 사랑과 관심, 동정심을 유발하기 위해 꾀병 등 거짓말을 일삼는 일종의 정신질환이다. 심한 경우에는 학대나 자해와 같은 극단적인 행동을 하기도 하며, 자신에게 유리한 상황이 되도록 조작하거나 꾸며내기도 한다.

③ 빌딩 증후군(Sick Building Syndrome) : 빌딩에서 일하거나 거주하는 사람에게 집단으로 발생하는 신체적·정신적 증상을 일컫는 말이다. 실내공기 속의 오염물질에 노출되었을 때 나타나며, 대체로 실외로 나오면 증상이 호전된다.

④ 갈라파고스(Galapagos) 증후군 : 국제 표준이나 세계 시장의 변화를 고려하지 않고 자신들의 양식이나 기술만 고수하다가 세계 시장에서 고립되는 현상을 뜻한다. 뛰어난 기술을 가진 일본의 IT 업계는 내수 시장에 특화된 기술과 서비스만 발전시키다가 국제 시장에서 영향력이 줄고 내수 시장 확보마저 위태로워졌는데, 이러한 현상이 외부종의 유입으로 고유종이 멸망한 갈라파고스 제도와 비슷하다고 하여 생겨난 말이다.

29 　정답 ③

저출산·고령화로 인한 인구구조 악화, 수도권·대도시로의 인구 집중 등으로 인해 지방소멸에 대한 위기감이 고조됨에 따라 2021년 정부(행정안전부)는 인구감소지역(89곳)을 지정하고 지역 주도의 지방소멸 대응 사업 추진을 위한 재정 지원을 목적으로 지방소멸대응기금을 투입하고 있다. 지원 대상은 서울시·세종시를 제외한 15곳의 광역자치단체와 기초자치단체 107곳(=인구감소지역 89곳+관심지역 18곳)이다. 이때 광역자치단체는 인구감소지수, 재정·인구 여건 등을 고려해 배분하고, 기초자치단체는 지자체가 제출한 투자계획을 기금관리조합의 투자계획 평가단이 평가한 결과에 따라 차등 배분한다. 다만 기금이 한시적으로 공급된다는 점과 투자가 단기적인 성과 창출에 치중한다는 지적이 있어 보완이 요구된다.

30 　정답 ③

제로 쿠폰 본드(Zero Coupon Bond)는 이자(쿠폰)를 붙이지 않고 발행가격을 이자율만큼 대폭 할인하여 발행하는 할인식 채권이다. 만기까지 이자를 지급할 필요가 없기 때문에 발행자인 기업의 입장에서 자금부담이 줄어들고, 할인 발행이기 때문에 일반 채권보다 투자액은 적고 운용 효율은 높다.

오답분석

① 커버드 본드(Covered Bond) : 은행 등 금융기관이 주택담보대출(Mortgage), 국·공채 등 우량자산을 담보로 발행하는 담보부 채권의 일종이다. 투자자가 은행 등 커버드 본드 발행자에 대해 소구권을 가지며, 발행자가 파산할 경우 담보자산에 대한 우선변제권도 갖는다.

② 코뿔소 채권(Rhino Bond) : 전 세계 최초로 야생동물을 보호하기 위해 세계은행(WB)이 발행한 채권이다. 코뿔소 채권 발행을 통해 조달된 자금은 멸종위기에 처한 검은코뿔소 개체수 증가를 지원하는 데 활용된다. 만기는 5년으로 5년 후 지원하는 지역에서 검은코뿔소 개체 수가 증가하면 그 증가량에 따라 3.7~9.2%의 이자를 지급한다.

④ 타깃 데이트 펀드(Target Date Fund) : 근로자 은퇴 날짜에 맞춰 펀드매니저가 알아서 생애주기별 자산 배분 프로그램에 맞춰 자동으로 주식과 채권 비중을 조정해 주는 펀드이다. 은퇴가 한침 남은 청년기에는 성상주나 고수익 채권 등 고수익을 추구하다가 은퇴 시기가 가까워질수록 배당주나 국·공채 비중을 높여 안정적으로 운용하는 식이다.

31 　정답 ①

킹 달러(King Dollar)는 미국 연방준비제도(Fed)의 가파른 정책금리 인상 발표와 글로벌 경기침체로 인한 달러가치의 급등을 가리키는 말로, '달러 강세' 현상을 뜻한다. 이러한 현상은 전 세계적인 인플레이션 국면에서 연준이 금리인상을 지속적으로 단행하자 각국의 자금이 안전자산으로 여겨지는 달러로 몰려들고 있기 때문이다. 또한 미국 기업이 해외에서 벌어들인 돈을 달러로 바꾸는 과정에서 손실을 보는 것이므로 미국 주식시장에 꼭 긍정적이진 않다.

오답분석

② 소프트 달러(Soft Dollar) : 증권사가 제공하는 기업 조사·분석 보고 서비스, 종목 추천 서비스 등의 대가로 거래수수료 형태로 지급하는 비용을 뜻한다. 직접 비용을 지급하는 하드(Hard) 달러와 달리 양질의 서비스를 제공한 증권사에게 매매 주문을 많이 주는 매매수수료의 형태로 지급된다는 특징으로 '소프트 달러'라는 이름이 붙었다.

③ 린든 달러(Linden Dollar) : 3차원 온라인 가상세계인 세컨드 라이프에서 사용하는 전용 통화로서, 현실 세계에서 실제로 사용하는 달러와 교환이 가능하다.

④ 셰이크 달러(Sheik Dollar) : 산유국이 원유를 팔아서 벌어들인 잉여 외화를 가리킨다. 달러 이외의 외화를 포함하여 오일 머니, 오일 달러라고도 한다.

32 　정답　②

프렌드쇼어링(Friend-shoring)은 세계적인 코로나19 사태 및 러시아-우크라이나 전쟁, 중국의 봉쇄정책 등이 촉발한 글로벌 공급망 위기로 세계경제가 위협을 받자 미국 정부와 기업이 유럽연합(EU), 호주 등 동맹국과의 안정적인 공급망을 구축하기 위해 전략적으로 움직이는 것을 말한다. 이를 통해 믿을 만한 동맹국끼리 뭉쳐 상품을 안정적으로 확보하겠다는 의도이지만, 중국과 러시아를 공급망에서 배제하려는 의도가 반영됐다는 분석도 있다. 그러나 '세계의 공장'으로 불리는 중국의 값싼 인건비를 포기할 경우, 생산비 증가 및 소비자 가격 인상으로 인해 인플레이션을 촉발할 가능성도 높다.

33 　정답　④

스마트 그리드(Smart Grid)는 기존의 전력망에 정보통신(IT), 통신 네트워크를 결합한 지능형 전력망을 뜻하며, 차세대 에너지 신기술로 평가받는다. 전기자동차에 전기를 충전하는 기본 인프라로 태양광·풍력 등 신재생에너지를 안정적으로 이용할 수 있게 한다. 한편 자율주행 자동차의 5대 핵심 기술로는 BSD, HDA, LDWS 외에도 LKAS, ASCC 등이 있다. LKAS(Lane Keeping Assist System)는 차선 유지 지원 시스템, 즉 방향 지시등 없이 차선을 벗어나는 것을 보완하는 기술이다. ASCC(Advanced Smart Cruise Control)는 설정된 속도로 차간거리를 유지하며 정속 주행하는 기술이다.

오답분석

① BSD(Bind Spot Detection) : 후측방 경보 시스템으로, 후진 중 주변 차량을 감지하고 경보를 울리는 기술을 말한다.
② HDA(Highway Driving Assist) : 고속도로 주행 지원 시스템으로, 자동차 간 거리를 자동으로 유지해 주는 기술을 말한다.
③ LDWS(Lane Departure Warning System) : 차선 이탈 경보 시스템으로, 방향 지시등을 켜지 않고 차선을 벗어났을 때 전방 차선의 상태를 인식하고 핸들 진동, 경고음 등으로 운전자에게 알려 사고를 예방하는 기술을 말한다.

34 　정답　④

도덕적 해이는 법과 제도적 허점을 이용해 자기 책임을 소홀히 하거나 집단적인 이기주의를 나타내는 상태·행위를 뜻한다. 도덕적 해이와 역선택은 모두 소비자와 공급자 간의 정보 차이에 의해 일어나는 현상으로, 도덕적 해이는 거래 이후에 발생하는 반면, 역선택은 거래가 이루어지기 전에 발생한다는 특징이 있다.

오답분석

① 도덕적 해이를 예방하기 위해 보험회사에서는 실손보험계약에 공제조항을 적용해 손실 일부를 계약자에게 부담시키거나, 위험 관리가 잘 이루어지고 있는 위험집단에 할인을 적용하는 등의 방법을 실시한다.
② 역선택은 자기에게 유리하게 하려고 상대편에게 불리한 것을 고르는 행위를 뜻하며, 공급자와 수요자가 갖고 있는 정보가 각각 다르다는 비대칭성 때문에 발생한다.
③ 보험 부문에서 역선택은 자신의 직업이 위험직업군에 속하는 사람, 건강에 자신이 없는 사람 등의 리스크가 높은 계약자가 보험금을 노리고 고의적으로 보험상품에 가입하는 것을 뜻한다. 위험도가 낮은 보험가입자는 보험시장에서 사라지고 사고율이 높은 보험가입자만 보험시장에 남게 되며, 결과적으로 보험회사는 보험금을 지급할 확률이 높은 사람들과 계약하는 경우가 많아져 손실을 입게 된다.

35 　정답　①

호킹지수(Hawking Index)는 책 전체 페이지를 100으로 가정했을 때 독자가 처음부터 끝까지 읽은 비율을 계산한 것으로, 책을 구입한 독자가 실제로 책의 내용을 끝까지 제대로 읽었는지를 따져보는 지수이다. 물리학자 스티븐 호킹의 저서 『시간의 역사』가 전 세계적인 베스트셀러임에도 불구하고 끝까지 제대로 읽은 독자들이 많지 않다는 점에 착안해 미국의 수학자 조던 엘런버그가 제시한 개념이다. 엘런버그에 따르면 『시간의 역사』의 호킹지수는 6.6%였는데, 이는 100명 중 6.6명만 완독했다는 뜻이다.

36 　정답 　④

하얀 코끼리(White Elephant)는 겉보기에는 화려하지만 실제로는 쓸모가 적은 것을 뜻한다. 국제 경기 개최를 위해 막대한 비용을 들여 인프라와 경기장을 건설했지만 경기 종료 후 쓸모가 없어진 시설들이 대표적인 사례이다. 고대 태국의 왕이 마음에 들지 않는 신하에게 하얀 코끼리를 선물한 데서 유래했다. 신하는 왕이 선물한 하얀 코끼리에게 일을 시킬 수 없고, 죽게 할 수도 없었기에 막대한 사료비를 지출해야 했기에 재정적으로 큰 압박을 겪어야 했다.

오답분석

① 방 안의 코끼리(Elephant in the Room) : 코끼리가 방 안에 있는 것을 누구나 알지만 코끼리를 보지 않은 척하며 이를 언급하지 않는 상황을 비롯한 표현으로, 모두가 문제가 있다는 사실을 알지만 괜히 먼저 말을 꺼냈다가 논쟁을 초래하거나 부정적인 결과를 일으킬 것 같은 두려움 때문에 일부러 말하지 않는 것을 뜻한다.

② 검은 백조(Black Swan) : 지극히 예외적이고 잘 알려지지 않아 결코 일어나지 않을 것 같은 상황이 실제로 발생할 경우 큰 충격과 파장을 일으키는 경우를 가리킨다.

③ 검은 코끼리(Black Elephant) : '검은 백조(Black Swan)'와 '방 안의 코끼리'를 조합해 만들어졌다. 실제로 일어나면 엄청난 결과를 빚을 것을 누구나 알지만 알만 모두가 외면하면서 해결하지 않는 문제를 비유한다.

37 　정답 　②

㉠ 인코텀즈를 제정하는 국제상업회의소는 민간조직이므로 인코텀즈는 국제법의 효력을 갖지 못한다. 인코텀즈는 무역거래의 관습들을 명문화한 '자치적 관습입법'에 해당한다. 물품의 인도 및 위험・비용 등의 이전 시점 등을 규정하는 인코텀즈는 강행 규정이 아니기 때문에 거래 상황에 따라 필요한 인코텀즈 조건을 계약서에 명시하여 사용하는 것이 바람직하다. 또한 국제무역에서는 인코텀즈보다 당사자들이 합의・계약한 사항을 우선해 적용한다. 즉, '당사자 간 계약 → 계약서에 명시한 준거법 → 인코텀즈'의 순서로 적용된다.

㉡ 인코텀즈는 국제상업회의소가 10년마다 개정한다. 가장 최근은 '인코텀즈 2020'으로, 2020년 1월 1일부터 적용되고 있다.

오답분석

㉢ 인코텀즈가 무역거래의 모든 것을 다루지는 않는다. 인코텀즈는 무역거래의 당사자인 매도인과 매수인 간의 의무에 대하여만 다룬다.

㉣ 국제거래에 있어 점차 국경의 중요도가 낮아지는 추세로, 국제거래와 국내거래의 차이가 희미해지고 있다. 순수한 국내거래에서도 인코텀즈가 사용되기도 한다.

38 　정답 　④

개인정보 자기결정권 등 개인의 정보 주권을 보장하기 위해 정보 관리의 중심 주체를 기관에서 개인으로 전환하자는 취지로 마이데이터가 2022년 도입되었다. 스크린 스크래핑은 아이디, 패스워드, 공인인증서 등 고객 인증정보를 저장한 뒤 금융회사에 대리 접속하고 화면을 읽는 방식을 뜻한다. 금융소비자의 정보 보호와 보안 강화를 위해 스크린 스크래핑을 전면 금지하는 대신 이용자에게 API 방식으로만 마이데이터 서비스를 제공할 수 있다.

39 　정답 　④

하마스(Hamas)는 파타(Fatah)와 함께 팔레스타인 양대 정파를 구성하고 있으며, 이스라엘에 대항하여 무장 투쟁을 주도하고 있다. 하마스는 '이슬람 저항 운동'을 뜻하는 아랍어의 약자로 헌신과 열정이란 뜻도 있다. 우리나라는 하마스를 팔레스타인 무장정파로 규정했을 뿐 테러 단체로 지정하지는 않았다.

오답분석

① 탈레반(Taliban) : 1994년 아프가니스탄 남부 칸다하르주(州)에서 결성된 이슬람 수니파 무장단체이다. 탈레반은 파슈툰어로 '학생들'이라는 뜻이다. 이슬람교의 교리를 지나치게 엄격하게 적용한 여성 차별 등의 인권 침해 및 불교 유적지 파괴로 국제적인 비난을 받았다. 2001년 탈레반 정권이 붕괴되기도 했으나, 미군이 철수한 이후 2021년 8월에 정권을 다시 장악했다.

② 알카에다(Al-Qaeda) : 사우디아라비아 출신의 오사마 빈 라덴이 1988년 조직한 무장단체로 1991년 걸프전쟁 이후 반미 세력으로 전환했다. 이후 2001년 9・11 테러를 일으켰다. 2011년 미국이 빈 라덴을 처단한 이후 세력이 크게 축소되었다. '기초, 기본적 규칙'이라는 뜻의 명칭 '알카에다'는 이슬람 근본주의를 표방한다는 의도를 드러낸다.

③ 이슬람구국전선(FIS) : 알제리에서 아바스 마다니 등이 결성한 이슬람 원리주의 단체로, 1962년 프랑스로부터의 독립 이후 이어진 군사독재를 반대하며 1988년 9월 등장했다. 1992년 총선에서 크게 승리하며 집권하는 데 성공하는 듯 했으나, 군사정부는 선거를 무효화하고 이슬람구국전선을 불법정당으로 해산시켰으며, 이에 이슬람구국전선과 지지 세력이 크게 반발하면서 내전이 발발했다.

40 정답 ④

㉠ 광통신은 신호 변형의 우려가 없으나, 광섬유를 매체로 하여 빛 신호를 주고받으므로 전기 신호를 빛 신호로 전환해 전달하고, 다시 빛 신호를 전기 신호로 전환해 정보를 읽어야 하는 번거로움이 있다.

㉢ USB는 'Universal Serial Bus'의 약자이다. 공통되고 최신화된 컴퓨터 연결 규격을 만들기 위해 1994년 컴팩, DEC, IBM, 인텔, 마이크로소프트, NEC, 노텔 등의 IT 7개사가 공동으로 개발했다.

㉣ 큐비트(Qubit)는 'Quantum Bit'의 줄임말이다. 양자 정보는 '0'과 '1' 각 각의 정보를 저장할 수 있을 뿐만 아니라 '0'과 '1'이 동시에 존재하는 중첩된 상태를 가질 수 있다. 따라서 기존의 일반적인 컴퓨터보다 훨씬 획기적인 속도로 계산할 수 있고, 기존의 일반적인 컴퓨터로는 불가능할 계산을 할 수도 있다. 또한 퀀텀점프는 양자가 어떤 단계에서 다음 단계로 갈 때 계단의 차이만큼 불연속적으로 뛰어오르는 현상을 뜻하며, 일반적으로 혁신을 통해 단기간에 비약적으로 실적이 호전되는 것을 비유하기도 한다.

> **오답분석**
> ㉡ 머드(MUD; Multiple User Dungeon)는 온라인에서 다수의 사용자들이 동일한 게임 환경에 접속해 함께 즐기는 게임이나 프로그램을 뜻한다. 롤플레잉 등 단일한 장르 또는 복수의 장르가 혼합돼 나타나기도 한다.

41 정답 ④

히든챔피언(Hidden Champion)은 독일 경영학자 헤르만 지몬이 소개한 용어로 대중에게는 잘 알려지지 않았으나 세계시장 경쟁력을 보유한 강소기업을 말한다. 히든챔피언 기업의 선정조건은 세계시장 점유율 1 ~ 3위 또는 소속 대륙에서 1위, 매출액은 40억 달러 이하 등이 있다.

42 정답 ①

㉠ 과학기술정보통신부장관은 지역별 특성에 기반한 소프트웨어산업 진흥을 지원하고 지역 산업과의 융합을 촉진하여야 한다. 이에 따른 업무를 효과적으로 시행하기 위하여 요건을 갖춘 기관을 지역별 소프트웨어산업 진흥기관("지역산업진흥기관")으로 지정하여 업무를 위탁할 수 있다(「소프트웨어 진흥법」 제9조 제1항 ~ 제2항).

㉡ 과학기술정보통신부장관은 소프트웨어 창업의 촉진 및 창업자의 성장・발전을 위하여 소프트웨어 인력의 우수 기술에 대한 사업화 지원, 소프트웨어 기술의 가치평가 및 금융지원, 소프트웨어 기업의 인수・합병 활성화, 그 밖에 소프트웨어창업의 촉진을 위하여 필요한 사업 등을 추진할 수 있다(「소프트웨어 진흥법」 제14조 제1항 제1호 ~ 제4호). 지방자치단체는 소프트웨어창업을 지원하는 공공단체 등에 출연하거나 출자할 수 있다(동조 제2항).

> **오답분석**
> ㉢ 국가기관 등의 장은 계약상대자가 지식재산권을 행사하기 위하여 해당 계약상대자와 추진한 소프트웨어사업에 따른 소프트웨어 산출물의 반출을 요청하는 경우 국가안보에 관한 사항으로서 대통령령으로 정하는 사유가 없으면 이를 승인하여야 한다(「소프트웨어 진흥법」 제59조 제1항).
> ㉣ 정부는 소프트웨어 분야 국가연구개발사업을 실시하는 경우 원시코드를 공개하여 소프트웨어 개발・유지 및 관리 과정에 해당 소프트웨어 개발자 외의 자도 참여하는 개발 방식을 활용하거나 그 결과물을 공개소프트웨어로 배포하도록 해야 한다(「소프트웨어 진흥법」 제25조 제2항 제1호 ~ 제2호).

43 정답 ①

카르텔은 동일 업종의 기업이 경쟁의 제한 또는 완화를 목적으로 가격, 생산량, 판로 따위에 대해 협정을 맺는 것으로 형성하는 독점 형태 또는 그러한 협정을 뜻한다. 각 기업의 독립성이 유지되고 있다는 점에서 트러스트와 구별된다.

오답분석

② 트러스트 : 같은 업종의 기업이 경쟁을 피하고 보다 많은 이익을 얻을 목적으로 자본에 의하여 결합한 독점 형태로서, 가입 기업의 개별 독립성은 사라진다.

③ 오픈숍 : 고용자가 노동조합의 가입 여부와 상관없이 채용할 수 있고, 근로자 또한 노동조합의 가입이나 탈퇴가 자유로운 제도를 뜻한다.

④ 클로즈드숍 : 근로자를 고용할 때 노동조합 가입을 고용 조건으로 내세우는 제도로서, 노조에 가입된 사람만을 고용할 수 있으며, 노조에서 탈퇴하면 자동 해고된다.

44 정답 ③

누리온에서 1일 발생하는 3.9MW의 열을 식히려면 1,237만 리터 이상의 물이 필요하다. 이는 37,000명의 사람이 하루에 사용하는 물의 양과 비슷하다. 참고로 2024년 6월 기준으로 세계 100대 슈퍼컴퓨터 목록 중 한국은 9기를 보유하고 있는데, 네이버(25위)·삼성전자(32위)·카카오(44위와 70위 등 2기)·기상청(58위와 59위 등 2기)·SK텔레콤(73위)·KISTI(누리온, 75위)·KT(90위) 등에서 운용하고 있다. 이러한 순위는 매년 6월과 12월에 갱신되므로 변동이 발생할 수 있다.

오답분석

① 누리온의 코어 개수는 57,020개로, 이는 고성능 PC 71,252대 정도의 능력을 기대할 수 있다는 뜻이다. 또한 무게는 122톤, 케이블의 길이는 132km에 달한다. 아울러 저장용량은 33.88페타바이트로, HD 화질의 영화 675만 편 이상을 저장할 수 있는 용량이다.

② 누리온의 이론상 최대속도는 25.7PFlop/s 정도이다. 이때 1PFlop/s는 초당 1,000조 번의 부동소수점 연산이 가능함을 뜻한다. 25.7PFlop/s라면 70억 명의 인간이 420년 동안 계산할 양의 일을 1시간 안에 처리할 수 있다.

④ 1988 ~ 1993년 운용했던 슈퍼컴퓨터 'Cray 2S'의 이론상 최대속도는 1초당 2기가플롭스였다. 누리온의 경우에는 25.7PFlop/s 정도이므로 누리온이 Cray 2S보다 1,285만배 빠른 것이다.

45 정답 ②

가마우지 경제는 소재, 부품, 장비 등을 대부분 일본에서 수입하기 때문에 수출로 거두는 이익의 많은 부분을 일본이 갖게 되는 한국의 경제구조를 뜻한다. 일본·중국 능지에서 낚시꾼이 가마우지의 목에 끈을 매어 두고 가마우지가 고기를 잡으면 그 끈을 잡아당겨 삼키지 못하게 한 다음 고기를 가로채는 데서 유래한 말이다.

오답분석

① 무중량 경제 : 지적 재산 같이 눈에 보이지 않고 무게가 없는 비물질적인 생산물에 가치를 두는 경제활동을 뜻한다. 개발 후에는 더 이상 생산 비용이 들지 않는다는 특징이 있다.

③ 마냐나 경제 : '내일은 내일의 태양이 뜬다'는 식으로 경제를 지나치게 낙관적으로 전망하는 것을 뜻한다. 마냐나는 에스파냐어로 '내일'을 뜻한다.

④ 포틀래치 경제 : 큰 부(富)를 쌓은 개인이나 기업이 이익의 일부를 사회에 환원함으로써 빈부 격차를 줄이는 데 기여하는 것을 뜻한다. 포틀래치는 족장이나 여유 있는 사람들이 다른 부족원에게 선물을 주는 북아메리카 인디언의 풍습이다.

46 정답 ②

핏 포 55(Fit for 55)는 EU 집행위원회에서 발표한 탄소배출 감축 계획안이다. 이 계획의 핵심은 탄소국경조정제도(CBAM)로서, EU 역내로 수입되는 제품 중 EU에서 생산되는 제품보다 탄소배출량이 많은 제품에 탄소국경세를 부과하는 것이다. 2026년부터 철강·시멘트·비료·알루미늄·전기 등에 단계적으로 제도를 적용하게 된다.

오답분석

① RE100 : 'Renewable Electricity 100%'의 약어로, 2050년까지 사용 전력의 100%를 태양광, 풍력 등 재생에너지로만 충당하겠다는 다국적 기업들의 자발적인 약속이다. 2014년 영국의 비영리단체인 '기후그룹'과 '탄소공개프로젝트'가 제시했으며, 국내에서도 이에 동참하는 기업들이 늘고 있다.

③ 그린 택소노미 : 'Green(녹색산업)'과 'Taxonomy(분류학)'의 조합어이며, 환경적으로 지속 가능한 경제활동의 범위를 정하는 것으로 친환경산업을 분류하기 위한 녹색산업 분류체계를 말한다. 녹색투자를 받을 수 있는 산업 여부를 판별하는 기준으로 활용된다. 2020년 6월 유럽연합(EU)이 그린 택소노미를 세계 최초로 발표했다.

④ 유럽 그린딜(European Green Deal) : EU 집행위원회는 2019년 12월 발표했으며, 2050 기후중립 목표 달성을 위해 온실가스, 에너지, 산업, 건물, 교통, 식품, 생태계, 환경오염 등 사회 전 분야를 전환하기 위한 정책과 전략을 제시할 뿐만 아니라 법률 제정·개정을 포함한다.

47 정답 ①

흔히 '보안문자'라고도 부르는 캡차(CAPTCHA)는 '컴퓨터와 인간을 구분하는 완전 자동화 퍼블릭 튜링 테스트', 즉 정보 이용자가 사람인지 컴퓨터 프로그램인지 구별하는 보안 기술이다. 악의적 프로그램인 봇(Bot)의 접속과 활동을 막도록 개발된 것으로, 컴퓨터는 인식할 수 없도록 인위적으로 찌그러진 문자를 보여주고 그대로 입력하게 하는 식이다.

오답분석

② 카본 카피 : 타자기를 칠 때 원본 문서 밑에 깔아 복사본을 만드는 먹지(Carbon Paper)에서 유래한 말로, 이메일에서 본래의 수신인 외에 다른 수신인을 지정해 발신하는 행위, 또는 그렇게 보낸 이메일을 뜻한다.

③ 하이퍼바이저 : 인터넷상에서 양방향 의사소통이 가능한 호스트 컴퓨터를 통해 서로 다른 복수의 운영체제(OS)를 작동시키고 통제하기 위한 소프트웨어로서, 하나의 컴퓨터에서 서로 다른 운영체제들을 사용하는 가상 컴퓨터를 만들 수 있는 가상화 엔진이다.

④ 해밍코드 : 패리티 검사 등의 일반적인 오류 검출 코드들이 오류를 수정할 수 없는 것을 개선해 컴퓨터가 스스로 데이터의 오류를 검출해 수정할 수 있는 오류 수정 코드이다. 오류 수정을 위한 재전송을 요구하지 않으므로 인터넷 속도를 빠르게 만들 수 있다.

48 정답 ④

다크 데이터(Dark Data)는 정보를 수집한 후, 저장만 하고 분석에 활용하고 있지 않은 다량의 데이터로, 처리되지 않은 채 미래에 사용할 가능성이 있다는 이유로 방치되고 있었다. 하지만 최근 빅데이터와 인공지능이 발달하면서 방대한 양의 자료가 필요해졌고, 이에 유의미한 정보를 추출하고 분석할 수 있게 되면서 다양한 분야에서 활용할 수 있게 되었다.

오답분석

① 메시 네트워크(Mesh Network) : 차세대 이동통신, 홈네트워킹, 공공 안전 등 특수 목적을 위해 인터넷망을 이용하지 않고 다대다(多對多) 디바이스 간 통신을 지원하는 네트워크 기술이다.

② 디지털 트윈(Digital Twin) : 현실세계의 기계, 장비, 사물 등을 컴퓨터 속의 가상공간에 실물과 똑같이 구현한 것을 뜻한다. 이를 통해 실제 제품을 만들기 전 모의실험을 진행하고 이로 인해 발생할 수 있는 문제점을 예측할 수 있다.

③ 데이터 레이블링(Data Labeling) : 인공지능을 만드는 데 필요한 데이터를 입력하는 작업으로서, 인공지능이 쉽게 사물을 알아볼 수 있도록 영상 속의 사물에 일일이 명칭을 달아주는 작업을 뜻한다.

49 정답 ②

R의 공포로 인해 주가의 급락이 초래되기 쉽다. 예컨대 수출 의존도가 높아 세계경제의 영향에 취약한 우리나라는 R의 공포가 커지면 불확실성도 함께 커지게 되어 증시가 급락할 가능성이 높아진다. Recession은 특정 지역의 전반적인 경제활동이 의미 있는 수준으로 하락하는 것을 뜻한다. 보통 2분기(6개월) 이상 실질GDP가 감소하는 경우를 경기침체(Recession)로 해석한다. 경기침체 시기 투자상품들은 마이너스 수익률을 기록하기 쉽고, 이로 인한 공포심은 연쇄적으로 시장에 더 큰 충격을 주고, 결국 침체가 길어지면 불황이 초래될 수 있다.

오답분석

① 만기가 길수록 위험이 크다고 보기 때문에 장기금리가 단기금리보다 높은 게 일반적이다. 그러나 R의 공포(경기침체에 대한 우려)로 인해 단기의 위험 부담이 너무 크다고 인식하면 금리가 상승하다가 마침내 장기금리를 추월하게 될 수 있다.

③ 경기침체 악순환의 고리를 끊기 위해 정부가 막대한 규모의 자금을 투입하는 등의 경기 부양책을 단행할 수 있겠지만, 자칫하면 경기상승 효과가 이내 사라지고 오히려 통화량 증대에 따른 인플레이션 발생과 정부부채 급증 가능성만 키울 수 있다.

④ '물가 상승 및 금리 인상 → 가계의 소득 감소 → 가계의 소비 감소 → 기업의 생산·이윤 감소 → 기업의 투자 위축 → 고용 감소 → 민간 감소'의 연쇄 반응이 일어나 경기침체가 장기화·고착화될 수 있다.

50 정답 ③

미국 바이든 정부가 2022년 3월 제안한 칩4(Chip4)동맹은 미국, 한국, 일본, 대만 등의 4개국의 반도체 동맹이다. 반도체 설계가 특화된 미국과 이를 생산해 공급하는 한국과 대만, 반도체 소재 시장을 갖춘 일본이 모여 안정적인 반도체 공급망을 구축하기 위함이다. 이는 미국이 동맹국들과 안정적 공급망을 이루는 프렌드쇼어링(Friend-shoring)의 일환으로 중국을 견제·압박하려는 목적도 있다. 그러나 한국 정부는 중국 시장을 의식해 미국의 칩4동맹 제안에 미온적이다.

51 정답 ④

리추얼 라이프는 규칙적으로 행하는 의식·의례를 뜻하는 '리추얼(Ritual)'과 일상을 뜻하는 '라이프(Life)'의 합성어이다. 자기계발을 중시하는 MZ세대 사이에 자리 잡은 하나의 트렌드로, 취업난·주택난 등에서 오는 무력감을 극복하고 심리적 만족감과 성취감을 얻으려는 욕구가 반영된 것으로 분석된다.

오답분석

① FIVVE : 재미(Fun), 비일관성(Inconsistency), 가치(Value), 바이러스 보복소비(Virus Revenge), 표현(Expression) 등 MZ 세대에서 새롭게 나타난 소비 행태를 뜻한다. 한편 '바이러스 보복소비'는 소비를 통해서 결핍·억압감으로부터 벗어나려는 현상을 뜻한다.

② 소셜 버블 : 코로나19 사태가 장기화 이후 사회적 거리두기 전략의 하나로, 사람들을 비눗방울로 싸듯 집단화해 비눗방울 안에서는 거리두기를 완화하고, 비눗방울 바깥은 엄격하게 거리를 두도록 이원화하는 것을 뜻한다.

③ 미라클 모닝 : 아침 일찍 본격적인 일상을 시작하기 2 ~ 3시간 전에 기상해 운동이나 독서 습관 등으로 자기계발을 하는 것을 뜻한다. 이때 아침 일찍 일어나는 이유는 누구에게도 방해받지 않기 위해서이다.

52 정답 ①

디지털 뉴딜(Digital New Deal)은 2020년 7월 14일에 확정한 정부의 한국판 뉴딜 정책 중 하나이다. 핵심 내용은 전자정부 인프라나 서비스 등의 ICT를 기반으로 디지털 초격차를 확대하는 것이다. 디지털 뉴딜의 내용으로는 DNA(Data, Network, AI) 생태계 강화, 교육인프라 디지털 전환, 비대면 사업 육성, SOC 디지털화 등이 있다.

오답분석

② 디지털 유산 : SNS, 블로그 등에 남아 있는 사진, 일기, 댓글 등 개인이 온라인상에 남긴 흔적을 말한다. 온라인 활동량이 증가하면서 고인이 생전 온라인에 게시한 데이터에 대한 유가족의 상속 관련 쟁점이 제기됐으나, 국내에서는 살아 있는 개인에 한해 개인정보보호법이 적용되고 디지털유산을 재산권과 구별되는 인격권으로 규정해 상속 규정에 대한 정확한 법적 근거가 마련되어 있지 않다.

③ 뱅크사인(Bank Sign) : 기존의 공인인증서 시스템 대체제로 블록체인 기술을 활용해 전자거래의 보안성과 편의성을 높인 은행권 인증 서비스다. 뱅크사인을 이용하면 하나의 인증서를 모든 은행에서 이용 가능하다.

④ 이노드비(evolved Node B) : 이동 통신 사실 표준화 기구인 3GPP에서 사용하는 공식 명칭으로 기존 3세대(3G) 이동 통신 기지국의 이름 'Node B'와 구별하여 LTE의 무선 접속망 E-UTRAN(Evolved UTRAN) 기지국을 'E-UTRAN Node B' 또는 'evolved Node B'라 한다.

53 정답 ③

퍼플칼라(Purple Collar)는 근무시간과 근무장소가 자유로워 일과 가정을 함께 돌보면서 일할 수 있는 노동자를 말한다. 적은 시간 동안 일하여 보수가 적지만, 정규직으로서의 직업 안정성과 경력을 보장받는다는 점에서 파트타임이나 비정규직과는 다르다.

오답분석

① 골드칼라(Gold Collar) : 명석한 두뇌와 기발한 상상력으로 자발성과 창의성을 발휘하여 새로운 가치를 창조해 내고, 정보화 시대를 이끌어 가는 능력 있는 전문직 종사자를 뜻한다. 정보통신, 금융, 광고, 서비스, 첨단 기술 관련 분야에서 두각을 나타내고 있는 직업인들이 이에 해당한다.

② 블랙칼라(Black Collar) : 화이트칼라로 불리던 이전의 엘리트층에 비교되는 용어로, 매우 지적이며 창의적인 전문직 종사자를 가리킨다. 기존의 전문직 종사자보다 뚜렷한 개성을 가지고 살며, 소득 또한 높은 편이다.

④ 그레이칼라(Gray Collar) : 사무직에 종사하는 화이트칼라와 생산 현장에서 일하는 블루칼라의 중간적인 성격을 지닌 노동자를 통틀어 이르는 말이다.

54 　정답　③

메기 효과는 치열한 경쟁 환경이 오히려 개인과 조직 전체의 발전에 도움이 되는 것을 말한다. 정어리들이 천적인 메기를 보면 더 활발히 움직인다는 사실에서 유래한다. 정어리를 운반할 때 수족관에 천적인 메기를 넣으면 정어리가 잡아먹힐 것 같지만, 오히려 정어리가 생존을 위해 꾸준히 움직여 항구에 도착할 때까지 살아남는다는 것이다. 조직 내에 적절한 자극이 있어야 기업의 경쟁력을 높일 수 있다는 의미로 해석된다.

오답분석

① 승수 효과 : 어떤 경제 요인의 변화가 다른 경제 요인의 변화를 유발하여 파급적 효과를 낳고 최종적으로는 처음의 몇 배의 증가 또는 감소로 나타나는 총효과를 뜻한다.
② 샤워 효과 : 백화점 등에서 위층에서 열리는 특별 행사의 영향으로 그 아래층 매장에도 고객이 몰리게 되는 효과를 뜻한다. 위층 매장으로 소비자들이 몰리게 하면 샤워기의 물줄기가 아래로 흐르듯 소비자들이 아래층에도 들러 추가적인 소비를 하게 된다는 것이다.
④ 메디치 효과 : 유럽 르네상스 시기에 이탈리아의 유력 가문인 메디치 가문이 문학인과 예술가를 보호·후원하던 것에서 비롯된 용어로, 전혀 다른 분야의 결합이 획기적인 아이디어를 만들어 내거나 뛰어난 생산성을 가져오는 현상을 뜻한다.

55 　정답　③

하인리히의 법칙(Heinrich's Law)은 큰 사고나 재해가 발생하기 전에는 반드시 그것과 관련한 경미한 사고나 징후들이 여럿 존재한다는 경험적 법칙이다. 1931년 미국의 보험회사에서 일하던 허버트 하인리히가 발견했다. 그는 다양한 산업재해를 분석하면서 통계학적으로 유의미한 결과를 확인했다. 큰 규모의 사고 이전에는 반드시 수차례의 작은 사고가 수반되고, 이에 앞서 훨씬 더 많은 사고의 징후가 포착된다는 것이다.

오답분석

① 샐리의 법칙 : 계속해서 자신에게 유리한 일만 일어나는 것을 뜻하는 용어이다. 미국 영화 「해리가 샐리를 만났을 때」의 여주인 공 샐리의 이름에서 유래했다.
② 이케아 효과 : 소비자들이 조립형 제품을 구매해 직접 조립함으로써 기성 제품을 구입하는 것보다 큰 만족을 얻는 효과를 의미한다. 직접 노동을 해서 얻은 결과물에 애정을 느끼는 인지적 편향 때문에 발생한다고 한다.
④ 깨진 유리창 이론 : 작은 무질서 상태가 더 크고 심각한 범죄를 초래한다는 이론이다.

56 　정답　④

디지털 발자국(Digital Footprint)은 소비자가 여러 홈페이지에 로그인을 하거나 결제 정보를 입력하는 등 인터넷을 사용하면서 웹상에 남겨 놓은 구매 패턴, 속성, 결제 방법, 구매 이력, 소셜 네트워킹 서비스(SNS), 이메일, 홈페이지 방문 기록, 검색어 등의 다양한 디지털 기록을 일컫는 말이다.

57 　정답　②

고(Go) 프로그래밍 언어는 멀티코어 지원, 프로그램 생산성 향상을 목적으로 구글에서 개발한 범용 프로그래밍 언어이다. 정적(Static) 타입 언어로 설계하여 실행시간 효율성을 높이고, 시스템 및 메모리 최적화, 프로세스 병행 처리 등을 제공하여 효율성이 좋고, 초보자도 배우기 쉽도록 프로그래밍 문법을 단순화하였다.

오답분석

① 얼랭(Erlang) 프로그래밍 언어 : 스웨덴의 통신장비 제조사 에릭슨(Ericsson)에서 전화 교환기에 사용하기 위해 최초 개발했으나, 이후 아파치(Apache) 라이선스를 갖는 오픈 소스로 1998년에 공개되었다. 은행, 게임, 전자상거래, 메신저 등 대규모의 확장 가능한 실시간 병행 시스템에서 사용되는 함수형 프로그래밍 언어로서 대량의 데이터를 처리하는 서버 시스템 구축에 이용된다.
③ 러스트(Rust) 프로그래밍 언어 : 미국 모질라(Mozilla) 리서치에서 안전성, 속도, 병행성에 초점을 맞추어 개발한 범용 시스템 프로그래밍 언어이다. 시스템 프로그래밍 언어에 속하며, 쓰레기 수집 없이 안정적인 메모리 해제 기능을 지원한다. 또한 병렬 처리 프로그래밍 제공이 강점이다.

④ 스위프트(Swift) 프로그래밍 언어 : 애플이 2014년 애플 운영 체제(iOS)와 OS X 운영 체계의 개발용으로 내놓은 프로그래밍 언어이다. 2015년 오픈 소스로 전환되어 iOS뿐만 아니라 리눅스와 안드로이드, 윈도(Windows) 운영 체제에서도 스위프트를 이용할 수 있다.

58 정답 ③

프라이빗(Private) 블록체인은 블록체인 소유자에게 허가를 받은 사람에 한해 읽고 쓰는 권한이 주어지며, 불특정 다수가 참여하는 퍼블릭 블록체인의 반대 개념이다. 일반적으로 같은 목적 혹은 목표를 지닌 허가된 주체가 블록체인을 통해 장부를 관리하는 경우에 적합한 방식이다. 퍼블릭 블록체인에 비해 단시간에 많은 거래량을 처리할 수 있어 효율성이 높으며, 소수의 사람만 데이터 열람이 가능해 프라이버시가 보장된다. 그러나 소수에게만 권한이 부여되기 때문에 탈중앙화가 약하다는 단점이 있다.

59 정답 ②

가스라이팅(Gaslighting)은 타인의 심리나 상황을 조작해 그 사람이 스스로 의심하게 만듦으로써 자존감과 판단력을 잃게 해 타인에 대한 지배력을 강화하는 것이다. 즉, 조종자가 피조종자를 위한다는 명분으로 어떻게 생각하고 행동할지를 결정하고 이를 수용하도록 강제하는 것이다. 위력에 의한 성폭력이나 데이트 폭력 등을 대표적인 사례로 볼 수 있다.

오답분석

① 원 라이팅(One Writing) : 전표나 문서 등 최초의 1매를 기록하면 동일 항목이 동시에 다량으로 복사되는 것을 뜻한다. 자료 기입 항목이나 그 모양 등을 사전에 통일해 작성하는 것으로, 옮겨 적기로 인한 오기를 방지하고 기입 작업의 중복을 막음으로써 사무 처리의 합리화를 높일 수 있다.

③ 언더라이팅(Underwriting) : 보험자가 위험, 피보험 목적, 조건, 보험료율 등을 종합적으로 판단해 계약의 인수를 결정하는 것이다. 보험자가 피보험자의 손실을 담보하는 의미로 요약할 수 있다.

④ 브레인 라이팅(Brain Writing) : 큰 집단을 4 ~ 5명의 작은 집단으로 세분해 회의 안건이 적혀 있는 용지에 참여자들이 돌아가며 아이디어를 적어 제출하는 아이디어 창출 방법이다. 회의는 참가자들의 아이디어가 고갈될 때까지 계속되며, 완료된 후에는 모든 참가자가 아이디어를 공유한다.

60 정답 ②

우리말로 '함대 사업자'라고도 부르는 플릿 오퍼레이터(Fleet Operator)는 주로 이동 및 물류 서비스를 제공하는 다수 차량 또는 운송수단을 소유한 사업자를 지칭한다. 그 예로 항공사, 렌터카 회사부터 ICT 발전으로 등장한 우버, 타다 등 차량공유 및 승차공유 플랫폼이 있다.

61 정답 ④

그린스펀의 수수께끼는 중앙은행이 금리인상을 해도 시중의 금리가 반응을 보이지 않는 현상을 말한다. 미국 연방준비제도(Fed)의 의장을 여러 차례 역임한 앨런 그린스펀의 이름에서 비롯된 용어이다. 2005년 당시 그린스펀은 기준금리 인상을 단행했지만, 미국 국채수익률의 상승률은 미미했다. 이후에 경상수지에서 흑자를 낸 국가들이 막대한 미국 국채를 사들였음이 밝혀지면서 수수께끼가 풀렸다.

오답분석

① 왝더독 : Wag the dog, 즉 꼬리가 몸통을 흔드는 주객전도(主客顚倒) 현상을 뜻하는데, 선물 시장(꼬리)이 현물 시장(몸통)을 좌지우지하는 상황을 가리킨다.

② 산타랠리 : 주식 시장에서 크리스마스를 전후한 연말과 신년 초에 주가가 상승세를 나타내는 현상을 가리킨다. 이 시기에 소비가 증가하면서 내수가 늘어나 기업의 매출 또한 늘어남에 따라 주식 시장이 긍정적인 영향을 받기 때문인 것으로 풀이된다.

③ 낙타의 코 : 낙타가 사막의 추위를 피하려고 처음에는 텐트 안으로 코를 들이밀다가 결국에는 텐트 안을 다 차지하게 되어 정작 텐트 안에 있던 사람을 내쫓게 만든다는 뜻에서 유래한 말로, 처음에는 매우 사소해서 별것 아닌 것처럼 보이지만 차츰 커져서 결국에는 예기치 않은 일이 발생하게 된다는 의미이다. 큰 규모의 예산이 필요한 사업인데도 처음에는 정보 수집, 수요 조사 명목으로 소액만 요구한 뒤 여러 가지 명분을 붙여 해마다 예산을 눈덩이처럼 키우는 수법을 말한다.

62 정답 ③

바이오시밀러(Biosimilar)는 '바이오(Bio)'와 'Similar(유사한)'의 조합어로, 생물체에서 유래한 원료로 생물공정을 통해 만든 기존의 바이오의약품(오리지널)과 비슷하지만 똑같지는 않은 제품이다. 화학물질을 합성해 화학공정을 거쳐 만든 합성의약품(오리지널)의 복제약을 뜻하는 '제네릭(Generic)'과는 다른 개념이다.

오답분석

① 바이오베터(Biobetter) : 바이오시밀러에 신규 기술을 적용하여 더욱 우수하게 개량하고 최적화한 의약품을 뜻한다.
② 바이오트론(Biotron) : 생물의 생존과 번식에 필요한 기본 조건을 인공적으로 조절하여 생물을 사육하는 시설을 뜻한다.
④ 바이오매스(Biomass) : 특정한 어떤 시점에서 특정한 공간 안에 존재하는 생물의 양을 뜻하며, 중량이나 에너지양으로 나타낸다.

63 정답 ①

알파 세대는 밀레니얼 세대(1980년대 초반 ~ 2000년대 초반 출생한 세대)의 자녀 세대로서, 스마트폰이 보편화된 2010년 이후 태어나 인공지능(AI), 로봇 기술 등 최첨단 기술의 진보를 체험한 세대를 뜻한다. 이들은 1995 ~ 2009년생을 일컫는 Z세대의 다음 세대이다. 또한 '알파(그리스 문자의 첫째 자모)'라는 명칭은 'X, Y, Z'라는 알파벳을 썼던 이전 세대들의 시대를 마무리하고 새로운 인류사를 열 완전히 새로운 세대의 탄생을 기대하는 은유적 표현이다. 알파 세대는 차기 소비 집단이자 인재 집단이며 사회와 환경 이슈를 선도하는 활동가로서 존재감을 드러내고 있다. 그러나 사람보다는 기계와의 일방적 소통에 익숙하기 때문에 정서나 사회성 발달에 부정적인 영향을 받을 수 있다고 우려하는 학자들도 있다.

오답분석

② 림보 세대 : 높은 수준의 교육을 받았지만 경력을 쌓을 기회를 얻지 못하고 가능성 없는 일을 하는 20대 젊은이들을 뜻한다.
③ 미어캣 세대 : 극심한 취업난 속에서도 적극적인 도전과 다재다능함으로 자신의 가치를 높이고자 노력하는 오늘날의 젊은 세대를 뜻한다. 어려운 현실에 좌절하지 않고 능동적으로 극복하며 스펙을 쌓으려는 모습을 강한 생존력을 지닌 미어캣에 빗대어 이르는 말이다.
④ 에코붐 세대 : 베이비 붐 세대의 자녀 세대로서, 일반적으로 1980년대에 태어난 이들을 뜻한다. 전쟁 후의 대량 출산이 세대를 걸쳐 연속적으로 대량 출산을 이끄는 상황이 마치 메아리가 되돌아오는 것과 비슷하다 하여 붙여진 이름이다. 참고로 베이비 붐 세대는 전쟁 후 베이비 붐의 사회적 경향에서 태어난 세대를 가리키는 말로, 우리나라에서는 전후 세대, 특히 1955 ~ 1963년에 태어난 세대를 지칭한다.

64 정답 ②

셀피노믹스(Selfinomics)는 'Self(자신)'와 'Economics(경제학)'의 조합어로, 유튜브처럼 온라인에서 활동하며 개인 콘텐츠를 만드는 인플루언서 또는 그들이 벌이는 독립적 · 자주적인 경제활동을 뜻한다. 또한 기업들도 유튜브, SNS 등에서 많은 구독자를 보유한 사람들을 통해 제품 광고나 판매가 이루어지는 경우가 늘고 있어 셀피노믹스 시장은 성장 추세를 이어갈 것으로 예상된다. 그러나 조회 수를 늘리기 위한 과열 경쟁, 부적절한 콘텐츠, 가짜뉴스 등의 확산 등 셀피노믹스의 부작용 또한 우려된다.

오답분석

① 셀프홀릭(Selfholic) : 'Self(자신)'와 중독자라는 뜻의 접미사 '−holic'의 조합어로, 스스로에 대해 매우 만족하며 타인에게 인정받기를 원하는 자기애적 성향이나 태도를 뜻한다.
③ 폴리시 믹스(Policy Mix) : 경제 성장과 안정을 동시에 실현하기 위하여 재정 정책, 금융 정책, 외환 정책 등의 다양한 경제 정책 수단을 종합적으로 운영하는 일을 뜻한다.
④ 에르고노믹스(Ergonomics) : 인간 및 인간의 작업에 관계되는 원리를 과학적으로 연구하는 학문으로서, 인간의 에너지를 효율적으로 사용하는 데 영향을 끼치는 해부학 · 생리학 · 심리학 또는 역학적 원리를 연구한다. 흔히 우리말로 '인간공학'이라고 풀이하기도 한다.

65 정답 ③

우리말로 '무작위 대입 공격'이라고도 부르는 브루트 포스(Brute Force) 공격은 주로 암호학에서 암호 키를 찾기 위해 모든 경우의 수를 무작위로 대입하여 암호를 푸는 공격 방법을 의미하지만 다양한 방면에서 활용되고 있다. 2016년 구글의 알파고와 이세돌 9단의 바둑 대국에서 브루트 포스가 알파고에게 훈수를 뒀다는 의문이 제기되기도 했으나, 구글은 알파고가 브루트 포스 알고리즘을 절대 쓰지 않는다고 밝혔다.

오답분석
① 어뷰징(Abusing) : '오용 · 남용 · 폐혜'라는 뜻으로, 인터넷 포털 사이트에서 언론사가 의도적 검색을 통한 클릭 수를 조작하기 위해 동일한 제목의 기사를 지속적으로 전송하거나 인기검색어를 올리는 행위를 가리킨다.
② 파밍(Pharming) : 합법적으로 소유하고 있던 사용자의 도메인을 탈취하거나 도메인 네임 시스템(DNS) 또는 프락시 서버의 주소를 변조함으로써 사용자들로 하여금 진짜 사이트로 오인하여 접속하게 한 후, 개인정보를 입력하도록 유도해 개인정보를 탈취하는 컴퓨터 범죄 수법을 가리킨다.
④ 튜링 테스트(Turing Test) : 기계가 인공지능을 갖추었는지를 판별하는 실험으로, 1950년에 영국의 수학자인 앨런 튜링이 제안한 인공지능 판별법이다. 기계의 지능이 인간처럼 독자적인 사고를 하거나, 의식을 가졌는지 인간과의 대화를 통해 확인할 수 있다고 한다.

66 정답 ①

블랙웰(Blackwell)은 엔비디아가 2024년 3월 공개한 신형 인공지능(AI) 반도체다. 2022년 엔디비아가 출시한 호퍼(Hopper) 아키텍처의 후속 기술로, 미국의 통계학자이자 수학자인 데이비는 헤럴드 블랙웰의 이름에서 명칭이 유래했다. 2024년 하반기에 출시될 예정으로, 2,080억 개의 트랜지스터가 집약된 역대 그래픽처리장치 중 최대 크기인 블랙웰 B200은 800억 개의 트랜지스터로 이루어진 호퍼 기반의 기존 H100칩보다 연산속도가 2.5배 빠르고 전력 대 성능비는 25배 개선되었다.

오답분석
② eMMC(embedded Multi Media Card) : 데이터를 고속 처리하기 위해 모바일 기기에 내장하는 메모리 반도체이다.
③ 뉴로모픽 반도체(Neuromorphic Chip) : 인간의 뇌 구조를 모방해 만든 반도체로 딥러닝과 같은 인공지능 기능을 구현할 수 있으며, 자율주행차, 드론, 음성인식 등 4차 산업혁명 분야에서 폭넓게 활용할 수 있는 차세대 기술이다.
④ 시스템 반도체(System Semiconductor) : 중앙처리장치(CPU)처럼 데이터를 해석 · 계산 · 처리하는 비메모리 반도체로 사람의 명령에 따라 기기 작동을 조절한다.

67 정답 ②

'GAN'이라고보 부르는 생성적 대립 신경망(Generative Adversarial Network)은 생성 모델과 판별 모델을 대립적 프로세스를 통해 발전시키는 과정으로 가까운 이미지, 동영상, 음성 등 실제 예제와 매우 비슷한 유사품을 생성하는 기계학습 방식의 하나이다.

오답분석
① 우리말로 '부가가치 통신망'이라고도 부르는 VAN(Value Added Metwork) 컴퓨터를 통신망에 접목하여 단순히 음성 신호를 주고받는 통신과는 달리 정보의 전달이나 축적 등의 부가적인 서비스가 가능한 통신 체계를 가리킨다.
③ LORAN(LOng RAnge Mavigation) : 전파를 이용해 선박 · 항공기의 위치나 항로를 찾는 장치, 또는 그런 장치를 이용한 항해법을 가리킨다. 충분한 거리를 두고 동시에 주파수가 같은 중파 또는 단파를 발사하는 두 곳의 발신국을 설정하여 놓고, 항공기 또는 선박이 두 발신국의 전파를 수신하여 그 도달 시간의 차이에 의하여 위치를 결정한다.
④ 포트란 FORTRAN(FORmula TRANslator) : 수치 계산이나 과학 기술 계산에 쓰는 고급 프로그래밍 언어의 일종이다. 수식을 그대로 명령문으로 사용하여 프로그램을 작성할 수 있고, 문법이 간단하여 누구나 쉽게 이용할 수 있다는 장점이 있다.

68 정답 ②

세종 1호는 한글과컴퓨터의 우주사업 자회사인 한컴인스페이스가 개발한 한국 최초 지구관측용 민간위성이다. 2022년 5월 25일(현지 시간) 미국 플로리다주 케이프커내버럴 케네디 우주센터에서 스페이스X의 팰컨9 로켓에 실려 발사되었다. 세종 1호는 초소형 저궤도 인공위성으로 지상 500km 궤도에서 하루 12 ~ 14회, 약 90분에 한 번씩 지구를 선회한다.

① 천리안 2호 : 한국항공우주연구원이 개발한 한국의 정지궤도위성으로, 기상·우주기상탑재체가 실리는 2A, 해양·환경탑재체가 실리는 2B로 제작됐다. 천리안 2A호는 2018년 12월 5일 오전 5시 37분에, 천리안 2B호는 2020년 2월 18일 남아메리카 프랑스령 기아나의 기아나 우주센터에서 발사됐다.

③ 키홀(Key Hole) : 미국의 대표적인 정찰위성이자 군사위성이어서 정확한 제원이나 성능에 대해서는 알려진 바가 없다. 다만, 최대 600km 고도에서 지상에 있는 15cm 크기의 물체를 식별할 수 있는 것으로 알려져 있다.

④ 스타라이너(Starliner) : 미국 보잉사가 개발한 우주인 수송용 캡슐이다. 2019년 12월 첫 시험비행을 했으나 소프트웨어 오류로 목표궤도 안착에 실패했으며, 2021년 8월에는 우주선 밸브 문제로 발사계획이 취소된 바 있다. 이후 2024년 6월 4일 발사되었다. 그러나 8일 간 우주 공간에 머물 예정이었으나 기술적 문제로 인해 지구 귀환이 수차례 연기되었다.

69　정답　②

'Alchemist'의 뜻은 연금술사로, 이들은 철로 금을 만드는 데에는 실패했지만 그 과정에서 황산, 질산을 발견해 결과적으로 현대 화학의 기초를 닦은 바 있다. 알키미스트 프로젝트는 이들의 도전과 노력에 착안하여 프로젝트의 이름을 지었다. 알키미스트 프로젝트는 성공 가능성은 낮으나 혁신적 기술개발에 도전할 수 있도록 산업통상자원부가 산업 연구개발(R&D) 과제를 선정해 지원하는 사업으로 난제를 해결할 수 있는 파급력이 큰 기술을 개발하는 것이 목표이다.

70　정답　④

'TV 선 자르기'라는 뜻의 코드커팅(Cord Cutting)은 케이블TV 가입을 해지하고 인터넷TV나 동영상 스트리밍 서비스 등으로 옮겨가는 것을 가리킨다. 이는 TV나 PC, 태블릿PC, 스마트폰 등 다양한 기기에서 하나의 콘텐츠를 끊김없이 이용할 수 있게 해주는 서비스인 N스크린과 기존 통신 및 방송사가 아닌 새로운 사업자가 인터넷으로 드라마나 영화 등 다양한 미디어 콘텐츠를 제공하는 서비스인 OTT(Over The Top)의 발달에 따른 것이다. 한편 TV 선을 자르지 않고 OTT 서비스에 추가로 가입하는 것을 '코드스태킹(Cord Stacking)'이라고 한다.

① 테크래시(Techlash) : 'Technology'와 정치사회적 반발을 뜻하는 'Backlash'의 조합어로, 빅테크 기업들에 대한 반발을 뜻한다. 이 기업들의 시장 지배력이 과도하게 커지면서 시장을 유린하거나 사회에 부정적인 영향을 끼치고 있기에 정부나 여론의 반발심도 함께 커지고 있는 것이다. 테크래시의 주요 원인으로는 빅테크 기업들의 탈세, 콘텐츠에 대한 책임 회피, 시장 독점력 남용 등이 있다.

② 지오펜싱(Geofencing) : 'Geographic(지리적)'과 'Fencing(울타리)'의 조합어로, 위치정보 솔루션에 바탕을 두고 반경을 설정해 특정 대상이 범위 안에 있는가 없는가를 분석하는 기술이다.

③ 페이드 피어링(Paid Peering) : 특정 망(Net)에 진입할 때 동영상 서비스 등 한쪽이 일방적으로 트래픽을 낭비하는 불균형이 발생했고, 중계접속을 하면 속도나 품질이 저하되는 문제가 발생했다. 이에 따라 트래픽을 많이 발생시킨 일방이 망 이용 대가를 상대방에게 지불하는 방식인 페이드 피어링이 도입되었다.

71　정답　①

사전적으로 '주조공장'을 뜻하는 파운드리(Foundry)는 외부에서 설계를 받아 제품을 생산하는 일 또는 그런 방식으로 생산하는 업체를 지칭한다. 흔히 반도체 설계 전담 업체에서 설계한 대로 제조·생산을 전담하는 업체를 가리킨다. 소품종 대량생산을 하는 메모리 반도체와 달리 다품종 소량생산이 특징이다. 세계적인 파운드리 기업으로는 대만의 TSMC(Taiwan Semiconductor Manufacturing Company)를 꼽을 수 있다.

② 팹리스(Fabless) : 'Fabrication(제조 설비)'를 갖추지 않았다(−less)는 뜻으로, 반도체 생산을 파운드리에 맡기는 기업이다. 반도체 제조 공정 중 설계와 개발을 전문화한 회사를 가리킨다.

③ 프롭테크(Proptech) : 'Property(부동산)'와 'Technology'의 조합어로, 인공지능, 빅데이터, 블록체인 등 첨단 정보기술(IT)을 결합한 부동산 서비스를 의미한다. 부동산 중개, 3차원(3D) 공간설계, 부동산 크라우드펀딩, 사물인터넷(IoT) 기반의 건물관리 등이 프롭테크에 해당한다.

④ 프로그래매틱 바잉(Programmatic Buying) : 컴퓨터 알고리즘 프로그램이 이용자의 검색 경로, 검색어 등을 분석해 이용자가 필요로 하는 광고를 자동적으로 띄워주는 방식이다.

72 정답 ②

마타도어(Matador)란 흑색선전을 뜻하는 용어로, 근거 없는 사실을 조작해 상대 정당·후보 등을 공격하는 공세를 말한다. 스페인의 투우에서 투우사가 마지막에 소의 정수리에 칼을 꽂아 죽이는 스페인어 '마타도르'에서 유래했다.

오답분석

① 도그마(Dogma) : 독단적인 신념이나 학설을 뜻하는 말로, 이성적·논리적인 비판과 증명이 허용되지 않는 교리·교의·교조 등을 통틀어 이르는 말이다.

③ 텔레크라시(Telecracy) : '텔레비전'과 'Democracy(민주주의)'의 조합어로, 미디어 정치 또는 텔레비전 정치를 뜻한다. 텔레비전이나 라디오, 인터넷 등의 매체를 통해 정치 활동을 하는 형태의 정치 문화를 가리킨다.

④ 포지티브섬 게임(Positive-sum Game) : 개별적으로 자신의 이득을 추구하는 합리적 플레이어 간에 상호적인 협력이 발생할 가능성이 높은 게임 구조를 이르는 말이다. 실제 정치에서는 이러한 조화 게임 아래 상호 협력보다 비협력을 포함한 딜레마 게임이 현실적이다. 한쪽이 이득을 보면 다른 한쪽은 손해를 보는 것이 제로섬 게임이라면, 포지티브섬 게임은 상호 협력으로 이득을 공유하는 것이다.

73 정답 ③

'타다금지법'은 '타다(TADA)' 등의 차량 대여사업자의 운전자 알선 예외 규정을 엄격히 하고 플랫폼 운송사업자를 제도화하는 내용의 「여객자동차 운수사업법」 개정안(2020년 3월 국회 본회의 통과)을 가리킨다. 개정법은 11 ~ 15인승 차량을 빌릴 때 관광 목적으로 6시간 이상 사용하는 경우, 대여 및 반납장소가 공항 또는 항만인 경우에만 사업자의 운전자 알선을 허용했다.

오답분석

① 「자동차관리법」 : 자동차의 등록, 안전기준, 자기인증, 제작결함 시정, 점검, 정비, 검사 및 자동차관리사업 등에 관한 사항을 정하여 자동차를 효율적으로 관리하고 자동차의 성능 및 안전을 확보함으로써 공공의 복리를 증진함을 목적으로 한다.

② 「화물자동차 운수사업법」 : 화물자동차 운수사업을 효율적으로 관리하고 건전하게 육성하여 화물의 원활한 운송을 도모함으로써 공공복리의 증진에 기여함을 목적으로 한다.

④ 「교통약자의 이동편의 증진법」 : 교통약자가 안전하고 편리하게 이동할 수 있도록 교통수단, 여객시설 및 도로에 이동편의시설을 확충하고 보행환경을 개선하여 사람중심의 교통체계를 구축함으로써 교통약자의 사회 참여와 복지 증진에 이바지함을 목적으로 한다.

74 정답 ③

모디슈머(Modisumer)는 'Modify(수정하다)'와 'Consumer(소비자)'의 합성어로, 제품을 제조사에서 제시한 방법이 아닌 자신만의 방식으로 사용하는 소비자를 말한다. 이들은 신제품 개발이나 디자인, 서비스 등에 관해 적극적으로 자신의 의견을 내놓는 성향이 있다.

오답분석

① 앰비슈머(Ambisumer) : 'Ambivalent(양면적인)'와 'Consumer(소비자)'의 조합어로, 이들은 자신의 가치관에 부합하는 것에는 소비를 망설이지 않는 반면, 그 외의 것들에 대해서는 굉장히 절약하는 상반된 소비 행태를 보인다.

② 트윈슈머(Twinsumer) : 'Twin(쌍둥이)'과 'Consumer(소비자)'의 조합어로, 자신과 취향이 비슷한 구매자들의 후기를 보고 구매하는 소비자를 가리킨다.

④ 큐레이슈머(Curasumer) : 'Curator(전시 기획자)'와 'Consumer(소비자)'의 조합어로, 큐레이터가 전시회를 기획하듯 기존 제품을 꾸미고 다양하게 활용하여 자신에게 맞게 구성하는 데 능수능란한 편집형 소비자를 말한다. 스마트폰 사용자 중 배경화면과 앱의 배치를 자신의 스타일에 맞게 재구성하는 사람들이 있는데, 이들이 바로 큐레이슈머에 해당한다.

75 정답 ③

노란봉투법은 「노동조합 및 노동관계조정법」 제2조와 제3조 개정안을 가리키는 말로, 기업 근로자들의 파업 때문에 손해를 입어도 파업을 한 근로자에게 손해배상을 청구하지 못한다는 내용이 담겼다. 단, 폭력 등의 불법행위로 기업이 손해를 봤을 때는 손해배상 청구가 가능하다. 이 개정안은 법률상 손해배상 책임이 면제되는 합법 파업의 범위를 확대하고, 근로자 개인에게는 손해배상을 청구하지 못하게 하는 것을 골자로 한다.

76 정답 ④

하이퍼(Hyper) 튜브는 공기저항이 거의 없는 아진공(0.001 ~ 0.01기압) 튜브 내에서 자기력으로 차량을 추진·부상하여 시속 1,000km 이상으로 주행하는 차세대 교통 체계이다. 항공기와 유사한 속도로 달리면서 열차처럼 도심 접근성을 충족시킬 수 있다. 하이퍼튜브를 실현하기 위해서는 아진공 환경이 제공되고 주행통로가 되는 아진공 튜브, 자기력으로 차량을 추진·부상하는 궤도, 아진공으로부터의 객실의 기밀을 유지하며 주행하는 차량 등 3가지 구성 요소를 갖추어야 한다.

오답분석

① 익스텐션(Extension) 튜브 : 사진을 찍을 때 더 가까운 거리에 초점을 맞출 수 있게 하는 장비이다. 속이 빈 원통 모양으로, 카메라 본체와 렌즈 사이에 끼워 사용한다.
② 트랙션(Traction) 튜브 : 여러 가지 크기의 모래알을 이동할 수 있는 최저 유수(流水) 속도를 재는 장치로서, 모래로 채워진 수평 유리관으로 되어 있다.
③ 타이곤(Tygon) 튜브 : 뛰어난 내화학성, 유연성, 투명성을 가진 화학 실험용 고무관이다. 강산·강염기 화합물의 사용이 가능하고, 내부 벽이 매끄러워 용액의 잔류가 어려워 내부 오염이 잘 일어나지 않는다.

77 정답 ④

화이트 박스 암호(White-box Cryptography)는 암호화 키에 대한 유추를 방지하기 위해 암호화 키 정보를 소프트웨어로 구현된 암호화 알고리즘에 섞는 방법으로 공격자가 알고리즘 내부 동작을 분석하더라도 암호화 키를 쉽게 유추할 수 없도록 하는 기술이다.

78 정답 ②

BER(Bit Error Rate)은 비트 오류율을 가리킨다. 1과 0으로 된 2진 데이터가 통신 회선이나 기억 장치에서 잘못된 데이터로 변한 확률로, 전 수신 재생 비트수 중 오류 비트의 비율이다.

오답분석

① BCI : Brain-Computer Interface, 즉 뇌-컴퓨터 인터페이스를 가리킨다. 뇌파 등 인간의 뇌 기능과 관련된 정보를 추출·해석하고 이를 활용해 컴퓨터, 휠체어, 로봇팔 등 외부 기기를 제어하거나 외부 신호를 이용하여 신경세포를 자극하는 기술이다.
③ CDN : Content Delivery Network, 즉 콘텐츠 전송 네트워크를 가리킨다. 영화·게임 등 다양한 콘텐츠를 복잡한 네트워크 환경에서 사용자에게 안정적으로 전송해 주는 통신망 체계이다. 이미지가 많은 쇼핑몰이나 포털, 게임, 검색 사이트에서 안정적인 이미지를 보여주기 위해 이용된다.
④ CV : Computer Vision, 즉 컴퓨터 시각을 가리킨다. 사람이나 동물 시각 체계의 기능을 컴퓨터로 구현하는 것을 의미한다. 로봇이나 자율 주행 자동차와 같은 지능형 에이전트 구현에 꼭 필요하며, 위성사진 분석이나 자동차 번호판 인식, 공장에서의 제품 검사 등과 같은 작업에 활용한다. 이때 지능형 에이전트는 사용자의 개입 없이 업무를 수행하는 인공물을 가리키며, 센서를 이용하여 주변 환경을 탐지해 자율적으로 가장 적절한 행동을 한다.

79 정답 ①

ESTA는 'Electronic System for Travel Authorization'의 약어로, 미국 정부가 시행하는 전자여행 허가제를 말한다. 미국 국토안보부 산하 미국 관세국경보호청이 관리하는 사전 여행 허가 제도이다. 입국 목적이 상용 또는 관광이고 미국에서 90일 이하의 기간 체류할 때 미국 비자를 신청하지 않고 미국에 입국할 수 있다. 한국은 2008년에 ESTA에 가입했다.

오답분석

② HUD : 'Head-Up Display'의 약어로, 차량의 속도, 연료 잔량, 길 안내 정보 등을 운전자의 가시영역 내인 유리창에 그래픽으로 보여주는 디스플레이 장치이다.
③ GFW : 'Great Firewall of China'의 약어로, 우리말로 '만리방화벽'이라 부르기도 한다. 이때 만리는 중국의 만리장성을 가리키며, 중국 정부의 인터넷 감시·검열 시스템을 비유한다. 중국 내에서 일부 외국 사이트에 접속할 수 없도록 하여 사회 안정을 이루는 것이 목적이다.
④ ICO : 'Initial Coin Offering'의 약어로, 암호화폐 공개를 뜻한다. 암호화폐를 판매하여 자금을 조달하는 방법으로 목적에 따라 일반 대중을 대상으로 하거나 미리 협의한 특정 기업을 대상으로 암호화폐를 판매할 수 있다. 방식에 따라 스타트업 회사가 온라인에 공개하여 진행하는 퍼블릭 ICO 방식과 이미 상용화된 플랫폼 또는 서비스를 제공하는 기업이 진행하는 리버스 ICO 방식으로 구분할 수 있다.

80 정답 ④

DLT는 'Distributed Ledger Technology'의 약어로, 분산원장 기술을 가리킨다. 분산 네트워크 참여자가 거래 정보를 서로 공유하여 원장을 공동으로 분산·관리하는 기술이다. 거래 정보를 공동으로 분산·관리하기 때문에 위조를 방지할 수 있고 투명하게 관리할 수 있다.

오답분석

① DID : 'Decentralized IDentity'의 약어로, 분산 신원 확인을 뜻한다. 개인의 기기에 신원 정보를 분산시켜 관리하는 전자신분증 시스템으로, 이를 활용하면 개인이 개인정보를 통제하는 권리를 갖게 된다. 기관이 개인정보를 보유해 발생하는 개인정보의 대량 유출을 막을 수 있다.
② EMCP : 'Embedded Multi-Chip Package'의 약어로, 모바일 D램과 낸드플래시 메모리를 패키지로 묶어 제작한 단일 칩으로 반도체를 따로 쓰는 것보다 속도가 빠르다.
③ Cloud HSM : Cloud-based Hardware Security Module, 즉 클라우드 기반 하드웨어 보안 모듈을 말한다. 클라우드(데이터센터) 기반으로 암호화 키 생성, 저장, 처리 등을 제공하는 정보보안 서비스이다.

81 정답 ②

양자 컴퓨터는 양자역학의 원리에 따라 작동되는 미래형 첨단 컴퓨터다. 반도체가 아니라 원자를 기억소자로 활용하는 컴퓨터이다. 고전적 컴퓨터가 한 번에 한 단계씩 계산을 수행했다면, 양자컴퓨터는 모든 가능한 상태가 중첩된 얽힌 상태를 이용한다. 양자 컴퓨터는 0 혹은 1의 값만 갖는 2진법의 비트(Bit) 대신, 양자 정보의 기본 단위인 큐비트를 사용한다.

오답분석

① 노이만형 컴퓨터 : 미국의 폰 노이만(J. L. von Neumann)이 제안한 원리에 기초를 둔 컴퓨터로서, 소프트웨어에 의한 프로그램 내장 방식, 명령의 순차적 실행, 2진수 처리 등을 특징으로 한다. 오늘날 대부분의 컴퓨터가 이런 형태로 구성되어 있다.
③ 바이오 컴퓨터 : 인간의 뇌에서 이루어지는 인식·학습·기억·추리·판단 등 정보 처리 시스템을 모방한 컴퓨터로, 단백질과 유기분자, 아미노산 결합물을 이용한 바이오칩을 컴퓨터 소자로 활용한다.
④ 하이브리드 컴퓨터 : 아날로그 컴퓨터와 디지털 컴퓨터의 장점을 결합해 하나로 만든 컴퓨터로 정확도, 처리 속도 등이 우수하며 가격도 저렴하다.

82 정답 ③

에지 컴퓨팅(Edge Computing)은 다양한 단말 기기에서 발생하는 데이터를 클라우드와 같은 중앙 집중식 데이터센터로 보내지 않고 단말기 주변(Edge)이나 단말기 자체에서 데이터를 처리하는 방식으로 데이터 흐름 가속화를 지원하는 컴퓨팅 방식을 뜻한다.

오답분석

① 모빌 컴퓨팅(Mobile Computing) : 언제 어디서나 필요한 정보에 접근할 수 있는 환경을 제공하여 물리적·시간적 제약에 구애받지 않고 사무실과 동일한 업무 환경을 보장하는 컴퓨터 처리 개념을 뜻한다.
② 그리드 컴퓨팅(Grid Computing) : 지리적으로 분산된 컴퓨터 시스템, 대용량 저장 장치 및 데이터베이스, 첨단 실험 장비 등의 자원들을 고속 네트워크에 연결해 상호 공유함으로써 연산능력을 극대화한 디지털 신경망 구조의 인터넷 서비스를 뜻한다.
④ 유틸리티 컴퓨팅(Utility Computing) : 기업에서 사용하는 하드웨어, 소프트웨어, 네트워크 등의 컴퓨터 자원에 유틸리티 산업의 개념을 도입하여 사용한 만큼 요금을 매기는 방식을 뜻한다.

83 정답 ①

1995년 8월 제정된 「정보화촉진 기본법」(1996년 1월 시행)이 2009년 5월 「국가정보화 기본법」으로 전부개정(2009년 8월 시행)되었고, 이후 「국가정보화 기본법」은 2020년 6월 「지능정보화 기본법」으로 전부개정되었다(2020년 12월 시행). 이러한 전면적인 개정의 취지는 "4차 산업혁명 지원을 위한 범국가적 추진체계를 마련함으로써 데이터·인공지능 등 핵심기술 기반과 산업생태계를 강화하는 한편, 정보통신에 대한 접근성 품질인증 등을 실시함으로써 4차 산업혁명 과정에서 발생할 수 있는 부작용에 대한 사회적 안전망을 마련하여 국가경쟁력을 강화하고 국민의 삶의 질 향상에 기여(법제처)"하자는 것이다. 「지능정보화 기본법」은 지능정보화 관련 정책의 수립·추진에 필요한 사항을 규정함으로써 지능정보사회의 구현에 이바지하고 국가경쟁력을 확보하며 국민의 삶의 질을 높이는 것을 목적으로 한다(「지능정보화 기본법」 제1조).

② 지능정보사회의 구현에 관하여 다른 법률에 특별한 규정이 있는 경우를 제외하고는 이 법에서 정하는 바에 따른다(「지능정보화 기본법」 제5조 제2항). 즉, 다른 법률과 충돌할 때는 해당 법률을 따름을 알 수 있다.

③ 정부는 지능정보사회 정책의 효율적·체계적 추진을 위하여 지능정보사회 종합계획을 3년 단위로 수립하여야 한다(「지능정보화 기본법」 제6조 제1항). 지능정보사회 종합계획은 과학기술정보통신부장관이 관계 중앙행정기관(대통령 소속 기관 및 국무총리 소속 기관을 포함)의 장 및 지방자치단체의 장의 의견을 들어 수립하며, 정보통신 전략위원회의 심의를 거쳐 수립·확정한다. 종합계획을 변경하는 경우에도 또한 같다(동조 제2항).

④ 중앙행정기관의 장과 지방자치단체의 장(특별시장·광역시장·특별자치시장·도지사·특별자치도지사)은 지능정보사회 시책 및 지능정보화 사업의 효율적 추진과 필요한 정보의 교류 및 관련 정책의 협의 등을 하기 위하여 과학기술정보통신부장관, 행정안전부장관과 지능정보화책임관으로 구성된 지능정보화책임관 협의회를 구성·운영한다(「지능정보화 기본법」 제9조 제1항).

84 　정답 ④

과학자들이 정의하는 마이크로바이옴은 '미생물 유전체의 합'이라는 뜻으로 'Microbial(미생물의)'과 'Genome(유전체)'의 조합어이다. 그러나 일반적으로는 'Microbe(미생물)'와 'Biome(특정 환경 내의 생물군계)'의 조합어로 보아 '미생물 생태계'로 이해한다. 인체의 경우 위장관에 가장 많고 다양한 종류의 미생물이 존재하는데, 장내 마이크로바이옴은 소화·흡수, 비타민 생성, 면역 등 체내에서 중요한 역할을 한다. 마이크로바이옴은 미생물의 생성 원리, 질병 간의 연관성 등을 연구할 수 있어 신약 개발과 질병 치료, 수명 연장 등의 연구에 활용될 수 있다.

① 바이오버든(Bioburden) : 살균되지 않은 표면 위에 살 수 있는 박테리아의 수를 뜻한다. 또한 바이오버든 테스트는 미생물 한계 시험을 의미하는데, 약물이나 의료 제품의 품질 검증을 위하여 시행한다.

② 바이오해저드(Biohazard) : '생물 재해', 즉 실험실이나 병원에서 세균·바이러스 등의 미생물이 외부로 누출되어 발생하는 재해나 장애를 뜻한다. 특히, 유전자 조작으로 해로운 유전자를 가지게 된 미생물에 의한 생태계의 파괴를 가리킨다.

③ 마이크로소트(Micro-sort) : X염색체와 Y염색체의 DNA 양의 차이를 이용해 정자를 선택적으로 분류해 태어날 아이의 성별을 결정짓는 기술을 가리킨다.

85 　정답 ④

10cm 이내의 매우 가까운 거리에서 몇 초 안에 기가급 대용량 데이터를 주고받을 수 있는 징(Zing)은 한국전자통신연구원(ETRI) 등의 기관들이 2016년 공동 개발했으며, 이듬해 3월에 국제 표준으로 등록되었다. 이 기술은 스마트폰·노트북 등에서 이용될 수 있고, 사물인터넷(IoT)·키오스크 등 다양한 제품에 활용 가능하다.

① 폴링(Polling) : 컴퓨터 또는 단말 제어 장치 등에서 여러 개의 단말 장치에 대하여 순차적으로 송신 요구의 유무를 문의하고, 요구가 있을 경우에는 그 단말 장치에 송신을 시작하도록 지령하며, 없을 때에는 다음 단말 장치에 대하여 문의하는 전송 제어 방식을 말한다.

② 핑(Ping) : 'Packet Internet Groper'의 약어로, 다른 호스트에 IP 데이터그램 도달 여부를 검사하는 프로그램이다. 핑(Ping)은 TCP/IP 프로토콜을 사용하는 응용 프로그램으로 다른 호스트에 IP 데이터그램이 도착할 수 있는지 검사하는 것을 의미한다.

③ 빙(Bing) : 마이크로소프트(MS)사에서 2009년 6월 1일 서비스를 시작한 검색 포털 서비스이다.

86 　정답 ③

팬더스트리(Fandustry)는 '팬(Fan)'과 '인더스트리(Industry)'가 조합된 신조어이다. 팬덤을 기반으로 한 산업을 뜻하며, 케이팝의 위상이 높아지면서 팬덤 구매력이 크게 높아짐에 따라 팬더스트리가 형성되었다.

① 파노플리(Panoplie) : 집합이라는 뜻으로, 동일한 맥락을 가진 상품의 집단을 뜻한다. 이 단어에서 파생된 파노플리 효과는 소비자가 특정 제품을 소비하면서 같은 제품을 소비하는 소비자와 같은 부류라고 여기는 현상을 뜻한다.

② 패닉 세일(Panic Sale) : 갑작스러운 요인으로 주가가 떨어질 때, 투자자들이 보유 주식을 마구 파는 일을 뜻한다.

④ 팬플레이션(Panflation) : 사회 전반적으로 인플레이션이 심화되는 현상을 뜻한다. 화폐뿐만 아니라 상품, 서비스의 가치가 떨어져 같은 돈을 내고도 이전에 비해 질이 낮은 상품이나 서비스를 이용하게 된다.

87 정답 ①

하이프 사이클(Hype Cycle)은 주요 정보통신 기술의 성숙도(생명주기)를 시각적으로 나타낸 그래프이다. 원래 'Hype'는 '선전'이라는 뜻인데, '과장된 것을 비유'한 표현이다. 미국의 정보 기술 연구회사인 가트너가 1995년 개발했으며, '기술 촉발 → 부풀려진 기대의 정점 → 환멸 → 계몽 → 생산성 안정'으로 단계를 구분할 수 있다. 가트너는 해마다 하이프 사이클 보고서를 공개하고 있다. 하이프 사이클의 최정상에 사물인터넷이 있다고 2014년에 평가하여 화제가 되었다

오답분석

② 크릭 사이클(Cric Cycle) : Crisis(위기), Response(대응), Innovation(개선), Complacency(만족)의 머리글자를 딴 용어로, 1990년대 일본이 경제 위기에 안일하게 대응하여 무기력한 상태에 빠진 것을 이르는 말이다.

③ 데밍 사이클(Deming Cycle) : 미국의 통계학자 윌리엄 데밍이 제시한 모델로, 계획(Plan), 실행(Do), 평가(Check), 개선(Act)의 4단계를 반복하여 업무 효율을 지속적으로 향상시키는 생산 및 품질 관리 방법을 가리킨다.

④ 서멀 리사이클(Thermal Recycle) : 쓰레기를 단순하게 태워 버리는 것에 그치지 않고 태울 때 발생하는 열에너지를 회수하여 증기나 온수를 공급하거나 발전하는 데 이용하는 일을 뜻한다.

88 정답 ④

㉠ 웹 3.0은 이용자들이 개인 정보, 데이터를 개인이 소유·보호·관리하는 탈중앙화된 웹이다. 즉, 이용자 데이터가 특정 플랫폼 사업자가 제공하는 중앙집중형 서버가 아니라 개인의 온라인 데이터 저장공간이나 클라우드 등에 저장되어 개인이 직접 소유·관리한다.

㉡ 웹 3.0은 웹(WWW)에 인공지능·클라우드 기술 등이 접목되어 개인 이용자의 상황·성향·맥락에 맞는 정보를 제공하는 웹이라 할 수 있다.

㉢ 웹 3.0이 추구하는 철학
  • 개방성·자발성·투명성 : 인터넷은 개방형이며, 누구든지 만들고 활용·수정할 수 있는 오픈소스 소프트웨어로 구축할 수 있다.
  • 데이터 주권 : 이용자의 개인 정보 등의 모든 데이터는 그 이용자가 완전히 소유한다.
  • 완전한 탈중앙회 : 정부나 규제 기관의 허가·간섭·개입 없이 누구나 참여할 수 있다.

㉣ 웹 2.0 시대에는 참여·공유·개방의 중앙화된 플랫폼을 기반으로 이용자들이 정보를 함께 생성·공유했다면, 웹 3.0 시대에는 개인 스스로가 정보·데이터를 직접 소유하고 관리한다. 탈중앙금융(De-FI)과 대체 불가능 토큰(NFT)은 탈중앙화된 웹3.0의 대표적인 사례이다.

89 정답 ②

모달 시프트(Modal Shift)는 화물을 운송함에 있어 교통 혼잡, 공해 등을 유발하는 트럭 등의 자동차 운송보다 환경에 끼치는 피해가 적고 효율성이 높은 철도·해상 운송으로 전환하는 것을 뜻한다. 모달 시프트 정책은 탄소중립 시대에 도로 교통 중심에서 철도·해상 교통 중심으로 바뀌어야 한다는 환경보호 인식에서 비롯되었다.

오답분석

① 그린 시프트(Green Shift) : 환경 위해성이 적고 에너지 효율이 큰 화학 물질이나 제품을 생산하도록 유도하는 녹색 화학 체계로의 전환을 뜻한다. 국민 건강 보호와 화학 산업의 국제 경쟁력 강화를 달성하는 데 목표를 둔다.

③ 다운 시프트(Down Shift) : 자동차의 기어를 고단에서 저단으로 바꾸어 속도를 줄이는 것처럼 삶의 속도를 낮추고 보수는 적더라도 시간적 여유가 있는 일로 전환한다는 뜻이다.

④ 패러다임 시프트(Paradigm Shift) : 과학의 역사는 연구자들의 객관적 관찰에 의한 진리의 축적에 따른 점진적 진보가 아니라 혁명, 즉 단절적 파열에 의한 새로운 패러다임의 등장을 통해서 과학이 발전한다는 이론이다. 미국의 과학철학자 토머스 쿤이 그의 저서 「과학 혁명의 구조」에서 처음 제시한 개념이다.

90 정답 ③

GE-맥킨지 매트릭스는 BCG 매트릭스보다 여러 가지 요소들을 평가함으로써 타당성을 제고할 수 있다.

오답분석

① 전략적 사업단위 간의 상호작용을 고려하지 않는다.

② GE-맥킨지 매트릭스는 주관적 지표 선정 방법, 부족한 신뢰성, 지표에 내부 데이터를 많이 이용하는 등의 이유로 타사와의 비교가 어렵다는 한계가 있다.

④ GE-맥킨지 매트릭스는 시장의 규모와 수익성, 진입 장벽, 기술 개발 등 여러 가지 요소를 살핀다. 요컨대, 자사와 시장을 보다 넓게 살펴본 후 개별 사업을 평가한다는 것이 GE-맥킨지 매트릭스의 핵심이다

91 정답 ①

플럼북의 정식 명칭은 '미국 정부 정책 및 지원 직책(The United States Government Policy and Supporting Positions)'이며, '플럼'이라는 명칭은 표지가 자주색인 것에서 기인했다. 플럼북은 1952년 당시 정권 교체를 이룬 공화당의 아이젠하워 대통령이 연방정부 직책 파악이 어려워 이를 해결하기 위해 전임 민주당 정권에 연방정부의 직위 리스트를 만들어 넘겨달라고 요청한 것에서 시작됐다. 이후 대선이 있는 12월에 미국 인사관리처의 지원을 받아 제작하고 있다. 플럼북은 정권 교체 · 이양 시에 발생 가능한 행정 공백, 공직의 사유화, 블랙리스트 논란, 여야 사이의 갈등 등을 예방하고 인사(人事)의 투명화를 높일 수 있다는 긍정적 의미가 있다.

오답분석

② 베이지북 : 미국 연방준비제도 이사회에서 매년 발표하는 경제 분석 보고서를 가리킨다.

③ 레드 테이프 : 불필요한 형식적 절차, 즉 지나친 관료제적 형식주의를 가리킨다.

④ 화이트 리스트 : 흔히 경계를 요하는 인물들의 목록을 뜻하는 '블랙리스트'와는 달리, 식별된 일부 실체들이 특정 권한, 서비스, 이동, 접근, 인식에 대해 명시적으로 허가하는 목록을 뜻한다. 무역에서는 양국의 신뢰가 있는 만큼 수출 심사를 빠르게 진행해준다는 '우대'의 의미를 나타내며, 이에 해당하는 국가를 '백색국가'라고 부르기도 한다.

92 정답 ④

ⓒ 국가마다 물가 상승률, 실업률 등을 측정하는 기준이 다르기 때문에 고통지수를 절대적인 비교지수로 사용하기 어렵다.

ⓔ 고통지수는 일정 기간 동안의 소비자물가 상승률과 실업률을 합한 값으로, 지수가 높을수록 그 나라의 국민들이 체감하는 고통이 크다는 것을 의미한다.

오답분석

ⓐ 고통지수는 미국의 경제학자 아서 오쿤이 개발한 것으로, 국민들이 피부로 느끼는 경제적 삶의 어려움을 계량화해서 수치로 나타낸다.

ⓑ 소득증가율, 분배 상황, 경제성장 내용 등이 전혀 반영되지 않아 실제 국민 경제상황에 대한 만족도를 보여주지 못한다는 지적도 있다.

93 정답 ②

포지티브 스크리닝(Positive Screening)은 일정한 ESG(환경 · 사회 · 지배구조)나 국제규범 등을 평가 기준으로 설정하고, 이 기준을 충족하는 기업 또는 산업군에 대한 주식 · 채권 투자를 확대하는 전략을 뜻한다. 요컨대 '우량 기업'에 대한 투자를 확대하는 것이다. 이때 '스크리닝'은 '걸러낸다'는 뜻이다. 이와 상대적으로 네거티브(Negative) 스크리닝은 위험을 관리하는 책임투자 전략의 일환으로, 기준에 미달하는 기업 · 산업군에 대한 투자를 엄격히 제한하는 전략을 뜻한다. 요컨대 블랙리스트에 오른 대상에 대한 투자 배제 전략으로 이해할 수 있다. 이러한 스크리닝 전략은 주로 대형 · 기관 투자자들이 사용한다.

94 정답 ①

BBI보험은 'Behavior-Based Insurance'의 약자로, 인공지능(AI) 딥러닝 영상분석 기술을 활용해 운전자의 운전 습관을 분석하여 보험료를 산출하는 자동차 보험이다. 기존의 자동차 보험이 운전자의 운전 습관이나 향후 사고 가능성 등을 예측할 수 있는 데이터를 수집하지 못한다는 문제를 보완하기 위해 등장했다. 차량에 설치한 카메라, 레이더 등을 통해 안전거리 확보, 신호 위반, 차선 급변경, 중앙선 침범 등을 감지하고, 이를 기반으로 운전자의 운전 습관을 분석한다. BBI보험은 이러한 운전 습관 분석을 통해 점수가 높은 가입자는 보험료를 할인해주고, 점수가 낮은 가입자는 보험료를 할증하는 방식으로 보험료를 부과한다.

95 정답 ④

GCF는 녹색기후기금(Green Climate Fund)을 뜻하는 약어이다. 이는 개발도상국의 온실가스 감축과 기후변화 적응을 지원하기 위한 국제연합 산하의 기구로, 환경 분야의 세계은행이라고 할 수 있다. 이사회는 24개국으로 구성되며, 선진국과 개발도상국이 동수로 참여하고 있다.

오답분석
① 스탠딩 레포 제도(Standing Repo Facility) : 은행들의 기준 수요를 줄이기 위해 국채를 은행의 지급준비금과 상시 교환할 수 있도록 하자는 제도이다. 은행은 하루짜리 상설 대출 창구를 만들어 필요시에 정해진 금리로 국채를 지준으로 교환하도록 하는데, 이때 금리는 시장금리보다 약간 더 높게 설정해 매일은 사용하지 않도록 유도한다.
② 엘기니즘(Elginism) : 강대국이 약소국의 문화재를 불법 도굴하거나 약탈하는 행위를 뜻한다. 영국의 토머스 브루스 엘긴 백작이 19세기 초 오스만튀르크 주재 영국 대사를 지낼 때 아테네 파르테논 신전의 조각상을 함부로 떼어내 영국에 가져온 데서 유래된 말이다. 엘긴은 영국 대사로 재직 시 10년에 걸쳐 무려 253점의 조각들을 반출했고 후에 영국 정부에 팔았다. 그리스는 1835년부터 조각상들의 반환을 영국에 요청해왔지만 영국 정부는 이를 거부하고 있다.
③ 셴겐조약(Schengen) : 유럽연합(EU) 회원국 간 무비자 통행을 규정한 국경 개방 조약이다. 셴겐조약 가입국은 같은 출입국 관리정책을 사용하기 때문에 국가 간에 제약 없이 이동할 수 있는 것은 물론 세관 신고도 하지 않는다.

96 정답 ③

도넛(Doughnut) 경제학은 영국 경제학자 케이트 레이워스가 2011년에 발표한 경제 모델로, 도넛의 안쪽 고리는 사회적 기초, 바깥쪽 고리는 생태적인 한계로 정의해 인간과 환경을 함께 지켜내기 위해 넘지 말아야 할 선을 도넛 모양으로 표현한 것을 말한다. 도넛의 안쪽 고리 안에는 식량, 수자원, 교육, 보건, 일자리, 소득, 정의와 평화, 사회적 공평성, 정치적 발언권, 성평등, 각종 네트워크, 에너지 등 인간으로서의 존엄성을 지키는 사회적 기초가 포함된다. 또한 도넛의 바깥쪽 고리는 생태적인 한계로, 그 너머에는 기후변화, 화학적 오염, 해양 산성화, 토지 개간, 담수 고갈, 대기오염, 질소와 인 축적, 오존층 파괴, 생물 다양성 손실 등이 배치되어, 그 밖으로 나가면 심각한 환경 위기를 겪게 된다.

97 정답 ②

㉠ 한국은 전 세계적으로 확산되고 있는 탄소중립 흐름에 발맞추어 2020년 10월 국가비전으로 2050 탄소중립을 선언하고 그해 12월에 탄소중립 전략을 수립했다. 이에 따른 후속 대응으로 2021년 10월에 2050 탄소중립 시나리오(A안 화력발전 전면 중지, B안 화력발전 잔존 및 탄소 제거 기술 적극 활용)를 확정하고 중간 목표인 2030 국가 온실가스 감축 목표(NDC)를 2018년 배출량 대비 40% 감축하는 것으로 강화하였다.
㉢ 탄소중립에서 말하는 '탄소'는 화석연료를 사용해 발생하는 이산화탄소 등의 온실가스를 일컫는다. 온실가스는 이산화탄소(CO_2), 메테인(CH_4), 아산화질소(N_2O), 수소불화탄소(HFCs), 과불화탄소(PFCs), 육플루오린화황(SF_6) 등을 통틀어 이른다.
㉤ 2050 탄소중립녹색성장위원회는 대통령 소속 기관이며(「탄소중립기본법」 제15조 제1항), 기후대응기금을 운용·관리하는 주체는 기획재정부장관이다(동법 제72조 제1항).

오답분석
㉡ 탄소중립을 실현할 수 있는 방안으로는 이산화탄소 등 온실가스 배출량에 상당하는 만큼의 숲을 조성하거나 화석연료를 대체하는 재생에너지 개발 및 이용 확대, 이산화탄소 배출량에 상응하는 탄소배출권을 구매하는 방법 등이 있다.
㉣ 직접 공기 포집(DAC) 기술은 대기 중의 이산화탄소를 포집하는 기술이고, 탄소 포집 및 저장(CCS) 기술은 화력발전 과정에서 발생하는 탄소가 대기 중으로 배출되기 전에 추출해 보관하는 기술이다. 이때 배출된 탄소는 전량 포집되지 않고 일부는 대기로 흡수된다. 다만 이들 기술은 포집된 이산화탄소를 저장하는 장소를 찾기 어렵다는 한계가 있다.

98 정답 ③

리마 증후군은 1996년 12월 페루의 수도 리마에서 발생한 인질 사건에서 유래된 용어이다. 인질범이 포로나 인질들의 상태에 정신적으로 동화되어 강자로서 약자에게 동정심을 가지고 공격적인 태도를 거두는 현상이다. 인질이 인질범에게 정신적으로 동화되는 스톡홀름 증후군과 반대되는 개념이다.

오답분석
① 롤리타 증후군 : 미국의 소설기 블라디미르 나보코프의 작품『롤리타(Lolita)』에서 유래된 용어로, 미성숙한 소녀에게 정서적 동경과 성적 집착을 갖는 현상을 말한다.
② 오셀로 증후군 : 특별한 이유 없이 배우자가 정조를 지키지 않았다고 의심하는 증상을 뜻한다. 세익스피어의 4대 비극 중 하나인 「오셀로」의 작중인물인 오셀로가 자신의 아내 데스데모나를 의심해 살해한 데서 유래했다.
④ 스톡홀름 증후군 : 1973년 스웨덴의 수도인 스톡홀름에서 일어난 은행 강도 사건에서 인질이 보인 심리 상태에서 비롯된 용어로, 인질로 잡힌 사람이 인질범에게 심리적으로 동조하는 증세나 현상을 뜻한다.

99 정답 ②

디아나(Diana)는 로마 신화에 나오는 달의 여신으로, 그리스 신화의 아르테미스(Artemis)에 해당한다. 아르테미스 프로젝트는 미국 항공우주국(NASA)의 주도로 미국, 한국, 호주, 프랑스, 멕시코, 루마니아, 우크라이나, 바레인, 이스라엘, 뉴질랜드, 르완다, 아랍에미리트, 브라질, 이탈리아, 나이지리아, 사우디아라비아, 영국, 캐나다, 일본, 폴란드, 싱가포르, 콜롬비아, 룩셈부르크(2023년 1월 말 기준 23개국)가 참여하는 달 탐사 계획으로, 2024년까지 유인 우주선을 달에 보내는 것이 목표였으나, 현재는 2025년으로 연기된 상태이다.

오답분석
① 유노(Juno) : 로마 신화에 나오는 최고의 여신으로, 결혼・출산을 관장하는 가정생활의 수호신이다. 그리스 신화의 헤라(Hera)에 해당한다.
③ 케레스(Ceres) : 로마 신화에 나오는 대지(大地)의 여신으로, 곡물의 성장과 농업 기술을 관장한다. 그리스 신화의 데메테르(Demeter)에 해당한다.
④ 아테네(Athene) : 로마 신화에 나오는 지혜의 여신으로, 미네르바(Minerva)라고도 부른다. 그리스 신화의 아테나(Athena)에 해당한다.

100 정답 ①

우리말로는 '저자극식'이라고 부르기도 하는 로푸드(Low Food)는 설탕 대신 스테비아 등의 대체 감미료를 넣은 제품이나 곤약, 두부 등 열량이 낮은 재료를 활용한 음식처럼 자극적이지 않으며 건강 유지에 이로운 식단을 선호하는 경향을 뜻한다.

오답분석
② 푸드뱅크 : 식품제조업체나 개인으로부터 식품을 기탁받아 이를 소외계층에 지원하는 식품 지원 복지 서비스 단체를 뜻한다.
③ 푸드 리퍼브 : 맛과 영양에 문제가 없으나 외관상 상품화되지 못하고 폐기되는 농산물을 적극적으로 구매하고 새로운 식품으로 재탄생시키는 경향을 뜻한다.
④ 프랑켄푸드 : 유전자 조작으로 개발된 농산물을 비판적으로 이르는 말이다.

101 정답 ③

오답분석
ⓒ IP 주소 스푸핑을 하는 해커는 연결된 세션을 차단하며 자신을 추적하는 것을 어렵게 만들 수 있다.

102 정답 ③

ⓒ 스니핑이 IP를 가로채기 위해 시스템에서 어느 부분이 취약한지 도청을 통해 염탐하는 소극적 공격인 반면에 스푸핑은 염탐한 후에 본격적으로 IP를 가로채고 해킹하는 능동적 공격 행위이다.

103 정답 ④

가상세계와 현실세계가 혼재·융합된 메타버스는 '확장판 현실세계, 인터넷의 다음 버전'라고 말할 수 있다. 가상융합기술과 4차 산업혁명 기술이 보다 진화해 다양한 메타버스가 등장하고 이 메타버스들이 서로 연결되면 다중가상세계, 멀티버스 시대가 등장할 것으로 예상할 수 있다. 그러나 현행 법규를 위반하는 행위를 비롯해 현행법의 테두리 밖에 있는 신종 범죄의 출현 가능성, 가상세계 자체의 높은 중독성 등은 반드시 해결해야 할 문제로 지적된다.

104 정답 ①

NFT(Non-Fungible Token)는 블록체인의 토큰을 다른 토큰으로 대체하는 것이 불가능한 암호 화폐, 즉 일종의 '디지털 등기권리 증'이다. 각각의 NFT마다 고유한 인식 값이 부여되어 있고, 최초 발행자와 소유권 이전 등 모든 거래 내역이 투명하게 공개되며, 원천적으로 위조·복제가 불가능하다.

② Fail Safe : 시스템 또는 시스템을 구성하는 기기에서 고장, 조작 실수, 사고 등이 발생했을 때 악영향을 받아 더 큰 피해로 이어지는 것을 막고 안전을 확보하는 장치를 말한다. 예컨대 복수의 서브시스템으로서 전체 시스템을 구성해 1개의 서브시스템에 장해가 발생하더라도 정상 작동하는 다른 서브시스템을 활용해 종전의 기능을 계속하게 할 수 있다.
③ Use Case : 시스템 사이에서 교환되는 메시지의 중요도에 의해 클래스나 시스템에 제공되는 고유 기능 단위로서, 상호 행위자 밖의 하나 또는 그 이상의 것이 시스템에 의해서 실행되는 행위를 함께 한다.
④ Data Mart : 특정한 목적을 위해 유용성과 접근의 용이성을 강조하여 만들어진 비교적 소규모의 데이터 저장소로서, 일반적인 데이터베이스 형태로 갖고 있는 다양한 정보를 이용자의 요구에 따라 체계적으로 분석하는 시스템을 말한다.

105 정답 ③

테이퍼링은 물가상승 등 양적완화(QE)로 인한 부작용을 해소하기 위해 중앙은행이 국채 등의 자산 매입 규모를 단계적·점진적으로 줄임으로써 시중에 풀리는 자금의 규모, 즉 유동성의 양을 감소시키는 전략이다.

106 정답 ②

마냐나(Manana) 경제는 '내일은 내일의 태양이 뜬다'는 식으로 경제 앞날을 지나치게 낙관적으로 전망하는 경제관을 이르는 말이다. '마냐나'는 에스파냐어로 '내일'이라는 뜻이다. 미국의 경기 회복 전망을 낙관적으로 보는 일부 지도층 및 경제 전문가들을 빗대어 표현한 말이다.

① 오버슈팅(Overshooting) : 경제에 어떤 충격이 가해졌을 때 물가나 환율이 일시적으로 폭등 또는 폭락하였다가 시간이 지나면서 장기 균형 수준으로 되돌아가는 현상을 가리킨다.
③ 저압 경제(Low Pressure Economy) : 공급이 수요보다 많아 생산 과잉 상태에 있는 경제를 말한다. 제품 가격 저하, 이윤의 정체 등의 현상이 나타나며, 국민경제 면에서는 실업의 증대 등의 불균형이 생긴다.
④ 고압 경제(High Pressure Economy) : 수요가 공급을 항상 상회하여 공급이 수요를 뒤따르는 경제 상태(만성적 호황 상태)를 가리킨다.

107 정답 ③

몬티 홀(Monty Hall) 딜레마는 미국의 TV 게임 쇼 「Let's Make a Deal」의 진행자인 몬티 홀의 이름에서 유래한 용어로, 인간이 합리적이라는 전통 경제학의 가정을 꼬집는 사례이다. 3개의 문 중 하나를 골라 그 문 뒤에 있는 상품을 받는데, 하나의 문 뒤에는 고급 자동차가 있고 나머지 2개의 문 뒤에는 염소가 있다. 문 하나를 선택하면 진행자는 나머지 2개 중 염소가 있는 문을 열고, 이때 처음 고른 문을 계속 선택하거나 닫혀 있는 다른 문으로 바꿀 수 있다. 이런 상황에서 많은 사람은 자동차가 있는 곳의 확률은 2분의 1이라고 생각하기 때문에 처음에 한 자신의 선택을 바꾸지 않는다. 하지만 조건부 확률을 계산하면 선택을 바꾸는 것이 유리하다. 선택을 바꿀 경우 성공 확률이 3분의 2로 증가하기 때문이다.

오답분석

① 용의자 딜레마 : 두 경제 주체가 협조하는 것이 서로를 위하여 더 좋은 결과를 가져오는 것을 알지만, 자신의 이익을 최대화하기 위하여 서로 협력하지 않아서 결과적으로 모두 손해를 보게 되는 상황을 묘사하는 게임 이론의 원리를 말한다. 각각 다른 방에서 조사를 받고 있는 두 용의자가 서로 믿고 죄를 자백하지 않으면 가장 낮은 형벌을 받게 됨에도 불구하고, 서로 신뢰하지 않아 둘 다 죄를 자백하게 되면서 동시에 처벌을 받는 상황을 이른다. 또한 주식 시장에서 아무도 환매를 하지 않으면 모두에게 이익이 되지만, 자신이 먼저 환매하면 가장 이익을 볼 것이라는 생각에 모두 환매에 나서 증시를 압박하여 증시 불안이나 하락을 유발하는 경우를 이르기도 한다.
② 고슴도치 딜레마 : 너무 가까이하기도, 그렇다고 너무 멀리 떨어져 있기도 어려운 인간관계를 가리킨다. 고슴도치가 누군가와 가까워지려 하면 자신에게 달린 가시들로 그 상대를 다치게 해 누구와도 가까워질 수 없는 상태를 인간의 마음 상태에 비유한 말이다. 심리학에서는 친밀감 및 애착에 대한 욕구와 독립성 및 자율성에 대한 욕구가 공존하는 모순적 상태를 일컫는다.
④ 트리핀(Triffin) 딜레마 : 벨기에의 경제학자인 로버트 트리핀(R. Triffin)의 이름에서 유래한 용어로, 한 나라의 통화를 국제 통화로 사용할 때 국제 유동성이 커지면 국제 수지 적자로 그 통화의 신뢰도가 떨어지고, 그 나라가 적자를 줄여 통화의 신뢰도를 높이면 국제 유동성이 작아지는 현상을 가리킨다.

108 정답 ④

2004년 동남아 쓰나미 피해의 복구 및 지원을 위한 쓰나미 코어 그룹에서 비롯되어 2007년 본격화된 쿼드(Quad)에 참여하는 나라는 미국, 인도, 호주, 일본 4개국이다. 쿼드는 중국의 세력 확장으로 인해 촉발된 갈등과 위기의식의 고조로 인해 중국에 대항하는 군사적 동맹으로서의 성격이 강하다.

109 정답 ③

경기침체가 두 번 연달아 오는 '더블딥(Double Dip)'에 대한 설명이다.

오답분석

① 디레버레이징(Deleveraging) : 부채를 축소하는 것을 말한다.
② 디커플링(Decoupling) : 탈동조화라고 번역할 수 있는데, 어떤 나라나 지역의 경제가 인접한 다른 국가나 전반적인 세계 경제의 흐름과는 다른 모습을 보이는 현상을 말한다.
④ 디플레이션(Deflation) : 물가가 지속적으로 하락하는 현상을 말한다.

110 정답 ①

리세션은 불경기까지 이르지는 않지만 일시적으로 경기가 후퇴하는 현상을 뜻한다. 흔히 우리말로 '경기후퇴'라고 번역하기도 한다. 더블딥을 '경기의 침체'라고 한다면 리세션은 '경기의 둔화'라고 할 수 있다.

111 정답 ④

프레너미(Frienemy)는 친구인지 적인지 모호한 상대라는 뜻으로, 한편으로는 협력하며 다른 한편으로는 경쟁하는 관계, 즉 이해관계가 얽혀 전략적으로 협력하는 동시에 경쟁하는 상대방 또는 그러한 관계를 뜻한다. 오월동주(吳越同舟)는 서로 적의를 품은 사람들이 한자리에 있게 된 경우나 서로 협력해야 하는 상황을 비유적으로 이르는 말이다.

① 소극침주(小隙沈舟) : 작은 틈으로 물이 들어와 배가 가라앉음, 즉 작은 일을 게을리 하면 큰 재앙이 닥치게 됨을 이르는 말
② 진승오광(陳勝吳廣) : 어떤 일에 선수를 쳐서 앞지르는 일 또는 그런 사람을 비유적으로 이르는 말
③ 오우천월(吳牛喘月) : 담력이 작아 공연한 일에 미리 겁부터 내고 허둥거리는 사람을 놀림조로 이르는 말

112 정답 ③

프로젝트 파이낸싱은 수익성이 높은 만큼 실패 위험도 높기 때문에 금융기관은 자금 투자뿐만 아니라 사업성 검토, 입찰 준비 등의 제반 업무에 관여한다.

113 정답 ②

링겔만 효과는 집단에 참여하는 구성원의 수와 성과가 정비례할 것이라는 예상과 달리 도리어 전체 성과에서 차지하는 1인당 공헌도가 떨어지는 현상을 뜻한다. 즉, 혼자서 일할 때보다 단체 속에서 함께 일할 때 노력을 덜 기울이는 것이다. 자신이 노력하지 않아도 다른 구성원이 노력할 것이라는 '무임승차' 의식, 자신이 최대한으로 노력하지 않는 것을 타인이 모른다고 생각하는 '익명성' 등도 링겔만 효과를 초래하는 것으로 분석된다.

① 마태 효과는 자본주의 사회에서 부(富)가 한쪽으로 쏠리는 부익부빈익빈(富益富貧益貧) 현상으로서, '무릇 있는 자는 받아 풍족하게 되고 없는 자는 그 있는 것까지 빼앗길 것이다'라는 마태복음에서 유래했다.
③ 앵커링 효과는 최초의 숫자가 기준점 역할을 해 합리적인 사고를 하지 못하고 이후의 판단에 영향을 받는 배가 닻을 내리면 더 이상 움직이지 못하듯이, 인간의 사고가 처음에 제시된 하나의 이미지, 숫자, 자료, 기억에 얽매여 어떤 판단도 그 영향을 받아 새로운 정보를 수용하지 못하거나 이를 부분적으로만 수정하는 현상을 뜻한다.
④ 기니피그 효과는 실험 참여자들이 자신의 행동을 실험의 의도, 연구자의 기대에 적합하게 수정하는 경향을 뜻한다. 흔히 실험용 쥐를 뜻하는 '모르모트'가 프랑스어로 기니피그를 뜻하는 데서 유래한 것으로 추정된다.

114 정답 ④

㉠ 와이어링 자동차 1대에는 약 1,500 ~ 2,000개의 전선이 필요하다.
㉣ 전기차나 자율주행차 등은 더 많은 센서가 필요해 와이어링 하니스도 점점 더 복잡해지고 있다.

115 정답 ③

패시브 운용을 지향하고 있어 액티브 운용보다 거래비용이 저렴한 편이다.

116 정답 ②

제로 트러스트는 사이버 보안 전문가이자 포레스터 리서치 수석연구원인 존 킨더버그가 2010년에 제시한 사이버 보안모델이다. '신뢰가 곧 보안 취약점'이라는 원칙을 내세워 내부에서 접속한 사용자에 대해서도 검증을 거치는 것을 기본으로 한다.

117 정답 ①

AI 콘택트센터(AICC)는 인공지능(AI)을 통해 콜봇이나 챗봇이 고객의 질문에 답변하는 지능형 고객센터를 말한다. 음성인식, 문장 분석, 대화엔진 등의 각종 AI 기술이 동시 적용되어 인간과 유사한 목소리로 일상적인 언어를 구사해 고객의 질문에 적절하게 대응하며, 실시간으로 상담내용을 파악해 상담사에게 관련 정보를 찾아주는 기능도 한다.

118 정답 ④

그리드플레이션은 '탐욕(Greed)'과 '물가상승(Inflation)'의 합성어로 대기업들이 탐욕으로 상품 및 서비스의 가격을 과도하게 올려 물가상승을 가중시키는 상황을 말한다.

119 정답 ③

©·@ 비트코인 도미넌스는 전 세계 가상자산에서 비트코인 시가총액이 차지하는 비율을 뜻하며, 전반적으로 가상자산 시장이 불(Bull) 장일 때 하락하는 경향을 보인다.

오답분석

㉠ 비트코인 등장 이후 새로운 알트코인들이 연이어 등장하면서 하락했다.
㉡ 비트코인은 정부나 중앙은행, 금융회사의 개입 없이 온라인상에서 개인과 개인이 직접 돈을 주고받는 암호화된 가상자산이다.

120 정답 ③

사전지정운용제는 가입자가 직접 운용할 수 있는 퇴직연금이 별도의 운용지시 없이 방치되고 있을 경우 회사와 근로자가 사전에 정한 방법으로 퇴직연금이 운용되도록 하는 제도이다.

121 정답 ④

로코노미는 지역을 뜻하는 'Local'과 경제를 뜻하는 'Economy'를 합친 말로 소비생활이 골목상권에서 이루어지는 현상을 뜻하는 단어이다.

122 정답 ④

밈 주식(Meme)은 온라인에서 입소문을 타 개인투자자들이 몰리는 주식을 가리킨다. 'Meme'은 영국의 진화생물학자 리처드 도킨스의 저서 『이기적인 유전자』에서 등장한 단어로, 유전이 아닌 모방을 통해 다음 세대로 전달되는 문화 요소라는 뜻이다. 특히 대중문화에서는 인터넷에서 유행하는 특정 문화 요소를 모방 혹은 재가공한 콘텐츠를 의미하는 말로 사용된다.

오답분석

① 트래킹(Tracking) 주식 : 발행 회사의 특정한 사업이나 자회사의 이익에 대하여 이익 배당이나 잔여 재산 분배 청구권을 인정하는 주식을 말한다. 모기업이 특정 사업 부문을 육성하는 데 필요한 자금 조달을 위해 모기업 주식과는 별도로 발행하며, 상환 부담이 없다. 또한 배당청구권을 갖지만 의결권과 잔여재산청구권이 없는 것이 대부분이며, 모기업 주가보다 할인된 가격에 판매된다.
② 글래머(Glamour) 주식 : 미국 증권계의 용어로 매력적(Glamour)인 주식이라는 의미로, 성장성이 매우 높은 우량주를 말한다. 블루칩보다는 소형이며 성장성이 높아 주가 상승 탄력도가 높은 종목을 가리킨다. '고위험 고수익'을 추구하는 투자자들의 관심 종목이다.
③ 상환(Redeemable) 주식 : 회사가 액면 금액이나 그 이상으로 장차 상환하고 소각한다는 조건부로 발행한 주식을 가리킨다. 즉, 상환조항을 붙여서 발행한 특수한 주식을 말하며, 이때 상환조항은 주식의 소각에 관한 조건을 가리킨다. 주식과 사채를 절충한 형태로, 일시적인 자금 조달에 편리하게 이용한다. 「상법」 제345조 제1항에 따르면 발행 당시부터 일정 기간 후에 회사가 이익으로써 소각하기로 예정되어 있는 주식을 말한다.

123 정답 ①

디깅소비(Digging Consumption)란 '파다'라는 뜻의 '디깅(digging)'과 '소비'를 합친 신조어로 청년층의 변화된 라이프스타일과 함께 나타난 새로운 소비패턴을 의미한다. 소비자가 선호하는 특정 품목이나 영역에 깊이 파고드는 행위가 소비로 이어짐에 따라 소비자들의 취향을 잘 반영한 제품들에서 나타나는 특별 수요현상을 설명할 때 주로 사용된다. 특히 가치가 있다고 생각하는 부분에는 비용지불을 망설이지 않는 MZ세대의 성향과 맞물려 청년층에서 두각을 드러내고 있다.

124 정답 ③

ⓒ 대표적으로 버려진 의류나 폐기물을 재활용한 의류나 물을 사용하지 않는 염색법으로 염색한 의류, 합성섬유가 아닌 천연소재로 만든 의류, 중고 의류의 공유 및 재활용 등이 있다.

ⓔ 컨셔스 패션은 패스트 패션이 유행하면서 자원낭비 및 환경문제가 대두된 데 따른 자성의 움직임에서 시작했다.

125 정답 ②

멀티모달 인터페이스는 키보드나 마우스 등 전통적 텍스트 외에 음성, 시선, 표정 등 여러 입력방식을 융합해 인간과 컴퓨터가 의사소통하는 기술을 말한다. 정보기술(IT)이 발전함에 따라 초거대 인공지능(AI) 시대가 다가오면서 멀티모달 AI에 대한 연구·개발도 빠르게 진행되고 있다.

126 정답 ④

메인넷은 각 회사마다 목표로 한 블록체인 서비스에 알맞는 플랫폼을 구현하기 위해 기존의 플랫폼에서 나와 독자적인 생태계를 구성하게 되었다.

127 정답 ①

웹 3.0은 웹 이용자들의 데이터, 개인정보 등이 플랫폼에 종속되는 것이 아닌 개인이 소유하여 데이터에 대한 주권이 사용자에게 주어지는 형태의 웹을 말한다.

128 정답 ③

명령휴가제는 은행 관련 금융사고가 잇달아 발생하면서 내부 통제시스템 보완을 위해 강화된 제도다. 출납, 트레이딩, 파생상품 거래 등 금융사고가 발생할 가능성이 높은 업무를 수행하는 임직원에게 사측이 불시에 휴가를 명령하고, 그 기간에 해당 직원의 금융거래 내역 및 취급 서류, 업무용 전산기기 등을 조사해 부실이나 비리 등의 문제가 있는지 확인한다.

129 정답 ①

엔데믹 블루는 '엔데믹(Endemic)'과 '우울감(Blue)'을 합친 단어이다. 코로나19 확산 이후 개인적인 시간을 중시해왔던 사람들이 이전의 일상으로 돌아가면서 우울감이나 불안을 느끼는 현상을 의미한다.

130 정답 ②

인페션은 인플레이션(Inflation)과 경기침체(Recession)의 합성어로 인플레이션이 먼저 나타난 뒤 경기침체가 일어난 상황을 가리키는 말이다.

131 정답 ④

인터넷을 통해 볼 수 있는 TV 서비스인 'Over The Top'의 약자는 OTT이다.

오답분석

① CDN : 콘텐츠 전송 서비스

② CP : 콘텐츠 제공자

③ CSP : 콘텐츠 서비스 제공자

132 정답 ④

바이브세션(Vivecession)은 'Vive(감정, 태도)'와 'Recession(경기침체)'의 조합어로, 실제 객관적인 경제상황과는 상관없이 경제에 대한 비관론이 널리 퍼지는 분위기, 즉 '심리적 불경기'를 가리킨다. 2022년 여름 인플레이션이 40년 만에 최고치를 기록하며 미국 소비자심리가 현저히 낮았던 당시 처음 등장했다. 일부 전문가들은 전쟁과 같은 정치적·사회적 혼란이 극심할수록 사람들은 경기불황이나 경제위기가 있다고 착각할 수 있다고 보고 있다.

오답분석
① 바이백(Buy-back) : 연계무역(Counter Trade) 방식의 일종으로서, 플랜트를 수출하고 그 플랜트로 생산한 제품을 수입하는 것을 가리킨다. 또는 주식시장에서는 '기업의 자사주 매입'을, 국채에 있어서는 '국채 조기 상환'을 지칭한다.
② 바이플레이션(Biflation) : 인플레이션(물가 상승)과 디플레이션(물가 하락)이 동시에 일어나는 경제현상으로, 믹스플레이션이라고도 한다. 이때 'Bi-'는 '이중, 2개'라는 뜻의 접두사이다. 최근에는 중국의 인플레이션과 미국의 디플레이션이 동시에 나타나는 경우를 말하기도 한다.
③ 바이어스 크레디트(Buyer's Credit) : 수출국의 은행이 수출업자를 통하지 않고 상대국의 수입업자에게 직접 신용을 제공하거나 융자를 해주는 것을 뜻한다. 우리말로 '구매자차관'이라고도 부른다. 수출업자는 수입업자로부터 수출대금을 현금으로 수령할 수 있고 환리스크도 피할 수 있다. 이와 상대적으로 수출업자에게 신용을 제공하는 것은 서플라이어스 크레디트(Supplier's Credit)라 한다.

133 정답 ④

기존에는 수치와 같은 정형화된 데이터를 분석했다면, 빅데이터 기술은 수치뿐 아니라 문자 영상 등의 비정형화된 데이터 분석까지도 가능하다.

134 정답 ①

데이터 3법이란 개인정보 보호법·정보통신망법·신용정보법을 일컫는 말이다.

135 정답 ①

서비타이제이션(Servitization)은 사전적으로는 '서비스의 상품화 또는 기존 서비스와 신규 서비스의 결합 현상'을 뜻한다. 소비자 만족 및 핵심 역량 강화를 통해 지속적인 경쟁력을 확보하기 위해 제품과 서비스를 융합시킨 새로운 형태의 비즈니스 유형이다. 서비타이제이션의 한 형태인 제품의 서비스화는 제품 또는 제품의 기능을 서비스화한 것으로 렌털 정수기 사업이 대표적이다. 반면 서비스의 제품화는 서비스 강화를 위해 제품을 부가하거나 자동화해 서비스를 대량생산하는 제조업화를 추구하는 형태로 대표적인 사업모델로 키오스크가 있다.

오답분석
② 볼커룰(Volcker Rule) : 2008년 미국의 경제위기의 원인을 제거하여 재발을 막기 위해 제정된 법으로, 「도드-프랭크 월 스트리트 개혁 및 소비자 보호법」 제619조를 말한다. 오바마 정부의 백악관 경제회복 자문위원회 위원장인 폴 볼커가 제안했다. 미국의 대형 은행이 자기자본으로 위험한 투자를 하지 못하도록 제한하고 대형화에 따른 리스크 확대를 방지하려는 목적이 있다.
③ 스패머플라지(Spamouflage) : 'Spam(광고성 온라인 게시물)'과 'Camouflage(위장)'의 조합어로 온라인상에 대량의 스팸 게시물을 퍼뜨려 가짜 정보를 유포하는 것을 말한다. 서방에서 중국 정부의 온라인 여론 조작 캠페인을 가리키는 용어로 주로 사용하고 있다.
④ 베르트랑(Bertrand) 모형 : 경제학에서 과점 시장을 설명할 때 쓰이는 모형으로, 프랑스의 수학자 베르트랑(J. Bertrand)이 제시했다. 동일한 제품을 생산하는 기업들이 경쟁자의 가격을 보고 자신의 가격을 결정한다는 이론이다.

136 　정답 ③

머신 러닝은 컴퓨터 과학 중 인공지능의 한 분야로, 패턴인식과 컴퓨터 학습 이론의 연구로부터 진화한 분야이다. 머신 러닝은 경험적 데이터를 기반으로 학습을 하고 예측을 수행하고 스스로의 성능을 향상시키는 시스템과 이를 위한 알고리즘을 연구하고 구축하는 기술이라 할 수 있다.

오답분석

② M 러닝 : 스마트폰 등 모바일 기기를 통해 언제 어디서나 자유롭게 인터넷에 접속해서 교육받을 수 있게 하는 시스템이다.
④ 플립 러닝 : 기존 전통 수업 방식과는 반대로, 수업에 앞서 학생들이 교수가 제공한 강연 영상을 미리 학습하고, 강의실에서는 토론이나 과제 풀이를 진행하는 형태의 수업 방식이다.

137 　정답 ②

스윙 스테이트(Swing State)는 정치적 성향이 뚜렷하지 않아 그때그때 대통령 선거의 승자를 결정짓는 역할을 하는 미국의 주(州)들을 가리키는 용어이다. 대표적으로 플로리다주, 오하이오주 등이 있으며, 우리말로는 '경합주'라고 부르기도 한다.

오답분석

① 디아스포라(Diaspora) : '흩어진 사람들'이라는 뜻으로, 팔레스타인을 떠나 전 세계에 흩어져 살면서 유대교의 규범과 생활 관습을 유지하는 유대인을 이르던 말이다.
③ 워싱턴 컨센서스(Washington Consensus) : 미국과 국제 금융 자본이 미국식 시장경제 체제를 개발 도상국의 발전 모델로 삼게 한 합의(Consensus)를 말한다. 1989년 미국의 정치 경제학자 윌리엄슨(J. Williamson)이 중남미 국가들의 경제 위기에 대한 처방으로 처음 사용한 개념이다. 이후 미국의 행정부와 국제 통화 기금, 세계은행 등 워싱턴의 정책 결정자들의 논의를 거쳐 정립되었으며 정부 규모 축소, 관세 인하, 시장 자유화와 개방, 민영화 등을 주요 내용으로 하고 있다.
④ 세이프 스테이트(Safe State) : 스윙 스테이트와 상대적으로 성향이 뚜렷해 선거운동을 해도 투표 결과에 큰 영향을 미치지 못하는 것으로 판단되는 주(안전주)를 가리킨다.

138 　정답 ④

스마트 팩토리(Smart Factory)란 ICT 기술이 융합되어 제품을 생산하고 유통하는 전 과정이 자동으로 이루어지는 공장을 의미한다. 공장 내 모든 설비와 장치가 연결되어 실시간으로 모든 공정을 모니터링하고 분석할 수 있다.

139 　정답 ②

싱귤래리티(Singularity)는 '특이점'을 의미하는 영어 단어로, 미래학자이자 발명가인 커즈와일은 인공지능이 인류의 지능을 넘어서는 순간을 싱귤래리티로 정의하였다.

140 　정답 ②

애드호크라시(Adhocracy)는 다양한 전문기술을 가진 비교적 이질적인 전문가들이 프로젝트를 중심으로 집단을 구성해 문제를 해결하는 특별 임시 조직으로, 전통적 관료제 구조와는 달리 융통적 · 적응적 · 혁신적 구조를 지녔다.

오답분석

① 마이크로 그리드(Micro Grid) : 독립된 분산 전원을 중심으로 소규모 지역에서 전력을 자급자족할 수 있는 작은 단위의 스마트 그리드 시스템이다. 태양광 · 풍력 등 신재생 에너지원과 에너지 저장장치(ESS)가 융 · 복합된 차세대 전력 체계이고, 독립적으로 전력을 공급하고 저장해 안정적 수급이 가능하다.
③ 아프로퓨처리즘(Afrofuturism) : 아프리카 디아스포라(Diaspora)의 문화 · 역사와 선진 기술의 발전을 융합시킨 문화 양식으로, 아프리카(Afro-)와 미래주의(Futurism)의 조합어이다. 기존의 SF(Science Fiction)에서 백인 남성의 이야기가 중심이었던 것과 달리 흑인을 중심으로 한 새로운 미래관을 제시한다.
④ 싱크로나이즈드 슬로다운(Synchronized Slowdown) : IMF에서 처음 사용한 용어로, 동반 성장 둔화를 의미한다. 우리나라뿐만 아니라 대내외적인 불확실성과 글로벌시장의 시장금리 하락으로 전 세계가 성장이 둔화되고 있는 상황을 나타내는 말로 사용되었다.

141 정답 ①

차일드 페널티(Child Penalty)는 경제학에서 여성이 출산으로 인해 받는 승진 기회 상실 등의 고용상 불이익을 뜻한다. 여성이 출산 및 육아로 경력이 단절되는 것과 소득 감소 등이 대표적인 사례이다. 이로 인해 출산율 저하, 여성의 경제활동 저하, 빈곤의 심화, 임금 격차 심화 등의 사회적 부작용이 초래될 수 있다.

142 정답 ④

엔시티피케이션(Enshittification)은 사용자에게 양질의 콘텐츠와 편익을 제공하던 플랫폼이 점차 더 많은 이익을 창출하는 것에 몰두하면서 플랫폼의 품질과 사용자 경험이 모두 저하되는 현상을 말한다. 배설물을 뜻하는 'Shit'를 써서 플랫폼의 변질을 꼬집은 용어로 '열화(劣化)'라고도 한다. 페이스북, 인스타그램 같은 플랫폼들이 본래 추구하던 콘텐츠보다 광고나 가짜뉴스 같은 스팸성 게시글이 넘쳐나면서 전체적으로 플랫폼의 질이 떨어지고, 이에 따라 사용자가 이탈하고 있는 현상을 설명하기 위해 제시된 개념이다.

오답분석

① 펨테크(Femtech) : 'Female(여성)'과 'Technology'의 조합어로, 2013년 덴마크 출신 기업가인 아이다 틴에 의해 처음 등장했다. 초반에는 '여성을 위한 기술'이라는 의미로 여성과 건강에 관한 여성 특유의 문제를 해결하는 기술이나 서비스 등에 사용되었으나, 현재는 여성의 의식과 행동, 생활, 소비 등 다양한 방면을 아우르는 의미로 사용된다.
② 커리어 노마드(Career Nomad) : 'Career(직업)'와 'Nomad(유목민)'의 합성어로, 하나의 조직이나 직무에만 매여 있지 않고 다양한 직장이나 직무를 찾아 일자리를 옮기는 사람들 가리킨다. '잡(Job) 노마드'라고도 한다. 최근 불안정한 고용환경과 자기 개발을 중시하는 사회적 분위기가 맞물리면서 과거 평생 직장이나 평생 직업을 선택하던 것에서 벗어나 다양한 경력 활동을 추구한다는 특성이 있다. 이를 통해 개인의 발전 기회를 높일 수 있으나 고용 안정성과 전문성이 떨어진다는 단점도 있다.
③ 에이지퀘이크(Age-quake) : 'Age(연령)'와 'Earthquake(지진)'의 조합어로 땅 표면이 흔들리고 갈라지는 지진처럼 빠르게 고령화사회가 진행됨에 따라 생기는 사회 문제를 가리킨다.

143 정답 ②

오답분석

① 제로 레이팅 : 콘텐츠 사업자가 이용자의 데이터 이용료를 면제 또는 할인해 주는 제도이다.
③ MARC(Machine Readable Cataloging) : 컴퓨터가 목록 데이터를 식별하여 축적·유통할 수 있도록 코드화한 일련의 메타데이터 표준 형식이다.
④ 멀티 캐리어(Multi Carrier) : 2개 주파수를 모두 사용해 통신 속도를 높이는 서비스이다.

144 정답 ③

오답분석

① 황의 법칙 : 반도체 메모리의 용량이 1년마다 2배씩 증가한다는 이론이다.
② 가치사슬을 지배하는 법칙 : 조직의 계속 거래 비용은 비용이 적게 드는 쪽으로 변화한다는 법칙이다.
④ 메트칼프의 법칙 : 인터넷 즉, 네트워크의 가치는 참여자 수의 제곱에 비례한다는 법칙이다.

145 정답 ①

오답분석

② 딥마인드 : 바둑 AI인 '알파고'를 개발한 구글의 AI개발사이다.

146 정답 ④

키오스크(Kiosk)는 터치스크린과 사운드, 그래픽, 통신 카드 등 첨단 멀티미디어 기기를 활용하여 음성서비스, 동영상 구현 등 이용자에게 효율적인 정보를 제공하는 무인 종합정보안내시스템이며, 때로는 이를 활용한 마케팅을 지칭하기도 한다.

147 정답 ③

일반적으로 그리드 컴퓨팅(Grid Computing)은 PC나 서버, PDA 등 모든 컴퓨팅 기기를 하나의 네트워크로 연결해, 정보처리 능력을 슈퍼컴퓨터 혹은 그 이상 수준으로 극대화시키는 것으로, 분산된 컴퓨팅 자원을 초고속 네트워크로 모아 활용하는 개념이다.

148 정답 ①

랜섬웨어(Ransomware)는 몸값(Ransom)과 소프트웨어(Software)의 합성어로 데이터를 암호화하여 사용할 수 없도록 하고, 이를 인질로 금전을 요구하는 악성 프로그램이다.

오답분석

② 다크 데이터(Dark Data) : 정보를 저장만 하고 분석을 하지 않은 데이터
③ 셰어웨어(Shareware) : 모두가 사용할 수 있도록 공개하고 있는 소프트웨어
④ 키로거(Key Logger) : 사용자의 키보드 움직임을 탐지해 개인정보를 빼가는 공격

149 정답 ④

오픈뱅킹은 하나의 애플리케이션만으로 여러 은행의 계좌를 관리할 수 있도록 제공하는 서비스이다.

오답분석

① 금융감독(Supervision)과 기술(Technology)의 합성어로, 금융감독의 업무를 효율적으로 시행하기 위한 기술을 의미한다. 대표적으로 금융감독원의 주 업무인 금융의 감독, 감시업무를 자동화하기 위한 기술이다.
② 레귤레이션(Regulation)과 기술(Technology)의 합성어로, IT기술을 활용하여 금융회사에서 자신 내부의 업무를 통제하고 국가의 법이나 규제를 자동적으로 준수할 수 있도록 하는 기술이다.
③ 경제상황 악화로 금융시장에 위기감이 조성되면서 은행의 예금 지급 불능 상태를 우려한 고객들이 대규모로 예금을 인출하는 사태를 말한다.

150 정답 ④

실리콘칼라(Silicon Collar)는 복잡한 수식 계산도 빠르게 해결하는 컴퓨터 반도체의 실리콘처럼 창의적인 사고와 뛰어난 컴퓨터 실력으로 생산성을 향상시키는 고급 두뇌 노동자를 일컫는 말이다.

오답분석

① 노칼라(No Collar) : 업무의 성격상 근무 복장에 구애받지 않고 평상복을 많이 입는 노동자라는 의미로, 정보 산업에 종사하는 노동자를 가리킨다. 이들은 재택근무를 하는 경우가 많다.
② 핑크칼라(Pink Collar) : 생계 유지를 위해 일터에 나선 여성 노동자를 가리킨다. 이들은 미숙련 노동자로 낮은 임금을 받는 경우가 많다. 한편 '저임금 미숙련 여성 노동자'에서 의미가 변해 여성 특유의 섬세함과 부드러운 감성, 유연한 사고, 꼼꼼함 등을 갖춘 여성 노동자를 뜻하기도 한다. 이들은 고학력의 전문직 여성인 경우가 많다.
③ 그린칼라(Green Collar) : 환경을 파괴하지 않는, 친환경 직종에 종사하는 노동자라는 의미로, 오염물질 제거, 대체에너지 개발 등의 친환경 산업에서 활동하는 노동자를 가리킨다.

151 정답 ③

로렌츠곡선은 미국의 통계학자 로렌츠가 소득의 불평등 정도를 측정하기 위해 제시한 것으로, 인구 누적 비율과 소득의 누적 점유율 간의 대응 관계를 나타낸 곡선이다. 로렌츠곡선이 대각선에 가까울수록 소득 분배가 공평함을 의미한다.
ⓒ 45°선은 누적인구와 누적소득이 같은 비율로 증가하므로 완전한 평등을 의미한다. 반면에 소득 격차가 심화되면 로렌츠곡선은 아래로 늘어지는 형태가 된다.
ⓔ 불평등면적이 클수록 불평등 정도가 더 심하다고 해석한다.

오답분석

㉠ 세로축에 소득액의 누적 백분비를 나타내고, 가로축에 소득액 순으로 소득 인원 수의 누적 백분비를 나타낸다.
㉡ 소득 분포가 균등할수록 직선에 가까운 균등분포선이 대각선으로 그려지며, 불균등할수록 한쪽으로 굽은 곡선이 그려진다.

152 　정답　①

⊙ 래퍼곡선은 적정 세율에서 최대 조세 수입을 보이는 포물선 형태를 띠고 있으므로, 세율이 적정 세율에 가까울수록 조세 수입의 변화율이 작아 그래프가 완만하다.

⊙ 래퍼곡선에 따르면 적정 세율까지는 세율을 인상할수록 조세 수입이 증가하지만, 적정 세율을 초과하는 순간부터 과세 대상이 세율이 낮은 타 조세 권역으로 이탈해 과세 대상의 감소에 따라 세수가 감소한다.

오답분석

⊙ 적정 세율 이하의 세율 구간에서는 세율을 인상할수록 조세 수입이 증가한다.

⊙ 래퍼곡선에 따르면 적정 세율을 초과하면 세수가 감소하기 시작한다.

153 　정답　③

세컨더리 보이콧(Secondary Boycott)은 우리말로는 '2차 제재'라고 한다. 특정 개인, 기업, 국가 등과의 거래를 중단하는 것을 1차 보이콧이라고 하는데, 이를 넘어 제재국과 거래하는 제3국의 기업, 은행, 정부에 대해서도 거래를 중단하는 것을 세컨더리 보이콧이라고 한다. 북한의 경우 핵실험과 장거리 탄도 미사일 발사에 대한 대북제재 중 수위가 가장 높은 방식이다.

오답분석

① 마폴(MARPOL) : 'Marine Pollution'의 약어이며, 정식 명칭은 「선박으로부터 오염 예방을 위한 국제협약」이다. 선박, 해양 시설에서 해양에 배출하는 기름, 유해 액체 물질, 폐기물 등을 규제하고 해양의 오염 물질을 제거해 해양 환경을 보전하기 위한 협약이다. 1973년 11월 런던에서 제정된 이후 1978년 2월 이 협약의 개정 의정서가 채택되어 1983년 10월 발효되었다. 우리나라는 1984년 7월 23일에 가입하여 이 협약을 「해양환경 관리법(2008년 1월 시행)」으로 수용했다.

② 로제타 플랜(Rosetta Plan) : 2000년 벨기에 정부가 도입한 강력한 청년 실업자 의무고용 제도이며, 청년 실업 문제의 심각성을 고발해 1999년 제52회 칸 영화제에서 황금종려상을 받은 영화 「로제타(Rosetta)」에서 이름을 따왔다. 이 제도는 고용인원의 일정 비율 이상의 청년 노동자를 추가 고용하도록 강제하고, 이를 위반한 기업에 벌금을 부과한다. 이외에도 각종 취업 지원 서비스, 실업 방지 캠페인, 직업 상담, 직업 훈련 등의 프로그램을 시행한다.

④ 캐치올(Catch-all) 규제 : 수출 금지 품목이 아니더라도 대량 살상무기(WMD) 개발에 이용될 수 있다고 여겨지는 경우, 수출 당국이 해당 물자의 수출을 통제하는 제도이다.

154 　정답　③

오답분석

① 슈퍼 컴퓨터(Super Computer) : 현재 사용되는 PC보다 계산 속도가 수백, 수천 배 빠르고 많은 자료를 오랜 시간 동안 꾸준히 처리할 수 있는 컴퓨터이다.

② 양자 컴퓨터(Quantum Computer) : 양자역학의 원리에 따라 작동되는 미래형 첨단 컴퓨터이다.

④ 데이터 마이닝(Data Mining) : 대용량의 데이터 속에서 유용한 정보를 발견하는 과정이며, 기대했던 정보뿐만 아니라 기대하지 못했던 정보를 찾을 수 있는 기술을 의미한다.

155 　정답　③

오답분석

① 커스컴(Cuscom) : 단골(Custom)과 통신(Communication)의 합성어로, 정보를 전달하는 데 있어 정해진 소수의 사람들을 상대로 하는 매체를 말한다.

② 빅데이터(Big Data) : 데이터의 생성 양·주기·형식 등이 기존 데이터에 비해 너무 커서 이전의 방법으로는 수집·저장·분석·검색이 어려운 데이터를 말한다.

④ 유비쿼터스(Ubiquitous) : 언제 어디에서나 컴퓨터 자원을 활용할 수 있도록 현실 세계와 가상 세계를 결합시킨 것을 말한다.

156 　정답　④

스낵컬처(Snack Culture)는 과자를 먹듯 5 ~ 10분의 짧은 시간 동안 문화생활을 즐기는 새로운 경향으로서, 항상 새로운 것을 열망하는 소비자들이 많은 것을 소비할 수 있도록 하는 하나의 문화 트렌드로 웹툰, 웹 소설과 웹 드라마 등이 대표적이다.

오답분석

① 핫미디어(Hot Media) : 정보의 전달량은 풍부하지만 수신자의 참여도는 낮은(참여를 요구하지 않는) 미디어를 가리킨다. 이는 정보량이 많으나 대상에게 감정의 전달이 제대로 되지 않는다는 의미이다. 이와 상대적으로 정보량이 적지만 직관적·감성적으로 깊이 관여하려는 경향이 있는 것은 '쿨미디어(Cool Media)'라고 부른다.

② 서브컬처(Subculture) : 어떤 사회의 지배적 문화와는 달리 청소년이나 히피 등의 특정 사회 집단에서 생겨나는 독특한 문화를 뜻한다.

③ 카운터컬처(Counterculture) : 사전적으로는 '반문화, 반체제적인 사람들'을 뜻하며, 지배 문화에 대항하는 하위 문화, 또는 지배 문화에 대항하여 새로이 창조되려고 하는 문화를 지칭한다.

157 　정답　②

스트라이샌드 효과(Streisand Effect)는 정보를 검열하거나 삭제하려다가 오히려 그 정보가 더 공공연히 확산되는 인터넷 현상이다. 이러한 정보 차단의 시도로는 사진과 숫자, 파일, 또는 웹사이트를 예로 들 수 있다. 정보는 억제되는 대신에 광범위하게 알려지게 되고, 종종 인터넷의 미러나 파일 공유 네트워크를 통해 퍼지게 된다.

158 　정답　①

'Ambush'는 '매복'이라는 뜻이며, 앰부시 마케팅은 예컨대 스포츠 행사에서 공식 후원사가 아닌 업체가 간접적으로 행사를 연상시키는 마케팅을 하는 것을 뜻한다. 올림픽이나 월드컵 같은 특정 행사의 공식 후원 업체가 아니면서도 매복을 하듯이 몰래 후원 업체라는 인상을 주어 고객에게 판촉을 하는 전략이다. 공식 후원업체가 아니면서도 광고 문구, 개별 선수 후원 등을 통해 행사와 관련이 있는 업체라는 인상을 주어 고객의 시선을 잡아끄는 것이다. 국제올림픽위원회 등은 공식 후원사에게 올림픽 마크나 '올림픽, 국가대표 선수단' 등의 용어를 사용할 수 있는 독점권을 보장하는 한편 앰부시 마케팅을 금지한다.

오답분석

② 걸리시(Girlish) 마케팅 : 주로 10대 소녀 취향의 소비자를 대상으로 상품을 선전하거나 판매를 촉진하는 행위를 뜻하는 용어이다. 제품을 디자인할 때도 사랑스럽고 귀여우며 발랄한 이미지를 강조한다.

③ 게릴라(Guerilla) 마케팅 : 장소와 시간에 구애받지 않고 대중이 많이 모인 곳에 갑자기 나타나 벌이는 홍보, 선전, 판촉 활동 등을 가리킨다.

④ 디마케팅(Demarketing) : 자사 상품의 판매를 감소시키려는 마케팅 활동으로서, 기업의 사회적 책임을 수행하거나 수익에 도움이 되지 않는 고객층을 밀어내려는 경우에 사용된다.

159 　정답　②

디지털 아카이브(Digital Archive)는 단순히 콘텐츠 저장뿐만 아니라 영상이 담고 있는 내용과 정보를 디지털화해 보관한다. 이로 인해 비용 절감은 물론 제작 환경까지 극대화시킬 수 있는 차세대 방송 시스템이다.

160 　정답　③

커미티드 라인(Committed Line)은 유사시를 대비해 금융기관 간에 일정 금액의 수수료를 부담하고 외화를 우선적으로 공급받을 수 있는 권리를 약정하는 것을 가리킨다. 크레디트 라인은 위기 때 상대방이 거부하면 자금을 차입할 수 없지만, 커미티드 라인은 다른 금융사에 일정한 수수료를 지불하기 때문에 위기 시에 자금을 빌릴 수 있는 권한이 있다(외화 공급 요청에 대해 거부할 수 없음). 따라서 커미티드 라인은 비상시에 외화 확보 수단으로 활용된다.

오답분석

① 벌크 라인(Bulk Line) : 통제 가격 결정 방식의 하나로 쓰이는 가격 결정 기준을 가리킨다. 일정한 크기를 나타내는 선(線)이라는 뜻으로, 주로 생산비에 의거하여 물가를 결정할 때 쓰는 말이다. 극단적인 가격을 배제하고 대다수의 수요자나 공급자를 납득시켜 생산 의욕을 자극하는 높이의 가격으로 결정하는 것이다.

② 세컨드 라인(Second Line) : 디자이너 브랜드가 보급용으로 개발한 상표를 가리킨다. 디자이너 브랜드의 이미지와 감성은 유지하면서, 합리적인 가격으로 상품을 제작하여 판매하는 상표이다.

④ 크레디트 라인(Credit Line) : 은행 등의 금융기관이 일정 기간을 정해 고객이나 환거래은행에게 공여할 수 있는 신용공여(Credit Facility)의 종류와 최고 한도를 뜻한다. 이러한 한도 안에서 사전에 약정한 조건에 따라 필요할 때마다 자금을 대출하고 갚을 수 있다. 이때 한도 수준은 공여 대상이 되는 고객·은행의 환거래 실적, 신용 상태, 보상예금, 기존 신용한도 등에 따라 결정된다. 운영기간(유효기간)이 보통 1년 이내의 단기이므로 무역 신용거래에서는 일시적인 대외자금의 부족 또는 국제수지의 역조를 보완하는 데 활용된다.

161 정답 ②

챌린저 뱅크(Challenger Bank)는 영국에서 등장한 소규모 신생 특화은행으로서, 디지털 기술을 활용해 소비자 중심의 특화된 금융 서비스를 제공하는 핀테크 기업 또는 그러한 금융 서비스를 뜻한다. 영국은 2013년 대형 은행의 지배력을 축소하고 은행 간 경쟁을 활성화하기 위해 소규모 특화은행의 진입자본 규제를 완화해 중소규모 은행의 시장 진출을 촉진했다. 챌린저 뱅크는 디지털 기술을 활용한다는 점에서 인터넷전문은행과 유사한데, 챌린저 뱅크는 개인 영업, 기업(소상공인·중소기업) 영업, 주택담보대출 등 특정 영역에서 특화된 서비스를 제공한다는 점에서 차이가 있다. 챌린저 뱅크는 오프라인 지점이 없고 인력을 최소화하기 때문에 낮은 수수료, 고객에게 유리한 금리 등 차별화된 서비스가 가능하다.

오답분석

① 네오뱅크(Neobank) : 고객 수수료를 낮추기 위해 오프라인 점포 없이 인터넷이나 모바일 기기를 통해 금융 서비스를 제공하는 은행을 뜻한다.

③ 뱅크페이(Bankpay) : 금융결제원이 제공하는 전자 지불 서비스로서, 전자상거래에서 발생되는 구매자와 판매자 간 대금 지급에 따른 승인, 결제 등의 업무를 결제 기관으로 중계하여 처리하고 그 결과를 실시간으로 파악할 수 있다.

④ 스몰 라이선스(Small License) : 소규모·특화 금융회사 신설을 용이하게 하기 위해 금융업의 인·허가 단위를 세분화하고 진입 요건을 완화하는 것을 뜻한다. 은행업 인가 단위를 세분화해 핀테크 기업이 은행업의 일부를 영위할 수 있도록 허가하는 제도로, 정식 인가 전 약 1~2년 동안 자본금 한도 완화 등의 인센티브를 제공해 신규 사업자의 진입과 성장을 지원한다. 한편 이러한 스몰 라이선스를 통해 등장한 소규모 신생 특화은행을 챌린저 뱅크라 한다.

162 정답 ①

오답분석

② 핀펫 : 얇은 지느러미 모양의 전계 효과 트랜지스터

③ 어플라이언스 : 운영 체계(OS)나 응용 소프트웨어의 설치, 설정 등을 행하지 않고 구입해서 전원을 접속하면 곧 사용할 수 있는 정보 기기

④ 키젠 : 소프트웨어 프로그램용 키나 콤팩트디스크(CD) 키를 만드는 데 사용되는 프로그램

163 정답 ②

체리피커(Cherry Picker)는 기업의 허점을 틈타 실속만 챙기는 얄미운 소비자를 신 포도는 골라내고 맛있는 체리만 먹는다는 뜻으로, 이들은 현금 서비스를 받지도 않고 신용카드로 물건을 사지도 않으면서 할인, 무료 서비스만 챙기거나, 상품 구매, 서비스 이용 실적 등은 좋지 않으면서 쿠폰, 이벤트 등 자신의 실속을 챙기는 것에만 관심이 있다.

오답분석

① 블루슈머(Bluesumer) : '블루오션(Blue Ocean)'과 'Consumer(소비자)'의 조합어로, 아직 활성화되지 않은 재화·서비스를 거래하는 시장이 활성화되었을 때 그 재화·서비스를 이용할 것으로 예측되는 소비자를 뜻한다.

③ 체크슈머(Checksumer) : 'Check(확인)'와 'Consumer(소비자)'의 조합어로, 제품 성분, 제조 과정, 원재료 등의 안전성을 꼼꼼히 따져 구매하는 소비자를 뜻한다. 불황이 장기화되면서 체리피커에 대한 사회적 인식이 변함에 따라 등장한 용어이다. 부정적인 뉘앙스만을 담은 체리피커와 달리 체크슈머는 주어진 한정적인 자원(돈·시간)을 최대한 합리적·효율적으로 소비해 효용성을 극대화함으로써 알뜰하고 실속 있는 소비를 추구한다. 체크슈머를 상대하는 기업 입장에서는 퀄리티를 떨어뜨리지 않으면서도 동종 업계의 경쟁사보다 더 좋은 재화·서비스를 더 저렴하게 제공할 수 있는지가 중요하다.

④ 페이크슈머(Fakesumer) : 'Fake(모조의, 가짜의)'와 'Consumer(소비자)'의 조합어로, 적은 자원으로 최대의 만족을 얻기 위해 외관·성능이 고가의 명품과 유사한 모조품을 구입하는 소비자를 뜻한다.

164 　정답 ②

빅테크(Big Tech) : 원래의 의미는 대형 정보기술 기업을 뜻하는 말이지만, 현재는 네이버와 카카오 등 온라인 플랫폼 제공 사업을 핵심으로 하다가 금융시장에 진출한 업체를 지칭하기도 한다.

오답분석

① 핀테크(Fin Tech) : '금융(Finance)'과 '기술(Technology)'이 결합한 서비스 또는 그런 서비스를 하는 회사를 가리키는 말로, 금융서비스 및 산업의 변화를 칭하는 말이다.

③ 빅블러(Big Blur) : 경계 융화가 일어나는 현상을 의미하는 말로, 변화의 속도가 빨라지면서 기존에 존재하던 것들의 경계가 뒤섞이는 현상을 말한다.

④ 베조노믹스(Bezonomics) : 세계 최대 인터넷 쇼핑몰인 아마존의 혁신적인 사업 모델로 아마존의 창업주인 제프 베조스의 실천적 경영이론이다.

165 　정답 ④

빅데이터의 공통적 속성(3V)에는 데이터의 크기(Volume), 속도(Velocity), 다양성(Variety)이 있으며, 이 외에 새로운 V에는 정확성(Veracity), 가변성(Variability), 시각화(Visualization)가 있다.

166 　정답 ②

코즈의 정리(Coase Theorem)는 영국의 경제학자 로널드 코즈(R. H. Coase)가 주장인 이론으로, 그에 따르면 외부성의 영향을 받는 모든 경제주체들이 협상을 통해 이해관계를 조절할 수 있으므로 정부의 개입이 없어도 시장 스스로가 외부성으로 인한 자원 배분의 비효율성 문제를 해결할 수 있다.

오답분석

① 세이의 법칙(Say's Law) : 공급이 스스로 수요를 만든다는 이론으로, 총공급의 크기가 총수요의 크기를 결정하기 때문에 총공급과 총수요는 언제나 일치한다. 수요 부족에 따른 초과 공급은 발생하지 않는다는 것이다.

③ 슈바베의 법칙(Schwabe's Law) : 독일의 경제학자 슈바베가 주장한 이론으로, 가난할수록 총지출 가운데서 주거비의 지출 비율이 점점 더 커진다는 법칙을 가리킨다.

④ 허니문 랠리(Honeymoon Rally) : 새 정부가 출범할 때 정책의 불확실성이 사라지고 사회가 안정될 것이라는 기대감에 종합주가 지수가 상승하는 현상을 가리킨다.

167 　정답 ③

크런치 모드(Crunch Mode)는 게임 등 소프트웨어 개발 업계에서 마감을 앞두고 수면, 영양 섭취, 위생, 기타 사회활동 등을 포기하고 장시간 업무를 지속하는 것을 말한다. 한때 크런치 모드로 인해 근로자의 과로사, 자살 등이 이어져 사회적인 비판을 받은 바 있다.

오답분석

① 빅 크런치(Big Crunch) : 우주 모형은 계속 팽창하는 열린 우주, 팽창이 멈추게 되는 평탄 우주, 그리고 한 점으로 다시 수축하는 닫힌 우주가 있는데, 그 가운데 닫힌 우주에서 한 점으로 수축하는 것을 가리킨다. 우주 탄생의 대폭발에 반대되는 개념이다.

② 서머 모드(Summer Mode) : 미국 뉴욕의 증권가(Wall Street)에서 여름 휴가철을 앞두고 주식 거래량이 감소하고 시장 상승에 대한 투자자들의 확신이 약화되면서 주가가 하락하는 현상을 말한다. 투자자들이 현금 확보를 위해 보유 주식을 처분함에 따라 나타날 수 있다. 이와 상대적으로 휴가철을 앞두고 증시가 활황세를 보이는 것을 서머 랠리(Summer Rally)라고 한다.

④ 크레디트 크런치(Credit Crunch) : 어떤 종류의 규제나 은행의 경영난 등으로 최고의 금융 긴축 상황 아래에서 고금리를 물어도 자금을 모을 수 없는 극단적인 상황, 즉 극심한 신용경색・자금경색 상태를 뜻한다. 이는 금융 공황의 계기가 되기도 한다. 금융 당국이 인플레이션을 억제하기 위해 과도하게 금융긴축 정책을 시도할 때 크레디트 크런치가 발생할 우려가 있다.

168 정답 ①

휘슬 블로어(Whistle-blower)는 부정 행위를 용납하지 않고 호루라기를 불어 지적한다는 뜻이다. 기업 또는 정부기관 내에 근무하는 조직의 구성원이거나 구성원이었던 사람이 불법적인 행위나 부정거래 등을 알게 되어, 이를 시정하고자 내부책임자 및 감사부서에 보고한 내부고발자를 말한다. 최근에는 외부에 제보하는 행위자도 포함하기도 한다. 우리나라는 휘슬 블로어를 보호하기 위해 「공익신고자보호법」을 2011년 3월 제정했다. 이 법에 따르면 "공익신고"는 공익침해 행위가 발생하였거나 발생할 우려가 있다는 사실을 신고ㆍ진정ㆍ제보ㆍ고소ㆍ고발하거나 공익침해 행위에 대한 수사의 단서를 제공하는 것을 말한다(동법 제2조 제2호).

오답분석

② 매니페스토(Manifesto) : '증거'라는 뜻의 라틴어 '마니페스투(manifestus)'에서 유래한 용어로, 예산 확보 및 구체적인 실행계획 등이 마련되어 있어 이행이 가능한 선거 공약을 말한다. 평가 기준으로는 공약의 구체성(Specific), 검증 가능성(Measurable), 달성 가능성(Achievable), 타당성(Relevant), 기한 명시(Timed) 등의 5가지가 있으며, 영단어 머리글자를 따서 스마트(SMART) 지수라고 부른다.

③ 프로파간다(Propaganda) : 어떤 것의 존재나 효능 또는 주장 따위를 남에게 설명하여 동의를 구하는 일이나 활동을 말한다. 주로 사상이나 교의 따위의 선전을 이른다. 처음에는 선전이라는 중립적인 의미로 쓰였으나, 오늘날에는 거짓과 선동이라는 부정적 의미를 갖게 되었다.

④ 디스인포메이션(Disinformation) : 정부 기관에서 고의로 유포한 허위 정보를 뜻한다. 또는 의도적으로 정보 분석가를 대상으로 은폐, 기망 또는 오도하기 위한 역정보(逆情報)를 말한다.

169 정답 ④

황금거위상(Golden Goose Award)은 가시적인 성과를 내지는 못하지만 미래에 인류에 큰 기여를 할 수 있는 기초과학 연구의 중요성을 알리자는 취지로 미국과학진흥회(AAAS)와 미국 의회가 2012년 제정한 상이다. 당시 미국 의회가 성과를 내지 못하는 일부 연구의 예산을 삭감한 것에 반대해 짐 쿠퍼 테네시 하원 의원 등이 황금거위상 제정을 제안했다. 한편, 황금거위상이라는 이름은 쓸모없는 연구를 지원해 세금을 낭비한 정부지원 프로그램을 선정해 수상한 '황금양털상(1975 ~ 1988)'에 대한 비판의 의미를 표현한다.

오답분석

① 울프상(Wolf Prize) : 이스라엘의 울프 재단에서 1978년 제정한 상으로, 예술ㆍ수학ㆍ농업ㆍ화학ㆍ의학ㆍ물리학 등에서 인류의 이익과 우호관계 증진에 이바지한 사람에게 수여한다. 한편 이 상의 수상자 가운데 노벨상을 받은 사람이 많아 프리노벨상이라 부르기도 한다.

② 필즈상(Fields Medal) : 4년마다 열리는 세계수학자대회(ICM)에서 수학 발전에 기여한 40세 미만의 수학자에게 주는 상으로, 수학계의 노벨상이라고 평가받는다. 이 상의 명칭은 ICM의 조직위원장이었던 존 필즈가 이 상의 제정을 요청한 데서 유래했다. 한편, 미국 프린스턴대 교수이자 한국 고등과학원(KIAS) 수학부 석좌교수인 허준이 교수가 2022년 6월 필즈상을 수상했다.

③ 이그 노벨상(Ig Nobel Prize) : '있을 것 같지 않은 진짜(Improbable Genuine)'라는 말과 '노벨'이 합쳐진 말이며, 미국 하버드대학교의 유머과학잡지사가 1991년에 제정해 물리학, 화학, 의학, 경제학, 심리학 등 여러 분야에서 기발하고 독특한 연구 성과를 이루어 낸 사람에게 주는 상이다. 물리학ㆍ화학ㆍ의학ㆍ평화상을 거의 고정적으로 수여하고, 매년 연구 결과에 따라 부문을 정해 모두 10개 분야에서 상을 수여한다. 이 상은 상금이 없으며, 시상식 참가 비용도 수상자가 스스로 부담해야 하고, 소감 발표도 60초로 제한된다. 그러나 노벨상 수상자들이 직접 상을 전달하며 수상자들도 전원이 참석할 정도로 권위가 높다. 한편 2000년 통일교 문선명 교주가 1960년부터 1997년까지 수천만 쌍을 합동 결혼시킨 공로로 경제학상을 받은 바 있다.

170 정답 ③

재범 가능성이 높은 고위험 성범죄자가 출소하면 학교ㆍ보육시설 등으로부터 500m 이내 거주할 수 없도록 거주지를 제한하는 법을 말한다. 악성 성범죄자가 아동이 많은 학교나 지역 주변에 살지 못하게 하는 미국의 제시카법에서 착안된 법안이다. 조두순 등 고위험 성범죄자가 출소할 때마다 주거지를 둘러싸고 증폭되는 사회적 논란과 국민 불안을 해소하기 위해 2023년 10월 입법이 예고되었으나, 거주 이전의 자유를 침해할 수 있다는 지적 등 위헌의 우려가 있어 법 제정이 무산되었다. 한편 미국에서는 미성년자 성범죄자를 대상으로 하는 '메건법'도 있다. 1996년 연방법으로 제정된 메건법은 미성년자에게 성범죄를 저지른 자가 출소하면 거주지 경찰관이 이들의 신상정보와 신체적 특징 등을 이웃에게 고지하도록 한다. 주민 누구나 성범죄자의 정보를 열람할 수 있으며, 성범죄자는 피해자의 집으로부터 10km 이내로 접근할 수 없고, 이사를 하면 신고해야 한다.

171 정답 ④

플라이트셰임은 'Flight(비행)'와 'Shame(부끄러움)'이 조합된 단어로, 기후 변화의 심각성이 커지면서 온실가스의 주범인 비행기를 타는 데 부끄러움을 느끼자는 운동이다. 스웨덴어로는 '플뤼그스캄(Flygscam)'이라고 하며, 2017년 스웨덴의 가수 스테판 린드버그가 지구를 위해 항공 여행을 그만두겠다고 발표한 뒤 유럽 전역으로 확산되고 있다.

172 정답 ③

퍼스트 펭귄(First Penguin)은 불확실하고 위험한 상황에서 가장 먼저 용기 내어 도전함으로써 다른 이들로 하여금 참여할 수 있게 만드는 '선구자'를 의미한다. 남극의 펭귄들은 먹이를 구하기 위해서는 바다로 들어가야 하지만 바다표범 등 펭귄의 천적이 바다에 있기 때문에 뛰어드는 것을 두려워한다. 이때 펭귄 한 마리가 먼저 용감하게 바다로 뛰어들면 무리가 뒤따라 바로 뛰어든다는 데에서 유래된 말이다. 이와 마찬가지로, 상품 구매를 망설이다가 남들이 구매하기 시작하면 덩달아 구매를 결심하는 현상을 펭귄효과라고 한다.

173 정답 ③

틱톡(TikTok) 금지법의 정식 명칭은 「외국의 적이 통제하는 앱으로부터 미국인을 보호하는 법안」이며, 미국 하원은 안보 우려를 이유로 2024년 3월 중국 숏폼 플랫폼인 '틱톡(TikTok)'을 미국 앱스토어에서 퇴출할 수 있도록 한 틱톡금지법을 압도적인 찬성으로 통과시켰다. 중국계열 모회사 '바이트댄스'가 소유하고 있는 틱톡은 미국에서만 1억 7,000만 명 이상의 이용자를 보유한 인기 플랫폼이지만, 이용자 정보 유출 및 국가안보 위협 등과 관련해 지속적으로 문제가 제기되어 왔다. 2024년 4월 법안이 발효됨에 따라 틱톡은 미국 사업권을 270일 내에 매각해야 하고 이를 이행하지 않으면 미국 내 서비스가 전면 금지된다.

174 정답 ④

캡티브 마켓(Captive Market)은 일반적으로는 소비자가 제품을 구매하려 할 때, 선택할 수 있는 공급자의 수가 매우 적어 선택할 수 있는 소수의 공급자로부터 구입하거나 구입을 포기해야 하는 시장을 말한다. 우리나라에서는 주로 계열사 간 내부시장이라는 의미로 사용된다.

오답분석

① 그레이 마켓(Grey Market) : 상품을 일반 시장의 공정가격보다 비싼 값으로 매매하는 위법적이면서 합법적인 면도 있는 시장을 뜻한다. 암시장(Black Market)과 같은 의미로 혼용되기도 하지만, 공정가격과 암시장 가격의 중간치를 회색이라 하여 암시장보다는 덜 비싼 시장을 지칭하기도 한다.

② 애프터 마켓(After Market) : 판매자가 제품을 판매한 이후 추가적으로 발생하는 수요에 의해 형성된 시장으로서, 예컨대 판매된 제품을 점검·수리하거나 부품을 교환하기 위해 만들어진 시장 등이 있다. 이와 상대적으로 신차·프린터처럼 완제품을 거래하는 시장을 비포 마켓(Before Market)이라 하는데, 예컨대 자동차가 출고되기 전에 에어백, 내비게이션 등 차량 내부에 장착되는 제품과 관련해 형성되는 시장 등이 있다. 애프터 마켓은 비포 마켓보다 덜 경쟁적이고 정보가 불균등해 시장의 효율성이 낮아지는 경향이 있다. 또한 비포 마보다 경기에 덜 민감하게 반응하며 불경기 때 오히려 더 활성화될 경향을 보이기도 하는데, 그 이유는 불경기 때 신제품 판매량은 감소하지만 보유한 제품들에 대해서는 지속적인 관리가 필요하기 때문이다.

③ 헝거 마켓(Hunger Market) : 의도적으로 제품 공급 수량을 부족하게 하여 소비자가 제품을 더 갖고 싶게 만드는 마케팅 전략을 가리킨다. 시장에 제품이 없다고 하면 더 가지고 싶어 하는 소비자의 수요 심리를 이용한 것으로, 잠재 고객을 '배고픈 상태'로 만드는 시장 조절 전략이다.

175 정답 ④

오답분석

① 유동성예금 : 당좌예금이나 보통예금과 같이 언제나 자유로이 인출할 수 있는 예금

② 당좌예금 : 수표 또는 어음을 발행하여 언제든지 자유로이 찾을 수 있는 예금

③ 별단예금 : 금융기관이 업무수행과정에서 발생하는 미결제·미정리된 일시적 보관금이나 예수금 등을 처리하기 위해 설치한 일시적이고 편의적인 계정

176 정답 ①

칵테일 위기(Cocktail of Risk)는 동시다발적으로 여러 악재가 동시에 일어나는 상황을 일컫는 경제 용어로, 다양한 술을 혼합해 마시는 칵테일의 특성에서 따왔다. 2016년 1월 신년 기자회견에서 조지 오스본 전 영국 재무장관이 글로벌 경제상황을 우려하면서 이 용어를 사용한 이후 널리 확산됐다.

오답분석

② 도덕적 위험(Moral Risk) : 보험계약자·피보험자·보험수취인 등의 부주의·고의 등 도덕적 요소에 기인하는 보험사고의 발생률이 증대하거나 손해가 확대될 우려가 있는 위험을 가리킨다.

③ 소버린 리스크(Sovereign Risk) : 외환 보유액이 부족하거나 정치적인 사정으로 인하여 차관을 들여온 국가(Sovereign)의 정부가 차관의 상환에 간섭함으로써 발생하는 위험, 즉 한 국가의 정부나 공공기관이 국제 금융시장에서 자금을 빌리거나 민간 부문이 빌린 자금의 지급보증을 했지만 채무상환을 하지 못할 경우 자금을 빌려준 측이 떠안게 되는 위험을 가리킨다. 요컨대, 한 국가의 채무상환 불능 또는 부도 위험을 뜻한다.

④ 컨트리 리스크(Country Risk) : 금융기관이 해외 융자를 할 때 판정하는, 융자 대상국의 신용도를 가리킨다. 즉, 투자자 입장에서 평가하는 국가 신인도로, 한 국가의 정치·경제·사회적인 환경 변화로 인해 투자금을 회수할 수 없게 되는 위험이다. 보통 그 나라의 국제 수지, 외화 준비, 1인당 국민소득, 대외 채무 잔액 및 정치적 안정성 등을 종합해 결정한다. 컨트리 리스크는 소버린 리스크에다 민간기업 또는 개인 차주로부터 발생하는 위험도를 더한 개념이다.

177 정답 ②

LTV는 'Loan To Value Ratio'의 약어로, 주택담보대출비율을 말한다. 주택을 담보로 돈을 빌릴 때 인정되는 자산가치의 비율로, 은행들이 주택을 담보로 대출을 해줄 때 적용하는 담보가치 대비 최대 대출 가능 한도이다. 예컨대, LTV가 80%이고 주택의 시가가 10억 원이라면 대출 가능한 최대 금액은 8억 원이다. 정부에서는 주택시장의 경기를 조절하고 금융기관의 부실화를 방지하려고 할 때 LTV와 DTI(Debt To Income)의 규제 수준을 조정하곤 한다.

오답분석

① LDR : 'Loan Deposit Ratio'의 약어로, 예대율을 말한다. 은행의 예금잔액에 대한 대출금잔액의 비율 또는 대출금을 예수금으로 나눈 비율로, 금융행정상 또는 은행경영상 중요시되는 비율이다. 예금보다 대출이 많아 예대율이 100%를 초과한다면 은행이 부실해질 수 있고, 반대로 예대율이 너무 낮다면 자금을 제대로 운용하지 못하고 있다는 의미이다.

③ ROE : 'Return On Equity'의 약어로, 기업의 자기자본에 대한 순이익의 비율을 말한다. 연간 순이익을 자기자본으로 나눈 값에 100을 곱하여 계산한다. 투입한 자기자본으로 얼마만큼의 이익을 거두었는지, 즉 자기자본을 얼마나 효율적으로 운영했는지 가늠하는 지표이다.

④ KIKO : 'Knock-In, Knock-Out'의 약어로, 환율이 일정한 범위에서 변동할 경우에 미리 정한 환율에 따른 금액을 받고 팔 수 있도록 한 파생금융 상품을 말한다. 'Knock-In'은 상한선을, 'Knock-Out'은 하한성을 의미한다. 이는 환율 변동에 따른 위험을 피하기 위한(환헤지) 것이다.

178 정답 ③

팩터투자(Factor Investing)는 'Factor(요인)'와 'Investing(투자)'의 조합어로, 시장에서 어떤 특정한 요인에 투자하는 전략을 가리킨다. 독립적인 특징을 지닌 각 요소의 균형 잡힌 포트폴리오를 구성하여 효율적으로 리스트를 관리하는 것이 핵심이며, 보다 안정적인 수익에 대한 소비자의 욕구를 배경으로 생긴 투자 전략이다.

오답분석

① 모멘텀 투자(Momentum Investing) : 기업의 실적·역량 등의 펀더멘털(Fundamental)과 상관없이 장세의 상승 또는 하락에 대한 기술적 분석이나 시장 분위기의 변화에 따라 추격 매매를 하는 투자 방식을 말한다.

② 포트폴리오 투자(Portfolio Investing) : 경영 참가에는 관심 없이 위험을 줄이고 투자 수익을 극대화하기 위해 소액의 주식, 채권 및 기타 다른 유가증권 등을 여러 종류에 분할해 투자하는 것이다.

④ 브라운필드 투자(Brown Field Investment) : '브라운필드'는 '재개발 산업용지'를 뜻하며, 브라운필드 투자는 기업이 외국에 진출해 현지의 기업·시설을 인수하거나 합병하는 형태로 투자하는 방식을 뜻한다. 기존의 기업·시설을 활용하는 것이므로 초기 비용이 적고, 투자 후 즉시 정상 영업이 가능하지만, 피인수 기업이 안고 있었던 문제점(부채, 노사문제)도 고스란히 떠안을 수도 있다. 이와 상대적으로 해외 진출 기업이 현지의 토지를 사들여 기업·시설을 세우는 형태의 투자 방식을 그린필드(Green Field) 투자라 한다. 이때 '그린필드'는 '녹지·미개발지'라는 뜻이다.

179　정답 ②

팬데믹(Pandemic)은 세계보건기구(WHO)가 선포하는 전염병 경보단계 중 최고 위험 등급으로, 세계적으로 전염병이 대유행하는 상태를 말한다. Pandemic'은 그리스어로 '모두'라는 뜻의 접두사 'Pan-'과 '사람·지역'이라는 뜻의 접미사 '-demic'의 조합어이다.

세계보건기구(WHO)에서 선포하는 감염병 경보 6단계
- 1단계 : 동물 사이에 한정된 전염(인간에 대한 전염 사례가 확인되지 않음)
- 2단계 : 동물에서 인간으로 전염되는 단계(잠재적인 위협 단계)
- 3단계 : 인간 사이의 전염이 증가하는 상태
- 4단계 : 인간 사이에서 급속히 확산·감염되어 세계적인 유행병이 될 수 있는 초기 상태
- 5단계(Epidemic) : 감염병이 같은 대륙의 2개국에서 유행하는 상태
- 6단계(Pandemic) : 감염병이 5단계의 2개국을 넘어 다른 대륙으로 퍼져 전 세계적으로 유행하는 상태

180　정답 ④

레버리지(Leverage)는 금융계에선 차입을 뜻하는데, 실제 가격 변동률보다 몇 배 많은 투자 수익률이 발생하는 현상을 지렛대(Leverage)에 비유한 표현이다. 상대적으로 낮은 비용(금리)으로 자금을 끌어와 수익성이 높은 곳에 투자하면 조달비용을 갚고도 수익을 남길 수 있기 때문에 경기가 호황일 때 효과적인 투자법이다.

오답분석

① 뱅커스 유산스(Banker's Usance) : 기한부환어음발행조건 신용장에 의하여 수출상이 수입상 앞으로 발행한 기한부어음을 만기일 전에 은행이 할인 매입해 수출상에게 대금을 지급해주고, 수입상은 기한부어음 만기일까지 대금결제를 유예받는 것을 말한다.
② 사이드카(Side Car) : 선물시장이 급변할 경우 현물시장에 대한 영향을 최소화함으로써 현물시장을 안정적으로 운용하기 위한 관리 제도이다.
③ 시스템 트레이딩(System Trading) : 자신의 자의적 판단이나 편견을 배제하고 일정한 매매 규칙 아래 매도나 매입을 판단하도록 컴퓨터 프로그램을 이용해 주식을 운용하는 매매 방법이다.

181　정답 ④

양적완화(Quantitative Easing)는 금리인하를 통한 경기부양 효과가 한계에 이르렀을 때, 중앙은행이 국채매입 등을 통해 시중에 돈을 직접 푸는 정책이다.

오답분석

① 업사이클링(Up-cycling) : 업사이클링은 단순히 쓸모없어진 것을 재사용하는 리사이클링(Recycling)의 상위 개념으로, 재활용품에 디자인 또는 활용도를 더해 전혀 다른 제품으로 생산하는 것을 말한다.
② 카니벌라이제이션(Cannibalization) : 사전적으로는 자기 잠식, 동족을 잡아먹는 행위 등을 뜻한다. 기능·디자인 등이 탁월한 후속 제품이 새로 출시되면 해당 기업의 기존 제품의 판매량이나 수익, 시장점유율이 감소하는 현상을 가리킨다.
③ 어닝서프라이즈(Earning Surprise) : 어닝시즌에 발표된 기업의 영업 실적이 시장의 예상치보다 높아 주가가 큰 폭으로 상승하는 것을 말한다. 이와 반대로 실적이 예상치를 훨씬 밑도는 경우는 주가에 충격을 준다는 의미로 어닝 쇼크(Earnings Shock)라고 부른다.

182　정답 ④

스트리밍 쇼퍼(Streaming Shoper)는 전통적인 활자 매체보다 동영상·이미지 등의 시각적 매체를 선호하는 소비자를 가리킨다. 초고속 인터넷의 보급과 스마트폰 등 모바일 환경의 보편화로 언제 어디서나 스트리밍을 시청할 수 있게 되면서 나타난 현상이다. 한편 스트리밍 쇼퍼를 중심으로 'V-커머스(동영상 쇼핑 플랫폼)'가 크게 성장하고 있다.

오답분석

① 실버 서퍼(Silver Surfer) : 'Silver(노년층)'와 'Surfer(인터넷 서핑을 하는 사람)'의 조합으로, 인터넷·스마트폰 등 디지털 기기를 능숙하게 조작하고 활용하는 고령층을 일컫는다.
② 퍼스널 쇼퍼(Personal Shopper) : 고객의 취향, 나이, 직업, 체형, 경제 수준 등을 고려하여 고객에게 적합한 물건을 추천해주는 쇼핑 전문가를 가리킨다.

③ 미스터리 쇼퍼(Mystery Shopper) : 고객으로 가장하고 매장을 방문하여 물건을 구매하면서 직원의 서비스 등을 평가하는 사람을 가리킨다.

183 정답 ①

스텔스(Stealth) 통장은 인터넷으로 조회가 불가능하고 예금주가 직접 은행을 방문해야만 거래할 수 있는 통장으로 '전자금융거래 제한 계좌'라고도 한다. 개인의 비상금 통장으로 사용하거나 저축 수단으로 활용하는 경우가 많다. 보이스피싱, 해킹 등 사기를 예방하기 위한 용도로, 2007년부터 등장했다.

184 정답 ①

캄테크(Calm-tech)는 'Calm(조용한)'과 'Technology'의 조합어로, 각종 센서·컴퓨터·네트워크 장비 등을 보이지 않게 탑재하여 평소에는 존재를 드러내지 않지만 필요할 때 사용자에게 유용한 서비스를 제공하는 기술을 말한다.

오답분석

② 애그테크(Ag-tech) : 'Agriculture(농업)'와 'Technology'의 조합어로, 첨단기술을 농산물 생산에 적용하는 것을 뜻한다. 사람이 관여하는 것보다 획기적으로 생산성을 높일 수 있어 식량 부족 현상을 해결할 수 있는 방법으로 꼽힌다.
③ 욜테크(YOL-tech) : 욜로(현재의 행복을 중요하게 여기는 생활 방식)와 짠테크(몹시 아껴 재산을 모으는 일)의 조합어로, 자신의 행복을 위해서는 효율적인 소비를 추구하고 불필요한 소비를 최대한 줄이는 소비 성향을 의미한다.
④ 에듀테크(Edutech) : 'Education(교육)'과 'Technology'의 조합어로, 빅데이터, 인공지능(AI) 등 정보통신기술(ICT)을 활용한 차세대 교육을 가리킨다.

185 정답 ③

인포데믹(Infodemic)은 '정보'의 '인포메이션(Information)'과 '감염병 확산'을 뜻하는 '에피데믹(Epidemic)'이 합쳐진 신조어로, 정확하지 않은 정보나 악성 루머 등이 미디어나 인터넷을 통해 한꺼번에 급속도로 퍼지는 현상을 의미한다.

오답분석

① 시노포비아(Sinophobia) : 중국이나 중국인, 중국 문화에 대한 두려움 또는 반감
② 팬데믹(Pandemic) : 세계적으로 전염병이 대유행하는 상태
④ 네카시즘(Netcarthism) : 다수의 네티즌이 일방적인 여론몰이를 통해 특정 개인이나 사회를 공중의 적으로 매도하는 현상

186 정답 ③

• 블랙 먼데이(Black Monday) : 1987년 10월 19일 월요일 미국 뉴욕에서 있었던 주가의 대폭락을 가리키는 말이다. 월요일 증시가 대폭락을 맞이할 경우에 사용한다.
• 레드 먼데이(Red Monday) : 증권시장이 열리는 월요일을 이르는 말이다. 월요일에 주식 거래가 시작되면서 지난주의 주가를 배경으로 시황판의 불이 모두 빨갛게 켜지는 것에서 유래하였다.
• 사이버 먼데이(Cyber Monday) : 주요 업체들이 연휴를 마치고 일상으로 복귀한 고객들을 상대로 온라인상에서 할인 행사를 벌이는 날이다. 추수감사절 이후의 첫 월요일, 연휴 후 일상으로 돌아온 소비자들이 온라인 쇼핑을 즐기면서 온라인 쇼핑몰의 매출액이 급등한 데서 유래했다.

187 정답 ①

빅맥 지수(Big Mac Index)는 각국에 진출한 미국 맥도날드 햄버거의 대표 메뉴인 빅맥 가격을 통해 각국 통화의 구매력과 환율 수준을 평가하기 위해 만든 지수이다. 영국의 경제 전문지 「이코노미스트」가 분기마다 한 번씩 발표하고 있다. 이 지수가 클수록 물가가 상대적으로 더 비싼 것으로 판단한다.

188 　정답 ②

롱테일(Long Tail) 법칙은 핵심적인 20% 이하의 소수보다 주목받지 못하는 80% 이상의 다수가 더 큰 가치를 창출하는 현상을 가리킨다. 롱테일 법칙에 따르면 80%의 비주류 상품 혹은 고객의 매출이 20%는 충분히 뛰어넘을 뿐만 아니라 시장지배자보다 더 많은 매출을 올릴 수도 있다. 이와 반대로 상위 20%의 고객이 80%의 매출을 차지한다는 이론은 파레토 법칙으로, 이 법칙은 VIP 마케팅 전략을 정당화하는 근거가 된다.

189 　정답 ①

늘봄학교는 초등 방과후학교와 돌봄교실을 통합한 제도로, 초등학교에서 평일 오전 7시부터 오후 8시까지 학생을 돌봐준다. 2024년 2월 윤석열 정부가 발표한 방안으로 2024년 1학기에 전국적으로 시범사업을 진행했으며 2024년 2학기부터 모든 초등학교 1학년을 대상으로 실시된다. 늘봄학교는 출근이 이른 맞벌이 부모를 위해 오전 7시부터 프로그램을 시작하며 정규 교육이 끝난 후에는 맞춤형 프로그램 2개를 시행하고, 퇴근이 늦은 부모를 위해 오후 8시까지 아이를 돌봐준다. 교육부는 2025년에는 2학년까지 늘봄학교 대상을 확대하고 2026년에는 모든 학년으로 대상을 늘린다는 방침이다.

190 　정답 ③

코호트 격리는 '동일 집단 격리'를 뜻한다. 감염자가 발생한 의료기관에서 환자와 의료진 모두를 동일 집단(코호트)으로 묶어 전원 격리해 감염병 확산 위험을 막는다. 바이러스 잠복기가 지날 때까지 환자와 의료진은 해당 병원이나 병동 밖으로의 이동이 금지되고, 외부인 역시 출입이 금지된다. 통계학에서 'Cohort'는 사회 일반 특정한 기간에 태어나거나 결혼을 한 사람들의 집단과 같이 통계상의 인자(因子)를 공유하는 집단을 가리킨다. 보건·의료 부문에서는 'Cohort'는 특정 질병 발생에 관여할 것으로 의심되는 특정 인구 집단을 뜻한다.

191 　정답 ②

오답분석
① 캄테크(Calm-tech) : 조용함(Calm)과 기술(Technology)의 합성어로, 사람들이 인지조차 하지 못한 상태에서 편리한 서비스를 제공하는 기술을 말한다. 예를 들어, 아무도 없는 불 꺼진 집의 현관문을 열고 들어가는 순간 신발장에 불이 들어오는 경우가 있다. 이것이 바로 센서를 이용한 캄테크의 사례라 할 수 있다.
③ 제로 레이팅(Zero-rating) : 통신사가 특정 서비스에 대한 데이터 사용 요금을 할인 또는 면제해 주는 것을 말한다.
④ 그로스 해킹(Growth Hacking) : 성장(Growth)과 해킹(Hacking)의 합성어로, 상품 및 서비스의 개선 사항을 수시로 모니터링하여 즉각 반영함으로써 사업의 성장을 촉구하는 온라인 마케팅 기법이다.

192 　정답 ③

RPA는 'Robotic Process Automation', 즉 '로보틱 처리 자동화'라는 뜻이다. 인공지능을 기반으로 기업의 재무, 회계, 제조, 구매, 고객 관리 등에서 데이터 수집, 입력, 비교 등과 같이 반복되는 단순 업무를 자동화하여 빠르고 정밀하게 자동 수행하는 기술이다.

193 　정답 ④

하드카피(Hard Copy)는 프린터로 종이에 인쇄해 출력한 데이터를 뜻하며, 사람이 직접 읽을 수 있고 휴대할 수 있는 형식으로 된 데이터를 가리킨다. 즉, 컴퓨터의 출력을 눈으로 보고 읽는 형태로 기록한 것으로, 컴퓨터에서 처리된 결과나 화면의 내용을 출력한 정보를 출력장치와 분리해서도 볼 수 있는 출력 형태를 말한다.

오답분석
① 지그비(Zigbee) : 지그재그로 움직여 정보를 전달하는 벌처럼 경제적으로 정보를 전송하는 근거리 무선통신 체계로서 저속, 저전력, 저비용의 홈오토메이션 및 데이터 네트워크를 위한 표준 기술을 뜻한다.

② 파운드리(Foundry) : 외부에서 반도체 설계를 넘겨받아 제품을 생산하는 일 또는 그런 방식으로 생산하는 업체를 가리킨다. 즉, 반도체 설계 업체에서 설계한 대로 제조·생산을 전담하는 업체, 즉, 주문형 반도체 전문 생산기업를 지칭한다.

③ 메일머지(Mail Merge) : 동일한 내용의 메일을 동시에 여러 명의 다른 사람들에게 보내는 기능으로서, 수취인들의 이름과 주소 등의 정보를 받아 공용의 메시지와 결합해 하나의 메시지를 구성하는 작업을 뜻한다.

194 　정답 ①

언택트 마케팅(Untact Marketing)은 고객과 마주하지 않고 서비스와 상품 등을 판매하는 비대면 마케팅 방식으로, 첨단기술을 활용해 판매 직원이 소비자와 직접적으로 대면하지 않고 상품이나 서비스를 제공하는 것이다. 여기서 'Untact'는 'Contact(접촉)'와 부정의 의미를 담는 접두사 'Un-'이 조합한 단어로, '접촉하지 않는다.'라는 뜻이다.

195 　정답 ③

SK하이닉스는 세계 1위 고대역폭메모리(HBM) 제조 기업으로 엔비디아에 HBM를 사실상 독점 공급하고 있다.

196 　정답 ③

노이즈 마케팅은 자사의 재화·서비스를 의도적으로 구설수에 오르게 함으로써 소비자들의 이목을 유도해 판매율을 높이려는 마케팅 전략을 뜻한다. 즉, 재화·서비스의 품질과는 관계없이 판매 확대만을 목표로 삼아 일부러 논란을 일으키는 것이다.

오답분석
① 디마케팅 : 상품에 대한 고객의 구매를 의도적으로 줄임으로써 적절한 수요를 창출하는 마케팅 전략
② 니치 마케팅 : 시장의 빈틈을 공략하는 새로운 상품을 시장에 내놓는 '틈새시장' 전략
④ 마이크로 마케팅 : 상권 내 소비자들의 특성, 취향, 생활 양식 등에 관한 종합적 자료를 활용하여 지역 소비자의 욕구를 충족시키려는 마케팅 전략

197 　정답 ③

하이퍼튜브는 항공기와 유사한 속도인 시속 1,000km 이상의 주행을 목표로 연구가 진행되고 있다.

198 　정답 ④

사이드카(Side Car)에 대한 설명으로, 이와 유사한 주식거래정지 제도로는 서킷브레이커가 있다. 서킷브레이커는 주식시장에서 주가가 급등 또는 급락하는 경우 주식 매매를 일시 정지하는 제도로, 주가지수가 전날에 비해 10% 이상 하락한 상태가 1분 이상 지속되는 경우 모든 주식거래를 20분간 중단시킨다. 차이점은 서킷브레이커가 증시 급변에 대응하기 위한 사후 처방이라면 사이드카는 예방으로서의 성격이 짙다는 것이다.

오답분석
① 블랙스완(Black Swan) : 극단적으로 예외적이어서 발생 가능성이 없어 보이지만, 일단 발생하면 엄청난 충격과 파급 효과를 일으키는 사건
② 공매도(Short Stock Selling) : 가격 하락을 예상해 주식이나 채권을 빌려 매도하는 것
③ 브래킷 크리프(Bracket Creep) : 물가 상승으로 인한 명목소득 증가로 의도치 않게 발생하는 증세

199　정답 ①

킹 달러(King Dollar)는 미국 연방준비제도(Fed)의 가파른 정책금리 인상 발표와 글로벌 경기침체로 인한 달러가치의 급등을 가리키는 말로 사용된다. 이러한 현상은 전 세계적인 인플레이션 국면에서 연준이 금리인상을 지속적으로 단행하자 각국의 자금이 안전자산으로 여겨지는 달러로 몰려들고 있기 때문이다. 이에 대해 모건스탠리의 마이클 윌슨 전략가는 달러 강세로 인해 미국 기업이 해외에서 벌어들인 돈을 달러로 바꾸는 과정에서 손실을 보는 것이므로 미국 주식시장에 꼭 긍정적이진 않다고 말했다.

200　정답 ②

오답분석

① 메일 게이트웨이(Mail Gateway) : 2개 이상의 통신망 사이에서 이메일을 보낼 때 이메일이 원활하게 통신망의 경계를 지나 다른 통신망으로 들어가도록 이메일 시스템에 접속되어 메시지를 중계하는 기계 장치를 말한다.

2025 최신판 금융권 채용대비 통통한 IT · 디지털 상식

개정5판1쇄 발행	2024년 10월 25일 (인쇄 2024년 07월 31일)
초 판 발 행	2020년 05월 25일 (인쇄 2020년 05월 07일)
발 행 인	박영일
책 임 편 집	이해욱
편 저	SDC(Sidae Data Center)
편 집 진 행	여연주 · 정수현
표지디자인	김지수
편집디자인	양혜련 · 채현주
발 행 처	(주)시대고시기획
출 판 등 록	제10-1521호
주 소	서울시 마포구 큰우물로 75 [도화동 538 성지 B/D] 9F
전 화	1600-3600
팩 스	02-701-8823
홈 페 이 지	www.sdedu.co.kr
I S B N	979-11-383-7554-2 (13320)
정 가	25,000원

통통한
IT·디지털
상식

금융권 필기시험 "기본서" 시리즈

최신 기출유형을 반영한 NCS와 직무상식을 한 권에! 합격을 위한
Only Way!

금융권 필기시험 "봉투모의고사" 시리즈

실제 시험과 동일하게 구성된 모의고사로 마무리! 합격으로 가는
Last Spurt!

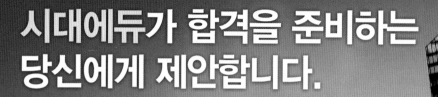

시대에듀가 합격을 준비하는
당신에게 제안합니다.

결심하셨다면 지금 당장 실행하십시오.
시대에듀와 함께라면 문제없습니다.

성공의 기회!
시대에듀를 잡으십시오.

NEXT STEP!

기회란 포착되어 활용되기 전에는 기회인지조차 알 수 없는 것이다.
— 마크 트웨인 —